本書爲二〇一七年全國高等院校古籍整理研究工作委員會直接資助項目
暨國家社會科學基金西部項目（17XZW023）内江師範學院精品工程項目（15ZG01）
内江師範學院中國語言文學一流學科建設項目階段性成果

師友淵源録

上册

〔清〕嚴長明　編撰
〔清〕嚴觀
馬振君　補正

中華書局

圖書在版編目(CIP)數據

師友淵源録/(清)嚴長明,(清)嚴觀編撰;馬振君補正. —北京:中華書局,2021.5
ISBN 978-7-101-15146-6

Ⅰ.師…　Ⅱ.①嚴…②嚴…③馬…　Ⅲ.歷史人物-列傳-中國-清代　Ⅳ.K820.49

中國版本圖書館 CIP 數據核字(2021)第 062146 號

責任編輯:張　耕

師友淵源録

(全二册)

〔清〕嚴長明　〔清〕嚴　觀 編撰

馬振君 補正

*

中 華 書 局 出 版 發 行

(北京市豐臺區太平橋西里 38 號　100073)

http://www.zhbc.com.cn

E-mail:zhbc@zhbc.com.cn

北京瑞古冠中印刷廠印刷

*

850×1168 毫米 1/32 · 36 印張 · 4 插頁 · 700 千字

2021 年 5 月北京第 1 版　2021 年 5 月北京第 1 次印刷

印數:1-2000 册　定價:98.00 元

ISBN 978-7-101-15146-6

目録

前言……一
整理凡例……一
師友淵源録後序……一
凡例……三
閲過書目……五
總目……一一
師長……一一
尊宿……一七
先達……一九
召試同年……二二
年誼……二六
内閣前輩……二八
内閣後輩……三五
交契……三九
故舊……四八
同研……五三
世好……五六
門生……五九
同宗……六三
親戚……六三
跋……六五
師友淵源録後案……六七
師友淵源録後案總目……六七

師友淵源録後案卷一

師長第一門

塾師

軼倫叔祖……八三
甘豫州先生……八四

受業師

楊皋里先生行狀……八四
沈敬亭先生家傳……九〇
韓瀝芳先生……九三
周石帆先生……九三
杭堇浦先生……九四
補杭太史別傳……九六
王介眉先生……九八
劉圃三先生……一〇一

歲科應試師

藍士賢先生……一〇一
補藍應襲……一〇二
夢午堂先生神道碑……一〇三
李鶴峰先生家傳……一一〇
雷翠庭先生墓誌銘……一一三
補都察院左副都御史雷公行狀……一一四
補通奉大夫都察院左副都御史雷公墓誌銘……一一八
補故通奉大夫都察院左副都御史雷公事狀……一二三
劉石庵先生……一二五
補劉墉傳……一二六

師友淵源録後案卷二

召試閱卷師

尹文端公神道碑……一二九
劉文定公行略……一三七
補光禄大夫贈太子太傅文

淵閣大學士文定劉公墓
誌銘……一四三
公祭于文襄公文……一四五

師友淵源録後案卷第三

閣師一

傅忠勇公輓詩……一四九
舒文襄公墓誌銘……一五〇
伍文端公祭文……一五九
史文靖公神道碑……一六〇

師友淵源録後案卷四

閣師二

陳文恭公墓志銘……一六九
補東閣大學士陳文恭公傳……一七九
補太子太傅東閣大學士前
江蘇巡撫陳文恭公傳……一八二
劉文正公……一八八
梁文莊公行狀……一九〇

師友淵源録後案卷五

閣師三

阿廣庭先生行狀……二〇一

師友淵源録後案卷六

太老師

莊滋圃先生墓誌銘……二二一
沈文慤公……二二九
補太子太師禮部尚書沈文
慤公神道碑……二三〇
董文恪公……二三三
補董文恪公傳……二三四
東皋先生墓誌銘……二三六
曹慕堂先生神道碑……二四一

師友淵源録後案卷七

尊宿第一門

尊宿一
熊滌齋太史七十壽序……二四七
内閣學士李公神道碑……二五一
内閣學士方公神道碑……二五八
宮九叙……二六五
補宮怡雲方伯暨元配李夫人合葬墓誌銘……二六五
王孟亭太守行略……二六七
厲樊榭墓碣銘……二六八
錢文端公墓誌銘并序……二七三
戴遂堂……二七五
補戴遂堂傳……二七六

師友淵源録後案卷八

尊宿二
戴學士行狀……二七九
汪文端公傳……二八三

商寶意先生傳……二八七
禮部右侍郎齊公墓誌銘……二九〇
全謝山……二九九
補全紹衣傳……三〇〇
補全祖望傳……三〇一
張少儀……三〇七
補張息圃先生詩鈔跋尾……三〇七

師友淵源録後案卷九

尊宿三
秦文恭公墓誌銘……三〇九
袁簡齋太史墓誌銘……三一四
裘文達公神道碑……三一六
吴敏軒徵君傳……三一九
程綿莊徵君墓誌銘……三二三
鮑海門徵君傳……三二六
惠定宇徵君傳……三二八

沈補蘿先生墓誌銘……三一九
師友淵源録後案卷十
先達第三門
先達一
盧雅雨先生……三二三
詩話一……三二三
出塞集序……三二四
詩話二……三二六
詩話三……三二七
尚書彭公啓豐神道碑……三三八
張墨莊先生……三四二
補張若溎傳……三四二
太史邵齊燾先生墓誌銘……三四三
太史邵齊烈墓誌銘……三四八
閔峙庭先生……三五〇
補閔鶚元傳……三五〇
莊方耕先生……三五三
補莊存與傳……三五三
補禮部侍郎少宗伯莊公小傳……三五四
師友淵源録後案卷十一
先達二
朱文正公墓誌銘……三五七
秦學士澗泉墓誌銘……三六三
錢坤一先生……三六六
蔣御史和寧別傳……三六九
翁覃溪……三七一
西沚先生墓誌銘……三七三
朱竹君學士傳……三七六
吴樸庭先生傳……三七八
師友淵源録後案卷十二
同年第四門……三八一
欽取一等

孫補山先生行略……三八二
先考妣墓誌銘……三九〇
王敬輿……三九三
吏部主事汪康古墓誌銘……三九三
程公晋芳墓誌銘……三九七
贈光禄寺卿趙公文哲墓碑……四〇〇
吴竹嶼……四〇四
都察院左副都御史陸耳山墓誌銘……四〇六
徐縣圃……四一一
補徐步雲傳……四一二
補徐步雲傳……四一三
錢思贊……四一四
補錢襄傳……四一四
郭晴湖……四一五
補郭元瀣傳……四一五

師友淵源録後案卷十三

欽取二等

李厚齋……四一七
李敬持……四一八
高東井……四一八
孫恂士……四二〇
江南道監察御史孫君志祖傳……四二〇
朱吉人……四二三
補八叔祖所畫天目紀遊册跋……四二五
孫春圃……四二六
錢衡……四二七
潘本泰……四二七
陳蘭……四二七
祝芷堂……四二八
補祝德麟……四二八
周定國……四二九

劉企三……四二九
補劉企三……四二九
補劉潢……四三〇
補劉潢……四三〇
莊似撰……四三〇
補清故奉政大夫陝西邠州
直隸州知州莊君墓誌銘……四三一
沈……四三四
顧星橋……四三四
補顧宗泰傳……四三五
補顧宗泰傳……四三五
吴謙谷……四三五
曹……四三六
楊益能……四三六
江……四三七
鄭麗農……四三七
補鄭奇樹傳……四三八
莊……四三八
趙元一……四三八
補趙帥傳……四三八
程……四三九

師友淵源録後案卷十四

年誼第五門

梅隅庵……四四一
梅式堂墓誌銘……四四一
陳淦亭……四四五
朱思堂……四四五
錢竹初……四四六
梁文山……四四六
補梁巘傳……四四七
補梁巘傳……四四七
龔吟臞……四四九

補龔吟臞傳……四四九
劉雲樵……四五一
補劉秉憻傳……四五一
陸……四五二
補陸瑗傳……四五二
袁香亭詩集序……四五二
費雲浦……四五三
補費淳傳……四五四
施小鐵……四五五
王少林……四五七
尹萬起……四五九
補尹壯圖傳……四五九
王鎮之……四六〇
補王汝璧傳……四六〇
戴芑泉……四六一
補戴翼子傳……四六一

潘榕臯……四六二
程春帆……四六四
徐擎士……四六四
補奉直大夫翰林院編修徐君墓志銘……四六五
龔澄庵……四六六
國子監學正戴公祖啓墓碣……四六七
戴氏遺書總序……四七一
吴稷堂……四七七
補吴省蘭……四七七
江筠……四七八
補江筠傳……四七八
郭崇封……四七八
補郭崇封傳……四七九

師友淵源録後案卷十五

内閣前輩第六門

內閣前輩一
諸草廬先生……四八一
陳句山先生……四八二
補清故通奉大夫太僕寺卿
陳公神道碑銘……四八四
胡恪靖公……四八六
補河南巡撫兼提督贈太子
太保兵部尚書飴齋胡公
墓志銘……四九〇
魏功夏……四九五
方恪敏公神道碑……四九六
方恪敏公家傳……五〇一
曹文恪公……五〇四
補光禄大夫太子太傅禮部
尚書曹文恪公墓誌銘……五〇五
金質夫先生……五〇八
都察院左副都御史申君墓
誌銘……五〇九
畦曉章先生……五一一
補畦朝楝傳……五一一
錢文敏公傳……五一三
莊……五二五
補莊學和傳……五二五
袁愚谷先生……五二六
馮魯巖先生……五二六
補馮光熊……五二七

師友淵源録後案卷十六

內閣前輩二
盧抱經學士行略……五二九
吏部侍郎降編修謝公墓誌銘……五三一
陳寶所先生……五三六
王穀原先生……五三六

蔣秦樹編修墓誌銘……五三七
詹事府少詹事錢君墓誌銘……五四三
吴荀叔杉亭集序……五四八
補吴烺……五四九
補吴烺傳……五五〇
褚宗鄭員外傳……五五〇
湯辛齋先生……五五二

師友淵源録後案卷十七

内閣前輩三

蔣春農先生……五五三
補蔣宗海傳……五五三
湖南巡撫陸公行狀……五五四
内閣中書王君家傳……五五八
劉竹軒……五五九
補光禄大夫劉公傳……五六一
特贈副都御史掌陝西道監察御史曹公墓誌銘……五六五
翰林院編修蔣君墓志銘……五六九
童梧岡先生……五七一
王蘭泉侍郎行略……五七三
韋約軒傳經堂詩鈔自序……五七五
翰林院侍讀學士曹公墓誌銘……五七七

師友淵源録後案卷十八

内閣前輩四

前經筵講官都察院左都御史吴君墓誌銘……五八三
褚筠心書屋詩鈔序……五八七
吴二匏……五八九
補汀州司馬吴君二匏傳……五九〇
補汀州府同知吴君墓誌銘……五九二
王蓬心太守傳……五九四
太子太保兩湖總督畢公墓誌銘……五九五

諸申之墓誌……六〇四
山東鹽法道章公行狀……六〇七
趙雲崧……六〇九
補皇清誥授中憲大夫賜進士及第翰林院編修貴州貴西兵備道庚午科重赴鹿鳴筵宴晉加三品頂戴趙甌北府君墓誌銘……六一〇
蘇君墓誌銘……六一五
王梅岑先生……六一七
補王家賓傳……六一七
張茝亭先生……六一八
補蕪湖兵備道張公墓志銘……六一八

師友淵源録後案卷十九

內閣後輩第七門

馮星實……六二一
陸丹叔……六二三
鄭晴波……六二三
張策時墓誌銘……六二四
鮑論山……六二六
修撰金先生墓誌銘……六二七
秦端巖先生……六二九
周青原墓誌銘……六三〇
洪定甫行略……六三三
陳雲濤……六三四
劉檀橋墓誌銘……六三四
潘蘭公……六三六
光禄寺卿范公墓誌銘……六三七
廣東布政使許公墓誌銘……六三九
廣西巡撫孫君墓誌銘……六四一
姚殿芝……六四五
補姚梁傳……六四六

汪首禾……六四六
補汪日章傳……六四六
浙江按察使陸君墓誌銘……六四七
汪存南……六五〇
補汪履基傳……六五一
洪桐生……六五一
附録江寧金石記書後……六五一
補洪沂州詠……六五三
金堯臣……六五六
補金廷訢傳……六五六
趙味辛……六五六
補趙收庵先生傳……六五八
閩浙總督董公墓誌銘……六六〇
董觀橋……六六四
姚亮甫……六六四
補誥授資政大夫都察院左副都御史姚公神道碑銘……六六五
孫……六七〇

師友淵源録後案卷二十

交契第八門

交契一

户部侍郎宋公墓誌銘……六七一
翰林院侍讀楊君墓誌銘……六七四
汪樸存……六七八
補汪以誠傳……六七八
徐心如……六七八
廣西蒼梧道周君墓誌銘……六八〇
光禄寺卿陳公行略……六八二
林静亭……六八五
補林守鹿傳……六八五
張端齋……六八五
補張拱傳……六八六

湖北按察使馮公碑銘……六八六
紀曉嵐烏魯木齊雜詩序……六九二
補紀文達公傳略……六九三
沈既堂事略……七〇二
補皇清誥授中議大夫河東鹽運使前翰林院編修沈公既堂墓誌銘……七〇三
袁春圃……七〇六
補袁鑒傳……七〇七
翁誠軒……七〇七
補翁耀傳……七〇七
彭雲楣……七〇八
王倚雲……七〇八
金聽濤……七〇九
補兵部尚書金文簡公合葬墓誌銘……七〇九
吴鑑南傳……七一三
翰林院庶吉士侍君權厝銘……七一五

師友淵源録後案卷二十一

交契二

雲南臨江府知府王君墓誌銘……七一七
申圖南……七一九
劉松庵……七二〇
曹竹虛……七二〇
補先文敏公行狀……七二〇
阮吾山……七四四
補刑部侍郎唐山阮公傳……七四五
許穆堂……七四八
補浙江道監察御史許公墓誌銘……七四八
金蒔庭……七五〇
補金雲槐傳……七五〇

東閣大學士王文端公神道碑……七五〇
貴州巡撫陳公墓誌銘……七五三
司經局洗馬秦公行略……七五五
嵇受之……七五八
卜筠亭……七五九
補卜祚光傳……七五九
崔曼亭別駕暨錢恭人五十
雙壽序……七六〇
姚惜抱……七六三
補姚先生行狀……七六三
管韞山文集序……七六八
補先大父侍御府君行狀……七六九
孫西林……七七三
補孫含中傳……七七三
補浙江布政使孫公家傳……七七四
顧晉莊……七七六
補皇清誥授朝議大夫廣東
惠州府知府軍功加三級
署惠潮嘉兵備道丙戌科
進士顯考晉莊府君行述……七七七
沈吉甫……七八一
補沈世煒小傳……七八二
副都御史管公行略……七八二
姚雪門……七八五
補姚雪門先生紀略……七八五
湖北荆宜施道陳公墓誌銘……七八七

師友淵源録后案卷二十二

交契三

陝西道監察御史任君墓誌銘……七九一
秦漪泉……七九三
温印侯……七九三
補皇清誥授朝議大夫巡視

天津濟寧漕務掌户科給
事中誥贈通奉大夫陝西
布政使温公墓表……七九三
顧修浦……七九六
候補郎中前雲南巡撫江公
墓誌銘……七九六
唐芝田墓表……七九九
補山東分巡兖沂曹濟道唐
公神道碑銘……八〇二
蘇松督糧道章公墓誌銘……八〇五
西安府知府田公墓誌銘……八〇八
陝西糧道王公行略……八一一
蔣瑩溪……八一二
補陝西興安府漢陰通判蔣
君家傳……八一三
永餘齋……八一四
策笱亭……八一四
額……八一五
薩學海……八一五
張虞溪……八一五
補張鳳鳴傳……八一五
尚怛懷……八一六
補宜綿傳……八一六
圖益齋……八二〇
舒蘭圃……八二〇
補舒其紳傳……八二〇
和容齋……八二一
郭耐軒……八二二
陸景亭……八二二
内閣學士贈鴻臚寺卿胡君
墓誌銘……八二三
路慕堂……八二七

補路慕堂先生家傳……八二七
李玉樵……八二九
補長蘆都轉鹽運使司鹽運使前署湖南按察使司按察使李公墓誌銘……八三〇
徐條甫……八三一
補徐立綱傳……八三一
禮部主事吴君墓誌銘……八三三
楊丹崖……八三五
西安提督馬公雲山家傳……八三五
蕭步瀛……八四〇
王晴田……八四〇
徐緼齋……八四〇
蔣立敬……八四一
穆英圃……八四一
趙……八四一
補趙宜喜傳……八四一
阮……八四二
吴竹屏……八四三
補王兆棠傳……八四三
補吴六鰲傳……八四三
補澹齋公傳……八四四
補潘成棟傳……八四五
補朱休承傳……八四五
補史傳遠傳……八四五
補王希伊傳……八四七
補王垂紀傳……八四八

師友淵源録後案卷二十三

故舊第九門

翁朗夫……八四九
補徵士翁霽堂傳……八五一
朱稻孫……八五二

金壽門……八五四
方南堂……八五六
馬佩兮……八五七
馬秋玉……八五七
陳授衣……八五八
陳江皋……八五八
鄭嵎谷……八五九
補鄭廷暘……八五九
易松滋……八五九
補易諧傳……八六〇
刑部員外郎汪君墓誌銘……八六〇
福建臺灣縣知縣陶君墓誌銘……八六二
姜静宰……八六四
張孝巖……八六五
王林屋……八六五
徐念祖……八六六
補知蒙陰縣事徐公傳……八六六
畢花江……八六九
奉宸院卿江公傳……八七〇
江聖言……八七三
閔玉井……八七三
張漁川……八七四
汪桐石……八七四
崔筠谷……八七四
刑部郎中趙公墓誌銘……八七五
保正清河道朱公墓表……八七九
姚薏田壙志銘……八八一
程荆南……八八四
王丹崖……八八四
王半庵……八八五
補王開沃傳……八八五
補王開沃傳……八八五

黄芳亭……八八六
補黄文蓮傳……八八六
盧配京……八八七
程述先……八八八
沙斗初……八八八
王介祉……八八八
黄竹廬……八八八
方西疇……八八九
吴山夫……八八九
畢竹癡……八九〇
畢梅泉……八九一
補畢澐傳……八九一
程夔州……八九一
補程崟傳……八九二
凌叔子……八九二
蔣雲隈……八九三
羅兩峰墓誌銘……八九三
黄小松……八九六
補黄秋盦傳……八九七
聶劍光……八九九
董耕雲……九〇〇
徐簷林……九〇〇
補徐薌坡傳……九〇一
王藕夫……九〇三
王石亭……九〇三
徐友竹……九〇三
華師道……九〇四
黄星巖……九〇四
朱若溪……九〇六
補朱學海傳……九〇六
任……九〇六
補張雲錦傳……九〇七

補閔鑒傳……九〇七
補方承保傳……九〇八

師友淵源録後案卷二十四

同硯第十門

同硯一

金棕亭詩鈔序……九〇九
江松泉傳……九一〇
江于九先生軼事……九一三
補署郡太守江公碑頌……九一五
寧端文……九一六
董敏修……九一六
涂長卿……九一七
龔酌泉……九一八
後序……九一九
杜防如……九二〇
葉方宣傳……九二〇
諸敬甫墓誌銘……九二三
談旦泉擬傳……九二四
沈沃田學福齋集序……九二五
俞耦生家傳……九二七
熊公藕頤軼事記……九二九
孔莯谷哀辭……九三一
陶衡川家傳……九三四
吴諸民……九三五
侯葦園……九三六

師友淵源録後案卷二十五

同硯二

邵二雲家傳……九三七
鄭東亭家傳……九四一
楊蓉裳……九四三
補墓志銘……九四四
汪容甫墓碣……九四七

汪劍潭……九四九
補汪端光傳……九四九
錢學園……九五〇
贈錢獻之序……九五〇
補陝西乾州州判錢獻之傳……九五一
徐朗齋……九五三
補署湖北蘄州知州徐君墓
誌銘……九五三
巴雋堂……九五五
補巴慰祖傳……九五五
補巴慰祖傳……九五六
顧立方……九五七
孫淵如軼事記……九五七
翰林院編修洪君傳……九六六
陳梅岑……九六八
黄仲則行狀……九六九
黄左田……九七四
補黄鉞傳……九七四
何數峰……九七七
補何青傳……九七七

師友淵源録後案卷二十六

世好第十一門

書紱庭制軍……九七九
補書麟傳……九七九
董蔗林……九八〇
補太傅董文恭公行狀……九八一
汪時齋……九八七
慶兩峰……九八七
慶丹年……九八七
補慶桂傳……九八七
慶晴村……九八九
慶似村……九八九

劉樸夫……九八九
補特贈鴻臚寺卿禮科掌印
給事中劉君碑文……九九〇
劉青垣……九九三
補誥授榮禄大夫經筵講官
兵部左侍郎劉公墓誌銘……九九四
周……九九七
趙少鈍……九九八
補趙秉淵傳……九九八
藍儀吉……九九八
汪鹿園……九九八
補汪如藻傳……九九九
汪雲壑……九九九
汪雲壑哀辭……一〇〇〇
補翰林院修撰汪先生墓志銘……一〇〇一
江秋史……一〇〇四
盧南石……一〇〇五
補盧蔭溥傳……一〇〇五
吴……一〇〇七
謝硯南……一〇〇七
談階平……一〇〇八
韓介堂……一〇一〇
元和郡縣補志序……一〇一〇
梅抱村……一〇一三
戴元嘉家傳……一〇一三
莊伯鴻……一〇一五
陶怡園軼事……一〇一五
門生第十二門
王蘊華……一〇一六
著書記……一〇一七
補王芾傳……一〇一八
顧葵園……一〇一九

黄芝庭……一〇二〇
王金園……一〇二〇
徐登瀛……一〇二一
徐元九……一〇二一
吴霈　吴霆　吴霦……一〇二三
王孟揚……一〇二三
程銘淵……一〇二三
趙味餘……一〇二三
張斗南……一〇二三
劉仲升……一〇二三
岳中幹……一〇二三
王金門……一〇二六
張子寅……一〇二六
梁容齋……一〇二六
石豐占……一〇二七
趙味軒……一〇二七
樊桐圃……一〇二七
李檜峰……一〇二八
何景山……一〇二八
王雲浦……一〇二八
龍雨崖……一〇二八
艾敏齋……一〇二九
朱近堂……一〇二九
徐會雲……一〇二九
王振鷺……一〇三〇
屠塤……一〇三〇
陳洪範……一〇三一
郭振藩……一〇三一

師友淵源録後案卷二十七

同宗第十三門

家愛亭墓誌銘……一〇三三
少峰……一〇三五

補嚴少峰墓志銘并序。…………一〇三五
漑亭…………一〇三七
似亭…………一〇三七
彦兮…………一〇三八
小秋侄孫…………一〇三八

親戚第十四門

母舅張公…………一〇三九
鍾怡亭…………一〇四〇
胡澤周…………一〇四一
凌…………一〇四一
金静亭…………一〇四一
蕭玉亭家傳…………一〇四二
王于庭墓誌銘…………一〇四三
王葑亭墓誌銘…………一〇四五
長男行恕墓誌銘…………一〇四八
學仙司馬宜亭…………一〇四九
司馬溶川墓誌銘…………一〇四九
司馬藴亭…………一〇五三
采堂孝行紀略…………一〇五四
方方山行略…………一〇五五
張賡虞…………一〇五七
王位三…………一〇五七
郭靖濤…………一〇五八
項直庵…………一〇五八
王㒚山…………一〇五八
黄右君…………一〇五九

師友淵源録後案卷二十八

附　録

家傳…………一〇六一
墓誌銘…………一〇六四
行述…………一〇六六
先叔芝恬夢十硯記…………一〇七三

道甫修書第一硯銘……一〇七四
第二井田硯……一〇七四
天然石子硯……一〇七四
新月初生硯……一〇七四
葉硯銘……一〇七四
圭璧硯銘……一〇七五
荷葉硯銘……一〇七五
劫字硯銘……一〇七五
鐘硯銘……一〇七五
桐葉硯銘……一〇七六
朱蓉溪觀察行略……一〇七六
張約園抄本序……一〇七九
參考文獻……一〇八一
後記……一〇九五

前言

《師友淵源録》是以纂輯和撰著的方式形成的一部收録康熙、雍正、乾隆、嘉慶年間歷史人物傳記的史部傳記類文獻。作者爲嚴長明、嚴觀父子。

嚴長明（一七三一—一七八七），字冬友（東友），號道甫，江蘇江寧府上元縣人。少從方苞問學，與吴敬梓結忘年交，遍接名流，師友遍天下。乾隆二十七年召試賜舉人，由内閣中書仕至内閣侍讀學士。中間充方略館纂修官，入直軍機處七年。丁大父母憂後遂不出。遊秦中、大梁，爲畢沅幕僚。五十一年，主廬陽書院。於書無所不讀，通曉蒙文。著述頗豐，散佚大半，現存僅《（乾隆）西安府志》《嚴東有詩集》《千首唐人絶句》《師友淵源録》《八表停雲録》等十數種。是清中葉著名金石學家、方志家、詩人、宋詩選家。《清史稿》有傳〔一〕。嚴長明有二子，長嚴觀，次嚴晋。

嚴觀（一七五三〔二〕—？），字子進，號述齋，又號洛如居士。監生。師從畢沅、袁枚等。學有淵源，好學深研，爲時所重，著有《元和郡縣志補》《江寧金石記》《江寧金石待訪録》《湖北金石詩》《閲音齋集》《述齋詩選》《剩稿》等，曾預修《（乾隆）西安府志》，助孫星衍纂《寰宇訪碑録》。嚴觀有二子，長嚴元，次嚴兆。

嚴長明爲什麼要編纂《師友淵源録》一書？此書的編校過程如何，有何版本，價值何在？下面依次對這些問題加以考述。

一、《師友淵源録》的編校

《師友淵源録》成書時間較長，有很多細節值得探討。

（一）《師友淵源録》的編纂

嚴長明爲什麼編纂《師友淵源録》？在嚴觀所撰《行述》中有一段嚴長明的話透露出端倪：「學者不周覽天下之載籍，不盡友天下之賢才，不通當代之典章，遽欲出而有爲，入而握管，縱使信今，亦難傳後。」即學者如果想建功立業、留傳聲名，就需要遍閲典籍、廣交師友、通曉典章制度。他把廣交師友作爲成功的條件之一，因此非常重視對師友傳記資料的搜集整理，這是他的編纂動機。另外，這本書也是他篤於師友之情的證明。

《師友淵源録》是嚴長明、嚴觀父子「接力」完成的。嚴長明開始編纂此書的時間，據嚴觀《師友淵源録後序》載：「歲丁未，年五十七，不樂遠遊，應廬州蕭太守登瀛之聘，主廬陽書院，兼纂府志。暇編《師友淵源録》一册，中分十四門，自師長、先達，以至故舊、門生，通計四百餘人。時當秋爽，正欲纂輯成書，乃曳杖逍遥，變生意外！止存《總目》一册。」丁未爲乾隆五十二年（一七八七），這一年嚴長明爲此書發凡起例，確定收録範圍並擬定《總目》，爲每位師友撰寫了簡短的小傳並標注出處，給嚴觀後續纂輯工作提供了指南。

《師友淵源録》的編纂並非前無所承，而是在已有的工作基礎上開展的。所謂工作基礎，是指嚴長明前此所編纂的相關文獻，在《閱過書目》和《師友淵源録後案》（以下簡稱「後案」）中，涉及到的有《尊聞録》《獻徵餘録》《八表停雲録》等。《尊聞録》一書，《行述》云「至《尊聞録》，則踵先曾祖星標公而作者，尤爲生平精詣之書，經史之粹言皆在焉」，可知是一部繼承其先人而編纂的載録師長輩有關經史精彩論斷的文獻。因爲此書亡佚，本來可以借助卷七「厲樊榭」下標注「嚴長明輯《尊聞録》」的一條記載管窺一二，但標注的準確性可疑〔三〕，所以無法據之推斷該書的情況，於是《師友淵源録》是否參考了此書也就無法考實。

《獻徵餘録》《八表停雲録》被嚴觀列入《閱過書目》的「文集」類中，後面都有小字注「家集」。

《後案》僅在卷二十三「金壽門」條引了《八表停雲録》中的文字：「先君嘗云，壽門幼好奇服，至老不衰。客遊燕楚時，更字壽民，又號壽田，又號金吉金，後或號曲江外史，或號稽留山民，或號龍梭仙客，或號昔邪居士。晚客廣陵，稱十三松下樵人，又稱百二研田富翁、心出家盦、粥飯僧、仙壇掃花人、壽道士、金牛湖上詩老。最奇者蘇伐羅吉蘇、吉蘇，蓋梵語謂『金』爲『蘇伐羅』也。平生好書八分，以喻糜築砌成字，謂爲三古漆書遺意。間畫梅竹，交午丁倒，不可方物。自云：『昔時夢楊風子書草書，授以筆法，遂精書理。神妙所到，雖仲圭、元章不解也。』爲詩清瑩沉夐，秀水諸贊善具茨書其《景申集》云：『周密著書癸辛巷，許渾題詩丁卯橋。洛誦冬心《景申集》，新聲如此正寥寥。』『軟來絮似頻婆果，烝後拌同哀仲梨。可惜都無薑桂性，須君生手一提攜。』可謂識曲聽真者也。」這是一段詩話，言金農自幼好奇，其服飾、字号、書畫、詩歌皆令人稱奇。那麼，《八表停雲録》是一部什麼樣的書，是否與《師友淵源録》有關聯呢？

《八表停雲録》稿本八卷，現藏浙江省圖書館，卷首有嚴長明駢體序，末署「乾隆壬午長至秣陵嚴長明書於山陽僧舍」，知其成書時間大概在乾隆二十七年（一七六二）。此書按體裁分爲三十卷，每種體裁下列若干人之作，「每位作者皆有小傳，有些作品之後還有『詩話』」，嚴長明在自序中概括本書宗旨爲：『嘉其風義，概彼生平，庶幾今獻之遺編，抑亦交遊之别傳也』」〔四〕。此書的體例昉自金元之際元好問的《中州集》，其宗旨是録其作品，存其小傳，以詩存史，詩史並傳。在爲這些師友編纂小傳和創作詩話的時候，嚴長明大概搜集參考了當時所能看到的很多有關文獻，再加上自己的交遊親歷，才能完成編纂工作。因此我們推斷，《八表停雲録》的編纂肯定爲《師友淵源録》的纂輯奠定了很重要的基礎。

據《後案》，嚴觀參考《獻徵餘録》者共兩條。《獻徵餘録》一書也已亡佚，觀其書名大概仿明代焦竑《國朝獻徵録》，焦書爲明代人物傳記彙編，《獻徵餘録》卻不是此類文獻。根據它與詩歌選集《八表停雲録》都被歸入「文集」，我們推斷其編纂體例大概也與《八表停雲録》相同，即仿元好問《中州集》爲每位詩人擬定小傳，再選載其詩，性質大概是一部選集式的總集。《後案》自此書共引兩條：其一是卷一「李鶴峰」：「公視學江蘇時，上賜《清文春秋直講》，謝折有云：『筆削褒譏，群領一王之學；都俞籲咈，如聆上古之音。』一時以爲典切。」其二是卷二十二「阮吾山」：「吾山少司寇輯《秋讞集》四卷，爲同僚輾轉傳抄，遂軼其稿，所存獨首卷耳。先生以博雅之才，久司讞事，歲定四方爰書以百千計，平反之力居多。是書具見苦心，非啻空言已也，其於官事之沿革，獄情之重輕，縷晰條分，若示諸掌。後進之士，能恪遵而類推之，無枉無縱，爲天下平，是先生本意也。」需要注意的是，這兩條文獻僅記録了兩位傳主一方面的情況：前者言李因培謝恩奏折語言得體，暗示其文學才能不凡，後者主要贊許阮葵生斷獄公允，才幹突出。这大概反映了《獻徵餘録》小傳的特點，即僅記録傳主突出的特點，而非全面記載生平的完整傳記，否則按《後案》收録標準應該收録全文而不會只截取片斷。除此之外，關於《獻徵餘録》一書就没有更多的直接記載了。我們由書名推測，《獻徵餘録》所載文人主體大概是嚴長明的師長輩，所以書名稱「獻徵」；又因爲所録詩選自師長輩詩文集或散篇零什，所以稱爲「餘」。此書的編纂大概還在《八表停雲録》之前，估計是嚴長明在鄉求學時所爲。入仕至去世前，隨著所交漸廣，又仿《獻徵餘録》體例，在其基礎上，廣泛採録師友詩文，遂有《八表停雲録》之編。如果説《八表停雲録》爲《師友淵源録》奠定了基礎，那麽，《獻徵餘録》也可能是更早的源頭。

爲進一步瞭解《師友淵源録》的編纂基礎，有必要瞭解一下嚴長明各階段的讀書與交遊經歷。據錢大昕所撰《家傳》，嚴長明青年讀書階段即曾至揚州馬氏藏書樓讀書。揚州馬氏指馬曰琯、馬曰璐兄弟，二人合稱「揚州二馬」，以鹽業起家，有園林曰「小玲瓏山館」，其中建有叢書樓，號稱藏書十萬卷。錢大昕在《家傳》中説：「是時東南名士假館馬氏齋，道甫虚心質難，相與上下其議論，遂極群書。」這段難得的讀書生涯，不僅使嚴長明的個人修養在與師友質疑問難中得到非常大的提升，也爲他編纂《獻徵餘録》等書提供了非常豐富的文獻資源。其後自乾隆二十七年至去世的二十五年間，嚴長明任京官十年，在畢沅幕府中十年，居鄉五年，受聘主廬陽書院約半年，這期間遍交當世聞人、同輩才俊等，所得文獻也漸次增加，其歸求草堂藏書達三萬餘卷。可以説，這些藏書和交遊都是《師友淵源録》的成書基礎。總之，有了前兩部書的纂輯基礎，以及所積累的豐富閲歷和藏書，到了晚年，嚴長明編纂一部彙集師友傳記文獻的思想成熟了，體例也日漸清晰嚴整，即主要用纂輯的方式自文集、方志、詩話等文獻中採録傳記資料，分門别類，彙編成書。於是《師友淵源録》這部發凡起例的「總目」最終形成了。

遺憾的是，《師友淵源録》的編纂工作剛剛開了個頭，嚴長明就與世長辭了。此後嚴觀接過了父親未竟的編纂任務。嚴觀所遵循的編纂標準（其實大概也是嚴長明制訂的標準），正如他在《師友淵源録後序》中説：「觀不肖，敬仿《伊洛淵源録》之例，採訪傳志碑文、嘉言軼事等作，悉入録中，僅成初稿二十八卷。敬將先君家傳、墓誌、行略恭録於後，以見先君梗概。」朱熹所撰《伊洛淵源録》十四卷，成書於乾道九年（一一七三），「記周子以下及程子交遊門弟子言行」，旨在「以前言往行矜式後人」〔五〕，該書編纂體例即嚴觀所云「採訪傳志碑文、嘉言軼事」。體例確定後，嚴觀隨即開始了搜集資料和抄纂工作。據嚴觀所列「閲過書目」，他所搜集和參考的集部文獻有六十二種，志書十一種，説部（詩話、筆記）三十五種，共計一百零八種。從乾隆五十二年至道光五年的三十九年間，這種抄纂工作一直在持續，根據書中的序、跋和各册末每校畢一次所署的時間推測，直到道光五年，全書主要人物傳記的抄纂才基本完成，並謄寫《總目》和《後案》，撰寫序跋，裝訂成册。從此直至嚴觀去世，校訂工作一直未間斷。

（二）《師友淵源録》的校訂

自道光五年書稿初成並裝訂成册後，嚴觀和他的友人及長子嚴元都爲此書的完善做了很多努力。當然，校勘工作以嚴觀爲主，由書中所署校閲時間可知他持之以恒地下了很大功夫。爲幫助讀者瞭解嚴觀校書的情況，我們以時間爲序，將嚴觀這些題署文字列示如下（括弧内所注爲陰曆時間）：

道光五年（乙酉，一八二五）

道光五年歲次乙酉十月朔日，嚴觀識於江夏客舍。（第二册首嚴觀撰《師友淵源録後序》末署）

道光五年長至日（十一月十三日），嚴觀識。（第一册末嚴觀撰跋末署）

道光乙酉十二月十日校。（第三册末）

道光五年臘月望日，子進復校。（第二册末）

道光五年十二月二十日，子進校記。（第四册末）

道光乙酉除夕（十二月三十日），子進校訖。（第六册末）

道光六年（丙戌，一八二六）

道光六年正月十一日，子進校訖，是日大雪，寒甚。（第七册末）

丙戌正月二十開印日校訖一卷。校已三遍，仍多錯字，慎之。（第二册第一卷末）

六年正月晦日復校，而錯字仍多，奈何？當自以不息勖之。（第四册末）

六月十二日重校。（第四册末）

道光六年六月二十日子進重校。（第二册末）

道光六年七月望日，子進校訖。（第八册末）

七月二十八日又校。（第二册末）

丙戌八月初五再校。（第三册末）

丙戌秋分日（八月二十二日）重校。（第六册末）

丙戌秋分校第三次，人在病中，書以記事。（第八册末）

重陽天氣晴和，重校是編，計第四次。魯魚之訛，差喜無多，書以自慶。（第二册末）

展重陽（九月十九日）再校訖。（第三册末）

道光丙戌霜降日（九月二十四日），第四遍校訖。錯字漸希，私心自喜。（第五册末）

霜降日再校訖，所喜錯字漸少。（第六册末）

九月廿五日子進復校一過。（第七册末）

十月朔日再校一過，猶未能自信無訛字，仍思復校。（第四册末）

十月初七日復校一遍，自慶錯竟無，亦樂事也。（第二册末）

道光七年（丁亥，一八二七）

道光七年三月初四日，子進復校一過。（第五册末）

道光八年（戊子，一八二八）

道光八年二月十八日，觀復校。（第一册末）

道光八年二月二十一日復校一過。子進記。（第二册末）

道光八年二月二十六日復校一遍，信爲訂本。閲已三次，錯字幸希。（第三册末）

道光八年二月二十七日，子進重閲。（第四册末）

道光八年三月穀雨前一日（三月六日），子進再校訖。（第六册末）

道光八年三月初八日，嚴觀校訖功成。（第八册末《朱溶溪觀察行略》前）

道光九年（己丑，一八二九）

九年三月初七復校。（第一册末）

己丑三月初七，觀重校，時年七十七。（第二册第一卷末）

嚴觀自道光五年十月初一開始校勘工作，至九年三月初七七十七歲時，最少已校改五遍。在漫長的校勘過程中，既有因「錯字漸希」「自慶錯竟無」而「私心自喜」的喜悦，也有「猶未能自信無訛字」「錯字仍多」而徒歎「奈何」或自警「慎之」的無奈與警惕，校書人的甘苦，可見一斑。

嚴觀校書的痕跡除以上題署之外，還有稿中夾簽、頁眉校記。手稿中嚴觀的夾簽很多，大多是粘貼覆蓋在需要替換的文字上，少者一條，多者三四條，層層疊疊，與幾乎每頁頁眉都有的校記共同反映了他對書稿校訂所下的功夫。

爲了使書稿内容更準確，嚴觀還請友人協助校訂，參與校訂工作的友人有周石生、小渠、陳寶儉三人〔六〕。

周開麒（一七九〇—？），字石生，一字穉功〔七〕，江蘇省江寧府上元縣人。嘉慶二十四年（一八一九）己卯恩科舉人〔八〕，道光三年（一八二三）一甲第三名進士〔九〕，由翰林院編修，仕至浙江按察使，於道光二十九年以五品銜致仕〔一〇〕。周開麒校閲意見是抄寫在夾簽上的，全書共有九十五條。這些夾簽都以「周石生校」四字領起校訂意見（尚有三處訛作「周同生」），其中以校訂文字爲最多，其次是校訂史實兼文字或兼提出建議者。

校訂文字者，約有八十餘條，如：

周石生校：「半瓣所在」當是瓣香所在。（卷一《楊皋里先生行狀》）

周石生校：「蘭有」句云，「蘭」下當有坡字。「轉覺寺大鐘」，「覺」上疑有恍字。（卷一《周石帆先生》）

周石生校：魚薨，「薨」字恐誤，疑是薧字。（卷二《劉文定公行略》）

周石生校：此篇前多顛倒錯亂，及字句脱誤甚多，一時難以枚舉，且不敢以臆斷，須檢原書詳校之。（卷二十《光禄寺卿陳公行略》）

校訂史實兼文字或兼提出建議者，約有十餘條，如：

周石生校：吴魯岩，「吴」字恐誤，當是馮字。按馮魯岩先生，浙江嘉興人，官至左都御史。「嘉善」亦當作嘉興。（《總目》）

周石生校：按諸申之先生，乾隆庚辰對策第二人，當改云二十五年賜進士及第

一甲第二，官辰州府知府。(《總目》)

周石生校：秦端岩先生字步臯，「高」字誤，號端岩。後官司業。(《總目》)

周石生校：董觀橋先生謚文恪，應增入。(《總目》)

周石生校：姚祖同，號亮甫，浙江錢唐人，曾任安徽、河南巡撫。現降四品京堂。應增後案。(《總目》)

周石生校：按，協辦侍讀不得言升内閣侍讀，該缺僅一人，因事繁，令中書一人協辦其事，有此名無此官也。閣中謂爲委署，當云署侍讀，或去升字云協辦侍讀亦可。(卷十七《王蘭泉侍郎行略》)

第二位友人「小渠」，姓名仕履不詳，在書中有十二條校簽。第三位友人陳寶儉(思梧)，只有一條校簽(二)。兩人所校内容也都是有關文字的。

除以上三位友人外，參與校訂者還有嚴觀的長子嚴元。嚴元所做的工作是增補，一共六條，都采自陳文述的《畫林新詠》一書，所涉及人物計有七人，即袁遲(真來)、錢載、錢寶甫、孫均、潘奕雋、黄鉞、董誥。

由以上所列舉的校訂情况，可知在對此書長達四十年的編纂校訂過程中，嚴觀自始至終從事校訂之役；周開麒、小渠、陳寶儉三人也在道光間對此書出力甚多，特別是周開麒出校近百條；而嚴元也爲修訂祖、父之書做了一些工作。正因這五人的認真校訂，書稿的質量在不斷提高。通過梳理此書漫長的校勘過程，我們看到了古人對待著作的近乎苛刻的認真態度，這是非常值得我們用心體悟和認真學習的。當然，校書如掃葉，儘管有這麽多人經過這麽多年不停校勘，此書的文字、史實等問題還是很多，但在當時有限條件下，能做到如此盡心盡力，已經非常難能可貴了。由嚴觀的題署文字可知，此書直至他去世之前也没有脱稿寫定並付梓，由此可見一本書的編纂，有時甚至要跨越幾代人的時光，令人感慨！

二、《師友淵源録》的版本

此書目前所能見到的版本有手稿本和抄本兩種。手稿本現存南京圖書館，抄本現存國家圖書館。

（一）《師友淵源録》手稿本

手稿本的版本特徵：内頁四周雙邊，烏絲欄，半頁十二行，行廿三字。書口上部黑魚尾，下部綫魚尾，並鐫「金陵嚴氏鈔跋」「金陵嚴氏鈔録」。全書綫裝八册，第一册爲嚴長明撰《師友淵源録・總目》，後七册爲嚴觀所輯撰《師友淵源録後案》，《後案》分二十八卷。

第一册封面題簽「師友淵源録」，題下書「第一册」，再下書「先君編次總目，男觀采輯後百尺樓」。第一册首頁標題「總目」下嚴觀跋後鈐有朱文長方印「嚴觀謹藏」、白文方印「洛如居士」。第二册封面題簽左下亦書「百尺樓」三字，《凡例》末鈐朱文方印「一切放下」、白文方印「樂此不疲」，册末鈐白文方印「嚴觀之印」。第三册書首目録後鈐白文方印「習慣如自然」，册末鈐朱文長方印「子進」。第五册末鈐朱文長方印「子進」。第七册「故舊」標題下鈐白文方印「水院無人重樓有月」。第八册目録「世好」標題下鈐朱文橢圓印「河山不鬲故人心」、白文方印「遊戲三昧」、白文方印「養花調寉」，正文「世好」標題下鈐白文方圓角印「長樂」、白文方圓角印「人淡如菊」，《朱蓉溪觀察行略》標題前一行末鈐白文方印「嚴觀之印」。鈐印十五處十三方。每册末皆書校書時間和校勘情況。書中夾簽極多，與天頭上的文字同爲相應正文的修訂意見（參見上文校訂部分）。

《師友淵源録》一書的編排體例。首先要説明的是嚴氏父子所遵循的分類標準。嚴長明《總目》的分類，嚴觀在卷首「總目」標題下寫道：

右目録，先大夫手編於乾隆五十二年三月，分十四門：曰師長，曰尊宿，曰先達，召試同年及年誼，内閣前輩、後輩，曰交契，曰故舊，同研及世好，門生，同宗，親戚也。觀謹以目録中諸科名、謚法、號，見於先君見背之「後案」二字，以分眉目。道光五年長至日，嚴觀識。

可見其分類的内在邏輯是先按嚴長明生平的各階段編排師友、門生，最後附以同宗和親戚。各門下列出人物小傳，主要包括姓名、字、號、籍貫、科第年、最終官職、謚號、參考文獻等。如「科名、謚法、號」缺失而由嚴觀所補，有時用「觀案」二字領起補充内容，有時在後面標注「後案」兩字，以示區别。每條傳記後都標注出處，可略分爲以下幾類：如果是有文獻可據的完整傳記，則注爲「事實詳某某」或「事實見某某」；如果是有文獻可據但又很概括的小傳，則注爲「事略見某某」；如果爲嚴觀自擬，則注爲「事實詳擬稿」「事實詳後案」「事略見擬稿」「事略見後案」；如果資料不足，則標爲「事實待訪」；如果連姓名字号、籍貫都無法確定，則標爲「以上若干人事實待訪」。

《後案》嚴格遵循《總目》的編排體例，只不過是把十四門根據篇幅分爲二十八卷。《後案》前也列出《師友淵源録後案總目》，先列各門，門下再列出所在卷數，下面再列出人名。各門與卷數對應情況分别是：「師長第一門」在一至六卷，「尊宿第二門」在七至九卷，「先達第三門」在十、十一卷，「召試同年第四門」在十二、十三卷，「年誼第五門」在十四卷，「内閣前輩第六門」在十五至十八卷，「内閣後輩第七門」在十九卷，「交契第八門」在二十至二十二卷，「故舊第九門」在二十三卷，「同硯第十門」在二十四、二十五卷，「世好第十一門」「門生第十二門」在二十六卷，「同宗第十三門」「親戚第十四門」在二十七卷，「附録家傳」在第二十八卷。

《師友淵源録》全書原始的結構如下：

總目（標題）

嚴觀跋

總目正文

師友淵源録後序

凡例

閱過書目

師友淵源録後案總目

後案正文

從以上各篇目並結合内容可以看出，此書不僅内容尚未校定，其總體結構的安排也還比較粗糙。如嚴觀跋（見上文所引）云「右目録」，由知其必在總目正文末，否則不當云「右」，可能在裝訂時原封不動地將之前抄好的頁移至正文前標題後，卻未及時修正内容。再如《師友淵源録後序》《凡例》《閱過書目》雖然主要説的是「後案」的編纂情況、文獻來源，但也涵蓋了嚴長明「總目」的一些重要問題，放在全書之首似乎更爲合適。

（二）《師友淵源録》其他版本

《師友淵源録》除手稿本外，至少産生過兩個抄本、一個鉛印本。

抄本之一是現藏國家圖書館的張壽鏞抄本，共八册，此本抄於民國三十一年（一九四二）秋，可稱「張抄本」。其二是「故家抄本」。張抄本第一册首有張壽鏞序，序中有「此書見故家所藏抄本，余因録副」一句，知張抄本據之抄録者爲「故家所藏抄本」，故簡稱「故家抄本」，此本不知年代，而且下落不明。我們推測，此「故家抄本」可能是「抄稿本」或「清稿本」（當然也可能是再次轉抄的抄本），是已經融會嚴觀等人的校訂意見寫定了的，而張抄本也應該保存了「故家抄本」的原貌。

鉛印本刊於光緒年間，收在蔡爾康所輯印的《申報館叢書續集·掌故類》中，六卷，作者「嚴長明」，但各圖書館所藏《申報館叢書》多爲殘本，未見此書，大概已經亡佚了〔三〕。因爲未見此書，所以不能判斷此本「六卷」是重分卷帙的全帙還是選印部分的節本。

張抄本的分册與分卷完全依照手稿本，因爲是寫定本，所以版面整飭，清晰美觀，文字也更準確。按校勘的一般原則，當以清本、寫定本爲底本，但考慮到手稿本上留有非常豐富的原始校訂信息，可以使我們的整理成果更接近嚴氏校訂本意，更好地保持原貌，所以我們以手稿本爲整理底本，而以張抄本爲對校本。

三、《師友淵源録》的價值

作爲傳記類文獻，此書與《國朝先正事略》《文獻徵存録》《碑傳集》《儒林傳稿》等性質相類，可相互補充。對其史料價值，前人已有論定。如潘景鄭《著硯樓書跋》評云：「斯録所載，皆一時才能之士，足爲《碑傳集》之羽翼。」民國三十一年張壽鏞抄本跋云：「此書見故家所藏抄本，余因録副。可以補李次青《先正事略》及《碑傳集》所未備，他日重修《清史稿》列傳，亦有取焉。」二位前賢對此書史料價值的定位較高，也很合乎實際。

除史料價值之外，此書的價值還在於保存了大量佚文。

首先是編纂者嚴觀的佚文。據《師友淵源録・總目》及《師友淵源録後案總目》統計，此書共收録四百八十八人，其中有一百一十二人的小傳或相關文字由嚴觀自擬，加上《家傳》中的《行述》《朱蓉溪觀察行略》和六條硯銘，嚴觀作品共一百二十篇。嚴觀著有《閒音齋集》[一三]、《述齋詩選》《剩稿》[一四]，都已亡佚，在這種情況下，這一百二十篇文字非常集中也非常成規模地保存在《後案》中，就顯得格外珍貴。

正如前文所述，嚴觀所撰都標以「後案」，這些「後案」文字多數是零什短篇，但也有一些完整的傳記作品，如卷二《劉文定公行略》、卷七《王孟亭太守行略》、卷十二《孫補山先生行略》、卷十六《褚宗正員外傳》、卷十七《王蘭泉侍郎行略》、卷十八《王蓬心太守傳》、卷二十《光禄寺卿陳公行略》、卷二十一《司經局洗馬秦公行略》《副都御史管公行略》、卷二十二《陝西糧道王公行略》、卷二十四《談旦泉擬傳》《熊公藕頤佚事記》、卷二十五《汪容甫墓碣》《孫淵如軼事記》、卷二十七《蕭玉亭家傳》、卷二十八《行述》《朱蓉溪觀察行略》，共計十七篇。通過校勘我們知道，這些作品所載史實雖然不一定完全準確，有的擬傳雖然不是傳主唯一的傳記，但因爲保留了一些嚴觀親見親聞的史實，因而彌足珍貴。比如《孫淵如軼事記》一文在談到孫星衍一生勤學時説：「君篤志窮經，性耽著述，旦夕深思，夜亦引被而臥，醒即翻閲群書，每至燭跋三條，天猶未曙。君恒言解經之士先宜識字，余見君讀《説文》，用五色筆，至十四遍不輟。以是，年未五十，髮白如霜，所謂『青山入眼不干禄，白髮滿頭猶著書』，可以爲君寫照也。」讀書夜以繼日、讀《説文》用五色筆至十四遍不輟、未五十而髮如霜等細節描寫非常生動，爲他處文獻所無，這就爲人們認識孫星衍的學者風範提供了非常有價值的資料。這種充滿鮮活細節的史料在嚴觀其他擬傳中也時有體現，對於還原歷史細節的價值自不待言。如果没有這本書，嚴觀的這些作品我們也就無緣寓目了，那將是很大的遺憾。

其次是其他人的佚文。如嚴長明，其《歸求草堂文集》已亡佚，《後案》卷十四收録了《國子監學正戴公祖啟墓碣》一文。如畢沅，其《靈巖山人文集》已佚，但《後案》卷三、卷二十二分别收録了《伍文端公祭文》《西安提督馬公雲山家傳》兩文。前者以駢體祭悼伍彌泰，莊嚴肅穆，情采斐然。後者不僅寫出了馬彪有勇有謀、叱吒風雲的英雄本色，也非常簡潔而生動地記載了平定新疆回部和兩金川等戰役，舉重若輕，反映了畢沅的文采與史才。二文可爲將來裒集畢氏文集增添佳構。再如趙翼，只有詩集《甌北集》而無文集，其文散見於各種文獻中，《後案》卷十九收録了《劉檀橋墓誌銘》，可補《趙翼全集》之缺〔一五〕。

另外，還有一些序跋、書信等資料也是此書所獨有，如卷十九洪梧《江寧金石記書後》、卷二十六韓廷秀《元和郡縣補志序》、梅沖《與嚴子進書》、王芾《著書記》等文，都可爲有關嚴觀的研究提供支撑。

《師友淵源録》作爲傳記類文獻，與清代同類文獻相比，在開始編纂的時間上是較早的，但因爲未出版且深藏圖書館而影響了人們對它的瞭解，當然也可能被誤解它只是經過簡單的抄纂而成，價值不高，如同一顆塵埋的明珠、一塊石裏的美玉，被埋没至今。現在，我們把它整理出來，在深切體悟前輩學者嘔心瀝血的學術精神的同時，希望學界同仁能更充分地挖掘它所藴含的學術價值，從而促進相關研究的進展。

【注釋】

〔一〕江慶柏：《江蘇藝文志·南京卷》（增訂本）第二册，鳳凰出版社，二〇一九年，第七八九—七九〇頁。

〔二〕嚴觀生年，據《師友淵源録》手稿本第二册第一卷末題「己丑三月初七，觀重校，時年七十七」，「道光己丑」爲道光九年，即公元一八二九年，可推之生年爲一七五三年，即乾隆十八年癸酉。

〔三〕引文爲：「樊榭出居道古，翛然清遠，詩文之外，鋭意於詞。嘗病倚聲家冶蕩者失之靡，豪健者失之肆，因約情斂體，深秀綿邈，興至思集，輒自比之孫氏一弦，柳氏雙鎖，要以自寫胸抱，非求悦衆耳也」此段引文也見於阮元輯《兩浙輶軒録》卷二十一，並題出自《尊聞録》，二者除少量字詞差異外，文字幾乎全同。然此《尊聞録》似非嚴長明《尊聞録》，該書卷二十「江惟憲」小傳言江氏著有《尊聞録》一書，故阮元所據者蓋江氏之書。此處所云「嚴長明輯《尊聞録》」，大概是嚴觀在抄録《兩浙輶軒録》時一時筆誤，另外，《師友淵源録後案》第二册所載「閲過書目」中也無《尊聞録》一書，所以筆誤的可能性最大，因無更多證據，姑且存疑。

〔四〕鄭志良：《新見吴敬梓〈後新樂府〉探析》，《文學遺産》二〇一七年第四期，第一五八—一五九頁。

〔五〕清紀昀等著，四庫全書研究所整理：《欽定四庫全書總目》卷五十七，中華書局，一九九七年，第八〇四、八〇五頁。

〔六〕「渠」字爲草書，亦似「梁」字。

〔七〕江慶柏：《清代人物生卒年表》，人民文學出版社，二〇〇五年，第五〇五頁。

〔八〕沈國翰修，莫祥芝、甘紹盤纂：《〔同治〕上江兩縣志》卷十四《科貢》，清同治十三年刊本。

〔九〕江慶柏：《清朝進士題名録》中册，中華書局，二〇〇七年，第八二八頁。

〔一〇〕文慶：《清宣宗皇帝實録》卷四百六十五：「（道光二十九年三月癸未），命前任浙江按察使周開麒以五品頂帶休致。」清抄本。

〔一一〕陳思梧名寶儉（一七八六—一八三一），字師吾，一作思梧，江寧府上元縣人。嘉慶十八年舉人，翌年成進士（二甲第七十一名），由内閣中書仕至武昌府同知。參蔣啟勳、趙佑宸：《〔同治〕續纂江寧府志》，清光緒十年重印本。梅曾亮：《柏梘山房文集》卷十二《陳師吾墓誌銘》。

江慶柏：《清朝進士題名録》中册，第七六八頁。

〔一二〕江慶柏《江蘇藝文志·南京卷》第二册：「按：《中國叢書綜録》編者謂嚴氏此書收入《申報館叢書》並已經刊行，但各圖書館收藏均缺。參見《中國叢書綜録》第一册『編例』。」第七九一頁。筆者也曾赴國圖等查閲此叢書，亦未見。

〔一三〕江慶柏：《江蘇藝文志·南京卷》（增訂本）第二册，鳳凰出版社，二〇一九年，第八三六頁。

〔一四〕見《師友淵源録》卷二十六王蘊華撰《著書記》。

〔一五〕趙翼撰，曹光甫點校：《趙翼全集》，鳳凰出版社，二〇〇九年。

整理凡例

一、本書整理，以南京圖書館藏稿本爲底本，其中嚴長明之《師友淵源録》簡稱「《録》」，嚴觀之《師友淵源録後案》簡稱「《後案》」，《師友淵源録後案總目》簡稱「《總目》」；以國家圖書館藏張壽鏞抄本爲對校本，簡稱「張本」；參校各文所從出之文獻則標以全稱，并將參考文獻附卷末。

二、《後案》中無傳、銘或僅標識「待訪」者，廣采集部、史部、子部之書，不論該文獻成書時間先後，凡可補其缺略者，皆予采録；雖已有傳、銘，但所檢文章可補其缺者，亦予補入。對於僅録姓名而難以具體確定身份、無法補足傳記者，因《録》《總目》已著録其名，則於《後案》删汰之，并出校説明。爲避重複，此書前後同類文獻（如《國朝先正事略》等）已收録者，一概不録。所補篇目，於標題前加一「補」字，以與嚴氏原録篇目區别。爲便讀者檢核，亦仿嚴氏文例，於所補篇末注出所從出之文獻、卷數等。

三、如所補文獻有多個出處，則以所含信息较完整者爲底本，適當校以其他文獻，如果僅存異文不影響文意則不出校。

四、若有關資料過於瑣碎，則不於正文增補，僅在校記中以按語説明。

五、嚴觀《後案》因編纂遷延日久，前後照應欠周，故有條目重出之弊，對重出者一概刪汰，并出校説明。

六、嚴觀抄纂，於原文時有改動或抄誤，常見之訛、脱、衍、倒等誤，如有版本依據則於正文改正并出校記，如無版本依據但據上下文可增刪調改者，則於正文改之并出校記。對不當節縮刪改而致文意不通者，則視具體情況，或改原文而出校，或不改原文而於校記中説明意見。其餘不影響文意之改寫不出校。

七、凡人名、字、號因同音或形近而出現不同字形，且都有文獻支撑却無法判定是非者，《録》與《總目》有個別人名不合，但因無文獻可據而無法判斷是非，因此各自保留原貌。

八、爲免繁瑣，每篇傳記校記中參校文獻首出時具列作者、書名、卷數，個别或列出篇名，後面再出時則僅列書名。

九、除人名等專有名詞用字個別保留異體字外，其餘異體字、舊字形一律徑改爲標準通行字。

師友淵源録後序〔一〕

先君嘗言「學者不周覽天下之載籍，不盡友天下之賢才，不通當代之典章，遽欲出而有爲，入而握管，縱使信今，亦難傳後」，是以於幼客廣陵，即著《八表停雲録》一編，以紀交游之勝。

乾隆二十七年，恭逢高宗純皇帝翠華南幸，得以詞賦通籍。樞庭綸閣，供奉内廷者十載，所識偉人奇士，幾盡海内矣。

歸田後，往返秦、豫又幾十年。所到之處，或以一卷共事，莫不疏其姓名，紀其著録。嘗謂：「此游不獨攬太華之奇峰，識黄河之曲直而已也。」

歲丁未，年五十七，不樂遠遊，應廬州蕭太守登瀛之聘，主廬陽書院，兼纂府志。暇編《師友淵源録》一册，中分十四門，自師長、先達，以至故舊、門生，通計四百餘人。時當秋爽，正欲纂輯成書，乃曳杖逍遥，變生意外！止存總目一册。

計今《録》中之人，歸道山者已經大半，按其事實，多有未能知其略者。觀不肖，敬仿《伊洛淵源録》之例，採訪傳誌碑文、嘉言軼事等作，悉入録中，僅成初稿二十八卷。敬將先君家傳、墓誌、行略恭録於後，以見先君梗概。

道光五年歲次乙酉十月朔日，嚴觀識於江夏客舍。

【校勘記】

〔一〕此《後序》及下文《凡例》《閲過書目》原皆在嚴長明《録》末，今將其移至書首。在《閲過書目》後保留原書首「總目」二字，而原「總目」後嚴觀所撰識語有「右目録」云云，顯系書末之跋語，故將識語移至嚴長明《録》末，并補標「跋」字。

凡例

一、《師友淵源録》書名，久已刊於法時帆學士《槐庭載筆》卷首目録中〔一〕，蓋其時書尚未成，先君以草稿商之於法公也。後觀於嘉慶三年十月，再至京師，謁公京邸，以初稿呈政。公以新作《墓誌》二篇，命觀增入。事閲二十八年，公年應登耄耋矣。

一、稱謂悉從先君所訂原目，稱師長、尊宿、先達，前輩曰先生，有謚法稱謚。後輩、交契、故舊、同研以字稱。科目、官爵以及謚法，見於先君見背之後，以「後案」二字别之。

一、先君所編總目中，間有書名不書字、稱字而缺名者，一時無從稽考，惟祈大雅，見示鴻文，以廣知識〔二〕。

一、采輯文字，悉本原書，不敢妄加删節。注見某書，以便校對。

一、諸公事實，如陳文恭，已録《墓誌》，又采其《行狀》中軼事，因其事有可傳，已驗於目前。又如方敏恪，已録《神道碑》，又采《家傳》，因互有詳略之可取。

一、是編采訪不易，僅成二十八卷，雖字計二十六萬，每門中尚有缺佚。姑從周櫟園先生《讀畫録》《印人傳》之例，隨見隨補。

一、閲過之書，僅一百餘種，目列於後，未見者不知凡幾，尚求賜見藏書，以補不足。

【校勘記】

〔一〕刊：張本作「列」。

〔二〕按：此句末原有「俾得如董黎州《訪舊録》、梅耦長《知我録》，並重藝林，是所望於群公者也」一段内容，後爲嚴觀勾去。

閲過書目

文集〔一〕

《歸愚文鈔》沈德潛。
《地山初稿》曹秀先。
《笥河文鈔》朱筠。
《道古堂集》杭世駿。
《忠雅堂集》蔣士銓。
《王惕夫未定稿》王芑孫。
《小倉山房文集》袁枚。
《茶山文集》錢維城。
《惜抱軒文集》姚鼐。
《抱經堂文集》盧文弨。
《五松園文集》孫星衍。
《芝庭文鈔》彭啓豐。
《朱文正公集》朱珪。
《繩庵外集》劉綸。
《鮚埼亭集》全祖望。
《潛研堂文集》錢大昕。
《管韞山文集》管世銘。
《靈巖山人文集》畢沅。
《勉行堂文集》程晉芳。
《玉芝堂文集》邵齊燾。
《吴白華文集》吴省欽。
《平津館文集》孫星衍〔二〕。

《松泉文集》汪由敦〔三〕。
《春融堂全集》王昶。
《卷施堂文集》洪亮吉〔四〕。
《師華山房文集》戴祖啓。
《播琴堂集》金學詩。
《研經室文集》阮元。
《熊藕頤類稿》熊寶泰。
《雙佩齋文集》王友亮。
《有正味齋文集》吴錫麒。
《吴山尊文集》吴鼒。
《亦有生齋文集》趙懷玉。
《存素齋文集》法式善。
《李氏合刻詩文集》李浩。
《兩浙輶軒録》阮元。
《夢樓文集》王文治。
《蘭韻堂文集》沈初。
《湖海詩傳》王昶。
《修潔堂文集》寧楷。
《韋約軒集》韋謙恒。
《切問齋文鈔》陸耀。
《疇人傳》阮元。
《戴東原文集》戴震。
《儀鄭堂集》孔廣森〔五〕。
《春融堂文集》王昶。
《甌北文鈔》趙翼。
《述學》汪中。
《紫石山房文集》孫定。
《吴會英才集》。
《湖海英靈集》阮元。
《熊雨溟文集》熊士鵬。

《小峴山房文集》秦瀛。　《舊雨集》管幹貞。
《小雲谷文集》朱照廉。　《八表停雲録》家集。
《獻徵餘録》家集。　《歸求草堂文鈔》家集。
《介堂文存》韓廷秀。　《小石文鈔》王芾。
《武林蕭蕭耆舊傳》　《詞科掌録》杭世駿。

【校勘記】

〔一〕文集：原無，據文例及内容補。

〔二〕孫星衍：底本凡作者二出或多出，則於第二處書「同上」二字，今依張本悉改爲作者名。

〔三〕按：《松泉文集》等十九種文獻，乃著者補漏而書於頁眉者，今均置於所在頁之末；張本則抄入不同位置，今不從。

〔四〕卷施堂：現存洪亮吉文集名《卷施閣集》，此目中所列書名多有與現存書名不完全符合者，因書後附有參考文獻，故不再一一出校，僅於錯誤者校改。

〔五〕儀鄭堂：原倒作「鄭儀堂」，今據現存孔廣森《儀鄭堂文集》改。

志書

《湖北通志》　《江寧府新志》

《揚州府志》
《鹽法志》
《廬州府志》
《合肥縣志》
《舒城縣志》
《杭州府志》
《紹興府志》
《西安府志》
《青浦縣志》

説部

《南行召試録》
《熙朝雅頌集》
《瀟湘聽雨録》江昱。
《熙朝新語》
《蒲褐山房詩話》王昶。
《隨園詩話》袁枚。
《吴興詩話》
《越風》商盤。
《雨村詩話》李調元。
《梧門詩話》法式善。
《榕城詩話》杭世駿。
《滇南詩話》
《漱芳齋詩話》
《西江詩話》
《梅里詩話》
《蓬山清話》

《廣陵詩事》阮元。
《茶餘客話》阮葵生〔一〕。
《稗勺》鮑鈖。
《客窓偶筆》
《藤陰雜記》
《石鼓齋雜録》
《西清筆記》沈初。
《雪鴻再録》王昶。
《畫林新咏》
《定香亭筆譚》阮元。
《晚讀書齋雜録》
《畫識》王昶。
《槐廬載筆》法式善。
《金川瑣記》李心衡。
《覓硯瑣談》
《半舫齋偶輯》夏。
《閨閣詩話》顧鑾。
《南野堂筆記》吴文溥。
《慰忠祠記》

【校勘記】

〔一〕茶餘客話阮葵生：書名原與《録》《總目》《後案》皆訛作「茶餘亭話」，檢正文凡注爲「茶餘亭話」者，皆出自阮葵生《茶餘客話》，故改。「阮葵生」原訛作「吴玉搢」，吴玉搢并無《茶餘亭話》一書，故改，下文不再出校。

總目

師長

塾師叔祖軼倫公，諱綵鳳。上元附生。

塾師甘遇洲先生，諱棠，江寧人〔一〕。乾隆十八年拔貢生。

受業師楊皋里先生，諱繩武，字文叔，江蘇吴縣人。康熙六十年二甲進士第一，官編修。事實詳《行狀》。

受業師沈敬亭先生，諱起元，字子大，江蘇鎮洋人。康熙六十年進士，官光禄寺卿。事實詳《家傳》。

受業師韓瀝芳先生，諱彦曾，江蘇長洲人。雍正二年進士，官司經局洗馬。事實待訪。

受業師周石帆先生，諱長發，字蘭坡，浙江會稽人。雍正二年進士，乾隆元年博學鴻詞，官翰林院侍讀學士。事實見《紹興府志》。

受業師杭堇浦先生，諱世駿，字大宗，浙江仁和人。雍正二年舉人〔二〕，乾隆元年博學鴻詞，官編修。事略見《墓誌》〔三〕。

愛業師王介眉先生，諱延年，浙江錢唐人。雍正四年舉人〔四〕，乾隆元年博學鴻詞，官國子監司業。事略見《詩話》。

受業師劉圃三先生，諱星煒，字映榆，江蘇武進人。乾隆十三年二甲進士第一，官工部侍郎。事略見《舊雨集》。

【校勘記】

〔一〕人：原脱，據文例補。

〔二〕舉人：原訛作「進士」，據《後案》改。

〔三〕見：張本作「詳」。

〔四〕舉人：原訛作「進士」，據《後案》改。

歲科應試師〔一〕

藍士賢先生，諱應襲，浙江仁和人。事實待訪。

夢午塘先生，諱麟，姓西魯特，字文子〔二〕，號大谷山人，蒙古正白旗人。乾隆十年進士，官工部侍郎。事實詳《神道碑》。

李鶴峰先生，諱因培，雲南晋寧人。乾隆十年進士，官禮部侍郎。事略見説部。

雷翠庭先生，諱鋐，字貫一，福建寧化人。雍正十一年進士[三]，官都察院左都御史。事實詳《墓志銘》。

劉石庵先生，諱墉，字崇如，山東諸城人。乾隆十六年進士，官體仁閣學士[四]。觀案：後謚文清。

【校勘記】

〔一〕歲科應試師：原與「藍士賢先生」相連屬，今依體例分開。

〔二〕文子：原倒作「子文」，據《後案》卷一《夢午堂先生神道碑》乙正。

〔三〕雍正十一：原訛作「乾隆十」，據《後案》卷一《雷翠庭先生墓誌銘》改。

〔四〕閣：原訛作「殿」，據《後案》改。

召試閱卷師

尹文端公，諱繼善，姓章佳，字元長，號望山，滿洲鑲黃旗人。雍正元年進士，官文華殿大學士，謚文端[一]。事實見《神道碑》。

劉文定公，諱綸，字繩庵，江蘇武進人。乾隆元年博學鴻詞，官協辦大學士，謚文定。事略見擬稿。

于文襄公，諱敏中，字耐圃，江蘇金壇人。乾隆二年賜進士及第一甲第一，官大學士。

事略見《祭文》。

【校勘記】

〔一〕端：原訛作「定」，按前文即以謚號稱「尹文端公」，故從之改。另，張本正作「端」。

閣師

傅文忠公，諱恒。事略見《輓詩》。

舒文襄公，諱赫德，姓舒穆魯〔一〕，字伯容，號明亭，滿洲正白旗人。官協辦大學士，謚文襄。事實詳《墓誌》。

伍文端公〔二〕，諱彌泰。事略見《祭文》。

史文靖公，諱貽直，字儆弦，號鐵厓，江蘇溧陽人。康熙三十九年進士，官兩江總督，謚文靖。事實詳《神道碑》。

陳文恭公，諱宏謀，字汝咨，號榕門，廣西臨桂人。雍正元年進士，官東閣大學士，謚文恭。事實詳《墓誌》。

劉文正公，諱統勳，字延清，號爾鈍，山東諸城人。雍正二年進士，官東閣大學士。事略見《詩話》。

梁文莊公，諱詩正，字養仲，號薌林，浙江錢唐人。雍正八年賜進士及第一甲第三〔三〕，官東閣大學士，謚文莊。事實詳《行狀》。

阿廣庭先生，諱阿桂，姓章佳，號雲巖，滿洲正白旗人。乾隆三年舉人，官武英殿大學士。觀案：後謚文成。事實詳《行狀》。

莊滋圃先生，諱有恭，字容可，廣東番禺人。乾隆四年賜進士及第一甲第一，官刑部尚書。事實詳《墓誌》。

【校勘記】

〔一〕舒：原脱，據《後案》卷三《舒文襄公墓誌銘》改。

〔二〕端：原訛作「敏」，據《後案》卷三《伍文端公祭文》改。

〔三〕三：原訛作「一」，據《後案》卷四《梁文莊公行狀》改。

太老師

沈文慤公〔一〕，諱德潛，字確士，號歸愚，江蘇長洲人。乾隆元年薦舉博學鴻詞，四年成進士，官禮部侍郎，加尚書銜，謚文慤。事略見《詩話》。

董文恪公〔二〕，諱邦達，字孚存，浙江富陽人。雍正十一年進士，官禮部尚書。事略見《杭州府志》。

竇東皋先生[三]，諱光鼐，字元調[四]，山東諸城人。乾隆七年進士，官都察院左都御史。事實詳《墓誌》。

【校勘記】

〔一〕慤：原訛作「恪」，據《總目》及《後案》小傳改。

〔二〕按：此條原在「曹慕堂先生」後，據《總目》《後案》乙之。

〔三〕「竇東皋先生」條：底本書於浮簽之上，簽下覆蓋者爲「董文恪公，諱邦達，字孚存，浙江富陽人，雍正十一年進士，官禮部尚書。事略見《杭州府志》」等文字，表明作者删換者。按：此段文字見下文；此類删換不再出校。

〔四〕元調：原倒作「調元」，據《後案》卷六《東皋先生墓誌銘》乙正。

會試薦卷師

曹慕堂先生，諱學閔，字孝如，山西汾陽人。乾隆十九年進士，官宗人府丞[一]。事實詳《神道碑》。

【校勘記】

〔一〕按：底本原衍一「丞」字，據張本删。

尊宿

熊滌齋先生，諱本，江西南昌人。康熙四十五年進士，官編修。事略見《壽序》。

李穆堂先生，諱紱，江西臨川人。康熙四十八年進士，官直隸總督。事實詳《神道碑》。

方望溪先生，諱苞，安徽桐城人。康熙四十五年進士〔一〕，官内閣學士。事實詳《神道碑》。

宫怡雲先生，諱爾勸，字九叙〔二〕，山東高密人。康熙五十年舉人，官雲南布政使。事實待訪。

王孟亭先生，諱箴輿，字敬倚，江蘇寶應人。康熙五十一年進士，官歸德府知府。事略詳擬稿。

厲樊榭先生，諱鶚，字太鴻，浙江錢唐人。康熙五十九年舉人。事實見墓碣。

錢文端公，諱陳群，字主敬，浙江嘉興人。康熙六十年進士，官刑部尚書，晋太子太保，謚文端。事實詳《墓誌》。

戴遂堂先生，諱亨，奉天遼陽人。康熙六十年進士，官齊河縣知縣。事略見《詩話》。

戴雪村先生，諱瀚，字巨川，江蘇上元人。雍正元年賜進士及第一甲第二，官翰林院侍講學士。事實詳《行狀》。

汪文端公，諱由敦，字師茗，安徽休寧人。雍正二年進士，官協辦大學士，謚文端。事實詳《家傳》。

商寶意先生，諱盤，字蒼雨，浙江嵊縣人。雍正八年進士，官梧州府知府。事實詳《家傳》。

齊瓊臺先生，諱召南，字次風，浙江天臺人。乾隆元年博學鴻詞，官禮部侍郎。事實詳《墓誌》。

全謝山先生，諱祖望，浙江鄞縣人。乾隆元年進士，官翰林院庶吉士。事略見《詩話》。

張少儀先生，諱鳳孫，江蘇吴縣人。乾隆元年薦舉博學鴻詞，官糧道。事略見《詞科掌録》。

秦文恭公，諱蕙田，字樹峰，號味經，江蘇無錫人。乾隆元年賜進士及第一甲第三，官刑部尚書，謚文恭。事實詳《家傳》。

袁簡齋先生，諱枚，字子才，浙江錢唐人。乾隆四年進士，官江寧縣知縣。事實詳《墓誌》。

裘文達公，諱曰修，字叔度，江西新建人。乾隆四年進士，官工部尚書，謚文達。事實詳《神道碑》。

吴敏軒先生，諱敬梓，字文木，安徽全椒人。事實詳《家傳》。

程綿莊先生〔三〕，諱廷祚〔四〕，字啓生，江蘇上元人。事實詳《家傳》。

鮑海門先生，諱皋，字步江，江蘇丹徒人。事實詳《家傳》。

惠定宇先生，諱棟，江蘇元和人。事實詳《家傳》。

沈補蘿先生，諱鳳，字凡民，江蘇江陰人。官江寧南捕通判。事實詳《墓誌》。

【校勘記】

〔一〕四十五：原脱，按方苞於康熙四十五年中式會試第四名，故補。另，殿試前遽聞母疾，未與試而歸。乾隆四十五年進士題名録中無方苞名。

〔二〕九叙：原倒作「敘九」，據《後案》卷七《宫怡雲方伯暨元配李夫人合葬墓誌銘》乙正。

〔三〕綿：原作「棉」，據《後案》卷九《程綿莊徵君墓誌銘》改。

〔四〕廷：原訛作「延」，據《後案》卷九《程綿莊徵君墓誌銘》改。《總目》誤亦同，并改。

先達

盧雅雨先生，諱見曾，字抱孫，山東德州人。康熙六十年進士，官兩淮鹽運使。事略見《詩序》。

彭芝庭先生，諱啓豐，字翰文，江蘇長洲人。雍正五年賜進士及第一甲第一，官兵部尚書。事實詳《神道碑》。

張墨莊先生，諱若湝，安徽桐城人。雍正八年進士，官都察院左都御史。事實待訪。

邵亹承〔一〕，諱齊烈，江蘇昭文人。乾隆十年進士，官庶吉士。事實詳《墓誌》〔二〕。

邵叔宀先生，諱齊燾，字荀慈，江蘇昭文人。乾隆七年進士，官編修。事實詳《墓誌》〔三〕。

閔峙庭先生，諱鶚元，浙江歸安人。乾隆十年進士，官江蘇巡撫。事實侍訪。

莊方耕先生，諱存與〔四〕，江蘇陽湖人。乾隆十年賜進士及第一甲第二。事略見《瑣談》。

朱石君先生，諱珪，號南崖，晚號盤陀老人，順天大興人。乾隆十三年進士，官大學士〔五〕。事實詳《墓誌》。

觀後案：謚文正。

秦澗泉先生〔六〕，諱大士，江蘇江寧人。乾隆十七年賜進士及第一甲第一，官翰林院學士。事實詳《墓誌》。

錢坤一，諱載，字拓石，浙江秀水人。乾隆十七年進士，官禮部侍郎。事略見《祭文》。

蔣用庵先生，諱和寧，字畊叔，江蘇陽湖人。乾隆十七年進士，官御史。事實見《別傳》。

翁覃溪先生，諱方綱，字正三，順天大興人。乾隆十七年進士，官鴻臚寺正卿。事略見《詩話》。

王西沚先生，諱鳴盛，字鳳喈，又字西莊，江蘇嘉定人。乾隆十九年賜進士及第一甲第二，官禮部侍郎。事實詳《墓誌》。

朱竹君先生，諱筠，字美叔，順天大興人。乾隆十九年進士，官翰林院侍讀學士。事實詳《家傳》。

吴樸庭先生，諱爚文，浙江山陰人。事實詳《家傳》。

【校勘記】

〔一〕按：《總目》《後案》中「邵齊燾」在「邵齊烈」前。

〔二〕按：此條乃增補，頁眉上書「補一人」，補簽覆在「張墨莊先生」「邵叔宀先生」之上。此類以浮簽增補或修改處甚多，一般不再出校。

〔三〕事實：底本「實」訛作「事」，據張本改。

〔四〕與：原訛作「輿」，據《總目》《後案》卷十《莊存與傳》改。

〔五〕官大學士：原脱「大」字，頁眉浮簽書「官大學士」，張本不脱，據改。

〔六〕澗：原訛作「鑑」，據《後案》卷十一盧文弨撰《翰林院侍講學士秦公墓誌銘》改。另，卷十一所收文題中，「澗」亦訛作「鑑」，并改。

召試同年

孫補山，諱士毅，字智治，浙江仁和人。乾隆二十六年進士，二十七年召試，授内閣中書，官至文淵閣大學士。事實見《行略》。觀後案，謚文靖。

沈雲椒，諱初，字景初，浙江平湖人。乾隆二十七年召試，欽賜舉人，授内閣中書。二十八年賜進士及第一甲第二，官吏部尚書。事實詳《墓誌》。觀後案，謚文恪〔一〕。

王敬輿，諱鑾，浙江歸安人。乾隆二十七年召試，賜舉人，授内閣中書，官汝南光道。事實見譜序〔二〕。

汪厚石，諱孟鋗，字康古，浙江秀水人。乾隆十五年舉人，二十七年召試，授内閣中書，官吏部文選司主事。事實詳《墓誌》〔三〕。

程蕺園，諱晋芳，字魚門，安徽歙縣人。乾隆二十七年召試，賜舉人，授内閣中書，三十六年成進士，後改編修。事實詳《墓誌》。

趙璞函，諱文哲，字損之，江蘇上海人。乾隆二十七年召試，賜舉人，授内閣中書，升河南司主事，歿於軍營，贈光禄寺卿。事實詳《墓誌》。

吴竹嶼，諱泰來，字企晋，江蘇長洲人。乾隆二十五年進士，二十七年召試，授内閣中書。事略見《詩話》。

陸耳山，諱錫熊，字健男，江蘇上海人。乾隆二十六年進士〔四〕，二十七年召試，授内閣中書，官都察院左都御史。事實詳《墓誌》。

徐縣圃，諱步雲，字蒸遠，江蘇興化人。乾隆二十七年召試，賜舉人，授内閣中書。事實待訪。

錢訥生，諱襄，字思贊，江蘇吴縣人。乾隆二十七年召試，賜舉人，授内閣中書。事實待訪。

郭晴湖，諱元漋，字峯山，安徽全椒人。乾隆二十六年進士，二十七年召試，授内閣中書，後升侍讀。事實待訪。

【校勘記】

〔一〕文恪：底本訛作「恪恪」，據張本改。按張本亦按原文抄録，於首「恪」字右另書一「文」字，表明「恪」當改「文」。

〔二〕譜序：底本原作「譜略」，頁眉上書「事實見譜序」，張本亦作「譜序」，據改。

〔三〕按：此條上頁眉「嚴在陸前補入。補號。後案」，「陸」蓋下文「陸耳山」，因其頁眉上方亦書「嚴」字，然不知「嚴」爲何人。張本亦未補入。

〔四〕五：原訛作「六」，據《後案》卷十二《都察院左副都御史陸耳山墓誌銘》改。

欽取二等

李憲吉，諱旦華，字厚齋，浙江嘉興人。事略見《輶軒録》。

李，諱恒，浙江仁和人。事略見同上。

高東井，諱文照，浙江武康人。乾隆三十九年舉人。事略見《吴會英才集》。

孫恂士，諱效曾，浙江仁和人。乾隆二十八年進士〔一〕。事實待訪。

孫詒穀，諱志祖，浙江餘姚人。乾隆三十一年進士，官御史。事實詳《墓誌》。

朱吉人，諱方靄，浙江桐鄉人。事略見《詩話》〔二〕。

孫春圃，諱梅，浙江烏程人。乾隆三十四年進士，官太平府同知。事略見《定香亭筆譚》。

錢，諱衡，浙江仁和人。

潘平子，諱本泰，浙江歸安人。

陳，諱蘭，浙江山陰人。

祝芷堂，諱德麟，浙江海寧人。乾隆二十八年進士，官御史。事略見《詩話》。

周定國，諱世武，浙江鄞縣人。

劉，諱潢，江蘇吴縣人。事略見《藕頤類稿》〔三〕。

莊似撰，諱炘〔四〕，江蘇武進人。乾隆三十三年副榜，官興安府知府。事略見《瑣談》。

沈，諱自申，安徽蕪湖人。

顧，諱宗泰，江蘇元和人。乾隆四十年進士〔五〕，官至廣東高州府知府，著有《月滿樓詩集》。

吴謙谷，諱鶴齡，安徽休寧人。

曹，諱榜，江蘇山陽人。

楊，諱惟增，江蘇山陽人。
江，諱廷泰，江蘇江都人。
鄭麗農，諱奇樹，安徽歙縣人。
莊，諱允成，江蘇武進人。
趙元一〔六〕，諱帥，安徽涇縣人。
程，諱有勳，江蘇江寧人。

【校勘記】

〔一〕二十八年：原空白，按法式善撰《清秘述聞》卷七：「雲南考官侍講孫效曾，字恂士，浙江仁和人。癸未進士，御史。」癸未爲乾隆二十八年，據江慶柏編著《清朝進士題名録》上册第五百六十二頁，孫效曾爲是科二甲第二名進士。

〔二〕詩話：「詩」字原脱，張本亦空格，據《後案》卷十三「朱吉人」條補。

〔三〕藕：原訛作「耦」，按《藕頣類稿》爲熊寶泰之别集，據改。

〔四〕炘：與《後案》皆訛作「昕」，據趙懷玉《亦有生齋文集》卷十九《清故奉政大夫陝西邠州直隸州知州莊君墓誌銘》并改。

〔五〕四十：與《後案》皆訛作「三十四」，按《清朝進士題名録》上册第六百零四頁，顧宗泰爲乾隆四十年乙未科二甲第十三名進士，并據之改。

〔六〕一一：原訛作「茨」，按《〔嘉慶〕涇縣志》卷三十二《詞賦》云「趙帥，字元一。乾隆壬午舉人」，又趙紹祖《琴士詩鈔》卷三《北固紀遊八十韻》詩注云「時族兄偉堂爲鎮江府學訓導，名帥，字元一」，據改。下文《後案》卷十三復作「苡」，蓋又「茨」之訛，并改，不再出校。

年誼

梅隅庵，諱釴，江蘇江寧人。乾隆二十七年欽賜舉人。事略見《後案》。

梅式堂，諱鈔，字二如，隅庵之弟，貢生。事實詳《墓誌》。

陳道寧，諱尚志，江蘇江寧人。乾隆二十七年舉人，官訓導。事略見《後案》。

朱思堂，諱孝純，奉天正紅旗人。乾隆二十七年舉人，官兩淮運使。事略見《詩序》。

錢竹初，諱維喬，江蘇武進人。乾隆二十七年舉人，官鄞縣知縣。事略見《畫識》。

梁文山，諱巘〔一〕，安徽亳州人。乾隆二十七年舉人，官知縣。事略見《半舫齋偶輯》。

龔吟臞，諱褆身，字深甫，浙江仁和人。乾隆二十七年舉人。事略見《詩話》。

劉雲樵，諱秉愃〔二〕，山西洪洞人。乾隆二十七年舉人，官郎中。事實待訪。

陸，諱瑗，江蘇陽湖人。乾隆二十七年舉人，官郎中。事實待訪。

袁香亭，諱樹，浙江仁和人。乾隆二十八年進士，官肇慶府知府。事實見《詩序》。

費筠浦，諱淳，浙江錢唐人。乾隆二十八年進士，官協辦大學士。事略見《後案》。

施小鐵，諱朝幹，字培叔，江蘇儀真人。乾隆二十八年進士，官太僕寺卿。事略見《詩話》〔三〕。

王少林，諱嵩高，江蘇寶應人。乾隆二十八年進士，官廣西平樂府知府。事略見同上。

尹萬起，諱壯圖，字楚畛，雲南蒙自人。乾隆三十一年進士，官禮部侍郎。事實待訪。

王鎮之，諱汝璧，四川銅梁人。乾隆三十一年進士，官安徽巡撫。事實待訪。

戴芑泉，諱翼子，字燕詒，江寧人。乾隆三十一年進士，官山東道監察御史。事略見《後案》。

潘榕皋〔四〕，諱奕雋，自號水雲漫士，江蘇吴縣人。乾隆三十四年進士，官内閣侍讀。事略見《畫識》。

程春帆，諱沅，字芷南，江蘇丹徒人。乾隆三十四年進士，官汾州府同知。事實待訪。

徐西灣，諱天柱，字衡南，浙江德清人。乾隆三十四年賜進士及第一甲第二，官編修。事略見《詩話》。

龔澄庵，諱朝聘〔五〕，字獻丹，安徽合肥人。乾隆三十六年進士，官成縣知縣。事略見擬稿。

戴未堂，諱祖啓，江蘇江寧人。乾隆四十三年進士，官國子監學正。事實詳《墓誌》。

戴東原，諱震，安徽休寧人。事實詳《遺書序》。

吴稷堂，諱省蘭，江蘇南匯人。乾隆四十三年進士，官翰林院侍讀學士。事略見《後案》。

江，諱筠。

郭，諱崇封。以上事實待訪。

【校勘記】

〔一〕巘：原訛作「讞」，據《總目》及《後案》卷十四小傳改。

〔二〕壇：原訛作「檀」，據《總目》《〔民國〕洪洞縣志》卷十二《人物志》上小傳改。《後案》卷十四亦并改。

〔三〕詩話：「話」原訛作「詩」，據張本改。

〔四〕榕：原訛作「蓉」，據《後案》卷十四所引王昶撰《蒲褐山房詩話》改。

〔五〕聘：原訛作「騁」，據《總目》及《後案》卷十本傳改。

内閣前輩

諸草廬先生，諸錦，字襄七，浙江秀水人。雍正二年進士，乾隆元年博學鴻詞，官左春坊左贊善。事略見《詩話》。

陳句山先生，諱兆崙，字星齋，浙江錢唐人。雍正八年進士，乾隆元年博學鴻詞，官太僕寺卿。事略見《府志》。

胡恪靖公〔一〕，諱寶瑔，字舒泰，號飴齋，浙江青浦人。乾隆元年舉人，官河南巡撫，贈太子太保，兵部尚書，謚恪靖。事略見《縣志》。

魏懋堂先生，諱允迪，字功夏，直隸廣昌人。乾隆元年博學鴻詞，官內閣侍讀。事略見《詩話》。

方恪敏公〔二〕，諱觀承，字遐穀，號問亭，又號宜田，安徽桐城人。乾隆元年薦舉博學鴻詞，官直隸總督，謚恪敏。事實詳《碑傳》。

曹文恪公，諱秀先，字地山，江西新建人。乾隆元年進士，官禮部尚書，謚文恪。事略見《詩話》。

金質夫先生，諱文淳，浙江錢唐人。乾隆元年薦舉博學鴻詞〔三〕，官知府。事略見《詞科掌録》。

申笏山先生，諱甫，字及甫，江蘇江都人。乾隆元年薦舉博學鴻詞，乾隆六年舉人，官都察院左都御史。事實詳《墓誌》。

眭曉章先生，諱朝棟，江蘇丹陽人。乾隆七年進士〔四〕。事實待訪。

錢文敏公〔五〕，諱維城，字宗磐〔六〕，號稼軒，江蘇武進人。乾隆十年進士及第一甲第一〔七〕，官刑部侍郎。謚文敏。事實詳《家傳》。

莊，諱學和，浙江仁和人。乾隆十年進士，官保寧府知府。事實待訪。

袁愚谷先生，諱守侗，山東長山人。乾隆十年進士，官直隸總督。事實待訪。

馮魯巖先生，諱光熊，浙江嘉興人。乾隆十二年舉人，官至左都御史。事實待訪。

盧抱經先生，諱文弨，浙江仁和人。乾隆十七年賜進士及第一甲第三，官翰林院學士。事實詳《行略》。

謝金圃先生，諱墉，字崑城〔八〕，號東墅，浙江嘉善人。乾隆十六年召試賜舉人，授内閣中書，十七年成進士，官吏部侍郎。事實詳《墓誌》。

陳寶所先生〔九〕，諱鴻寶，字衛叔〔一〇〕，浙江仁和人。乾隆十六年召試賜舉人，授内閣中書，官給事中。事略見《詩話》。

王穀原先生，諱又曾，字受銘，浙江秀水人。乾隆十六年召試賜舉人，授内閣中書。十九年成進士，改刑部主事。事略見《詩話》。

蔣漁村先生，諱雍植，字秦樹〔一一〕，安徽懷寧人。乾隆十六年召試賜舉人，授内閣中書。二十六年成進士二甲第一，官編修。事實詳《墓誌》。

錢竹汀先生，諱大昕，字曉徵，江蘇嘉定人。乾隆十六年召試賜舉人，授内閣中書。十九年成進士，官詹事府少詹。事實詳《墓誌》。

吴荀叔先生，諱烺，安徽全椒人。乾隆十六年召試賜舉人，授内閣中書，升同知。事略見《詩序》。

褚宗鄭先生，諱寅亮，字搢升〔一二〕，江蘇長洲人。乾隆十六年召試賜舉人，授内閣中書，官刑部奉天司主事。事略見《後案》。

湯辛齋先生，諱先甲，字萼南，江蘇宜興人。乾隆十六年進士，官内閣侍讀學士。事略見《詩話》。

蔣春農先生，諱宗海，江蘇丹徒人。乾隆十六年進士，官内閣中書。事略見《畫識》。

陸朗夫先生，諱燿，字青來，江蘇吴縣人。乾隆十七年舉人，官湖南巡撫。事實詳《行狀》。

王丹宸先生，諱日杏，江蘇吴縣人。乾隆十八年舉人，授中書，官大定府知府。歿於軍營，贈光禄寺卿。事實詳《後案》。

劉竹軒先生，諱秉恬，山西洪洞人。乾隆二十一年舉人，官倉場侍郎。事略見《詩話》。

曹劍亭先生，諱錫寶，字鴻書，江蘇上海人。乾隆二十二年進士，官御史。觀後案：贈都察院副都御史〔一三〕。事實詳《墓誌》。

蔣清容先生，諱士銓，字心餘，江西鉛山人。乾隆二十二年進士，官編修。事實詳《墓誌》。

童梧岡先生，諱鳳三，浙江會稽人。乾隆二十二年召試賜舉人，授内閣中書。二十五年成進士，官户部侍郎。事略見《雜録》。

王蘭泉先生〔一四〕，諱昶，字德甫，江蘇青浦人。乾隆十八年進士。二十二年召試賜内閣中書，官刑部侍郎。行略詳《後案》。

曹習庵先生，諱仁虎，字來殷，江蘇嘉定人。乾隆二十二年召試賜舉人，授内閣中書。二十六年成進士〔一五〕，官翰林院侍讀學士。事實詳《墓誌》。

吴白華先生，諱省欽，字冲之，江蘇南匯人。乾隆二十二年召試賜舉人，授内閣中書。二十八年成進士，官都察院左都御史。事實詳《墓誌》。

褚筠心先生，諱廷璋，江蘇長洲人。乾隆二十二年召試賜舉人，授内閣中書。二十八年成進士，官翰林院侍讀學士。事略見《詩序》。

吴拱芍先生，諱寛，字二匏，安徽歙縣人。乾隆二十二年召試賜舉人，授内閣中書，升同知。事實待訪。

王蓬心先生，諱宸，字紫凝，江蘇鎮洋人。乾隆二十五年舉人，取中書，升永州府知府。事略見《後案》。

畢秋帆先生，諱沅，字纕衡，江蘇鎮洋人。乾隆二十五年賜進士及第一甲第一，官兩湖總督。事實詳《墓誌》。

諸桐嶼先生〔一六〕，諱重光，字中之，浙江餘姚人。乾隆二十五年賜進士及第一甲第二，官辰州府知府。事實詳《墓誌》。

章二梧先生，諱棠，字蔭南，浙江會稽人。乾隆二十六年舉人，取中書，官鹽法道。事實詳《墓誌》。

趙雲崧先生，諱翼，江蘇陽湖人。乾隆二十六年賜進士及第一甲第三，官糧道。事略見《詩話》。

蘇獻之先生〔一七〕，諱去疾，江蘇常熟人。乾隆二十八年進士，官同知。事實詳《墓誌》。

王梅岑先生，諱家賓，直隸昌平人。乾隆二十八年進士，官辰州知府〔一八〕。事實待訪。

張莨亭先生，諱士範，陜西蒲城人。舉人，官蕪湖道。事實詳《墓志》。

【校勘記】

〔一〕恪靖：原訛作「文恪」，按《清高宗純皇帝實録》卷六百八十二：「（乾隆二十八年三月壬戌）予故河南巡撫胡寶瑔祭葬如例，謚恪靖。」據改。下同。

〔二〕恪敏：原倒，按《清高宗純皇帝實録》卷八百十八：「（乾隆三十三年九月甲午）予故直隸總督方觀承祭如例，謚恪敏。」據改。下同。

〔三〕鴻詞：原重作「鴻詞鴻詞」，據張本删。

〔四〕七年：原作「四年」，據《後案》卷十五本傳及張本改。

〔五〕按：「錢文敏公」條下有浮簽「沈文恪公，諱德濳，字確士，江蘇長洲人，乾隆四年進士，官禮部侍郎。事略見《詩話》」，與上文重出，張本亦於頁眉指出，故删。

〔六〕磐：原訛作「槃」，據《後案》卷十五《錢文敏公傳》改。

〔七〕十：原訛作「元」，據《後案》卷十五《錢文敏公傳》改。

〔八〕崑：原訛作「昆」，據《後案》卷十六《吏部侍郎降編修謝公墓誌銘》改。

〔九〕寶所：原訛作「所南」，據王昶撰《蒲褐山房詩話》改。

〔一〇〕衛叔：原訛作「位人」，據王昶撰《蒲褐山房詩話》改。

〔一一〕秦：原訛作「晴」，據《後案》卷十六《蔣秦樹編修墓誌銘》改。

〔一二〕升：原訛作「階」，按《國朝先正事略》卷二《褚寅傳》「褚寅亮，字搢升，號鶴侶，一字宗鄭」，據改。

〔一三〕都察院：原重一「都」字，據張本删。

〔一四〕按：《總目》《後案》「王昶」後有「韋謙恒」。

〔一五〕二十六年成進士：此條上所覆紅筆夾簽作「賜進士及第一甲第二」，然據江慶柏編著《清朝進士題名録》上册五五四頁，曹仁虎爲是年恩科賜進士出身第二甲第五十八名。

〔一六〕 嶼：原訛作「璵」，據《後案》卷十八《諸中之墓誌》改。

〔一七〕 獻：原訛作「顯」，據《後案》卷十八《蘇君墓誌銘》改。

〔一八〕 知：原訛作「府」，據張本改。

内閣後輩

馮星實，諱應榴，字貽曾，浙江桐鄉人。乾隆二十六年進士〔一〕。三十年召試授内閣中書，官江西布政使。事略見《縣志》。

陸頤齋，諱費墀，字丹叔，浙江桐鄉人。乾隆三十年召試賜舉人，授内閣中書，三十一年成進士，官禮部侍郎。事略見《縣志》。

鄭晴波，諱澐，江蘇儀徵人。乾隆二十七年召試賜舉人〔二〕。三十年召試授内閣中書〔三〕，官福建建寧府同知〔四〕。事略見《揚州府志》。

張策時，諱熙純，字少華，江蘇上海人。乾隆二十七年舉人，三十年召試授内閣中書。事實詳《墓誌》。

鮑論山，諱之鍾，字雅堂，江蘇丹徒人。乾隆三十年召試賜舉人，授内閣中書。三十四年成進士，官户部郎中。事略見《後案》。

金檠齋，諱榜，字蕊中〔五〕，安徽歙縣人。乾隆三十年召試賜舉人〔六〕，授内閣中書。三十七年賜進士及第一甲第一〔七〕，官修撰。事實詳《墓誌》。

秦端巖〔八〕，諱潮，字步皋，江蘇無錫人。乾隆三十年召試賜舉人，授内閣中書。三十一年成進士〔九〕，官至司業。事實待訪。

周青原，諱發春，江蘇江寧人。乾隆三十年召試賜舉人，授内閣中書。事實詳《墓誌》。

洪定甫，諱朴，字素人，安徽歙縣人。乾隆三十年召試賜舉人，授内閣中書。三十六年成進士，官順德府知府。事實見《後案》。

陳雲濤，諱希哲，江蘇吴縣人。乾隆三十年召試賜舉人，授内閣中書。事實待訪〔一〇〕。

劉檀橋，諱種之，字存子，江蘇武進人。乾隆三十年召試賜舉人，授内閣中書。三十一年成進士，官詹事府右贊善。事實詳《墓誌》。

潘蘭公，諱庭筠，字德園，浙江錢唐人。以舉人官中書。四十三年成進士，官陝西道御史。事略見《畫識》。

范攝生，諱鏊，字叔度，江蘇江寧人。乾隆三十年舉人，取中書。四十五年成進士，官光禄寺卿。事實詳《墓誌》。

許依之，諱祖京，浙江德清人。乾隆三十四年進士，授中書，官廣東布政使。事實詳

《墓誌》。

孫春臺，諱永清，字宏圖，江蘇無錫人。乾隆三十三年舉人，取中書，官廣西巡撫〔一一〕。事實詳《墓誌》。

姚佃芝〔一二〕，諱梁，浙江慶元人。乾隆三十四年進士，官按察使。事實待訪。

汪首禾，諱日章，字雲倬，浙江歸安人。乾隆三十七年取中書，官江蘇巡撫。事實待訪。

陸璞堂，諱伯琨，字重暉，江蘇華亭人。乾隆三十八年召試天津，賜舉人，捐中書，四十五年成進士，官江西按察使。事實詳《墓誌》。

汪，諱履基，安徽全椒人〔一三〕。乾隆四十五年召試賜舉人，授内閣中書。事實待訪。

洪桐生，諱梧，安徽歙縣人。乾隆四十五年召試賜舉人，授内閣中書。觀後案：五十五年成進士，官沂州府知府。事略見《熙朝新語》。

趙味辛，諱懷玉，江蘇武進人。乾隆四十五年召試賜舉人，授内閣中書，升登州府同知。事略見《後案》。

董觀橋，諱教增，字益其，江蘇上元人。乾隆四十五年召試賜舉人，授内閣中書，五十二年賜進士及第第一甲第三。觀後案，官至浙閩總督。謚文恪。事實詳《墓誌》。

金，諱廷訢，浙江人。乾隆四十五年召試賜舉人，授内閣中書。

姚亮甫，諱祖同，浙江錢唐人〔一四〕。乾隆四十九年召試賜舉人，授内閣中書。後案：曾任安徽、河南巡撫，現降四品京堂。

孫，諱一元，江蘇句容人。乾隆四十九年召試賜舉人，授内閣中書。以上事實待訪。

【校勘記】

〔一〕進士：原訛作「舉人」，據《後案》小傳改。

〔二〕二十七：原訛作「三十」，據《後案》小傳改。

〔三〕三十年：原無，據《後案》小傳補。

〔四〕建寧府：原脱，頁眉有「『福建』下空二格」之文，張本亦補二缺文符號。按：阮元《淮海英靈集》丁集卷四：「鄭澐，字晴波，號楓人，儀徵人。明鄭超宗之玄孫。乾隆壬午舉人。乙酉南巡召試，授内閣中書。尋轉典籍，出任福建建寧府同知。擢温州知府，調杭州，進浙江督糧道。因公被謫新疆，援免後，恭遇慶典，給五品銜。乙卯卒。生平學杜詩最深，嘗刻《杜少陵全集》，勘校精美。所著有《玉句草堂詩集》二十卷，《夢餘集》一卷，《鷗翥集》一卷，《詩餘》二卷。」據此補。

〔五〕中：原訛作「之」，按《後案》卷十九《修撰金先生墓誌銘》「先生姓金氏，諱榜，字蕊中，一字輔之」，知「蕊之」乃合「蕊中」「輔之」而致誤，故改。

〔六〕三十：底本原作空格，據張本補。

〔七〕七：原訛作「六」，據江慶柏編著《清朝進士題名録》上册第五百九十六頁載，金榜爲乾隆三十七年壬辰科一甲第一名進士。

〔八〕按：《總目》及卷十九原分目皆有「秦潮」一名，但《後案》正文卻漏載。

〔九〕一：原訛作「四」，據《清朝進士題名録》上册第五百七十一頁載，秦潮爲乾隆三十一年丙戌科二甲第四名進士，故據改。

〔一〇〕事實待訪：「事」字後原衍「略」字，張本亦同，今删。

〔一一〕廣西：原訛作「廣東」，據《後案》卷十九《廣西巡撫孫君墓誌銘》改。

〔一二〕佃：原訛作「殿」，據卷十九《補姚梁傳》改。

〔一三〕安徽全椒：原訛作「江蘇江都」，據《後案》卷十九補傳改。

〔一四〕錢唐：原作空格，周石生浮簽：「姚祖同，號亮甫，浙江錢唐人，曾任安徽、河南巡撫。現降四品京堂。應增後案。」據此補。

交契

宋逸才，諱邦綏，江蘇長洲人。乾隆元年進士，官兵部右侍郎。事實詳《墓誌》。

楊企山〔一〕，諱述曾，江蘇陽湖人。乾隆七年賜進士及第一甲第二，官翰林院侍讀。事實詳《墓誌》。

汪樸存，諱以誠，江蘇江寧人。乾隆十五年舉人，官華州知州。事實待訪。

徐心如，諱恕，江蘇青浦人。乾隆十六年進士，官浙江布政使。事實見《縣志》。

周山茨，諱升桓，浙江嘉善人。乾隆十九年進士，官廣西蒼梧道。事實詳《墓誌》。

陳研石，諱孝泳，江蘇婁縣人。乾隆十七年舉人，官光禄寺卿。事實詳《後案》。

林静亭，諱守鹿，福建閩縣人〔二〕。乾隆十七年舉人〔三〕，官汝南道。事實待訪。

張端齋，諱拱，字翼舒，安徽合肥人。乾隆十七年武舉人，官中州副將。事實待訪。

馮均弼，諱廷丞，直隸代州人。蔭生，官湖北按察使。事實詳行略。

紀曉嵐，諱昀，直隸河間人。乾隆十九年進士，官至大學士。事略見《詩序》。觀後案：謚文簡。

沈既堂，諱業富，江蘇高郵人。乾隆十九年進士，官山西河東鹽運使。事略見《揚州府志》。周石生編修案云：「河東鹽運使今改河東鹽法道。」

袁春圃，諱鑒，浙江仁和人。乾隆十九年進士，官江蘇布政使。事實待訪。

翁誠軒，諱燿，湖南湘潭人〔四〕，乾隆二十二年進士。

彭芸楣，諱元瑞，字掌仍，江西南昌人。乾隆三十三年進士。事略見《詩話》。觀後案：贈太子太保，謚文勤。

王倚雲，諱杏舒，安徽合肥人。乾隆三十四年舉人，官迪化州知州。事略見《廬州府志》。

金聽濤，諱士松，江蘇吴縣人。乾隆二十五年進士，官内閣學士。事實待訪。

吴鑑南，諱璜，浙江山陰人。乾隆二十五年進士，官知州，没於軍營，贈道銜。事實詳《家傳》。

侍路川，諱潮，江蘇泰州人。乾隆二十五年進士，官庶吉士。事略見《權厝志》。

王夢樓，諱文治，江蘇丹徒人。乾隆二十五年進士及第一甲第三，官雲南臨江府知府。事實詳《墓誌》。

申圖南，諱兆定，山西陽曲人。乾隆二十五年舉人，官陝西定邊縣知縣。事略見《詩話》。

劉松庵，諱墫，山東諸城人。乾隆二十五年進士，官江寧布政使。事實待訪。

曹竹虛，諱文埴〔五〕，安徽歙縣人。乾隆二十五年進士，官兵部尚書，著有文集。事實待訪。

阮吾山，諱葵生，江蘇淮安人〔六〕。乾隆二十六年進士〔七〕，官刑部侍郎。事略見《獻徵餘録》。

許穆堂，諱寶善，江蘇青浦人。乾隆二十五年進士，官郎中。事略見《詩話》。

金蒔庭，諱雲槐，安徽歙縣人。乾隆二十六年進士〔八〕，官浙江糧道。事實待訪。

王偉人，諱杰，陝西韓城人。乾隆二十六年賜進士及第一甲第一。事實詳《墓誌》。觀後案〔九〕：後官東閣大學士，謚文端。

陳麟洲，諱步瀛，江蘇江寧人。乾隆二十六年進士，官貴州巡撫。事實詳《墓誌》。

秦芝軒，諱承恩，江蘇江寧人。乾隆二十六年進士，官司經局洗馬。事實詳《後案》。

嵇受之，諱承謙，江蘇無錫人。乾隆二十六年進士，官編修。事實待訪。

卜筠亭，諱祚光，字凝子，山東日照人。乾隆二十六年進士。事實待訪。

崔曼亭，諱龍見，字嶠引，山西永濟人。乾隆二十六年進士，官湖北荆宜施道。事略見《壽序》。

姚惜抱，諱鼐，字姬傳，安徽桐城人。乾隆二十八年進士，官郎中。觀後案〔一〇〕：後因重赴鹿鳴，加四品銜。事略見《後案》。

管韞山，諱世銘，江蘇武進人。乾隆四十三年進士〔一一〕，官郎中。事略見《詩序》。

孫西林，諱含中，字象淵，山東昌邑人。乾隆二十八年進士，官浙江糧道。事實待訪。

顧晋莊，諱聲雷，江蘇元和人。乾隆三十一年進士，官西安府同知。事實待訪。

沈吉甫，諱世煒，浙江仁和人。乾隆三十一年進士，官御史。事略見《詩話》。

管松崖，諱幹珍，江蘇武進人。乾隆三十一年進士〔一二〕，官工部右侍郎。事實見《後案》。

姚雪門，諱頤，江西泰和人。乾隆三十一年賜進士及第一甲第二，官甘肅按察使。事略見《詩話》。

陳永齋〔一三〕，諱初哲，江蘇吴縣人。乾隆三十四年賜進士及第一甲第一，官湖北荆宜施道。事實詳《墓誌》。

任幼植，諱大椿，江蘇興化人。乾隆三十四年進士，官陝西道御史。事實詳《墓誌》。

秦潏泉，諱泉，江蘇無錫人。乾隆三十四年進士，官編修。事實待訪。

温印侯，諱常綬，山西太谷人。乾隆三十四年進士，官太常寺卿。事實待訪。

顧修浦，諱長紱，江西建昌人。乾隆三十四年進士，官浙江按察使，事略見《後案》。

江畹香，諱蘭，安徽歙縣人。官河南巡撫。事實詳《墓誌》。

唐芝田，諱侍陛，江蘇江都人。官河南、河北道。事實詳《墓誌》。

章淮樹，諱攀桂，安徽桐城人〔一四〕。官松太兵備道。事實詳《墓誌》。

田商山，諱錫莘，山西汾陽人。官鳳翔府知府。事實詳《墓誌》。

王寅庵〔一五〕，諱時薰，河南武安人。官陝西按察使。事實詳《後案》。〔一六〕

蔣瑩溪，諱騏昌，江蘇武進人。官醴泉縣知縣。以下十七人事實待訪。

永餘齋〔一七〕，諱慶，滿洲鑲黄旗人。官湖北按察使。

策筠亭，諱卜坦，滿洲鑲黄旗人。官延綏鎮總兵。

額，諱樂春，滿洲鑲黄旗人。官潼商道。

薩學海，諱炳阿。官西安副都統。

張虞溪，諱鳳鳴，湖北黄岡人〔一八〕。官兖州知府〔一九〕。

尚怛懷〔二〇〕，諱安，改名宜綿〔二一〕。官陝甘總督。

圖益齋，諱薩布，滿洲人。官陝西布政使。

舒蘭圃，諱其紳。

和容齋，諱明，滿洲鑲紅旗人。官西安府知府。

郭耐軒，諱繼儀，字錫汾，山西汾陽人。官漢中府知府。

陸景亭，諱維垣，浙江仁和人。官蘭州府知府。

胡實齋，諱時顯，字晴溪，江蘇武進人。官鴻臚寺卿。事實詳《墓誌》。

路慕堂，諱學宏，江蘇荆溪人。乾隆三十六年舉人，官商州知州。事略見《畫識》。

李玉樵，諱世望，江蘇崑山人。乾隆三十七年進士，官湖南鹽法道。事實待訪。

徐條甫，諱立綱，浙江上虞人。乾隆四十年進士，官編修。事實待訪。

吴竹橋，諱蔚光，江蘇昭文人。乾隆四十五年進士，官禮部主事。事實詳《墓誌》。

楊丹崖，諱嗣衍，雲南昆明人。綏德州知州。事實待訪。
馬雲山，諱彪，甘肅河州人。官西安提督。事實詳《家傳》。
蕭步瀛，諱登生，四川華陽縣人。官同州府知府。事略見《家乘》。
王晴田，諱彙，漢軍。官福建提督。
以下六人事實待訪。
徐緼齋，諱大文，順天大興人。官西安府知府。
蔣立敬，諱齊耀，江蘇陽湖人。官錢唐縣知縣。
穆英圃，諱和藺〔三二〕，滿洲人。官河南巡撫。
趙，諱宜喜〔三三〕，江西南豐人〔三四〕。官雲南巡撫。
阮，諱曙，江蘇江寧人。官福建光澤縣知縣。
吴竹屏，諱之黻，江蘇江都人。事略見《畫識》。
王兆棠　蘇楞泰字秀岩　吴垣　張輔　吴六鰲　吴人龍字壽泉　方應恒　陶棻字省堂
凌天祐　丁尹志　霍裕銓合肥人　郭嵩　潘成棟　蘇勳　李景訢　朱休承　史傳遠　王希伊　陳玉林　王垂紀
以上二十人事實待訪〔三五〕。

【校勘記】

〔一〕山：原作「三」，據劉綸撰《繩庵外集》卷七《贈中憲大夫翰林院侍讀企山楊君墓誌銘》改。

〔二〕閩縣：原訛作「莆田」，據《後案》卷二十所引《（光緒）井研縣志》小傳改。

〔三〕乾隆十七年舉人：底本原作「乾隆舉人」，據張本補。

〔四〕湖南湘潭：原缺，據江慶柏編著《清朝進士題名録》上册第五三六頁，翁燿爲湖南長沙府湘潭縣人，賜同進士出身三甲第三十七名。《後案》卷二十亦缺籍貫，并補，不再出校。

〔五〕埴：原訛作「植」，據《後案》卷二十一所補曹文埴《石鼓硯齋文鈔》附其子曹振鏞所撰《行狀》改。另，《總目》《後案》小傳亦訛，并改，不再出校。

〔六〕淮安：原缺，據阮元《研經室二集》卷三《刑部侍郎唐山阮公傳》補。

〔七〕六：原訛作「五」，據阮元《研經室二集》卷三《刑部侍郎唐山阮公傳》載，阮葵生「辛巳會試，取中正榜，授内閣中書」，「辛巳」即乾隆二十六年，是年舉行恩科會試；「中正榜」即會試副榜，也稱副車，因取中者一般授中書學正官，故稱。

〔八〕六：原訛作「五」，據《清朝進士題名録》上册第五百五十四頁載，金雲槐中乾隆二十六年辛巳恩科第三甲第八名，故改。

〔九〕觀後案：「後」字原脱，據文例及張本補。

〔一〇〕觀後案：「後」字原脱，據文例補。

〔一一〕四十三：原訛作「二十八」，據《後案》卷二十一補管繩萊《先大父侍御府君行狀》及《清朝進士題名録》上册第六百十四頁，管世銘爲乾隆四十三年戊戌科二甲第三十名進士，故改。

〔一二〕進士：原訛作「賜進士及第一甲第二」，據《後案》卷二十一《副都御史管公行略》改。

〔一三〕此條上有嚴觀紅筆浮簽云：「江蘇上元人。後案：嘉慶五年舉人。子曾亮，字伯言，道光三年進士。」

〔一四〕徽：原訛爲「蘇」，張本亦沿其訛，今改。

〔一五〕庵：原訛作「亮」，據《後案》卷二十二《陝西糧道王公行略》改。

〔一六〕此條張本漏抄。

〔一七〕餘：原訛作「衡」，張穆撰、何秋濤補《蒙古遊牧記》卷十六載「秋濤按，永慶號餘齋，乾隆三十七年爲迪化城督糧道。後官至湖北布政使」，據改。

〔一八〕湖北黄岡：原作「漢州」，《後案》卷二十二、張本作「滿州」，檢榮錦堂刻本（乾隆三十年冬）《爵秩全書》「廣平縣」：「張鳳鳴虞溪，湖北黄岡人。」故據補。《後案》小傳亦據改。

〔一九〕官兖州知府：原訛作「官雲貴總督」，據《〔光緒〕黄岡縣志》卷十本傳改，參《後案》卷二十二補傳。

〔二〇〕尚：原訛作「南」，《後案》卷二十二小傳又訛作「高」，據《總目》及所補《清史稿・宜綿傳》改。

〔二一〕宜綿：原倒作「綿宜」，《後案》卷二十二小傳亦同誤，據《清史稿・宜綿傳》乙正。

〔三二〕藺：原訛作「藺」，《後案》卷二十二小傳、張本作「藺」，按乾隆四十二年秋《縉紳全書》「漢中府知府」：「和藺英甫，滿州正黄旗人，三十九年七月調。」據改。《總目》亦同此誤，並改。
〔三三〕喜：原訛作「善」，《總目》又訛作「春」，據所補《趙宜喜傳》改。
〔三四〕江西：底本「江」字後衍「蘇」字，據張本删。
〔三五〕二十：原作「二十一」，所列實際人數爲二十個，故删改。

故舊

翁朗夫，諱照，字霽堂，浙江山陰人。乾隆元年薦舉博學鴻詞。事略見《詞科掌録》。
朱稼翁，諱稻孫，字娱村，浙江秀水人。乾隆元年薦舉博學鴻詞。事略見《詞科掌録》。
金壽門，諱農，字冬心，浙江錢唐人。乾隆元年薦舉博學鴻詞。事略見《八表停雲録》。
方南堂，諱貞觀，安徽桐城人。乾隆元年薦舉博學鴻詞。事略見《詞科掌録》。
馬佩兮〔一〕，諱曰璐，江蘇江都人。乾隆元年薦舉博學鴻詞〔二〕。事略見《詞科掌録》。
馬秋玉〔三〕，諱曰琯，徵君之弟。
陳竹町，諱章，浙江錢唐人。事略見《孟晉齋集序》〔四〕。
陳對鷗，諱皋，授衣之弟。事略見《武林耆舊續傳》。

鄭嵎谷，諱廷暘〔五〕，江蘇長洲人。事略見《詩話》。

易松滋，諱諧，江蘇江都人。事略見《後案》。

汪韡懷，諱棣，江蘇江都人。官刑部員外郎。事實詳《墓誌》。

陶京山，諱紹景，江蘇江寧人。乾隆三年舉人，官臺灣縣知縣。事實詳《墓誌》。

姜静宰，諱恭壽，江蘇如臯人。乾隆六年舉人。事略見《淮海英靈集》。

張孝巖，諱世進，字軼青，江蘇甘泉人。官阜陽縣訓導。事略見《廣陵詩事》〔六〕。

王林屋，諱愫，字存素，江蘇鎮洋人。事略見《詩話》。

徐念祖，諱錦，號快亭，浙江桐鄉人。乾隆十年進士，官蒙陰縣知縣。事略見《桐鄉縣志》。

畢花江，諱懷圖，江蘇江都人。乾隆十三年舉人，官知縣。事略見《畫識》〔七〕。

江穎長，諱春，號鶴亭，安徽歙縣人。欽賜布政使銜。事實詳《墓誌》。

江聖言〔八〕，諱炎，字雲溪，安徽歙縣人。事略見《詩話》。

閔玉井，諱崋，字蓮峰，江蘇江都人。事略見《後案》。

張漁川，諱四科，字喆士，陝西臨潼人。事略見《鹽法志》。

汪桐石，諱仲鈖，字豐玉，浙江桐鄉人。乾隆十五年舉人。事略見《縣志》〔九〕。

崔筠谷，諱瑶，江蘇江寧人。事略見《詩序》。

趙緘齋，諱繩男，江蘇江都人。官刑部福建司郎中。事實詳《墓誌》。
朱問源，諱瀾，江蘇江寧人。官直隸清河道。事實詳《墓誌》。
姚薏田，諱世鈺，字玉裁，浙江歸安人。事實詳《壙誌》。
程荆南，諱夢湘，江蘇丹徒人。官清泉縣知縣。事略見《詩話》。
王丹崟，諱嶼，江蘇鎮洋人。事略見《後案》。
王半庵，諱開沃，江蘇鎮洋人。事略見《後案》。
黄星槎，諱文蓮，字芳亭，江蘇上海人。乾隆十五年舉人，官知縣。事略見《詩話》。
盧配京，諱鎬，浙江鄞縣人。乾隆十八年舉人。事略見《詩話》。
程述先，諱志銘，安徽歙縣人。事略見《詩話》。
沙斗初，諱維杓，江蘇吴縣人。事略見《詩話》。
王介祉，諱陸禔，江蘇常熟人。事略見《詩話》。
黄竹廬，諱震，字振宇，江蘇鎮洋人。事略見《畫識》。
吴山夫，諱玉搢，江蘇山陽人。事略見《茶餘客話》。
畢竹癡，諱瀧，字澗飛，江蘇鎮洋人。事略見《畫識》。
畢梅泉，諱澐，竹癡之弟。乾隆二十四年舉人，官知縣。事實待訪。〔一〇〕

程夔州〔一二〕，諱崟，字祖錫，安徽歙縣人。乾隆二十八年舉人。事略見《廣陵詩事》。

凌應曾，諱應曾，字祖錫，江蘇上海人。乾隆二十一年舉人〔一三〕，官貴池教諭。事實待訪。

蔣雲隈，諱謝庭，江蘇長洲人。乾隆三十三年舉人。事實待訪。

羅兩峰，諱聘，江蘇江都人。事實詳《墓誌》。

黄小松，諱易，浙江仁和人。官山東同知。事略見《詩話》。

聶劍光，諱鈫，山東泰安人。事實見《書序》。

董耕雲，諱椿，江蘇鎮洋人。事略見《畫識》。

徐簷林，諱薌坡，字澤農，江蘇青浦人。事略見《詩話》。

王藕夫，諱思濟，江蘇鎮洋人。事略見《南野堂筆記》。

王石亭，諱鈞，藕夫之侄。官湖北州判。事略見《後案》。

徐友竹，諱堅，江蘇吴縣人。事略見《畫識》。

華師道，諱玉淳，江蘇無錫人。事略見《詩話》。

黄星巖，諱之紀，江蘇上元人。事略見《編録堂詩文集》。

朱若溪，諱學海，浙江仁和人。舉人，官廣平府知府。

任，諱學溥，山西平定州人。官廣平府知府。

以下十九人事實待訪〔一三〕。

張方海　汪思迴　王心種　朱洛　朱澹齋　張龍威　閔鑾　沙忠

相　方承保　李雙孝字玉符。　黄秉哲　張省亭　賈元謨　沈元振字竹坪。

孫定　朱熼　王錫爵　朱璿　林克鏐

【校勘記】

〔一〕佩兮：原訛作「秋玉」，據《詞科掌録》卷一小傳改。

〔二〕博：原訛作「鴻」，據張本改。

〔三〕秋玉：原訛作「半查」，據阮元輯《淮海英靈集》小傳改。

〔四〕事略見孟晋齋集序：原訛作「事略見《武林耆舊續傳》」，據《後案》卷二十三改。另，下條陳皋出自《武林耆舊續傳》，又原無出處，故乙改至其後。

〔五〕嵎、暘：原與《後案》皆訛作「迂」、「晹」，並據《後案》卷二十三補自《蒲褐山房詩話》之小傳改。按鄭廷暘之名、字源於《尚書・堯典》「分命羲仲，宅嵎夷，曰暘谷。寅賓出日」，故當以名廷暘、字嵎谷爲是；「迂」乃音同而誤，「晹」乃形近致訛。下同。

〔六〕事：原脱，今據文例補。

〔七〕事：原脱，今據文例補。

〔八〕聖：原訛作「慎」，據王昶《蒲褐山房詩話》小傳改。

〔九〕事：原脱，今據文例補。

〔一〇〕此條據浮簽所增。按：浮簽右書小傳，尾云「補竹癡後」，故據補。

〔一一〕程：原訛作「陳」，據《後案》卷二十三小傳改。

〔一二〕二十一：原訛作「三十」，據《後案》卷二十四小傳改。

〔一三〕下十九：原作「上二十二」，位於「林克鏐」之下，據《總目》及《後案》調至此，并改「上」爲「下」，人數則據實而改。

同研

金棕亭，諱兆燕，安徽全椒人。乾隆十二年進士，官國子監監丞。事略見《詩序》。

江松泉，諱昱，字賓谷，江蘇江都人。事實詳《家傳》。

江于九，諱恂，字蔗畦，賓谷之弟。乾隆十八年拔貢生，官徽州府知府。事略見《後案》。

寧櫟山，諱楷，江蘇江寧人。乾隆十八年舉人，官涇縣教諭。事略見《後案》。

董敏修，諱以學，江蘇上元人。事略見《後案》。

涂長卿〔一〕，諱逢豫，江蘇江寧人。事略見《詩話》。

杜防如，諱昌意，江蘇華亭人。事略見《後案》。

葉方宣，諱抱蓀〔二〕，江蘇南匯人。事實詳《家傳》。
諸敬甫，諱世器，江蘇崑山人。事實詳《墓誌》。
談旦泉，諱樸升，字堯階，江蘇江寧人。官常州府教諭。事略見《後案》。
沈沃田，諱大成，字學子，江蘇華亭人。事實見文集。
俞耦生，諱大謨，字安國，江蘇江都人。事實詳《家傳》。
熊藕頤，諱寶泰，安徽潛山人。諸生。事實詳《後案》。
孔葓谷，諱廣森，山東曲阜人。乾隆三十六年進士。事略見《哀詞》。
陶衡川，諱湘，字範文，江蘇江寧人。乾隆三十六年舉人。事實詳《家傳》。
吴諸民，諱鎮，江蘇上元人。乾隆三十六年舉人。事略見《後案》。
侯葦園〔三〕，諱學詩，字起叔，江蘇上元人。乾隆三十六年進士，官江西撫州府知府。事實詳新修《江寧府志》。
邵二雲，諱晋涵，浙江餘姚人。乾隆三十六年進士，官翰林院侍講。事實詳《家傳》。
鄭東亭，諱宗彝，江蘇江寧人。乾隆三十七年進士，官浙江道監察御史。事實詳《家傳》。
楊蓉裳，諱芳燦，江蘇金匱人。乾隆四十二年拔貢生，官户部郎中。事略見《吴會英才集》。
汪容夫，諱中，江蘇江都人。乾隆四十二年拔貢生。事略見《述學》。

汪劍潭，諱端光，江蘇江都人，事略見《後案》。

錢學園，諱塘，字溉亭，江蘇嘉定人。乾隆四十六年進士，官江寧府學教授。事略見《芸臺筆記》。

錢獻之，諱坫。溉亭之弟。副榜，官乾州州判。事略見《贈序》。

徐朗齋，諱嵩，更名鑅慶，江蘇金匱人。乾隆五十一年舉人。事略見《吳會英才集》。

巴雋堂，諱慰祖，字予籍，安徽歙縣人。事實待訪。

顧立方，諱敏恒，江蘇金匱人〔四〕。事略見《吳會英才集》。

孫淵如，諱星衍，江蘇陽湖人。乾隆五十二年賜進士及第一甲第二，授編修。事略見《後案》。

洪稚存，諱亮吉，江蘇陽湖人。後案：乾隆五十五年賜進士及第一甲第二，官編修。事實詳《墓誌》。

陳梅岑，諱熙，浙江嘉興人〔五〕，官南河同知。事略見《詩話》。

黃仲則，諱景仁，江蘇武進人。事實詳《墓誌》。

黃左田，諱鉞，安徽當塗人。事略見《詩話》。後案：乾隆五十五年成進士，官至户部尚書，現在予告歸里。〔六〕

何數峰〔七〕，諱青，安徽歙縣人。官澄海縣知縣。事略見《詩話》。

【校勘記】

〔一〕按：此條下《總目》《後案》卷二十四有「龔琛」。

〔二〕蓀：與《總目》皆訛作「菘」，據《後案》卷二十四傳并改。

〔三〕園：原訛作「國」，據《後案》卷二十四小傳改。

〔四〕江蘇：原訛作「安徽」，據張本改。

〔五〕浙江嘉興：「浙江」原作「江蘇」，具體縣名缺，據陳熙《騰嘯軒詩鈔》各卷題後題名「秀水陳熙梅岑」知其籍爲「秀水」，秀水爲嘉興別稱。

〔六〕此條上周石生浮簽：「左田先生乾隆庚戌五十五年成進士，官户部尚書，現在予告歸里。應增後案。」「後案」内容即據此補，然「官至户部尚書」仍脱一「户」字，據周石生簽補。

〔七〕數：原訛作「素」，據王昶《蒲褐山房詩話》改。

世好

書紱亭，諱麟，滿洲鑲黄旗人。官協辦大學士。事略見《湖北通志》。

董蔗林，諱誥，字西京，浙江富陽人。乾隆二十八年進士，官大學士。事略見《畫識》。

汪時齋，諱承霈，字受時，安徽休寧人。官户部右侍郎。事略見《畫識》。

慶雨峰，諱玉，滿洲鑲黃旗人。官布政使。事略見《詩話》。

慶丹年，諱桂，尹文端公第四子。官至大學士，没後有謚，俟查補。

慶晴村〔一〕，諱霖，尹文端公第五子。官福建將軍。

慶似村，諱蘭。事略見《詩話》。

劉樸夫，諱謹之，江蘇武進人。乾隆二十四年舉人〔二〕，官給事中。　觀後案〔三〕：贈鴻臚寺卿。事略見《舊雨集》。

劉青垣，諱躍雲，江蘇武進人。乾隆三十一年賜進士及第一甲第三，官禮部侍郎。事實待訪。

周，諱世紹，河南祥符人。乾隆三十三年舉人，官興安府知府。

趙少鈍，諱秉淵，江蘇上海人。蔭生，官重慶府知府。

藍儀吉，諱嘉瓚，浙江定海人。乾隆三十四年舉人〔四〕，官湖南沅州府知府。

汪鹿園，諱如藻，浙江秀水人。乾隆四十年進士，官撫州府知府。

汪潤民，諱如洋，浙江秀水人。乾隆四十五年賜進士及第一甲第一，官修撰。事略見《哀詞》。

江秋史，諱德量，字成嘉，江蘇江都人。乾隆四十五年賜進士及第一甲第二，官御史。

事略見《廣陵詩事》。

盧南石，諱蔭溥，字霖生，山東德州人。乾隆四十六年進士，官户部尚書。事實待訪。

吴，諱紹昱〔五〕，江蘇吴縣人。乾隆四十六年進士，官主事。事略待訪。

謝硯南，諱豫度，江蘇江寧人。乾隆五十一年舉人。事略見《後案》。

談階平，諱泰，江蘇江寧人。乾隆五十一年舉人。事略見《贈序》。

韓介堂，諱廷秀〔六〕，江蘇江浦人。　觀後案〔七〕：乾隆五十五年成進士，官馬平縣知縣。事略見《後案》。

梅抱村，諱冲。　觀後按：嘉慶五年庚申舉人〔八〕。

戴元嘉，諱衍善，江蘇上元人。事實詳《家傳》。

莊伯鴻，諱逵吉，江蘇武進人，官潼關同知。

陶怡園，諱涣悦，江蘇江寧人。事略見《後案》。　觀後案〔九〕：嘉慶十一年舉於鄉。

【校勘記】

〔一〕晴村：原作「時晴」，據周石生簽「『慶時晴』當作『晴村』，官福建將軍。二公乃尹文端第四、五子」改。

〔二〕二：原訛作「三」，據《後案》卷二十六小傳及碑文改。

〔三〕後案：原倒，今改。

〔四〕舉人：與《後案》皆訛作「進士」，按（乾隆五十三年春）《縉紳全書》載，藍嘉瓚，字潤田，浙江定海人，己丑舉人，「己丑」爲乾隆三十四年，今據之并改。

〔五〕紹：原訛作「德」，據《總目》《後案》改。又據曹允源、李根源纂《〔民國〕吴縣志》卷十三，吴紹昱爲乾隆四十六年進士，字德甫。

〔六〕秀：原訛作「芳」，據《總目》及《後案》卷二十六小傳、張本改。

〔七〕後：原脱，據張本補。

〔八〕觀後案嘉慶五年庚申舉人：原無，據周石生浮簽「梅抱春，嘉慶五年庚申舉人。應增後案」補。

〔九〕案：底本及張本脱，據文例補。

門生

王蘊華，諱芾，字小石，江蘇上元人。乾隆四十二年副貢生〔一〕。事略見《後案》。

顧葵園，諱以忠，字藎臣，江蘇江寧人。同上。

黄芝庭，諱應蘭，江蘇上元人。同上。

王金園，諱甡，江蘇上元人。官廣順州知州。同上。

徐登瀛，諱英，江蘇上元人。同上。

徐元九，諱晉亨〔二〕，江蘇吴縣人。同上。
吴，諱霈、霆、霦，俱安徽全椒人。同上。
王孟揚，諱永烈，安徽合肥人。拔貢生。事略見《後案》。
程銘淵，諱箴，安徽合肥人。拔貢生。同上。
趙味餘，諱經研，安徽合肥人。同上。
張斗南，諱炎魁，陝西華陰人。乾隆三十六年舉人。同上。
劉仲升，諱騰蛟，陝西蒲城人。乾隆四十五年舉人。同上。
岳中幹，諱震川，陝西漢中人。乾隆四十六年進士，官中書。事略見《後案》〔三〕。
王金門，諱榜榮，陝西朝邑人。乾隆四十八年舉人。同上。
張子寅，諱祥，陝西玉門人。乾隆四十八年舉人。同上。
梁容齋，諱秉昚〔四〕，陝西長安人。諸生，官廣東碣石鎮總兵。事實詳《西安府志》。
石豐占，諱魚，陝西涇陽人。以下事實待訪。
趙味軒，諱蘭，陝西鳳翔人。優貢生。
樊桐圃，諱起鳳，陝西南鄭人。拔貢生。
李會峰，諱鍾璇，陝西大荔人。

王雲浦，諱植棟，陝西三原人。優貢生。
何景山，諱泰，陝西長安人。
龍雨崖，諱有雲，陝西寧羌人。
艾敏軒，諱恒豫，陝西米脂人。
朱近堂，諱庶，陝西米脂人。
傅巖興平人。　徐會雲字在田〔五〕。　郭宗儀玉門人。
王振鷺　屠　塤　陳洪範
齊大謨　王擅魁　袁石麟
郭振藩　高　森　丁際盛
侯資璨　錢青山　湯纘曾
以上十二人爵里事實待訪〔六〕。

【校勘記】

〔一〕二：原訛作「三」，據《後案》卷二十六小傳改。
〔二〕亨：原脱，據《後案》卷二十六小傳補。
〔三〕事：原脱，據文例補。

〔四〕脊：原訛作「脊」，據《後案》卷二十六小傳改。
〔五〕按：徐會雲、郭宗儀、王振鷺三人《録》《總目》皆缺，據《後案》卷二十六所録并補。
〔六〕十二：原作「十四」，與所列人數不合，故據實數改。

同宗

愛亭，諱福，字景仁，江蘇太湖廳人。乾隆三十四年進士，官編修。事實詳《墓誌》。
少峰，諱榮，愛亭先生長子。觀後案：乾隆六十年進士，官杭州府知府。
溉亭，諱彭年，浙江歸安人。乾隆七年進士，官河南臨漳縣知縣。
似亭，諱續曾，浙江歸安人。官河南永城縣知縣。
彦兮，諱裘，浙江歸安人。海珊先生之子。事略見《後案》。
小秋，名駿生〔一〕，原籍石門，入學上元。同上。

【校勘記】

〔一〕生：後原有注「翰鴻長兄之子」。

親戚

母舅張公，諱大經，字世掌，江蘇上元人。

鍾怡亭，諱邦任，字任遠，安徽舒城人。官貴州大定府知府，没於軍營，贈道銜。事實詳《後案》。

胡澤周，諱沅，江蘇江寧人。事略見《後案》。

凌，諱皋謨，安徽廬江人。同上。

金静亭，諱懋仁，江蘇江寧人。同上。

蕭玉亭，子肇熊，孫實修。諱際韶，安徽合肥人。乾隆三十四年進士，官給事中。事實詳《後案》。

王約齋，諱廷亨，字于庭，安徽婺源人。官工部虞衡司員外郎。事實詳《墓誌》。

王葑亭，子行恕、鳳生，孫世林。諱友亮，安徽婺源人。乾隆四十六年進士，官通政司副使。事實詳《墓誌》。

司馬宜亭，子章。諱驤，江蘇江寧人。事略見《後案》。

司馬溶川，子亶，孫淳。諱駒，江蘇江寧人。官東河總督。事實詳《墓誌》。

司馬蘊亭，子庠、琴、鑾。諱騠。官浙江永嘉縣知縣。事略見《後案》。

方方山，諱求巽，字風門，安徽桐城人。官浙江通判。事實詳《墓誌》。

張賡虞，子復。諱大韶，江蘇上元人。事實見《新江寧府志》。

王位三，諱□□，江蘇上元人。事略見《後案》。

郭靖濤，諱靖臣，雲南昆明人〔一〕。

項直庵，子斯善。諱鳳喈，江蘇吴縣人。同上。

王冕山，諱錫〔二〕，四川大竹人。

黄右君，諱鎔，江蘇上元人。　觀後案：乾隆五十四年進士，官刑部員外郎。事略見《後案》。

朱溶溪，諱肇遇，江蘇吴縣人。　官安徽太平府知府。事略見《後案》。

【校勘記】

〔一〕雲南昆明人：《後案》卷二十七小傳作「四川成都人」，未知孰是。

〔二〕錫：原作「舃」，據《總目》《後案》改。

跋

右目録，先大夫手編於乾隆五十二年三月〔一〕，分十四門〔二〕：曰師長，曰尊宿，曰先達，召試同年及年誼，内閣前輩、後輩，曰交契，曰故舊，同研及世好，門生，同宗，親戚也。觀謹以目録中諸科名、謚法、號，見於先君見背之後〔三〕，以「後案」二字別之〔四〕，以分眉目。道光五年長至日，嚴觀識。

【校勘記】

〔一〕先大夫手編：底本「大夫」二字原作「父」，嚴觀於「父」字中間施一墨點，於「父」字右側以朱筆書「大夫」二字，以明删换。張本脱「手」字。

〔二〕「分十四門」後底本原有小字注「以十二時分部」，後皆删去；下文自「師長」至「同宗親戚也」每類下原亦有「子部」至「亥部」等小字注，後皆删。張本無此小字注。按：此類删改處甚多，不再出校。

〔三〕後：原脱，據嚴觀《凡例》補。

〔四〕以、別之：原脱，據嚴觀《凡例》補。

師友淵源録後案

師友淵源録後案總目

師長第一門

卷一
嚴綵鳳　甘　棠　楊繩武　沈起元
韓彦曾　周長發　杭世駿　王延年
劉星煒　藍應襲　夢　麟　李因培
雷　鋐　劉文清墉
卷二
尹文端繼善　劉文定綸　于文襄敏中
卷三
傅忠勇恒　舒文襄赫德　伍文端彌泰　史文靖貽直

卷四
陳文恭宏謀　劉文正統勳　梁文莊詩正
卷五
阿文成桂
卷六
莊有恭　沈文慤德潛〔一〕　董文恪邦達　竇光鼐
曹學閔

尊宿第二門

卷七
熊本　李紱　方苞　宫爾勸
王箴輿　厲鶚　錢端敏陳群　戴亨

【校勘記】

〔一〕沈文慤公德潛：原在「董文恪公邦達」之後，據《録》及《後案》乙改。

卷八

戴瀚　汪文端由敦　商盤　齊召南

全祖望　張鳳孫

卷九

秦文恭蕙田　袁枚　裘文達曰修　吴敬梓

程廷祚　鮑皋　惠棟　沈鳳

先達第三門

卷十

盧見曾　彭啓豐　張若溎　邵齊燾

邵齊烈　閔鶚元〔一〕　莊存與

卷十一

朱文正珪　秦大士　錢載　蔣和寧

翁方綱　王鳴盛　朱筠　吴爚文

【校勘記】

〔一〕鶚：原訛作「鄂」，據《録》及《後案》卷十一本傳改。

召試同年第四門

卷十二

孫士毅　沈　初　王　鑾　汪孟鋗以上浙江人

程晉芳　趙文哲　吴泰來〔一〕　陸錫熊徐步雲

錢　襄　郭元瀿

【校勘記】

〔一〕按：「吴泰來」後原衍一「嚴」字，據《録》《後案》删。

欽取二等

卷十三名次遵召試録，至馮應榴、鮑之鍾、孫永清三公，次科中書，録於後輩門。

李旦華　李　恒　高文照　孫效曾

孫志祖　朱方藹　孫　梅　錢　衡

潘本泰　陳　蘭　祝德麟　周世武以上浙江

劉　潢　　莊　炘　　沈自申　　顧宗泰
吴鶴齡　　曹　榜　　楊惟增　　江廷泰
鄭奇樹　　莊允成　　趙　帥　　程有勳

年誼第四門

卷十四

梅　鉽　　梅　鈖　　陳尚志　　朱孝純
錢維喬　　梁　巘　　龔禔身　　劉秉憻
陸　瑗　　袁　樹　　費　淳　　施朝幹
王嵩高　　尹壯圖　　王汝璧　　戴翼子
潘奕雋　　程　沅　　徐天柱　　龔朝聘
戴祖啓　　戴　震　　吴省蘭　　江　筠
郭崇封

内閣前輩第六門

卷十五

諸錦　陳兆崙　胡文恪寶瑔　魏允迪

方敏恪觀承　曹文恪秀先　金文淳　申甫

眭朝棟　錢文敏維城　莊學和　袁守侗

馮光熊

卷十六

盧文弨　謝墉　陳鴻寶　王又曾

蔣雍植　錢大昕　吴烺　褚寅亮

湯先甲

卷十七

蔣宗海　陸燿　王日杏　劉秉恬

曹錫寶　蔣士銓　童鳳三　王昶

韋謙恒　曹仁虎

卷十八

吴省欽　褚廷璋　吴寬　王宸

畢沅　諸重光　章棠　趙翼

蘇去疾　王家賓　張士範

内閣後輩第七門

卷十九

馮應榴　陸費墀　鄭澐　張熙純

鮑之鍾　金榜　秦潮　周發春

洪朴　陳希哲　劉種之　潘庭筠

范鏊　許祖京　孫永清　姚梁

汪日章　陸伯焜　汪履基　洪梧

趙懷玉　董教增　金廷訢　姚祖同

孫一元

交契第八門

卷二十

宋邦綏　楊述曾　汪以誠　徐　恕
周升桓　陳孝泳　林守鹿　張　拱
馮均弼　紀文簡昀　沈業富　袁　鑒
翁　耀　彭文勤元瑞〔一〕　王杏舒　金士松
吴　璜　侍　潮〔二〕

【校勘記】

〔一〕瑞：原訛作「端」，據《録》及《後案》卷二十本傳改。

〔二〕潮：原訛作「朝」，據《録》及《後案》卷二十《翰林院庶吉士侍君權厝銘》改。

卷二十一

王文治　申兆定　劉　嶟　曹文埴
阮葵生　許寶善　金雲槐　王文端杰
陳步瀛　秦承恩　嵇承謙　卜祚光

崔龍見　姚　鼐　管世銘　孫含中
顧聲雷　沈世煒　管幹珍　姚　頤
陳初哲

卷二十二

任大椿　秦　泉　温常綬〔一〕　顧長紱〔二〕
江　蘭　唐侍陛　章攀桂　田錫莘
王時薰　蔣騏昌　永　慶　策卜坦
額樂春　薩炳阿　張鳳鳴　高　安
圖薩布　舒其紳　和　明　郭繼儀
陸維垣　胡時顯　路學宏　李世望
徐立綱　吴蔚光〔三〕　楊嗣衍　馬　彪
蕭登生　王　彙　徐大文　蔣齊耀
穆和蘭　趙宜喜〔四〕　阮　曙　吴之瀫
以下二十人事實待訪：
王兆棠　蘇楞泰　吴　坦　張　輔

吴六鰲　吴人龍　方應恒　陶　棻
凌天祐　丁尹志　霍裕銓　郭　嵩
潘成棟　蘇　勳　李景訢　朱休承
史傳遠　王希伊　陳玉林　王垂紀

【校勘記】

〔一〕綏：原訛作「紱」，據《録》小傳、《總目》小傳及所補戚學標撰《鶴泉文鈔續選》卷七《皇清誥授朝議大夫巡視天津濟寧漕務掌户科給事中誥贈通奉大夫陝西布政使温公墓表》改。

〔二〕紱：原訛作「統」，據《録》《總目》小傳改。

〔三〕蔚：原訛作「慰」，據《録》及《後案》卷二十二《禮部主事吴君墓誌銘》改。

〔四〕喜：原訛作「春」，據《録》及《後案》卷二十二《補趙宜喜傳》改。

故舊第九門

卷二十三

翁　照　朱稻孫　金　農　方貞觀
馬曰璐　馬曰琯　陳　章　陳　皋

鄭廷暘　易諧　汪棣　陶紹景
姜恭壽　張世進　王愫　徐錦
畢懷圖　江春　江炎　閔崋
張四科　汪仲玢　崔瑤　趙繩男
朱灡　姚世鈺　程夢湘　王嶼〔一〕
王開沃　黃文蓮　盧鎬　程志銘
沙維杓　王陸禔　黃震　吴玉搢
方士庶〔二〕　畢瀧　畢澐　程崟〔三〕
凌應曾　蔣謝庭　羅聘　黃易
聶鈫　董椿　徐薌坡　王思濟
王鈞　徐堅　華玉淳　黃之紀
朱學海　任學溥

以下十九人事實待訪：

張方海　汪思迴　王心種　朱洛
朱澹齋　張龍威　閔鑒　沙忠相

方承保　李雙孝　黃秉哲　張省亭
賈元謨　沈元振　張　定　朱　爀
王錫爵　朱　璿　林克鏐

【校勘記】

〔一〕嶼：原訛作「璵」，按王嶼字丹崟，「崟」、「嶼」皆從「山」，名、字相應，故據《録》《後案》改。

〔二〕按：此條原無，《録》亦無，據《後案》補。

〔三〕程：原訛作「陳」，據《録》及《後案》卷二十三嚴觀撰小傳及補《程崟傳》改。

同硯第十門

卷二十四

金兆燕　江　昱　江　恂　寧　楷
董以學　涂逢豫　龔　琛　杜昌意
葉抱蓀　諸世器　談樸升　沈大成
俞大謨　熊寶泰　孔廣森　陶　湘〔一〕
吴　鎮　侯學詩

卷二十五

邵晉涵　鄭宗彝　楊芳燦　汪　中

汪端光〔二〕　錢　塘　錢　坫　徐鏾慶

巴慰祖　顧敏恒　孫星衍　洪亮吉

陳　熙　黄景仁　黄　鉞〔三〕　何　青

【校勘記】

〔一〕原脱，據《録》《後案》補。

〔二〕汪端光：原脱，據《録》《後案》補。

〔三〕鉞：原訛作「戉」，據《録》《後案》改。

世好第十一門

卷二十六

書　麟　董　誥　汪承霈　慶　玉

慶　桂　慶　霖　慶　蘭　劉謹之

劉躍雲　周世紹　趙秉淵　藍嘉瓚

汪如藻　汪如洋　江德量　盧蔭溥
吴紹昱　謝豫度　談　泰　韓廷秀
梅　冲　戴衍善　莊逵吉　陶涣悦

門生第十二門（二）

王　芇　顧以忠　黄應蘭　王　甡
徐　英　徐晋亨　吴　霈　吴　霆
吴　霦　王永烈　程　箴　趙經研
張炎魁　劉騰蛟　岳震川　王榜榮
張　祥　梁秉眘　石　魚　趙　蘭
樊起鳳　李鍾璇　王植楝　何　泰
龍有雲　艾恒豫　朱　庶　傅　巖
徐會雲　郭宗儀　王振鷺　屠　塤
陳洪範　齊大謨　王擅魁　袁石麟
郭振藩　高　森　丁際盛　侯資瑔

錢青山　湯纘曾

以上十五人爵里事實待訪。

【校勘記】

〔一〕按：此目下内容原缺，據《録》補。

同宗第十三門

卷二十七

嚴福　嚴榮　嚴彭年　嚴續曾

嚴裘　嚴駿生

親戚第十四門

卷二十八

張大經　鍾邦任　胡沅〔一〕　凌臯謨

金體仁　蕭際韶子肇熊，孫寶修。　王廷享

王友亮子行恕、鳳生，孫世林。　司馬驤子章　司馬騊〔二〕

司馬駚子庠、琴。　方求巽　張大韶　王位三

郭靖臣　項鳳喈子慶揚。　王　錫　黄　鎔

朱肇遇〔三〕

【校勘記】

〔一〕沅：原作「澤周」，以「字」爲目，違例，據《録》《後案》改。

〔二〕司馬駒：原脱，據《録》《後案》補。

〔三〕肇遇：原脱，據《録》補。

附録〔一〕

嚴長明　嚴長緒　朱元直

【校勘記】

〔一〕附録：原作「親戚第十四門」，據《後案》卷二十八改。另，此卷目下缺内容，據《後案》卷二十八補。

師友淵源録後案卷一

師長第一門〔一〕

塾師

軼倫叔祖

公諱綵鳳，江蘇上元諸生，方望溪先生弟子，觀之叔曾祖也。乾隆元年，先君六歲，先曾祖贈侍讀星標公，令就家塾，從軼倫公學。並謂公曰：「士子讀書識字，不過要識得聖賢修身治家道理，使不墮其家聲耳。至於發名成業，功到自成，不必汲汲以圖之。此子可先教以《四子》《六經》，以延先人之澤而已。」《後案》〔二〕。

先始祖大用公諱鐵，籍占洞庭東山。三世祖諱罘，字毅之，號思溪，居震澤，即軼倫公六世祖也。著有詩文集十七卷，得入《欽定四庫全書存目》，首有王思任序云：「弇州盱衡海内，才子俱上贄貢，所不能致者，會稽徐文長、臨川湯若士，其鄉則毅之。」可謂卓然自立之士云。切念寒畯之作，得與清華之選，流傳千古，抑何幸歟！同上。

【校勘記】

〔一〕師長第一門：原無，據卷十二后「同年第四門」文例及《總目》補。後文之「尊宿第二門」「先達第三門」等皆同此，不再説明。

〔二〕按：底本衍二「案」字，據張本删。

甘豫州先生

諱棠，江蘇江寧人。乾隆十八年拔貢生。先君時年十二，叔曾祖謂先祖贈侍讀衆齡公曰：「吾聞明德累世，必有達人。汝子局度端凝，氣宇深厚，必命世之器。但今出身惟進士一途。聞同里文學豫州精制舉業，應往從之。」先祖勉從其請焉。《後案》。

受業師

楊皋里先生行狀

外舅皋里先生，姓楊氏，諱繩武，字文叔。系出宋龜山先生後。高祖成明，嘉靖丙辰進士，歷官南京兵部尚書，加宫保，謚莊簡。曾祖大濚，鄉貢生，私謚端孝，崇祀鄉賢。祖廷樞，崇禎庚午解元，死難，私謚忠文。考處士無咎，字震百，號易亭，覃心經學，晚尤邃於《易》，著《歸藏圖説》，發先儒所未發，有功來祀。年八十九卒。崐山葉孝廉均禧，於身後稱私淑先生，圖其貌，并奉木主入玉峰鄉賢祠，私謚正孝。正孝凡三娶：姚、鄭、張。張工文筆，偕隱食貧，唱隨至白首，以詩翰教其子若女及女孫，一門風雅稱於時。

先生與次兄歲貢生候選訓導吾師中郎先生，諱繼先，字仲宣，同張出。自少禀承家學，熟經書《左氏傳》。稍長，博涉《史》《漢》及唐、宋、元、明諸大家，肆力爲古今文辭，早負能文名。年十七，遊吴庠，連躓場屋數載。家故貧，里門館穀，不足以供養。歲乙酉，乃應宿遷鄧司馬宿虹之招，主鍾山書院。

丁亥，太倉王洗馬拙園先生，視學蜀中，由京師具書幣，訂往佐其文幕。己丑，報竣，偕入都。時洗馬父西田爲大司寇〔一〕，見恨晚，留居邸第。文望日隆，凌出流輩。輦下諸先達，争先識面以爲快。辛卯，資之入太學。應北闈試，薦而未售〔二〕。壬辰，西田公入相，以明年癸巳爲聖祖仁皇帝六旬萬壽，特開恩科，二月舉京兆，八月成進士。主禮闈者，即西田公也。公出闈語人曰：「吾今之楊某，猶昔之惠、嚴，吾知爲國家取士而已，不知引嫌自爲也。」惠、嚴者，研溪先生周惕、太僕卿虞惇，皆公庚午北闈所得士，時主公家，故云然。

十月殿試，先生卷蒙聖祖仁皇帝特置二甲第一名，選庶常。乙未散館，授編修。戊戌，分較禮闈。辛丑，庶吉士小教習。歷與玉牒、實録、三朝國史、省方盛典、治河方略、春秋傳説諸館。當西田公進位相國，自壬辰後十餘年間，禁近密勿，有關於國計民生之大者，子姓不令預知，獨閉先生一室中，屬草奏，悉出其手。異日國史紀載，應必有論其世而知其人者。其他四方碑版，乞請殆無虚月。至屏幛之詞，先生幾無暇以應，而人亦不輕以慁焉。

壬寅連丁内外艱，奔喪南歸，自是遂不復北。乙巳服除，無以治裝，就館職，淹滯家居。家累三十餘口，獨瘁一身，始則憑典質以支朝夕，既罄，則搜敗篋中先世所存零縑斷素，易米供炊，往往洗釜以待。冬月嚴寒，一羊裘假之其侄以出，歸即返之，忍寒如常。然不以饑寒空乏亂其慮。晨起鍵户，益窮治經史、諸子百家，朱墨錯互，評勘排纂，每積日則手録成帙。遇朋好或後進請業來者，必相與談縱究，用是以爲樂。豈天以嗇其境而豐其殖者處先生耶？而先生則終始固以文自娱，以貧自困也。

庚戌，同年王公國棟撫浙，延主敷文書院。方是時，文風靡敝，相習爲顢頇庸爛，先生爲舉嘉、隆、天、崇暨國初諸名家，導之先路，首拔一二魁宏絶特之才以振之。浙西東士子群起應和，厚植根柢，於以發揮其才調，而不詭於法程，風氣翕然丕變。壬子榜發，書院中獲售者至三十餘人，爲前此所未有。在敷文五年，所刊會課，風行江浙間，人挾一册，至今猶奉爲標準。甲寅秋以病歸。

丙辰冬，江寧鍾山書院講席虚人，制府復延先生主之。程課一如敷文，士之信從悦服亦如之。主鍾山，凡十有二年餘，後先制府，交相引重。而尹公繼善、德公沛，尤相善。先生常從容語尹公，年老精憊，分當辭。尹公懇款固留。及瀕行，特礪繼公者策公楞，俾勿聽先生去。會策公不久他調，而先生遂離此席，時戊辰冬十二月也。

己巳夏秋，病大作。病中夢神人具衣冠，類優人扮演黄門官者，手捧册書，謂曰：「我，天使也。天上有大制作，趣召君成之。」先生謝曰：「某有重大事未了，不敢承。」蓋以先人未葬故也。神曰：「君有事當急了。帝命其可違耶？」因於病中占二絶句云：「百年鉛槧是生涯，瑣語讕詞滿一車。論著井田猶未就，便催簪筆玉皇家。」「漫道人間足官府，誰知天上亦需才。漢官劍佩尊嚴甚，手捧天書宣召來。」呻吟而覺，於是勢加劇。嗣子斥子舍贈奩供參藥，久之漸瘥，勉進食飲，而元氣終未復。越一年，遂不起。

先生事親孝，未第時所得修脯，絲毫不敢入私室。與兄友愛無間，遇諸侄恩甚至，奉諱來家，每食必與兄侄同。後兄念先生力不支，謀自爨，而兩侄尚食於先生。姊適平湖汪上舍諱䰀，早寡，依先生以終。妹爲吾師吴興沈侍御諱懋華繼配。沈初爲贅婿，所生子長於楊。而前室子二人，亦來依以居，而授室焉。其登第也，實賴先生獎成。及官翰林，選御史，改部曹，二十年，不通一問於先生，先生曾不以介意。中外黨戚，平昔故舊，仰倚者復不少，接待咸周，無膜外恝置者。與人交，不立崖岸，不設成府，坦夷樂易中，性自耿介。雖當極窘，未嘗與親稱貸，未嘗以一刺干當事。偶得賣文錢值，有以緩急告者，量分予之。家計從不關懷，自主書院，歲入稍充，料撿出之，積歲當有餘羨，乃總以畀家人，任其稍支，不無浮耗陰蝕。旁觀或微以諷，而先生訖弗問也。居恒食無兼味，衣無重襲，單臯葛裘，從質庫中更代而出，歲循爲例，展轉納息而終其身，卒以大困。

夫先生奮起寒素，致身清華，當世望之如景星慶雲。顧自憲廟逮今上二十七八年中，與先生同年名相埒，或更出其下，與夫由先生齒芬成名者，相次躋顯列，入長部，出膺節鉞，居館閣，典文衡，降而監司專郡，指不可屈。際盛明，無瑕纇，又非有所顧忌擠排、自全退避，徒坐貧故不能出，竟以一編修終老！嗚呼！可哀也已。

既終不出，無所施於世，要其文章必傳於後。博綜典故，而不沿襲漢人之訓詁；根極理藴，而不依傍宋儒之門户〔三〕。其上下古今，世運人物，政治盛衰，興廢得失之端，爲之審時度世，互有旁參，務持其平而中其窾，愜當於心，然後發之於文。大要原本乎經傳，胎息乎遷、固，薈萃貫穿乎貴與、漁仲諸家之義議，更彌其隙而救其偏。信筆所如，體勢浩瀚，無不充之氣，無不達之詞，縱横出入，直將牢籠百氏，莫能以一家名。然瓣香所在〔四一〕，約略以蘇文忠公爲歸。詩不多作，風格少陵、香山。壬寅以前，半爲代作。雜文外，尚有談藝若干種，俱未付梓。

先生生於康熙乙卯閏五月初五日，卒於乾隆十五年六月十三日。兩娶皆顧氏。子二：長慶孫，次少孫，俱業儒。女一：前顧所出，即予婦。先生卒於鍾山書院。諸生寧楷等聞知，爲位以哭。隨連名呈江寧府，以八月朔日集紳士送先生木主於南門外倉聖祠供奉。行將申詳上憲，題春秋崇祀。嗚乎！教思遺澤不足徵也哉！抑於生前，必伸於身後，俎豆圭臬，會當厠許衡、虞集之班，儒林、文苑之傳，倘無所紀述，曷以備司風化者之採擇焉？其孤因昏亂之際，不能成語，乞予述先生之梗概，爰筆以代諸孤之役，非敢比於昌黎之李漢也。初，忠文居閶門内皋橋，四方人士，以皋里先生稱之。先生嘗以近世不問誰何，輒有别號爲非宜，故畢生不署别號，學者因即以當時稱其祖者，稱之爲皋里先生云。陸枚撰。

又案：陸枚，江蘇吴縣人。少詹王公亦清曾薦舉枚博學鴻詞。自皋里先生没後六十六年，木主舊祀於倉聖祠西室，歲久祀湮，上元學生楊銓，乃與衆議，請皋里先生木主，與姚公鼐同祀於鍾山書院之講堂；並酬春秋祭祀經費，以冀久遠。事在嘉慶二十年十月朔日也。嚴觀述。《後案》。

【校勘記】

〔一〕西田：原訛作「西寇」，張本删之，據下文「即西田公也」改。

〔二〕試、薦：原脱，據張本補。

〔三〕不：原脱，據張本補。

〔四〕瓣香所在：底本訛作「半瓣所在」，按，周石生浮簽云「『半瓣所在』，當是『瓣香所在』」，張本亦從周説，據改。

沈敬亭先生家傳〔一〕

沈起元，字子大，太倉州人。父受宏，能詩，有《白漊集》傳世。起元年十二能詩古文。康熙六十年進士，改庶吉士。乞歸養，旋丁艱。服闋入京，值澄汰部屬，選庶吉士補之，遂授吏部驗封司主事。由員外郎，出爲福建知府。初試福州，隨授興化，署台灣。所至除積弊，革陋規，捕宿盜，懲訟師。以閩人言語不正，立正音書院。在閩三載，政聲日著。俄以平反忤按察使，被劾鐫級。乾隆元年，起授江西鹽驛道。旋擢河南按察使，晋直隸布政使。内遷授光禄寺卿。十三年，因公降級。明年，乞假歸。

起元性端慤，廉潔自好，刻意爲民，遇事一本至誠，而才識足以行之。莆田縣有陳、王二姓，訐訟累年，樹黨互毆，巡撫、按察使將各置重典。起元廉得其實〔二〕，獨坐首事者。尚書史貽直奉旨至閩，甄别府縣，以起元爲第一。台灣猪毛社生番擾境，衆議立界。起元謂：「彼非奪地〔三〕，特如猛獸，出山則噬人耳，界何益？」請於山口設寨〔四〕，禁其出入，境遂寧。河南雨潦，四十六縣災，起元議於本省不成災處，招集授糧，民得以生。開封、歸德旱、蝗，禱於社神，蝗盡死。八年，直隸旱，總督議十一月開賑，起元力争，得速賑。所有稟賑户不賑口者，嚴斥之，災民俱得實惠。又絶鹽綱之例餽，卻庫封之羨餘，省州縣解項之苛駁，寬盗案三月之率結，聲名益振。

自少覃心理學，謂學問須知言行合一，以躬行實踐爲驗。時張伯行主朱子而斥陸王，李紱主陸王而詆朱子。起元不肯稍有附會〔五〕，謂孔門弟子，自顔、曾外，入門各異，歸於聞道。今宜恪守經書，實實爲人，不必高言作聖。晚年窮《易》理，撰《周易孔義》，以十翼爲宗。歷主鍾山、濼陽、安定、婁東四書院，藉以自給，宴如也。病亟，謂醫曰：「吾自念平生學力，爲撿點身心，使明净純潔，以還天地父母耳。」言訖而逝，年七十九。著《敬亭文稿》。

王昶撰《春融堂集》。

【校勘記】

〔一〕題目王昶撰《春融堂集》卷六十五作「沈起元傳」。另，底本「家」原作「象」，據張本改。

〔二〕得：《春融堂集》卷六十五本傳無。
〔三〕彼：原脱，今據《春融堂集》卷六十五本傳補。
〔四〕於：原脱，今據《春融堂集》卷六十五本傳補。
〔五〕附會：原倒，今據《春融堂集》卷六十五本傳乙正。

韓瀝芳先生

諱彦曾，江蘇長洲人。慕廬先生之孫。雍正二年進士。官司經局洗馬。事實待訪。

周石帆先生

諱長發，字蘭坡，浙江會稽人。雍正二年進士，官庶吉士。出知廣昌知縣，改樂清教諭。乾隆元年，舉博學鴻詞，累遷侍讀學士，降補侍講。著有《賜書堂集》。雍正乙卯春〔一〕，余與蘭坡同試杭州〔二〕。其時主試者程公元章〔三〕、學使帥公念祖，題目是《春雪》十二韻〔四〕，因是日下雪故也〔五〕。蘭坡有句云「堆從梨蕊銷難辨，迸入梅花認亦稀」。今乾隆戊申矣〔六〕，余遊黄山，時其孫雲翮爲上海令〔七〕，招余入署，知蘭坡全集未刊，重讀一過〔八〕，追憶五十四年前同試光景，宛然在目。袁枚撰《隨園詩話》〔九〕。

蘭坡幼刻勵〔一〇〕，喜爲詩古文〔一一〕。其在館也，值修《綱目》《皇清文穎》，奉使祭告嵩、華、吴山、淮瀆。家有賜書，凡百數十種〔一二〕。嘗乞假省母，恩賜内緞豐貂，諭令捧歸，爲母七十壽，尤極儒臣之榮遇焉。李亨特修、平恕纂《紹興府志》。

學士擅枚馬之才，翱翔禁近，鼓吹休明。曾賦覺生寺大鐘稱旨〔一三〕，不亞張宫詹也。《越風》〔一四〕。

先君師友著作，見於《欽定四庫全書總目提要》，如業師周長發《賜書堂詩選》、尊宿厲鶚《樊榭山房集》、商盤《質園詩集》、程廷祚《易通》《大易擇言》，先達邵齊燾《玉芝堂集》〔一五〕，前輩諸錦《絳附閣集》、方敏恪《燕香集》、畢沅《關中勝蹟圖志》，故舊金農《冬心集》、姚世鈺《孱守齋遺稿》，同硯江昱《松泉詩集》，凡十二種。將書之以記榮慶。《後案》。

【校勘記】

〔一〕按：此句前之文乾隆十四年刻《隨園詩話》無，蓋子晋所據爲較早版本，或雜糅其它文獻而成。

〔二〕余與蘭坡同試杭州：《隨園詩話》作「余年二十，與周蘭坡先生同試博學鴻詞於杭州」。

〔三〕元章：原脱，今據《隨園詩話》補。

〔四〕題目：《隨園詩話》作「詩題」。

〔五〕是：《隨園詩話》作「試」。

〔六〕今乾隆戊申矣：原作「後六十年乾隆戊申」，據《隨園詩話》改。

〔七〕按：此三句《隨園詩話》作「今乾隆戊申矣，其孫雲翩爲上海令」。
〔八〕知蘭坡全集未刊重讀一過：《隨園詩話》作「謀刻先生詩集，因得重讀一過」。
〔九〕袁枚撰：原缺，據下文文例補。以下此類增補不再出校。
〔一〇〕按：「幼」字後原衍「稟」字，《兩浙輶軒録》卷十七《周長發》不衍，今據《〔乾隆〕紹興府志》卷五十三《人物志・儒林》本傳删。按：此條標出處爲《紹興府志》，實轉引自阮元《兩浙輶軒録》，阮書於《紹興府志》之文已多删改，子晋轉引復筆削之；下條引自《越風》者，亦轉自阮書。
〔一一〕喜：原脱，據《〔乾隆〕紹興府志》卷五十三《人物志・儒林》本傳補。
〔一二〕凡百數十種：《〔乾隆〕紹興府志》卷五十三《人物志・儒林》本傳作「數十種，其餘特賜、歲賜凡百餘種」。
〔一三〕覺生：原作「大覺」，按阮元《兩浙輶軒録》卷十七《周長發》此句作「曾賦《覺生寺大鐘歌》應制稱旨。揮毫敏捷，不亞張宫詹」，據改。
〔一四〕此條嚴氏轉引自阮元撰《兩浙輶軒録》卷十七所引《越風》資料。
〔一五〕齊：原訛作「奇」，據卷十一《太史邵齊燾先生墓誌銘》改。

杭堇浦先生

諱世駿，字大宗，浙江仁和人。雍正二年召試博學鴻詞，授編修〔一〕，改御史。條陳四事，下吏議，尋放還。然聖主仍納其言，數十年來，天下督撫，漢人參半。於四條中，已行其一。其論有大於此者，曰天下藩庫，宜有餘款存留，以備不虞。先生已削稿，不以示人。予所聞鄉前輩之言如此。閑居奉養母，自號「秦亭老民」。性通脱不事修飾，著履訛黑斜脱，不易也。讀書五行並下。少時與同里厲鶚、汪大紳、殳聞望、張熷、龔鑑、嚴遂諸名輩結讀書社。在史館纂修《三禮》。奉敕編録内府書籍。罷官後主講廣東之粤秀、揚州之安定。其著作有《禮例》《禮記集説》《金史補》《史漢疏証》《北齊疏証》《詞科掌録》《榕城詩話》《柱堂詩話》各若干卷〔二〕、《道古堂詩文集》八十卷。應漢撰《墓誌略》。

先生書擁百城，胸羅四庫。入翰林未久，即以言事罷歸，沈文慤公送之，有句云「鄰翁既雨談牆築，新婦初婚議竈炊」，蓋深惜之也。既歸，益肆力於詩古文詞，海涵地負，日光玉潔，實足以雄長藝林。兩浙文人，自黄梨洲先生後，全謝山庶常及先生而已。乾隆丁丑秋，予至西泠相見，共論古今文章流别。謂予曰：「子無輕視放翁，詩文至於此，亦足名家。」其冲懷樂善，異乎世之放言高論者矣〔三〕。先生有十子，自八子賓仁外，皆下世〔四〕。諸孫具零落殆盡。其《道古堂集》，梁山舟侍講刻之。先生著作，刻之未及其半〔五〕。王昶撰《蒲褐山房詩話》。

補杭太史别傳

宗彦先君子嘗游邗上，盧雅雨先生爲鹺使，有世舊，延居安定書院。杭太史堇浦方主講，因從問故。後來往武林，多主太史家。宗彦趨庭，暇日每聞話太史遺事。乾隆辛亥、壬子間，先君子藩粤東，太史子賓仁攜《道古堂詩文集》至，爲刊之，因得悉見太史它所撰箸，距今二十餘年矣。太史殁後，傳狀表墓之文闕如也，比讀道古堂集，追憶舊聞，次爲《太史别傳》。

太史名世駿，字大宗，又字堇浦。家貧力學，假書於人，窮晝夜讀之，父母禁止，輒篝燈帳中默誦。與孫銀臺灝、陳太僕兆崙、梁編修啓心、相國文莊、嚴進士在昌、翰林璲昆仲等爲友，五日一相聚，互爲主客問難，以多聞見者勝。太史尤强記，同輩推服。雍正癸卯，舉孝廉，受聘爲福建同考官。高廟初元，召試博學鴻辭，列一等第五，授翰林院編修，校勘武英殿《十三經》《二十四史》，纂修《三禮義疏》。國子監嘗有公事，群官皆會，方侍郎苞以經學自負，諸人多所諮決，侍郎每下己意。太史至，徵引經史大義，蜂發泉湧，侍郎無以對，忿然曰：「有大名公在此，何用僕爲！」遽登車去，太史大笑而罷。其盛氣不肯下人如此。

歸田後，主講粤東粤秀書院，刻《嶺南集詩》，風骨遒上，最爲當時所稱，以比《騰笑》

《愼旃》兩集。其後主講揚州最久，愈負海内重望，馳書幣求文之使日至，請益者恒滿坐。有先達以經説相質，一覽曰某事見某書，某説見某集，拾唾何爲乎。學子有欲奉教者，太史問其所業，以一經對，則以經詰之，復以一史對，又以史詰之，皆窮，乃曰：「某於西晋末十六國事差能詳耳。」復詰曰：「汝知是時有慕容垂乎？垂長若干尺？得年幾何？」其人慚沮。

太史生康熙三十五年，卒於乾隆三十七年。生平勤力著述，所撰《石經考異》《榕城詩話》《三國志補注》《諸史然疑》《詞科掌録》《文選課虚》《漢書蒙拾》《續方言》《道古堂詩文集》已行世。鴻詞所業《補晋書傳贊》《經史質疑》《史記考異》《漢書疏證》《禮例續》《禮記集説》《兩浙經籍志》《續經籍考》，皆具草稿。惟晚年欲補《金史》，嘗構亭曰「補史亭」，其書未嘗見也。太史於詩用功深，嘗曰：「吾遇杜韓，當北面；若東坡，則兄事之。」每呼曰蘇大哥。於同時人獨心折厲孝廉鶚。然太史體醇氣健，造句雄放，孝廉不逮也。與丁隱士泓爲親家，每論議古今，必推案交訢乃已。太史之歸也，聞諸前輩云，是時亢旱，詔舉直言極諫，徐文穆公以太史應詔。太史遂上疏，言：「部臣自尚書至主事，皆滿漢并列，請外省自督撫至州縣亦如此。」所言紕繆不中理，帝震怒，欲置之法，文穆悉力營救，叩首額盡腫，乃得斥歸。後迎駕湖上，賜復原官。太史既無傳狀，弗能詳也。高廟巡幸塞外，嘗天雨新霽，馬上吟「迎風葦露清於染，過雨山痕澹入詩」二句，顧謂從臣曰：「此杭世駿詩，惜其没福耳。」後有御史祝德麟疑太史不得意，或有誹訕，訐奏之。九重披覽以「并無違礙，聽其流傳」，朝廷愛才之盛心，大矣遠矣。丙辰鴻博諸公，才皆出太史下，諸公多至顯仕，太史獨淪落以終，而著撰之富，卒亦無逾太史者。太史遺書，未刻者尚夥，賓仁既殁，往往散落人間云。録自許宗彦《鑑止水齋集》卷十七。

【校勘記】

〔一〕按：此前數句轉抄自阮元《兩浙輶軒録》卷二十一杭世駿小傳，原文爲「杭世駿，字大宗，號堇浦，仁和人。雍正甲辰舉人，乾隆丙辰舉博學鴻詞，授編修」。此句下引文亦抄自同書節抄應漢撰墓志銘，子晋於引文末誤標作者爲「應豐」，據阮書改。

〔二〕各若干卷：原脱，據《兩浙輶軒録》引文補。

〔三〕按：「異」字前《蒲褐山房詩話》有「迥」字。

〔四〕按：「皆」字前《蒲褐山房詩話》有「餘」字。

〔五〕先生著作刻之未及其半：《蒲褐山房詩話》作「生平著述甚夥，今付剞劂者，未及其半」。

王介眉先生

諱延年，浙江錢唐人。雍正四年舉人，乾隆元年博學鴻詞。官國子監司業。介眉同余薦舉鴻博〔一〕。少嘗夢至一室，秘帖古器〔二〕，盎然横陳。榻坐一叟，短身白鬚，見客不起，亦不言。又有一人，頎而黑，揖介眉而言曰〔三〕：「余漢之陳壽也，作《三國志》，黜劉帝魏，實出無心，不料後以爲口實。」指榻上人言曰：「賴此彦威先生以《漢晋春秋》正之，君乃先生之後身，聞方撰《歷代編年紀事》，夙根在此，須勉而成之。」言訖，授一卷書，俾題六絶句。而寤後僅記二句云「慚無魏晋春秋筆〔四〕，敢道前身是彦威」。介眉八十餘，進呈所撰《編年紀事》一書，得賜翰林侍講〔五〕。袁枚撰《隨園詩話》。

乾隆十七年奉旨舉經學，劉文正公保延年老成謹飭，潛心經史，行止樸實〔六〕。法式善編《槐廳載筆》。

先生以高文宿齒，有聞當世〔七〕。芑孫不及接其人，讀其書，煇然鴻博君子也〔八〕。往見諸公〔九〕，聞諸公多與介眉遊〔一〇〕，而今大學士諸城劉公尤能道介眉軼事，時舉其平生迂方儒緩，儻宕不同流俗處，相與謔笑〔一一〕。芑孫固因是而想其前輩之流風矣〔一二〕。王芑孫撰《王惕夫未定稿》。

先生長於史學，隨人入閩，嘗作《閩江考》，文載《榕城詩話》，文長，不具録。《後案》。

【校勘記】

〔一〕按：此前之文，乾隆十四年刻《隨園詩話》卷二僅作「吾鄉孝廉王介眉名延年」，蓋子晋所據《詩話》爲較早版本。

〔二〕帖：原訛作「帙」，據《隨園詩話》改。

〔三〕揖：原訛作「指」，據《隨園詩話》改。

〔四〕魏晋：《隨園詩話》作「晋漢」。

〔五〕按：此二句《隨園詩話》作「進呈所撰《編年紀事》一書，賜翰林侍讀」。

〔六〕按：此條所引爲《槐廳載筆》卷八之文「乾隆十七年，奉旨薦舉經學。中略。工部尚書劉統勳保中略。王延年，老成謹飭，潛心經史」。

〔七〕聞：原訛作「文」，今據《淵雅堂全集》之《惕甫未定稿》卷五《家虔齋七十壽序》改。

〔八〕煇然鴻博君子也：《淵雅堂全集》作「煇然鴻覽博物君子也」。

〔九〕見：《淵雅堂全集》作「在」。

〔一〇〕按：「遊」前《淵雅堂全集》有「習」字。

〔一一〕相與謔笑：《淵雅堂全集》作「相與爲笑謔」。

〔一二〕流風：《淵雅堂全集》作「風流」。

劉圃三先生〔一〕

劉星煒，字暎榆，工部郎中維烈曾孫。乾隆十三年進士，改庶吉士，散館授編修。視學廣東、安徽，歷官工部左侍郎。星煒以工詞章擅名，屢典鄉、會試，號稱得士，如景福、王懿德、鞠愷、熊恩紱、德風、程晋芳，皆所拔識，先後登館閣。提唱風雅，獎掖後進，不遺餘力。自奉簡素，春秋佳日，同官宴遊，過其舍，一燈熒然，父子伏几讀書，都下傳之。卒於官。子謹之，官禮科掌印給事中、軍機處行走。卒，無子。妻湯，視含殮畢，沐浴自縊，詔賜百金治喪。贈謹之鴻臚寺卿，並特旌湯節焉。理之，有文名，候選州同知。録自湯成烈等纂《〔光緒〕武進陽湖縣志》卷二十三。

【校勘記】

〔一〕劉圃三先生：原脱，據《録》《總目》補，并據方誌補傳。

歲科應試師

藍士賢先生

諱應襲，浙江仁和人。事實待訪。

補藍應襲

藍應襲，大埔人。雍正十年舉人，官霞浦知縣。録自周碩勛纂修《〔乾隆〕潮州府志》卷二十七《選舉表下》。

藍應襲，雍正壬子，監生，以《書經》中七十八名。任知縣。録自劉織超修、温廷敬纂《〔民國〕大埔縣志》卷三十二《人物志十五》。

藍應襲，廣東大埔人，字士賢。以舉人署縣令，甫下車，米價高騰，即開倉平糶，邑民賴之。才具明敏，決判如流。尤加意作人，振興文教，恤民重士，以清廉著聲。去之日，父老遮道遠送，不忍遽釋。録自《〔乾隆〕安溪縣志》卷五《職官》。

藍應襲，廣東大埔人。雍正壬子舉人。乾隆三年，署安溪縣，甫下車，米價高騰，即開倉平糶，邑民賴之。才具明敏，決判如流。尤加意作人，振興文教，恤民重士，以清廉著聲。去之日，父老遮道遠送，不忍遽釋。録自懷蔭布修、黄任纂《〔乾隆〕泉州府志》卷三十二《名宦四》。

藍應襲，大埔人。乾隆五年，由舉人署。潔己愛民，斷獄平允，升邳州知府。録自廖必琦修、宋若霖纂《〔乾隆〕莆田縣志》卷七《職官志》。

藍應襲，舉人，大埔人。乾隆六年知縣事，莅任，廉能有政聲。尤雅意作人，童子試，選其尤者，延師教之，皆有成就。邑人德之。録自朱珪修、李拔纂《〔乾隆〕福寧府志》卷十七《秩官志》。

藍應襲，廣東人。以舉人任上元縣令〔一〕，到任數月，清積案數百餘件。每結案後，必諄諄以搆訟之累曉諭兩造間。有親族訐訟者，聞諭往往匍匐痛哭而退。凡因公赴鄉，公餘必召耆老，話桑麻，問風俗，亦勸戒爭訟之言居多。迄今幾七十年，藍青天之名，鄉人猶嘖嘖稱道不衰。乾隆十六年，重修《上元縣志》。録自武念祖修、陳栻纂《〔道光〕上元縣志》卷六《官守志》。

藍應襲，大埔人。舉人，十八年任。録自董用威修、魯一同纂《〔咸豐〕邳州志》卷十二《官師四》。

【校勘記】

〔一〕按：藍應襲出任上元知縣時間不詳，據《〔乾隆〕福寧府志》卷六《建置志·城池》載「乾隆十二年知霞浦縣藍應襲，十五年知府秦仁，先後設法修浚城壕」，則其調知上元時間當在乾隆十二年後。

夢午堂先生神道碑〔一〕

乾隆二十三年八月，户部侍郎夢公卒於位。先時公病，謂昶曰：「我生平取士多矣，惟子古體文最善，且知我之深。今我不幸，將以病瘵終，其爲我撰墓道之文，庶幾猶不死也！」嗚呼！昶其忍辭！

謹按：公蒙古人，西魯特氏，諱夢麟，字文子，號午堂，自號大谷山人〔二〕。世居科爾沁。高祖諱博博圖。太祖高皇帝時，率所部來歸，隸正白旗，授佐領。太宗文皇帝天聰元年，隨征錦州，歿於陣，與三等輕車都尉世襲〔三〕，贈太子太保，吏部尚書，祀昭忠祠。曾祖諱明安達哩，襲都尉。國初定鼎，累著戰功，官至吏、兵二部尚書〔四〕，理藩院尚書，授安南大將軍，加太子太保，爵二等男，謚敏果。祖諱化善，一等侍衛，兼佐領。父諱憲德，以蔭補刑部郎中，歷官至左副都御史〔五〕，巡撫湖北，調四川，升工部尚書，議政大臣，兼正紅旗滿洲都統。母郭洛羅氏，封一品夫人。生母王氏，贈夫人。尚書公六子，公第五也。生於成都官舍，六歲入塾，敏悟絶倫。時大學士黄公廷桂總督四川，見而愛之，以女妻焉。七歲解習唐人詩。乾隆九年六月，補學生。九月鄉試中式。明年會試成進士，改庶吉士。十三年散館，授檢討。十四年二月，扈蹕東陵。十五年三月，充日講起居注官。五月，遷翰林院侍講，充廣西鄉試副考官。七月，擢國子監祭酒。九月，提督河南學政。

十六年，授内閣學士，兼禮部侍郎。十七年六月，湖北奸民馬朝柱踞羅田縣之天堂寨，將謀不軌，聞捕散匿。公以河南商城縣，界連羅田，親往督緝，上深嘉之。七月，以郭洛羅氏太夫人喪旋京。十一月，疏言商城爲兩省交界，峻嶺深巖，宵小易於藏匿，原設把總，不足防守，請酌撥守備，增兵巡哨。敕下河南巡撫議行。十八年二月，署户部侍郎。

七月，充江南鄉試正考官。九月，提督江蘇學政。如曹仁虎、嚴長明、吴省欽、趙文哲、張熙純，咸被識拔，待以國士。

二十年五月，授工部右侍郎。七月回京，署兵部。扈蹕熱河。十二月，兼蒙古鑲白旗副都統。二十一年八月，命在軍機處學習行走。二十二年正月，扈蹕巡幸江浙，至山東，命督辦荆山橋河工程。三月，報工竣。上諭云：「上年孫家集奪溜，荆山橋一路淤墊爲患。夢麟與白鍾山等，辦理妥速可嘉。着交部議叙〔六〕，并賜戴孔雀翎。」時上親閲河工，以六塘河以下積潦，桃源、宿遷、清河等縣，窪地皆爲巨浸。分派公率道廳等查勘。尋奏六塘河上承駱馬湖水，至清河以下分爲兩派，由武障、義澤等河，入潮河歸海，長三百餘里，間淤數十處，致水停積，已委募急挑。南北兩堰及去年水壞宿遷堰工，並各處缺口，俱加修築。其桃、宿等縣積水，酌開溝十五，設涵洞五，建閘四，以資宣洩。疏入報聞。

六月，奏荆山橋善後事宜：一銅沛廳北岸丁家樓漫灘，黄水匯入蘇家閘，直衝荆山橋，河身壅塞最易，應令河員築壩填堵。一荆山橋河道，在銅、沛、邳、睢境者〔七〕，應分四汛，歸河務同知專管，飭州縣協辦。一自微山湖口至荆山橋下游之王母山〔八〕，紆長灣曲，灘嘴更多，宜每歲霜降後疏掘。一請嚴禁居民於灣處圈築堰壩捕魚，渡口接築馬頭阻塞河路。得旨皆如議行。

先是，山東巡撫鶴公年奏金鄉等縣水患〔九〕，命侍郎裘公曰修，偕公往來相度辦理。至是合疏言，金鄉、魚臺、濟寧，久爲微山湖水淹浸，當籌分洩之路。韓莊閘南，有伊家河，至江南梁旺城入運，久經淤塞，今議開濬，俾積水乘勢東注，消涸自易。從之。

七月，兩江總督尹公繼善，復奏沂水散漫入運，爲沛邑害，請酌湖口閘應行事宜。公奉命與在工諸臣分任責成。

九月，合疏奏，淮徐水患頻仍，必原委並治，支幹兼修，庶可蘇積困而收實效〔一〇〕。山東、江南接壤，諸湖已相機籌辦〔一一〕。惟沂河自盧口旁洩，没民田，阻運河，當築壩堵截，使不得入運，湖流方可全力下注。此籌酌沂水、微山等湖入河歸海情形也。六塘河在駱馬湖下游，爲洩沂水要道，北岸宿遷、臨溝地方有水口，桃源有港口，俱注沭陽縣之沭河，入漣河歸海，並加濬，分路宣通。六塘河歸海口門，間有淺阻，亦爲疏治。此籌酌六塘河，分導沂水入海情形也。河南夏邑、永城等縣，水由睢河下注，江南洪澤湖出清口，會黄入海。近年河道多淤，董家溝等處，尤宜急濬。至各水既歸洪澤，出口務須通暢。查清口、束水二壩，業經遵旨拆卸〔一二〕，其各閘收束時，口門亦酌量加寬。此籌酌睢河入湖，並湖水入海之情形也。疏上，奉旨「覽奏頗得要領，宜和衷共濟，不可草率塞責」。是月，調户部侍郎。

至十二月，各工先後告竣〔一三〕，復下部優叙。公之在工也，役夫數十萬指〔一四〕，咸奮揭趨事。昧旦而興，指揮董率，日在泥淖中，與丁卒同勞勩，故告成較捷。然公之疾，亦自此始矣。

二十三年四月，復調工部。七月，署翰林院掌院學士。時公疾已亟，上聞，命太醫院診視，兼賜參藥。及遺疏上，上惻然軫悼，賜祭葬如例。蓋是時，公年僅三十有一也。公初聘黄氏，未昏卒。再娶吴蘇氏，三娶宗室某公女。子一，僅周歲。

嗚呼！自公先世，咸以忠武英勇肇基東土，執馘搴旗，書庸竹帛。至公始以文學顯。自少以能詩名，後益浸淫於漢魏六朝暨唐宋元明各大家，蕭閑清遠之旨，與感激豪宕之氣，並發於行墨。四方才俊，攬其所作，無不變色卻步。初著有《行餘堂詩》，入詞館有《紅梨齋集》，在江蘇删爲《夢喜堂集》，後爲《大谷山人集》六卷，長洲吴泰來刻之行世。公以學業推重藝林，而於軍國大事，尤能洞悉機宜。治河之役，條對皆稱上意〔一五〕，是以駸駸嚮用。時值準噶爾内訌，策凌烏巴什等叩關納款，已而阿睦爾撒納以餘孽叛，天子方赫怒出師。而公念祖宗勳烈，兼資文武，且通籍十年，登卿貳，參密勿，恩遇之隆，一時罕比。上又諭令習國書〔一六〕，且學蒙古語，以須大用。是以晝夜呼憤，常思忼慷請行，立功萬里外，而卒病瘵以歿。公而終以文學顯也，豈公之願哉？爰承公治命，勒銘於石。辭曰：

斗牛之粹，會於東瀛。曰鍾奇傑，俾佐武成。匪唯鍾之，又從繼之。勳伐之裔，文以緯之。我公伊少，瑜珥瑶環。風雲爲思，江海爲瀾。鴻文聿啓，懋膺天眷。簪自翰林，司農是筦。公之高節，冰玉爲懷。肯依畹戚，以踐台階。公之壯略，韜鈐在紀。誓縛逋酋，以寧月窟。公志未終，公道寧窮。有詩百軸，光若長虹。甄録單寒，登諸朝宁。有視茲碑，霣涕如雨。王昶撰《春融堂集》。

沈歸愚先生曰：謝山具軼倫之才，貫穿百家，其胸次足以包羅衆有，其筆力足以摧挫古今。而前規是趨，志高格正。樂府胚胎漢人，五言含咀選體，即降格，亦近王韋。七言馳驟豪宕宗太白，沉郁頓挫宗少陵，離奇瓌偉宗昌黎。近體亦不肯落大歷以下，奔湍急硤〔一七〕，百怪滉瀁，大波爲瀾，小波爲淪，惟發源崑崙，故能經絡九州而混混不竭也。先生之詩，豈得汍泉邃澗目之哉！選本凡若干卷，皆奉使於役，經中州、山左，成於登臨校士。餘者憑吊古跡，悲憫哀鴻，勖勵德造，惓惓三致意焉。六義比興居多，蓋得乎風人之旨矣。鐵保撰《熙朝雅頌集》。

近日宗詩者〔一八〕，推沈宗伯、夢司空兩家。沈以老諸生，白首通籍，年幾七十，不數載致身卿貳，年登期頤〔一九〕。夢以韋杜之胄，具班馬之才，年十八登翰林，二十三官國子師，二十四躋八座，三十一而終〔二〇〕，其福何相殊也！今兩家詩具在，一以人勝，一以天勝。人勝者可學，而至天勝者不可學而能也。阮葵生撰《茶餘客話》〔二一〕。

【校勘記】

〔一〕按：《春融堂集》卷六十八原題爲「户部侍郎署翰林院掌院學士夢公神道碑」。

〔二〕號：《春融堂集》作「稱」。

〔三〕襲：《春融堂集》作「職」。

〔四〕吏兵：原倒作「兵吏」，據《春融堂集》乙正。

〔五〕按：「左」後原衍「侍郎」二字，據《春融堂集》删。

〔六〕着：《春融堂集》作「其」。

〔七〕邳：原脱，據《春融堂集》補。

〔八〕自：原脱，據《春融堂集》補。

〔九〕等：原脱，據《春融堂集》補。

〔一〇〕蘇：原訛作「醒」，據《春融堂集》改。

〔一一〕按：「已」原倒在「諸」字前，據《春融堂集》乙正。

〔一二〕拆：原訛作「析」，據《春融堂集》改。

〔一三〕各：原脱，據《春融堂集》補。

〔一四〕數：原脱，據《春融堂集》補。
〔一五〕對：《春融堂集》作「奏」。
〔一六〕書：《春融堂集》作「語」。
〔一七〕湍：原訛作「喘」，據《熙朝雅頌集》改。
〔一八〕宗：《茶餘客話》作「稱」。
〔一九〕按：述沈德潛一段《茶餘客話》作「沈以江南老諸生，白首遇主，七十成名，十年之中，致身卿貳。歸田後，存問錫賚，恩禮日隆。壽且百齡，而精神尚清健不衰。近代文人之福，鮮有及者」。
〔二〇〕按：此句前《茶餘客話》有「銜命乘傳，載咏皇華」二句。
〔二一〕客：原訛作「亭」。

李鶴峰先生家傳

先大父諱因培，字其材，號鶴峰。少孤，由晋寧徙居昆明，時九齡。應童子試，《五經》背誦如流，人咸異之。年十一，補博士弟子。乾隆戊午舉《五經》孝廉。乙丑成進士，入詞館。會廷試翰詹，先大父名列一等第二，晋翰林學士。視學山左，尋遷閣部。壬申典試浙江，手擢沈祖惠冠榜首〔一〕，沈故浙西名士，時稱得人。洊轉侍郎，歷户、禮、兵、刑四部，兼順天府尹。以事去官。旋補光禄寺正卿，轉大理正卿，晋兵部侍郎。任江蘇、浙江學政，凡十年，得士最盛。上屢賜詩奬勵。調倉場侍郎，未之任。命巡撫湖北，調湖南，尋移福建。左遷四川臬司。年五十一卒。

先大父剛毅端嚴，常晏坐，精英四射，雖親近子弟，望之生懔焉。歷官數十年，矢志清白，絶請托。所至振拔單寒，伸理冤抑，風節凛凛，一時士夫多憚之。每公事叢集，悉心裁決，夜分不倦，日以爲常。生平讀書數行下，雖奇字古文，繁瑣佶倔，皆能記誦。旁及釋道方技，無不該洽。書法秀逸有奇趣。爲詩文操筆立就，惜所著述半多散失。謹將舊存《恭和御製詩》一卷、《古今體雜詩》一卷，分編校刻，以著其概。孫浩謹識。李浩輯《李氏合刻詩鈔》。

公視學江蘇時，上賜《清文春秋直講》，謝折有云：「筆削褒譏，群領一王之學；都俞吁咈，如聆上古之音。」一時以爲典切。嚴長明輯《獻徵餘録》。

乾隆二十七年，公督學江蘇，按試淮郡。方唱名時，地忽震，西風大作，轅門外旗竿被風刮入雲中，不知所往。時湖水盛漲〔二〕，水與高家堰平。西風加勁，淮揚危在頃刻。河督以下各官，面色如土。方恐怖間〔三〕，忽轉東風，天低若蓋，有烏龍在雲中〔四〕，修尾下垂，湖水上吸。一炊許，邏兵來報，水消三尺，衆心大安。與試諸生，歡聲雷動。石埭教諭沈君目擊其事〔五〕。徐錫齡、錢泳輯《熙朝新語》。

【校勘記】

〔一〕沈祖惠：原訛作「沈祖慧」，按乾隆二十六年秋《縉紳全書》「高安縣」下「知縣」：「沈祖惠，浙江嘉興人。壬申。二十六年二月選。」據改。

〔二〕湖水：《熙朝新語》作「河湖」。

〔三〕方：原脱，據《熙朝新語》補。

〔四〕有烏龍在雲中：《熙朝新語》作「見有黑龍在雲中」。

〔五〕石埭教諭沈君目擊其事：《熙朝新語》作「石埭縣教諭沈公目擊其事」。

雷翠庭先生墓誌銘〔一〕

公諱鋐，字貫一〔二〕，一字翠庭。雷氏世系出馮翊，自唐遷閩之寧化。曾祖某；祖某；父某，諸生，三世俱以公貴，贈通政使。公年十七補諸生，雍正元年舉於鄉。以合河孫文定公薦，官國子監學正〔三〕。十一年，登進士第，改庶吉士，請假歸〔四〕。

今上即位，旋召直上書房。元年，授編修。三年，充日講起居注官。四年，遷左諭德，以父憂去。九年被召，仍直上書房。十年，累遷左通政使。十四年，以母疾乞假歸。逾年入朝，特命督學浙江。尋改江南。十七年，遷左副都御史〔五〕，仍留督學。其冬，任浙江。

二十一年任滿，以母老乞養得旨〔六〕，即自浙江侍母歸。二十四年，丁母憂，勞毀得疾。其明年十月終於家〔七〕。

公之卒也，予爲文以哭之。越一年夏，其子定淳寓書并狀來乞銘。予與公同官翰林，素知公，既督學浙江，又與公先後相交代〔八〕，以是益悉公爲人，而嘆公之志蓋未竟也。公之學之醇，守之固，其立朝抗直，遇事一無所撓屈。其遭際亦甚隆，而卒未竟其志者，豈非命哉！方用而適以憂去〔九〕，既服闋入朝，會日食求言。上書論臺諫，以爲朝廷樂聞讜言，不必疑其好名，臺諫之所得者名，政事之所收者實也。其言可謂通達識治體。督學浙江，浙西饑，無入告者，公輒以聞，遂得旨賑貸。公既感上知，不欲以虚文答詔旨，亦不肯以職分自諉謝。惟上鑒其誠而信之，既用其言，復顯其身，且使就官迎養，所以曲成之者無不至，夫亦將有待矣，而公復以乞養去。蓋嘗論人，其器大，其意必遠，以公之精誠磊落，抗節不回，且無有遏塞之者，宜不獨此三數事見諸言〔一〇〕，蓋已舉其大者矣。然則使公歇歷至今，其位益顯，其任益重，而亦無遏塞之者，將必更舉其大者，以劘切一世，而惜乎其志卒未竟也！公少學於蔡文勤公，其學一宗朱子，不摇於他説。臨卒，無一語及私。其遺疏云：「爲子之事粗具，爲臣之志未伸。」蓋公亦自以未竟其用而天奪之年爲可憾也。公配巫夫人。子男子三：長定淳，乾隆壬申舉人；次定澍，國子監生，先卒〔一一〕；次定源。女一，適國子監生巫國維。孫男子二，女子二。以某年月日葬於某所。銘曰：

器之大小隨所儲，瓶盎甑石殊盈虚。峨峨雷公志不渝，英辨挺特精氣乎〔一三〕。守以醇固浩氣俱，落落數事昭寰區。藴負更與常人殊，戹之歲月未盡舒。銘兹景烈垂史書，子孫達者其嗣諸。彭啓豐撰《芝庭文稿》。

補都察院左副都御史雷公行狀

公諱鋐，字貫一，號翠庭。先世系出馮翊，自唐時由豫章遷閩之寧化，今爲寧化人。曾祖某，祖某，俱隱居未仕。父某，縣學生。三代俱以公官贈通奉大夫、通政使司通政使。曾祖妣某氏，祖妣某氏，俱贈夫人。妣李氏，贈太夫人。太夫人生三子，公爲長。

自幼研窮經義，年十七補縣學生，肄業鼇峰書院。時漳浦蔡文勤公掌教，公讀其《學約》，爽然知造道入德之方。雍正癸卯，舉於鄉。至都，寓文勤公邸，不投公卿一刺。時相國高安朱文端公與文勤公居比鄰，文勤公謂曰：「高安素知子，子可一見。」公以陸平湖在京不敢見魏蔚州爲比，公頷之。下第後，文端公禮先焉，乃往見，遂以所著《易解》屬校訂。庚戌會試報罷。時合河孫文定公以工部侍郎兼祭酒，過文勤公邸，公曰：「孫公實爲子來，當一往以答其意。」公對曰：「不敢也，將有保舉，毋乃近於自媒乎？」文定公竟薦之，補國子監學正。癸丑，會試中式，朝考第一名。朱文端公以踐履篤實才識明通薦，改庶吉士。館師桐城方望溪先生負天下重望，於世士鮮當意者，獨心契公，以第一流人相期許。已而假歸。

今上纘承大統，召入，侍阿哥書房講讀，賜第内城，感疾未與。散館，特授編修，遷諭德。其在書房，自持嚴正，而和婉善入，恪勤不懈，於中貴辭色不稍假。編修余君棟丁憂，以皇太子薨入京留侍焉。公奏：「皇子侍學之人，必明大義，篤倫理，方於學術情性有助。余棟父喪未葬，若隱忍行走，則講書至『宰我問三年』章，何以措口？於天下風化有關。」於是余君得終制。丁父憂去官。服闋，仍入上書房。再遷至少詹事，充日講官起居注，旋擢通政使。

丙寅二月，應詔陳言，略云：「上諭戒飭臺諫諸臣，處心積慮，總不外名利二途，此我皇上裁成激勵，望其警惕猛省，以古之純臣爲法也。然似因一二臣之言行不符，遂概疑及臺諫諸臣，恐志欲建白者，形迹之間，近於博取虚譽，冀望升遷，轉輾懷疑，徘徊中止。夫就臣子而言，不惟不可計利，并不可好名。而在朝廷，樂聞讜言，不必疑其好名，并不必疑其計利。」又云：「孔子稱舜隱惡揚善，則知當舜之時，亦不皆有善而無惡，惟舜隱之揚之，所以嘉言罔攸伏，明目達聰，用成執兩用中之至治。」又云「信任忠良練達之臣，屏絶諂諛容悦之習。不爲無事之遊幸，以增費累；不耽無益之玩好，以妨幾務。」奉硃批：「雷鋐此奏，朕嘉納之。前謂臺諫不外名利是圖，亦謂彼一時有此氣習耳，今則漸知省改矣。若夫大舜之隱惡揚善，固朕所日勉焉而未逮者也。」三月，稽察覺羅右翼官學，賜宴瀛臺。

八月，命督浙江學政，賜詩有「爲汝便因養老母」之句。旋調任江蘇，條奏學政事宜，選拔宜兼老成，重經學，貢生肄業成均，經義治事，宜核實舉行。改都察院左副都御史，視學政如故。癸酉冬，又調任浙江。凡居江浙六年，公慎自矢，所舉拔多知名士。浙人謂不動聲色而弊絶風清，百年來所僅見。有知府勒教官揑報劣生，已别擢去，公核實，劾之。乙亥秋，浙西災，公寓書督撫，勸其入告，弗聽，乃自奏，即荷恩賑濟，民困以蘇。

丙子，陳情得請，歸里。丁丑春，迎駕江南，凡三蒙召見，詢母年老狀，御書「萱榮綏祉」四字賜焉，命亟歸爲母壽。先是，供職京師，前後蒙賜福字及尚方珍物不勝計。公天懷肫至，無一事不曲體親心，朝夕視膳問寢，藹然孺慕，根心生色，友愛兩弟。待族黨，由親及疏，恩誼周篤，有匱乏，量力佽之，常若歉然。律己嚴而待人恕，從不逆詐億不信，人亦卒無能欺者。倡修大宗祠，復建三代祠，置産以豐祀事。己卯春，丁母憂，執喪毁瘠成疾。及葬，冒風露陟原巘，病遂劇。彌留時，惟誨子孫孝友讀書，不及家事。十月廿五日遂卒，壽六十有四。

公始學，從蔡文勤公遊，即手録《性理精義》中《總論》爲學之方，及《立志》《存養》《省察》《致知》《力行》數篇，以爲繩準，口誦心維身踐，曉夜汲汲，無時或懈，稍有疏忽，即痛自刻責，若無所措其身者。文勤公稱其爲人如楊江陰，江陰者，文定公名時也。平日讀書窮理，研精覃思，識見周徹，洞悉自古聖賢君子學術之純疵，一以程朱爲宗，而凡流於異端似是之非者，不能惑也。嘗謂陸王人品事功，卓然千古，學術則恐貽誤後人，因作《象山禪學考》《陽明禪學考》，以示學者。其在書房，進呈講義，力辨於危微之界，反復於克念罔念之幾，以推極於天下治否，生民休戚，莫非帝王之要道。於中朝名臣宿望，有淡於進取，自立崖岸者，必折節定交。士有片善，必加搜討，所交多巖穴奇士。在江浙，發《學政條約》，頒行小學書，刊布《陸清獻公年譜》，以勖多士。每府試竣，輒召其學品優者，究明經史疑義，辨析學術源流，告以立志居敬，窮理反躬之切務。一時觀感興起，争自濯磨者，所在有人焉。有所造訪，或鄉里未知姓名，相顧不知何以得之。其侘傺終身者每見於文，寓惋惜之意，若集中《五布衣》詩、《兩王生傳》是也。所著有《經笥堂詩文集》《自耻録》《聞見偶録》《讀書偶記》《校士偶存》，共若干卷。建寧朱君梅崖序其文集有曰：「公之學以躬行爲主，以仁爲歸，以敬義爲堂户，以人情事理爲權衡，以六經爲食餌，以文藝爲紳佩，以獎引天下之士。爲籓牆而於邪正之界，流漸之潰，析之尤精，防之尤預。大要宗朱文公，而以薛文清、陸清獻二公之書爲譜牒，生平出處，按之固已無一不合於道。所爲文章，則皆本其躬行所得者。而慰唁問答，解惑條指，發德辨姦，析事類情，以綜王道之要，以會天命之精。」君子觀於斯言，亦可以知其大略矣。

配巫夫人。子男三人：定淳，壬申恩科舉人，直隸東安縣知縣；定澍，監生；定源，貢生。女一人，適巫國維。孫四：光楠，諸生；光槐，監生；光槩，諸生；光杰。曾孫男三：國樑，諸生；餘幼。葬城東魚潭鄉之原，巫夫人祔焉。謹撰次行狀，上之史館如右。同里陰承方謹狀。録自雷鋐《經笥堂文鈔》卷首。

補通奉大夫都察院左副都御史雷公墓誌銘

乾隆二十五年十月二十五日，原任都察院左副都御史寧化雷公，以疾薨於里第。遠近人士，聞者驚悼，交書相吊。蓋公以忠孝見信於上，而天下尊其學者三十餘年，其告養洎丁艱，朝野咸望起復大用，以著大儒之效於天下，而公遽薨。公之薨，而人士竊計内外大臣未易有如公之留意人才者，故其始聞而驚，驚已而悼，人人有失其私之悲，而因致夫天下賴之之意，而益知公之生歿於世不偶然也。

公諱鋐，字貫一，號翠庭。先世陝人也，後自江西遷汀之寧化，故今爲寧化人。曾祖某，祖某，皆不仕。父諱某，縣學生。三世皆以公貴，恩贈如公官。公爲諸生，見蔡文勤公《學約》悦之，從文勤學。文勤稱公爲人類楊江陰，江陰者，文定公名時也。鄉貢京師，高安朱相國軾聞公名，不可得見，乃就公蔡公寓舍論《易》，時人兩賢之。而合河孫侍郎嘉淦，亦先禮公，舉爲國子監助教。癸丑，開性理試，主者欲得公，公謝不往。既成進士，朝考第一，大臣多薦者，改翰林院庶吉士。今上即位，詔起公於家，侍讀皇子，賜第内城，特旨授編修。充丁巳會試同考官。以御試前列，受賜充日講官起居注。京察一等，遷左春坊左諭德，兼翰林院修撰。

同事余某，以皇太子薨入京，奉旨留侍皇子讀，公言：「余某父喪未葬，不宜在皇子左右。聞輔臣咎其辭爲好名，使在廷人人辟好名之嫌，不執親喪，非細故也。」余得歸終制。丁縣學公艱。服闋，詔起供職，以額外諭德食俸。遷右春坊右庶子，再遷少詹事，充日講起居注官，擢通政使司通政使。是時，上以言事者外沽直名，自規便利，下旨訓敕。公謂：「二者雖諫臣不肖，然朝廷樂聞讜言，不必病二者以塞言路。昔孔子稱舜隱惡揚善，則知當舜之時，言者亦不能有善而無惡，惟舜隱且揚之，故書曰『明四目，達四聰』，又曰『嘉言罔攸』，伏願皇上以舜爲法，任老成，遠諛佞，簡遊幸，屏玩好。」得旨嘉奬。是冬，乞假省母。滿假，以原官提督浙江學政。調江蘇，改都察院左副都御史，仍調浙江。梓《陸清獻公年譜》。教士敦實行，去功利，衡文取清淳，一革舊習。公爲政甚嚴，而州縣吏亦無敢逾法虐士者。有勒屬捏報劣生者，其人已擢守道，公特劾之。因奏舉報優劣，宜責成府縣官，定以處分。又言太學貢士，宜先老成通經學者。會秋大饑，有司以例不敢請，公密言狀，得旨特賑民困。以蘇母李太夫人年八十援例終養。蓋侍養太夫人者四年，太夫人既葬，未終喪而公薨，年六十四。

公平居雍雍以和，不見喜愠之色，至臨大節，則嶄然不可奪。其在朝廷，遇重臣無加禮，退接故交，如布衣時。狀貌秀偉，造次必於禮，而宏毅簡重，安舒自得，見者知爲粹然大儒也。初入仕籍，大臣争相引重，公岌然中立，無少依附，獨以忠懇結上知，在群臣中恩意特異。二十二年南巡，御書扁額，爲太夫人壽，兼賜貂緞。蓋公性純孝，上知之，故體恤之尤至。而公臨薨遺表亦曰：「臣爲子之事粗具，而爲臣之志未伸。受恩深重，莫報涓埃，此臣目難終瞑者也。」嗚呼！觀公之所以事上，與上之所以待公者，庶幾古詩書所載君臣相與之盛者已。公之學，以躬行爲主，其生平出處，張弛言默，按之無一不合於道者。至小事，亦皆可法。爲文章簡要冲夷，有古作者風。所著《經笥堂集》《自耻録》《讀書偶録》《校士偶存》《聞見録》等書凡若干卷。

公嘗謂國家根本在人才，故聞一藝片善，必加搜討。所交多巖穴奇士，其奉使出京，布衣李鍇、朱燉送别舟次。鍇號廌青山人，與燉俱守道自重，不妄見人者，惟公能得之。公在浙江，每有造訪，或邑人未曉名姓，相視驚訝，不測公何以知之也。公在病，猶手修族譜，考校無訛，蓋其所存者如此。

公夫人同邑巫氏，有順德，能宜於公。長子定淳，壬申恩科舉人。次定澍，監生，先卒。次定源，貢生。女一人，適太學生巫某。孫男二人，定澍出。又女二人，一定澍出，一定淳出。定淳將以某年月日葬公於某山某原，先期以書狀來請銘。仕琇與定淳爲男女姻家，辱公以文行見知者二十餘年，公之病未薨也，實以誌墓之文見屬，因忘其不肖，輒删狀語，掇公行身居官之大者，藏諸幽以告後世云。銘曰：

雷世潛德，始顯於公。公仕以道，不辱其躬。正學之興，明時是逢。進禮退義，既孝既忠。非公之賢，明聖在上。信賢不疑，崇德無忘。爰再起公，不俟自來。侍經皇子，久試公才。改官詹事，遂掌銀臺。公督浙學，皇月特命。迎養之便，毋愆温凊。南巡賜詩，又以爲言。教及都人，彌荷皇恩。惟公督學，雍雍翼翼。起秀茀蕪，幽側無匿。公貳都憲，大江之南。仍改浙學，文教其覃。惟公立朝，無側無倚。體皇之心，以成燕喜。其喜維何，忠孝道光。奉母歸間，色養無妨。融融洩洩，和樂且康。諧於帝心，天語揭堂。公進不疑，退省無虧。古有成人，庶其在斯。壽母慶終，公猶孺墓。喪筵未徹，俄驚大故。公年六十，公位豈卑。未厭衆望，士林齎咨。城□有邱，爰得吉卜。公體藏焉，表以名木。大儒之壟，過者咸肅。録自朱仕琇《梅崖居士文集》卷七。

補故通奉大夫都察院左副都御史雷公事狀

公諱鋐，字貫一。先世由豫章遷汀州之寧化。曾祖諱某，祖諱某；父諱某，縣學生，三世俱贈通政使司通政使。公年十七補諸生。時漳浦蔡文勤公講學鼇峰，公讀其《學約》悦之，從文勤游。慨然以聖學自任，慕陸清獻公之爲人也。既通籍，勤學不懈，肆其所蓄，施於有政，氣淳而守固，遇義所不可，必達其意。初舉鄉試至京，時蔡公在朝，大學士朱文端公欲見公，公不往，文端乃就蔡公館與公論《易》，器之。雍正八年，以合河孫文定公薦授國子監學正。十一年成進士，選庶吉士。明年，以大父母春秋高請急歸省。

上即位，召至京，授翰林院編修，直上書房。屢轉至左諭德，兼修撰。每進經史講義，必明辨安危治亂之幾，歸本於人主之一心，以推極於民生國計，反覆詳盡無隱情。會同官余棟以喪歸，未葬，入臨皇子喪，上欲留之。公奏曰：「侍學之臣，所貴明大義，篤倫理，非徒取記誦詞章而已。今余棟父喪未葬，遽直内廷，設講書至『宰我問三年喪』章，何以出口乎？聞輔臣以其辭爲好名，使人人避好名之嫌，不求盡人子之道，非細故也。」事遂寢。繼以太公憂去官。服除，召還。旋擢通政使。

乾隆十一年三月日食，求言，公上書曰：「伏讀上諭，戒飭臺諫諸臣，處心積慮，不外名利二涂，此皇上裁成激厲，望此諸臣盡以古純臣爲法也。夫就臣子而論，不可計利，并不可好名。計利者卑瑣不待言，稍存好名之念，必不能勉竭忠愛，曲盡事情。而在朝廷，樂聞讜言，但當論其言之是非，不必疑其計利，并不必疑其好名。果其言爲上爲德，爲下爲民，皇上采而納之，天下後世傳而誦之，正足見聖朝之有人。臺諫之所得者名，政事之所資者實也。昔孔子偁舜之大知曰隱惡而揚善，當舜之時，進言者亦不皆有善而無惡，唯舜隱之揚之，所以嘉言罔攸伏，明目達聰，成執兩用中之至治。皇上誠切求言臣，不自揣量鰓鰓過計者如此。若夫信任忠良練達之臣，屏絶諂諛容悦之習，不爲無事之游幸，以增煩費，不耽無益之玩好，以妨幾務。此我皇上日夕乾惕，時存警戒，無待臣下之敷陳者也。」疏入，上訓勉宣示焉。十二年冬，詔以明年春巡山東，將次及江淮、吴越。公因偁述聖祖皇帝巡方故事，勸上飭諸大吏，省徭役，敦樸素，以便民。上亦已有旨諭諸臣矣，以公言忠弗過也。

十四年夏，以太夫人疾乞假歸。逾年入朝，命提督浙江學政，俾迎養太夫人於官。十六年秋，移任江蘇。明年，以左副都御史復任浙江。公之教士也，提倡正學，以程朱爲的。

其所至，必訪求高行卓識之士，以禮先之。并徵先哲遺書，擇其善者而表著之。由是人知向方，奮發者衆。時有司有勒屬誣報劣生者，公疏糾之，因言舉報優劣，宜責成府縣官定以處分。又言貢士太學，宜先老成通經學者。二十年秋，浙西被蟲災，巡撫周人驥謂已屆秋穫，不以聞。公致書規之，不聽，遂具章入告。得旨賑恤，而治巡撫罪。明年夏，以太夫人年八十預請復命時乞恩歸養，上命即自浙江侍母歸。二十二年南巡，御書四言額，爲太夫人壽。又二年，太夫人卒。未終喪而公亦卒，年六十四，時乾隆二十五年十月也。

公嘗學文於望溪方先生，所著《經笥堂集》，具有家法。平生多布衣交，在京善李鍇、朱燉，在蘇善陳黄中，晚而在家，與建寧朱仕琇論文尤密。遇後生晚學，一材一藝有過人者，必委曲成就之。瑞金羅有高嘗游學公門，服公之教，未嘗去口。紹升與有高交，慕公之德望久矣，因詮次其略爲之狀。録自彭紹升撰《二林居集》卷首所附雷定淳撰《行述》。

【校勘記】

〔一〕文題《芝庭先生集》作「通奉大大都察院左副都御史加二級雷公墓志銘」。

〔二〕貫一：原倒作「一貫」，據《芝庭先生集》改。

〔三〕監：原脱，據《芝庭先生集》補。

〔四〕假：《芝庭先生集》作「急」。

〔五〕副：原脱，據《芝庭先生集》補。
〔六〕乞養：《芝庭先生集》作「乞終養」。
〔七〕按：「月」後《芝庭先生集》有「某日」二字。
〔八〕交：《芝庭先生集》無。
〔九〕方用而適以憂去：《芝庭先生集》原作「方上御極之初，鋭意至理，在朝諸臣争自奮，思所以稱盛意。公時官諭德，每進經史講義，必詳晰義利，開設端委，以推極於治要，上嘉納焉。有同官以喪歸，未葬，入臨皇太子喪，上意欲留之，公力疏争，事遂寢。當是時也，朝野無事，天子方虚己側席，有一善無不庸，若谷之應響。公駸駸方向用，而適以憂去」。
〔一〇〕按：「言」後《芝庭先生集》有「論」字。
〔一一〕先卒：原脱，據《芝庭先生集》補。
〔一三〕氣：《芝庭先生集》作「誠」。

劉石庵先生

諱墉，山東諸城人。乾隆十六年進士，體仁閣大學士〔一〕。文正公清德重望，雅不欲以詞章自見，公亦如之。而詩清新超悟，如香山、東坡風格，今石刻中每每見之，人稱雙璧云〔二〕。王昶撰《蒲褐山房詩話》〔三〕。

觀後按：公謚文清。

【校勘記】

〔一〕閣：原作「殿」，據《蒲褐山房詩話》改。引文乃節録原書文字而成，改編微處不再出校。

〔二〕今石刻中每每見之人稱雙璧云：《蒲褐山房詩話》原文爲「十餘年所得甚夥，而漸次遺佚。門人陳子韶因合梁侍講同書書，鐫於西湖上，名『劉梁合璧』，今所采者，皆合璧中詩，全集則未之見也」，故「人稱雙璧」之説不確，爲作者删減撮合不當所致。

〔三〕話：底本、張本訛作「謁」，今改。

補劉墉傳

墉，字崇如。乾隆十六年進士，改庶吉士，授編修，再遷翰林院侍講。以父統勳巡視巴里坤、哈密駐兵事宜失旨，墉亦褫職繫獄。未幾貰之，仍授編修。督學江蘇，奏江蘇士習官方之弊，略謂生監中滋事妄爲者，有司瞻顧，不加創艾，既畏刁民，又畏生監，兼畏胥役，既不肯速爲判決，又不欲大分皂白，科罪之後，應斥責者竝不斥責，闒茸怠玩，姦猾因得快其私。上嘉其留心政體，授太原府知府。擢冀寧道，坐官知府時屬令侵蝕官帑，未能先事舉發，謫戍軍臺。釋還，仍授編修。久之，授江寧府知府，遷江西鹽驛道、陝西按察使。

父憂除服，上追念統勳宣力年久，且察墉器識可臣，詔授内閣學士，入直南書房。時初設文淵閣官，兼直閣事，爲《四庫全書》館副總裁，修《西域圖志》及《日下舊聞考》。擢户部右侍郎，調吏部右侍郎。授湖南巡撫。在官年餘，稽察倉庫，督修城郭，革除屬縣坐省家人，撫恤武崗等縣灾民，至籌倉穀、開採崗硝，俱察例奏請，奉旨允行。

墉砥厲風節，正身率屬。自爲學政、知府時，即謝絶饋賂，一介不取。遇事敢爲，無所顧忌，所至，官吏皆望風畏之。遷都察院左都御史，爲《三通》館總裁官，守吏部尚書兼國子監事務。尋授工部尚書，爲尚書房總師傅，守直隸總督，調吏部尚書，爲經筵講官。五十年，授協辦大學士。御史祝德麟劾司業黄壽齡受賂内稱「國子監考試，惟劉墉、鄒炳泰二人，諸生不敢向其餽送營求，其清介素著」云云。嗣以尚書房師傅官七日不入直貶秩，旋授内閣學士，歷遷吏部尚書。嘉慶二年，授體仁閣大學士，加太子少保，充《會典》館正總裁。

九年卒，年八十五。晋贈太子太保，入祀賢良祠，賜祭葬，謚文清。

墉兼工文翰，書法冠一時。卒後，上命墉弟子鐶之摭拾墉書，摹勒上石。有《清愛堂石刻》四卷。録自劉光斗修、朱學海纂《〔道光〕諸城縣續志》卷十三。

師友淵源録後案卷二

召試閲卷師

尹文端公神道碑〔一〕

乾隆三十六年二月，文華殿大學士尹公薨於位。天子震悼，加贈太保，謚文端，崇祀賢良。次年三月，公子慶玉等扶柩葬於遼東，遵公遺命，墓勿爲碑。其門下士袁枚泣而言曰〔二〕：「古勛華之盛，皆於皋夔之訏謨中見之。我國家治隆唐虞，天生文端公熙帝之載垂五十年。四夷九州，聞公慕公，萬頸胥延矣。倘生平忠勛灑然就湮，於公謙德可也，其何以佐聖清之光明哉？第公奏稿盡焚，密勿語外罔聞知〔三〕，而枚又生晚，靡能記憶，謹就受業以來，隅坐時齒牙所及，諸軍民屬吏所祝稱者鋪揚之〔四〕，以聲於貞石，或亦《左氏》所謂違而道者耶？」諸公子曰：「唯唯。」乃摭其梗概而銘之曰：

公諱繼善，字元長，晚自號望山。滿洲鑲黄旗人，世居遼東。父泰，罷祭酒家居。世宗爲藩王，祭長白山，召與語，悦之，問：「有子仕乎？」曰：「第五子繼善舉京兆。」曰：

「當令見我。」及公試禮部，將謁雍邸而聖祖崩，世宗即皇帝位，乃中止。公亦登雍正元年進士，引見〔五〕，世宗喜曰：「汝即尹泰子耶？果大器也。」選入翰林，而召祭酒公爲工部侍郎，尋遷東閣大學士。怡親王請公爲記室，上許之。天寒，衣羊裘從王，王憐其貧，賜青狐裘一襲〔六〕。奏署户部貴州司郎中。當是時，廣東總督孔毓珣與巡撫楊文乾不相中，肇高廉道王士俊者，楊所薦也，伺楊入覲，劾王下獄。公承命往鞫〔七〕，得其情，世宗深嘉之，未復命，授廣東按察使。甫抵任，遷副總河。未半年，遷江蘇巡撫，仍兼河務事，時雍正六年也。江蘇漕政抗弊〔八〕，公奏衛丁州縣，費各有需，嗣後請米一担〔九〕，收費六分，先給官丁，使無不足，然后一裁以法。又奏平糶盈餘，非公家之利，應存縣庫。又奏撤水師營，而增沙船巡海。又奏鹽院伊拉齊不法，請褫職擒問。世宗悉允其請，歡聲接於衢。七年，署河道總督〔一〇〕。九年，署江南總督。未一年，雲南元江苗反〔一一〕，調雲、貴、廣西三省總督。

公白皙少鬚，豐頤大口，聲清揚遠聞〔一二〕，著體紅瘢〔一三〕，如硃砂鮮，目秀而慈，長寸許。釋褐五年，即任封疆，年纔三十餘。遇事鏡燭犀剖，八面瑩徹，而和顏接物，雖素不喜者，亦必寒暄周旋。常一月間，兼攝將軍、提督、巡撫、河漕、鹽政、上下兩江學政等官〔一四〕，九印彪列，簿書填委，而公判决恢然無瘁容，亦無驕色。猶與諸生論文課詩，以故士民相傳折服，聞呼騶過，争欣欣然走一二里，追輿望影，以爲天人。其督南河也，上命開天然壩，公不可。適浙督李衛入覲，過清江，傳旨嚴飭，且云「衛已奏明黄水小，開固毋妨」。公覆奏：「李衛不問河身之深淺，而但問河水之小大，非知河者也。倘河淺壩開，宣流太過，則湖水弱，難以敵黄之强。」方草奏時〔一五〕，幕中客齊爲公危，有治裝求去者〔一六〕，公不爲動。世宗喜曰：「卿有定見，朕復何憂！」徹御衣冠賜公，而加公太子太保。

其調雲貴入覲也，江南災，河東總督田文鏡請漕東粟助賑。按察使唐綏祖，密奏東省亦災，粟宜留。上問公〔一七〕，公奏如綏祖言。上怒曰：「綏祖，田所薦〔一八〕，不宜異議。」公曰：「綏祖爲救民，故忘私恩。若臣作田文鏡，感而不怨〔一九〕。」上嘿然〔二〇〕。時唐禍幾不測，以公解得免，而公初不識唐也。公既到滇，知前督高其倬雖受譴而老成有識，乃虚己諮詢。高亦感公意，備告款要。遂率總兵楊國華、董芳等，分路進兵〔二一〕，破之，擒其魁老常小等，沅江平。

今上登極之二年，補刑部尚書，與文定公共事。都人歎曰：「司寇得此二公，天下寧有寃耶〔二二〕？」四年，教習庶吉士。五年，總督川陝。八年，江南災，調兩江。十三年，調廣東不果，補吏部尚書，協辦大學士。金川用兵，乘傳與忠勇公傅恒詣軍前〔二三〕。受降畢，仍督川陝。十六年，調兩江。十九年河決，命督南河。河平，命視師伊里。半途追還，仍督兩江。二十九年，上召公，爲慶七十，賜讌於第，拜文華殿大學士，仍攝總督。次年還朝。

相天子七年薨。

公毅而能擾，機牙四應，上深知之。凡糾紛盤錯事，他大臣能了者不命公，既命公，則皆棋危柁險，萬口禁聲，人方怯公無下手處，而公紆徐料量，如置器平地，靡不帖妥，又如東風吹枯，頃刻改色。凡五督雲貴，三督川陝〔二四〕，四督江南。而在江南尤久，前後三十餘年。民相與父馴子伏，每聞公來，老幼奔呼相賀。公亦視江南如故鄉，渡黄河輒心開。臨入閣時，吏民環送悲號，公不覺悽愴傷懷。過村橋野寺，必流連小住，慰勞送者。不卑官，不矯俗，不畜怨，不通苞苴，嚴束傔從，所莅肅然。將有張施，必集監司以下屬曰：「我意如是，諸君必駁我。我解説，則又駁之。使萬無可駁，而後可行。勿以總督語有所因循也。」以故公所行，鮮有敗事。所理大獄，雍正間江蘇積欠四百餘萬，乾隆間盧魯生僞稿，及各郡叛逆邪教等案，皆株連萬千。而公部居别白，除苛解嬈，不妄戮一人〔二五〕。先是十六年，天子南巡，黄文襄盱衡厲色〔二六〕，供張辦理〔二七〕。二十二年至三十年，公三迎鑾〔二八〕，熙熙然民不知徭役，供張亦辦，人以是知公之敏也。

公清談干雲〔二九〕，而尤長奏對。世宗嘗謂公曰：「汝知有督撫中當學者乎？李衛、鄂爾泰、田文鏡是也。」公應聲曰：「李衛，臣學其勇，不學其粗；田文鏡，臣學其勤，不學其刻；鄂爾泰，大局好，宜學處多，然臣亦不學其愎也。」江蘇布政使某妄奏司胥侵歷年正供〔三〇〕，自矜嚴察。公徧劾其寬縱〔三一〕，曰：「某既知庫虧百萬〔三二〕，而不能科别窮治，何也〔三三〕？」上意釋，命大學士劉統勛會同按覆，事果虚。

俗傳公貌類佛，而不喜佛法。聞人才後進，則傾衿推轂〔三四〕，提訓孳孳。每公餘，一卷一燈，如老諸生，寒暑勿輟。詩成喜人吟，聽至頓挫處，手爲拍張。或半字未安，必嚴改乃已，以故清詞麗句，雖專門名家，自愧不如。上嘗下詔云：「本朝滿洲科目，惟鄂爾泰、尹繼善二人。」嗚呼榮哉！故事，宰相抵任在翰林衙門，公入相時所坐處，即公先人之位。

公母徐氏，側室也，以公貴封一品夫人。公側室張氏，以第二女爲皇八子妃，亦封一品夫人。充丙戌會試總裁，先一年而降旨，皆異數也。公本姓章佳氏，先娶郎氏，再娶鄂氏，俱封夫人。子某某。銘曰：

一事未行，歡聲雷鳴〔三五〕。問厥所由，相感以誠〔三六〕。一令裁布，趨迎滿路。我知其故，信之有素。大哉夫子，金粹玉温。仇怨低首，羌戎扶輪。五行中土，四時中春。惟其育物，所以歸仁。公嘗訓人，人如履地。不留有餘，鮮不顛躓。人亦指公，公如大樹。安寢其下，使人可據。羊腸業業，公能游之。虎目獰獰，公能柔之〔三七〕。匿瑕藏疾，公亦憂之。摘果未熟，曰且留之。及其覆矣，轉相咎矣。公亦無言，笑而受矣。貴且彌恭，耄而益聰。乾乾日稷，扶我皇風。大鐘勿考，大廉勿表。官久胡貧，惟天了了。十事久要〔三八〕，姚崇忠愛。公欲云云，探懷有待。玄齡遺表，諫征高麗。公竟生前，抗顔陳詞。易簀猶視，殘編斷紙。曰性所耽，惟文與史。七十七年，大星歸矣。如彼宣尼，可止則止。有子十三，鄧家金紫。罔不束脩，敦詩説禮。遼水湯湯，繞公墓堂。江水悠悠，望公來遊。二水之間，知公俱到。所到孰多？江南有廟。袁枚撰《小倉山房文集》。

【校勘記】

〔一〕按：題目《小倉山房文集》作「文華殿大學士尹文端公神道碑」。

〔二〕士：原脱，據《小倉山房文集》補。

〔三〕勿：原脱，據《小倉山房文集》補。

〔四〕民：原脱，據《小倉山房文集》補。

〔五〕按：「見」後原衍「祭酒公」三字，據《小倉山房文集》删。

〔六〕青：原與張本皆脱，據《小倉山房文集》補。

〔七〕公：原與張本皆訛作「王」，據《小倉山房文集》改。

〔八〕抗弊：原訛作「抗弊」，周石生簽云：「『漕政抗弊』，『抗』字當是『抏』字。《史記·平準書》『百姓抏弊以巧法』。」張書亦作「抏弊」，故改。

〔九〕担：《小倉山文集》作「石」。

〔一〇〕道：原訛作「東」，據《小倉山房文集》改。
〔一一〕元：原訛作「沅」，據《小倉山房文集》改。
〔一二〕揚：原脱，據《小倉山房文集》補。
〔一三〕瘢：原訛作「般」，據《小倉山房文集》改。
〔一四〕兩江：原脱，據《小倉山房文集》補。
〔一五〕時：原脱，據《小倉山房文集》補。
〔一六〕治裝：原訛作「行李」，據《小倉山房文集》改。
〔一七〕上問公：「上」《小倉山房文集》作「世宗」，下文「上怒曰」同。
〔一八〕按：此二句《小倉山房文集》原作「如卿言，山東誠災，第綏祖田文鏡所薦」。
〔一九〕按：此四句《小倉山房文集》原作「臣聞古人有申公憲以報私恩者，若臣作田文鏡，只知感愧，不知嫌怨」。
〔二〇〕上嘿然：《小倉山房文集》無。
〔二一〕路：原訛作「别」，據《小倉山房文集》改。
〔二二〕與文定公共事都人歎曰司寇得此二公天下寧有冤耶：《小倉山房文集》無，蓋子晋所據本較乾隆刻重修本早，故時有小異。
〔二三〕前：原脱，據《小倉山房文集》補。

〔二四〕三督川陝：原脱，據《小倉山房文集》補。
〔二五〕妄：原脱，據《小倉山房文集》補。
〔二六〕按：「襄」後《小倉山房文集》有「公」字。
〔二七〕理：《小倉山房集》脱。
〔二八〕三：原脱，據《小倉山房文集》補。
〔二九〕干：原訛作「于」，據《小倉山房文集》改。
〔三〇〕使：原訛作「司」，據《小倉山房文集》改。
〔三一〕公：原脱，據《小倉山房文集》補。
〔三二〕某：原訛作「其」，據《小倉山房文集》改。
〔三三〕何也：《小倉山房集》作「何耶」。
〔三四〕衿：原訛作「嚴」，據《小倉山房文集》改。
〔三五〕鳴：原訛作「聞」，據《小倉山房文集》改。
〔三六〕相：原訛作「所」，據《小倉山房文集》改。
〔三七〕按：此句後原蒙下文衍「及其覆矣」四字，據《小倉山房文集》删。
〔三八〕久要：《小倉山房文集》作「要説」。

劉文定公行略

公諱綸，字繩庵，姓劉氏。其先由山西大同遷鳳陽，後遷常州。曾祖慤庵，由蔭生知福建福寧州事。祖崑來，康熙三十二年舉人。父似虞，庠生，子長經，次即公。

年十九入學，受知督學桐城張公。旋食餼。恭遇高宗純皇帝御極初元，遵奉世宗憲皇帝前詔，開博學鴻詞科，督學張公暨撫軍顧公，以公名薦。御試第一，授翰林院編修。仰邀聖恩，益自刻勵，嘗曰：「翰林報稱，惟有文章，吾敢忘秀才本色耶？」乾隆二年五月，充《世宗憲皇帝實録》館纂修官。本月御試詞臣，以詞科甫經授職，特命免試，恩賚仍視優等。三年，充順天鄉試同考官。次年，充會試同考官。五年，補授侍讀，充《皇清文穎》館纂修官。六年，充日講起居注官。六月，充陝西鄉試正主考官，特授太常寺少卿。七年三月，遷右通政。十月，轉左通政。八年四月，遷太僕寺卿。十年四月，遷大理寺卿。五月，充殿試讀卷官。十一年十二月，補内閣學士兼禮部侍郎。十二年十二月，奉命輯《詞林典故》。是年考試咸安宫教習。十三年三月，以内閣學士知貢舉。九月充武會試總裁。

十四年七月，扈駕木蘭，奉敕撰《秋郊大獵》《哨鹿》等賦，上嘉歎，由是知遇日隆。九月署理兵部侍郎，又充《續文獻通考》副總裁官兼五朝《國史》館副總裁官，南書房行走。

十一月，補授禮部右侍郎。十二月，調工部右侍郎，仍兼兵部侍郎事。

十五年正月，奉命軍機處行走。是月，充《平定金川方略》館副總裁官，兼輯西洋館文字。十五年六月，奉旨前赴土默特，清查蒙古地畝事，條奏得旨允行。七月扈駕木蘭，奉命閱勘潮河。九月丁外艱，蒙賜帑金，俾庀喪事，卜葬豐東鄉鄭陸橋之東。

十八年八月，奉旨補户部右侍郎。時封事未畢，懇恩於十月杪起程，十二月抵京。十九年正月，命兼管順天府尹事務。向例，順天府尹有治中一員、通判一員，凡遇應辦差務，府尹隨時派委，日行事件，概不與聞。公念責成不專，非設官意，請自後將錢糧、户婚、田土等事，責令治中；詞訟、禮儀及一切雜事，責令通判，始不以冗員自愧。二月，充經筵講官。四月，命考内閣中書。六月，扈駕東巡，恭謁祖陵。十月，轉户部左侍郎。

二十年二月，扈駕恭謁東陵、西陵。六月，準噶爾大功告成，恩旨議叙，充方略館副總裁官。進《平定西陲露布》。十月，賜内城官房一所。十二月，奉旨赴浙審勘巡撫鄂樂舜勒派商銀一事。途次平原，廷寄兼查浙省賑務。二十一年正月，以讞牘上附陳災賑情形復命。江督尹公會勘覆奏，以定擬過當，經部議革職，蒙恩從寬留任。十月，命察勘直隸十三州縣馬廠地畝。

二十二年正月，扈駕南巡。二月，得假省墓。六月，命教習庶吉士。二十三年正月，賜海淀園房一所，并内城住房一所。七月，扈駕木蘭。六月，補授都察院左都御史。十一月，公母金夫人年八十，得賜「延暉承慶」之額，并綵緞貂皮之錫。八月充順天鄉試正考官。公取文不拘一格，嘗言都下人文輻輳，及格之卷多至溢額，始難在取，繼難在去，較量進退，每至夜分。家人以過勞勸宜稍節，公曰：「中式者，皆兄弟也，一去取間，於我至易，獨不爲士子計乎？」十一月，命赴西安會勘將軍嵩阿禮派扣餉銀各款。

二十六年，扈駕五臺山。五月，補授兵部尚書。六月，教習庶吉士。七月，扈駕木蘭。十一月，遇覃恩誥封曾祖父光禄大夫、兵部尚書，妣俱封一品夫人。二十七年隨駕南巡。七月，扈駕木蘭。十月賜紫禁城騎馬。自二十六年而後，每歲除必頒賜崇文門税銀五百兩。公有句云「眼明饋歲支官鏹，足蹇朝正策紫騮」以紀實也。十二月，磨勘直省鄉試卷，公於原勘官磨出疵纇處，逐加考核，貼説隨進：念士子不諳禁例，間文理有疵，議以停試，固屬分所應得。有命意過人而字句有出入者，若概從糾摘，恐舉子以庸作圖全，同考官亦濫登塞責，於文風士氣有關。所奏帖説在集中。

二十八年二月，扈駕恭謁東陵、西陵。四月，復勘會試卷。五月，調補户部尚書。是月，教習庶吉士。六月，以户部尚書、協辦大學士加太子太保銜。十一月，賜御用紅絨頂貂皮冠一合。二十九年，扈謁東、西二陵。七月扈駕木蘭。八月，兼攝刑部尚書事。

三十年正月，丁金夫人憂回籍安葬。三十二年三月，奉旨補授吏部尚書，仍兼協辦大學士〔一〕，抵京供職。三十三年七月，兼署户部尚書，復充經筵講官。三十四年三月，充會試正總裁官，得士徐烺等一百四十三名。揭曉後，遵旨復取墨卷，遴選文理清通，字畫端楷者，得士陸瑗等六十人進呈御覽，會勘御史王顯曾，簽出第二十名梁泉疵纇過多，部議革任，蒙恩從寬留任。三十五年，充順天鄉試正考官。三十六年二月，奉旨實授文淵閣大學士兼工部尚書，仍兼工部事務。三十七年，充會試正總裁官，得士孫辰東等一百六十九人，復取中正榜汪日章等六十人。

先是，自編詩古文詞爲《外集》，命門下士唐紹家司讎校焉。未幾疾作，上遣太醫院堂官陳世官診視，又賜人參一斤。延至乾隆三十八年六月二十三日申時，終年六十有三。翼日上聞，奉諭旨：「大學士劉綸，品行端醇，學問博雅。久直禁廷，簡畀閣務，勤勞夙著，倚任方殷。今春偶患腮頰浮腫，即派御醫診視，并令加意調攝。入夏以來，冀其能輕減，屢差侍衛存問。嗣聞其體氣虧弱，特賜人參，俾資培益，用冀速痊。昨以重受暑風，復加沉劇，倍增廑念。兹聞溘逝，深爲悼惜。著加太子太傅，入祀賢良祠。其任内革職降級之案，均予開復，並賞銀一千兩，辦理喪務。並派皇十二子，帶領侍衛十人，往奠茶酒。所有應得恤典，仍著該部察例具奏。欽此。」

嗚乎！公服官垂四十年，謹慎和平，不立崖岸。雖自居儉約，遇朝班典禮，服必從新。坐右恒置《昌黎集》一編，每曰：「唐以後，惟昌黎獨闢境地，但無階級可學，當積理以俟之。」爲詞章取裁《文選》，暇則手自標識，謂如大匠求木於鄧林，至間架結購，非運以馬、楊骨力不可。詩自漢、魏樂府及唐、宋、元、明無所不好，而於近代尤極稱高青邱，和平大雅，自入唐人格。意公之瓣香，或在是云。書法獨取平原，以爲書家正鵠。

先後所得恩賚，新年則有宮燈、如意、荷包之賜；上元賡和，則有御題名畫，及墨搨、筆、墨、硯、紙、文玩、文綺之賜；端午則有葛紗、香囊、角黍之賜；行圍則有鹿脯、果品之賜；除夕則有御書福字、魚鱻、珍羞之賜；慶典則有如意、豐貂、大緞之賜；扈從有額外俸金之賜。此外特恩，若御製詩文集、御纂書籍、御畫、御用貂冠、貂袿、海龍披領、和闐貢玉，蓋不可勝紀。

配一品夫人許夫人，繼配張安人。子：圖南，乾隆三十三年舉人；次躍雲，乾隆三十一年賜一甲三名進士及第。

楊四驤文定公爲先君閱卷老師，觀得聞諸緒論較詳〔二〕，謹紀此略。嚴觀撰《後案》。

【校勘記】

〔一〕協：原脱，按「辦大學士」不辭，當爲「協辦大學士」，故補。

〔二〕較：原與張本皆訛作「校」，據文意改。

補光禄大夫贈太子太傅文淵閣大學士文定劉公墓誌銘代于文襄公作。

上之乾隆元年，將選魁艾閎碩之儒登用於庭，乃親試博學宏詞士於保和殿，得第一人曰武進劉公諱綸，字繩庵。其先自大同徙鳳陽，明初有從信國公湯和下常州者，留爲西營劉氏。八世至屯田郎中諱某，從王師定福建，有活氓功，閩人歲祠至今。又一傳爲保定知府諱某，保定生福寧知州諱某，代能其官，吏行循最。福寧生康熙癸酉舉人諱某者，公祖考也。郡學生諱某者，公考也。三世皆贈光禄大夫。公自諸生釋褐授編修，以文章學術應期發聞，受上知遇，汔奮於庸，未三十年而參預閣務，又八年而真拜，又二年年六十三以薨，詔贈太子太傅，與享賢良祠，謚曰文定公。

公少儁異，六歲綴文，驚其里師。稍長，則學爲古文詞，不怵世非，覃精鋭思，卓然早成。十九補諸生，食高等餼。既而入翰林，益踔厲自力。擢侍講，進太常少卿。由左右通政、太僕卿，三遷至大理卿，歷試克釐，不懈於位。拜内閣學士，兼禮部侍郎。從幸木蘭，即獵所，奏《秋狝大獵賦》二篇，上嘉其才，由是滋欲嚮用。公以署兵部侍郎入直南書房，再遷禮、工二部侍郎，直軍機處，出入帷帳，列於近臣。

流民越塞耕，土默特言者，欲盡敺民而空其地以還，命公馳視。公議寬其期，俾民輸作受傭，不奪不争，旗民輯和。丁光禄府君憂。服除，補户部右侍郎，兼順天府尹。故事，順天府公牘，治中、通判不署名，皆宂放自廢，公請以錢穀屬治中，以獄訟屬通判，先署案而呈尹以可否之，事有司存，人用感勵。王師西征，將發役車，供偫壹切，辦治事竟，無一人嘩於道者。充經筵講官。即其部爲左侍郎，拜都察院左都御史，賜第京城、海淀各一區。使讞獄於秦，比還，遷兵部尚書。旋以户部尚書協辦大學士加太子太保。丁金太夫人憂。甫除喪，詔以吏部尚書起公，仍贊閣務。公爬梳抉剔，法令畫一，選人不敢踏門，謁吏不能爲奸欺，銓政大平。當是時，天下皆望公爲鉅人長德，天子亦習知公忠信可倚用。三十六年二月，遂拜公文淵閣大學士，兼工部尚書，仍管工部事。公秉節簡諒，不爲聲章，洽於眷毗，觀聽翕服。

三十八年春，公得疾，自齦腫達於左頰，猶彊起視事。上命公少休，遣太醫院判武世倬就第視疾，使者存問載道。久之不愈，則益賜人參，和劑以進，而公病遂革。六月二十三日，薨於阜城門之賜第。上方行幸熱河，聞問痌傷，詔皇十二子臨其喪，賻以千金。朝野上下，皆頌天子能知公，以恩禮始終，而益弔公遭會聖明，不克延其年，以究厥施者之爲大可悲也。

公性至孝，親喪三年，不御酒肉，號而行，日踔數十里。營高燥以葬，既得卜，則手樹檟表之，自書隧碑，礱斫唯謹。自工部侍郎歸，買玉帶橋宅，僅數楹。迨公薨二十年，未嘗益一椽寸甓，衣履極垢敝，不改作，而盛服以朝，曰：「朝廷有章，吾不敢簡也。」食於廚者數百指，室無儲餘，人皆弗堪，公一不易。前後典順天鄉試二、會試二、武會試一，其它考校以十數，所等第士皆有名，發舒於時者甚衆。爲文章浸淫六朝而根極漢魏，千變萬紾，涵於一源。於詩獨喜高青邱，謂能入唐人門閾。未薨前一年，自編類爲《内集》若干卷、《外集》若干卷，今皆刊行，有法度可傳於後。

公娶一品夫人許氏，縣學生某女。子四人：長戊子舉人圖南；次署日講起居注官、翰林院編修加一級躍雲；次國學生召揚；次驥稱，早卒。女六人：長適戊子舉人陳賓餘，俱先卒。孫男七人，孫女二人。公薨之明年，圖南等奉柩歸常州，將以其年十月葬公於澤巷之賜塋，而先期來謁銘。始余爲翰林，居宣南坊，距公舍不數武，暇輒走就公語。比在軍機處，更得日夕從公後。公又嘗以女孫許字余孫，爲姻婭，周旋久且習。每歲時蒙恩燕賚賜，予兩人者蓋無不同，而至於有所撰述，文詞敏贍，唯余恧然，自以爲不如公遠甚。公器量凝重，同直十餘歲，不見有喜愠色。出入殿門，進止有恒度，閹人、廬兒皆能伺。其處上前，所聞語益久，無所遺忘，亦未嘗一出諸口也。余海淀所賜園，與公楹宇接比，常時退朝，寂不聞人聲。徐覘之，則公方飯脱粟，粟已，手册兀坐，器用粗略，蕭然如布衣諸生時。嗚呼！公行卓卓大者在人口，而以余在直廬所見，言語動作之微，他人或不及盡知，然益可以見公之德矣。今其葬也，不敢以不文辭，謹考次公事狀大略，以誌其墓，而繫之以銘曰：

翼翼劉宗，西營基慶。循名弗彰，積世以盛。劬躬肅後，公克受之。蓄弸藴崇，蔚爲人師。在帝初元，裒然舉首。騫其羽儀，訥不出口。入綰章綬，出捧蕩英。年除歲遷，陟於九卿。維瀛有瀾，學也伊識。維杓有樞，政也伊德。遂參近密，左右屏毗。迴翔六官，秉一自持。内朝從容，發揮翰札。紀頌功德，典謨奥質。尚冠紅蕤，禁騎軒軒。錫我殊寵，昕夕便蕃。載綜台衡，百僚是式。載分魁柄，司空是職。淵淵其衷，坦坦其施。匪閎匪流，用罔不時。玉鉉大斗，皇心簡倚。壽福康寧，宜多受祉。胡斯奄忽，乘化則遷。豊德與言，而嗇之年。有崇者封，將作所治。煌煌御碑，以風在位。宜爾子孫，既固既安。刻銘在幽，奕世不刊。録自陸錫熊《寶奎堂集》卷十二。

公祭于文襄公文

嗚呼！星坼臺階，峰摧衡柱。際我隆平，喪兹良輔。自忝同朝，襟裾接武。彈指七晨，永違矩宇。先生篤降，令族名邦。稟精勾曲，挺秀三江。年纔甘項，譽即庭龐。科名第一，才藻無雙。入值螭坳，出銜龍郎。視學三齊，觀風兩浙。周歷六官，典農陳臬。達識精心，遂參機密。不言省樹，能識亡書。高文燕許，墨蹟歐虞〔一〕。帝心默契，眷禮優隆〔二〕。綸扉特畀，克贊訏謨。有醜陸梁，負其險鷙。上將徂征，斧吭斷臂。方事之殷，刺閨陳計。一秉睿裁，不參群議。廟算所及〔三〕，萬里燭形。先生述旨，曲折親經。庶幾一德，夙夜在廷。大功克蕆，並煥丹青。曷圖厥像〔四〕，紫光之閣。曷延厥世，輕車之爵。孔翠在冠，雙睛何灼。鵝黃被體，五花斯躍。凡茲異數〔五〕，不逮文臣。因專帷幄，懋著其勤。疊加褒錫，破格申恩。洵難後繼，寔罕前聞。先生撫躬，益思自效。細及文詞，大而機要。句必心經，字還手校。明理達情，洞微抉奥。四相三出，獨留帝旁。天行至健，悉荷勗勷。視麻宣政，起草明光〔六〕。臣精雖竭〔七〕，力疾趨蹌。宣室造請，聲嘶氣促。上憫厄羸，俾歸休沐。遣使遣醫，朝晡相屬。遺表忽來〔八〕，聖容爲蹙。冀其速愈，載茹之參。欲其速見，豫穟之衾〔九〕。侍臣將事，皇子親臨。哀榮禮備，終始恩深。維賢維良，以永其祀。曰忠曰謹，以定其誄。賜兆易名，典文並美。愛弟慈孫，拜恩接軌。人臣之遇，至此何求？不爲公憾，祇愧予儔。追維共事〔一〇〕，蝟集紛投。精詳入理，斷決如流。分公之長，十人可餉。繼公之後，盈廷交讓。天授獨絶，莫之能抗。勉效規隨，默增惆悵。劍履在室，几杖在楹。陳牲於俎，瀝酒於鎗。不文之筆，略盡生平。騎箕大去，鑒此精誠。尚饗。管世銘撰《韞山文集》。

于文襄晚年嘗言，身後若得謚文襄，方償一生志願，同直皆熟聞之。後梁文定相國擬謚時，即以文襄首擬，上允焉。沈初撰《西清筆記》。〔一二〕

【校勘記】

〔一〕墨：《韞山堂文集》作「文」。

〔二〕隆：《韞山堂文集》作「殊」。

〔三〕算：原訛作「奠」，據《韞山堂文集》改。

〔四〕曷：原作「何」，據《韞山堂文集》改。

〔五〕凡兹異數：原倒作「凡數兹異」，據《韞山堂文集》乙正。

〔六〕明光：原倒作「光明」，據《韞山堂文集》乙正

〔七〕雖：原作「既」，據《韞山堂文集》改。

〔八〕來：原作「爲」，據《韞山堂文集》改。

〔九〕衾：原訛作「食」，據《韞山堂文集》改。

〔一〇〕共：原訛作「其」，據《韞山堂文集》改。

〔一一〕按底本卷末尚有一段文字：「先君嘗云，馬提督全，山西人，原名瑔，中壬申武探花，官福建遊擊。與同官狎，廣座奮拳，同官敗走，輕騎追及，城壕橋上相搏，同墜於水，從者解紛始散。制軍聞之，俱劾去焉，時年未三十。游京師，相國傅文忠公愛其材，留京營教習。己卯貫順天籍

中式，庚辰會試復售。文忠從容奏之。及廷試，上召問良久，遂以第一人及第。不二年，授江南總鎮，旋進提督，領兵金川，陣亡。特賜優謚，恤禮有加焉。」所載之人非師長，當是嚴觀隨手所録，故張本未録此條，兹從之。

師友淵源録後案卷第三

閣師一〔一〕

傅忠勇公輓詩〔二〕

捧日雍容三十年，一朝星隕紫薇邊。恩雖外戚才原大，病爲南征死更賢。忍見聖躬親奠酒，更無内相力回天。夕陽望斷貂蟬影，羽騎黄門盡黯然。原注：得夕見者，惟公一人。一

少年曾作霍嫖姚，甲洗金川賦早朝。銅柱千尋留絶域，天章九錫下丹霄。百官諸諸階前立，甲第沉沉海樣遥。如此恩榮如此福〔三〕，和平兩字總能消。二

遲卻南蠻奏凱歌，竟勞上將走滇河。旋軍事類趙充國，曳足人哀馬伏波。煙瘴哪知公相貴，天威終到鬼方多。送公魂入昭忠廟，小阮猶提殺賊戈。原注：謂胡忠烈公〔四〕。三

下士無端哭上公，此身雖賤感恩同。談深各倚宫門柳，手握難忘玉殿風。白髮半生春夢遠，青天一望慶雲空。陰鄉侯去黄羊冷〔五〕，腸斷南陽老敬通。四。袁枚撰《小倉山房詩集》。

忠勇傅公治園亭落成，上臨幸，賜額曰「春和園」。衆以爲春和景明意。按宋趙立夫

知臨江府，有治績，入對，理宗語之曰：「今京師細民，當一意摩撫，令在春風和氣中。」立夫遂以郡西建春和樓，以推廣德意。乃知眷寵之中，意成勖勉，豈徒賞其風景哉！《今獻餘编》。

【校勘記】

〔一〕閣師一：原無「一」字，按《總目》「閣師」分隸三、四、五卷，依下文「尊宿一」例標出序號，以清眉目。卷四、五「閣師二」「閣師三」同此，不再出校。

〔二〕按：此組詩原在「王介眉」條後，今據《録》、《總目》移至此。題目《小倉山房詩集》作「傅文忠公輓詞」。

〔三〕恩榮：《小倉山房詩集》作「榮華」。

〔四〕胡：《小倉山房詩集》作「明」。

〔五〕羊：原訛作「金」，據《小倉山房詩集》改。按「黄羊」指祭神的祭品。

舒文襄公墓誌銘〔一〕

乾隆丁酉正月，孝聖憲皇后賓天。四月，上奉梓宫安葬泰東陵。大學士舒公，扈蹕以行。十九日，抵良格莊，遘疾。上命醫診治，且令公弟侍衛舒臨，自都乘郵傳以來侍疾。未至，二十一日公薨。上諭曰：「大學士舒赫德，老成端重，練達有爲。御極之初，即膺任使，宣猷中外，四十餘年。前此平定回城，懋著勞績，嗣於西陲撫輯歸順遠番，東省剿捕悖逆匪衆，悉心籌畫，動合機宜，實爲國家得力大臣。自簡任綸扉，日值内廷，兼綜部務，勤勞匪懈，倚毗良深。兹聞溘逝，深爲震悼。隨賞給陀羅經被〔二〕，遣額駙公福隆安，帶領侍衛十員，往奠茶酒。并著晋封太保，入祀賢良祠。其任内革職降級之案，概予開復。所有應得恤典，仍著該部，察例具奏。」上還京，親臨奠醊，復御製詩章，以志哀悼。既而禮臣議上，賜祭葬如例，謚曰文襄。公長子今倉場侍郎舒常，以參贊大臣統兵征剿金川事蕆，留駐四川，及是，又命馳驛回京治喪〔三〕。於是典禮具舉，哀榮備至。將於五月十九日，葬於望涇先塋。而侍郎君具狀來〔四〕，丐爲隧道之銘。

按狀，公少而岐嶷端敏，雍正戊申年十九，由監生考試筆帖式，引見，世宗憲皇帝改授内閣中書。庚戌，入南書房，隨大學士預辦機密。壬子，擢内閣侍讀，偕鄂文端公爾泰，往甘肅經理軍務。乙卯，擢監察御史。

今上二年丁巳，擢内閣侍讀學士。戊午，擢都察院左副都御史。是年冬，擢兵部侍郎，協辦步軍統領。庚申，上以盛京國家豐鎬，游民聚處日繁非便，命公偕將軍暨五部諸臣議奏。公請禁海口〔五〕，毋許山東游民私渡。先來者編列户册〔六〕，以備約束。又往例，民人開墾荒地，十年始升科納賦，而旂人限以三年，輕重失序，請更其例。奏入，允行。丁卯，調户部侍郎。戊辰，擢都統，兼署兵部侍郎〔七〕。三月，恭遇孝賢皇后大事，命辦喪儀事〔八〕。九月，奉旨爲軍機大臣。十月，擢兵部尚書。十一月，調户部尚書，管三庫事。十二月，命同大學士經略傅公恒征勦金川，參贊軍務。乙巳三月，金川納款，奉旨優叙，加太子太保，御書「均式宣猷」四字賜之。尋命由川入滇，勘視金沙江形勢，以籌運銅。又命歸途校閱湖南北營伍〔九〕。十二月還京。庚午，命視浙江海塘工程。辛未，從幸江南浙江。癸酉，張家馬路潰決，黄河直入洪澤湖中，斷流者數百里。上命公同劉文正公統勳、策公楞往治之，堵決口，恤災黎，月餘事畢，上嘉之。

先是，準噶爾有綽羅斯、都爾伯特、和碩特、土爾扈特，名四衛拉特〔一〇〕，其輝特部附於都爾伯特。厥後，土爾扈特竄入俄羅斯，乃以輝特補之。傳至噶爾丹，跳踉犯塞，聖祖三臨朔漠，大殄群醜，凶渠走死。迄噶爾丹策凌，世宗憲皇帝遣使經界其地，始奉約束。及喇嘛達爾札，戕其酋自立，所屬散亂，而輝特台吉阿睦爾撒納，爲達瓦齊畫計，假哈薩克兵襲喇嘛達爾札，殺之，達瓦齊自立爲汗。阿睦爾撒納遂率所屬及都爾伯特台吉策凌，叩關求附，且籲借兵〔一一〕，以定準噶爾地。上先命公廉之，得其狀而返。至是，命公馳往經理。公以阿睦爾撒納新附難信，請不與兵，而移其妻子就食歸化城。上以請兵不與，是疑其貳也，移妻子，是以爲質也。軍營兵力未齊，兩部降衆不下數萬，疑而有變，事將不可問，所辦非是，落公職。以閑散在參贊上行走。

明年乙亥，將軍哈公達哈率兵進發。公奉旨留烏里雅蘇臺，偕侍郎兆公惠等，籌辦糧餉駝馬接濟事宜。是年伊犁平，分準噶爾地四衛拉特各自爲汗，駐將軍於伊犁，統兵鎮撫之，而令各汗入京師錫宴。阿睦爾撒納既不得爲總汗，且以將入京疑懼，因煽其衆，中途叛走〔三〕。時其妻子尚在烏里雅蘇臺游牧。公聞信，偕兆公馳往，收其妻子，送京師。丙子，噶爾喀台吉青衮雜卜叛，臺站、卡倫皆斷。會有察哈爾兵數百名方以送羊至，公留之，分布各站，軍報乃通。又以所獲馬數百匹、羊萬餘頭，冒阿爾泰雪山，運赴軍前。比至額爾齊斯河，哈公兵已絶糧四日矣。未幾，詔令入覲，授鑲黄旗并漢軍都統參贊大臣。

丁丑春，同將軍成衮札布等，由珠爾土斯進兵回部。適所收之準噶爾夷人沙拉斯胡瑪斯叛，副都統鄂實陣亡，公坐是復革職，以兵丁效力贖罪。公同兆公取阿克蘇下烏什，得旨，令公在阿克蘇料理回人屯種。而兆公等以是冬督兵，進取葉爾羌。賊度官兵深入無繼，悉衆以困我軍。阿克蘇烏什亦一日數驚。時回人玉素富，自其祖内附封公，居哈密，久隨征在阿克蘇，公廉其可信，屬以安輯烏什回人，而身居阿克蘇鎮之，衆心大定。會上先遣滿洲蒙古兵四千，爲駐伊犁用，公檄令速赴阿克蘇。十一月，兵至者二千餘人。公師以先道，險遠馬斃，往往步行。戊寅正月初六日，將抵葉爾羌，回酋大、小和卓木逆戰。

公督兵奮擊〔一三〕，凡八晝夜，賊敗遁，乃與兆公兵合。事聞，上授爲副都統，旋授吏部侍郎，工部尚書，鑲紅旂滿洲都統。明年，回部遂平。上加恩，予世襲雲騎尉，又繪象於紫光閣，親製贊詞云：「白衣白水，聞黑水信。安衆進援，爵秩重晋。」蓋謂是也。庚辰，命公駐回城，定設官授禄、賦税土田之制，冬賜紫禁城騎馬。辛巳，命尚書永公貴代公。公還京，調刑部尚書，兼都統如故。

壬午正月，管三庫事。是年春，南巡，命在京總理事務，後以爲常。癸未四月，兼署工部尚書，充殿試讀卷官。五月，充經筵講官。七月，管户部事。十月，加太子太保。甲申春，命偕裘文達公曰修，赴福建審訊海關陋規。七月，署步軍統領。十二月，兼管國子監算學。乙酉，充《國史》館總裁官。丙戌二月，暫署陝甘總督。七月，兼署户部尚書。丁亥七月〔一四〕，署步軍統領。時緬甸不靖，戊子春，命以參贊大臣往雲南〔一五〕。會陳奏錯謬革職，以副都統銜赴烏什總理回疆事務。

辛卯夏，土爾扈特來歸。初，土爾扈特汗阿玉奇投入俄羅斯，居於額濟勒河。及阿玉奇曾孫渥巴錫，以俄羅斯蔑佛教，又苦征調，遂挈所部以來，衆十餘萬。群言洶洶，謂有詭計，上亦慮。伊犁將軍伊勒圖一人不能經理，命公往相度機宜，公察其無他，入奏，上嘉之。額濟勒距伊犁萬有餘里，渥巴錫自庚寅十月啓行，八閲月始抵伊犁之沙拉伯勒界，飢疲疾疫，斃者枕藉。公隨宜措置，存活甚衆。先令渥巴錫及其台吉入覲，而分居部落於齊爾吉爾、哈朗諸地。又請先於伊犂所屬蒙古部落，借駝馬牛羊數萬，俾其字息，而發尚都諸牧廠之牲畜以補之。又予以地，給以籽種，撥屯兵教之耕植。於是土爾扈特咸得安其生，以爲歸天朝晚也。已而俄羅斯邊吏使使問故，公令見面折之，使者摶顙惕息而去。是年，上授爲伊犂將軍。十一月，授户部尚書。

壬辰五月，補領侍衛内大臣。八月，命爲武英殿大學士，兼刑部尚書。還京，復充《國史》館及清字經館、四庫全書館總裁，又總理吏部，兼管户部三庫，仍充經筵講官。甲午，掌翰林院事，兼日講起居注官。是年秋，山東壽張縣逆賊王倫，以邪教脅衆，殺掠官吏民人。上遣公統率侍衛官兵以往，至則破臨清，盡殲其黨，王倫自焚死，凡六日賊平。降旨嘉美，從優議叙，授御前大臣。命儒臣撰《臨清紀略》，以著其事。丙申二月，定西將軍阿公桂平金川，上以公運籌帷幄有功，依平定準噶爾回部故事，圖前後功臣各五十人，公名第四，參贊君名第十〔一六〕。稽諸往古，如雲臺凌烟，未有一人而再登圖繪者。至於父子并列，尤曠古所無。時上稽古右文，徵天下秘書異牒，條爲四庫，藏弆文淵閣，命公領閣館事〔一七〕，世以是益榮之。

公姓舒穆魯，字伯容，别字明亭，正白旗滿洲人。曾祖諱席爾泰，理藩院員外郎。祖諱徐元夢〔一八〕，康熙癸丑進士，由翰林院庶吉士，歷官太子太傅，户部尚書，協辦大學士，謚文定。考諱席格〔一九〕，康熙丁酉副榜貢生，以文定公蔭補工部員外郎，以公貴，累封光禄大夫，刑部尚書。妣黄嘉氏，繼妣宗室，又繼妣棟鄂氏，皆封贈一品太夫人。公爲黄嘉太夫人所出，生於康熙四十九年庚寅十二月初二日，距薨之年六十有八。初配富察氏，繼配宗室。子：長舒常，今官總督倉場侍郎；次舒寧，以事發往伊犁；次舒安，先卒。孫三：某、某、某。公夙夜在公，不事家人生産，惟宗室夫人勤儉莊敬，以相厥家。公薨，夫人迎柩於道，哀慟深切。以五月二十一日卒。兩夫人皆合葬於京師東直門外望涇之原〔二〇〕。

祖先事公於軍機房，繼又爲秋官之屬，辱公知遇甚厚。二十年來，竊見公誠以居心，勤以莅事〔二一〕。勝繁肩巨〔二二〕，洪濟艱難，根盤節錯，世人望而氣阻，公獨紓回籌畫，鞠躬盡瘁，俾以有成。及其領閣部也，甄綜庶政，必躬必親，以小心將事，以明作圖功，使百執事恪恭震動，不敢稍有叢脞放廢，所謂能任大事，知無不爲者非歟〔二三〕？公待諸昆弟〔二四〕，雍睦無間言。在家事贈公及兩太夫人起居必謹，居喪哀而盡禮，私不廢公，以家庭庸行之常故不著，著其關於軍國大事者而系之以詞。銘曰：

維舒穆魯，肇自渾春〔二五〕。鍾祥艮隅，厥氣絪緼。允矣太傅，行端德醇。名卿碩彦，式昌厥門。公實繼之，如鳳如麟。少年通籍，簡在紫宸。軍國重政，輒以公掄〔二六〕。金川之役，伊犁之軍。公在行間，手闢祲氛。時或利鈍，一以忠肫。降夷十萬，駝馬千群。公往撫之，若旭之温。弗驚弗駭，服我耕屯〔二七〕。潢池劇盜〔二八〕，弄兵於原。公往剷之，若霆之奔。毋冤毋濫，奠我良氓。洸洸戎略，穆穆鴻勛。何天之寵，詔旨璘玢。曷不慭遺，箕尾云淪。詔祀於祠，升以精禋。詔碑於隧，冠以鴻文。恩禮丕懋，爲時宗臣。功在典册，名在乾坤。我銘幽竁，用勖後昆。王昶撰《春融堂集》。

【校勘記】

〔一〕題目《春融堂集》作「太子太保大學士謚文襄舒公墓誌銘」。

〔二〕經：《春融堂集》無。

〔三〕喪：原作「葬」，據《春融堂集》改。

〔四〕來：原脱，據《春融堂集》補。

〔五〕禁：原脱，據《春融堂集》補。

〔六〕列：《春融堂集》作「入」。

〔七〕戊辰擢都統兼署兵部侍郎：原脱，據《春融堂集》補。

〔八〕事：《春融堂集》無。

〔九〕途：原脱，據《春融堂集》補。

〔一〇〕按：「名」字前原蒙上衍一「特」字，據《春融堂集》删。
〔一一〕借：原脱，據《春融堂集》補。
〔一二〕途：《春融堂集》作「道」。
〔一三〕兵：原脱，據《春融堂集》補。
〔一四〕七月：原脱，據《春融堂集》補。
〔一五〕以：原作「爲」，據《春融堂集》改。
〔一六〕按：「君」字前原衍一「臣」字，據《春融堂集》删。
〔一七〕館：《春融堂集》無。
〔一八〕元夢：與張本皆倒作「夢元」，據《春融堂集》乙正。
〔一九〕諱：與張本皆脱，據《春融堂集》補。
〔二〇〕兩夫人：與張本皆脱，據《春融堂集》補。
〔二一〕勤：原訛作「博」，據《春融堂集》改。
〔二二〕巨：原訛作「任」，據《春融堂集》改。
〔二三〕非：原脱，據《春融堂集》補。
〔二四〕弟：原脱，據《春融堂集》補。
〔二五〕渾：原訛作「揮」，據《春融堂集》改。

〔二六〕掄：與張本皆訛作「倫」，據《春融堂集》改。
〔二七〕我：原訛作「公」，據《春融堂集》改。
〔二八〕劇：與張本皆訛作「巨」，據《春融堂集》改。

伍文端公祭文

乾隆五十有一年歲在丙午秋九月，致祭於文華殿大學士、吏部尚書、誠意伯文端伍公之靈曰：

嗚乎！治隆之世，文道化成。必有元老，爲國之禎。楊休山立，如地之有五岳，正於天之列五星。當其存也，爲中朝之所矜；及其往也，爲奕世之典型。如我文端公，蓋其人矣。於我伍公，興安演系。河岳降靈，元英毓粹。源源熙熙，口噓元氣。用之則行，投之無戾。蓋自伸華拜衮之年，以阿衡入相之歲，入則翊衛王家，出則馳驅域外。南極侏離，北逾紫禁，東澹海澨，西臨月窟。豎亥之所不知，大景之所未屆，而公坐鎮雍容，遠則十餘年，近則五六歲，喁喁熙熙焉，邇貼遐安，贍大人而頌君子者，迄無異致。於是天子曰：「咨！汝弼兩朝，如彼彤伯，式是顛毛。」乃量移三輔，俾駐節而建旄。蓋將以爲紫微之光導，而黃閣之弓招也。未幾果有入相之命。公拜於堂，民賀於郊。謂夫天球河圖，黃鐘大磬，亦不必琄琄叩其所用，而陳諸壁序，列在螭坳。自足致人三代以上，而穆然想見夫虞陶。

而予之識公也，蓋在秉節西陲之際。余孱不力，惟公是式。公亦余嘉，彼襟飲契。月夕風晨，均茵聯襼。挹其餘風猷，而上下其論議。蓋公之訓人也，每謂人如履地，不留有餘，鮮不顛躓。而人之誦公也，亦謂公如大樹，安處其下，使人可據。余心竊趨焉，而藉以自勵。蓋十有五歲，守其言而未敢或替。胡爲乎哲人遽萎，天不憖遺？蒼蒼九朝，茫茫五施。兩廡雖在，魂氣何之？賴有宅相，演此綸絲。日星河岳，精爽不虧。如冬日雖短，而陽氣即以繼之。如卿雲易散，而光景迴其在斯。

獨念余之别公，計今四歲。去春入覲，謁公邸第。見公步履，若與常異，心竊憂之，而猶喜精神之勿替。方期秉德爲樂，以自靖焉而無愧。今者復荷恩綸，節制楚地。所任愈大，所責愈備。曷以酬九重特達之知，慰九京期望之意？聞之會葬有期，愧未得以親莅。惟瀝盟於心，以酹酒於隧。冀公憐而鑒之，尚祈陰以輔予之不逮也。畢沅撰《靈巖山人文集》。

史文靖公神道碑〔一〕

大清運際郅隆，天鑒孔顯，篤生良輔，風雲騰合，贊勷丕績者，爛如列曜〔二〕，不可殫紀。

至於遨眷三朝，榮冠百辟，享大齡，備諸福，遺蹟炳於旂常，俎豆垂於祀典，自古相臣稀遘之遭逢，而我師文靖公寔膺之〔三〕。嗚呼！德懋懋官，功懋懋賞，豈不諒哉！

公諱貽直，字儆弦，號鐵厓。自東漢以來，世爲溧陽人。至明，有太僕少卿際，世襲錦衣衛。其曾孫爲公曾祖，中書舍人諱順震〔四〕。祖諱鶴齡，翰林院編修。考諱夔，詹事府詹事。自曾祖以下，皆以公貴，贈如公官。

公髫年神彩焕發，器識閎以達。習庭訓，耳朝章國故甚辨，舉手可措諸施行。年十九，中康熙三十九年進士。是歲，歲陽在庚，歲陰在辰〔五〕，爲商横執徐也。改庶吉士，授檢討，充雲南鄉試正考官，提督廣東學政〔六〕。五遷至侍讀學士。雍正元年，除内閣學士，旋擢吏部右侍郎，再遷吏部左侍郎〔七〕。

時憲皇帝臨馭之初〔八〕，方以勵官、以振風俗爲急務〔九〕。而公在朝尤奮發敢任事。上嘗命理河南、山西獄，多所平反，覆奏報可。適福建有獄事，又命公往釐之，稱旨〔一〇〕，遂命公署理福建總督事。旋移兩江〔一一〕，以鄉人節制本鄉，異數也。未幾，召入爲左都御史。

時西陲用兵，飛芻輓粟，軍書旁午，奉行者或不善〔一二〕，因而驛騷。上遠軫念關中民，乃以公爲宣諭化導使，西人安焉。因命協理西安巡撫事，凡五年，遷兵部尚書，又遷户部尚書，皆留巡撫任，總理軍政。西安故有營田屯户，耕種給兵食，民户有常平倉，遇乏時稱貸〔一三〕，而屯户不在議中。公乃別以軍需餘穀十六萬七千餘石，分貯各縣，以貸屯口之乏〔一四〕，屯户有常平倉自公始。陝西調均湖廣米十萬石〔一五〕，而湖廣請浚丹水以漕〔一六〕，公曰：「丹水自秦嶺至淅川〔一七〕，皆沙石〔一八〕，朝浚夕淤，不可漕。且西民瘁於軍興，復勞將益病。」奏寢之。公之宣力效猷，守官共職，不慕嶢嶢之行〔一九〕，赫赫之譽，而庶事受成，百姓蒙惠，多此類矣。

皇上御極，詔罷陝西兵，召公入。公入，即奏上便宜事，大略謂官吏升遷，宜循資格，以抑躁進。科道官及吏、禮二部部郎，不宜以雜途參用。時河南有開墾勸捐令〔二〇〕，公謂河南民故勤稼，無不耕之土，河壖山砠，本非生穀地，人力無所施墾不毛，按畝升科且重爲民患〔二一〕，國家理財自有正經，勸捐非體，不可令於下。疏奏得旨俞允。

而旋奉總督湖廣之命。當是時，以征黔省逆苗，故湖南儲粟半輸軍，辰沅、黔陽所屬守禦兵，多調發綏寧城〔二二〕，瑶乘機掠行旅〔二三〕，負險阻，急切不可究捕。公密畫策，擒其魁并其家口，凶黨無逸者〔二四〕，十餘年積盜，至是悉靖。其他減土司改流，徵額雪冤繫〔二五〕，築固武昌護城堤，皆其犖犖大者〔二六〕。既而復入爲户部尚書，最後爲吏部尚書，署直隸總督事。蓋公自憲皇帝時，薦歷卿貳，至是二十餘年，周踐六官，持節幾遍天下矣。率累著勞績，上乃命公爲文淵閣大學士，兼吏部尚書。駕巡幸，輒留京辦事。賜第内城，賜紫禁城内騎馬〔二七〕，人臣寵異之隆，近古以來亦未有逾公者矣。

公爲相，持大體，不屑矯激自别異，宅衷淵深，不可測量〔二八〕。奏對辭旨安定，簡而晳，廷臣無出其右者。於用人行政，張弛損益之間，潛導密移，雖子弟親厚不得而聞也。國朝既平準夷〔二九〕，定西域，中外乂寧，公益以清静佐治，綏靖嘉師，中外翕然。在位凡十年，而後歸。後二年復相。復相之三年〔三〇〕，會試直省舉人，是歲亦歲陽在庚，歲陰在辰也，距前商横執徐公舉進士時，星紀一周矣〔三一〕。上作詩賜公，推爲熙朝人瑞〔三二〕。又一年，皇太后七十萬壽，集老臣爲九老會，公與焉。賜靈壽杖，圖形内府。又二年，薨於邸第，享年八十有二。

上眷公最深，於其暮年，詔乘肩輿入直閣〔三三〕。公亦忠愛誠懇，至老不懈。慮事精敏〔三四〕，不減少壯時〔三五〕，是以益見重。及薨，下詔軫悼〔三六〕，遣皇六子往奠，加贈太保，賜金治喪，配食賢良祠，謚曰文靖。秋九月，丧歸，又詔沿途官吏護其柩。嗚呼！可不謂生榮死哀者歟〔三七〕？公葬於溧陽徐角村祖墓之兆〔三八〕。夫人許氏，先卒。子三人：長奕簪，左春坊左贊善；次奕昂，廣東布政使；次奕瓌，潞安府知府。女三人〔三九〕。孫男十人〔四〇〕，孫女十一人。曾孫男四人。公三爲會試總裁，再教習庶吉士。啓豐爲公會試首拔士，荷知最深，乃敢謹銘其神道之碑。辭曰：

大江之南産碩臣，惟嶽降神卓甫申。髫年唱第輝慶雲，游歷台鼎閎經綸〔四一〕。八騶擁道寶節新，湖山海嶠保障均。分陝籌偉略度伸〔四二〕，式金式玉垂朱紳〔四三〕。晝日三接天顔親，衮衣歸來契合真〔四四〕。密贊帷幄圖麒麟，瓊林再宴歲庚辰。杖朝國老能致身，遄歸箕尾麗高旻〔四五〕。槐庭棘院蔭後人，東閣音容緬平津〔四六〕。殊恩隆遇誰比倫〔四七〕，臨喪奠醊羽葆陳。白袍鵠立涕沾巾，行歌蒿里荐藻蘋〔四八〕，千秋碑碣永不泯。

彭啓豐撰《芝庭文稿》。

【校勘記】

〔一〕題目《芝庭先生集》作「光禄大夫太子太保文淵閣大學士兼吏部尚書史文靖公神道碑」。

〔二〕如：原訛作「其」，據《芝庭先生集》改。

〔三〕自古相臣稀遘之遭逢而我師文靖公寔膺之：《芝庭先生集》作「如我師文靖公亦盛矣」。

〔四〕順震：《芝庭先生集》作「本」。

〔五〕辰：原訛作「神」，據《芝庭先生集》、張本改。

〔六〕政：原訛作「院」，據《芝庭先生集》、張本改。

〔七〕再遷吏部左侍郎：與張本皆脱，據《芝庭先生集》補。

〔八〕時：《芝庭先生集》作「當」。

〔九〕方以勵官以振風俗爲急務：《芝庭先生集》作「赫然以勵官、方振風俗爲先務」。

〔一〇〕稱旨：《芝庭先生集》作「先後皆稱旨」。

〔一一〕按：「移」後《芝庭先生集》有「督」字。

〔一二〕奉行：與張本皆脱，據《芝庭先生集》補。

〔一三〕時：《芝庭先生集》作「得」。

〔一四〕口：《芝庭先生集》作「户」。

〔一五〕陝西調均湖廣米十萬石：《芝庭先生集》作「陝西檄調湖廣米十萬石」。

〔一六〕廣：《芝庭先生集》作「督」。

〔一七〕淅：與張本皆訛作「浙」，據《芝庭先生集》改。　川：與張本皆脱，據《芝庭先生集》補。

〔一八〕皆沙石：原脱，據《芝庭先生集》補。

〔一九〕嶢嶢：原訛作「嘵嘵」，據《芝庭先生集》改。

〔二〇〕令：原脱，據《芝庭先生集》補。

〔二一〕畝：原脱，據《芝庭先生集》補。

〔二二〕多：與張本皆脱，據《芝庭先生集》補。

〔二三〕瑶：原作「猺」，乃古時對瑶族之蔑稱，今改。下同。

〔二四〕擒其魁并其家口凶黨無逸者：《芝庭先生集》作「禽其魁并其凶黨，無一逸者」。

〔二五〕冤：原脱，據《芝庭先生集》補。

〔二六〕按：「大」字前原衍一「之」字，據《芝庭先生集》、張本删。
〔二七〕賜紫禁城：與張本皆脱，據《芝庭先生集》補。
〔二八〕可：原脱，據《芝庭先生集》補。
〔二九〕夷：原訛作「移」，據《芝庭先生集》改。
〔三〇〕復相：與張本皆脱，據《芝庭先生集》補。
〔三一〕紀：與張本皆脱，據《芝庭先生集》補。
〔三二〕上作詩賜公推爲熙朝人瑞：《芝庭先生集》作「上賜詩，推公爲熙朝人瑞」。
〔三三〕直閣：原倒作「閣直」，據《芝庭先生集》改。
〔三四〕慮：原訛作「憲」，《芝庭先生集》改。
〔三五〕時：原脱，據《芝庭先生集》補。
〔三六〕下：原脱，據《芝庭先生集》補。
〔三七〕不：原脱，據《芝庭先生集》補。
〔三八〕公：原脱，據《芝庭先生集》鋪貨。
〔三九〕女三人：原脱，據《芝庭先生集》補。
〔四〇〕男：與張本皆脱，據《芝庭先生集》補。
〔四一〕閟：原訛作「閦」，據《芝庭先生集》改。

〔四二〕分陝籌偉略度伸：《芝庭先生集》作「籌邊傳略綏三秦」。

〔四三〕式金式玉垂朱紳：《芝庭先生集》作「軍屯飽食無嚬呻」。

〔四四〕衮衣歸來契合真：《芝庭先生集》作「旋開東閣追平津」。

〔四五〕遄歸箕尾麗高旻：《芝庭先生集》作「天不憖遺乍反真」。

〔四六〕槐庭棘院蔭後人東閣音容緬平津：《芝庭先生集》無此二句。

〔四七〕比：《芝庭先生集》作「其」。

〔四八〕蘋：原訛作「萍」，據《芝庭先生集》改。

師友淵源録後案卷四[一]

閣師二[二]

陳文恭公墓志銘[三]

稽古三代，忠貞篤棐之臣，罔不終始典學，懋明厥德，用能左右宣力，允孚於萬民。自秦以降，法令滋章，當塗之士，苟合時變。詩書所陳，動謂迂闊，本末橫分，内外決裂。學失其統，而人才壞，毒流於民[四]，非一日之故也。聖皇御世，大道重光，二三大臣，往往能古訓是式，以忠實心達於政事，贊太平之功，玆非所謂「咸有一德」者與？

臨桂陳文恭公，當今皇帝時，任節鉞最久。已而入相，當時士大夫，盖莫不推公之學，以爲有古大臣風。公固未嘗以學自名，而人之推公者，覘於其政而知之也。公以雍正元年舉鄉試第一，成進士，選庶吉士。明年，授檢討，遷吏部驗封司郎中，攝文選、考功兩司，公正有聲。七年，遷浙江道監察御史。在臺中所陳奏，務持大體。監生舊有考職之例，試者多屬人爲代。世宗知其弊，敕令自首，而州縣吏胥藉是爲擾害。公請止禁其將來，而免其自首。上召見，徵詰再三，公申論甚晰，乃退。尋允公奏，上以是知公，命以御史知揚州府，得便宜奏事。

已而丁父憂，上官留之，辭不許。旋授江南驛鹽道，仍帶御史銜，攝安徽布政使。又丁母憂，奉命留任，因乞假歸葬。十一年，授雲南布政使。乾隆元年，以吏議降三級，授直隸天津河道。五年，遷江蘇按察使。明年，授江西布政使，甫到任，遷甘肅巡撫，未行，調江西。八年，調陝西。十一年，調江西，尋調湖北。入覲時，川陝總督慶復征瞻對，陳奏軍事多隱蔽，懼公發之，乃劾公十二罪〔五〕，部議落職。上原公，命留任。明年，再調陝西，權陝甘總督。十五年，授兵部侍郎，仍留巡撫任。其冬入覲，會河決陽武，上命公權河南巡撫，往來河堤塞決口。十七年，調福建。十九年，復調陝西。明年，調甘肅，再調湖南。二十一年，又改西安。明年，調江蘇。入覲，已而遷兩廣總督，疏辭，不許。二十三年，以總督銜，還江蘇巡撫任，加太子少傅。明年，以捕蝗案削總督銜。二十七年，以失察滸墅關奸胥，部議落職。上命留任。尋復調湖南，權兩湖總督。明年，遷兵部尚書。入京，改吏部。

公在外三十餘年，歷省十有二，歷任二十有一，所至之處，無問久暫，必究悉於人心風俗之得失，及利害之當興革者。籌其先後，以次圖之。每當興作，人多以爲難，事成，既而輒就理。或當更代，即以聞於朝，責成受事者。其察吏甚嚴，然所舉劾，必擇其尤不肖者一二人，他吏率凜凜就法，惟恐及己。公之學，以不欺爲本，與人言政，輒引之於學，以爲仕即學也，盡吾心焉而已。故其所施於家國上下之際者，務各得其理，人咸安之。

在揚州，以廉惠爲治。淮陽被水，民多流移。公奏請民所過處，官給口糧，護送回鄉里，得補入賑册，報可〔六〕。造獄舍，置田以益囚糧。先是，鹽使者令淮商於税額外，歲輸銀助國用，自雍正元年始，積數十萬。注册報部，然寔不以時納。及奉部檄移取，始行追徵。公言新舊相仍，虧欠日積，請自今停輸助之款，以恤商人。頃之，詔如公請。

在雲南時，方用師猓夷，運糧者苦道遠，公改爲短運、遞運法，民便之。山有銅廠，向召民開礦，以資鼓鑄。後民苦廠官煩苛，工費薄，遂相戒不前。公請量加工費，除抽税外，聽自賣礦銅，民争趋之。已而更鑿新礦，銅日盛，遂罷買洋銅之令。立義學七百餘所，刻《孝經》《小學》，及所輯《綱鑑》《大學衍義》諸書，頒行各學。令苗民得入義學，教之書，俾通文告。其後，邊人及苗民能讀書取科第〔七〕，公之教也。

初，公之葬親歸也，奏廣西墾荒之弊。時外吏多以勸墾爲功，廣西報墾者少，巡撫金鉷請令罷廢職官及外省官生墾田報部，以額税抵銀得官，於是貪利者多與有司相結，按額荒册，責民報墾，給之工本，即以爲己功。又訪民間田浮於税者，冒爲新墾，起科報部，多得官去。報者至十餘萬畝，然田不增而賦日益，民甚病之。公目睹其弊，奏請罷前例，世宗命言之督臣尹公繼善，分條定議，會撫臣勘驗虚實。今上初元，公恐撫臣尚護前失，再上奏，言有司勸民報墾，百無一實。又粤地磽薄，一年耕，必以兩年息地力，計田三四畝，始抵膏腴一畝之利。若聽其冒墾，勢不能支，民必流散。請將報墾抵捐之田，盡數豁除，不煩再勘。惟民之願自墾者，聽之。敕部密議，而撫臣申辨至再，公復極論其非是。上以公粤人，累陳粤事，恐啓挾持有司之漸，因有天津之命。既而廣督楊公超曾，與新撫楊公錫紱，會奏豁除抵捐之田，一如公請。

公在天津，訪求水利，時乘小舟，沿河上下。嘗曰：「老河兵是吾師也。」河間、滄、景諸州最窪下，恃堤防爲衛，公相其夷險，築遥堤、月堤、縷堤。又行放淤之法，汛水盛漲，多挾沙而行，導之由左口入堤，停水沉沙，復放水從右口出，如是者數四，窪地悉平滿成膏壤。又計北河全勢，議浚黄河故道，多開溝渠，俾水歸於河，河歸於海，庶久遠無患害。司河者以費煩寢其議。

爲江蘇按察，設弭盗之法，重誣良之令，嚴禁親喪不葬及火焚親柩者。

在江西，歲飢，糶常平倉粟，令富人毋遏糴，遣官告糴於楚〔八〕，且招川湖之商〔九〕，商人各載米至。更設廠賑粥，發帑修城垣，築堰埭，令民就食於工。其他在陝、廣諸省，遇荒歲，酌盈濟虛〔一〇〕，以濟民食，多此類也。南昌城南羅絲港，爲贛水所趋，善衝突，建石堤以禦之。左蠡朱磯，當衆水之衝，往往泛濫爲災，亦築堤百丈，水患稍平。江西居人，族大者多立宗祠，置公田，以通有無。然好訟，費皆出於公田。公仿吕氏鄉約，令各舉賢者爲族正〔一一〕，平其鬥争，導以禮法。

治陝尤以農桑爲先務。陝西本古蠶桑地，近世漸廢棄〔一二〕，布帛皆資東南諸省〔一三〕。公立蠶局，募江浙間善蠶織者導之，令民種桑養蠶，不能自織者，賣絲於官。頃之，利漸著。西安、華州織縑充歲貢。又勸民養山蠶，種山薯，儉歲以充食。又修治渠、泉，製水車，教民戽水之法。鑿井二萬八千八百有奇，旱歲得以溉田。

河南歸德地窪下，與宿遷爲鄰，故有巴溝以通下流，久之淤塞。公在河南，疏巴溝，歸德賴之。

既至福建，值米貴，内地俱仰食臺灣。商人自臺來者，例一舟不得過六十石〔一四〕，關吏因而厲之，公請弛禁以便民，從之。

在湖南，歲大熟，適江南饑，公請發濱水倉穀二十萬石以濟之，買民間穀還之倉。又招民墾雲龍山下荒地〔一五〕，禁洞庭居人壅水爲田，以寬湖流，水不爲患。

初撫江蘇時，吏治刓弊，公率之以勤，立期限以清案牘。興其廉者，懲其貪墨者，而人知奮〔一六〕。患蘇俗好華，爲具條約，宴會服御，不得過度，止婦女毋遊觀，禁僧道爲靡曼之音，而痛懲其淫者。州縣官故以收漕爲利窟，乾没無已，自尹文端公爲巡撫時，極意梳剔，所部肅然〔一七〕。至公申明舊章，民用不擾〔一八〕。自公去後，有司稍稍得自便，而民乃益思公不置也。

前公撫江蘇者〔一九〕，在我朝推湯文正、張清恪爲最賢，然二公俱遭讒搆，賴聖祖曲全之〔二〇〕，亦既不安其位矣。公遭逢盛世〔二一〕，勝於二公，爲天子勤求民瘼，彌縫補救，矻矻不怠，未嘗獨立崖異〔二二〕。要自不爲苟同，而人莫不稱公，以爲二公之亞也。

公治南河，大要因其故道，開道通淤淺，俾入海迅疾〔二三〕。幹河支河，互相貫輸，俾得毋阻塞。在淮揚所請疏浚諸河甚衆，其支河督民各開小溝，以達於幹，時其蓄洩。徐海諸州多弃地，曩時河流未通，遇雨輒淫溢。河既浚，水有所洩。令民以開溝之土，築圩圍成腴田，中通涵洞，爲旱潦備。其窪下不能避水者，令民改種蘆草，裁其糧賦〔二四〕。其他築堤岸，修閘壩，多因地勢，爲先時之謀。奏上，輒命與河臣議行之。其在蘇州，議開徐六涇、白茆口以洩太湖，築崇明土塘以禦海，開諸州縣城河以通渠，皆利民之大者。

公在吏部，巨細無不詳審。所司持案牘白事，當機立斷，無留難。旋加太子太保。二十九年，上特設漢協辦大學士以命公。三十二年，遷東閣大學士，兼工部尚書。公在上前所陳奏，雖子弟不盡聞。其他修舉職事，非有關民生休戚者，兹弗著。

三十四年，公有疾，屢乞歸，上慰留再三。三十六年春，病甚，始聽致仕，加太子太傅，食俸如故。賜詩及冠服，命公孫蘭森送公歸。會上東巡，公由潞河南下，送駕武清寶稼營，上慰問良久，乃行。六月三日，薨於兖州之韓莊。上聞憫悼，詔入祀賢良祠，賜祭葬，謚曰文恭。

公諱宏謀，字汝咨，門有古榕，因號曰榕門。先世湖廣人，明末避亂，遷廣西，家臨桂西鄉横山下。曾祖諱道威，祖諱世耀，父諱奇玉，俱贈資政大夫，河南巡撫。曾祖妣周氏，祖妣駱氏，妣劉氏，皆贈夫人。公早歲刻苦自勵，能文章。内行修飭，爲諸生，即以澤物爲己任，常曰：「吾生平耻作自了漢。」及入仕，益講求經世策，所與交，多當世偉人。慕古以人事君之義，奏薦陳法、屠嘉正、李元直、王喬林、任宏業、衛哲治，俱可大用。京察自陳，舉雷鋐、潘思榘自代。上詔求明經之士，公再舉陳法及孫景烈，世以公爲知人。所至尤加意書院，厚諸生餼，聘賢者爲之師，導以正學。時至而面命之，患諸生文不衷於理，每試士，必爲發明孔孟之旨，以反身實踐爲歸。他如社倉，育嬰、養濟諸堂，必爲之計畫有無〔二五〕，慎擇主者，俾無以虚文塞責。蓋公之惠於士民者如此，此可以觀其學矣。公著有《養正遺規》《教女遺規》，以訓於家；有《訓俗遺規》《從政遺規》《在官法戒録》〔二六〕，以施於民；有《學仕遺規》，以砭世之仕而不學者。其奏疏文檄，具載《培遠堂存稿》中。公薨之年七十有六，妻楊夫人先卒。一子殤，以兄子鍾珂爲後〔二七〕，乾隆六年舉於鄉。孫三人：蘭森官刑部山西清吏司主事；次蘭楙、蘭枝。曾孫二人：兆熙、定熙。女六人：太常寺卿謝溶生、太學生蔣本廉、縣學生曹云瑢、秦之塝、陸之燦、劉某其婿也。曾孫女二人，長適韋洽中〔二八〕。

啓豐繼公入翰林，與公先後同朝，知公審。又以養母歸，得親被公之化，不忘於心。公之喪過吴門，既爲詩以弔之。鍾珂將以三十七年二月朔日，葬公於其鄉東畔嶺之原。而先以墓志請，義弗敢辭。銘曰：

太平元老，克承天休。日嚴祗敬，以告嘉猷。公自文學，遂隸天官。群吏之治，既詳且殫。帝選明德，靖共正直。公始親民〔二九〕，獨攝諫職。上德下情，公處其間〔三〇〕。功雖方隅，補天下患。公勞於外，之翰之屏。入爲平章，老成典型。恩命洊至，退若無憑。乃心報稱，夕惕晨興。豈無盤錯，公忠不避。豈無細過，帝信不忌。昔有先正，如湯如張。公繼厥成，行業彌光。世澤之長，沐浴高厚。易名司勛，千秋永久。彭啓豐撰《芝庭文稿》。

按公之《行狀》云：公年二十一入學，是年春荒，有司出借倉穀，須身家殷實者保之。村民丐公爲保，公慨然言之邑令。或慮鄉人無信，公弗顧也。明年，村民如期還倉，無一欠者。又本邑樂嘉山之村西有大土堰，仗以蓄水，以備旱澇。公之父奇玉，曾立願易土以石，以爲永久計。及公貴，公承先志，易以巨石，鄉民賴之。此事誌中未載，特録以見公之存心至公無我。做諸生時，即已如此，宜其玄孫名繼昌者繼爲盛世之三元也。《後案》。

又按：乾隆四十四年己亥科，江南解元錢棨、辛丑會狀趙公翼作《三元考》，謂唐張又新、崔元翰、孫何，宋王曾、宋庠、楊寘、王巖叟、馮京、金宗獻、王宗哲，明商輅，合錢棨、陳繼昌，凡十三人。同上〔三二〕。

【校勘記】

〔一〕按：卷題原無，據《總目》補。

〔二〕閣師二：原無，據文例補。

〔三〕題目《芝庭先生集》作「光禄大夫經筵講官太子太傅東閣大學士兼工部尚書陳文恭公墓誌銘」。

〔四〕毒流：《芝庭先生集》作「以病」。

〔五〕按：「公」字原重，據《芝庭先生集》删。

〔六〕報可：《芝庭先生集》無。

〔七〕按：《芝庭先生集》「能」前有「多」字。

〔八〕於：原訛作「入」，據《芝庭先生集》改。
〔九〕商：原脱，據《芝庭先生集》補。
〔一〇〕濟：原訛作「劑」，據《芝庭先生集》改。
〔一一〕令：原脱，據《芝庭先生集》補。
〔一二〕漸：《芝庭先生集》無。
〔一三〕諸省：《芝庭先生集》無。
〔一四〕得：原脱，據《芝庭先生集》補。
〔一五〕下：《芝庭先生集》作「中」。
〔一六〕興其廉者懲其貪墨者而人知奮：《芝庭先生集》無。且「知」字原訛作「之」，據張本改。
〔一七〕所部肅然：《芝庭先生集》無。
〔一八〕至公申明舊章民用不擾：《芝庭先生集》作「公至，益申嚴之」。
〔一九〕者：原訛作「時」，據《芝庭先生集》改。
〔二〇〕全：與張本皆訛作「成」，據《芝庭先生集》改。
〔二一〕盛世：《芝庭先生集》無。
〔二二〕未嘗獨立崖異：《芝庭先生集》作「未嘗與人立崖異」。
〔二三〕俾：原脱，據《芝庭先生集》補。

〔二四〕糧：《芝庭先生集》無。
〔二五〕之：原脱，據《芝庭先生集》補。
〔二六〕法：原訛作「必」，據《芝庭先生集》改。
〔二七〕鍾：與張本皆訛作「鏡」，據《芝庭先生集》改。
〔二八〕長適韋洽中：《芝庭先生集》無。
〔二九〕親：原訛作「請」，據《芝庭先生集》改。
〔三〇〕其間：與張本皆訛作「之明」，據《芝庭先生集》改。
〔三一〕按：「上」字原重，今删。

補東閣大學士陳文恭公傳

公姓陳，諱宏謀，字汝咨，號榕門，廣西臨桂人。家本寒素，幼好讀書，持一卷，蔽門坐。惟聞京師邸報，必向親友處借觀之，識者皆知其有大志也。雍正元年，舉鄉試第一。旋中進士，選庶常，改吏部文選司郎中，遷監察御史。當是時，世宗懲生監代考之弊，令自首免罪。公奏不如寬既往，禁將來，免胥役訪查滋擾。世宗大奇之，即召見，謂大學士曰：「陳宏謀能識政體，必能知文章，山西主考雖籤掣有人，改令伊去。」試竣歸，命以御史銜知揚州，且曰：「有大事再奏來。」未幾，遷江寧驛鹽道。故事，淮商有樂輸一款，司鹽政者博商人急公之名，以空數報收，部文徵取，方催輸納，公奏停之。

遷雲南布政使。雲南改土歸流，運糧苦遠，公建短運遞運之法，按程交卸，核數給直。增銅廠工本，更鑿新礦，開采者除抽税外，聽民貨鬻。自此糧運踊躍，銅課日增。皇上登極，雲督張文和公薦公視國事如家事，上亦久賢公，命巡撫陝西者四，巡撫湖南、江蘇者二，巡撫甘肅、江西、河南、福建者一，總督兩廣、兩湖者一。三十年中，開府九省，所到處，必將各府州境内村莊、河道繪圖懸壁，環覆審視。又將興革事宜，分條鈎考，纖屑必周，久遠必計，刻苦經畫，寢食以之。久之，編次成書，瞭如指掌。有戚友官某地者，輒來借觀，公亦竊喜自負曰：「此吾歷任宦囊也。」江西南門外羅絲港爲贛江分流，冲突城垣，公築石堤捍。之港下爲黄牛洲，上爲生米渡，民多病涉，公造浮橋，利濟其行。陝無水路，惟商州龍駒寨通漢江，灘險，僅行小舟，公修浚鑿除，遂成康莊。在江南，疏排六塘河之丁家溝，展寬邵伯之金灣壩，開徐六涇白茅口，以洩太湖。築徐州蘇家山堤，以禦河漲，即以開溝之土，築圩護田，中通渠洞，爲旱潦備。其過窪者，改令種蘆，蠲免其糧。

金川用兵，公奏添設腰站，又奏添棧道驛馬。伊犁用兵，公奏驅瓜州回民遊牧吐魯番舊地，免生事端。又奏官茶壅滯，不宜改交折色。福建臺灣米賤，例禁外糶，民出洋者，例禁歸里，公奏請開寬。上皆嘉納之。尤喜民種樹鑿井，在河南，植堤柳無萬數；在陝，鑿井二萬八千有奇。造水車，教民灌溉。又考豳風，以陝本蠶桑之地，乃立蠶局，募機匠織縑，上充歲貢。其他義倉、鄉學，隨地建設。州縣入見，如老嫗訓兒，諄諄絮語，不憚舌敝。雖秦土燥寒，公去後，桑樹半萎，屬吏希公意，至有買南絲充秦紬、秦絹以爲媚者，然信古受欺，識者皆嘉公之志也。

乾隆二十八年，遷兵部尚書，入都。尋調吏部尚書，加太子太保，經筵講官。再授東閣大學士，仍兼工部尚書，賜第，賜紫禁城騎馬。年七十六，以病乞歸。上賦詩送行，賜御用冠服，命經過處地方官二十里以内者，出境護送。行至山東韓莊而薨。上聞哀悼，賜祭葬，謚文恭。

公任事不分畛域，亦不避嫌疑。在湖南時，聞江南災，奏運楚米二十萬石以助賑。在西安時，聞甘肅軍需少錢，請撥局錢二百萬貫以濟餉。上嘉其得古大臣體。任雲南布政使時，奏廣西巡撫某虚報開墾。任兩廣總督時，奏商人借帑作鹽本。上嫌公護鄉里，交部處分，一貶天津道，一調回江蘇。又嘗忤雲貴總督慶復，慶密劾公，亦交部處分，革職留任。未幾，慶以誣罔賜死廣西。後撫楊錫紱覆奏開墾果虚，由是公冤益白，而公眷益深。公與相國尹文端公雖同年同官，而風趣迥殊。尹高明寬和，了事多從容；公終日刻厲，無幾微閑，然最相得。在上前，彼此薦引。公歸時，尹已卧疾，兩人訣别床前。及公舟過德州，病委頓矣，接尹訃，猶頓足哭曰：「回船，我欲一奠尹公靈前。」家人勸之再，始止。未兩月，公亦亡，壽七十六。

公强毅，自信頗堅，然亦虚衷聽納。治水天津，常乘小舟，咨詢於野，得放淤之法。令水挾沙而行，從堤左入，堤右出，如是數次沙沉土高，滄景一帶，皆成沃壤。公喜曰：「此非吾策，教我者老河兵，真吾師也。」嘗向枚自悔疾惡太嚴，枚曰：「公言未是。如果惡耶，疾之嚴，亦何妨？所慮是過也，非惡也。又恐誤善爲惡，則嫉之且不可，而況嚴乎？」公悚然謝焉。所薦人才，如大名道陳法、通政司雷鋐、荆南道屠嘉正，皆人望也。所著有《在官法戒録》《學仕遺規》《培遠堂奏疏稿》。無子，以兄子鍾珂爲後。録自袁枚《小倉山房文集》卷二十四。

補太子太傅東閣大學士前江蘇巡撫陳文恭公傳

公姓陳氏，諱宏謀，字汝咨，别字榕門，廣西臨桂人也。家世寒素，幼好讀書，爲慎獨之學，不妄言動。鄉試第一。雍正元年成進士，改庶吉士，散館授檢討。四年，揀授吏部郎中。七年，遷浙江道監察御史，仍兼郎中行走，充山西鄉試副考官。試竣，授江蘇揚州府知府，帶御史銜，命有大事許專達。九年，擢江南驛鹽道。淮商有樂輸一款，司鹽政者報收虛數，必俟檄催乃繳，公以名實不符，奏停之。世宗憲皇帝懲山西生監代考之弊，令自首免罪，公奏不如寬既往，禁將來，免訪察滋擾。世宗憲皇帝韙其言，以爲知政體，必能知文章。時山西主考簡放有人，改令公去。

十一年，擢雲南布政使。雲南改土歸流，運糧苦遠，公建短運、遞運之法。增銅廠工本，開礦者納税之外，聽民貨鬻。自此運糧踴躍，銅課日增。先是，廣西巡撫金鉷奏准廢員官生借墾地畝報捐，而報墾者多以熟田量給工本冒爲新墾者，公劾奏之。世宗憲皇帝命雲貴廣西總督尹公查，奏如公言。乾隆元年，部議請敕兩廣督撫清查。公又疏參鉷，命鄂彌達及新任巡撫楊超曾覆核之。奏未上，公復密陳前事。高宗純皇帝以公粤人，不得屢言粤事，下部議降二級調用。及督撫覆查章上，亦皆如公言。

三年，補直隸天津道。五年，遷江蘇按察使。明年，遷江蘇布政使。擢甘肅巡撫。調江西。奏江西郡縣非濱江帶湖，即環山逼嶺，近水者皆賴圩堤閘壩以防水害，依山者恃陂塘堰圳以資水利，州縣歲修圩堤，遺漏甚多，且多虚浮掩飾。蓋修築雖出於民，而督率不可無官，嗣後請飭地方官督修，倘有民力不敷者，許動存公銀兩核銷。督修官於三年内視其勤惰，以行殿最，下部議行。七年，奏修南昌、新建二縣圩堤，並於南昌縣羅絲港建石壩

□障贛水西注。初，公因倉貯多缺，請將捐監一項改作本省收穀，奉諭旨：「一年後奏報。」至是，偕總督尹公奏，本地捐監，收穀倉，儲民食，兩有裨益，得旨「再行一年」。九年，請開採玉山縣廣平山礦砂。調陝西巡撫。十一年，仍調江西。尋調湖北巡撫。十二年，公以湖北改鑄八分之小制錢試行無效，請仍鑄一錢二分之大制錢，於漢口採客銅四十萬斤，添爐鼓鑄，下部議行。其年，公爲川陝總督慶復所劾，部議革職，詔從寬留任。復調陝西，諭曰：「此汝駕輕就熟之地，一切持重秉公，毋立異，毋沽名，若能去此結習，則汝尚可造就之器也。」時陝西各驛疲困，公奏請於漢中之寧羌、褒城、沔鳳棧道十四驛，每站增設夫馬，酌支公料，特詔如所請。十五年，請修周文、武、成、康、周公、太公陵墓，及修各屬常平、社倉。十六年，奏關中沃野千里，岸高難以引河，惟鑿井灌田爲救旱良法。請民之無力者，就近借給社穀興工，起息還倉；無社穀者，借動常平倉。調河南巡撫，請修太行堤自河南武陟至直隸長垣，以備河漲之患。十七年，又請濬歸德府屬諸河。調福建巡撫。十九年，公以閩省訟讞繁多，立按月稽考之法，以課各屬勤惰。又奏閩地海船貿易有稽留海外，及本身已故妻息願歸者，應寬禁，聽其還里。從之。又調陝西巡撫，奏以穀麥價賤，請常平採買倉穀照市價，而從民便。又請於漢中屬寧羌州之銅緣溝、華陰縣之華陰川舊礦採銅，以廣鼓鑄。皆報可。

二十年，以大兵進剿準噶爾索倫兵過境，調度臺站馬匹妥協，得旨嘉獎。調甘肅巡撫。準噶爾平，軍功議叙加一級。尋調湖南巡撫。將去任，奏陳甘省水利事宜，言：「臣前由甘涼肅出關，見沿途渠河多未通順，赤金、靖逆、柳溝、沙州、安西五衛渠源，宜責成地方官，農隙時督民疏浚。」奉俞旨：「下新任巡撫施行。」又請以準噶爾内附，需用貨物，應量爲流通，請定互市地，以茶易馬，充營伍用。時江南大饑，命截湖廣漕糧二十萬石備振。公請再動湖南溢額倉穀碾米十萬石，運濟平糶。諭曰：「災地米糧，多多益善。碾運倉穀，以資平糶，既不致市儈居奇，於民食更爲有益。所辦甚屬妥協，著照所請速行。」二十一年，奏析衡陽縣爲清泉縣。劾布政使楊灝侵扣穀價。得旨嘉獎議叙。又請撥借乾州永綏廳等處常平倉穀數百石貯社倉，作本出借，俟本息漸充，仍還常平。復調陝西巡撫。

二十二年，調江蘇。陛見，奏對各省水患，由上游爲衆水所匯，下游無所歸宿。高宗純皇帝稱其言中肯綮，命由河南至江蘇，沿途查察，與安徽巡撫高晋會同籌辦。賜五言排律詩。擢兩廣總督，奉諭「總督節制兩省，專駐粤東，自可不必迴避」。公又條奏江南河工未盡事宜凡五：一黄運各河，應逐年挑浚。一支河小溝，亦應浚通，以達幹河。一徐海地可種植，宜開溝洫，築圩園。一窪地應勘明，除糧改種葦草。一下河一帶范公堤，應請動項興修，以備海潮盛漲爲患高寶、鹽城等處。命欽差大臣裘曰修等議行。二十三年，命以總督銜仍管江蘇巡撫事，加太子少傅。二十四年，偕總督尹公及河督合奏運道蓄泄三事。又請以通州、崇明濱海淤灘撥爲蘇州普濟、育嬰、諸堂公用，事詳《尹公傳》。又請寶蘇局爐匠工料錢，照時價給銀收買，以杜夾帶私錢之弊。先是，公嘗奏開蘇郡之白茆河、徐六涇二口土塘，建閘以備宣泄。二十七年，以水漲壞閘，復請改爲滚壩。高宗純皇帝南巡，賜五律詩。調湖南巡撫。明年，擢兵部尚書，署湖廣總督，兼署巡撫事。奏言洞庭湖横亘八百里，容納川、黔、楚之水，濱湖居民，多築圍墾田，與水争地，恐湖面愈狹，漫决爲患。請多掘水口，使私圍盡廢。諭曰：「陳宏謀於此事不爲煦嫗小惠，殊得封疆之體。」

再遷吏部尚書，加太子太保。奏請部選各官引見後，雖督撫奏補有人，不得扣除。充經筵講官，奏河防失事，應文武分賠，參遊有修防之責，不得置身事外。下河臣議行。二十九年，諭以内閣辦事需人，應增設協辦漢大學士一員，即以公爲之，賜紫禁城騎馬。三十年，充《國史》館副總裁。三十一年，奏言凡駐重兵與提鎮同城之道員，應一律加以兵備銜，互相鈐轄。下各督撫議行。充玉牒館副總裁。三十二年，充《三通》館副總裁，授東閣大學士。三十五年，以老病，屢請解任回籍。優詔皆弗許。明年春，疾甚，再申前請。恩加太子太傅，以原官致仕，並賜御用冠服。令公之孫刑部主事蘭森侍養以歸，賜七律詩寵行。時高宗純皇帝方東巡，公迎駕於寶稼營，復賜七律詩。六月，公薨於韓莊舟次，春秋七十有六。諭曰：「原任大學士陳宏謀，老成敦厚，才品端方，中外宣勞，恪勤素著。去歲以來，屢以抱恙未痊，懇請解任調理，節經降旨慰留。今春，復據以衰病日深，堅請開缺回籍。念其情詞懇切，俯俞所請，親爲賦詩寵行，加賜冠服，並令伊孫隨歸侍養，沿途令地方官照料護行，以期長途安穩。昨東巡回鑾，伊於寶稼營行在陛辭，見其精神尚不致疲憊，猶冀遄歸故里，得以頤志嗣痾。今聞於韓莊舟次溘逝，深爲軫悼。著入祀賢良祠，並於歸櫬抵家之日，加祭一次，應得恤典，著該部查例具奏。」尋賜祭葬如例，謚文恭。

公以儒術飾吏治，荷兩朝知遇。三十年中，開府九省，所到之處，圖繪境内河渠道里，懸之座右，鈎考古今興革事宜，編次成書。其所施行水利善政甚多，不盡見於奏牘。在關中鑿井渠二萬八千有奇，造水車，教民灌溉。又爲秦地種桑，立蠶局，募工織作縑絹。義倉、鄉學，隨地建設。州縣入謁，諄諄訓以民事，如家人父子。撫吴時，增紫陽書院生徒餼廩，禁浮惰，崇樸素，一時風俗丕變，士民至今歌思不忘。所著有《在官法戒録》、《遺規》四種、《培遠堂奏疏稿》。以兄子锺珂爲後。

論曰：人嘗謂尹文端公高明宏厚，處事從容，陳文恭則汲汲無暇日，亦少刻厲焉。其風裁固殊，然兩公以同年進士，同時任封疆，久官江左。其在上前，必相薦引，所謂君子和而不同歟？昔唐名臣有姚宋，宋有韓范，皆能協心底治，大庇蒼生，如兩公者，何多讓焉！吴人既祀公於學，謹攟摭國史，傳叙其梗概，刻石祠堂，俾後之人有所考信焉。賜進士及第、前山東督糧道、翰林院編修、門下晚生孫星衍拜撰。録自王大隆《孫淵如先生文補遺》。

劉文正公

諱統勳，字延清，號爾鈍，山東諸城人。雍正二年進士，官至東閣大學士。卒贈太傅，謚文正。

公光明正直，燭照先機，事之可否，微發其端，至一二十年後，始服其精識。士有賢不肖，亦洞見其將來，不可得而親，亦不可得而疏之也〔一〕。内外臣工，無不仰其剛果，而情意肫然，不欲過爲嚴峻。生平未常奉佛，然於《大乘》《方廣》諸經，皆能得其旨要。六旬以後，入夜秉燭，跏趺危坐，至二三更許，窗外偶有聲響，無不悉聞。臨終之日，五鼓起盥洗〔二〕，飲食如常，升輿至東華門外，輿微側。家人呼之不應，比啓帷視之，則已瞑矣。上親臨其喪，見其室無長物，内外蕭條枯槁，寒氣襲人，因深爲嘆息。賜謚文正，不待禮臣議請也。公薨後，今相國石庵先生以事在記注，功在史宬，不撰《行狀》，不爲墓碑、墓誌。第取所奉諭旨，及平生奏疏編年繕寫，録以示子孫。其謹慎小心，亦後來臺輔所當取法者。《蒲褐山房詩話》。

劉文正相國不刻意爲詩，而舉止自佳。戊子進春帖子，文正首列第一，章云「長奉無疆壽，頻歌大有年。南雲恢禹域，北極拱堯天」，真有冠冕佩玉之風。《西清筆記》。

按：劉諸城𤞤，字子棨，文正公之父。年十七補諸生，康熙乙丑登進士第，出知長沙縣。三十七年，遷寧羌州。是歲，關中大饑，劉請於監司，假廳倉粟，以活州民。寧羌民故貧，多逋税，遂聽民便，密令笥蕨悉充税，而自賣家中田，代之輸。下車之日，城中居民僅七家，期年而輻湊矣。一日出郭，見山多槲樹，宜蠶，乃募里中善蠶者，載繭種數萬，教民養蠶。成，復教之織〔三〕，州人利之，名曰劉公綢。《熙朝新語》。

【校勘記】

〔一〕可：原脱，據《蒲褐山房詩話》補。

〔二〕鼓：《蒲褐山房詩話》作「更」。

〔三〕織：原訛作「職」，據文意改。

梁文莊公行狀〔一〕

曾祖萬鍾，誥贈光禄大夫，協辦大學士，吏部尚書。祖國儀，誥贈光禄大夫〔二〕，協辦大學士，吏部尚書。父文濂，歲貢生，諸暨縣訓導，誥封光禄大夫，協辦大學士，吏部尚書。

本籍浙江杭州府錢塘縣人〔三〕。

公諱詩正，字養仲，又字薌林。少有異禀，五歲始能言，十一歲能時文，十九歲入錢塘縣學。與兄啓心，有二難之目。二十五歲，偕同學杭君世駿、陳君兆崙等六人聯文社，有《質韋集》行世。二十七歲，從院長萬太史經讀書敷文書院〔四〕。雍正四年丙午鄉試中式。八年庚戌會試成進士〔五〕，殿試以周霱榜一甲第三名及第，授編修。九年，充《一統志》館纂修官。十年，充山東鄉試正考官。十一年，充會試同考官。十二年，召赴西苑試詩，選入上書房，侍今上暨誠親王、和親王講讀〔六〕，公以舊學受知兩朝，蓋昉於此。九月，以原銜充日講起居注官。十月，授侍讀。十三年六月，授侍讀學士。七月，以凌太夫人病乞假歸。是時世宗憲皇帝賓天，今上皇帝即位，而公亦丁憂。事聞，賞銀五百兩治喪。乾隆元年，詔赴入直。及抵京，賜俸照現任學士支給，又兼直懋勤殿，與同年顧侍講成天，恭校御製《樂善堂全集》。九月，賜第於南城珠市街。初，上在潛邸時，憲皇帝以《三藏聖教》卷帙浩繁，且支那撰述有未編入，令上同莊親王校理，未竟厥緒。至二年三月，敕和親王同公詳審進呈。逾年而書成。三年五月，積雨初霽，召公及内廷大學士暨翰林等，登御舟遊賞，遍歷瑶臺蓬島。六月，轉侍讀學士，復充日講起居注官。十月，充順天武鄉試正考官。十二月，授内閣學士，兼刑部侍郎。公以初貳秋官，刑名未習，日取律例講肄之，有疑義，輒與曹官相質，期於貫通。五月，調户部右侍郎。錢法因循日久，百弊叢生，公察其所以，以次釐之〔七〕，積弊一清。是年春，兄啓心成進士，改庶吉士。

五年閏六月，訓導公壽七十，賜「傳經介祉」額文〔八〕，又製五言律詩賜之。十一月，轉户部左侍郎。六年三月，充《皇清文穎》館副總裁。尋奏八旗閑散人丁，宜分置邊屯，以資生産。緑旗增設兵丁，宜量停募補，以減冗額。皆允行。又命仍兼錢法事。時有主使匠人控告監督受賄者〔九〕，詞侵公，奉旨派王大臣，同户、刑二部會鞫，事誣得釋。七月，扈從木蘭。十一月，兼吏部右侍郎。恭遇皇太后五旬萬壽〔一〇〕，命與户部侍郎三和承辦内庭慶典。七年四月，充殿試讀卷官，一甲三名爲仁和金名甡、陽湖楊君述曾、陽湖湯君大紳。命閲進士朝考卷，取朱佩蓮等三十六人。是年兼御書館。又命纂《叶韻彙輯》一書。兄啓心散館授編修。

八年正月，上御重華宫，召大學士翰林等賜宴聯句，敕公書以勒石。七月，上謁祖陵〔一一〕，公隨行至盛京。上升殿大宴，命進榻前，手賜以巵酒。入山海關，上登澄海樓觀海，獨召刑部尚書張公照暨公聯句。尋編入《秘殿珠林》及《石渠寶笈》，亦公偕張公任之。九年，賜「清勤堂」額。初冬扈駕盤山，入宫門，許乘騎而行〔一二〕。旋蹕，適重葺翰林院成，車馬臨幸，送大學士掌院鄂公爾泰、張公廷玉進署。時大學士、九卿、翰詹諸臣畢集，錫宴賦詩，用唐臣張説《麗正書院賜食應制》詩字分韻，賞賚有差。公以侍郎，賞與尚書埒，奉特旨也。十一月，命選《唐宋大家詩醇》。

十年五月，授户部尚書。又命閲進士朝考卷，取邵齊烈等四十一人。七月扈駕幸多倫諾爾。十一年，建福宫落成，命公作賦紀之〔一三〕。八月，召大學士、九卿、翰林、詹事諸臣，赴瀛臺賜宴，和御製詩四章，又仿伯梁體賦詩，又用唐臣李嶠《甘露殿應制》詩字分韻。宴畢，上憇流杯亭，命公等雜坐水石間〔一四〕，分箋聯句。既，諭登舟遊覽，如賞花鈎魚故事。九月，扈駕謁泰陵，旋謁五臺，爲皇太后祝釐。經正定，命觀衆春園、雪浪石舊跡，并和上擬蘇軾《聚星堂》體詩。十二年，充《文獻通考》館總裁。七月，復扈駕木蘭。十三年二月，扈蹕幸山東，光謁曲阜，謁孔林，嗣祭嶽廟，登泰岱。上以山徑險仄，諭公不必隨，而沿嶺分駐侍衛，若署郵然。有旨，遞傳上下，前此所未有也。旋奉命閲迴避卷，得福建李君宗文〔一五〕。四月，調兵部尚書，命閲進士朝考卷，取方懋禄三十八人。

十四年二月，金川報捷，加太子少師。八月，上以經略大將軍禮無區別，宜定儀注，公稽考舊典，參以時宜，自禡祭啓行，迄凱旋告廟，臚列進呈，載入會典。十一月，吏部尚書陳公大受病久，奉旨兼管吏部尚書，賜「宣贊樞衡」額。十二月，兼翰林院掌院學士。越數日，奉旨協辦大學士。是秋，命汪公由敦纂《西清古鑑》。

十五年正月，授吏部尚書，仍辦閣務。頃之，教習庶吉士。五月，御史歐堪善奏公徇庇營私各款〔一六〕，上召軍機大臣及掌院學士阿公克敦、吏部尚書達公爾黨阿暨公堪善等，於懋勤殿親加訊問，事白，不復置議。八月，扈巡中州，經趙州柏林寺，有吴道子文武水畫壁，時吏部侍郎彭公啓豐亦扈從，命同爲聯句進呈〔一七〕。會御史儲麟趾奏四川學政朱荃匿喪，上召問〔一八〕，奏對不稱旨，罷掌院學士。吏部察議疏上，奉旨革職留任。十二月，恩賜公子敦書舉人蔭生，分部學習。明年，上南巡，公請扈從歸里，爲訓導公慶八十壽辰。上先給一品誥命，以示恩寵。

十六年正月，從南巡啓行，次維揚，公給假先歸〔一九〕，奉訓導公迎駕於吴江，賜克食，及貂皮緞疋，又賜「湖山養福」、「臺階愛日」二額，御製五言詩一律。時御試兩浙士子詩賦，命公及汪公由敦閲卷，取謝居墉等六人。是年〔二〇〕，又扈從木蘭。十一月，恭逢皇太后六旬萬壽，疊賜如意、朝珠、荷包、朝衣諸物，他臣不得與焉〔二一〕。歲小除，蒙賜白銀五百兩。

十七年，訓導公目失明。乘召見，以歸養請，御書「身依東閣圖書府，家在西湖山水間」慰之。六月，復請，奉旨：「協辦大學士、吏部尚書梁詩正，因父文濂現年八十一歲，奏請回籍終養。梁文濂家居頤壽，朕已疊次加恩。梁詩正，典領銓政，供職内廷，正資宣力。但父子至情，年逾大耋，應承歡膝下，以遂孝思。著准所請，回籍侍養。」時上將秋蒐，未忍遽還也。十月，陛辭，賜御製五言律，並貂皮大緞，賜訓導公如意、人參、貂皮等物。且諭云：「二二三年後南巡，汝接駕至揚州，君臣復得相見矣〔二二〕。」公感激涕泗而出。其冬抵家。

十八年，命與沈公德潛合修《西湖志纂》。十九年，上知公舊有《塞上雜咏》，命録以進。明年，西師奏凱，上《平定準夷頌》，皆邀賞賚〔二三〕。

二十二年，再幸江浙。公在吴江平橋迎御舫，奉諭云〔二四〕：「梁詩正侍養在籍，安静可嘉。其照品級，在家食俸，以昭眷念舊臣至意。」再賜御書「萊衣晝永」匾額。三月，駕莅江寧，試上下江士子詩賦，命公及總督尹公繼善、浙江學政竇公東皋閲卷，取王君昶等七人〔二五〕。尋令回浙侍養〔二六〕。五月，上寄御製詩一百八十餘首命和，進之。

二十三年，訓導公卒，奉上諭：「梁詩正丁憂，已逾百日。工部尚書員缺，一時不得其人，即著來京署理。」公奏請俟窀穸事畢，再北上，許之。時公之兄編修君亦卒。明年正月，並營葬於葛嶺。是月又奉旨，調兵部尚書，於是入都。賜紫禁城騎馬。復命工部侍郎三和於澄懷園度地建屋，俾就近直宿如初〔二七〕。八月充順天鄉試正考官。

二十五年四月，充會試總磨勘官。五月，偕軍機大臣閲庶吉士散館卷，取江西蔣君士銓等〔二八〕。七月服闋，奉旨教習庶吉士。八月，上五十萬壽，命赴熱河入宴。九月，實授兵部尚書。十二月，蔣公溥病，奉旨署掌院學士，兼《續文獻通考》總裁。

二十六年正月初二日，上御武成殿，宴賚將軍兆公惠等，公與焉。二月，駕幸五臺，公從。四月，充殿試讀卷官，一甲三名爲陝西韓城王公杰、仁和胡公高望、陽湖趙君翼。陝西地鄰邊塞，本朝未有以一甲入選者〔二九〕，時值西域寧敉，而狀元爲西人，上大悦。再命閲進士朝考卷。未幾，蔣公病薨，以劉公統勳授大學士，吏部尚書、協辦大學士兩缺令公補授〔三〇〕，仍兼掌院學士。七月，駕幸木蘭，命同王大臣留京辦事〔三一〕。十一月，恭遇皇太后七旬慶典，例進御製表文，命公擬撰進呈。奉皇太后懿旨，賜緞疋荷包，又賜朝珠、如意各物。是月十一日，恭上皇太后徽號寶册，典禮隆重。公同大學士兆公惠主之。周旋磬折，從容中度，爲觀禮者所稱。奉懿旨，賞賚較廷臣有加。

二十七年，充順天鄉試正考官。二十八年六月，補授東閣大學士，仍兼領前職〔三二〕。九月，賜第於内城勾欄胡同。十月，晋太子太傅。時公子敦書出爲貴州知府，俸滿，當來京引見，奏請留部，得旨仍留户部郎中補用。未至京，而公已於十一月十四日無疾而薨，年六十有七。上聞震悼，遣皇五子，率侍衛十人，親詣奠醊。賜内庫銀一千兩治喪。又以寓次乏人，特派内務府司官一員，往理喪事。晋封太保，命入賢良祠〔三三〕，謚文莊。公柩將歸，上復諭沿途文武官弁在二十里内者，著赴舟次弔奠〔三四〕。並遣人護送，俾得穩抵故里，以示體恤。世益榮之。

公初配孫氏，再配包氏，三配徐氏，俱封一品夫人。子：長同書〔三五〕，出繼編修君後，公乞養時，適會試下第，特賜一體殿試〔三六〕，選庶吉士，今官翰林院編修，以文詞名世；次敦書，由恩賜蔭生，歷官户部郎中〔三七〕。孫男三：履繩、玉繩、應繩。

公由詞臣入内廷，迴翔禁近，及扈從巡幸，常在屬車豹尾間。國家鉅製，咸出其手。所著《矢音集》五卷〔三八〕，已刊行。餘藏於家。公雅不欲以文人自居，惇龐純篤，謹於内行。以閣臣就養於家，問安視膳，納履撰杖，無不躬親者。公在朝，編修君在家，家事無巨細，一聽處分。兢兢肸肸，不懈滋恭，如史稱萬石君，雖鄒魯篤行無以過之。性儉素，衣必數澣。居處飲食，嗇於寒士。資郎墨吏，不敢因緣造請。每下直，雙扉晝掩，閑庭闃静。筦司農者九載，不名一錢。嘗署所居爲「味初齋」，示不忘其舊也。歸構懷古書屋、不繫舟〔三九〕，以供燕息。又於葛嶺增營新阡，建祠宇，即清隱庵而稍廓之，丙舍數間，欂櫨無飾，人不知爲宰執之塋也〔四〇〕。

自以受知兩朝，天下想望豐采。治事持大體，必以有裨民生，有益國計，而折衷掌故，綜核利弊；不肯以曹事棼如稍自暇逸，亦不肯曲狥同官意旨。雖纂撰書籍，亦再三披繹，期於美善。是以洊被寵遇，錫予便蕃，廷臣無出其右。屢爲訐者所怨，卒莫能少間也。吏部掌銓政，爲六官長，而掌院所屬，文學侍從之臣，内閣執典絲綸，出納王命，亦京僚極清要地〔四一〕，公兼領數年。錢唐王公際華戲謂曰：「公，可謂三清居士矣。」新建裘公曰修曰：「兼以上書房、南書房，則五清也。」其爲同官傾慕如此。公常言：「往在上書房，爲今上作擘窠大字，適憲皇帝駕至，諸臣鵠立以俟。憲皇帝命作書，墨漬於袖，又命今上曳之。今藏弆此衣三十年矣。他時服以就木，庶存歿志君恩也。」卒如其言。

嗚乎！昶侍於味初齋者三年，竊見公風裁清整，夙夜寅畏，造膝之言，沃心之論，未嘗稍有宣露。而嘉謨嘉猷，上於黼扆，藏在史宬者〔四二〕，亦往往自焚其草。故獨舉其寵眷稠疊，恩禮始終，條件而縷記之，具見盛世明良，主臣一德，而公所以忠勤篤棐〔四三〕，亦可有徵於惇史矣。

乾隆二十九年甲申十月，賜進士出身刑部山西司主事門人青浦王昶謹狀。王昶撰《春融堂集》卷六十一。

【校勘記】

〔一〕題目《春融堂集》作「太子太保大學士梁文莊公行狀」。

〔二〕贈：原訛作「封」，據《春融堂集》改。

〔三〕縣：原脱，據《春融堂集》鋪。

〔四〕經：原脱，據《春融堂集》鋪。

〔五〕八年：原脱，據《春融堂集》鋪。

〔六〕侍：原脱，據《春融堂集》鋪。

〔七〕之：《春融堂集》作「定」。

〔八〕額文：原脱，據《春融堂集》補。

〔九〕皆允行又命仍兼錢法事時有主使匠人控告監督受賄者：此三句原脱，據《春融堂集》補。

〔一〇〕五句：原脱，據《春融堂集》補。

〔一一〕上謁：原脱，據《春融堂集》補。

〔一二〕按：「騎」後原衍「馬」字，據《春融堂集》删。

〔一三〕作賦：原訛作「賦詩」，據《春融堂集》改。

〔一四〕等：原脱，據《春融堂集》補。

〔一五〕君：原訛作「尹」，據《春融堂集》改。

〔一六〕歐堪善：原訛作「歐陽堪」，據《春融堂集》改。

〔一七〕爲：原脱，據《春融堂集》補。

〔一八〕問：原訛作「對」，據《春融堂集》改。

〔一九〕公：原脱，據《春融堂集》補。

〔二〇〕是年，原脱，據《春融堂集》補。

〔二一〕焉：《春融堂集》作「也」。

〔二二〕君臣：原脱，據《春融堂集》補。

〔二三〕皆邀賞賚：《春融堂集》作「皆叨厚賚」。

〔二四〕按：「諭」字原重，據《春融堂集》删。

〔二五〕王君：《春融堂集》無。

〔二六〕令：《春融堂集》無。

〔二七〕如初：原脱，據《春融堂集》補。

〔二八〕等：《春融堂集》作「第一」。

〔二九〕一：原脱，據《春融堂集》補。

〔三〇〕吏部尚書協辦大學士：原脱，據《春融堂集》補。

〔三一〕王大臣：原訛作「大學士」，據《春融堂集》改。

〔三二〕兼：《春融堂集》無。
〔三三〕按：「命」前《春融堂集》有「又」字。
〔三四〕按：「赴」前《春融堂集》有「俱」字。
〔三五〕長：原脱，據《春融堂集》補。
〔三六〕按：「特」後《春融堂集》有「旨」字。
〔三七〕按：此句後《春融堂集》有「出爲貴州遵義府知府，改户部郎中」二句。
〔三八〕按：「著」後《春融堂集》有「有」字。
〔三九〕按：此句後《春融堂集》有「共五六楹」四字。
〔四〇〕人：原脱，據《春融堂集》補。
〔四一〕亦：《春融堂集》作「皆」。
〔四二〕藏在史宬者：原作「藏之史宬」，據《春融堂集》改。
〔四三〕篤：原訛作「焉」，據《春融堂集》改。

師友淵源録後案卷五

閣師三

阿廣庭先生行狀（一）

曾祖雅爾泰，誥封光禄大夫、協辦大學士、刑部尚書，晋贈太子太保、武英殿大學士、一等誠謀英勇公。曾祖妣瓜爾佳氏、陳氏，皆誥封一品太夫人，晋贈一品公太夫人。祖阿思哈，誥封光禄大夫、協辦大學士、刑部尚書，晋贈太子太保、武英殿大學士、一等誠謀英勇公。祖妣葛氏，誥贈一品太夫人（二），晋贈一品公太夫人。父阿克敦，協辦大學士，刑部尚書，誥授光禄大夫，謚文勤，晋贈光禄大夫、武英殿大學士、一等誠謀英勇公。妣宜爾根覺羅氏、那拉氏，皆誥封一品夫人，晋贈一品公太夫人。生妣韓氏，誥封一品公太夫人（三）。本籍滿洲正藍旗人，賜入正白旗，今爲正白旗人。

公名阿桂，字廣廷，一字雲巖，姓章佳氏，生於康熙五十六年八月三日。幼而沈静端重，性警敏，好讀書。就傅以後，聞人談史事，即了了能記其大略。雍正十年入學，十二年補廪生。明年，選拔貢生。乾隆元年副榜貢生。以文勤公侍郎蔭生〔四〕，在大理寺寺正學習。三年，鄉試中式。明年，補兵部主事。又明年，遷員外郎。八年，擢郎中，直軍機處，調户部顔料庫。十年，調銀庫。尋以事降調吏部員外郎。

十三年，小金川土司郎卡侵擾鄰境，大學士訥公親督師進討。兵部尚書班公第，繼往軍營，奏請以公參軍事。明年，訥公得罪。提督岳公鍾琪并劾公，逮至刑部治罪。時文勤公以刑部尚書協辦大學士，高宗純皇帝念其年老，無次子，得釋。明年，復爲吏部員外郎。尋遷郎中。

十七年，出爲江西按察使。公奏爲用法貴乎明慎，决獄專忌淹留。上嘉許，飭部從之。未幾，召補内閣侍讀學士，復遷内閣學士〔五〕，兼禮部侍郎。

先是，準噶爾有四衛拉特，王師累征之而未能滅。文勤公奉命往與噶爾丹策凌議分地界〔六〕，禁侵犯，邊鄙寧謐者幾二十年。至是，厄魯特噶爾丹策凌死，子策望多爾濟那木札爾襲位。其庶兄喇嘛達爾札，執而篡之。而巴圖魯渾臺吉第七子布木之子、大策零敦多卜之孫達瓦齊，復因和碩特拉藏汗之孫阿睦爾撒納計篡奪其位，部落大亂。所屬昂吉、策凌、伍巴什等，率其家屬詣嘉峪關來降。上以侮亡取昧，兵有常經，先後遣將軍永常等督兵撫剿。適阿睦爾撒納與達瓦齊有隙〔七〕，自叛其汗，亦來求款。達瓦齊孤立無助，竄往回部，爲回人擒獻。上召阿睦爾撤納至熱河行在，封親王，使往主其地〔八〕。已而復召之，至中途叛走。時準噶爾逸賊率衆北走，將入俄羅斯。上命公赴北路軍營，至烏里雅蘇臺，與靖邊副將軍，蒙古親王成衮札布，隨機搜討。成衮札布係額駙超勇親王策楞之子，爲諸蒙古盟長，上所最倚重者。成衮札布奏公遇事奮勉。七月，令辦臺站事務。

而文勤公已得目疾，以二十年七月請解任。二十一年正月薨。公奔喪回京。七月，仍以内閣學士命同成衮札布辦理軍務。閏九月，授爲參贊大臣。十一月，駐扎科卜多，授鑲紅旗蒙古副都統〔九〕。二十二年，因成衮札布赴巴理坤〔一〇〕，命公代其任，留烏里雅蘇臺辦事。十月，赴科卜多辦事。二十三年，聞舍楞搶擄臺站，官兵失利，乃與策布登札布合兵追剿。及聞竄入俄羅斯，乃止。八月，補授工部侍郎，領索倫兵千名，往塔爾巴哈臺駐扎。是年，準噶爾平。十一月，命與副將軍富公德追捕準夷餘賊。

初，回酋大、小和卓木，爲準噶爾所拘，及將軍兆公惠定伊犁，使還回部。至是，兆公遣使定其貢賦，回酋執而留之，並戕害參贊大臣三公泰。詔命公同富公進兵合剿，回衆迎拒於阿爾楚爾。時賊衆甚盛，横亘數里。官兵方力鬥〔一一〕，未分勝負。公親率勇鋭數百人，由山麓繞出其右，衝擊之。賊遂潰亂。二十四年八月，回部各城遂以次克捷〔一二〕。十二月，公奏在阿克蘇辦理安撫各事宜。

明年，還伊犂。伊犂自土爾扈特部竄入俄羅斯後，其黨伏林莽者尚衆。上念西域既平，其地方二萬餘里，若不令官兵分駐，則伏戎必出而復據其地，否則亦恐爲俄羅斯兼并，則邊患終不能久安，乃命各營大臣等，籌議如何分兵駐守。諸大臣皆謂地方遼遠，沙漠俱多。舊時準夷馬匹羊群，消耗殆盡，難以爲駐守計。公獨上言：「伊犂爲西域適中之地，幅員廣闊，苟能悉心籌計，從容布置，可冀有成。查守邊以駐兵爲先，駐兵以軍食爲要。臣往來軍營，詢問此間地勢情形，伊犂海努克及固勒札等處，水土沃衍，且有河可引以灌注〔一三〕，若開墾屯田，則兵食可以漸充。臣謹請以屯田事宜開列上聞〔一四〕：一請增派回人屯田，一請官兵駐防協同墾種，一請建置城郭，一請預備馬駝。」上以勇往任事，降旨嘉獎，各如所議行。公因言回人嫻於耕種，非似準夷專於游牧者可比，使以屯田爲業。而以舊有軍營官兵，其調征日久，及疲弱者遣歸内地，但留到營未久之兵，協同回人種地，則荒蕪漸次可開。又酌分舊有馬匹，分設臺站，以通文書摺奏往來。又酌計現在沿邊運出糧米，俱赴伊犂，先爲兵丁口食。又請於各省軍流人犯内，有能工匠技藝者，悉改發伊犂，以供應用。上皆善之，且派各大員協同辦理。於是在阿克蘇置辦農器，又以回人所送馬匹，令官兵等陸續先行。而準夷餘黨，亦遣大臣侍衛分路勦撫，分別安插。遂率兵開屯，至秋豐稔，收糧皆倍，兵食以足。

乃復奏：一伊犁種地回人，當會滿足千數。一駐防滿洲索倫察哈爾兵，種地之緑旗兵，當增益駐扎。一駐扎兵丁數目，當定准遵行辦理。一設立城守營定准地方。一預備種地兵丁馬匹。一伊犁山川土穀之神，請定祀典。一伊犁兵丁日多，錢糧日廣，於烏魯木齊等處，派同知、知縣管理收放事務。俱允行。於是伊犁規模大定。上諭平定西域諸功臣五十人，圖像於紫光閣，公居第十七。御製贊云：「阿克敦子，性頗健敏。力請從戎，宜哉惟允。身不勝衣，心可干城。楚材繼出，爲國之禎。」蓋以元耶律文正王爲比也。

二十六年三月，授内大臣。七月，補工部尚書。在議政處行走。復補授鑲藍旗漢軍都統。二十七年正月，奏新疆約束章程，公私兩利之處：一甲缺宜均齊也，一錢糧宜畫一也，一員缺宜變通也，一産業宜均分也，一攜眷兵丁量給養贍也。亦得旨允行。時伊犁添移阿克蘇種地回人千餘，又準部諸夷由哈薩克諸處投誠者，亦皆給地耕種。哈薩克即古大宛，産馬高大，以内地緞匹易之。牧廠蕃息，商賈林集，乃選陶埴建二城：一綏定城，城四門，東曰仁熙，南曰利渠，西曰義集，北曰寧漠；一安遠城，城四門，東曰旭景，南曰嘉會，西曰環瀛，北曰歸極。民居兵房，以次分列，規制一如内地。而哈薩克越境遊牧者，悉驅逐之。數千里地，來往晏然。詔給騎都尉世職，並令還京供職，詢問方略，且以均勞逸，而以明公瑞代之。及至京，授軍機大臣，賜紫禁城騎馬，尋命審歸化城都統法啓案件，又查勘霸州文安等處水利，所奏皆當上意。六月，以原銜充經筵講官，升隸正白旗。七月，補正紅旗滿洲都統，晋太子太保。

二十九年，金川郎卡復與鄰封戕殺。聞，上以公舊在四川軍營，熟悉情形，因命總督阿爾泰進京，公署其任，相機籌辦。公覆奏綽斯甲布等九土司，與郎卡互相攻擊，正如鼠鬥穴中，本屬外番常有之事，體察機宜，不必急於辦理。上以爲然。嗣阿爾泰回任，仍任工部尚書。三十年，上幸江浙，命留京辦事。閏二月，烏什回人賴穆黑圖拉作亂，令公馳赴行在請訓，前往伊犁。上復傳諭：「以賊人恃其城堅糧足，敢行抗拒官兵，不必徒事攻擊，惟嚴防要隘，俟其自斃。」明公瑞攻其北，公軍其南，作長圍以環之，且絶水道。賊衆惶懼。九月，其衆擒賴穆黑圖拉以獻〔一五〕。公與明公誅其首惡，而貸其餘。奏入，上以寬縱太甚，交部議處。而令永公貴爲伊犁將軍，公駐扎雅爾。

三十二年三月，補授伊犁將軍。是時，緬酋懵駁以兵脅逼内地土司，總督劉藻、楊應琚不能辦，因命明公率兵進剿。三十三年二月，明公軍至猛育，糧盡戰没。於是大學士傅公恒，請自督軍，上乃授以經略，而以協辦大學士户部尚書果毅公阿里衮及公爲副將軍。三月，召至京。四月，授兵部尚書。六月，總督雲貴，兼副將軍。十月，抵永昌，時署總督阿公里衮，已先赴戞鳩，公往會於騰越州，即於途中接印任事。

三十四年二月，經略自京起行。先有旨，以本年大舉深入，公專任副將軍，以明公德代爲總督〔一六〕。四月，經略至軍，議分三路進兵。經略出萬仞關，由大金江西路，從猛拱、暮魯至老官屯西岸。阿公里衮，率舟師由水路下老官屯。公由銅壁關抵蠻暮，伐木造舟，七月出關，九月舟成，舟師遂出江，而經略亦至。公逆知賊必迎拒也，先以兵伏江滸之甘立寨。屆時賊果從猛戛拒戰，寨兵出，舉礮擊之，墜其三舟。我舟師喜噪〔一七〕，寨兵應之，鼓角齊振，賊皆披靡潰散。殲其頭目賓啞得諾，搜舟中，得旗幟器物數百件。舟師遂出江，抵西岸，合攻老官屯。緬兵守禦堅甚。時官兵多病瘴，自副將軍阿公里衮下，都統、提督、總兵等官，寖有死亡。經略亦病。奏聞，上命撤兵。而懵駁亦以甘立寨之敗，大懼乞降，遣大頭目十四人請議事。公遣副都統明公亮等議，責以此後永不得擾邊境，還内地之官民在緬境者，越六年一貢。其頭目惶懼遵約，遂撤兵歸永昌。十二月，經略起程還京。除日有旨，令赴雲南省城，偕經略、總督議沿邊善後事，并合計頻年軍需用數。

三十五年二月，兼管鑲紅旗漢軍都統。三月，命赴騰越以待緬人入貢。是時明德降爲巡撫，代以彰寶。使守備蘇爾相往緬，責其入貢遲慢，懵駁留之。公上言，緬人村落在蠻暮、木邦、猛密三土司外，偏師不可深入，宜休息數年，爲大舉計。上以連年用兵，恐他省俱備辦糧馬一時竭蹷，且不直以拘留蘇爾相故，輕議大舉，降旨切責。於是部議革職，命以内大臣管副將軍事。明年，以温公福爲定邊副將軍，革公職，留軍營效力。

初，阿爾泰之總督四川也，議合綽斯甲布等九土司，環攻金川，有能得其地者，即以畀之。而諸土司散漫不相通謁〔一八〕，又陰與金川通者，久而無功。時郎卡已死，子索諾木與小金川土司僧格桑，侵佔鄂什沃日之地〔一九〕。阿爾泰因循失措。有旨，令温公移師討之。温公以公兩使四川，熟邊事，請偕以行。十二月至金川軍營，攻巴郎拉，克之，即授四川提督，與温公分道進攻。

三十七年，阿爾泰因運糧遲延罷職，桂公林以户部侍郎代之〔二〇〕，并領其衆。正月，使副將薛琮率三千人，從墨龍溝間道進攻。會天雨雪，賊兵斷其後路，兵潰散，薛琮死之。阿爾泰因此劾桂公。上令兵部尚書福公隆安來讞其獄。命公爲内大臣，統南路官兵。南路山勢嶄絶，軍次達河之翁古爾壟，山尤險峻，而溪南布勒山頂有賊壘，與達河互相犄角，攻五閱月弗能下。十一月，溪水消落，乃派兵之蹻捷者，偕土兵半夜渡溪，攀援直上布勒，躍入卡，出其不意，盡殲其衆。而北岸官兵直攻翁古爾壟，賊方出拒，布勒官兵復以飛礮擊賊，遂驚潰。因分兵南北岸，夾起而進，直至美諾之南山。僧格桑逃占古，而温公西路之兵亦至，小金川遂平。

捷聞，上命爲定邊左副將軍，由南路。户部侍郎豐公昇額亦爲副將軍，由北路。與將軍温公福，分兵三路，進攻金川。温公由西路之空喀，豐公由北路之凱立葉，而公攻喇穆山梁。以三十八年正月朔半夜，由大雪中進發。連得當功、噶爾拉各碉，其餘攻之未下。是月，仍授禮部尚書。四月，進太子太保。而索諾木誘小金川降番，掩襲空喀後路，斷登春糧道。温公在木果木兵潰，温公陣亡。小金川之地，復皆爲賊據，美諾等相繼被陷。公聞信，先使五岱率兵救之，不及，乃派兵。凡西南兩後路小金川降番，皆收其軍械，毁其碉寨，悉調來營，以絶其響應。時賊已得志〔二二〕，將斷當功、噶爾拉後路，每夜從高下峽，而軍心鎮定，且副都統奎林，副將劉輝祖，參軍劉倬，皆悉力拒戰。每日夜十數合，殺賊頗衆。賊人料不能動，而所得木果木各營米糧財帛甚多，莫有戰志，於是求撤兵。上亦命公整師而出，另籌進剿。遂授公定邊將軍。於七月由當功、噶爾拉，親爲斷後，退駐達河。是時，上添派京城健鋭火器營，吉林、黑龍江、伊犂、厄魯特等兵五千名，命以國初愛星阿所佩定西將軍印綬之〔二三〕。公仍統西路之兵，南路則屬明亮，北路則屬豐昇額，皆爲定邊副將軍。而舒公常以參贊大臣至金川河，西日傍山，攻擊牽綴。公由南路至成都，尋至鄂克什軍營。至九月，各兵俱集，議先收復小金川，公集諸將問計，宜先攻何處，諸將或以爲宜由南山，或以爲宜從中路，未定。獨番人木塔爾謂此兩路皆去年進攻日久之地，賊知其險要，必益力守禦，恐徒延時日，無益。北山直藏噶山雖峻，而山之西南即美諾，山之西北即占古〔二三〕。若派兵先攻中路之碉卡，以殺其勢，而别派勇幹大臣，上北山直下美諾，則已出中路賊人碉卡之後，勢必望風齊潰，即可以得美諾。公熟思久之，深以爲然，遂定計。以十一月十一日，派兵由中、南兩路進兵。賊方悉力堅拒，而派登北山之兵已入其巔，頃之，從山西下。中、南兩路之賊，知將襲美諾，各驚散去。於是復美諾，收占古，凡七日而小金川全復。奏入，上嘉其迅速，賜詩褒美。

三十九年正月十日五更，冒大雪，由當功、噶爾拉進兵，抵喇穆喇穆，左右山梁，南北遥亘〔二四〕，上列八碉，極峻險堅固，番人守禦亦倍於他所。至二月，克羅博瓦山梁，晋太子太保。六月，克色淜普山梁〔二五〕。七月，克達爾圖布達什諾〔二六〕、喇穆喇穆、日則了口等處。八月，克該佈達什諾等處，賊酋僧格桑死於金川，番人獻其尸。是時官兵在金川河北，望宜喜、日傍東西山勢，險易一一可見，而明亮同舒常在山西駐兵日久，尚無進取之計。公乃指畫形勢，遣海蘭察率兵往助之。由是宜喜之兵亦逾山而東，盡克各碉，與山南之兵相望。豐公昇額札凱立葉者，亦阨險不得進。自宜喜既克，公復遣兵往助豐公，於是北路官兵亦逾險下至於河濱。九月，克默格爾山梁。十一月，克過格魯古了口〔二七〕。十二月，克日爾八當等寨。奏入，賞戴雙眼花翎，補授御前大臣。

四十年正月，克康薩爾等處。二月，克甲爾納、堪布卓各碉。四月，克甲索得楞山梁。

五月，克下巴木通等山梁。六月，克遜克爾宗山梁〔二八〕。七月，克章噶等處。八月，克勒烏圍。勒烏圍在刮爾厓北，與索諾木官寨互爲犄角，故其寨亦高大堅寔，官兵用大礮毁其碉墻〔二九〕，賊更穴地死守，至是，乃盡克之。進兵至刮爾厓之上，尚有餘碉未下。而聞索諾木之母，先往河西，將收集餘衆，合力抗拒。公乃遴選精兵，間道下山，直至河邊〔三〇〕。於是其母與索諾木音信斷絶，遑遽不知所出。公乃使人及降番等往諭之，其母遂偕官兵詣軍營。公居以别帳，俾作書招索諾木。時官兵四面合圍索諾木，官寨晝夜用大礮轟摧，索諾木窘迫，既得其母書，乃於四十一年二月初四日，率其妻、妹及各頭人，至營乞降請命。金川全境，至是俱平。上遣副都統椿林，齎詔至營，封公爲誠謀英勇公、協辦大學士、户部尚書，賜寶石頂、四團龍補服。

先是，軍營屢次報捷，上知大功必成，賜公扇，且畫蘭於上，題以「同心之言，其臭如蘭。二人同心，其利斷金」，且製詩以賜。蓋兩金川之平定，實廟算早決其機宜也。於是遣大臣侍衛，分次獻俘，且安置降番於各寨，請設副將、同知，分駐其地，以資約束撫綏。定以四月班師回京，上飭禮、兵二部議行郊勞禮，築臺於良鄉之黄新莊。四月二十六日，公至良鄉。上遣誠親王及大學士舒公赫德，賜公及將軍參贊將佐等膳。次日，至黄新莊，駕幸勞臺，公等用軍服甲冑櫜鞬入〔三一〕，行抱見禮，一如兆公惠自回部凱旋故事。禮畢，入京。又次日，賜宴瀛臺紫光閣，賜紫韁及四開褉袍，仍授軍機大臣。又繪功臣五十人象於紫光閣，公居第一。復賜贊云：「西師參贊，經歷多年。兹爲巨擘，掄掌兵權。誠而有謀，英弗恃勇。集衆出奇，成勳克鞏。」五月，駕幸熱河，命留京辦事。八月，公六十生辰，上賜「崇勳耆慶」匾額，及御製詩篇、如意等物爲壽。

先是，公在金川時，緬酋遣人來議入貢事，總督械至京師下獄。至是，部臣請以索諾木母子弟兄及其頭目正法，上命撤緬使赴西市觀行刑，且告之故，緬使等驚怖欲絶。因命械至雲南，令其歸諭緬酋，以震動之。明年正月，遂遣公赴雲南，臨邊示以禍福，緬酋乃先以蘇爾相送歸。未幾，緬甸内亂，互相戕殺。又十餘年，而新立酋長孟隕遣使具表，恭祝八旬聖壽，願此後十年一貢〔三二〕，南徼永寧，亦公先聲有以讋之也。是年四月，大學士舒公薨，公爲武英殿大學士，兼管吏部尚書。

四十四年，河決儀封、蘭陽等處，日久未塞，上命公往視。公謝以不諳河務，上曰：「如卿，豈有不能者。」乃馳至儀封，與總河巡撫及舊河臣，詢訪河狀，及現在堵築開引河立攔壩之法，且進道府丞倅，而詰其潰決之由，鑲裹之術，即老兵宿弁，亦朝夕咨訪，再三體察。故凡風水沙土之性，靡不明如觀火，乃集料聚夫，晝夜堵塞。每下樁埽，公皆親自臨之。然海口自雲梯關稍稍淤澱，下流不暢則上流多潰溢，屢築屢開。至次年三月，堤工始集。

四十五年正月，兼充翰林院掌院學士，日講起居注官。五月，留京辦事。十二月，命勘浙江海塘工程。奏請修魚鱗石塘，與柴塘並建，以資永久。四十六年二月，命辦巡撫王亶望案件，事畢，復順道勘高堰等一路河工。是時，蘭州逆回蘇四十三作亂。上命大學士和公珅督剿，稍失利，乃令公督師。四月至蘭州，賊衆數千人，據華林山死守。公四面設圍〔三三〕，絶其水道，賊旅抗拒，皆殲戮之〔三四〕，遂獲賊首等，解京師，皆置之於法。適甘肅令監生納粟，以實邊儲，年久虧缺日多，上命公往。按事畢，復勘河堤工。時河復決青龍岡，留公督辦。而令公子侍衛阿彌達，祭告河源。明年六月，河始合龍。九月，浙江巡撫陳輝祖與藩司盛柱互訐，公往讞其獄。四十八年二月，復勘河南蘭陽十二堡堤工。回京，管理户部、刑部事務。

四十九年五月，甘肅鹽茶廳回子張阿渾作亂，渡河而南，破隆德、静寧，進圍伏羌，總督李公侍堯尾追不及。上遣海公蘭察、福公康安等帥師往剿。復命公督之。至則敗賊於底店，進圍石峰堡。阿渾等窮蹙乞降，械送京師。逾月事平，叙功，予輕車都尉世職。八月，復命督河南睢州堤工，三月工竣。五十年，舉千叟宴，奉巵上壽，領班入宴，賜詩以寵之。六月，命閱視黄淮清口情形。十月回京，賜「調元錫瑞」匾額。五十一年四月，再勘清口堤工。八月，公壽七十，復賜「平格延祺」匾額及御製詩、對聯。九月，按浙江平陽縣黄梅重征之案。十月回京，總理兵部事務。五十二年七月，復勘睢州堤工。適臺灣奸民林爽文戕官爲亂，上以公素諳軍旅，如有所見，據實奏聞。公以大兵進剿，宜扼其要害，分路前進，庶幾易於掃除，上然之。十二月回京。五十七年西藏郭爾喀平，上命圖福公康安等十五功臣象於紫光閣，以公參帷幄贊襄之任，亦得與列〔三五〕，位第二。

五十九年，今皇上正位東宮，典禮隆重，一切皆公與禮臣斟酌定議〔三六〕。六十年冬，上以御宇周甲，將行内禪之禮，而隆儀盛事，古所罕見。公亦敬謹定議儀注，斟酌盡善。比至嘉慶元年正月元旦，公仰承景命，於太和殿上捧册授寶。及初四日，再舉千叟宴，公進觴上壽如前，視履考祥，周旋中禮，百寮及外藩貢使，皆驚喜相告，謂重臣耆德，實國家之上瑞也。八月，八十生辰，又賜「介眉三錫」匾額，及對聯、御製詩、如意等物。九月，辭管兵部。十一月公疾，上遣醫胗視，且賜參藥，頻加慰問。至二年八月二十一日薨逝。

事聞，奉太上皇敕旨：「大學士公阿桂，老成練達，辦事多年。自平定西陲時，即隨同出師。旋經理新疆事務，周詳妥善，懋著勤勞。嗣剿辦兩金川，畀以將軍重寄，秉承方略，堅持定見，克蕆膚功。特封爲一等誠謀英勇公，賞給四團龍補服，黄帶紫韁，紅寶石帽頂，雙眼花翎，圖形紫光閣，以旌殊勳。續自簡任綸扉，綜理部務，贊襄樞要，二十餘年。前因撤拉爾及石峰堡回匪滋事，統兵勦捕，立就殄平，復加恩賞，給輕車都尉世職，令伊長孫承襲，疊沛恩施。正資倚畀，邇來雖精力稍衰，兩耳重聽，猶照常趨直，夙夜靖共。頃聞患病頗劇，即特派皇三孫貝勒綿億，前侍衛豐伸濟倫，由熱河馳往看視，並賞賜陀羅經被，仍善爲調理，或可就痊。兹聞溘逝，深爲悼惜。仍著綿億，並另派散秩大臣一員，帶同侍衛一員，前往醊奠。加恩晋贈太保，入祀賢良。任内降級罰俸處分，俱著開復。所有應得恤典，該衙門查例具奏，以示軫念耆勳至意。」九月，上親臨奠醊，並賜祭葬，謚曰「文成」。

公享年八十有一。配瓜爾佳氏，累封一品夫人，乾隆三十年卒。子三人：長阿迪斯，襲封一等誠謀英勇公，歷官户、工二部侍郎，今官固北口提督；次阿思達，筆帖式；次阿彌達，官至工部右侍郎。皆先公卒。孫六人：長那彦瞻，承襲一等輕車都尉，官乾清門侍衛；次那彦寶，由生員今官乾清門侍衛；次那彦成，乾隆五十四年進士，今官工部尚書；次那彦柱、次那彦福，次那彦堪，六品蔭生。曾孫六人：崇綬，五品蔭生；容安，六品蔭生；崇喜、崇德、崇義、增壽，皆幼。以嘉慶二年十一月二十日，葬於左安門外之楊村坊，文勤公墓左。

公器識宏遠，智計沈密，遇大事必籌其始終得失，計出萬全，然後行之。雖在萬乘之前，不輕爲然諾。及其肩荷大任，次第措置，有時詔書敦迫，從容陳奏，亦不肯苟且以就功名，故所作必有成。而聖明專心委任，雖延時日，必令其悉心展布，不强爲催促也。生平善知人，自大帥以至偏裨，咸稔其才具，察其性情，隨所宜而任使之。又均其勞苦，差其等第，從不以喜怒加人，故爲所用者，皆得其死力。戰勝攻克，各疏其功以上之，故將校中，封公侯、出爲將軍、都統、提督、總兵者甚衆。及爲宰執，管尚書事，聞人廉潔勤幹者，輒以陳於當宁。二十年來，總督、巡撫，亦公密薦者爲多。自少留心史事，凡古今成敗治亂之迹，與邪正進退之機，皆默識其所以然。遇有績學勵行之士，教以修身直節，以成大器。而於佻巧營求之輩，必痛絶之。蓋文勤公以重望著於朝端，一時名臣鉅老，法家拂士，咸與訂道義交。時公聞緒論，用以自淑，恒欲與諸公方駕後先。至開疆拓土，武功烜赫，適際時會之自然，非公意也。

昶鄉會試主考、同考官〔三七〕，多出文勤公門下，是以爲公所知。自軍機從在軍營，幾二十年，公事之餘，笑言款洽，無所不盡，故能窺其生平大概如此。乾隆四十一年凱旋後，昶爲鴻臚寺卿，多暇日。公出文勤公所撰詩文，屬以編次，成《德蔭堂集》十六卷。又以文勤公生平事實，屬爲《行狀》，公讀而善之。昶乞老歸田後二年，至京與千叟宴，别公歸。又二年而公薨。今年正月，驚聞高宗純皇帝鼎湖大故，入都恭謁梓宫，因得哭公之墓。而公孫那彦成，以所撰《年譜》見示，俾爲《行狀》。公功在國史，名在天壤，無藉於私家志乘，然册府所藏，士大夫罕得見之，故條繫事件，以示藝林。至《年譜》，悉本諭旨及御製詩文各集，并公所上奏章，不敢有所增飾，昶亦悉仍其舊焉。

嘉慶四年十二月，賜進士出身，誥授光禄大夫，予告刑部右侍郎王昶謹狀。王昶撰《春融堂集》。

按，文成公奉使越中時，公餘，倩繆君炳泰，繪一小像，貌公甚肖。即屬鄞令錢君維喬補圖。錢故吾常名士，其丹青擅南田、石谷之長。以公頗好談禪，乃作《深山林壑》，公著紅袈裟趺坐石洞中。公鑒之，拊掌曰：「何適吾兆也！曩督師滇南，會色額駙馬病劇，絶而復甦，趨從人邀吾至榻前，曰：『頃至一山，長松插天，翠柏四匝。中有石洞，列數如羅漢狀。旁設蒲團，一羅漢指示曰：「此阿某舊坐也。以誤殺一童子，謫人間，能以好生爲心，不妄殺人，尚可來此，其傳語之。」因揭蒲團，赫然一童子體在焉。』額駙言訖而逝。吾常惴惴焉，恐違所戒也。」金捧閶撰《客窗偶筆》。

【校勘記】

〔一〕題目《春融堂集》作「太子太保武英殿大學士一等誠謀英勇公謚文成阿公行狀」。

〔二〕贈：原訛作「封」，據《春融堂集》改。

〔三〕公：原脱，據《春融堂集》補。

〔四〕明年選拔貢生乾隆元年副榜貢生以文勤公侍郎蔭生：原脱，據《春融堂集》補。

〔五〕復遷内閣學士：原脱，據《春融堂集》補。

〔六〕奉：原脱，據《春融堂集》補。

〔七〕達瓦齊：原倒作「瓦達齊」，《春融堂集》亦同，據上下文改。

〔八〕其：《春融堂集》作「故」。

〔九〕都統：原訛作「將軍」，據《春融堂集》改。

〔一〇〕理：原作「里」，據《春融堂集》改。

〔一一〕兵：《春融堂集》作「軍」。

〔一二〕克：原訛作「告」，據《春融堂集》改。

〔一三〕以：《春融堂集》無。

〔一四〕開列：《春融堂集》作「列款」。

〔一五〕拉：原訛作「挾」，據《春融堂集》改。

〔一六〕公：《春融堂集》無。

〔一七〕喜：原脱，據《春融堂集》補。

〔一八〕而諸土：原重，據《春融堂集》删。　漫不相：原脱，據《春融堂集》補。

〔一九〕沃：原脱，據《春融堂集》補。

〔二〇〕侍郎：原訛作「尚書」，據《春融堂集》改。

〔二一〕時：原脱，據《春融堂集》補。

〔二二〕初、阿：原訛作「朝」、「河」，據《春融堂集》改。

〔二三〕之：原脱，據《春融堂集》補。

〔二四〕遥：原訛作「兩」，據《春融堂集》改。

〔二五〕溯：原訛作「溯」，據《春融堂集》改。

〔二六〕按：「克」後原衍「羅」字，據《春融堂集》删。

〔二七〕古：原訛作「占」，據《春融堂集》改。

〔二八〕克：原脱，據《春融堂集》補。

〔二九〕兵：《春融堂集》作「軍」。

〔三〇〕西將收集餘衆合力抗拒公乃遴選精兵間道下山直至河邊：原脱，據《春融堂集》補。另，「西」字前原衍「邊」字，據《春融堂集》删。

〔三一〕用：原脱，據《春融堂集》補。

〔三二〕此：原脱，據《春融堂集》補。

〔三三〕公：與張本皆脱，據《春融堂集》補。

〔三四〕戮：原訛作「戳」，據《春融堂集》、張本改。

〔三五〕與：與張本皆脱，據《春融堂集》補。

〔三六〕公：原脱，據《春融堂集》補。

〔三七〕同考：原脱，據《春融堂集》補。

師友淵源録後案卷六〔一〕

太老師

莊滋圃先生墓誌銘〔二〕

上御極之四年，詔以廷試進士，撰擬頌聯，獻諛非體，且啓請托之弊，命大臣集議，制策當取通達治體，以漢鼂錯、董仲舒、唐劉蕡、宋蘇軾爲式。於是番禺莊公以第一甲第一人登第〔三〕。讀卷日，拆號得公名，天顔喜甚，引見，授翰林院修撰，入直南書房。越三年，公弟有信成進士，引見。公適以起居注官侍直，上顧問公，遂得選庶吉士。其冬，兄弟同請告歸省，海内傳爲盛事。假滿還朝，遷右春坊右中允，進翰林院侍講，遷侍講學士〔四〕，擢光禄寺卿。丁資政公憂，即家拜内閣學士。

服闋入都〔五〕，遷兵部右侍郎，提督江蘇學政。轉户部右侍郎，召還供職。尋充江南正考官，再視學江蘇〔六〕，即除江蘇巡撫。莅事六載，丁太夫人艱，扶櫬南行。有詔擢江南河道總督，以居憂未之任。坐在蘇日罰贖事失當，逮繫法司，論如律，詔特貰罪，令護喪回籍。後赴軍臺自效，方詣謫所，中途即授湖北巡撫。歲餘，仍調江蘇巡撫。未行，復調浙江巡撫。莅事四載，復調江蘇，加太子少保。逾年擢刑部尚書，協辦大學士，仍留辦巡撫事。乙酉冬，入都供職。未幾，坐劾段成功事逮問，訟繫半載有餘，復授福建巡撫。乾隆三十二年七月二日寢疾，終於福州官署，享年五十有五。

公因文學侍從之臣，荷聖天子深知，出膺節鎮，誓以清勤自勵。初，在江蘇，晝接見僚屬，夜閲文書，或至漏盡不少休。癸酉夏秋之交〔七〕，淮揚諸郡水，公親往察勘撫恤。得旨截漕百廿萬石，出帑銀五百萬兩，以備賑濟，民乃得蘇。乙亥，大江南北，復以灾告。公草奏，自言奉職無狀，數干天和，并陳諸救荒之策，上皆允行。所費内府白金凡千餘萬，督率屬吏，檢視給散，胥役不得侵漁。明年夏，民多病疫。公首捐俸錢，令有司察民病者予藥，死者予槥，并檄官推其法行之。湖北督、撫，并駐武昌，公事往往齟齬。公在楚歲餘，與總督碩公和衷共濟，始終無間，人以爲難。

及撫浙之始，浙西三郡以風雨蟲傷，米價騰貴，而江南亦歉，商販不至。公奏請動司庫銀三十六萬，委官往湖廣采買。有旨命留湖南漕米十五萬石，并碾倉米五萬石，運浙糶濟。富户知楚米將至，價不得踊，米亦漸出。而自冬徂春，米之來自楚者，舳艫相望，分撥諸郡，減直以售。歲雖儉〔八〕，而民不饑矣。錢唐江入海之處有三亹，曰南大亹，曰中小亹，曰北大亹。乙丑以後，水行中亹者十餘年。己卯歲，改趨北大亹。公承詔抵海寧，閲柴石塘，登尖山，渡江，周遭履勘，首以購芻薪，加築土堰，添建坦水爲請。既而水勢直齧塘根，以預備得無患。又奏復海塘兵，專司負薪運土，甃石下樁，設守備一員，千總外委十二員分界防守，省民夫無算。海寧之老鹽倉〔九〕，向以土活沙浮，祇立柴塘。壬午歲，聖駕南巡，議改石塘，命相國劉文正公統勳、今相國高公晋，與公先往察勘〔一〇〕，果以活沙不能立樁。上復親歷堤上，指示形勢，令修柴塘，增坦水，加薪價。公承命鳩工庀材，刻期蕆事。又用前人竹絡之法，編竹爲簍，實以巨石，鱗次櫛比，以衛塘根。其秋，風潮大作，石塘間有崩裂，而柴塘獨無恙，公之力也。

是時，秋霖之後，水漲久不退。公親往嘉、湖兩郡察勘，知水歸太湖之道多淤，而太湖下流，亦多壅閼，因請浚烏程、長興境内七十二漊，并遣官至江南〔一一〕，按行三江故道。疏入，尋有改撫江蘇之命。公遂親往探尋脉絡，得其要領，建議大修三江水利，具摺入告。其略云：太湖北受荆溪百瀆，南受天目諸山之水，爲吴中巨浸，而分疏之大幹，則以三江爲要。三江者，吴淞江、婁江、東江也。東江自宋已湮，明永樂間别開黄浦，寬廣足當三江之一，今亦謂之東江。三江分流，經吴江、震澤、吴、元和、昆山、新陽、青浦、華亭、上海、太倉、鎮洋、嘉定十二州縣之境，其間港浦縱横，湖蕩參錯，大概觀之，無處不可分洩，似亦可安於無事。然百節之通，不敵一節之塞；數港之洩，不及一江之壅，其勢必有所阻。查太湖出水之口，不特寶帶橋一處，如吴江之十八港、十七橋，吴縣之鮎魚口、大缺口，爲湖水穿運河入江之要道，今亦不無淺阻。又如入吴淞之龐山湖〔一二〕、大斜港、九里湖、澱山湖、淑浦，向稱寬深，足資宣洩者，爾來小民貪利，遍植茭蘆〔一三〕，圈築魚蕩，亦多侵占。劉河，古之婁江也，今河形大非昔比，舟楫來往，必艤舟待潮。昆山外濠爲婁江正道，淺狹特甚。蘇州之婁門外，江面僅寬四五丈，偶遇秋霖〔一四〕，衆水匯集，江身淺窄，先爲潦水所占。俟其消退，然後湖水得出，爲之傳送，而上游已漫淹矣〔一五〕。東南財賦重地〔一六〕，水利，民生大計，若及早治之，事半而功實倍。今籌所以治之之法，當於運河以西，凡太湖出水之口〔一七〕，皆爲清釐占塞，俾分流無阻。其運河以東三江故道，惟黄浦見在深通，但於泖口挑去新漲、蘆墩三處，足資宣洩。其吴淞江自龐山湖以下，婁江自婁門以下，凡有淺狹阻滯之處，宜浚治寬深，令上源所洩之數，足相容納。其江身所有植蘆插簖，及冒占之區，盡數剷除，嗣後仍嚴爲之禁〔一八〕，則水之停蓄有所，傳送以時。并即以挑河之土，加培圩岸。見有閘座去海太近，難於啓閉者，酌量改移，庶渾潮不入，清水盛强，而海口之淤，亦將不挑而自去。總計所需，雖覺浩繁，然散在十二州縣〔一九〕，通力合作，實亦無多。民間聞有此舉，咸樂趨事，願以民力爲之，但分段督修，仍須官董其成。且工費繁多，若待鳩集財力而後興工，不無稍稽時日。仰懇聖恩，准於公項内，先行動支興工，仍於各州縣分年按畝徵還，則民力既紓，工可速集。奏入，報可。於是選紳耆，賦工役。先疏橋港，次及河身。茭蘆魚蕩之圈占者除之，城市民居之不可毁者，别開月河以導之。工始於癸未之十二月，至甲申三月告成，凡用白金二十二萬有奇。公再撫蘇，有旨仍兼管浙江海塘。先後增築魚鱗石塘〔二〇〕，凡若干丈。松江太倉沿海，亦有石塘，而土塘居什之八九。公請如浙塘之法，編竹簍實石，護塘根以禦海潮。公之盡心於水利海塘〔二一〕，其大者如此。

其撫福建也，預誡族人居晋江者勿至省〔二二〕。即至，遣閽人謝之曰：「我爲封疆大臣，嫌疑當避。且俟去此之日再相見，今則不敢也。」洎公之薨〔二三〕，晋江宗人始來會哭，咸稱公之公正爲不可及〔二四〕。維公奮跡嶺海，以文學登巍科，不及十年，而躋九列，貳六卿，皆聖明親擢，不由薦援。天子察公識度閎遠，材任公輔，東南重地，膺委寄者十有餘年。入領尚書，遂參大政。中間兩遭顛躓，賴天子仁聖，終保全之，重建節旄，恩禮罔替。天不假年，未臻中壽。然中外士夫，識與不識，聞公名靡不歎羡，謂科目得人之盛也。嗚呼休哉！

公生而穎異，少爲諸生，試輒冠其曹偶。好吟咏，日有程課。書法圓勁，出入顔平原、趙吴興之間，片楮隻字，人争藏弆以爲榮。在禁林日經進詩文〔二五〕，數被奬賞。及車駕省方，公以方岳大臣扈從，輒命賡和御製詩篇。上幸嘉興之煙雨樓，特召公至行營，給札聯句，詩成，書以勒石〔二六〕，群臣莫及焉。

公諱有恭，字容可，號滋圃。先世爲晋江望族。父資政公始徙居粤，今爲番禺縣人。曾祖某、祖某、父奕仁，皆以公貴贈資政大夫、江蘇巡撫。夫人楊氏，某公之女。子一，士斌，國子監生。女二，附貢生何文通、壬午舉人龍川縣教諭羅永楠其婿也〔二七〕。公没後九年，公子士斌卜宅穸於某鄉之原，以某月日葬，先期屬大昕爲銘。大昕久從公游，今奉使嶺南，又得會公之葬，奚敢以不文辭。銘曰：

九曜降精生傑人，騂騮得路鸞鳳騫。讀書百篇筆有神，大廷對策陳萬言。龍頭首擢侍從班，文章經濟夙抱全。手持玉尺分刌均〔二八〕，三吴善類推獎勤。帝曰汝諧撫吾民，百城保障氣若春。水旱拯恤無因循，清波可活涸轍鱗〔二九〕。築塘捍海土石堅，或編竹絡楗茭薪。震澤底定三江分，原委脉絡細討論〔三〇〕。尾閭勿壅流沄沄，惠流越角兼吴根。出乘八騶擁節幡〔三一〕，入長六曹參絲綸。平生温飽志不紛，盤錯歷盡能自完。封川永奠南海倫〔三二〕，瓊山玉樹龍門陳〔三三〕。科名事功相後先，惟公兼之在一身。崇岡鬱鬱宰木繁，千秋萬歲名不湮。錢大昕撰《潛研堂文集》〔三四〕。

【校勘記】

〔一〕按：卷題原漏標，據《總目》補之。

〔二〕題目《潛研堂文集》作「巡撫福建兵部右侍郎都察院右副都御史前太子少保協辦大學士刑部尚書莊公墓志銘」。

〔三〕後「第」字：原脱，據《潛研堂文集》補

〔四〕講：與張本皆訛作「讀」，據《潛研堂文集》改。

〔五〕「擢光禄寺卿」至「服闋入都」：原脱，據《潛研堂文集》補。

〔六〕「轉户部右侍郎」至「再視學江蘇」：原脱，據《潛研堂文集》補。

〔七〕酉：底本訛作「未」，據《潛研堂文集》改。

〔八〕雖：原脱，據《潛研堂文集》補。

〔九〕寧：原訛作「鹽」，據《潛研堂文集》改。

〔一〇〕先：原脱，據《潛研堂文集》補。

〔一一〕官：原脱，據《潛研堂文集》補。

〔一二〕入：原脱，據《潛研堂文集》補。

〔一三〕遍：原訛作「偏」，爲「徧」字之形訛，據《潛研堂文集》改。

〔一四〕遇：原脱，據《潛研堂文集》補。

〔一五〕漫淹：原倒作「淹漫」，據《潛研堂文集》乙正。

〔一六〕重地：原脱，據《潛研堂文集》補。

〔一七〕凡太湖出水之口：原倒作「凡太湖出口之水」，據《潛研堂文集》乙正。
〔一八〕之：原脱，據《潛研堂文集》補。
〔一九〕散：原脱，據《潛研堂文集》補。
〔二〇〕石：原脱，據《潛研堂文集》補。
〔二一〕於：原訛作「如」，據《潛研堂文集》改。
〔二二〕者：原脱，據《潛研堂文集》補。
〔二三〕洎：原訛作「泊」，據《潛研堂文集》改。
〔二四〕後「公」字：原脱，據《潛研堂文集》補。
〔二五〕經：原訛作「講」，據《潛研堂文集》改。
〔二六〕書：原脱，據《潛研堂文集》補。
〔二七〕川：原訛作「州」，據《潛研堂文集》改。
〔二八〕刔：原訛作「利」，據《潛研堂文集》改。
〔二九〕涸轍鱗：原訛作「蘇涸轍」，據《潛研堂文集》改。
〔三〇〕委：原蒙上訛作「分」，據《潛研堂文集》改。
〔三一〕擁：原訛作「推」，據《潛研堂文集》改。
〔三二〕封川永奠南海倫：《潛研堂文集》作「封川莫，南海倫」。

〔三三〕瓊山玉樹龍門陳：《潛研堂文集》作「瓊山丘，江門陳」。

〔三四〕潛研堂文集：原脱，據文例補。

沈文慤公〔一〕

諱德潛，字確士，號歸愚〔二〕，長洲人。乾隆元年薦舉鴻博〔三〕，四年成進士。官至禮部侍郎，予告歸，加尚書銜，贈太子太師，謚文慤〔四〕。先生潦倒名場，晚登科第。應西林、桐城之薦，即蒙主恩〔五〕，不數年洊貳春卿〔六〕。卿雲復旦之歌，卷阿矢音之什，賡颺稠疊，往昔所無。繼以年近八旬，陳情歸老，復賜詩以寵其行，有云「清時老名士，吴下舊詩人」，又有云「玉皇案吏今仙客，天子門生是故人」，其嘉獎至於此。及鑾輅南巡，恩榮晝接，加銜食俸，優禮彌隆，宜海内誇爲盛事，吴中傳爲美談矣。

先生少從學於吴江葉星期燮，葉居横山，故阮亭尚書云「横山門下，尚有詩人」。然先生獨綜今古，無藉而成，本源漢魏，效法盛唐。先宗老杜，次及昌黎、義山、東坡、遺山，下至青邱、崆峒、大復、卧子、阮亭，皆能兼綜條貫。嘗自進其全集，御製叙言，以高、王爲比，誠定論也。所選《别裁》諸集，滙千古之風騷，聚一時之壇坫。

年九十七而終〔七〕，蓋得於天者厚矣。或又有反唇而譏者〔八〕，真少陵所謂「汝曹」，昌黎所謂「群兒」爾。著有《竹嘯軒詩鈔》《歸愚文鈔》。王昶撰《蒲褐山房詩話》。

【校勘記】

〔一〕按：「沈文慤公」前原有「太老師」三字，與前文重，故删。
〔二〕號歸愚：與張本皆脱，據《蒲褐山房詩話》補。
〔三〕鴻博：《蒲褐山房詩話》作「博學鴻詞」。
〔四〕按：《蒲褐山房詩話》此句後有「有《竹嘯軒詩鈔》《歸愚詩鈔》」一句，嚴觀將其調至文末。
〔五〕恩：《蒲褐山房詩話》作「眷」。
〔六〕春：原脱，據《蒲褐山房詩話》補。
〔七〕九十七：原訛作「八十九」，據袁枚撰《神道碑》改。
〔八〕又：原脱，據《蒲褐山房詩話》補。

補太子太師禮部尚書沈文慤公神道碑

乾隆三十四年九月七日，禮部尚書太子太傅沈文慤公薨於家。余三科同年也，故其子種松來乞銘。余按其狀，而不覺嗚咽流涕曰：「詩人遭際至於如此，盛矣哉！古未嘗有也。在昔《卿雲》賡歌則有八伯，《喜起》賡歌則有臯陶，《卷阿》矢音則有召公，其人皆公侯世卿，非藉詩進者。唐人或以單詞短句受知，而目色偶及，恩眷已終。即晚遇如伏生、桓榮，亦不過蒲輪一徵，几杖一設，而其他無聞焉。惟公以白髮一諸生，受聖人知三十年，位極公孤，家餐度支，遠封榮祖，近蔭貴孫，薨後皇情紆眷，賜謚賜祭，賜葬賜誄，贈太子太師，崇祀鄉賢。嗚呼！如公者，古何人哉！古何人哉！然而皆天也，非人也。

公諱德潛，字碻士，自號歸愚，吴郡長洲人。弱冠補博士弟子，丙辰薦博學鴻詞，廷試報罷。戊午舉於鄉，己未登進士，入翰林。壬戌春，與枚同試殿上，日未昳，兩黄門捲簾，上出，賜諸臣坐，問：「誰是沈德潛？」公跪奏：「臣是也。」「文成乎？」曰：「未也。」上笑曰：「汝江南老名士，而亦遲遲耶？」其時在廷諸臣，俱知公之簡在帝心矣。越翼日，授編修。屢和上詩稱旨，遷左中允，少詹事。典試湖北歸，召入上書房。再遷禮部侍郎，校戊辰天下貢士。公自知年衰，薦齊召南自代，而已請老。上許之，命校御製詩畢乃行，上賦詩以賜，曰：「朕與德潛，可謂以詩始，以詩終矣。」

歸後，眷益隆。三至京師，祝皇太后、皇上萬壽，入九老會，圖形内府。而皇上亦四巡江南，望見公，天顔先喜，每一晝接，必加一官，賜一詩。嗟乎！海内儒臣耆士，窮年兀兀，得朝廷片語存問，覺隆天重地，而公受聖主賜詩至四十餘首，其他酬和往來者，中使肩項相望，不可數紀。常進詩集求序，上欣然許之，於小除夕坤寧宫手書以賜，比以李杜、高王。海外日本、琉球諸國，走驛券索沈尚書詩集，盛矣哉！古未嘗有也。然公逡巡恬淡，不矜驕，不干進，不趨風旨，下直蕭然，繩菲皂綈，如訓蒙叟。或奏民間疾苦，流涕言之；或薦人才某某，展意無所依回；或借詩箴規吁堯咈舜，務達其誠乃已。諸大臣皆色然駭，而上以此愈重公。

公既老，所選詩或不能手定。庚辰，進《本朝詩選》，體例舛午，上不悦，命廷臣改正付刊，而待公如初。此雖皇上優老臣，赦小過，使人感泣，而亦見公之朴忠，有以格天之深也。公嘗訓其孫惟熙曰：「汝未冠，蒙皇上欽賜舉人，亦知而翁十七次鄉試不第乎？」公鄉舉時已六十有六，其時雖觭夢幻想，必不自意日後恩榮至此，而從來人主之權，能與人爵，未必能與人壽。倘皇上雖有况施，而公不能引其年以待之，則亦帝力於公何有矣！觀公之九十七歲方薨，然後知蒼蒼者有意鍾美於公，以昌萬古詩人之局，而皇上與天合德，先天而天不違，公之年與恩俱亦有莫之爲而爲者，嗚呼！此豈人力也哉。

公醇古淡泊，清臞矗立，居恒恂恂如不能言，而微詞雋永，無賢不肖，皆和顔接之。有譏其門牆不峻者，夷然不以爲意。詩專主唐音，以温柔爲教，如弦匏笙簧，皆正聲也。所著古文、詩各三十卷，詩餘一卷。先娶俞氏，後朱氏，均贈夫人。以庚寅二月二日葬元和之姜村里。銘曰：

古松得天，讓萬木先。雖槁暴於前，而償以後澤之綿綿，則較夫早達者轉覺贏焉。皤皤沈公，杖朝而走。帝曰懋哉，朕知卿久。朕有文章，待卿可否。殿上君臣，詩中僚友。公拜稽首，老淚浪浪。從古傳人，半仗君王。蒙陛下將臣置日月旁，以星雲色爲名姓光。生論定矣，死何勿彰。吁嗟乎！宫爲君，商爲臣。宫商應聲，先生之詩之神。袁枚《小倉山房文集》卷三。

董文恪公

董邦達，字孚存，號東山，又號非聞。先世由徽州遷富陽。幼穎異〔一〕，能言即辨四聲。稍長，以筆墨嬉戲。年十一能文。雍正元年，選拔貢生，例當入太學，貧不能具資斧，攜錢八枚，徒步入京師，朝考第一，中順天己酉鄉試〔二〕。十一年成進士，改庶吉士。乾隆二年授編修，時方修《石渠寶笈》《秘殿珠林》《西清古鑑》諸書，以邦達博學，精考核，命入内廷襄事。累官禮部尚書。三十四年七月卒於京邸，諭祭葬，謚文恪。

邦達性易直和婉，與人交，言無不盡，久者數十年無少齟齬。於官屬不取輕儇喜事之徒，其樸謇者，督其不逮，未嘗不庇覆之。奉母孝養備至，年五十如嬰兒〔三〕。痛父早歿不及養，自奉儉素，哀慕終其身。平生澹榮利，初官翰林時，僦屋一廛，開門即集生徒講肄〔四〕，從之遊者，後多爲文章名宿。中年積俸置數椽，朝退則手一編，蒔花洗石，泊如也。善篆隸字，妙得古法。畫出入宋元諸家，畢臻其勝，奉敕所作，皆藏大内〔五〕。《杭州府志》。

董文恪尚書〔六〕，畫理精到，平視宋人，較趙松雪、黄鶴山樵，不啻過之。錢文敏尚書雖師之，而好爲黄子久一派，其氣象雄邁，固自另出一頭地。文恪於暮年眼昏眊，不能作。中年所作，皆供内府，故外間真蹟絶少。今蔗林大司農，於圓明園灤河南齋直所，見壁間所張横幅，乃文恪遺墨，皆易以己作，取歸寶藏之。沈初撰《西清筆記》。

【校勘記】

〔一〕按：「幼」後《〔乾隆〕杭州府志》有「而」字。

〔二〕己酉：原訛作「乙酉」，據《〔乾隆〕杭州府志》改。

〔三〕兒：原脱，據《〔乾隆〕杭州府志》補。

〔四〕開門即集生徒講肄：《〔乾隆〕杭州府志》作「閉門集生徒講肄」。

〔五〕大内：《〔乾隆〕杭州府志》作「石渠」。

〔六〕按：此段引文原錯簡在「乾隆二年編修」之前，今乙正。

補董文恪公傳

公諱邦達，字非聞，一字存乎，號東山，富陽人。雍正元年拔貢，户部七品小京官。乙酉進士，授編修，預修《明史綱目》《皇清文穎》，供奉南書房。丁母憂。逾年，詔來京内廷行走，給俸銀。服闋後補官，充陝西、江西鄉試正考官，會試副考官，武會試正副考官。遣祭中嶽嵩山及太昊氏、伏羲氏諸陵。官至禮部尚書，賜紫禁城騎馬。年七十餘，卒於京邸，謚文恪，入祀賢良祠。

工繪事。高宗純皇帝題咏甚多，稱其氣韻深厚。公居富陽東觀山麓，故自號東山。其先徽人，贈君諱晋業，儒館錢唐鵝埠姚氏，脩脯歲數十金，積所蓄葬母。將辭館，姚氏曰：「吾家多山，任先生擇焉。」遂葬母鵝埠。時公已九歲，當門跨限坐，舁柩者曰：「爲郎君葬宰相地，讓我輩行。」公笑去。入學爲諸生，教讀河源龍山中。見龍門孫克恭畫山水，因仿作小幅，孫君歎絶曰：「必爲當代名家。」遂作畫。性豪放，家益貧。因試寓杭州湧金門外汾水亭，夜嘯歌湖上，遇華亭張尚書照之父，見其書畫曰：「異才也。」因與談論，得古人法。既選拔，學使馬公挈至都。時有達官家藏黄子久山水七幀，付琉璃廠裱家，求人補其一。京師畫者摹臨，俱莫能似，獨公神似之，遂知名。後與武進錢維誠並以畫上，邀聖賞，收藏甚富。門下賓客子弟多能畫。公美鬚髯，雅量善飲，醉後點染山水，喜用渴筆，出入董、巨，書追米、趙。

子諱誥，號蔗林，亦工繪事。乾隆癸未進士，由翰林相繼供奉書畫，官至大學士，兩次圖形紫光閣。薨年七十有九，謚文恭，晋贈太傅。進呈諸畫，純皇帝、睿皇帝皆有題咏，收《石渠寶笈三編》。

論曰：公父子勳業，載在國史，故不述，述其餘事。公與凱祖父同里閈，爲中表戚。凱又出文恭公門下，隨侍京邸十年，書畫皆親炙，臨橅文恪公山水凡數十卷軸，家藏三幀。文恭公手寫《歲朝圖》一幀，古梅一枝插瓶中，以丹筆點花，風姿如生。皆秘寶也。顧自念服官十餘載，無一事可追繼師門，而畫學有自不敢忘，謹次之爲序。周凱撰《内自訟齋文集》卷七。

東皋先生墓誌銘[一]

乾隆六十年，諸城竇公以磨勘事罷左都御史任，在京師，以病卒。明年爲嘉慶元年，其孤汝翼等歸公之喪，將以某月某日葬公於諸城某山之原。汝翼先期郵公狀，寓書於杭，屬銘公之墓。瀛辱公知最深，不敢辭。

公諱光鼐，字元調，號東皋。曾祖某，祖某，父誂，乾隆甲子舉人，皆以公貴[二]，贈榮禄大夫、禮部右侍郎。曾祖妣臧氏、李氏，祖妣牛氏、沈氏，妣張氏，皆贈一品夫人。

公幼負絶人之資，家貧，貸書於人，覽即成誦。一日讀《文選》，即操筆爲《琅邪臺賦》，監司某公，見而大稱賞之，時公年甫十二耳。十五補博士弟子員，旋中丙辰本省鄉試副榜。辛酉舉順天鄉試。壬戌會試中式，入翰林爲庶吉士。散館授編修。戊辰，御試翰林、詹事府等官於乾清宫，閲卷者列公四等。向例大考，惟高等得遷官[三]，後等改官降黜有差[四]。上知公，特遷公爲右中允，蓋公被上知遇自此始。未幾，累遷至翰林院侍讀學士，御試一等，特遷内閣學士。

出爲河南學政。丁内憂歸。服除[五]，補都察院左副都御史，視學浙江。任滿還，以與刑部争秋讞事，吏議鐫級，上許留任如故。又奉命以對品用[六]。尋遣祭告南海[七]，所至却地方賂遺。尋命署内閣學士[八]。

越二年，授順天府府尹[九]。畿輔叢弊久，吏胥多因緣爲姦。公受事，苞苴屏絶，懲其尤數人，劾州縣之不職者二三人[一〇]。時京縣蘭公第錫、李公湖皆經公薦舉，其後官督撫，皆稱賢臣[一一]。任京兆四年[一二]，丁外憂歸。服除，再補原官。蝗蝻災，公報聞，親捕之。因旗莊不出丁協捕，與督臣奏辨褫職。

不數月，上又起公爲通政司副使，遷宗人府府丞。公爲府丞最久，凡十年。復視學浙江，特擢公爲吏部右侍郎。會上遣大臣清查浙江州縣倉庫，並有旨問公。公以實告，且以平陽令黄梅[一三]，科斂病民，條其狀以上。論者訝公幾不測。公復侃侃奏論，上卒直公，治黄梅罪[一四]，而還公官。復授宗人府丞，擢禮部侍郎。又出爲浙江學政。越三年，以左都御史召還，在尚書房總師傅上行走。蓋上稔公老成，冀以學問資輔導〔一五〕。公在禁近，上製文字，輒命公閲。公撰文以進，必因事納忠無蘉言〔一六〕。乾隆六十年，充會試正總裁，以所録首卷，多語疵，被劾議落職，僅降四品銜，予休，而公於是亦既老且病矣。

公生平不講學，而仁誼道德之旨，不言躬行，尤嚴析義利，而要之以毋自欺。立朝五十年，揭揭然柴立，無所顧慕。剛直不能容人，人多咀而忌之者。惟以誠悃荷聖主知，屢起屢仆，卒蒙保全，而究亦未竟其施。嘗曰：「學貴有用。如昌黎折王庭湊，陽明平宸濠，乃真學問。」故公於書無不闚，而不屑沾沾於章句訓詁。今之人僅以文章稱公，未爲知公者也。然即公文章，亦足見公學之有本。蓋公詩似少陵，古文如昌黎，制義則發輝聖賢義理，自成一家之文云〔一七〕。

公得士最盛，歷官中外位公卿者甚衆〔一八〕。乾隆己亥，有浙江巡撫某，故貪墨吏〔一九〕，其鄉試出公門，朝京師〔二〇〕，與公遇於直房，公以言規之，某怫然。公已忘〔二一〕，謁公而厚致饋遺，公揮其金，絶不與通。無何，某果敗。

公性開蕩，遇同列下輩，樂善泛愛，言無所不罄。每與客談，客起猶立語移晷，刺刺不能休。瀛侍公稍晚，而公於瀛尤厚。公亡，蓋知我者鮮矣。公處己約，揪繅惡粟，如窮諸生。歲入瘠田，以贍貧宗。人有所請不吝。此皆細行不足重，惟公平生大節〔二二〕，不能具書，而按公之《狀》〔二三〕，參以瀛之所嘗聞於公者，略爲詮次，已足以想見公之爲人〔二四〕。

公初娶張氏，繼劉氏〔二五〕，俱贈一品夫人。子六：長即汝翼，乾隆戊戌進士，宗人府主事；汝瑄、汝璜、汝咸，皆國學生，張出；汝翀，劉出；汝翮，側出。女四人，嫁皆名族。孫十一人〔二六〕。孫女十二人。公之生以康熙五十九年十月初二日，卒以乾隆六十年九月二十二日，年七十有六。著有《東皋詩文集》《應制集》《省吾齋稿》。銘曰：

維執不陻，選愞所讎。飛謀釣謗，弗改其轍。厥施未究，曷云其休。其學則昌，祛眡豁瞀。包羅旁魄，躡韓軼歐。公實知我，以銘公幽。秦瀛撰《小峴山人文集》〔二七〕。

【校勘記】

〔一〕題目《小峴山人文集》作「都察院左都御史竇公墓誌銘」。

〔二〕貴：原脱，據《小峴山人文集》補。

〔三〕遷：與張本皆脱，據《小峴山人文集》補。

〔四〕後等：原脱，據《小峴山人文集》補。

〔五〕按：此句前《小峴山人文集》有「逾年，會上以南書房缺人，命山東巡撫傳旨起公。公泣辭曰：『光鼐方在衰絰，不敢奉詔。』巡撫屬公陳謝，公又曰：『不祥姓氏，不敢自陳。敬煩公代奏。』上聞而韙之」等内容。

〔六〕按：此句前《小峴山人文集》有「屬有章知鄴者，搆蜚語陷公。上知公深」等内容。

〔七〕尋：原脱，據《小峴山人文集》補。

〔八〕按：此句前《小峴山人文集》有「先是公弟光鉞，令於粵，迓榮禄公至粵，公以是得覲榮禄公。時公方欲有所陳奏，出奏稿呈榮禄公，榮禄公趨公上之。會天子南巡幸，公詣杭州行在，將復命，而已奉有回京之旨，不果上。無何」等内容。

〔九〕後「府」字：原脱，據《小峴山人文集》補。

〔一〇〕懲其尤數人劾州縣之不職者二三人：《小峴山人文集》作「首劾蘇州知州長全，聲名狼藉，按治之」。

〔一一〕時京縣蘭公第錫李公湖皆經公薦舉其後官督撫皆稱賢臣：《小峴山人文集》作「特薦京縣蘭公第錫、李公湖，後官督撫，皆稱賢臣」。

〔一二〕京兆：《小峴山人文集》作「府尹」。

〔一三〕且以平陽令黄梅：《小峴山人文集》作「且言督撫過往，收受門包。平陽令黄梅」。

〔一四〕罪：原脱，據《小峴山人文集》補。

〔一五〕蓋上稔公老成冀以學問資輔導：《小峴山人文集》無。

〔一六〕必因事納忠無蹇言：《小峴山人文集》作「必因事納忠，讀之臺古札子」。

〔一七〕然即公文章亦足見公學之有本蓋公詩似少陵古文如昌黎制義則發輝聖賢義理自成一家之文云：《小峴山人文集》無。

〔一八〕按：此句前原衍「公扣門」三字，張本作「公之門」，據《小峴山人文集》删。

〔一九〕某：《小峴山人文集》作「王亶望」。下同。
〔二〇〕朝京師：原脱，據《小峴山人文集》補。
〔二一〕公已忘：《小峴山人文集》作「時公之亡」。
〔二二〕惟公平生大節：「惟」字原脱，據《小峴山人文集》補。另，此句後《小峴山人文集》有「雖公所未嘗告人，與人所不及知者」二句。
〔二三〕之：原脱，據《小峴山人文集》補。
〔二四〕以：原脱，據《小峴山人文集》補。
〔二五〕繼：原脱，據《小峴山人文集》補。
〔二六〕一：原訛作「二」，據《小峴山人文集》改。
〔二七〕人：原訛作「房」，按秦瀛號「小峴山人」，故其集亦名《小峴山人文集》，故改。

曹慕堂先生神道碑〔一〕

宗人府府丞，汾陽曹公學閔之葬，禮部侍郎朱公珪，既銘其藏，而公子錫齡、祝齡，復遺書請予文其麗牲之石。予與公同登進士，久而以道義相取，譬諸草木，臭味無差池也。公又嘗稱予文，以爲有法。述德感舊，後死者之責，其何敢辭！

謹按：公字孝如，號慕堂。曾大父復琦，大父應璽，父曰英，皆以公貴贈中議大夫、太僕寺少卿加一級。公幼孤，勤苦自立，舉辛酉科鄉試。甲戌成進士，改翰林院庶吉士。在館六年，授檢討，即補武英殿纂修官〔二〕。以院長奏，入院辦事。改補河南道監察御史。是時，準噶爾回部初入版圖，公奏請增修《大清一統志》，以昭本朝畏懷之盛〔三〕，有詔允行。轉刑科給事中，又轉吏科掌印給事中。會三輔亢旱，公奏請清理庶獄〔四〕，將朝審三次緩決人犯，減等發落。即日召見，下詔施行。公在臺垣八年，所陳奏，皆有關朝廷掌故，及於民生吏治有裨益者。累擢鴻臚寺少卿，光禄寺少卿，通政使司參議，太僕寺少卿。

初，公在給事中，言會試舉人，宜徑由州縣出結送部，以杜展轉需索。事下禮部議格。及是復奏申前説，上以卿寺無言事之責，且近明季争辯陋習，下部議，降三級用。頃之，復補鴻臚寺少卿。扈蹕熱河，召見，詢歷官本末甚悉。尋遷内閣侍讀學士。會天子創建辟雍告成，將行臨雍禮，而公昔官御史時，曾以《禮經》入告〔五〕，上憶公前奏，特旨嘉奬，令吏部於應升缺出，請旨擢用。明年正月，詔於乾清宫賜千叟宴，公年六十有七得預，拜御製詩刻及鳩杖文綺之賜。尋擢宗人府丞〔六〕，稽察覺羅右翼宗學，九寺列卿，惟宗丞班次最高，公由學士逾次得之，實異數也。公體素羸弱，中歲得導養術，神氣完固。而體不耐寒，嗽逆時作，遂有止足之志。是歲十月，陳請解任。詔許元官致仕。

公惟性耽山水，未第時，往來吴越，縱游東南諸名勝。及登仕籍三十餘年，公事之暇，輒與三四知己，出國門游賞，如潭柘、戒壇、秘魔厓、香界寺，往往流連信宿。或策蹇行冰雪中，觀者以爲真神仙中人也。治家質素，金玉玩好之具，不陳於側。午夜輒埽地焚香，觀心調息，超然有塵外之想。平生不臧否人物，而胸中界限分明。嘗曰：「人各有所偏，但當棄短取長，否則無一人可交矣。」詩文皆攄寫性情，不事藻飾。晚年課子讀書，尤示以檢身制行之方，以浮華馳逐爲戒，故諸子咸以文學自奮，有聞於時。公雖移疾脱朝簿，而長子方官詞垣，侍養如意。公既樂而安之〔七〕，因令次子還里，治園圃爲終老計〔八〕。既而喘嗽加劇，以乾隆五十有二年十二月八日終於京邸〔九〕，春秋六十有九。夫人任氏，丁酉科武舉宗讚之女。長子錫齡，乙未進士〔一〇〕，翰林院編修。次子祝齡，己酉恩科進士，户部額外主事。孫八人：汝淳、汝瀾、汝淵、汝沆、汝洵、汝涵、汝藻、汝渟。孫女五人。

公學行誠篤，未嘗皦訐求名，而居家莅官，清慎無玷。當代名流，咸樂與之交，而毅然不可干以私。在都時，正陽門外失火，延燒數千百家，鄰里焦毁殆盡，獨公屋巋然無恙，人以爲厚德之報云。銘曰：

宗正之司，總以維藩。丞哉其貳〔一一〕，三品崇班。堂堂曹公，樂易坦白。木天瀛洲，柏臺梧掖。揚歷五寺，遂陟宗卿。介不絶俗，直非近名。公有封事，天子嘉只〔一二〕。公旋引疾，天子俞只〔一三〕。知止不殆，老氏所云。葆真恬惔，以養谷神。憶同唱第，二百四十。唯公與我，氣同志合。義理相告，有過亦規。四海元伯，千秋鍾期。恒幹雖辭，令譽長在。馬鬣是封，過者下拜〔一四〕。錢大昕撰《潛研堂文集》〔一五〕。

【校勘記】

〔一〕題目《潛研堂文集》作「宗人府丞曹公神道碑」。

〔二〕補：《潛研堂文集》作「充」。

〔三〕畏懷：與張本皆脱，據《潛研堂文集》補。

〔四〕請：原脱，據《潛研堂文集》補。　庶：《潛研堂文集》作「刑」。

〔五〕禮經：《潛研堂文集》作「此事」。

〔六〕按：原脱一「府」字，據《潛研堂文集》補。

〔七〕公：原脱，據《潛研堂文集》補。

〔八〕治園圃：《潛研堂文集》作「營菟裘」。

〔九〕八日：原脱，據《潛研堂文集》補。

〔一〇〕進士：原作「科」，據《潛研堂文集》改。

〔一一〕其：原作「有」，據《潛研堂文集》改。

〔一二〕嘉：原訛作「俞」，據《潛研堂文集》改。
〔一三〕公旋引疾天子俞之：原脱，據《潛研堂文集》補。
〔一四〕過：原訛作「遇」，據《潛研堂文集》改。
〔一五〕錢大昕撰：原脱，據《潛研堂文集》補。

師友淵源録後案卷七

尊宿第二門

尊宿一

熊滌齋太史七十壽序

溯西江之水，甚可方思；上南昌之山，何當峻極！天地萃形家之奥，臺隍森影國之衝。吴楚并區，斗牛分野，維人斯傑，由古而來。幻丹汞於神仙，餐水雲於隱逸。上真不漱，請誰啓此遊帷；高士如存，奚必偕之磨鏡？旁及焉，則迹傳壽梓；遠言之，猶洞有秦人。又況四姓名宗，半千儁望，碩果珍焉而不食，靈光即之以巋然。人間世之逍遥，天子嶂之面目。吁其可樂，幾見斯人？

有若封資政大夫太公史公熊君滌齋者，是我齊年，生朝七十。古者杖國懸輿之歲，今也閼逢閹茂之秋。四百二十有奇，數其甲子；八月中旬以後，識得長庚。衍福之一於箕，朋壽之三於魯。若在與知與能之衆，詩人亦祝曰古稀；詎似與閑與健之身，朝士孰儕。而輩行謁九列之子舍，伯子學鵬，官奉常，漢制爲九列。晋三爵以孫容。望公之來，誰索於形骸之外；款余而請〔一〕，盍弄夫柔翰而前。道匪泛交，文宜從質。巍巍乎其門第，奕奕乎其家聲。篳路藍縷，以啓山林，用貽厥於江楚也；中雪伯霜，而繁似續，亶延洪於豫章焉。干寶之書，載揚先烈；宋儒有作，式播芳徽。

嗚珂在南浦之間，樹戟向東壇之里。太史所居鄉。觥觥僕正，太史曾祖官太僕卿。高曾之矩矱百年；肅肅司空，太史爲大司空季子〔二〕。父子之薪傳一氣。其門自大，所耦都佳。相宅宜之，試繙吉水石園之集，則李宗伯之父少司馬也，太史爲其外孫；外祖李公元鼎著《石園文集》，舅氏振裕官禮部尚書。坦床宛爾，每咏春風繡蓋之詩，則李翰林之父老相國也，太史爲其子婿。外舅合肥李公，有「春風飄繡蓋，天際聖人來」之句，世所傳誦。内兄孚青，翰林前輩。再射屏於彭城之雀，後夫人爲閣學劉大師恕女弟。允齊案於德曜之鴻。他若中表婚姻，姑娣姊妹，恒懋吕顔之教，各升王謝之堂。且夫業重清門，志懷高户，念數典之維祖，思繩武之得人。或有賢父兄，而乏佳子弟，雖公卿亦無錢可買，豈聖哲遂能命與争？是以炙休光，推江右一父之子，四家與儔。臨川王氏揚其鑣，南豐曾氏樹其範，新喻孔氏連其軫，樂平洪氏扇其風。江西四氏，皆兄弟三人。凡而富貴身名，經術著作，輝騰今昔，於鑠垓埏。信有大而可觀，亦寡二而少雙〔三〕。如今後起，莫逾大夫；早占大人，不殊三杰。爲裴爲陸，爲崔爲張，爲宿爲珠，爲虎爲鳳。以上俱弟兄三人有名於昔〔四〕。爲卿之月，爲郎之星。太史仲子學騏，銓州司馬；季子學驥，候銓部曹。六世相承，芝結科名之草；太史自曾祖以來舉科第，迄今未艾。諸孫有耀，芸香書史之窗。太史家孫之福，以孝廉校書史館。古今人同不同，未可知也。賢執事，子其子〔五〕，是以似之。懿哉！先生之風遜矣。

名流之亞，不矜閥閲；自有旂常，世所罕逢。我聞在昔，生而嗜古，讀三倉五變之書；幼即超群，希萬杰倍英之學。五經七經之綜識，小雅大雅之閎才，九思十思之微言，三調五調之清咏。古文桑梓，八家而三；詩派江西，二十有二。靡不通其要領，擴其胸襟。豈非性能而好之，亦惟姱修之故也。憶夫成童舞象，同折桂於韓郎；太史舉鄉試，年才十五歲〔六〕。既而弱冠題名，後看花於東野；伴西清之脈望，分太乙之藜光。身在雲端，價高日下。僉曰世臣之子，厥木惟喬；自然王者之香，衆草非伍。圖書萬卷，才資博物於張華；太史分纂《古今圖書集成》。釜秉三登，歡遂養親於曾子。踏軟塵於京洛，羡社肉於枌榆。言辭北平〔七〕，翩然南下。遽傷風木，長謝簪纓，仕進無心，歸來有賦。優游哉名遂而身退，卓犖乎處約而守貞也。由其文詞衣被於當時，内行根原於所性。吉須家食，氣與物春。講庶人之篇章，温公來洛；召親朋而宴會，疏廣歸鄉。谷鹿洲邊，重結鈞遊之契；武陽渡曲，未寒鷗鷺之盟。逮兄弟之子孫，丁添嫠恤；安體魄之窀穸，丙舍墓田。有禮必中於周旋，大指常歸於仁厚。若其環堵之室，可上雨而旁風；五湖之舟，等朔鴻而南燕。僑六朝兮懷古，山色江聲；獨一人其行歌，詩瓢藥裹。或以爲醉吟居士，或以爲煙波釣徒，北山之鶴不驚，西塞之魚入饌。獨樂衆樂，小知大知，曾日月之幾何，喜桑榆其未晚。十年以長，易同李昉李運之年；今歲方將，尚是張問張燾之歲。吾聞之也，仁者贈言；傳不云乎，吉人爲善。今聖天子在上，大其德而位禄壽名〔八〕；有鄉先生歸家，化其俗而孝弟忠信。及廚俊顧，人尊爲父師；章蔀歲元，天錫以純嘏。而逢嵩祝，雪藕冰桃；正在鯉庭，宮袍綵袖。列宿之輝角亢，諸公引領而望之；汝南之聚陳荀，老夫牽率以至此。五十六載，余與太史同康熙己卯鄉舉。僕偕江表之異人；歲月日時，君作山中之宰相。曰三不朽，則百斯年。一人慶惠於南巡，太史渥恩而就見。先是辛未春，駕幸江南，復太史官，故期其後以美之。斯爲左券，且引巨魹。是爲序。曹秀先撰《地山初稿》〔九〕。

按，熊公諱本，江西南昌人〔一〇〕，康熙三十八年舉人，四十五年進士，官編修。《後案》。

【校勘記】

〔一〕款：原訛作「疑」，據《栘晴堂四六》改。

〔二〕魹魹僕正太史曾祖官太僕卿高曾之矩矱百年肅肅司空太史爲大司空季子：原脱，據《栘晴堂四六》補。

〔三〕亦寡二而少雙：《栘晴堂四六》作「亦寡雙而少二」。

〔四〕弟兄：《栘晴堂四六》倒作「兄弟」。

〔五〕其子：原脱，據《栘晴堂四六》補。

〔六〕歲：《栘晴堂四六》無。

〔七〕北：原訛作「比」，據《栘晴堂四六》改。

〔八〕位禄：《栘晴堂四六》倒作「禄位」。

〔九〕地山初稿：此爲《栘晴堂四六》中之小集名。

〔一〇〕江西南昌：原爲空格，據《〔民國〕南昌縣志》補。按《〔民國〕南昌縣志》卷二十一《選舉·科第》「康熙四十五年丙戌王雲錦榜」：「熊本，字義成，號滌齋，瀝南人。一瀟子。翰林院編修，重晏瓊林。」瀝南即現江西省南昌市進賢縣瀝南熊家村，據該志卷二十六《士族志》，熊氏爲南昌望族大姓，「熊氏」下「瀝南」在「五十三都二圖」。

内閣學士李公神道碑〔一〕

乾隆十有五年，閣學臨川李公卒於家。公以病退已十年，然海内士大夫，猶時時探公起居，以爲斯道之重。公卒，而東南之宿德盡矣。嗚呼！公揚歷三朝，負重望者四十餘年。以爲不遇，則亦嘗受特達之知，荷非常之寵，内而槐棘，外而節旄，至再至三，有具臣所不敢望者。以爲遇，則乍前而遽却，甫合而已離，磨蝎蒼蠅，旁午中之。何造物之顛倒斯人一至此也？累蹶累起，卒不得志，終於骫髒以没，是則可謂痛心者矣！

公以己丑進士入詞館，授編修，即受聖祖不次之擢，超五階爲庶子，自來詞館所未有也。主試滇中、浙中，凡再遷而至閣學，攝吏部侍郎，兼副都，且大用矣。以辛丑校士之役，被論罷官，視永定河工，蓋未及一年而已黜。

世宗在潛藩雅知公，既嗣位，召還，盡復其官，時時賜獨對，參豫大議，時有密勿。重臣二人，禮絶百僚，親王亦折節致敬，而公平揖之。重臣言公賦性剛愎，難共事，乃解閣部二官，但領副都〔二〕。尋復，以爲兵部侍郎，直講筵。視漕歸，稱旨。旋令巡撫廣西。重臣終心忌之，因作《四巡撫論》，皆加醜詆，以爲亂政之魁。四巡撫者，江陰楊文定公，時爲滇撫；今大學士海寧陳公，時爲東撫；其一則公；而蔡尚書爲川撫，亦豫焉。重臣又令其私人汙公以贓，卒不得。

不二年，世宗思公，召爲直隸總督，盼睞倍隆。公力言河東總督田文鏡之殃民，既面奏之〔三〕，漏三下猶未退。又連章糾之，河督亦劾公以朋黨袒護屬吏之出自科第者〔四〕，且舉動乖張。世宗始頗直公言，將斥河督，已而稍猶豫，於是封事狎至公，雖互有所持而不勝。當是時，世宗方痛懲廟堂朋比之習，蔡尚書者，素負才而專己，顧獨傾心於公。會其失眷，忌公者因譖之，以爲是其死友，歷指其踪跡，公益詘。

召入，爲工部侍郎〔五〕。其在事方九日也，則新任直督及廣撫，交章劾公。初，公在廣撫任中，嘗安插一罪苗，至是逃去。新廣撫不自引咎，追劾公從前措置不善。詔使公隻身前往，捕賊自贖，不得攜廣中一吏卒，人皆危之。公至，而叛苗束身自歸，有司訊之，曰：「吾不可以負李公。」其事得解。時公已削奪官爵。既歸，下刑部聽訊。大臣議公罪〔六〕，應絞者十有七，應斬者六，共應得死罪二十有四。凡屬吏於官項有虧者，皆令公代賠，籍其家，取其夫人之簪釧，視之，皆銅器也。獄成，世益爲公危。顧公處之泰然，在囚中〔七〕，日讀書，晝飽啖，夜熟眠，若不知有憂患者。時故甘撫胡君期恒，亦以事在繫，歎曰：「真鐵漢也！」内外諸臣，方以全力羅織公，必欲置之死。世宗始終念公，特以其性剛，意欲痛有所摧折，而後湔洗之，而復用之。乃大召廷臣，并召公，親詰責之。公正色無所撓，但言臣罪當誅，乞即正法，以爲人臣不忠之戒，無乞憐語。是日也，天威甚厲，近臣皆驚悸，汗出浹背，恐有大處分，而公自若。鄭侍講篔谷在班中，最爲予詳言之。尋奉詔恩赦公，令纂修《八旗志書》。楸車羸馬〔八〕，即日赴局〔九〕，杜門不接賓客。重葺平生所著書，如是者八年。

今上即位，召見，諭曰：「先帝固欲用汝。」即日授户部三庫侍郎，尋改左侍郎〔一〇〕。時頗有阻公之起而不得者。顧不一年，竟再遷詹事。公平居以行道濟時爲急〔一一〕，用世之心最殷，故三黜而其志未嘗少衰〔一二〕，而浩然之氣，亦未嘗少減。然而霜雪侵尋，日以剥落，菁華亦漸耗矣。會以丁太夫人憂歸。服除，又左遷光禄〔一三〕，尋遷閣學。時方主試江寧，一旦忽大病，神氣遂支離，與人語健忘，一飯之頃，重述其言，絮絮數十度不止。扶疾還朝，詔在京調治，竟不痊，許以原官致仕，賜詩以寵其行。歸而稍愈，優游里社。曾一至黄山，蓋公先世自王父以上，皆休寧産也，然非復前此之伉壯矣。

嗚呼！公自釋褐時，新城王尚書稱其有萬夫之禀。及中年百鍊，芒彩愈出〔一四〕，豈知血肉之軀，終非金石，竟以是蕉萃殆盡。而要其耿耿賫志以終者，世人亦或未能盡知也。世之論公者，謂公之生平，良蹇於遇，顧亦頗咎公之不能善用其才。公以博聞强識之學，朝章國故，如肉貫串，抵掌而談，如決堤潰而東注〔一五〕，不學之徒，已望風不敢前席。而公揚休山立，左顧右盼，千人皆廢，未嘗肯少接以温言，故不特同事者惡之，即班行中亦多畏之。嘗有中州一巨公，自負能昌明朱子之學，一日，謂公曰：「陸氏之學，非不岸然，特返之吾心，兀兀多未安者〔一六〕，以是知其於聖人之道未合也。」公曰：「君方總督倉場而進羨餘，不知於心安否？是在陸門，五尺童子唾之矣。」其人失色而去，終身不復與公接。然其實公之虚懷善下，未嘗以我見自是。予以晚進，叨公宏獎。其在講座，每各持一說，與公力爭。

有時，公亦竟舍其説以從予，即其終不合者，亦曰各尊所聞可矣。故累語客，賞予之不阿。而世方以閉眉合眼，喔咿嚅唲，伺察廟堂意旨，隨聲附和，是爲不傳之秘，則公之道，宜其所往輒窮也。

計公在九列，共事者曰年大將軍羹堯，曰隆太保科多，曰桐城、常熟二相公。及爲直督，勷營田之役，曰和碩怡親王，公皆一無所附麗，而卒困於河督。然其終得保全者，則聖天子有以呵護之也。西崦暮齒，尚遭側目，可悲也！

夫公之好士，出自天性，故校士則蒙關節之謗，察吏則又遭鈎黨之誣。然而詞科之役，公方待罪書局，猶諄諄問予以天下才俊，各取其所長，登之簿録，是以丙辰復受薦舉過多之罰。偶取放翁題目楹曰：「遠聞佳士輒心許，老見異書猶眼明。」蓋實録也。予之罷官也〔一七〕，徐相國言於朝曰：「今日李詹事必大作惡。」或問之，張尚書從旁答曰：「此乃具體而微之李詹事也〔一八〕。」嗚呼！予亦何足以望公而辱諸君之推轂乎？

其經術皆足以經世務，指揮所至，迎刃而解。曾一出視漕，即爲清運丁積年之害，至今遵行。而惜其所至，皆未有三年淹也。生平學道，宗旨在先立乎其大者，陸子之教也。間謂予曰：「吾苟内省不疚，生死且不足動其心，何况禍福？禍福且不足動其心，何况得失？以此處境不難矣。」予於諸生請業，多述公此言以告之，則泰山巖巖之氣象，如在目前，一念及之，足使頑廉而懦立。今老成徂謝，後學其安所依歸乎？

公諱紱，字巨來，學者稱爲穆堂先生。其居臨川僅二世。少貧甚，讀書五行並下，落筆潑潑數千言〔一九〕，而無以爲生。嘗自其家徒步負襆被之徽，又之吴。吴人或異其才〔二〇〕，然未能振也。或言之江撫郎君，一見曰：「非凡人也。」始資給之，遂魁其曹。三世皆以公貴，累贈户部侍郎〔二一〕。娶某氏，封夫人。子四：孝源、孝泳、孝游、孝洋，并登鄉薦，而孝源爲縣令。孫友棠，進士翰林，改御史。公春秋七十有八，葬於某山之某原。

所著有《穆堂類稿》五十卷，《續稿》五十卷，《别稿》五十卷，《春秋一是》二十卷，《陸子學譜》二十卷，《朱子晚年全論》二十卷，《陽明學録》若干卷，《八旗志書》若干卷，皆行於世。公於雍正癸丑之冬，見予文而許之，遂招予同居，時萬學士孺廬亦寓焉〔二二〕。紫藤軒下，無日不奉明誨，諄諄於義利之戒。公以丁憂歸，予以罷官歸，學士亦以丁憂歸。是後一見公於江寧，則公已病甚，猶惓惓以予出處爲念。既歸，不復相聞矣。公之歷官事迹，不能悉述，且亦有事秘不能直陳者，然而予苟不言，世且無知者，乃略陳其梗概，然終不能百一也。嘗謂公之生平，盡得江西諸先正之裘冶，學術則文達、文安，經術則盱江，博物則道原、原父，好賢下士則兖公，文章高處逼南豐，下亦不失爲道園，而堯舜君民之志，不下荆公，剛腸勁氣，大類楊文節。所謂大而非夸者，吾言是也。其銘曰：

用則大受，否則卷懷。曰亨曰屯，我何有哉？所可惜者，用世之才。困頓而死，志士所哀。名山大川，千古昭回。英靈之氣，長表券臺。全祖望撰《鮚埼亭集》。

【校勘記】

〔一〕題目《鮚埼亭集》作「閣學臨川李公神道碑」。

〔二〕但：原訛作「位」，據《鮚埼亭集》改。

〔三〕面：原訛作「而」，據《鮚埼亭集》改。

〔四〕者：原脱，據《鮚埼亭集》補。

〔五〕侍郎：原脱，據《鮚埼亭集》補。

〔六〕大臣議公罪：原倒爲「罪公」，據《鮚埼亭集》改。

〔七〕按：「中」後原衍「者」字，據《鮚埼亭集》删。

〔八〕嬴：原訛作「羸」，據《鮚埼亭集》改。

〔九〕即：原脱，據《鮚埼亭集》補。

〔一〇〕左侍郎：原訛作「户部」，據《鮚埼亭集》改。

〔一一〕平居：《鮚埼亭集》作「平生」。

〔一二〕故三黜而其志未嘗少衰：底本「黜而」互倒，張本作「而三黜故其志未嘗少衰」，尤誤，據《鮚埼亭集》改。

〔一三〕左：原脱，據《鮚埼亭集》補。
〔一四〕芒彩：原訛作「芑刺」，據《鮚埼亭集》改。
〔一五〕決堤潰：原倒作「決潰堤」，據《鮚埼亭集》乙正。
〔一六〕者：原脱，據《鮚埼亭集》補。
〔一七〕之：原訛作「以」，據《鮚埼亭集》改。
〔一八〕之：與張本皆脱，據《鮚埼亭集》補。
〔一九〕潑潑：《鮚崎亭集》作「滚滚」。
〔二〇〕吴人：原作「時」，據《鮚埼亭集》改。
〔二一〕按：「累」後原衍「一」字，據《鮚埼亭集》、張本删。
〔二二〕萬：原脱，據《鮚埼亭集》補。　孺：原訛作「慕」，據《鮚埼亭集》改。

内閣學士方公神道碑〔一〕

古今宿儒有經術者，或未必有文章；有文章，或未必本經術。所以申、毛、服、鄭之於遷、固，各有溝澮，惟是經術文章之兼固難，而其用之足爲斯世斯民之重，則難之尤難者。前侍郎桐城方公，庶幾不愧於此。然世稱公之文章，萬口無異辭，而於經術，已不過皮相之。若其惓惓爲斯世斯民之故，而不得一遂其志者，則非惟不足以知之，且從而掊擊之，其亦悕矣。

公成進士七年，以奉母未釋褐，已有盛名。會遭奇禍論死，安溪方傾倒於公，力救之，幸荷聖祖如天之仁宥死，隸旗下，以白衣直禁廷，共豫校讎。令與諸皇子遊，自和碩誠親王下，皆呼之曰先生，事出破格，固無復用世之望矣。然公雖朝不坐，燕不與，而密勿機務，多得聞之。當是時，安溪在閣，徐文靖公元夢，以總憲兼院長，公時時以所見敷陳，某事當行，某事害於民當去，其説多見施行。雖或未能盡得之，諸老而能容之，故公之苦口，不一而足，不自知其數也。或欲薦公，則曰：「僕本罪臣，不死已爲非，望公休矣。但有所見，必爲公言之，倘得行，拜賜多矣。」

世宗即位，首免公旗籍。尋欲用公爲司業，以老病力辭。九年，竟以爲中允，許扶杖上殿以優之。再遷爲侍讀學士。孫公嘉淦以刑部侍郎尹京兆，兼祭酒，勁挺不爲和碩果親王所喜。有客自朱邸來傳王意，授公急奏，令劾之，當即以公代之，公拒不可。其人以禍怵之，公以死力辭。不數日，竟有應募上劾者，孫公下獄。公謂大學士鄂公曰：「孫侍郎以非罪死，公亦何顔坐中書矣？」於是孫公卒得免，人多爲公危之，而王亦不以是有加於公也。尋遷内閣學士，公以不任行走爲辭，詔許免上直。有大議，得即家上之。公感激流涕，以爲不世之恩，當思所以爲不世之報〔二〕，然日益不諧於衆矣。

今上即位，有意大用公。時方議行三年之喪，禮部尚書魏公廷珍，公石交也，以諮公。公平日最講喪禮〔三〕，以此乃爲人倫之本，喪禮不行，世道人心所以日趨苟簡，諄諄爲學者言之。而是時皇上大孝，方欲追踐古禮，公因欲復古人以次變除之制，隨時降殺，定爲程度；内外臣工，亦各分等差，以爲除服之期。按：此説本之桴亭陸氏，最爲有見。魏公上之，聞者大嘩〔四〕，共格其議。魏公亦以此不安其位。尋遷禮部侍郎，公又辭，詔許數日一赴部，平決大事。公雖不甚入部，而時奉獨對，一切大除授並大政，往往諮公，多所密陳，盈庭側目於公。

初，公嘗董蒙養齋〔五〕，河督高君方在齋中，公頗言其必貴，故河督最向往公。及其違衆議開毛城鋪，舉朝争之不能得，外而督撫争之，亦不能得，而臺省二臣以是下獄。公言於徐公元夢，令爲上言，不應以言罪諫官。上即日出之。於是公獨具疏，力陳河督之愎〔六〕，上頗心動，河督自請入面對。上以其平日素向往公也，以疏示之，河督大恨，亦思傾公。禮部共議薦一資郎入曹，和碩履親王莅部，已許之矣。公以故事，禮部必用甲科，不肯平署。王亦怒。會新拜泰安爲輔臣，而召河間魏尚書爲總憲，朝廷争相告曰：「是皆方侍郎所爲，若不共排之，將吾輩無地可置身矣。」是後凡公有疏下部，九列皆合口梗之。雖以睢州湯文正公，天下之人皆以爲當從祀者，以其議出於公，必阻之。公嘗陳《酒誥》之戒，欲禁酒而復古人大酺之制，以爲民節用。又言淡巴菰出外番，近日中原遍種之，耗沃土以資無益之産，宜禁之，其言頗近於迂闊〔七〕，益爲九列中口實。於是河督言公有門生在河上，嘗以事托之，上稍不直公。而禮部中遂有挺身爲公難者。公自知孤立，密陳其狀，且以病爲請，許以原官致仕，仍莅書局〔八〕。衆以上意未置公也，適庶常散館，又以公有所私發之，遂被削奪，仍在書局行走。而荆谿人吴紱者，公所卵翼以入書局，至是遂與公爲抗，盡竄改公之所述，力加排詆，聞者駭之。然上終思公。一日，吏部推用祭酒，上沉吟曰：「是官應使方苞爲之，方稱其任。」旁無應者。嗚呼！温公退居留臺，神宗方改官制，以爲御史大夫非光不可，其亦古今所同慨也夫？於是公自以精力倍衰，求解書局，許之，特賜侍講銜。歸里，杜門不接賓客，江督尹公踵門求見，三至，以病辭。乾隆十有四年八月十有八日卒，春秋八十有二。

公諱苞，字靈皋，學者稱爲望溪先生，江南安慶之桐城人。桐城方氏爲右族，自明初先斷事公，以遜志高弟與於革除之難，三百年中，世濟其美，明季密之。先生尤以博學稱，近始多居江寧者，公亦家焉。三世皆以公貴贈閣學。公之成進士也，宗人方孝標者，故翰林，失職遊滇中，陷賊，而歸，怨望語多不遜。里人戴名世日記多采其言，姓而不名。事發，吏遂以爲公也。及訊，得知爲孝標。吏議以其已死，取其五服宗人，將行房誅之刑，長繫公以待命，賴安溪而免難。故公自謂宦情素絶，非有心於仕進，每得一推擢〔九〕，必固辭。而三朝之遭遇，實爲殊絶，不得不求報稱，豈知勢有所不能也。伯兄舟以高才而不壽，公傷之，推恩其子道永，得官順天府通判。而道永之罷官，頗遭羅織，亦以公故。公又於故相爲同籍，公子道章亦得罪於故相之子，故累上計車，卒不得一售。

公少而讀書，能見其大。及遊京師，吾鄉萬徵君季野最奇之，因告之曰：「勿讀無益之書，勿爲無益之文。」公終身誦以爲名言。自是，一意窮經，其於通志堂徐氏所雕《九經》，凡三度芟薙之，取其粹言而會通之。不喜觀雜書，以爲徒費目力，玩物喪志，而無所得。其文尤峻潔，未第時，吾鄉姜編修湛園見之，曰：「此人吾輩當讓之出一頭地者也。」然公論文最不喜班史、柳集，嘗條舉其所短而力詆之，世之人或以爲過，而公守其説彌篤。諸經之中尤精者爲《三禮》，晚年七治《儀禮》，已登八秩，而日坐城北湄園中，屹屹不置〔一〇〕。次之爲《春秋》，皆有成書。間讀諸子，於荀、管二家，別有删定本，皆行於世。其在京師，後進之士挾温卷以求見者，户外之屨，昕夕恒滿〔一一〕。然公必扣以所治何經，所得何説，所學者誰氏之文。蓋有虚名甚盛，而答問之下，舌撟口噤，汗流盈頰，不能對一詞者，公輒愀然不樂，戒其徒事於馳騖。故不特同列惡公，即館閣年少，以及場屋之徒，多不得志於公，百口謗之。是則古道所以不行於今日也。

公享名最早，立朝最晚，生平心知之契，自徐文靖公後，曰江陰楊文定公，曰漳浦蔡文勤公，曰西林鄂文端公，曰河間魏公，曰今相國海寧陳公，曰前直督臨川李公，曰今總憲宣城梅公，曰今河督顧公。其與臨川，每以議論不合有所争，然退而未嘗不交相許也。雅稱太原孫尚書曰：「殆今世第一流也。」及太原進冢臣，而公稍疑之，嘗歎曰：「知人之難諒哉！」履邸雖惡公，而知公未嘗不深。一日，鄂文端公侍坐，論近世人物，文端歎曰：「以陳尚書之賢也，而自閩撫入京，聞其進羨餘金六萬，人固未易知也。」王曰：「其方侍郎乎？其强聒令人厭，然其堯舜君民之志，殊可原也。」而前此力扼睢州從祀之尚書〔二〕，垂死悔恨，自以爲疚心。

嗚呼！大江以南，近日老成日謝，經術文章之望，公與臨川實尸之。雖高卧江鄉，猶爲天下之望。去年公卒，今年臨川繼之，蓋無復慭遺矣，豈不悲夫？予之受知於公，猶公之受知於萬、姜二先生也。其後又與道章爲同年，且重之以婚姻。予之罷官也，公豫見其兆，諷予以早去。及予歸，而公又以爲惜，欲留予，而不知公亦從此被撼矣。公之密章秘牘，世所未見，唯道章知之。而道章先公卒，故予亦不能舉其什一也。西州之痛，言不敢私，亦不敢諱，安得以銘爲辭？其銘曰：

經説在筒，文編在笥。雖登九列，依然賁志。强聒而言，何補於事？適招多口，成兹顛疐。懸知耿耿，百年長視。老成凋喪，嗣子又逝。孰知公者，青蠅僅至。墓門片石，秦淮之涘。全祖望撰《鮚埼亭集》。

【校勘記】

〔一〕題目《鮚埼亭集》作「前侍郎桐城方公神道碑銘」。

〔二〕爲：原脱，據《鮚埼亭集》補。

〔三〕禮：原重，據《鮚埼亭集》、張本删。

〔四〕嘩：《鮚埼亭集》作「駴」，乃「駭」之異體。

〔五〕公：與張本皆脱，據《鮚埼亭集》補。

〔六〕力：原脱，據《鮚埼亭集》補。

〔七〕闊：原脱，據《鮚埼亭集》補。

〔八〕局：原脱，據《鮚埼亭集》補。

〔九〕擢：原脱，據《鮚埼亭集》補。

〔一〇〕屹屹：與張本皆脱一「屹」字，據《鮚埼亭集》補。

〔一一〕昕：原訛作「時」，據《鮚埼亭集》改。

〔一二〕按：「之」後原衍「議」字，據《鮚埼亭集》删。

宫九叙

宫公諱爾勸，字九叙，號怡雲，高密人。康熙五十年舉人，歷官雲南布政使。

補宫怡雲方伯暨元配李夫人合葬墓誌銘

歲丙子，余訪雅雨盧使君於邗江，始識滇南方伯宫君怡雲，方伯雅雨鄉人也。時方伯次子去吝官我浙，迎二親就養。後去吝以卓薦，遷漢嘉太守，方伯老，蜀道遠且險，不能赴子任，僑居檇李，時與余往還。余聽事前植海棠一株，春暮，花盛放，君過而愛之。自後，歲逢花時，風日恬暖，君輒命子去矜，侍杖屨過余席，花下命觴，賦詩談讌，極歡而罷。蓋余與君相識晚，而十年來寓公地主，互酬倡過從，情味甚厚。乙酉仲冬，君病卒於僑居正寢。余年長於君，衰亦甚，力疾赴哭，且唁二子。他日，二子及余門，稽顙請銘君墓，不敢辭。

按狀：君諱爾勸，字九叙，晚自號怡雲。先世自鳳陽徙居萊州之高密縣，高曾以上，代有隱德聞人。祖廪膳生諱□□。父諱□□，順治戊戌兵部進士，歷官南昌、銅鼓兩衛守府。祖、父以君貴，皆贈如其官。君少而奇穎，二十補博士弟子，二十四舉於鄉。以縣令起家，歷郡守，擢監司，晋方伯，始終服官滇南，所至著有聲績。君下車恩樂時，縣舊隸土司，君爲第一流官，興利剔弊，綱舉目張，善政不能悉舉。其最大釐定錢糧，較初辦善後章程者，減十之五六，力請於上官，得行。去之日，邑人爲立生祠以祝。繼同知開化日，烏蠻梗化，王師討賊，君獨力辦軍糈，事叢集如蝟毛，敏手擘畫，了了無滯，扉屨糗糒芻茭百所需，咄嗟立應，文武大吏，交相倚重。事竣，議叙一等軍功。旋知開化府事，普思、元新諸大案，君悉心鞫問開釋矣，刁兩家無辜被誣陷者百餘口。又營弁緝賊不獲，俘良民八九十人以獻，將定爰書，君廉得其情，申雪誣枉，逮繫之衆，賴以全活。在監司任十四年，請奏免無着之墾，本水冲沙壓苦累之錢糧，賑荒以銀易米，俾自爲通融，災民便之。後遇賑，舉以爲例。丁卯入覲，畀任屏藩，又兼攝臬司，出納會計，刃虛絲理，苞苴不入，吏治澄清。而於徐卿一案，慎恤加嚴，肉之白骨。又神明長孫常平之法，調劑損益，至今迤東西，猶頌德勿衰。于定國決獄多陰功，杜元凱度支稱武庫，足以方之。

君生平遇事，不矯厲以爲能，不選輭以至僨。勾稽賦税，平反獄訟，精敏廉幹，物無有遁情者。而於端風俗，正人心，崇學校，講農桑，尤汲汲爲先務。仕宦三十餘年，家無長物。喜讀書，無他嗜好。著有《南溟集》行世。每風雨過從，惟見端坐，手一編，訓子孫以忠孝敦厚。易簀前數日，予視疾於牀第間，君自知不起，猶執予手論詩，澹定自若，其古成德君子乎！夫人李氏，奉姑相夫訓子，不愧名家女，先君五月卒。子二：去矜、去吝，俱賢而有文，曉習吏事，能繼君志。孫四人。曾孫一人。將於某年某月某日，扶柩歸里，合葬於某。銘曰：

猗猗孤桐，產彼嶧陽。材中琴瑟，貢於明堂。器成才贍，遠牧蠻方。作屏萬里，流澤孔長。晚歲解組，教忠子舍。不倦於勤，分陰是藉。與古爲徒，執德愈下。七十八年，修己隨化。寓公生平，心迹瀟灑。雲馬風旗，歸依東海。用妥雙棺，亘千百載。子孫繩繩，松柏䨪䨪。録自錢陳群《香樹齋文集續鈔》卷一。

王孟亭太守行略

公諱箴輿，字敬倚，號孟亭。世居寶應白田村。高祖有客，官江西太和知縣。曾祖凝鼎，候補訓導。祖式丹，康熙癸未科會狀，官修撰，著有《樓村文集》。父懋諿，辛卯與公同榜舉人。公壬辰二甲進士，充武英殿纂修官，候補内閣中書，時年甫逾冠。輦下名宿如何屺瞻、汪退谷、陳滄洲、李穆堂、吴荆山、徐壇長、顧俠君、杜紫綸諸公，莫不目爲國士。辛丑丁父憂。

雍正二年改臨漳知縣，繼調澠池、洛陽。其間一充文闈同考官。八年，卓異。河督田文鏡保舉引見，升冀州知州。遂保留豫省，改授陳州。公取崔鄾治陝、治鄂之法，地方稱治。

題升歸德知府。去陳之日，子民依戀，有送至數十里不舍者，可以見公居官之大略矣。到任歸德，察吏安民，整飭學校，鄒枚詞賦之風，一時復舊。調衛輝府，建泉源書院，又於署之西偏建雙柏草堂，接應學者。居兩載，因公被劾解組。侍湯太恭人終養。後寄跡白門，與熊滌齋、袁子才、馬文湘、許蘧園、沈補蘿諸公往來唱和，聞者羨若神仙。而公憐才愛士，如朱草衣、徐鳳木、李嘯村、姚玉亭、屈思齊、崔筠谷，皆出門下。

乾隆十六年春，高宗純皇帝幸江蘇，跪迎淮北，蒙恩賞復原銜。冬祝皇太后萬壽，加一級。二十二年，進迎鑾詩十二章，邀賞綵緞、貂皮之錫。公感三朝知遇之隆，恒以報稱無由爲憾。平生著述有《春秋説存》一册，論斷二百四十二年事如指掌，及《孟子説存》、《讀史隨筆》、《杜詩批注》，及《臨江草堂文集》。詩思汪洋，自成一家。初稿存於海陵繆芷江侍郎家，弗戒於火，今所存止編年詩。乾隆戊寅六月初七日卒，年六十有六。配程恭人。子：恪，早卒；次繼程，業儒。嚴觀擬稿《後案》。

厲樊榭墓碣銘

余自束髮，出交天下之士，凡所謂工於語言者，蓋未嘗不識之，而有韻之文，莫如樊榭。樊榭少孤，家貧，其兄賣淡巴菰葉爲業以養之，將寄之僧寮，樊榭不可。讀書數年，即學爲詩，有佳句，是後遂於書無所不窺，所得皆用之於詩，故其詩多有異聞軼事，爲人所不窺。而最長於游山之什，冥搜象物，流連光景，清妙軼群〔一〕。又深於言情，故其擅長尤在詞，深入南宋諸家之勝。然其人孤瘦枯寒，於世事絶不諳，又卞急不能隨人曲折，率意而行，畢生以覓句爲自得。

其爲諸生也，李穆堂閣學主試事，闈中見其謝表而異之，曰：「是必詩人也。」因録之。計車北上，湯侍郎西崖大賞其詩，會報罷，侍郎遣人致意，欲授館焉。樊榭襆被潛出京，翌日侍郎迎之，已去矣，自是不復入長安。及以詞科薦，同人强之，始出。穆堂閣學欲爲道地，又報罷。而樊榭亦且老矣，乃忽有宦情，會選部之期近，遂赴之。同人皆謂：「君非有簿書之才，何孟浪思一擲？」樊榭曰：「吾思以薄禄養母也。」然樊榭竟至津門，興盡而返。予譜之曰：「是不上竿之魚也。」嗚呼！以樊榭爲吏，固非所宜〔二〕，而以其清材，使其行吟於荒江寂寞之間以死，則不可謂非天矣！

予交樊榭三十年，祁門馬嶰谷兄弟，延樊榭於館，予每數年必過之。嶰谷詩社以樊榭爲壇長，連牀刻燭，未嘗不相唱和。已而錢塘踵爲詩社，予亦豫焉。數年以來，二社之人，死亡相繼，樊榭每與予太息〔三〕。今年予有粤游，槐塘以書告樊榭之病，不意其遽不起也！嗚呼！風雅道散，方賴樊榭以主持之，今而後，江淮之吟事衰矣！

樊榭姓厲氏，諱鶚，字太鴻，本吾鄉之慈谿縣人，今爲錢塘縣人，康熙庚子舉人。生於某年月日，卒於某年月日，享年六十有二。曾祖某。祖某。父某。娶某氏〔四〕。無子，以弟之子爲之後。葬於湖上之某峰〔五〕。所著有《宋詩紀事》一百卷、《樊榭山房集》二十卷，已行於世；又有《遼史拾遺》十卷。

樊榭以求子故累買妾，而卒不育。最後得一妾，頗昵之，乃不安其室而去，遂以怏怏失志死，是則詞人不聞道之過也。且王適不難謾婦翁以博一妻，而樊榭至不能安其妾，則其才之短，又可歎也。嗚呼！樊榭屬予序其《宋詩》、《遼史》二種，忽忽十年，息壤在彼，而今隕涕而表其墓，悲夫！是爲銘，其詞曰：

冲恬如白傅兮，尚有不能忘情之吟。人情所不能割兮〔六〕，賢哲固亦難禁。祇應尋碧湖之故槳兮，與握手以援琴。樊榭茗上之故姬也。全祖望撰《鮚埼亭集》。

樊榭出居道古〔七〕，翛然清遠，詩文之外，鋭意於詞。嘗病倚聲家治蕩者失之靡，豪健者失之肆，因約情斂體，深秀綿邈，興至思集，輒自比之孫氏一弦〔八〕，柳氏雙鎖，要以自寫胸抱，非求悦衆耳也〔九〕。嚴長明輯《尊聞録》。

謹按：《欽定四庫全書提要》稱：「是集因所居，取唐皮日休句，題曰『樊榭山房』，是以名集〔一〇〕。」其詩則吐屬嫻雅〔一一〕，有修潔自喜之致，絶不染南宋江湖末派〔一二〕。雖才力富强〔一三〕，尚未能與朱彝尊等抗行〔一四〕，而恬吟密咏，綽有餘思，視國初西泠十子〔一五〕，則倐然遠矣〔一六〕。

樊榭下世，葬於杭州西溪王家塢，因無子嗣，不久化爲榛莽。後四十餘年，何君春渚琪游西溪田舍，見草堆中樊榭及姬人月上栗主在焉，取歸，偕同人送武林門外牙灣黄山谷祠，掃洒一室以供之，予爲撰「丈室花同天女散，摩圍詩共老人參」句以題其楹。李光甫方湛、蔣蔣村炯、陶凫香梁諸子，皆爲詩詞記之〔一七〕。樊榭生於康熙三十一年九月十一日辰時。月上姓朱氏，名滿孃，烏程人，生康熙五十八年三月二十四日辰時，歿於乾隆七年正月初三日戌時。並屬蔣村及項金門墉、許周生宗彦，各於忌日奉酒脯薦焉。王昶撰《蒲褐山房詩話》〔一八〕。

樊榭墓碣，生卒年月日時未詳，見此票，亦屬幸事。《後案》。

【校勘記】

〔一〕群：與張本皆訛作「事」，據《鮚埼亭集》改。

〔二〕所：原脱，據《鮚埼亭集》補。

〔三〕予：原脱，據《鮚埼亭集》補。

〔四〕曾祖某祖某父某娶某氏：原脱，據《鮚埼亭集》補。

〔五〕之：原脱，據《鮚埼亭集》補。

〔六〕人：原脱，據《鮚埼亭集》補。

〔七〕樊榭：《兩浙輶軒録》作「太鴻」。

〔八〕之：原脱，據《兩浙輶軒録》補。

〔九〕按：此句後《兩浙輶軒録》引文尚有「有《秋林琴雅》四卷」句。

〔一〇〕按：此句後《四庫全書總目》尚有「生平博洽群書，尤熟於宋事，嘗撰《宋詩紀事》一百卷、《南宋院畫録》八卷、《東城雜記》二卷。又與同社作《南宋雜事詩》七卷，皆考證詳明，足以傳後」等内容。

〔一一〕則：原脱，據《四庫全書總目》補。

〔一二〕絶：原脱，據《四庫全書總目》補。

〔一三〕强：《四庫全書總目》作「健」。

〔一四〕能：原脱，據《四庫全書總目》補。

〔一五〕初：《四庫全書總目》作「朝」。

〔一六〕原脱，據《四庫全書總目》補。

〔一七〕詩：原脱，據《蒲褐山房詩話》補。

〔一八〕王昶撰：原缺，據文例補。

錢文端公墓誌銘并序〔一〕

刑部尚書嘉興錢公，登朝爲名卿，老而告歸，上承聖人之殊眷，下爲海内文學之士宗仰爲耆碩者又二十餘年，乾隆三十九年正月辛酉薨於里。疏聞，上悼惜甚至，製詩哀之，命贈太傅，祀於賢良祠，謚之曰文端，賜祭葬如制，特予銀千兩治喪。其子汝誠，以是年十二月葬公武原生坊南化城，請予爲銘。

按狀：公諱陳群，字主敬。明給事中贈太常卿徽者，公六世祖也。曾祖諱升，祖諱瑞徵，考諱綸光，三世皆以公貴，贈光禄大夫。妣皆一品夫人。公之少也，讀書穎悟過人。未二十，遊京師，則已與諸名士論文唱和相得，時言才士即曰錢君。康熙六十年，公成進士，改庶吉士，授職編修。世宗時，三進官至侍讀學士，充日講起居注官，直南書房。今上登極，擢通政使司右通政，四進官至刑部侍郎。以疾歸里。

公當事持大體，守成法。爲編修時，嘗爲陝西宣諭化導使，在事稱爲能。及久任刑部，讞獄剖晰得情，甚稱職。然上尤愛公詩文之美，嘗樂與考論今古〔二〕，稱爲故人。公之歸也，上每思見之。公以所作之詩奏進，上覽之未嘗不稱善也。公歸後五年〔三〕，上南巡，賜在家食俸。後三年，皇太后慈壽七十，公入都慶祝，命加尚書銜，與九老之會，圖形禁中。後又兩值南巡，加命以刑部尚書致仕，晋太子太傅。至皇太后壽八十〔四〕，公再入都，年八十六矣，猶健步。上見公益喜，賜騎馬紫禁城，再與九老之會。公子汝誠爲户部侍郎，侍養於家，及是，隨公入朝。父子卿貳，持杖扶攜，出入宫苑禁闥之中，觀者以爲榮。其歸也，又賜詩以寵其行。

公嘗一爲會試總裁，三典鄉試，再提督學政。及年益高，天下文士，翕然趨之，公亦和易，與後進談説，往復論難不厭。吟誦詩章，音節抑揚要眇。説先朝故事，歷歷首尾，如披史傳，聽者每至中夜忘疲。是時長洲沈文慤公在吴，公在嘉興，天下以爲齊名，雖上亦稱爲二老也。文慤既殁後四年，公亦亡。於是上自九重，下洎朝士，以及閭閻識與不識，莫不歎息悲傷，謂東南耆舊盡矣。公年八十有九。再娶，皆俞氏，皆一品夫人，與公附葬。子七：長侍郎汝誠，次汝恭、汝慤、汝隨、汝豐、汝弼。公以汝弼嗣弟界後。幼子汝器，上南巡，爲公賜汝器爲舉人。女九。孫男十五。曾孫二。銘曰：

多士雲興，蔚此昌時。孰爲魁英，備履福祺。秀水之郭，鴛湖之湄。公起登朝，作吏之儀。歸樂太平，爲群士師。上與天子，賡和其辭。衆望哀然，既老不衰。我嘗識之，丹頰白髭。飲酒笑談，寡怒多怡。國有上瑞，匪鸞匪芝。進觀公貌，退讀公詩。詩則永留，貌不可追。刻示後來，吾言不欺。姚鼐撰《惜抱軒文集》。

【校勘記】

〔一〕題目《惜抱軒文集》作「光禄大夫刑部尚書贈太傅錢文端公墓誌銘并序」。

〔二〕論：原脱，據《惜抱軒文集》補。

〔三〕後：原脱，據《惜抱軒文集》補。

〔四〕壽：原脱，據《惜抱軒文集》補。

戴遂堂

戴公亨，字遂堂，遼陽人。康熙六十年進士〔一〕。遂堂襟情超邁，詩宗漢魏，字學二王〔二〕。自齊河罷官後，率其小妻，漂泊江湖。久之，依雅雨運使於邗上。嘗與予同寓真州，言生平所相企者〔三〕，惟李鐵君、陳石閭兩布衣，餘子不足數也。故雅雨爲刻《遼東三老詩》以傳之。性善飲，至數斗不亂。年近八十，貌如嬰兒，自誇得容成之術。予入都後年餘，聞移寓金陵，一夕，無疾而卒。王昶撰《蒲褐山房詩話》。

【校勘記】

〔一〕按：此句後《蒲褐山房詩話》尚有「官齊河知縣」一句。

〔二〕詩宗漢魏字學二王：《蒲褐山房詩話》作「詩筆堅明」。

〔三〕生平：原訛作「古今」，據《蒲褐山房詩話》改。

補戴遂堂傳

戴亨，字通乾，號遂堂，奉天承德縣人。中康熙辛丑進士。祖蒼，字葭湄，前明監軍道，世居浙之仁和縣，生二子，長名梓，字文開，亨之父也。卓犖負經世大略，年十二即工詩文書畫，聲藉甚。會三藩叛，康親王提大兵駐金華，聞梓名，聘入幕府，年才二十七耳。爲畫奇策，王傾心委重焉。時閩之大將馬九玉，以十萬師遮九龍山，梓單騎抵其壁，言中忌諱，即涕泣解甲請降爲先驅。而劉進忠、江機、楊一豹、葛如捷，皆閩之别將也，次第招降之，遂以平閩。韓大任者，吴驍將也，聞風亦来款附。王猶豫，梓請身往撫其師。凱旋，王奏梓才兼文武，堪任使，擢翰林院侍講，兼管工部炮廠。梓多巧思，製冲天大炮，測敵營遠近發之，無不糜爛。會征噶爾旦，承命輦炮詣敵營，炮舉，大敗之。在列者忌其能，誣搆，安置奉天以卒。

亨貌古氣夷，内行完潔，持高節，不能與俗俛仰。初授河間府教授，丁外艱。服闋，補順天府教授，薦升山東齊河縣令。治獨舉大體，不苛細，爲民疾苦久遠計，民稱之不容口。以伉直爲大吏所媢，罷歸。

少精制義，取科第，然非所好也。生平肆力於古，家貧苦飢，未嘗一日不爲詩。世之立壇坫者，賓賓一先生之言，掇其片羽一鱗，足自豪矣。亨能心追漢魏，逮唐初諸大家之神髓而陶冶之，詩不一家，家不一體，屏其面目，握其窔奥，故所作不襲陳編，一字一句，直從古人肺腑片片流出，而法律、氣骨、丰神，無不得焉。讀之者目眩心掉，欲歌欲泣，其感人有深焉者矣。自唐中、晚而後，負詩名者，多不得正法眼藏，雖世所瓣香，率墮小乘，亨一舉而空其蔀障，摧陷廓清之功，舍此奚歸？著有《讀書解惑》若干卷、《慶芝堂詩集》若干卷。善草書，深得晋人筆意，與李眉山、陳石間友善，世稱「遼東三老」云。録自任瑗撰《六有軒集》卷四。

師友淵源録後案卷八〔一〕

尊宿二〔二〕

戴學士行狀〔三〕

先生諱瀚，字巨川，號雪村。高祖諱勝顯，自江右遷金陵。祖諱進忠，妣崔氏。考諱天章，贈翰林院編修，例贈中憲大夫，學者所稱北山先生者也。妣林氏，敕授孺人〔四〕，例封恭人〔五〕。生五男，先生其長也。

年十五，補上元學附學生。雍正癸卯恩科，以貢生中順天鄉試第三名。是年會試中式二名，殿試第一甲第二名，賜進士及第，授翰林院編修，南書房行走。明年甲辰，分校禮闈。丙午，主貴州試。充日講起居注官，賜居圓明園。己酉，督學閩中。一歲三遷，至詹事府左、右庶子。癸丑，命在上諭館行走。十二年甲寅，坐陪祭失儀事落職，特恩咸安宫總裁行走。十三年春二月，復職，賜御製詩扇一柄、硯一方、書四種、皮衣二襲，特詔軍機房行走。夏六月，侍直海淀。召對，對既畢，趨出。憲皇帝顧視靴服穿弊甚，復召問家事，在京知家有老母。明日，由内閣傳諭江南督臣：「賞戴瀚銀二千兩，以爲伊母養贍之資。在京著内務府查給官房一所居住。」七月，擢翰林院侍講學士，仍充日講起居注官，在今上書房行走。主乙卯順天鄉試〔六〕，事未竣，世宗憲皇帝升遐，今皇帝諒闇。徹棘，仍軍機房行走。會以事下刑部，議上，欽蒙皇上恩旨復議，事得白，以薄譴歸田。又二十一年乙亥，年七十，卒於家。

先生生而奇穎，襁褓中得破書，輒半日不啼。四歲知調四聲。八歲能爲詩。十二學射，引弓十石。十三侍北山公攝山山寺，賦詩輒得奇句。北山公顧不憙，而督課日益嚴。時從北山公學者凡幾輩，北山公嘗篝燈先衆起，夜大雪，火不燃，衆意且寢，北山公啓户良久，入市乞火。歸，衆驚起，先生自是卧不敢暖席矣。北山公謂先生曰：「士讀萬卷書，當行萬里路。」年十九，娶三日，遂奉命遊學京師。鄉先輩進士王符躬、翰林朱師晦，皆折行輩與先生交。符躬嘗言：「他日得誌墓，謂最先知戴君巨川文必傳世，即死不恨。」又謂先生詩似元遺山。師晦曰：「不然，夫學無窮，如欲益巨川，宜無爲此言。」先生聞，更師事之。歲辛卯，丁北山公艱歸江南。

服除，遂遊淮上，南入閩西，至隴右、漢中〔七〕，所至，交其賢豪長者。客漢中三年，同邑江公匯川爲漢中守，館之署，不溷以事，日鍵户課文一篇，乃聽出。今所傳刻，半漢中作也。

先生文縱横變化，得筆莊、蘇，沃經史之腴，極古今治亂之故，究天地民物得失利害之情，而分寸合度，未嘗少溢。方先生視學閩中，閩故多才，聞先生至，益淬厲。先生敦學行，振寒素，所甄録士，後咸知名。或諸生有疑義，先生輒據案屬草爲之鵠。泰安相國時爲中丞，見所作，嘆曰：「奇而法，正而葩。」其推服如此。先生少深於詩，壯遊益得山水助，出入杜、韓牢籠〔八〕，瀲滌不可端倪。又嘗謂，書與射爲古六藝之遺，於篆籀、分隸，及晋唐書法，咸精究原委。閩中與督撫將軍仿古射禮，挽强命中，將軍阿公自嘆不如也。初，北山公嘗戒先生曰：「吾兒他日幸作學使，必無愛一錢。」及癸丑視事竣，垂橐歸，僦屋居，果如北山公言。

先生性孝友，事母太恭人，白首如孩童。北山公卒，弟妹凡七人，皆未第時經營畢婚嫁。遇諸弟無間言〔九〕，越數十年，不謀自爨。家故貧，罷官後，貧益甚。其奉母，獨賴賜金買田江渚供甘旨。己巳冬，林太恭人大耋考終。先生老矣，病與毁俱，又貧無以葬。甲戌夏，始將合葬於上元之清風鄉北山公墓，穿穴得石，不克葬。乙亥，先生主六峰講席。夏四月，得腹疾，兩閲月未瘳，猶爲諸生講授。八月歸。十月十八日疾革〔一〇〕，已就瞑，旋復蘇，命諸子侄跪受命。先生嬰末疾者逾十年，素舌强，至是語益不明。以左手指畫數四，乃得言，惟祖母大事而已。明日卒。先生生於康熙丙寅年八月二十二日申時〔一一〕，卒於乾隆乙亥年十月十九日巳時〔一二〕。明年丙子月日〔一三〕，子嗣琦將葬先生於太平山〔一四〕，馳赴京師，請狀先生行實，景伊門人也，不可以辭。

竊惟先生起家寒素，以廉節致煩天子軫念，爲其母謀朝夕。嗚呼！可謂榮矣。方官禁近，時桐山、虞山兩相國，倚以集事如左右手。六卿奏議，屬點訂，輒得報可。憲皇帝嘗顧侍臣曰：「滿漢大臣中，如戴瀚者絶少。」當此之時，天下之士仰其風采，望其功業已。以試事干吏議，禍且不測，重蒙聖祖一人之知，昭雪原宥，優遊家居者二十年。其受兩朝知遇之重，爲何如與？少貧賤，中更華膴，老而貧兼病，先生處之泰然如一。嗚呼！此可以觀其所養矣。

先生自少所遊歷，及通籍後珥筆直廬，王程行役，率紀以詩。歲甲戌，自爲裒集，其應酬牽率，漫漶遺忘者，概弗與。得古今體詩二千餘首〔一五〕，題曰《編年詩剩》，並文集藏於家。先生娶趙氏，繼娶周氏。子二人：祖持早卒；嗣琦，府學生。女一，許字馮淮。謹狀。程景伊撰。

【校勘記】

〔一〕按：卷題原無，據《總目》補。

〔二〕尊宿二：原無，按卷七標「尊宿一」，又據《總目》此卷所收皆屬「尊宿」，故補之。下文「尊宿三」同此，不再出校。

〔三〕題目戴祖啓撰《師華山房文集》作「雪村先生行狀」，並有注云「代程莘田相公作」。
〔四〕授：原訛作「贈」，據《師華山房文集》改。
〔五〕封：原訛作「贈」，據《師華山房文集》改。
〔六〕按：「主」原倒在「卯」字後，據《師華山房文集》乙正。
〔七〕至：原脱，據《師華山房文集》補。
〔八〕出：原脱，據《師華山房文集》補。
〔九〕遇諸弟無間言：《師華山房文集》無。
〔一〇〕十月：原脱，據《師華山房文集》補。
〔一一〕申：原脱，據《師華山房文集》補。
〔一二〕巳：原訛作「申」，據《師華山房文集》改。
〔一三〕卒於乾隆乙亥年十月十九日巳時明年丙子月日：原脱，據《師華山房文集》補。
〔一四〕按：「子」前原衍「嗣」字，據《師華山房文集》删。
〔一五〕體：原脱，據《師華山房文集》補。

汪文端公傳〔一〕

汪由敦，字師茗，安徽休寧人。幼穎異，讀書目數行俱下。初名良金，十歲就試不售，改今名。徽人商杭者，令甲别立商籍。由敦年十九遊浙中，循例入試，補錢塘縣學附生，故又爲錢塘籍。時徐元夢撫浙江，聞其名，延致幕中。繼元夢入爲工部尚書，由敦以國子監生偕入都。雍正元年，疏薦引見，充明史館纂修官。故事，史局編纂例用詞臣，由敦以諸生被命，時論榮之。

二年三月，舉順天鄉試。八月，成進士，改翰林院庶吉士，散館授編修。十年，充日講起居注官。十一年四月，授右春坊右中允。八月，授翰林院侍講。十三年，轉侍讀。皇上初即位，授提督四譯館，太常寺少卿，仍兼講官。館卿向無兼記注者，由敦以文學夙爲上所知，故有是命。乾隆元年，入直南書房，授内閣學士。二年，會御史劉元燮以風聞具劾，降翰林院侍讀學士。五年，仍爲内閣學士。六年，授禮部左侍郎，調兵部左侍郎。八年〔二〕，充經筵講官。九年，轉户部右侍郎，授工部尚書，轉刑部尚書。

十一年，兼署都察院左都御史，旋入直軍機處。丁卯、戊辰之間，金川方用兵，羽書旁午。皇上睿謨廣運，燭照萬里之外，指授方略，日數千百言。由敦視草，援筆立就，無不當上意。十四年，金川平，加軍功三級，旋加太子少師，協辦大學士。俄以代原任大學士張廷玉陳奏事革職，留尚書任自效。

十五年，復任尚書。夏六月，永定河決固安，奉命往勘，籌議堵禦，悉合機宜。會四川學政朱荃以墨敗，由敦曾舉荃典試，復革職，仍理兵部侍郎事自贖。是年冬，特恩廕一子分部學習。十六年，補户部右侍郎。復奉命勘永定河，時積水爲患，有言宜别開新河歸海者。由敦徧歷沿河州郡，度地形勢，議以暴水爲患，由河身淤淺，第濬之，當自息。别開新河，未見其利，日久復淤，無益，又當壞民田廬無算，宜仍舊便。奏上，報可。十七年，授工部尚書。十九年，加太子太傅，兼理刑部事。

二十年，轉刑部尚書，叙平準噶爾功，得軍功加三級。自準噶爾出師以來，由敦偕同事諸臣，晨夕進見，日數四。時或扈從，召對帳殿亦如之，其勞與金川時同。二十一年，轉工部尚書，兼署吏部事。二十二年，轉吏部尚書。二十三年正月卒於官，年六十有七，謚文端。

由敦學問淹貫，於書無所不窺。爲文章典重有體，詞約而旨深，少負重望。自以諸生直史館，當事即以公輔期之。及官翰林，朝廷大制作，必屬爲之，一時奉爲矜式。其他碑版序紀，及古今體詩，俱爲時所傳誦。有詩文集若干卷行於世。尤嫺歷代掌故，前後考定樂章、祭器、鹵簿，及朝會、升祔諸大禮〔三〕，皆斟酌古今，釐然爲一代制。爲人沉静寡言笑，喜愠不少見於色。遇事有識，默定於中，不以議論捷給相尚。當群言紛沓，徐出一語，聞者厭心，以爲不可及也。氣度端凝整暇，極倥偬中，亦從容不失條理。雖以文學受主知，而簿書、錢穀、刑名、法律之事，亦無不究心焉。

性尤慎密，每有贊畫，絶口不言，雖子弟親戚不使知，上由是益倚任。凡塞外行圍，及四方巡幸，必以由敦從，恩禮錫賚，不可殫紀。而由敦益小心敬慎，竭力奉職無少懈，卒以勞疾不起。皇上親臨其喪，哭之慟，賜陀羅經被以殮〔四〕，命内務府大臣理其喪。復諭内閣曰：「吏部尚書汪由敦，老成端恪，敏練安詳。學問淵醇，文詞雅正。簡任部務，供奉内廷，夙夜在公，勤勞匪懈。前以偶攖寒疾，當命加意調治，並賜醫藥，以冀速痊。忽聞溘逝，深爲軫悼。即日朕親臨祭奠茶醊。着加贈太子太師，入祀賢良祠。並准其入城，於賜第停設，賞内庫銀二千兩經理喪事。所有應得恤典，仍着該部察例具奏。」大臣禮遇之隆，近罕其比，論者亦以由敦爲當之不愧焉。由敦尤工書，卒之後，皇上命裒輯勒石，凡十卷，筆法深穩端勁，如其爲人。錢維城撰《茶山文鈔》〔五〕。

【校勘記】

〔一〕題目《錢文敏公全集》作「加贈太子太保吏部尚書謚文端汪由敦傳」。

〔二〕八月：原脱，據《錢文敏公全集》補。

〔三〕禮：與張本皆訛作「體」，據《錢文敏公全集》改。

〔四〕陀羅經被：《錢文敏公全集》作「陀羅衛」。

〔五〕錢維城：原訛作「錢維喬」，按錢維城號茶山，其文集稱《茶山文鈔》，故改。

商寶意先生傳〔一〕

公諱盤，字蒼雨〔二〕，號寶意，姓商氏。其先汴人也，世居嵊縣之繼錦鄉，四山公始遷郡城。代多聞人，前明太僕明洲公、少廷尉燕陽公皆登進士，遂爲邑著姓。再傳等軒公，位冢宰，爲公六世祖〔三〕。曾祖濟川公，郡庠生。祖頤山公，康熙丙子舉人，官嘉興教諭。考今素公，壬午舉人，歷任泰安州、達州倅〔四〕。俱以公貴，貤贈如其官。

康熙辛巳十月二十又四日〔五〕，公生於八士橋尚書舊第。五齡，就傅讀書於土城山之質園。越七載，乃出應試。年十九，補庠生，與同學結西園吟社〔六〕。著《小山叢桂集》，而髫齡所作《新蟬》詩、《紅葉》《白燕》等賦，已爲時艷稱。雍正元年設特科，公年纔二十有三。山左何公世璂視浙學，拔公貢成均。明年入京師。周公學健、任公蘭枝，咸目爲國士。凡名卿大夫，文字之飲，得公擊盤刻燭，始相引重。公灑墨淋漓，每成四韻，輒傾倒前賢，而才子之名，赫然布滿於都下〔七〕。己酉舉京兆。明年登第，廷對列二甲，以知縣用。次日，特旨改庶常，習國書。散館授編修。

今上元年，公三十五歲，疊充八旗館、《國史》館纂修官，進《經史講義》。數上封事。

戊午，獻《臨雍頌》、《耕耤》詩，皆爲上嘉納。尋以禄養陳情乞外任，得廣西新寧州牧。上以其親老，特改授鎮江郡丞。詞臣受恩逾格，前所未有也。既而權海州牧，及南昌令、南康守，調太平郡丞。甲子，以督造戰艦，居吴門二載。丁外憂去。服闋，補施南郡丞，攝梧守篆〔八〕。壬申，分校文、武鄉試，旋督糧艘北征。甲戌，擢梧州太守，公年五十有四矣。既入粤，而知梧州者已易官，乃僅權鬱林牧及太平守〔九〕。尋補慶遠府。歷四年，遷守鎮安。又三年，持繼母服去。甲申，年六十有四，再補雲南守。丙戌，移守元江。明年，王師進剿緬甸，公跋涉戎行，夙夜靡逸，感觸瘴癘，受病日深。六月，渡清水河，霪雨如注，公露處馬家梹榔園一晝夜，病大作。歷旬日，猶力疾理事。晦日渴甚，噉瓜一環，痰壅而卒，蓋以死勤事者也。

公游心典籍，樹骨風騷，馳騁百家，弋獵四庫，著《質園詩》，幾及萬篇。宦跡所歷，方幅殆遍。凡冠裳禮讓，戎馬戰争之區，風月蔦花，般樂遊嬉之地，以及蠻鄉瘴海，鬼國神皋，奇詭荒怪之境，莫不遐矚曠覽，傾液漱潤，一發於詩。蓋取卷軸，精華璀璨，洋溢於呼吸吐納中，遂并古人諸長，使靈源匯心，錦機納手，故能清新無窮，垂老不竭，爲一代有數作者。至在事有方，人思其政，從容馴致，不尚深刻，是以士女昌逸，閭井謳謡。公以此得與庶僚賓從，迴翔文酒於江山清晏之間。以視束隘迫蹙於簿書筐篋中者，翛然自遠。

公好賢愛士，天性真摯，見人擅才藻，若己有之，壇坫風流，後彦景附。而舞衫歌扇，乞公醉墨，霑溉者輒滿其志。嗚呼豪矣！公詩初效樊南，既而出入杜韓、元白、蘇陸間，樂府歌行，尤瓌麗縱恣，跌宕自喜。交遊遍海内，最善者嚴遂成、袁枚、王又曾、萬光泰、程晋芳，及戚友吴爚文〔一〇〕。其子璜幼富文詞，特爲舅氏矜寵。晚年採國朝郡邑人詩數千首，編排品隲，題曰《越風》，然而無出公右者。

論曰：昔人謂位有窮通，而名不可滅者，文章其著焉。經禮樂而緯國家，通古今而述美惡，非斯莫可。誠性情風標，神明律吕也。商公仕宦三十年，身佩十三印。列戟專城，不廢觴咏。有承平士大夫之風，迨老入師中，盡瘁而死，文人所遇，克有終矣。到溉曰「有大才而無貴仕」，於公則何憾焉！蔣士銓撰《忠雅堂文集》。

【校勘記】

〔一〕題目《質園詩集》卷首作「寶意先生傳」，題下落款「同館後進鉛山蔣士銓拜撰」。

〔二〕雨：原訛作「羽」，據《質園詩集》卷首傳改。

〔三〕六：原訛作「五」，據《質園詩集》卷首傳改。

〔四〕歷任泰安州達州倅：原作「歷任達州、泰安州同」，據《質園詩集》卷首傳改。

〔五〕又：原脱，據《質園詩集》卷首傳補。

〔六〕與同學結西園吟社：《質園詩集》卷首傳作「與同學結社」。

〔七〕於：原脱，據《質園詩集》卷首傳補。

〔八〕梧：《質園詩集》卷首傳無。

〔九〕僅：《質園詩集》卷首傳無。

〔一〇〕及戚友吴爚文：「及」字原脱，據《質園詩集》卷首傳補。

禮部右侍郎齊公墓誌銘〔一〕

天台齊氏有圮族之逆子曰周華，少溺於呂留良之邪説，伸論黨護，應寘重典，邀恩寛宥，跳身遠走。閲三十餘年然後歸，歸而出妻屏子，通族擯而不齒。益復斥賣田宅〔二〕，盡刊其非聖無法之言。巡撫熊中丞學鵬，方閲視台州城工，遮道獻其書，并列其宗人，前禮部侍郎召南十罪。中丞上其書於朝，以其人磔死，其近族弟侄并子孫，論大辟者凡十人。皇上聖慈，止戮其子孫，餘皆釋弗論。而逮禮部至京，法司當公徇隱之罪，而盡籍其産。皇上鑒公無他，僅予革職，還其産之十三四，爲其饘粥之地。旋命歸里，恩膏汪濊，旁觀皆爲感泣，况其身受者乎？公易直子良，朴誠自矢，爲主上所深知，横遭宵小之玷，縈紆趯悶，無由自白於聖人之前。舟車刺促，内鬱外勞，抵家甫匝月，疾作，遂不可爲，時乾隆三十三年五月二十三日也。貧無以殮，孤子鬻其餘田，以給喪事，某年月日葬於先人之阡。苴杖麻經，遠走千里，踵余門而乞銘。余與公同試詞科，同官翰苑，性情嗜好，無一不合，不獨文章學問之益也，其忍不銘？

齊之出有二：太公之後，子孫以國爲氏；衛大夫齊子之後，子孫以字爲氏。此夾漈鄭氏之言也，世遠不可考信。公自撰年譜，矜慎不敢妄定，據其近代之可徵者曰：「先世汴之祥符人，隨宋南渡，僑寓杭州。有諱盛者，由進士官宣義郎，始占籍天台，是爲天台之始祖。四世祖莊卿，洪武初，以人材薦授湖廣房縣知縣。七世祖汪，正統丙辰進士，官兵部車駕司郎中，扈蹕殉土木難。曾祖父諱之仲，早卒。曾祖母許氏，守節撫孤，事載郡邑志，從祀節孝祠。祖諱化龍，以潛德孝義聞於鄉。祖母徐氏。父諱鼒，字省齋，邑文學。母張氏。」自曾祖以下，皆以公貴，累贈至資政大夫，禮部右侍郎。妣皆贈一品夫人。

公名召南，字次風，號瓊臺，晚號息園。省齋公生五子，公其次也。幼而穎敏，六歲解屬對，九歲《五經》成誦，鄉里稱神童。十二歲應郡試。省齋公攜至郡，登巾子山，吟五言云：「江水連天白，人烟滿地浮。巾山山上眺，一覽小東甌。」識者即以公輔器相品目。與兄周南出就外傅〔三〕，青燈布被，攻苦連日夕。弟圖南、世南、道南，皆從公學，友愛彌篤。年十六〔四〕，充博士弟子。二十三，督學新城何端簡公世堪，選拔入成均。十一郡貢生咸集，端簡指公稱於衆曰：「此我朝奇士，當以王姚江一輩相待也。」雍正七年，己酉科鄉試中副車。十一年癸丑，詔復詞科之制。明年，督臣上蔡程公元章、學臣奉新帥公念祖，以博學鴻詞薦。

乾隆丙辰，皇帝紀號之元載，召試之士，群萃闕下，凡百八十四人，試於保和殿。欽取一十五人，君名在二等第八，改翰林院庶吉士，即充《大清一統志》纂修官。明年，散館授檢討。三年四月，京察一等，加一級。四年六月，充武英殿校勘經史官。十月，充《明鑑綱目》館纂修官。六年三月，以一統志館議叙，列一等加一級。八年四月，御試翰林詹事於圓明園，列優等。六月，晋右春坊右中允。十一月，轉左，以原銜署日講起居注官，召對於養心殿西暖閣。旋晋翰林院侍讀，以原銜充日講起居注官。九年，丁省齋公艱，戴星而奔，哀毁骨立。前曾承辦《禮記》《漢書考證》，十年，諭旨仍令在籍編輯，陸續交武英殿經進。十一年三月，《綱目》告成，議叙仍列一等，奉旨於起官日加一級。

服闋入都，奉上諭，仍著在武英殿校勘經史。十二年二月，補原官。三月，經史館告成，議叙加一級。旋充《大清會典》纂修官。四月，京察一等，署日講起居注官。五月，召對於勤政殿，校勘《通志》《通考》，晋侍讀學士，充《續文獻通考》館纂修官，主順天武鄉試〔五〕，以原銜充日講起居注官。

十三年戊辰會試，充同考官。五月，御試翰詹官於乾清宫。榜未發，奉上諭在阿哥書房行走，以一等第一名擢授内閣學士，兼禮部侍郎。甫一月，補授禮部右侍郎。上於寧古塔得古鏡，以來歷未詳問朝臣，莫有對者，公具悉原委并其款識以對，上大悦，諭左右曰：「是不愧博學鴻詞矣。」八月，召對於勤政殿。越日，復於養心殿西暖閣召對。九月初五日，禮部於西苑樓前侍班，伏觀御射，發十九矢皆中的。上騎還圓明園，顧尚書蔣溥與公曰：「不可無詩。」公於翼日進詩四首，序一篇。上即俯和，命内監持稿示公。知遇之隆，罕有倫比。旋充《續文獻通考》館副總裁官，侍班暢春苑大西門樓，奉特旨勘定《通禮》。

十四年正月，召對於西暖閣。四月，充册封婉嬪副使。二十九日，自圓明園直上書房歸澄懷園，甫及門，馬驚墮，觸大石，負重傷，幾不藥。程學士景伊，亦自上書房歸，驚馳入告。上爲動容，賜藥三瓶，特遣中官，就寓探問，傳蒙古醫療治。病少定，上見阿哥果親王，頻問：「汝師傅病勢如何？須時差人探問。」又見奏事大臣，天語垂問病狀。後於木蘭圍場中，又問阿哥。九月回鑾，又問大學士尚書，賜乾鹿肉十五束。聖眷隆厚，雖慈父母之於子，無以加也。十月，病稍間，詣宫門請聖安，召對於宏德殿，行步猶艱。天顔憫閔曰：「汝病尚未愈，須加意安養。」公因口陳，懇解職任，回籍省侍老母。上慰留再三，堅請益力。上言冬間風寒，如何行路，慰諭款曲。十一月，具摺哀懇，俟春和，由長船回南。上始可其奏，猶傳太醫劉裕鐸、邵正文診脈處方。

公單門寒素，起自田間，不藉引援，不由推轂，荷聖主特達之知，論有根柢，辭無枝葉，肫誠朴茂，溢於眉宇，望而知爲端人碩士。晝日三接，一歲九遷，受寵若驚，奉身若不及。天鑒密微，一誠相感，蓋不獨以其學優而文贍也。自通籍以來，聖恩優渥，錫賚便蕃，不可勝紀。其同詞科諸臣拜賜者，則《日知》、《薈説》、御製《喜雪石刻》、紗葛、筆墨、端硯。其同翰苑諸臣拜賜者，則《日講春秋》《樂善堂文集》《世宗憲皇帝御製文集》《欽定四書文》《世宗憲皇帝上諭》。其同綱目館諸臣拜賜者，則《明史》。其同翰詹諸臣優等拜賜者，則《御製元宵聯句石刻》、紗葛、筆墨。其因考試而拜賜者，御製石刻、硯、筆、墨等物。其賜《詞林典故》，則召對於勤政殿也。其同上書房行走諸臣拜賜者，則《御書敬勝齋法帖》〔六〕、貂挂、龍箋、對聯、筆墨，以及鹿肉、大魚、山雞、鹿尾、挂麪、藕粉、葛粉、荔枝、蓮子、青菓、嘉慶子豐貂、文綺挂包、手帕、福字，凡三賜焉。

起程，又賜紗葛各二。抵家，太夫人適患痰喘，臥牀笫，聞公至，起謝天恩。執公手曰：「汝果來乎？」勿藥而愈。十六年，翠華南幸，公恭迎於吴江八測河岸。上遥顧曰：「汝已好耶？」隨向行在請聖安。即召見，詢問病體，及老母健飯否。諭以：「汝能奉母讀書，自然復健。汝第安養，不必步步相隨。」賜克食并内緞二，紫貂四。十一月，太夫人棄養。明年十月，合葬考妣於三十一都苑坑之原。

十九年二月，服闋，制府喀公請爲紹興蕺山書院山長。冬，喀公復請主福建道山書院，以道遠辭。巡撫周公聘主杭州敷文書院。二十二年，上復幸浙，公於無錫北之迎龍橋迎駕〔七〕。尚未奏名，上望見，即問：「汝今已好耶〔八〕？」隨詣大營盤請聖安，即召見，垂問病勢加減及書院人文。奏對良久，遵諭先至杭。上駐蹕蘇州，命軍機處賜墨刻一卷，内緞四疋。二十八日，於西湖行宫，恭進頌册。蒙賜大緞六疋。

二十六年十月，叩祝皇太后萬壽入京，恭請聖安，即蒙召對，慰問良久。内監扶起，與尚書長洲沈德潛，奉旨仍赴上書房，與諸阿哥相見，以詩文質正。辰入未出，有扶掖者，不拘常儀。十一月二十五日，朝賀皇太后萬壽，賞内緞三疋、挂包、鼻烟，又奉旨加一級，加賞彩緞三疋，紫貂六個，《皇清文穎》一部。

二十七年，皇上三幸浙江，恭迎於吴江汪家溪亭上。三十年，皇上四幸浙江，恭迎於蘇州城内行宫前。俱蒙温旨慰問，傳諭先回静候。皇上駐蹕西湖行宫，疊受頒賞内緞。越日，幸敷文書院，御製詩疊韻，命公與學臣并諸生和詩進呈，賞筆、墨、硯。公主敷文凡十一年，奬勵後進，因材而篤，生徒雲集，巾卷盈坐。至是，以風痰時發，懇辭歸里，杜門不出。方幸棲遲化日〔九〕，保卒餘年，不意逆人近出，族屬横遭波累，壽命不長，彌留墜言〔一〇〕，自云：「我生不辰，濱於死者有二，皆賴聖主得以生全。方馬驚墮地時，首觸巨石，腦髓迸流，目睛眩轉，神魂飛越，自分必死，非夫萬金良藥，孰能使元神固而不離？非夫生牛冒首，孰能使真氣聚而不洩？非夫蒙古神醫，遍體椎朴，孰能使十二經脈漸復其本初，三百六十五骨節各還其部位？三日而知痛，五日而知飢，不三月而即能起立。收既散之魄體，與陰陽争瞬息之去留，而奪之鬼伯之手。生我者父母，之死而致生之者，皇上也。逆書上聞，部議以狥隱擬流，聖意不測，遠則新疆，近則烏剌，至近則寧古塔也。朔風砭骨，黄沙蔽天，朝狎駝馬，夜鄰鬼魅。羸軀殘喘，填溝壑而飽烏鳶，其常也。則今日考終牖下，雖死猶幸。齊氏子孫，生生世世，宜如何其銜結以報也[二]！」言不及家事，泊然而逝。

公口無擇言，身無擇行，弱不好弄，而於詩書若麴蘖，著作等身。石渠金鐀[三]，藏在廣内者，《一統志》河南、山東、江蘇、安徽、福建、雲南六省，皆其編輯。外藩屬國徐韓，向無底本，則公創稿新撰也。《明史綱目·前紀》二卷，神、光、熹三朝，則公所輯也。又與楊學士椿兼總校之任。武英殿分撰《經史考證》，而公獨多。經則《尚書》《禮記》《春秋三傳》，史則《史記·功臣侯表》五卷、《漢書》百卷、《後漢書·郡國志》五卷、《隋書·律歷》《天文》五卷、《舊唐書·律歷》《天文》二卷。嘗言酈氏之注《水經》，明於西北而闇於東南，且域外之水道未詳，因撰《水道提綱》三十卷，大而河海，小而溪澗，溯源窮委，如指上螺紋，一鑒可悉。又有《〈史〉〈漢〉功臣侯第考》一卷、《歷代帝王表》十三卷、《後漢公卿表》一卷、《宋史目録》，皆其藏於家者也。詩文操筆立就，鋪陳終始，爛若雲錦。晚喜集句，李杜韓蘇，若出一手。在蕺山聽雲樓，臨摹蘭亭法帖，即於原序中，去其複字二百四字，倣千文體成三言詩十七章。客有以《淳化閣帖》三百字求跋者，即因其字數，縱横集之，頃刻成五言律十二首。讀余《嶺南集》，即集七十餘首。讀錢司寇《香樹續集》，即集十首贈之，敏捷如此。

公生於康熙四十二年正月十一日，年不逾中壽，止六十有六云。配張氏，誥封二品夫人。子一：式遷，國子監生。女二：長適張緝禮，次適文學潘崙甲。孫女二人。銘曰：

赤城霞起，翠屏雲蒸。鍾毓神秀，哲人以興。緊公方聞，詞科發迹。笙典珠墳，紛綸旁魄。蹈道執禮，儒林職志。三篋補亡，百題並試。劉仲邃父，心所遐慕。七經釋疑，兩漢刊誤。珠林玉府，恣公遊處。鴻筆馳驟，爲國風雨。慎簡宫僚，爲諸王友。諫寓邪蒿，敬徵醴酒。吁嗟逢屯，日昃退直。馬驚而墮，命在漏刻。巫咸叫閽，聖心閔惻。賜藥遣醫，奪之鬼伯。移席歸臥，優游林泉。咏歌德化〔三〕，若將終焉。族子猰貐，不可化訓。蒼蠅點璧，幾隕厥問。帝念微勤，弗寘於理。白衣還山，祝宗祈死。鴻慈未酬，没而不瞑。魂瞻帝鄉，長在華頂。松貞柏悦，幽扃孔臧。毋忘在莒，一眚何傷？碑材輪囷，徐俟慇綸。瘞銘前和，視此刻文。杭世駿撰《道古堂文集》。

【校勘記】

〔一〕題目杭世駿撰《道古堂文集》卷四作「資政大夫禮部右侍郎齊公墓誌銘」。

〔二〕復：原論作「後」，據《道古堂文集》改。

〔三〕周：原訛作「召」，據《道古堂文集》改。

〔四〕年：原脱，據《道古堂文集》補。

〔五〕武：原脱，據《道古堂文集》補。

〔六〕齋：原作「堂」，據《道古堂文集》改。

〔七〕北之：原倒作「之北」，據《道古堂文集》乙正。

〔八〕今：原脱，據《道古堂文集》補。

〔九〕日：與張本皆訛作「月」，據《道古堂文集》改。

〔一〇〕墜言：原訛作「不起」，據《道古堂文集》改。

〔一一〕如何其：原倒作「其如何」，據《道古堂文集》乙正。

〔一二〕鑽：原訛作「鎖」，據《道古堂文集》改。

〔一三〕歌：原訛作「德」，據《道古堂文集》、張本改。

全謝山

公諱祖望，浙之鄞人。以乾隆元年春闈先入詞館，故九月間不與鴻博之試。三十年散館外用。不樂賦詩，呈李穆堂侍郎云：「生平坐笑陶彭澤，豈有牽絲百里才。秫未成醪身已去，幾何曾待督郵來[一]。」有乩仙傳謝山爲錢忠介公後身者，故有《舉子》詩云：「釋子語輪回，聞之輒加嗔。有客妄附會，云我具夙根。琅江老督相，於我乃前身。一笑妄應之，燕說謾云云。」按謝山年三十有六，方娶滿州學士春臺之女，逾年舉子。時忠介公後人名芍亭者，侵晨入賀。謝山驚曰：「何知之神耶？」芍亭曰：「夜來寒影堂中，不知何人揚言曰[二]：『謝山得子。』故來賀耳。」[三]袁枚撰《隨園詩話》。

【校勘記】

〔一〕幾何曾待督郵來：《隨園詩話》作「先幾何待督郵來」。

〔二〕揚：與張本皆訛作「陽」，據《隨園詩話》改。

〔三〕按：此句後《隨園詩話》尚有「此事朱心池爲余言之，余惰，在都見謝山時，不曾一問」數句。

補全紹衣傳

全祖望，字紹衣，號謝山，小字阿補，鄞人。年十四，補諸生，始謁學官。至名宦、鄉賢祠，見謝太僕三賓、張提督杰木主曰：「此反覆賣主賊！」捶之不碎，投泮池。雍正七年，充選貢入都，上書禮部侍郎方苞，論《喪禮或問》，侍郎異之，由是聲稱藉甚。十年，舉進士不第。工部侍郎李紱見其行卷曰：「深寧、東發後一人也。」十二年，詔開鴻博大科，膺薦者二百餘人集都下，祖望譽最高。徐相國屢招致之，不往，遂深嫉之。乾隆元年成進士，改庶吉士。十月，大科朝試，相國以祖望故，特奏凡經保薦而已成進士入詞林者，不必再與鴻博之試。祖望負氣爲《五六天地之中合賦》，擬進卷二首，抉《漢志》《唐志》之徽，出與試諸人右，當事者益嫉之。明年，散館列下等，外補。祖望性伉直，不能容物。先嘗患齒痛，妻張因事相規，笑曰：「此雌黄人物之報也。」卒不改，至於放黜。既南歸，丁外、内艱。服除，不復謁選。

性好聚書。弱冠時，登范氏天一閣、謝氏天賜閣、陳氏雲在樓，遇希有之本輒借鈔。入都，鈔書不輟。坐是困乏，以行篋書二萬卷質於黄監倉，然猶就《永樂大典》取所欲見而不可得者，分例爲五，一經、二史、三志乘、四氏族、五文集，簽鈔之。及放歸，重登天一閣，借鈔不輟。家益貧，饔飧或不給，冬衣袷衣，唯韓江馬氏稍賙濟之。主講蕺山書院，不數月，與紹守不協，固辭。歸後，主講端溪書院年餘，以病歸。乾隆二十年卒，年五十一。子昭德，年十三，先五月卒。議立後，而本支無其人，乃立疏族孫孫桐爲孫。盡粥所藏書萬餘卷於盧姓，得白金二百爲喪葬費。孫桐纔七歲，後亦不達。

祖望經學、史學、詩文雅擅衆長，生平服膺黄宗羲。宗羲著述甚多，其最傳者《南雷文定》，於殘明碧血，刻意表章。祖望踵南雷之後，亦刻意表章，詳盡而核實，可當續史。其《七校水經注》，半在趙一清本中。《困學紀聞三箋》，嘉慶初屠繼序得本，梓於廣，再梓於浙。學政阮芸臺得《經史問答》，史夢蛟得手定本《鮚埼亭集》，并梓於浙。《外集》《詩集》亦漸次梓行。

余觀古今宿學有文章者未必本經術，通經術者未必具史裁，服、鄭之與遷、固，各自溝澮，步趨其一，足千古矣，祖望殆兼之，致難得也。當事者不善護持，至使終身放廢，人既阨之，天亦阨之，然而不朽著述，久必發揚。仕不公卿，何關輕重？自祖望殁後，至今五十餘年，其遺書出而盛行，知不知皆奉爲浙學之冠，故爲之傳，俟史臣之述文苑者采焉。録自嚴可均《鐵橋漫稿》卷七。

補全祖望傳

全祖望，字紹衣，號謝山，浙江寧波府鄞縣人。曾祖太和，生當明季，適清兵南下，甬東遺民，抗節不仕，全氏棄諸生籍者計二十四人。太和以兄子吾騏爲後。即祖望王父。又以東錢湖之童嶴處萬山間，人跡罕至，擬避地焉。時吾騏年十六，亦披服入山。力耕之餘，清吟而已。高武部隱學嘆曰：「昔謝皋羽棄子隱遁，終身不相聞問，鄭所南則無子，未若全氏之駢聚也。」吾騏子書，以經術詩詞教授鄉里。生子祖望，相傳爲錢肅樂後生。董純所作《年譜》云：「有傳先生爲錢忠介公轉生者，其詳未之聞。」集中有《五月十三舉子》詩三首，其第二首曰：「釋子語輪迴，聞之頓加憎。有客妄附會，謂我具宿根。琅江老督相，於我乃前身。一笑妄應之，燕説漫云云。昨聞正氣堂，豫告將雛辰。在我終弗信，傳之頗驚人。」即此事也。四歲就塾，即粗解諸經章句。及稍長，從同里董次歐游，與争論經史，次歐目爲俊人。全氏自鼎革後，眷懷國耻，不欲以文學進身。祖望以家貧親老，年十四，補鄞縣弟子員。謁學宫，至鄉賢、名宦諸祠，見謝三賓、張國俊主曰：「此反覆賣主之亂賊，奈何污宫牆？」碎其主，投諸頖池。謝、張皆明臣之降清者〔一〕。其嫉惡若此。

尋舉順天鄉試。乾隆元年成進士，選庶吉士。嘗忤首輔张廷玉，故散館以知縣用，祖望遂反里，不復出。祖望本無出仕志，早年寧守孫某欲薦之，上書力辭。年三十七，呈詩李紱，有「自分不求五鼎食，何妨平揖大將軍」句。除父服，有司催赴選，作《心喪札子》呈之，蓋本無意出山也。又《答梁薌林》詩曰「故人爲我關情處，莫學瓊山强定山」，蓋不欲梁氏之薦己也。後陳兆崙亦欲强之出山，望拒不從。全氏爲浙東文獻宗，祖望承之，其學淵博無涯涘，於書靡不穿貫。李紱見其文，嘆爲深寧、東發之傳。查餘行亦曰：「紹衣之學，今之劉原父也。」年甫冠，即上書方苞，争論《喪禮或問》。在翰林，與李紱共讀《永樂大典》，每日各盡二十册。時開明史館，復爲書六通遺之。《年譜》云：「其第一、第二專論《藝文》一門。又謂本代之書，必略及其大意，始有係於一代之事，故典則風會而不僅書目。第三、第四專論《表》，於外蕃、屬國變亂，瞭如指掌。第五、第六專論《隱佚》《忠義》兩傳，足扶宇宙之元氣。」初見楊名時於京師，楊稱其博，以有用之學勉之。祖望曰：「以東萊、止齋之學，朱子尚譏之，何敢言博？」蓋浙東學派承南雷黄氏之傳，雜治經史百家，不復執一廢百。鄞縣萬氏承之，學益昌大。若祖望之學，殆亦由萬氏而私淑南雷者歟？

祖望性伉直，負氣忤俗，彰善絶惡，有明末節士遺風。既辟官歸，貧且病，饔飧或不給，而好學益厲，人有所餽，皆峻辭。梁薌林擬特疏薦之，辭不就。祖望雖委贄本朝乎，然亮節高風，卓立人表，其心殆未嘗一日忘明也。鄞故濱海，爲浙東遺民所萃，流風遺俗，猶有存者。又祖望族母爲張尚書蒼水女，年八十餘，祖望曾從之詢掌故，以童嵒爲先人避兵地，益參考舊聞，成《滄田録》。復撰《續甬上耆舊詩》，發揚幽潛，以詩存人，於桑海之變，三致意焉。《年譜》云：「先生四十歲選定《李杲堂先生内稿》及《西漢節義傳》《昭武先生殘集》，皆爲之序。於是有意《耆舊集》之續，遍搜諸老遺集，而《楊氏四忠雙烈合狀》《屠、董二君子合狀》《王評事狀》皆成是年秋。至浮石周氏，訪三和尚及立之石公諸集，又得林評事《朋鶴草堂彙》、《正氣録》二書。明年，遂續選《甬上耆舊詩》凡百六十卷，人各一傳，於是桑海之變徵，太平之雅集，凡爲鄉黨所恭敬而光芒有未闡者畢出，真大有功於名教也。」又案：祖望早年嘗再上修南宋六陵及祠祭冬青義士帖子於郡守，亦義舉也。

迨及晚年，益留心明季遺聞，以表章節義爲己任，凡明末里民之死難者，爲之博考野史，旁及家乘，作爲碑銘誌傳，纏綿惻愴，有變徵之音。考先生所著《鮚埼亭内集》，有《陳忠貞公神道碑銘》《錢忠介公神道第二碑銘》《張蒼水神道碑銘》《張華亭神道碑銘》，别有《給事中董公神道表》《錦衣徐公慕誌銘》《建寧兵備道僉事倪公壙版文》《翰林院檢討錢公些詞》《張侍御哀詞》，皆鄞人也。其餘所作尤多，皆明末殉節之臣也。又以明末巨儒若南雷、亭林、二曲、桴亭、青主，咸抗首陽高節，矢志不渝，目以新朝處士，厥情焉揆？乃各爲表墓之文，以誌其景仰。嘗作《梨洲》《亭林神道碑》《二曲窆石》《文應潛齋先生神道碑》《沈華甸墓誌》，以及陸桴亭、劉繼、莊傳陽、曲傳先生《事略》，皆載集中。别有遺民佚士，苦身持力，志潔行芳，足勵末俗，亦發爲文章，以彰節烈之奇。如所作《屧園先生神道表》《鷓鴣先生神道表》《施石農先生墓誌銘》《祁六公子墓碣》《中條陸先生墓表》《忍辱道人些詞》《邵得魯先生事略》，及《萬貞文王螺山傳》是。而順康之交，民罹慘酷，□德不彰，後世何觀，乃據事直書，隱寓褒貶。如所記《莊氏史獄》是。說者謂雍乾以降，文網森嚴，偶表前朝，即膺顯戮，致朝多佞臣，野無信史，其有直言無隱者，僅祖望一人。嘗作《舟山宫井碑文》云：「向使當時史局諸臣遠之興王，豈有不附之二后傳者？奈何並此不食之泥，湮没恐後？」此刺修史者之多隱飾也。又作《莊太常傳》，載其所作《大還詞》，中有斥口口語，乃他人所不敢記者。又作《毛户部傳》《周布衣傳》，載布衣所作《防秋譜》，中有「更有以口口爲至尊」一語，亦他人所不敢引者。又作《萬貞文傳》，謂「先生以遺民自居，方侍郎惜其不得遂日月之光，斯言大謬」。餘證甚多，不具引。直筆昭垂，爭光日月，可謂步南董之後塵者矣。祖望既隱居放言，《年譜》云：「先生四十二歲。至湖上爲禊事之會，至者四十二人。又北游揚州，客馬氏玲瓏山舘，蓋其無心出仕，已非一日矣。」浙東官吏乃以細事羅織之，欲白撫臣興大獄，撫臣常某不欲從，其事始釋。《年譜》云：「先生年四十一歲。寧守魏某縱一奴子入泮宮，且陳夏楚，以恫喝稟保，先生移書詰之。守怒，偕巡道葉某以細事羅織先生，力求撫院興獄，並及董浦先生。監軍常公不可。旋以《受宜堂文集》，令鄞令求先生作序，其事始解。」然祖望持志不稍屈，乃作汗漫之游，往來大江南北，交其賢豪長者。嘗主蕺山、端溪兩書院，《年譜》云：「先生四十四歲。主蕺山書院，設奠於子劉子影堂，議定從祀諸弟子。四十八歲。適廣東，爲端溪書院山長，祀白沙以下二十有一人，乃從前所未有之鉅典也。」尤以介操著聞。《年譜》云：「先生四十五歲。紹守仍請主蕺山講席，固辭。蓋去冬主人微失禮也。於是蕭上、諸餘之士，爭先入學舍，共五百餘人，旅食以待，先生終不赴。有諸生蔡某者，謂先生曰：『今學者滿五百人，請先生弗受太守之餽，五百人以六鎬爲贄，千金可立致。』先生呵之曰：『是何言歟？夫吾之不往，爲太守之失禮也。禮豈千金所可貸乎？』蔡生唯唯而退。」觀此一節，可以知先生之方正矣。講授之餘，殫心撰述。嘗登范氏天一閣，搜金石舊搨，編爲碑目，且鈔其秘書。經揚州，居馬氏畬經堂，成《困學紀聞三箋》。又修南雷《宋元儒學案》，《年譜》云：「先生四十二歲。取南雷黃氏《宋儒學案》未成之本，編次序目，重爲增定。明年二月，擬刻《宋儒學案》。夏日，復重修之。至秋而盡。至五十歲，猶重補《學案》云。」《七校水經注》。《年譜》云：「先生四十五歲。校《水經注》。」又云：「《水經注》一書，乃先生晚年精力所注，用功最動。」案：全氏所校《水經注》，似不若趙一清本之周密完善。暇則作文自娱，以徵鄉邦之文獻。卒於乾隆二十年，年五十有一。祖望雖以博學聞，然觀書具卓識，嘗謂：「國家刑賞，非君主所得私，三代而後，人君日驕，奉《洪範》『作威作福』二語爲聖書，而帝王兢業之心絶。」《經史答問》。又謂：「史臣不立節烈傳，所當立傳者何人？」見《西漢節義傳序》。又所作《宋忠臣袁公祠堂碑銘》，斥《元史》於抗元之人，不爲立傳。又謂：「千古之清議，夫豈一時之記載所能持？」蓋全氏固以持清議自任也。復以匡時要務，在於講學，世道淩夷，格言不立，甚於洪水猛獸之災。約《李二曲窆石文》之語。咸爲近儒所未發。嘗與同里黄之傳讀《明夷待訪録》，之傳曰：「是爲經世之文，雖然，猶有憾。夫箕子受武王之訪，不得已而應之，若以貞艱蒙難之身，存一待時之見於胸中，則麥秀之恫荒矣，作者亦偶有不察耳。」祖望乃瞿然下拜曰：「是言乃南雷忠臣，亦天下萬世綱常所寄。」則祖望所謂「寧餓死無失節者」，殆亦此志也歟？祖望既卒，門人董秉純，哀其文爲《鮚埼亭集》，有内、外二集。其所著書，尚有《經史答問》、共十卷。係答弟子之問，其中多精言。《漢地志稽疑》，及《古今通志年表》。

劉光漢曰：明社既墟，惟兩浙士民日茹□□之痛，晚村講學，莊氏修史，華周抒策，嗣庭諷詩，此猶彰彰在人耳目者。以吾所聞，秀水朱彝尊曾舉鴻博，而官編修，晚作《弔李陵文》以自抒懷抱。錢塘杭世駿，目擊□漢之失平，以言事落職，此可以覘浙人之志矣。祖望生雍乾之間，誅奸諛於既死，發潛德之幽光，其磊落英多之節，有足多者。後人以儒林目之，豈祖望之志哉？又祖望既殁，浙人承其志者，有仁和龔自珍、德清戴望，攘□之思，形於言表。然祖望表章節烈之功，則固諸子所不逮也，故舉其學行，著於篇。録自劉師培《左盦外集》卷十八。

【校勘記】

〔一〕清：原作方框，當是一種避諱，據文意補。

張少儀

公諱鳳孫，蘇州吴縣副榜貢生。江蘇巡撫奉天高其倬公薦舉鴻博。父之頊，任貴州印江令，以負帑下獄。少儀走萬里之京師，徧貸於所親知，卒得論出。駢體清麗，詩章秀傑。屐履所至，諸公皆折節下之。杭世駿撰《詞科掌録》。

補張息圃先生詩鈔跋尾

右《張息圃先生詩鈔》二十四卷。先生諱鳳孫，字少儀，息圃其别號也，江蘇青浦人，遷居蘇州之元和縣。年二十四歲，以父負帑下獄論死，走京師，懷血書，詣闕請代，卒免於難。時有「張三子」，稱孝子、君子、才子也。以副貢生起家，仕至四川巡道，改刑部郎中。乾隆癸卯年，年七十有八卒。事在蘇州《松江府志》。

先生卒後五十四年，其曾孫錫蕃官廣東陽山縣知縣，裒其遺集，屬爲編次。余爲删其重舛，闕其疑訛，自乾隆壬子起，至乾隆癸卯止，凡五十二年，得詩一千五百首，詩餘十八首，謹編詩爲二十四卷，詩餘一卷。編成，以歸錫蕃。

先生才思富贍，詩尤雄放，極文章之變。即有平易之作，而詞必雅健，語出至性，乾隆間詩人未之或先也。方其作諸侯賓客時，其文已自行於天下，而仕至觀察，壽躋八十，卒未鋟版以行世，待之身後五十餘年，錫蕃始拾其零篇斷簡，力爲編次，乃垂世而行遠。而先生生平所主之家，惟吾鄉張文和相國、方恪敏制府之日多。二公皆余戚黨，余家尊宿唱和之作，半見集中。今吾鄉凌替，前輩所著篇章，子孫不能守，散漫而湮没者，不可勝紀，錫蕃可謂善述其事者矣。余既幸得與讎校之役，而又念身後之寂寞，有幸有不幸也，俯仰悲愴，不能自已。道光十六年柔兆涒灘三月，桐城後學姚柬之謹跋。録自姚柬之《伯山文集》卷八。

師友淵源録後案卷九[一]

尊宿三

秦文恭公墓誌銘[二]

太子太保尚書秦公，以經術篤行，知名海内，起家詞苑，官登極品。歲甲申四月，以疾請解任，温旨不許。八月，復具疏，乞回籍調治，詔允所請，仍懸缺以待。公既受命，買舟南下，疾遂革，以九月九日巳時薨於滄州。訃聞，天子軫惻，賜白金千兩庀喪具，令有司議恤典，祭葬如制，謚曰文恭。明年春，車駕南巡，至無錫，幸寄暢園，御製詩有「養疴旋里人何在，撫景愀然是此間」之句，寄暢園者，公家别業也，上追念舊臣，形於翰墨如此，公可以不朽矣。其九月，孤子編修泰鈞等，將葬公於某原，先期遣一介走京師，述公遺言，請大昕爲文志其墓。大昕於公爲年家子，又嘗主公邸第，日月不居，知己云逝，文雖不工，其何敢辭！

謹按公諱蕙田，字樹峰，號味經，宋贈龍圖閣直學士觀之二十六世孫，世居無錫，爲右族。雍正初，析無錫置金匱縣，故公爲金匱人。曾祖考德澄。祖考松齡〔三〕，順治乙未進士，日講起居注官，左春坊左諭德。考易然，常州府學生。妣顧氏。本生考道然，康熙己丑進士，日講起居注官，翰林院編修，改禮科給事中。妣徐氏、胡氏，生母浦氏。三代皆以公貴，贈光禄大夫、刑部尚書。妣皆一品太夫人。

公以乾隆元年賜進士第三人及第，授翰林院編修，入直南書房。丁浦太夫人憂，服闋，補原官，教讀上書房。遷侍講，進右春坊右庶子。改通政使司右通政。擢内閣學士，遷禮部右侍郎。丁給事公憂。服闋，補禮部左侍郎，調刑部右侍郎，轉左侍郎，兼理國子監算學，充經筵講官。擢工部尚書，兼理樂部〔四〕。調刑部尚書，加太子太保，累階至光禄大夫。

公至性過人，方未遇時，給諫公以藩邸事牽連訟繫。十餘年間，檻車南北，炎雨悲風，吏卒雜前，公隨侍膝下，百方營護，夜分就寢，流涕交頤，然不令給諫公知之。及通籍之始，朝廷赦書屢下，給諫公猶不得援例寬釋。公以新進詞臣，輒伏闕陳情，乞以身贖。其略云：「臣本生父某，身罹重罪，已荷天恩曲宥。祇因催追銀兩，力不能完，仍行圈禁，迄今九載，年已八十，衰朽不堪。本年五六月内，侵染暑濕，瘧痢時作，寒熱交攻，奄奄一息，幾至瘐斃羈所。情關骨肉，痛楚難忍，臣雖備員禁近，而還顧臣父老病拘幽，既無完解之期，更無久存之望。方寸昏迷，不能自主。誠不忍昧心竊禄，内慚名教。伏惟皇上矜慎庶獄，有一綫可原者，概予寬釋。當此聖明孝治之朝，更逢薄海祝網之日，惟有籲懇鴻慈，格外鑒宥，丐臣父八旬垂死之年，得以終老牖下〔五〕。臣願革去職銜，效力奔走，以贖父罪。」奏入，天語嘉歎，遂有寬釋之詔，而未完之銀，亦并豁免。由是給諫公優游林下者又十年。公受詔感泣，誓以身許國，而上亦鑒公忠孝，有大用公之志矣。公在學士時，陳科舉學校六事。在禮部練習掌故，夙夜匪懈。在刑部執法平允，尤爲上所倚重。同僚或持異議，公援引律例，必如所擬乃已。遇司屬，嚬笑不苟。其以才能見者，則薦引之不遺餘力，衆莫不憚其嚴而服其公也。公殁之後，部中讞獄偶不當，上輒舉公名，歎惜不置，以是知公之盡心於職矣。公立朝三十年，治事以勤，奉上以敬，剛介自守，不曲意徇物。公退則杜門謝賓客著書，不異爲諸生時。後進有通經嗜古者，奬借不去口，蓋天性然也。

公幼而穎悟，及長，從給諫公於京邸。何屺瞻、王若林、徐壇長諸先生，咸折輩行與之交。中歲居里門，與蔡宸錫、吴大年尊彝，龔繩中爲讀經之會。嘗慨《禮經》名物制度，諸儒詮解互異，鮮能會通其説，故於郊社、宗廟、宫室、衣服之類，尤究心焉。上御極之初，江陰楊文定公領國子監事，薦公篤志經術，可佐教成均。既而直内廷，課皇子講讀，益以經術爲後學宗。嘗言儒者舍經而談道，非道也，離經以求學，非學也，故以窮經爲主，而不居講學之名。生平所爲文，號《味經窩類稿》者凡若干卷，而説經之文，居其大半。公夙精《三禮》之學，及佐秩中考古今禮制因革，以爲禮自秦火而後，漢儒保殘守缺，什僅存一〔六〕。朱子生於南宋，嘗有志編次朝廷公卿大夫士民禮，爲當代之典，而所撰《儀禮經傳通解》，體例未備，喪祭禮又續自黄氏、楊氏，未克竟朱子之志。乃按《周官》吉凶軍賓嘉之目，撰爲《五禮通考》二百六十二卷，先經後史，各以類別。凡先儒所聚訟者，一一疏其脉絡，破其癥結。上探古人制作之原，下不違當代之法。殫思二十餘年，稿易三四而後定。自言生平精力，盡於是焉。

少喜談《易》，謂易者，象也，先儒詳於言理，略於言象，故撰《周易象義日箋》若干卷。又謂《詩三百篇》，古人皆被之管弦，漢魏以降，始失其傳，然天籟之發，今猶古也。因與同志講求，欲以今曲歌古詩，庶協詩樂合一之旨。又以近代聲韻之書，未有善本，奏請刊正，上命公與武進劉公任其事。公建議言古韻二百六部，今并爲一百七韻，如元與魂痕，當析爲二，殷韻宜并入真韻，不當入文韻，上聲拯韻，去聲證韻，宜分出各自爲韻。又考定《四聲表》，兼采昆山顧氏、婺源江氏之説，欲通古音於等韻。時公已遘疾，而往復辨論，猶斷斷不置也。公之著述，其大者如此。若夫律吕算數，以及醫方堪輿，星命家言，皆泝流窮源，得其要領。雖專門名家者，亦歎以爲莫及。嗚呼！可謂有體有用者已。

公生於康熙壬午年十月十九日〔七〕，殁時年六十有三。夫人侯氏，太學生某之女，封一品夫人。子四人：長泰鈞，乾隆甲戌進士，翰林院編修；次復鈞，長殤；次鼎鈞，太學生；次上鈞。女二人，長適雲南劍川州知州嵇承豫。孫男二人：沐日、沐恩。孫女六人。銘曰：

西神峨峨二泉粼，造物鍾英生偉人。雙孝之澤流十世，啓佑祖考清華繼。惟公至行爲士宗，歷艱而亨純孝通。明刑十載邦憲司，三剌三宥公無私。斯人一去難再得，同朝盡傷至尊惜。政事文學一身兼，没而言立公何慚。城西新阡卜云吉〔八〕，千秋識之字不滅。錢大昕撰《潛研堂文集》。

【校勘記】

〔一〕按：卷題原無，據《總目》補。

〔二〕題目錢大昕撰《潛研堂文集》卷四十二無「秦」字。

〔三〕齡：與張本皆脱，據《潛研堂文集》補。

〔四〕理：原脱，據《潛研堂文集》補。

〔五〕老：原訛作「年」，據《潛研堂文集》改。

〔六〕「凡若干卷」至「而後漢儒保殘守缺什」：原脱，據《潛研堂文集》補。

〔七〕公：原脱，據《潛研堂文集》補。

〔八〕阡：與張本皆論作「遷」，據《潛研堂文集》改。

袁簡齋太史墓誌銘〔一〕

君錢塘袁氏，諱枚，字子才。其仕，在官有名績矣。解官後，作園江寧西城居之，曰隨園，世稱隨園先生，乃尤著云。祖諱錡，考諱濱，叔父鴻，皆以貧遊幕四方。君之少也，爲學自成。年二十一，自錢塘至廣西，省叔父於巡撫幕中。巡撫金公鉷一見異之，試以《銅鼓賦》，立就，甚瑰麗。會開博學鴻詞科，即舉君。時舉二百餘人，惟君最少。及試，報罷。

中乾隆戊午科順天鄉試。次年成進士，改庶吉士。散館，又改發江南爲知縣〔二〕。最後調江寧知縣。江寧故巨邑，難治，時尹文端公爲總督，最知君才，君亦遇事盡其能，無所迴避，事無不舉矣。既而去職家居。再起，發陝西。甫及陝，遭父喪歸，終居江寧。

君本以文章入翰林，有聲而忽擯外，及爲知縣著才矣，而仕卒不進。自陝歸，年甫四十，遂絶意仕宦，盡其才以爲文章歌詩。足迹造東南山水佳處皆遍，其瑰奇幽邈，一發於文章，以自喜其意。四方士至江南，必造隨園，投詩文，幾無虚日。君園館花竹水石，幽深静麗，至欞檻器具皆精好。所以待賓客者甚盛，與人留連不倦。見人善，稱之不容口。後進少年，詩文一言之美，君必能舉其詞爲人誦焉。君古文、四六體皆能，自發其思，通乎古法。於爲詩尤縱，才力所至，世人心所欲出不能達者，悉爲達之。士多效其體，故《隨園詩文集》，上自朝廷公卿，下至市井負販，皆知貴重之。海外琉球，有來求其書者。君仕雖不顯，而世謂百餘年來，極山林之樂，獲文章之名，蓋未有及君也。

君始出試爲溧水令，其考自遠來縣治，疑子年少無吏能，試匿名訪諸野，皆曰吾邑有少年袁知縣〔三〕，乃大好官也。考乃喜，入官舍。在江寧嘗朝治事，夜召士飲酒賦詩，而尤多名蹟江寧市中，以所判事作歌曲，刻行四方。君以爲不足道，後絶不欲人述其吏治云。

君卒於嘉慶二年十一月十七日，年八十有二〔四〕。夫人王氏，無子。撫從父弟樹子通爲子，既而側室鍾氏又生子遲。孫二：曰初，曰禧。始君葬父母於所居小倉山北，遺命以己祔〔五〕。嘉慶三年十二月乙卯，祔葬小倉山墓左。桐城姚鼐以君與先世有交，而鼐居江寧，從君遊最久，君没，遂爲之銘曰：

粤有耆龐，才博以豐。出不可窮，匪雕而工。文士是宗，名越海邦。藹如其冲，其産越中。載官倚江，以老以終。兩世阡同，銘是幽宫。姚鼐撰《惜抱軒文集》。

嚴元再案：《畫林新詠》云，袁真來，名遲，錢塘人，隨園老人子也，善寫生；哲兄蘭村善填詞，世謂兩郎足補乃翁之缺。頤道居士題真來畫云：「詩壇一代仰隨園，畫院聲華又謝墩。也有性靈驅翰墨，衹應此中亦推袁。」

【校勘記】

〔一〕題目姚鼐撰《惜抱軒文集》卷十三作「袁隨園君墓誌銘」。

〔二〕南：原訛作「寧」，據《惜抱軒文集》改。

〔三〕袁知縣：原倒作「知縣袁」，據《惜抱軒文集》乙正。

〔四〕有：《惜抱軒文集》無。

〔五〕以：原脱，據《惜抱軒文集》補。

裘文達公神道碑〔一〕

公姓裘，名曰修，字叔度，一字漫士，江西新建縣人，康熙刑科給事中思補公之第五子也。乾隆元年，以廩生薦博學鴻詞，舉順天鄉試。四年，中進士，改庶常。八年，天子親試翰林，擢公高等，驟遷侍讀學士，轉詹事府少詹，遷兵部侍郎，調吏部侍郎，充經筵講官，軍機房行走。

公貌清整，眉有濃翠，顧盼間精神淵映。居恒喜賓客，工諧謔，搜奇語怪，了無倦色。

而遇事神解超捷，每詣一曹，受一職，手文書，嘿然數日後，判決如流。二十一年，王師征伊里。公面奏軍務機宜，天子大悦，即賜御衣冠，乘傳至巴里坤，傳宣聖意。會逆酋莽阿里克遣弟某，詭稱押送諸番探信，卡倫公與哈密總兵祖雲龍縛畀總督，發其姦。哈密兵少，有赴巴里坤種地者七百人，公請暫留爲衛。撥沙洲五衛麥石，添備支發，其剩餘者，分散各路塘站平糶之，上皆獎許。公以一書生，冒矢石行萬里外，與陝甘督撫、滿洲諸將軍〔二〕，計議密勿，而能下協邊情，上符睿算，近代儒臣，所未有也。調户部侍郎〔三〕，署倉場總督，攝順天府尹，充丙戌科會試總裁，擢禮部尚書，調刑部尚書，降府尹，尋遷工部尚書。年六十有二病噎。天子賦詩存問，醫藥不絶於道，加太子少傅〔四〕。詔下二日而薨，賜謚文達，入賢良祠。

公聰强機警，受大任舉重若輕，天子愛其敏，倚若股肱。初爲胡中藻事罷官，逾月起用。再爲捕蝗事降官，逾月復故。凡有事於四方，與大學士劉統勛先後奔走，前命未復，後命又至，半途回車，朅朅東西。雖侍内廷，領六部，而英蕩款關〔五〕，足迹常半天下。二十三年，命在工所訊邳州知州某短發車價事。二十四年，命往太倉訊王閶冒家主事。二十五年，命往蘭州訊縣丞崔琇擅動驛馬事。二十九年，命往福建訊總督楊廷璋受陋規事。三十七年，命往盛京查旗地事。五主鄉試，一至湖北，兩至江南、浙江。八勘水利，三至河南，兩至江南，四至直隸。公所讞決，無苛嚴，亦無縱捨。衡文得士心。尤善治水，常奏：「治水宜先審其受病之由，再論治病之法。就一縣一府而言，病有其處，合一省而言則不然。就一省而言，病有其處，合數省而言又不然。若僅於一處受病處治之，而下流之去路未清，則爲患滋甚。」上深然之。所治黄、淮、淝、濟、伊、洛、沁、汜等，共九十三河，疏排瀹瀹，貫穿原委，俱有成效，可爲後法。善應變，捷若轉圜，而立意矜矜，偏於慈惠。從盛京歸，奏免追八旗生息銀。爲司寇時，奏免盜葠者死。諸大臣或探聖意，噤齗不前，而公獨抗聲，有犯無隱。天子鑒其誠，雖忤旨，時加嚴訓，不逾時，恩禮如初。薨之日，公卿士大夫，素車塞路。外省之河堤老兵，烟墩戍卒，皆泣嘆有失聲者。

公本以文學受知，始終與書局相終始。與纂《西清古鑑》《錢録》《石渠寶笈》《熱河志》諸書，而最後爲《四庫全書》館總裁。上以書法近宋臣張即之，以内府張書《華嚴經》殘本，命公足成之。有奏疏、詩文若干卷。夫人熊氏。子女各五人。長子麟，官編修，早卒。次師，次行簡，次豫，次遵慶。行簡以予與公同薦鴻博，同舉進士，同官翰林，同出蔣文恪公門下，故將葬，來乞書碑。銘曰：

升龠鼎鐘，器有所窮。禮樂兵農，事各不同。裒公恢恢，兼總天工。智大於身，意過其通。馳於文囿，扢揚雅風。行於邊塞，笑談兵戎。以決庶獄，卿月麗空。以障大澤，手驅蛟龍。奉帝之命，皇皇者華。樂帝之心，憂國如家。指左識右，帖邇安遐。寧有臣如斯，而堯舜弗嘉〔六〕。雨露方濃，梁木遽壞。台曜雖沉，寒芒尚在。葵之竺之，恩命沃之。樹柏樹欒，剛日卜之。公身雖藏，公績彌彰。丹心史上〔七〕，元石冢旁。

袁枚撰《小倉山房文集》。

【校勘記】

〔一〕題目《小倉山房文集》作「太子少傅工部尚書裘文達公神道碑」。
〔二〕撫滿洲：與張本皆脱，據《小倉山房文集》補。
〔三〕户：原訛作「兵」，據《小倉山房文集》改。
〔四〕少：原訛作「太」，據《小倉山房文集》改。
〔五〕闕：原訛作「闞」，據《小倉山房文集》改。
〔六〕弗：原脱，據《小倉山房文集》補。
〔七〕史：原訛作「右」，據《小倉山房文集》改。

吴敏軒徵君傳〔一〕

先生姓吴氏，諱敬梓，字文木，一字敏軒〔二〕，全椒人。世望族，科第仕宦多顯者。先生生而穎異，讀書才過目，輒能背誦。稍長，補學官弟子員，襲父祖業，有二萬餘金。素不習治生，性復豪上，遇貧即施，偕文士輩往還飲酒歌呼窮日夜，不數年而産盡矣。安徽巡撫趙公國麟聞其名，招之試，才之，以博學鴻詞薦，竟不赴廷試，亦自此不應鄉舉，而家益以貧。乃移居江城東之大中橋，環堵蕭然，擁故書數十册，日夕自娱。窘極則以書易米。或冬日苦寒，無酒食，邀同好汪京門、樊聖模輩五六人〔三〕，乘月出城南門，繞城堞行數十里，歌吟嘯呼，相與應和。逮明，入水西門，各大笑散去。夜夜如是，謂之暖足。余族伯祖麗山先生與有姻連，時周之方秋，霖潦三四日，族祖告諸子曰：「比日城中米奇貴，不知敏軒作何狀？可持米三斗，錢二千，往視之。」至則不食二日矣。然先生得錢，則飲酒歌吹，未嘗爲來日計。

其學尤精《文選》，詩賦援筆立成，夙構者莫之爲勝。辛酉、壬戌間，延至余家與研〔四〕，詩賦相贈答，愜意無間。而性不耐久客，不數月别去。生平見才士，汲引如不及，獨嫉時文士如讎，其尤工者，則尤嫉之。余恒以爲過，然莫之能禁，緣此所遇益窮。與余族祖綿莊爲至契，綿莊好治經，先生晚年亦好治經，曰：「此人生立命處也。」

歲甲戌，與余遇於揚州，知余益貧，執余手以泣曰：「子亦到我地位，此境不易處也。奈何？」余返淮，將解纜，先生登船言别，指新月謂余曰：「與子别後，會不可期。即景悢悢，欲搆句相贈，而澀於思，當俟異日耳。」時十月七日也。又七日，而先生殁矣。先數日，裒囊中餘錢，召友朋酣飲，醉輒誦樊川「人生秖合揚州死」之句，而竟如所言，異哉！先是，先生子烺已官内閣中書舍人，其同年王又曾穀原適客揚〔五〕，告轉運使盧公，殮而歸其殯於江寧，蓋享年五十有四。

所著有《文木山房集》《詩説》若干卷；又仿唐人小説爲《儒林外史》五十卷，窮極文士情態，人争傳寫之。子三人，長即烺也，今官寧武府同知。

論曰：余生平交友，莫貧於敏軒。抵淮訪余，檢其橐，筆硯都無。余曰：「此吾輩所倚以生，可暫離耶？」敏軒笑曰：「吾胸中自具筆墨，不煩是也。」其流風餘韻，足以掩映一時。窒其躬，傳其學，天之於敏軒，儻意别有在，未可以流俗好尚測之也。程晉芳撰《勉行堂文集》。

【校勘記】

〔一〕題目程晉芳撰《勉行堂文集》卷六作「文木先生傳」。

〔二〕字文木一字敏軒：《勉行堂文集》作「字敏軒，一字文木」。

〔三〕模：《勉行堂文集》缺，此爲嚴觀補。

〔四〕研：原訛作「言」，據《勉行堂文集》改。

〔五〕穀原：《勉行堂文集》訛作「轂原」，按據王又曾《丁辛老屋詩集》卷首金兆燕序，王又曾，字受銘，號穀原，故據改。

程綿莊徵君墓誌銘〔一〕

余自壬午入都，與族祖綿莊先生别，嗣是一歲中必書問五六至，雖間隔數千里，不啻執手覿面之勤也。丙戌夏致書去，秋冬又連致書，竟無所答。既乃聞其病甚。今年四月，忽得正月八日手書，字跡端好如平時，書中無别語，第勸余作歸計耳。閲四日〔二〕，伯兄德著書來，並以先生訃至。蓋前書，先生絶筆也。嗚呼！真儒徂謝〔三〕，世所共悲，匪余一人族好之深，知己之痛也。乃不待其孤之請，垂涕爲銘，以貽先生之弟南耕，俾泐諸石。

曰：程氏系出廣平郡，在周爲大司馬，伯喬休父封於程，以國爲氏。西晋末元，譚公爲新安太守，以事罷官，卒葬新安，是爲新安一世祖。其後子孫蕃昌，新安遂爲程氏望。先生爲宋咸淳宰相謚文清元鳳公十五世孫。祖某自新安之槐塘，遷金陵。父京萼，字韋華，能詩工書，遯迹不仕，年近六十始娶氏。安人舉二子，先生其冢嗣也。初名默，後更名廷祚，字啓生，别號綿莊。生有異質，讀書過目輒背誦，髫齔時不妄語言。好正襟危坐，論古今忠孝大節。韋華公家極貧，恒書屏幅易薪米，日閉户課兩兒〔四〕，俾習洒掃應對之節。客來進鷄黍，侍立左右，如古弟子職。凡《十三經》、《二十二史》、《騷》、《選》、諸子百家之書，無不讀。先生年十五，有父執過訪，知其才，令作《古松賦》，日未移晷，得數千餘言，乃大驚嘆，謂韋華公有子也。弟南耕長於史，而先生游好在《六經》。

韋華公卒。免喪，偕弟一試而補博士弟子。恒自謂文所以輔道，自漢唐以來，儒生泥典故，爲訓詁，學而不能變化以隨時。其高談性命者，又或蹈襲空疏，罕裨實用。於是以博文約禮爲進德修業之功，以克己治人爲格物致知之要。天文輿地，食貨河渠，兵農禮樂之事，靡不窮委探原。旁及六通四闢之書，得其所與吾儒異者而詳辨之。蓋自國初黄梨洲、顧亭林兩先生歿後百有餘年，大儒統緒幾絶，繼之者惟先生。然久試場屋輒不利。雍正十三年，舉博學鴻詞科。安徽巡撫王公鋐，以先生應詔〔五〕。乾隆元年至京師，有要人慕其名，欲招致門下，屬密友達其意，曰：「主我，翰林可得也。」先生正色拒之，卒不往，亦竟試不用，歸江寧，時年四十有五。自此不應鄉舉，杜門卻掃，以書史自娱。

南耕有經世才，佐大僚幕數十年，所得脯脩，與先生共之，無少別異。先生乃得專其力，益肆志於經書。自王輔嗣注《易》，掃圖緯之霾塵，迨宋元諸儒，尊希夷河洛圖書互卦、變卦、卦氣之説，雜焉交陳，又或拘執爻位陰陽，乘承比應之體，著書愈多，《易》學愈晦。先生乃著《易通》〔六〕，後又成《大易擇言》三十卷，晚年又爲《象爻求是説》六卷，《易》學於是乎大備。始先生少時，見西河毛氏《古文尚書冤詞》，祖護梅氏書〔七〕，乃爲《古文尚書冤詞》以攻之。又著《晚書訂疑》，推拓其説。别成《尚書通議》三十卷，《青溪詩説》二十卷，《魯論説》四卷，《春秋識小録》三卷，《禮説》二卷。其於古今箋疏家，鈎貫融會，如素所蓄物，取而别其精粗良楛，以進退位置之，領以神悟，發前人未發之覆，徐而按之於理竅〔八〕，無纖悉違也。同時方少宗伯望溪、鍾員外勵暇，皆研究經學，於先生折服特深。有疑義，恒相與質證。

乾隆十六年，上特詔舉經明行修之士，先生以江蘇巡撫雅公薦入都，復報罷歸，時年六十有一矣。後十年，弟南耕老且聾，不能遠遊，食指益繁，用是竭蹷，先生處之泊如也。其狀貌温粹，志清而行醇，動止必蹈規矩。與人居，不爲崖岸，而自不可犯。以家近青溪，生平出處，與劉𪘨兄弟相類，晚年乃自號青溪居士云。

余之識先生也，當乾隆元年，北上過淮，執余手，孜孜勉以學問。自是三十餘年，先生遊淮揚，必主余家。余應試江寧，必與先生昕夕聚首，其得稍有識知〔九〕，竊附於文人學士之末者，皆先生教也。嘗恨絶學無傳，每成一書，必翻覆示余，俾定其可否。洎衰且病，則悉鈔所著書，付余謹藏之。嗚呼！余之顛頓寡植，尚能俾先生傳耶？然天既畀先生以絶世之姿，又阨以遭逢，引伸其歲月，使殫思磨精，羽經翼傳，則所以假手於斯人者，非無故也。余之力，固不足以傳先生，先生固自有其所可傳者，知必不泯没也。所著自群經而外，有詩二十卷，文二十卷，藏於家。

康熙三十年辛未三月二日生，乾隆三十二年丁亥三月二十二日卒〔一〇〕，享年七十有七。娶陶氏，無子弟。南耕以次孫兆晋爲先生主後。某年月日葬於某鄉某里之原。銘曰：

捃義摭文，與古際也。雅揚誥宣，弗泯跡也。粹乎大醇，玉金節也。阨厥遇以侈其傳，窮則彌達也。程晋芳撰《勉行堂文集》。

【校勘記】

〔一〕題目程晋芳撰《勉行堂集文》卷六作「綿莊先生墓誌銘」。

〔二〕按：「閲」後原衍「月」字，據《勉行堂文集》删。

〔三〕徂：原訛作「阻」，據《勉行堂文集》改。

〔四〕日：原脱，據《勉行堂文集》補。

〔五〕按：句末原衍「試」字，據《勉行堂文集》删。

〔六〕乃：原脱，據《勉行堂文集》補。

〔七〕祖：原脱，據《勉行堂文集》補。

〔八〕竅：《勉行堂文集》作「窾」。

〔九〕識知：原倒作「知識」，據《勉行堂文集》乙正。

〔一〇〕康熙三十年辛未三月二日生乾隆三十二年丁亥三月二十三日卒：《勉行堂文集》作「生於康熙三十年辛未三月二日，卒於乾隆三十二年丁亥三月二十二日」。

鮑海門徵君傳〔一〕

鮑皋字步江，號海門。年十齡，矢口輒成章，有奇童之目。家無書，詣人借讀，或亟索去，而書已在胸中矣。今集《鐵琴賦》及《小樂府》十數篇，皆髫年作也。父彝天民，善丹青。皋用其法爲寫意，極超妙，然非其好也。既孤，貧無以養母，挾詩遊江淮間，所至則傾其名宿。

時博陵尹公會一守揚州，一見大奇之，爲延譽，且厚遺其母。會舉鴻博咨名，大府馳檄交徵，以疾劇不克赴。尹公深惜之。嘗序其詩，大略云：「京口鮑生，幼擅雋才，詩文早著，余知之最深。蓋得乎温柔敦厚之遺，而迴異浮華放浪之習。」尹公不以詩稱，而獨傾倒於皋，亦可謂巨眼矣。

顧其時杭人厲鶚樊榭，方樹詩幟於維揚，好名之士，翕然宗尚。大抵以餖飣爲博，纖巧爲新，力勁氣孱〔二〕，詞富情索。皋詩獨出入《騷》《選》，胎息六朝，而折衷於盛唐諸大家。厲深忌之，頗爲所排，然卒不能損其詩名也。

子之鍾，少穎悟，爲舉子業有聲。皋素不許其能詩。一日，文治袖之鍾詩數首謁曰：「此一後生所爲，先生看可學否？」曰：「是佳才也。」問知爲之鍾作，乃略授以詩法〔三〕。後之鍾以詩賦應召試，中選第一，授職中書，聲名籍甚，人咸稱其家學焉。

臯少與同邑錢紫芝爲光友善〔四〕。爲光苦心於制藝，然深知臯詩〔五〕，嘗用其詩法於時文，至成進士，臯亦用其文律於詩〔六〕，今《海門初集》中細評多出其手，皆中窾要〔七〕。之鍾即爲光婿也。臯有三女：之蘭、之蕙、之芬，皆能詩云。授之母陳逸仙女史，臯元配也。女史詩存者不及百首，皆工雅。嘗戒子之鍾，勿以示人。歿後十餘年，子婿張舸齋鉉、徐廣文彬，始裒集之，與其三女，都爲一集，曰《課選樓合稿》。課選，故鮑氏齋名也。而鉉與之蕙仲姒，彬與之芬季姒，夫婦相唱和，又各有集。袁隨園老人爲之序甚詳，亦佳話也。

里中學其詩者，陳深嶅淙得其豪宕，劉亶英蕙圃得其冶麗。又法重正西坪，以武科官高沙游擊，工於詩，鄉里諸能詩者至，必禮下之。爲詩多仿鮑家格律，皆臯之流派云。王文治撰《夢樓文集》。

【校勘記】

〔一〕題目《海門詩鈔》附録作「鮑海門先生詩傳」，題下注云「載入邑乘」，落款爲「里人王文治撰」。

〔二〕勁：《海門詩鈔》附録作「勍」。

〔三〕略：原訛作「累」，據《海門詩鈔》附録改。

〔四〕善：原脱，據《海門詩鈔》附録補。

〔五〕臯：原脱，據《海門詩鈔》附録補。

〔六〕於：《海門詩鈔》附録作「入」。

〔七〕 竅：《海門詩鈔》附録作「窾」。

惠定宇徵君傳〔一〕

君名棟，字定宇，元和諸生，惠學士仲孺先生之子也。自幼志承家學〔二〕，稽古不怠，經傳訓故，諸子諸史，道藏星官，醫藥之書，下逮稗官雜記，靡不窺究。精力絶人，强識暗誦，至老彌篤。尤好漢儒之學，網羅兩漢及魏經生佚説，参伍考訂經文經義，表裏穿穴，必疏通證明而後已。著《九經古義》二十卷、《周易本義辨證》五卷、《易漢學》七卷、《古文尚書考》二卷、《左傳補注》一卷、《明堂大道録》八卷、《禘説》二卷外，《續漢志考》若干卷、《諸史薈最》若干卷〔三〕。而《周易述》二十一卷，未脱稿而卒，然其生平精力，尤在此書。病亟時，嘗自言所得，且嘆真賞之殆絶云。

乾隆十五年，詔舉經明行修之士，兩江總督黄公，陝甘總督尹公，皆以其名上。其後九卿遵旨核定，得四人，而君不與。歸而杜門益著書，沉潛刻苦，守漢學不變，泊如也。往仲孺先生督學廣東，以經術倡導諸生，君實左右之。及修築鎮江城，毁其家，君奔馳盡瘁，遭兩喪，不以貧困廢禮。既乃教授生徒，藉館穀自給，日事編摩，造次顛沛，未嘗釋手。晚年就揚州鹽運使盧雅雨聘，雅雨深敬之，梓其《周易述》以傳。君行義至高，雖貧，得財輒分與同氣，未嘗輕事干謁。通家故舊，希造門相往来，怡然治經〔四〕，有以自樂，室無斗粟之儲，若不知也。卒年六十二。子三人：承緒、承跗、承萼。

舊史氏曰：班《史》傳儒林，謂一經説至百餘萬言，大師衆至千餘人，禄利之路然也。惠君淡於仕進，而窮經以終其身，盖學漢儒之學，而不志漢儒之志者。以列《儒林傳》，奚忝焉？彭啓豐撰《芝庭文稿》〔五〕。

【校勘記】

〔一〕題目彭啓豐撰《芝庭文稿》卷四作「惠徵君傳」。

〔二〕學：與張本皆脱，據《芝庭文稿》補。

〔三〕禘説二卷外續漢志考若干卷讀史薈最若干卷：原脱，據《芝庭文稿》補。

〔四〕然治：原脱，據《芝庭文稿》補。

〔五〕撰：原脱，據文例補。

沈補蘿先生墓誌銘〔一〕

本朝王吏部虚舟，以書法冠海内，從遊者爲補蘿沈先生。余見先生時〔二〕，年六十餘矣〔三〕，博脣廣顙，鼻隆然高，白髭貫兩頤，長尺許，雜爲毫毛，沿頸而下，覆其身幾滿。其先江陰人。先生生十六年，家毁於火，蕩無一椽。十九歲，受知虚舟。當是時，虚舟館於淮安程氏，程故豪士，饒於財力，能致天下之桓碑彝器及晋唐真蹟，先生天性好之，縱觀臨摹，虚舟又爲授八法之源流，以故業精而學博，以其餘伎，刻劃金石，古麗精峭，如斯冰復生。嘗一過京師，再遊酒泉。所至，公卿間争袖玉石求握刀，惴惴慮不可卒得，而先生一與周旋，無德色慳狀，以故名益高，貧益甚。

雍正十三年，以國學生效力南河。乾隆二年，署江寧南捕通判，再署徽州同知。凡七攝縣篆，宣城、靈壁、舒城、建德、盱眙、涇縣，皆所歷也。於吏事非所喜，每治行，服飾蕭然，載册籍、圖卷、爐硯等物，重纍後車外。皂唱衙畢，諸吏抱案侍階下，先生猶伸紙潑墨，含毫邈然。在宣城訊竊雞者，畫雞賊面以耻之，雞之神色有畏竊欲飛之狀，合邑傳觀，笑以爲神。性廉静謹厚，斤斤形於體貌，鄄罰麗事，雖小有過差，而吏民諒之，無怨嗟者。大府皆器重之，常異目以視。黄文襄公督江南嚴，官三品以下，膝行無敢闌語。先生入，褒衣博袑，强曳一足跪，呐呐然唯與言俱，黄爲霽威談笑，賜坐賜食〔四〕。人皆驚且羡，轉相告語，而先生亦不自知其所以然。

乞病金陵，金陵之人咸從從捧手。與余及李晴江交尤密，朝夕過從，聽談三朝典故，及前輩流風，如上陽宫人説開元遺事，燈灺酒闌，諧謔雜作。誦俳優小説數千言，聽者傾靡欲絶，而先生語益緩，色益莊，若不解笑者。自言生平篆刻第一，畫次之，字又次之。晚年不肯刻石作畫而肯書，余以其間得請山中題額。尹文端公過隨園，笑曰：「何滿山皆沈鳳書耶？」亡何，先生殁，海内之求其書者，若金膏水碧之珍，然後歎余見之先焉。余好古器，苦無所解。每鑒别，奉先生爲師。未十年，而先生有所疑，必質余以定真贋。余雖私喜自負，而心憂先生之衰。年七十一卒。卒前數月，貧不能具膳，而歷任之核減叢至，竟先牒産絶而後報人亡。嗚呼！其可哀也已。

先生名鳳，字凡民，一字補蘿。葬金陵南門外湯家窪。二子：恒、慄，俱早卒。孫夢蘭，隨寡母僑寓廬州。余權春秋祭掃事，俟夢蘭長大，將勒石而告之處。銘曰：

其生也賢，故人貌而天。其所好也古，故於今少伍。嘻！此非馬鬣之封，乃商彝夏鼎之宫。袁枚撰《小倉山房文集》。

【校勘記】

〔一〕題目袁枚撰《小倉山房集》卷五無「沈」字。

〔二〕時：原脱，據《小倉山房文集》補。

〔三〕矣：《小倉山房集》無。

〔四〕賜坐賜食：原訛作「賜食賜衣」，據《小倉山房集》改。

師友淵源録後案卷十

先達第三門

先達一〔一〕

盧雅雨先生

詩話一〔二〕

運使短小精悍，有吏才，總督那蘇圖特薦，謂其人短而才長，身小而志大。嘗爲四川洪雅縣令，故以雅雨自號。夙慕其鄉王阮亭尚書風流文采，故前後任兩淮運使各數年。又值竹西殷富，接納江浙文人，惟恐不及，如金壽門農、陳玉几撰、厲樊榭鶚、惠定宇棟、沈學子大成、陳授衣章、對鷗皋弟兄等，前後數十人，皆爲上客。而是時，地主馬佩兮曰璐、秋玉曰琯，及張漁川四科、易松滋諧，咸與扶輪承蓋，一時文酒，稱爲極盛。又校刊《乾鑿度》、高氏《戰國策》、鄭氏《尚書大傳》、李鼎祚《周易集解》、封演《聞見記》諸書。又補刊竹垞太史《經義考》，并以國朝山左詩人最盛，屬鞠編修遜行、張孝廉元、董庶常元度諸人，採輯傳世。修小秦淮、紅橋二十四景，及金焦樓觀，以奉辛未、丁丑兩次宸游。其愛古好事，百餘年來所罕見。王昶撰《蒲褐山房詩話》。

【校勘記】

〔一〕先達一：原作「先達」，按《總目》「先達」分兩卷，故依卷七至卷九例補「一」字。卷十一之「先達二」同此，不再出校。

〔二〕詩話一：原無，此爲整理者所加。

出塞集序〔一〕

曩者國朝有準噶爾之役，命將征討，北自張家口至軍營二千餘里間〔二〕，置臺站四十有九，以通斥堠，傳羽檄。初武臣主之，以文臣之獲遣者往理厥務，號曰坐臺，用示譴罰。今上登極，準噶爾畏威臣服，六師偃息，裁爲二十九臺。又憫諸臣久役，令三年期滿得代。或念遣非其罪，仍叙勞績予録用，且不次，恩至渥也。然各臺近起塞垣，遠抵絶漠，皆空無人煙跡，有水草處，壘土覆茅，穴坯出入，陰風晝號，朔雪夏飛。内地粟麥荼瓜酒餌之屬，大力者百倍其直乃克致，不則飢餮青稞，渴飲湩酪。曉暮但聞羊嗥馬嘶，不聞雞犬，無論啼鳥。至其地者，雖磊落自喜之士，無不消沮蕭颯，盡喪其生平；其年少氣盛，負其所有，則激烈感慨，爲叫號不平之鳴，人情乎無足怪者。

余同年盧子抱孫，山左名士，擅詩歌，通古今。其決理治事，如昆刀切玉，庖丁解牛，穎鋭精卓，無難之者。起家進士，不十年，由縣令而府而道，而至兩淮運使，歷有殊績。淮商習驕蹇，疾其整峻，利不能動，則中以蜚語，致被誣去官，而有坐臺之行，襆被蕭然，遠役窮塞〔三〕。其侘傺無聊，宜何如者？乃得代入都，出其《出塞集》示余。讀之蒸若夏雲，爛若春葩，聲戛金石，既無消沮蕭颯之狀，而亦無不平之鳴，異矣。昔昌黎謫潮陽，有「雪擁藍關」之句，氣象亦何薾索耶！子瞻被放後，有「但願生兒不識字，無災無難到公卿」之語，幾於怒罵矣。今抱孫之出塞諸作，未嘗不跌蕩慷慨，而不失温柔敦厚之旨〔四〕，固抱孫之工於詩，抑其器量識度有越尋常萬萬者哉〔五〕！

抱孫之歸自臺也，天子察其才，授以州牧。逾年，遷永平太守。夫永平，古盧龍重鎮也，襟山距海，長城齒列，灤河帶繞，爲歷代門户鎖鑰要地。我朝起自遼陽，兹郡遂爲堂室。然其形勝之狀，故足當豪士之胸，而發其雄傑之氣。抱孫坐嘯之餘，俯仰登臨，浩歌間作。迴思孤跡絶域，磧暗草黃，笳清月白，得無轉有黯然而魂銷者乎？乾隆十有一年歲次丙寅年，弟婁東沈起元撰〔六〕。沈起元撰《敬亭文稿》卷二。

【校勘記】

〔一〕出塞集序：原作「出塞集序云」，《敬亭文稿》作「盧抱孫出塞集序」，并注「乙丑」，今删「云」字，并將其作爲題目。

〔二〕自，原訛作「至」，據《敬亭文稿》、《雅雨詩文集》、張本改。

〔三〕遠役窮塞：《敬亭文稿》作「遠役窮塞者三年」。

〔四〕「昔昌黎謫潮陽」至「而不失温柔敦厚之旨」：《敬亭文稿》無。

〔五〕抑其器量識度有越尋常萬萬者哉：《敬亭文稿》作「抑其器識有度越尋常萬萬者哉」；另「哉」原訛作「或」，今改。

〔六〕乾隆十有一年歲次丙寅年弟婁東沈起元撰：原訛作「沈德潛乾隆十有一年撰」，據《雅雨堂文集》改。

詩話二〔一〕

六安夏湘人，今之義士，名之璜，字寶傳。德州盧雅雨初爲六安牧時，識湘人於諸生中，課試拔第一。盧在六三年，最得民心，方貞觀贈有詩云「才比寇公饒學術，清如包孝近人情」句。後升鹾使被劾，坐羡餘不足，寓州董相祠聽部議。己未冬十月爲雅雨誕辰，夏遠來慰祝，以十二月至。適有軍臺之命，一時皆失色，湘人乃毅然請從行。或沮之，夏笑曰：「昔人不謂鄒志完乎？京師疾七日，不汗死耳，獨塞外能死人哉？」遂密自治裝，屬孔體仁爲繪《軍臺負笈圖》。初，雅雨聞之，未以爲即真，辭謝之。及五月，果飄然就道，妻子哭之於室，親友餞之於郊，反，往往有憐色。而湘人飲三爵，策馬飛去，已不顧，蓋所以報前之知己也。臨岐有留別諸人詩云：「此身無復繫高堂，萬里何妨別故鄉。豈以激昂思勵俗，但令忠孝守吾常。眼從大漠舒逾闊，骨向冰山鍊更剛。爲遜龍門千載筆，滿篋巨軸貯歸囊。」一時以詩別者甚衆，惟膠州高西園鳳翰七絕云：「傳筆能投事更夸，烏孫相伴走天涯。蘇門不少秦晁客，只喫龍團餅子茶。」在塞三年，壬戌始歸。往反萬餘里，身所經歷聞見，皆以札記，名曰《橐中集》。浙江學使雷翠庭鋐爲序。李調元撰《雨村詩話》。

【校勘記】

〔一〕詩話二：原無，爲整理者所加。

詩話三〔一〕

盧自塞外歸來，再任轉運，爲夏捐學正一官，所以報也。乾隆庚子科，以年過八十，欽賜舉人。陳古漁贈句云：「八旬鄉榜無消息，一紙天書有姓名。」袁枚撰《隨園詩話》。

【校勘記】

〔一〕詩話三：原無，爲整理者所加。

尚書彭公啓豐神道碑〔一〕

乾隆四十九年六月既望〔二〕，兵部尚書彭公薨於里第。遺疏上聞，天子震悼。一時士大夫，走位相弔，泣且嘆曰：先皇帝老臣盡矣！存者惟嵇相國爲先輩，而彭公科尤先，海内望之如晨星孤月。倘假一二年，重宴鹿鳴、瓊林，豈非熙朝盛事？而天偏靳之，悲夫！然公之清節重望，恩榮壽考，於古爲稀，勒之貞珉，備國史之採，不可廢也。其同館後進袁枚，受公知五十年，爲按其狀而銘之曰：

公諱啓豊，字翰文，應鄉舉時，芝生庭中，因自號芝庭。先世由江西遷蘇郡之長洲。曾祖瓏，官長寧知縣〔三〕。祖定求，康熙丙辰會試、殿試俱第一。父正乾，考授州同知。三世皆以公貴，誥贈光禄大夫，吏部右侍郎。公貌清羸，長不逾中人，而風骨珊然，如鷺飛鶴翔，凌風欲去。雍正四年舉於鄉。五年會試第一〔四〕，殿試亦第一。大學士張文和公奏科名與而祖同，世宗喜，即召入南書房。七年，充河南鄉試副考官，時未散館，而有是命，皆異數也。十三年，遷左春坊左中允。

今上登極之元年，遷侍講。累遷至侍讀學士，通政司左通政，吏、兵、刑三部侍郎，尋授兵部尚書，充經筵講官〔五〕。兩聖人知公廉明能文章，凡掄才大典，倚公如金鑑。命校順天鄉、會試者三〔六〕，主直省試者七，視學政者二。經歷滇南、中州、江右、山左、浙西〔七〕，輶軒所臨，庶士歡迓。其他讀卷殿上，及閲回避、拔貢、教習、朝考、召試諸卷，皆疊次任委，連綿不斷。公亦飭躬齋心，克與上意相副〔八〕。從江西還，奏所過宿州有司賑災不實；又奏請敕各省學臣，見督撫毋卑諂，應遵會典儀注，上是之。在浙時，奏官河宜開濬，漕費宜遵舊制，毋浮收本省。官出巡，應額限役夫，毋過十名〔九〕。任兵部時，奏武職銓補，遲速不均，宜與卓異官均以雙单月輪班間用。奏馳驛官奉使者，有廩給口粮，而夫役俱向驛站籍雇〔一〇〕，慮開多索濫應之漸〔一一〕，宜停，例支改一馬三夫。上皆可其奏，發部議施行。

當是時，上方嚮用公，適有同部兩侍郎不相中〔一二〕，造蜚語聞上，引公爲證。上問公，公對未有，上疑有私，降爲侍郎。越二年，以原官休於家。先是，公乞養歸，爲娱奉太夫人，故簣山濬池，蒔花竹，極園林之勝。至是再歸，山水益清幽，樹益茂。公擁萬卷，嘯哦其間，雖大耋，聰强不衰。或春秋佳晨，出遊石湖、寒山，士女皆知兩朝元老，擁觀塞路。

初，公侍内廷時，世宗賞大臣福字，偶未及公，特手書以賜。侍今上泛舟，賞花釣魚，命和詩至二百餘首，所賜珍玩無算。祝皇太后萬壽〔一三〕，與九老會，圖形中禁。金川蕩平，公迎駕山東，進凱歌，恩復尚書銜，與宴。在江南，三次迎鑾，皆召見温諭。四十九年，公迎駕跪龍泉莊，上遥望見，即命侍衛扶起，命秋冬北上，與千叟宴。公方感上恩，修安車欲行，未及期，以無疾終，年八十有四。

性峭直，稍不可於意，即形詞色，然過後輒不省。慊慊自下，遇布衣文學之士，皆抗禮與鈞。枚弱冠入都，即奇賞之。聞其入彀，特呼車往賀主司得人。晚年猶端書細字，往來唱和尤密。常語人曰：「袁君非徒詩文佳也，聽其議論，如魯公書，徹透紙背。」其見知如此。

妻宋氏，誥封一品夫人。子五人：長紹謙，山東桃源同知；次紹觀，翰林侍讀學士；次紹咸，增廣生；次紹升，丁丑進士；次紹濟，尚幼。女三人，其一適常州學士莊公培因，甲戌科殿試第一〔一四〕。孫十二人，皆有科名〔一五〕。曾孫六人。銘曰：

庭實九獻，特達圭璋。簫韶九成，來儀鳳皇。天生彭公，爲世休祥。履星辰上，立日月傍。帝畀玉尺，東度西量。公洗心眼，清儷冰雪。萬蟻戰酣，一燈破黑。拔茅使高，升珠使跳。爛其盈門，八座三貂。抒所藴畜，施於爲政。獬豸爽鳩，屢拜寵命。周官司馬，權重中樞。公静鎮之，四海宴如。帝謂古賢，七十懸車。卿年已届，可以歸歟。公拜稽首，聖恩優老。臣願歸田，咏歌天保。都人羨公，祖餞盈道。一十七年，烟雲花鳥。臣請主安，帝問卿好。以其餘閑，爲書院師。胡瑗孫復，歐范優爲。以其餘福，蔭及孫曾。玉堂蕊榜，綿綿繩繩。齊門之外，新塘之東〔一六〕。百尺華表，萬古清風。袁枚撰《小倉山房文集》。

【校勘記】

〔一〕題目袁枚撰《小倉山房文集》卷二十五作「經筵講官兵部尚書彭公神道碑」，彭啓豐撰《芝庭先生集》卷首附録作「光禄大夫經筵講官兵部尚書彭公神道碑」。

〔二〕既望：原脱，據《芝庭先生集》補。

〔三〕曾祖瓏官長寧知縣：原脱，據《芝庭先生集》補。

〔四〕雍正四年舉於鄉五年會試第一：底本與《小倉山房文集》卷二十五《神道碑》「四」訛作「三」、「五」訛作「四」，據《芝庭先生集》附録改。按之《清世宗皇帝實録》卷五十六「雍正五年丁未四月辛卯，上御太和殿，傳臚賜殿試貢士彭啓豐等二百二十六人進士及第、出身有差」，故以《芝庭先生集》附録爲是。

〔五〕「累遷至侍讀學士」至「充經筵講官」：《芝庭先生集》附録作「累遷侍讀學士，通政司通政使，吏、兵、刑三部侍郎，左都御史，兵部尚書，充經筵講官」。

〔六〕命校順天鄉會試者三：《芝庭先生集》附録作「命校順天鄉試一」。

〔七〕浙西：《芝庭先生集》附録作「浙東西」。

〔八〕按：此句後《芝庭先生集》附録有「其歷官所至，因事獻納，多切於時務」三句。

〔九〕毋過十名：《小倉山房文集》作「毋過千名」；另，《芝庭先生集》附録作「毋濫擾驛傳」。

〔一〇〕雇：原脱，據《小倉山房文集》卷二十五《神道碑》、《芝庭先生集》附録補。

〔一一〕慮：原訛作「故浮」，據《小倉山房文集》卷二十五《神道碑》、《芝庭先生集》附録改。

〔一三〕相：原脱，據《小倉山房文集》卷二十五《神道碑》、《芝庭先生集》附録補。

〔一三〕祝皇太后萬壽：《芝庭先生集》附録作「嘗以祝皇太后萬壽入朝」。

〔一四〕「女三人」至「甲戌科殿試第一」：《芝庭先生集》附録作「女一適翰林侍講學士莊培因，一適貴州龍里典史蔣煇」。

〔一五〕皆有科名：《芝庭先生集》附録作「預《春秋》榜者五」。

〔一六〕齊門之外新塘之東：《芝庭先生集》附録作「穹窿之麓，太湖之東」。

張墨莊先生

諱若潍，安徽桐城人。雍正八年進士，官都察院左都御史。事實待訪。

補張若潍傳

張若潍，字若穀。雍正庚戌進士，授兵部主事，歷員外郎中，擢御史。在部條定部例，在臺建白國事，皆爲時所便。晋給事中，洊京卿。五轉至刑部侍郎，治獄明慎仁信，歸於至當。拜左都御史，持風憲甚嚴，每有陳奏，上皆稱善。爲時相所嚴憚，卒不能動摇。年七十四，以疾請告。嘗充殿試讀卷官，鄉試考官，山東學政，所取士，無不爲輿論所歸。總裁《四庫全書》館，持論嚴正，採擇詳慎，歸於法度。生平寡嗜好，既貴，亦淡泊如諸生。少本艱苦力學，予告後，恒日手一編。遇有任恤之舉，首爲倡率。後入都祝釐，與千叟宴，禮成反里。又二年卒，年八十五。録自廖大聞修、金鼎壽纂《〔道光〕續修桐城縣志》卷十三《人物志》。

太史邵齊燾先生墓誌銘〔一〕

今海内人士所推，能爲東京、六朝、初唐之文者，無論識與不識，必首吾友叔宀。叔宀與同歲舉進士，名能爲《史》《漢》若昌黎、河東文者，則有定興王君芥子。芥子初亦好爲文如叔宀，及見叔宀文，歎爲天授，遂輟而不復作。二君同年齒，同官翰林，同以文學相引重，而又同以原官放歸田。未幾，芥子復起，累遷至湖南觀察，行大用，而叔宀則竟死矣。觀察嘗遺書索刻其文〔二〕，將序以觀示後學，叔宀未及應卒。明年，其孤培德走使，乞觀察銘其藏。觀察曰：「序吾已生許之矣〔三〕，銘請他屬。」培德則又泣而請於文〔四〕。余與叔宀交，不後觀察，乃序而銘之。

君姓邵氏，名齊燾，字荀慈，叔宀其號也。先世在唐貞元間，居杭之北市，曰道宗，無子，以弟吏部侍郎説子好禮爲後。凡十有三傳，由杭而睦而歙，至饒州都帥顔子萬成，乃卜居休寧之黎陽。又二十傳，至鄉飲賓若水〔五〕，始遷常熟。常熟後分縣爲昭文，遂著籍爲昭文人。若水生君曾祖歲貢生可佳〔六〕，贈儒林郎。可佳生君祖附貢生甲臨〔七〕；甲臨生君考候補主事韡〔八〕，並贈奉政大夫、兵部武選司員外郎。君考少孤，能强毅自立，遊義門何學士門，受其學。尤善書，得二王法。生五子，君其第二子也。生之夕，君考夢明祭酒馮公夢楨以名刺來謁問〔九〕，願藉居三十六年云。寤而君生，因名君小名曰「開生」。三歲，生母曹安人卒，嫡母程太宜人撫之〔一〇〕，愛如出腹子。

甫受書，輒了大義，塾師驚辭不能師。長而愈奮，有聞於時。其學於古也，涵而揉之，去故遺迹，咀含浸淫，滲漉衍溢，乃大昌於辭，而惟自其己出。今古駢散，殊體詭製，道通爲一，涉筆矢音，金石咳唾，造次以之，允蹈維則，班范潘陸，斯文未墜，君於本朝，一人而已。乾隆壬戌第進士，其闈中文騰輦下，人皆口傳以熟。後有效者，輒得弋獲，雖形貌乖舛，群相指爲邵體。君聞之，不以爲忤也。

君既入詞館，明年，駕幸翰林院錫宴，彷柏梁聯句，與焉。尋獻《東巡頌》，原道敷章，研神播采，揚、班之亞也。群公器之，争欲致君門下。顧君冲澹，不省揣合，相滃滃爲暱。又習與一二静者遊，益耽閑，喜自弛置。時多少年暴起，意氣盛，各以才力相鬥煽，輿馬服御，燕款相矜高，雖謹厚貧者咸務此，不若不得比人數。而君族又有以資雄者，世故誤指君爲富人，顧獨乘羸車，攝敝衣冠，傲然出衆中，則大駭。久之，益落落無以自見，乃自顔其齋曰「道山」。禄隱在翰林十年，充書局纂修者再，充京兆分校者再，兩遇廷試，亦再屈，遂罷歸，時年三十六。説者謂符昔夢云。

君通籍初，遭母兄喪，旋喪偶，思親圖歸，日夜以冀。既得歸侍，融融怡怡，如其兒時。退事著述，益肆以醇。間遇國家慶典，皋賡禹謨，鎗洋廟堂〔一〕，假羽飾喙，頡輝鸞鳳，郵書屬草者，使填於門。負鼇蟠螭，銘宫揭阡〔二〕，人交走幣恐後〔三〕，咸須君文以休萬祀。身晦名顯，日逾以崇。乙酉，清蹕南巡，有詔徵在籍詞臣，集試闕下。時文官京師，或謂曰：「此舉意在邵某也。若與邵厚，曷促之來？」文曰：「邵某病，且母老，恐不果來。」已而竟以疾辭不赴。越四年卒，春秋五十有二。

君貌清古，豐下鋭上，首微窪如仰釜，眉目疏秀，短視。精章草，入晋人室，每據案書，望之若隱几卧者。嚴冬喜脱履擁爐坐，客至，倉卒覓履不得，隨取躡之，履異，旁觀竊視匿笑。君覺之，亦自笑。已且復然，終不以措意。當金川之平也，相國忠勇傅公旋師禮成，坐朝房，百官咸會。君立門外面之，取鏡諦視。公呼入，問曰：「若何視？」君微哂不答，徑趨出。其意度夷曠類如此。與之遊者，未嘗見愠色，即愠，未嘗出聲氣。性愛才，喜奬借後進。嘗主毘陵龍城書院，君殁，士有哀之若父母者〔一四〕。

君一兄三弟：齊烈，乙丑進士，選爲庶常，卒於官；齊熊，舉人，内閣中書舍人；齊然，齊烈同榜進士，戊辰庶常，今官山西司郎中〔一五〕；齊鰲，附貢生〔一六〕。皆賢而有文者。配席安人，太學生贈文林郎永恂孫，附貢生鎬女，有高行，先卒；君已葬而銘之。繼娶王安人，資政大夫户部侍郎原祁孫，通奉大夫巡撫廣東兵部侍郎簪女。子三：男二人，培德，昭文縣學附生〔一七〕；聖藉〔一八〕，蘇州府學增生〔一九〕。聖藉少負志節，務矯厲不同俗，以自標置，先君一年卒。女一人，適太學生趙貴鯤。孫男：廣鎡、廣衡。孫女二。乾隆己丑十二月十二日辰時〔二〇〕，將葬君於席安人之封。培德，余婿也，使來速銘。銘曰：

斑斑之獸，弗擾於囿。嘒嘒其音，於桑之林。嗚呼叔宀，古誰不然，而克以有於萬年。維生不羸，維後之成，以鴻厥聲。鄭虎文撰。載《玉芝堂文集》卷首、《吞松閣集》卷三十四〔二一〕。

【校勘記】

〔一〕題目邵齊燾撰《玉芝堂文集》卷首作「敕授儒林郎翰林院編修加一級邵公墓誌銘」，鄭虎文撰《吞松閣集》卷三十四作「翰林院編修叔宀邵君墓誌銘」。

〔二〕遺：原脱，據《玉芝堂文集》補。

〔三〕生：原脱，據《玉芝堂文集》補。

〔四〕則：原訛作「而」，據《玉芝堂文集》改。
〔五〕若水：《玉芝堂文集》作「嘉祚」。下同。
〔六〕可佳：《吞松閣集》作「庸齋」。
〔七〕甲臨：《吞松閣集》作「莊庵」。下同。
〔八〕韡：《吞松閣集》「味閑」。
〔九〕君考：原脱，據《玉芝堂文集》補。
〔一〇〕嫡母：原脱，據《玉芝堂文集》補。
〔一一〕鎗：原訛作「蹌」，據《玉芝堂文集》改。
〔一二〕宫：原作「棺」，據《玉芝堂文集》改。
〔一三〕交：原訛作「定」，據《玉芝堂文集》改。
〔一四〕哀：原訛作「喪」，據《玉芝堂文集》改。
〔一五〕戊辰庶常，今官山西司郎中：《吞松閣集》作「由庶常改官兵部武選司員外郎」，《玉芝堂文集》「山西」前有「户部」二字。
〔一六〕附：《吞松閣集》無。
〔一七〕昭文：《吞松閣集》訛作「聖增」，按《玉芝堂文集》卷六《伯兄墓誌銘》載聖增爲齊烈子。
〔一八〕聖藉：《吞松閣集》訛作「聖增」。

〔一九〕蘇州府學增生：《吞松閣集》脱。
〔二〇〕己：原訛作「乙」，據《玉芝堂文集》改。
〔二一〕載玉芝堂集卷首吞松閣集卷三十四：整理者所加。

太史邵齊烈墓誌銘〔二一〕

君諱齊烈，字亹承，姓邵氏。宋元以來，族居徽州，縣曰休寧，村曰黎陽。至高祖諱嘉祚，自徽適蘇，卜居常熟縣東門。雍正二年，析常熟爲昭文，今爲昭文人也。曾祖諱可佳，歲貢生，考授州同知。祖諱甲臨，附貢生，累贈奉政大夫。考諱韡，待次主事，誥封奉直大夫，晋贈奉政大夫。

君温恭静默，貞慤淳和，淡於紛華，訥於辯論。氣類之際，無所親疏；里巷之間，不事徵逐。驟接疑其阻深，久處樂其易直。先府君殫精文史，屢爽逢年，屬望在君，訓勵勤至。君力學好古，該綜藝文，至如三間澤畔之製，開府江南之篇，玉川月蝕之詞，紹述絳池之記，恒所愛翫，闇誦不遺。嘗慕韓歐，觝排釋老，賦歌論難，實緐篇帙，志袪潄俗，不徇頹波。少好吟咏，匪由師授，資元白之風情，法温李之綺密。凡厥著撰，風清體贍。科舉之文，尤所研精，氣質從容，思理沉鬱。年十三四，父友贊善汪公應銓見其文，深器之，大署紙尾曰進士。

雍正十三年，年二十有二，補縣諸生。乾隆元年，中丙辰恩科江南鄉試舉人。十年成乙丑進士。保和殿試第一，改翰林院庶吉士。登瀛之選，翰墨爲職，雍容詞賦，都雅見推。雨露始霑，芝蘭遽隕。明年六月三日，以疾卒於官，春秋三十有三。嗚呼哀哉！

君初娶蘇氏，康熙癸巳舉人福建興化府知府蘇公本潔之女，乾隆四年十一月二十一日卒，春秋二十有四。後娶王氏，太學生王君旋吉之女。子二人：長聖藝，縣諸生；次聖增，俱副室許氏出。孫三人：廣鈴、廣鎰、廣逑〔二〕，俱幼。越以乾隆三十二年歲在丁亥十二月二日酉時，二子奉君及蘇孺人之柩，合葬常熟北門外虞山西麓頂山新塋。

齊燾才謝管辰，名慚陳紀，追言親愛，爰自兒童。推梨棗之間，師友文章之内。事親交友，形影必偕；憂患歡愉，甘辛亟共〔三〕。何嘗造次暫離，經時獨處！洎乎成名先後，稍致差池；尋荷渥恩，聯步詞館。蓮燭夜歸，依然共被；木天晨入，乃得同車。豈悟崇朝，頓成幽隔；悴同田樹，痛甚王琴。歲月如馳，奄將二紀；營魂清夢，宛如疇昔。勒石幽宮，隕涕操管；事歸紀實，義等當仁。銘曰：

我宗盤根，黎水之陽。高曾勤生〔四〕，違其故鄉。爰來虞山，創此維桑。五世及君，厥文以昌。志業孔修，内行潔芳。訶釋尊儒，憫俗愚狂。藝術洽通，彬彬有章。

齒既逾壯，令聞始揚。矯翼蓬瀛，丹地回翔。降年不永，奄值殲良。同氣四人，儐籩追傷。有子既長，親營斧堂。頂山之麓，卜云其臧。歲紀丁亥，日至履長。雙棺既窆，列樹成行。室固體安，永流厥慶。邵齊燾撰《玉芝堂文集》。

【校勘記】

〔一〕題目邵齊燾撰《玉芝堂文集》卷六作「伯兄墓誌銘」。

〔二〕鎰：原訛作「鑑」，據《玉芝堂文集》改。

〔三〕亟共：原倒作「共亟」，據《玉芝堂文集》改。

〔四〕勤：原訛作「勒」，據《玉芝堂文集》改。

閔峙庭先生

諱鶚元，浙江歸安人。乾隆十年進士，官江蘇巡撫。事實待訪。

補閔鶚元傳

閔鶚元，字少儀，號峙庭，歸安人。乾隆十年進士，授刑部奉天司主事，升山東司員外，充山西鄉試副考官，擢湖廣司郎中，充四川鄉試正考官，提督山東學政，兼翰林院檢討銜。十七年，升山東按察使。明年，調安徽按察使。二十一年，升湖北布政使。二十四年，調廣東布政使。明年，調江甯布政使。

三十年，以都察院右都御史兼兵部侍郎巡撫安徽。疏稱鳳、穎二郡，歷年災賑，皆由安慶、池州遠途撥運，不若就近建倉貯糧，以備急需，而省運費。請以鳳陽府壽州鳳臺縣，及正陽關穎州府屬之亳州阜陽、霍邱、蒙城、太和、穎上等縣，共建倉四百間，分貯糧二十萬石，以備賑恤。又泗州舊城，自康熙十五年淮、湖并漲，淪没水中，州治寄居盱眙山，所轄七十二堡皆在其北，風浪阻隔，官民咸多未便，乃請裁鳳陽府屬之虹縣，歸并泗州，即以其城爲州治。并下部議行。

三十四年，調江蘇。吴賦税甲天下，吏緣出入爲奸利，恒視上官意指，浮加無度。鶚元率循舊章，吏不病而民不擾。吴俗浮靡，多縻費，鶚元浣衣减膳，以導民節財。每院課士，必親莅講堂授文義。於三司官操核綦嚴，不少假辭色。五十五年，以失察高郵州重徵革職。明年，奉旨回籍，以壽終。

鶚元以文學起家，敭歷中外，爲國藎臣。精於治獄，受知高宗，由郎中超擢臬司，所至以清釐積案稱。在蘇十五年，一時號爲賢能。乾隆丙午、己酉兩次考績，皆爲巡撫最，璽書褒美，晋級有差。和珅竊弄威柄，外吏從風而靡，鶚元無所依附，珅忌之，中以法，遂不復起。著有《閔氏金石文鈔》《星軺學吟》《南巡恭紀録》。《安徽通志》、參墓誌及《潛孾堂集》採訪册。録自陸心源、李昱等纂修《〔光緒〕歸安縣志》卷四十二《耆舊》。

莊方耕先生

諱存與，陽湖人。與弟培因學士同負盛名。乾隆十年，方耕以第二人及第〔一〕，學士賦詩調之，落句云：「他年令弟魁天下，始信人間有宋祁。」後果中十九年狀元。嘗館課「夏雲多奇峰，天際落芙蓉」句，頗自詡。未幾卒。人以爲詩讖〔二〕。湯大奎撰《溪硯瑣談》。同胞三及第，崑山徐氏而後，惟武進莊存與乙丑榜眼，弟培因甲戌狀元。戴璐撰《藤陰雜記》。

【校勘記】

〔一〕「諱存與」至「及第」：《炙硯瑣談》卷上作「乾隆乙丑，令兄方耕存與。先生以第二人及第」。

〔二〕人以爲詩讖：《炙硯瑣談》作「此與蔣菱溪麟昌。編修『羊燈無焰三更碧』句同一詩讖」。

補莊存與傳

莊存與，字方耕，號養恬，陽湖人。少即篤好經籍，得《欽定數理精藴》，覃思推算，至成眩疾。凡繁賾意阻之書，必求如視諸掌而後快。嘗曰：「讀書之法，指之必有其處，持之必有其故，力争乎毫釐之差，明辨乎疑似之介，凡以養其良心，益具神智。」故其學不分別漢宋，極深研幾，參究天人之際，鑿實陳指先王制作原本。晚益邃密，精融理象，油然大適於三代聖人之心。

乾隆九年舉於鄉。明年成進士，臚傳一甲第二名，授翰林院編修。散館，入南書房行走。遷少詹事，拜湖南學政，尋擢内閣學士兼禮部侍郎。時天子下及大臣，皆深知存與，深潛經術，不煩以吏事。爲天文算法總裁官，在上書房行走。數數出典文衡，則諸皇子孫，共賦詩寵其行。自年未四十在禮部，薦歷卿貳，回翔幾四十年，未嘗他調，存與蕭然儒素，榮利之事，一不干懷。《六經》并有撰述，《詩》有《毛詩説》，《書》有《尚書既見》，《禮《樂》有《周官記》《樂説算法約》，《易》有《八卦觀象篇》《彖象論》《彖傳論》《繫辭傳論》《序卦傳論》《卦氣解》，《春秋》有《春秋正辭》；於《四子書》則有《四書説》。皆獨悟微言，非世儒所與，以當時克知者鮮。著書數十萬言，恒秘不示人。通其學者，爲門人餘姚邵晋涵、曲阜孔廣森，及從子述祖、外孫劉逢禄數人而已。年六十八予告歸，七十卒於家。

孫綬甲，字卿珊，附監生。綬甲兄雋甲、貴甲、弟褒甲、從弟濤，皆克守家學，而綬甲尤力學得師法，好深湛之思，以祖父所著諸書多未刊布，研精校尋，僅成數種而遽歿，年五十有五。有《拾遺補藝齋遺書》五卷，今與存與書并次第刊行。録自蔣彤撰《丹陵文鈔》卷三。

補禮部侍郎少宗伯莊公小傳庚申仲冬。

公姓莊氏，名存與，字方耕，江蘇武進人。乾隆乙丑榜眼，官禮部左侍郎。五歲就塾讀書，目數行下〔一〕。年十二，京師地震，屋傾，壓重墻下，掘土五六尺許始得，耳目閉塞，良久方出聲。力探經史、性理、百家，從舅氏錢公某講肄，平生學業始基此。戊午下第歸，研究算學忘寢食，因得眩暈疾。

戊辰散館，列二等，仍留教習，奉諭旨云：「閉户讀書，留心經學。」一時驚爲儒臣。異日，數出典浙江試，兩典湖北試，督學順天、河南。壬申會試同考官，辛卯副總裁，甲辰知貢舉，壬辰教習庶吉士。查察槍手傳遞頂冒諸弊極嚴密，所按次第肅清，覬覦者望風歛戢，士心益勵。奉旨清釐順天士籍，有寄托者，改歸原籍，逾限除名。奏請暫停南北歲科，據本生自首姓名，一咨禮部，一行文各布政司，轉行各州縣親族里鄰切結，由司轉覆到後，始准咨回本省學政。奉旨准行。訓士子告語諄懇，必以敦本業、崇實行爲勖。在上書房行走，卯入申出，寒暑無間。皇子時親講説，愛敬日深。任禮部，講求會典舊章，遇祭祀、朝會、宴享諸大事，敬謹襄贊勿懈，數十年如一日。

治家嚴而有法，不苟言笑，於世俗聲華玩好之屬，澹然無所嗜。性清介，嚴取予，謹然諾，飲食衣服，刻苦自持。奉差使所過，食用必自治，并戒僕從，不勤館人，故所莅下車，輿頌翕然。教子孫，持家範，勿令稍染時趨。接物中正平易，人亦無敢干以私者。家居宇舍精潔，器物整齊，書籍時親檢點，勿使稍有參錯。

幼稟庭訓，習朱子《小學》《近思録》，長益沉潛經義，誦詩讀書，惟以知人論世爲準，故所造洪博深邃，莫測其涯涘。若天文輿地、河渠水利、律吕算數之學，莫不覃思殫究，口吟手披，率至夜分始就寢。謂：「學以養其良心，益其神智，須旁廣而中深，始能囊括群言，發其精藴。」又云：「讀書之法，指之必有其處，持之必有其故，力爭乎毫釐之差，深明乎疑似之介。」嘗自署齋聯云：「玩經文，存大體，理義悦心；若己問，作耳聞，聖賢在坐。」其平生得力語也。所著有《八卦觀象篇》《彖象論》《彖傳論》《繫辭傳論》《序卦傳論》《卦氣解》《尚書既見》《毛詩説》《春秋正辭》《周官記》《律譜》《六樂解》《九律解》《聲應生變解》《成律合聲論》《審一定和解》《天位人聲地律論》《合樂解》《定黄鐘之聲及其徑論》《律書解》《琴律解》《瑟音論》《筭法約言》等書，藏於家。《易》主朱子本，《詩》宗《小序》《毛傳》，《尚書》則兼治古今文，《春秋》宗《公》《穀》義例，《三禮》采鄭注而參酌諸家。病中猶時時背誦經書不置。乾隆五十三年卒，年七十歲。

子三人：逢原，乙酉舉人，山陽縣學訓導；通敏：壬辰翰林，詹事府左春坊左中允；選辰，戊戌進士，甲辰召試授内閣中書，先卒。孫六人。

贊曰：庸堂少從公之從子葆琛進士問學，嘗一見公，自慚譾陋，未敢有所質也。後讀公《尚書既見》，歎其精通浩博，深於大義章句，小儒末由問津矣。近者孫伯淵觀察撰輯《經學淵源録》，屬庸堂徵采事狀，因從公子孫索誌銘家傳等勿得，得其家《行述》，於是撰掇其學行大略著小傳，以俟觀察裁録焉。公之學行，近世蓋僅見，安得盡讀公之遺書爲快乎！

時嘉慶五年十一月長至前三日，同里後學臧庸堂拜撰。録自臧庸《拜經堂文集》卷五。

【校勘記】

〔一〕目：原訛作「日」，按「目數行下」爲古人言人聰穎常語，與「一目十行」類。

師友淵源録後案卷十一〔一〕

先達二

朱文正公墓誌銘〔二〕

嘉慶十一年十二月初五日，大學士朱公卒。天子震悼，加贈太傅，祀賢良祠，以内帑銀二千五百兩助喪。先命慶郡王率侍衛等，即往奠醊。明日，上親臨奠，下詔褒其正直，特賜謚曰「文正」。又命皇次子於初九日代設饌奠〔三〕，並賦《書痛》詩十二韻〔四〕，命南書房翰林黄鉞〔五〕，捧詣靈几前焚之。發引之日，命慶郡王至邸第自送〔六〕，皆異數也。公子錫經，卜是月二十五日葬公西山吕村，以鼒受知深，侍公官内外久〔七〕，屬以銘幽。嗚呼！鼒何足以銘吾師？然不敢辭。

公諱珪，字石君，號南崖〔八〕，晚號盤陀老人，順天大興人。先世居蕭山。曾祖必名。祖登俊，官中書。父大炳，官盩厔縣知縣。皆以公貴，贈光禄大夫。曾祖妣白〔九〕，祖妣何、馮，妣徐，皆贈一品太夫人。公有三兄：伯堂；仲垣；叔筠，即海内所稱竹君先生，與公齊名者也〔一〇〕。公以乾隆丁卯舉於鄉，謁座師阿文勤公，甫入座，文勤曰〔一一〕：「子年少，而魄力大似先師李文貞公。」戊辰成進士，年十八。先後座師劉文正公、鄂剛烈公〔一二〕，皆欽公學行。官編修時〔一三〕，值京察，院長署考曰「人品端正」。公以文章受知高宗純皇帝，而仕於外最久。由侍講學士出爲糧道，歷兩司。召入，復爲侍講學士，直尚書房〔一四〕，侍今上學。久之，復倚以封疆，遂撫安徽，調廣東，授左都御史，兵部尚書，晋督兩廣。已有旨將相公矣，以督捕海匪遲緩，改授安徽巡撫。復授兵部尚書，遷吏部，仍留巡撫任。

今上親政，首下詔，召公還〔一五〕，加太子少保，充經筵講官，直南書房。調户部，命爲尚書房總師傅。八年，掌翰林院協辦大學士〔一六〕。九年，上幸翰林院，晋太子太傅。十年，授大學士，總理工部。公任於外朝，無奧援，獨恃先帝之知。視浙江學，以本籍請迴避，得旨：「一切好爲之。」再出爲疆吏。九年，屢請覲不許，奉硃批曰：「汝係朕深知之人，且不必來。」

公察吏不苛，人信其廉，莫敢干以私。初典河南試，巡撫胡恪靖公寶瑔謂其屬吏曰：「朱學士端人，汝輩不可有所饋遺。」爲晋藩，不受平餘。撫皖，裁蕪湖關陋規。善知人，所舉皆皭然負清節。嫉惡嚴而慎重人命，雖於律無可疑者，必詳審乃定。尤重荒政，有不盡賑錢者，特薦之。凡典會試三，典河南、福建、江南鄉試各一，分校會試二，閱殿試卷二，閲江浙召試卷各一。常笑唐人通榜得人，平生關節不到，校藝暗索，定爲某某，百不失一。公篤内行，在閩聞訃，匍匐星趨，衣粗食糲，逆旅人不知爲達官。庶祖母李，撫公有恩，貤封一品夫人。仲兄中年下世，撫其子與孫，與女孫，出入與偕。屏嗜好，遠聲色財貨如鴆蝮。仕六十年，清寒如單門，禄入必先恤三黨，周寒士。學貫天下，未嘗驕人。惟恭纂《高宗純皇帝實録》，於書法大者，必争求是乃已。後進有一善亟稱之，寒士未遇者，爲揚於朝。才人如黄景仁、張騰蛟既死，惜之不已。與人交，洞朗軒闢，不施戟級。或面責人過，改則已〔一七〕，無宿怒。扶掖善類，如朱文端公、孫文定公暨贈副憲曹公錫寶之子，皆爲奏請得官。

著述等身，詩已刻者，爲《知足齋集》二十四卷，未刻者詩集若干卷。進御之作，先帝命皇子皇孫各繕一本，以備陳設。天下皆以文臣待公，而不知兩朝聖人知公之深也。公在尚書房時，即以《五箴》進：曰養心，曰敬身，曰勤業，曰虚己，曰致誠。公卒後〔一八〕，上流涕，謂朝臣曰：「朱珪每見朕，所言皆正。」賜謚之諭曰：「其所陳説，無非唐虞三代之言。」蓋公不市恩，不沽直。入與上言事，出未嘗以告人〔一九〕。人或疑公以舊學居相位，委蛇進退，少所建白。不知公之不負人望者，以啓沃爲先〔二〇〕，如豐年之雨，無疾風迅雷，而沾溉優渥。公遭遇堯舜，非唐虞三代之道不陳，所以輔聖德造蒼生之福者大且秘〔二一〕，非玉音明彰於身後，天下其孰從知之？然則知公者，與公之子孫，爲公慶幸而感聖恩，當何如也〔二二〕？上方倚公，公燕見時，請如故相張文和、王文端，以七十八歲致仕，上笑謂：「且待八旬，當爲女壽。」何天奪公之速也！

公生於雍正辛亥正月十二日，卒年七十有六。夫人陳氏〔二三〕，思南府知府諱邦勳公女〔二四〕，生有婦德〔二五〕，先公卒。公無妾媵，獨居三十年。子二：長錫經，乾隆己亥舉人，一品蔭生，官刑部員外郎，即遷户部郎中；次錫緯，庠生，先公卒。女一，適張掖縣知縣馮秉騹。孫一，涂，嘉慶庚申欽賜舉人，錫緯生。孫女一，適吏部侍郎劉公名鳳誥子元恩，錫經生。曾孫三〔二六〕：甘霖、香霖、貫霖。

鼒不文，然嘗受古文法於公，不敢冗，所未詳者，有《神道碑》在。銘曰：

天誕名德，以光姚嬀。聖哲天縱，歸美師資。帝師道尊，百僚弁冕。無赫赫功，功在陳善。公富述作，僉曰文臣。道繼鄒嶧，聖人知人。曰所陳謨，唐虞三代。前劉後朱，名以實載。齋曰知足，以示素心。請如前軌，戊辰歸林。帝曰八旬，當爲汝壽。風隕梁木，奪我黄耇。去來洒然，忠愛不忘。獻芻屬稿，以代遺章。廣厦萬間，樓臺無地。帝臨相門，如臨衡泌。嘉謨華國，嘉穀貽孫。絲言永賁，裕其後昆。

左春坊左庶子全椒吴鼒撰。吴鼒撰《吴學士文集》〔二七〕。

【校勘記】

〔一〕按：卷題原無，據《總目》補。

〔二〕題目吴鼒撰《吴學士文集》卷四作《賜謚文正大興朱公墓誌銘》。

〔三〕饌：原訛作「譔」，據《吴學士文集》改。　奠：原脱，據《吴學士文集》補。

〔四〕書：原作「抒」，據《吴學士文集》改。

〔五〕按：「林」後原衍「院」字，據《吴學士文集》删。

〔六〕自：原訛作「目」，據《吴學士文集》改。

〔七〕久：原脱，據《吴學士文集》補。

〔八〕「公子錫經」至「號南崖」：原作「公諱珪，字石君，號南崖。五日葬公西山吕村。以鼒受知深，侍公官内外，屬以銘幽。嗚呼！鼒何足以銘吾師！贈光禄大夫」，邏輯混亂，故據《吴學士文集》改。

〔九〕知縣皆以公貴贈光禄大夫曾：原脱，據《吴學士文集》補。

〔一〇〕與公齊名：原脱，據《吴學士文集》補。

〔一一〕甫入座文勤：原脱，據《吴學士文集》補。

〔一二〕年十八先後座師劉：原脱，據《吴學士文集》補。

〔一三〕時：原脱，據《吴學士文集》補。

〔一四〕直：原訛作「進」，據《吴學士文集》改。
〔一五〕還：原訛作「遷」，據《吴學士文集》改。
〔一六〕協：原形訛作「拹」，《吴學士文集》同，按「拹」意爲摧折，與文意不諧，故改。
〔一七〕過改：原倒作「改過」，據《吴學士文集》乙正。
〔一八〕公卒後：原脱，據《吴學士文集》補。
〔一九〕公不市恩不沾直入與：原脱，據《吴學士文集》補。
〔二〇〕後「不」字與「人望者以啓沃爲先」：原脱，據《吴學士文集》補。
〔二一〕以輔聖德造蒼生之福者：原脱，據《吴學士文集》補。
〔二二〕幸而感聖恩當何如也：原脱，據《吴學士文集》補。
〔二三〕陳：原脱，據《吴學士文集》補。
〔二四〕思南府知、女：原脱，據《吴學士文集》補。
〔二五〕生：《吴學士文集》無。
〔二六〕曾：原脱，據《吴學士文集》補。
〔二七〕吴學士文集：原缺，據文例補。

秦學士澗泉墓誌銘〔一〕

乾隆四十二年二月丁巳，學士秦公以疾終於江寧里第。公乾隆十七年皇太后萬壽恩科聖上特拔第一人也，而公之終，適當奉皇太后哀詔哭臨之後四日。公自聞國有大恤，即哀痛傍偟，不寧厥居。文弨與公爲同年生，官階相等，時適爲鍾山書院長。詔至之日，同班行禮，哭盡哀，而退語文弨，明日早臨，當先至。迨歸而疾作，入夜更劇，次日竟不能至。自審病不可起，卻醫藥，口占四言十六句以示子孫，沐浴而逝。嗚呼！豈不異哉。今葬有日，公子觀察君以銘幽之文爲請，乃按其狀而書之曰：

公諱大士，字魯一，號澗泉。先世有貳守江南之太平者，因家當塗。曾祖諱應瑚，縣學生。娶方夫人，值明季流寇之亂，以節烈死事，詳《先封公誌》中。祖贈公諱邦璨，亂定後，隨父兄來江寧占籍焉，故今爲江寧人。考封公諱有倫，國學生，生七子，公其亞也。生有穎質，十歲能屬文。少長，兼精篆隸行草之學，求者踵至。有知公貧以財幣請者，微察其有德色，遽還之。一游淮陽鹺使幕中，聞前輩箴規語，亟歸竟學。以親年老，顯揚須及時，禱於神，願減算以博一第。迨壯年舉於鄉，三試南宮獲雋，遂登上第，授翰林院修撰。

明年，充順天鄉試同考官。又明年散館，欽定一等。旋充咸安宮官學總裁，入直武英殿。以母憂歸。二十二年服闋，復官，命教習庶吉士。是冬，奉命直上書房，侍皇子講讀。明年，御試詞臣，欽定一等二名，擢翰林院侍講學士。二十四年，京察一等，充順天武鄉試副主考。旋又奉命祭告北岳等處〔二〕。二十五年，充會試同考官〔三〕。二十七年，充福建鄉試正考官，便道歸省封公。明年，復充會試同考官。既竣事〔四〕，遂請終養歸。承歡者閲五載而封公没，服闋，以病乞展假〔五〕。三十五年，來京師祝皇上萬壽。逾年，又祝皇太后萬壽。同朝諸公見公精神未衰，敦勸復起。而公已無復出山意矣。

公之勸講皇子也，勤而恪，正而和，凡可以啓迪培養者，無所不盡。至膺衡校之任，一字句不敢苟，所得皆真材。其主八閩試也，同事者適嬰疾，公不辭勞瘁，取八千餘卷盡閲之，是科得人爲極盛。他若甘肅提督馬公全，後死王事於西陲者，亦公順天武闈所得士也。

少即工詩，邑令袁君枚取其詩入志〔六〕。迨入館閣，益得雅頌之體。賦專以神韻爲工，不專襞積。爲古文，則自謂得力老泉云。嘗恭和《聖製喜雨詩》十韻，進入，蒙天語褒焉。

公長子承恩，弱冠成進士，相繼入翰林，洊升侍講。出爲江西，分巡廣饒九南道〔七〕。公丁寧訓誡〔八〕，其要務在勵廉隅〔九〕，勤職守。嘗一至官下，亟歸。家居怡怡友愛，親課諸從子學業。

公素精於論文，决利鈍無不驗。嘗一主於龍城書院。在饒，進芝陽書院高才生而親講示之〔一〇〕，無不得意以去。近年當仕有聘主揚之安定書院者，謝勿往也。

晚年惟愛吕新吾《呻吟語》，取其切要者録之。有求書者，即視其人之情性，有可以爲韋弦者書之，其不苟如此。公以翰林院侍講學士加二級，覃恩誥授中議大夫。祖父、父咸如官。祖母陳、母曹，俱贈淑人。妻劉封淑人。而承恩亦以庶吉士邀綸錫焉。

公享年六十有三。子三人：承恩，江西分巡道，署理按察使事〔二〕；承業，鄉貢士；承家，幼。女三人：長適内閣中書舍人王彝憲次子王雲森〔三〕，次未字。孫男一人：繩曾。孫女三人：長字孫應魁，次字王鼎襄，次未字。以某年某月某日葬公於某原。銘曰：

始之求名，欲爲親榮。卒之告歸，欲與親依。方膺任使，華膴可俟。决計翩然，退勇佯錢。生兮若浮，死兮若休。衆人惜死，擾擾未已。治命諄諄，旋返其真。自挽同潛，子姓炎炎。此二端者，似公蓋寡。余來鍾山，得數往還。識公學力，晚益有得。兢兢畏慎，終免緇磷。公不可攀，余去鍾山。勒詞幽扃，公兮永寧。盧文弨撰《抱經堂文集》。

《抱經堂文集自記》云：「秦封公之祖應瑚，崇禎末挈家避流寇之亂〔三〕。其妻方太君獨攜一幼子，九歲，即公考諱邦璨也。至社塘，寇且至，度不得脱，見前有水，則置兒岸側，卓著簪，令兒識其處，遂沉。後三日，應瑚始求得其屍葬之。今簪纓相繼，豈節義之報歟？」

【校勘記】

〔一〕題目《抱經堂文集》卷三十四作「翰林院侍講學士秦公墓誌銘」。

〔二〕等：原脱，據《抱經堂文集》補。

〔三〕會試：原脱，據《抱經堂文集》補。

〔四〕竣：原脱，據《抱經堂文集》補。

〔五〕展：原脱，據《抱經堂文集》補。

〔六〕《抱經堂文集》「入」字前有「以」字。

〔七〕南：原脱，據《抱經堂文集》補。

〔八〕訓：原脱，據《抱經堂文集》補。

〔九〕勵：原脱，據《抱經堂文集》補。

〔一〇〕陽：原脱，據《抱經堂文集》補。

〔一一〕事：原脱，據《抱經堂文集》補。

〔一二〕長：原脱，據《抱經堂文集》補。王：底本訛作「汪」，據《抱經堂文集》改。

〔一三〕挈：原訛作「絜」，據張本改。

錢坤一先生〔一〕

公諱載，字籜石，秀水人。雍正十年副榜〔二〕。浙江總督程元章薦舉鴻博，報罷〔三〕。

乾隆十七年〔四〕，聯捷成進士，時年四十五矣〔五〕。是年會試在八月〔六〕，香樹先生賀詩云：

「刻成楮葉廿年遲，著論韓公伸紙時。朵殿争看和氏璧，瓊筵笑插菊花枝。」自注云：「今年會試，即二十年前中副榜題也〔七〕，與退之不貳過論題事相類〔八〕。」《梧門詩話》。

《籜石齋詩集》自注云：「少宗伯介福，雍正壬子舉京兆。載以副浙江榜。己巳蒙以經學薦。庚午考取八旗教習。壬申舉京兆，公爲座主。廷試，公充讀卷官，公又閱朝考卷。教習庶常，以次及列。」《籜石齋詩》注。

公中副榜時，金檜門總憲客禾訂交。丙辰大魁，宗伯屢試不售，日者謂逢申方中〔九〕。年四十有五〔一〇〕，壬申果連捷。出瞎朝棟門，乃總憲辛酉江南所得士也〔一一〕。於是執小門生禮維謹。自是典文衡，陟卿貳。七十歸田。八十七方卒。戴璐《藤陰雜記》。

乾隆三十八年，先君奉諱南歸，先生畫柏贈行，題詩一律云：「潤春春駐又闌春，踽踽憂歸向去津。掌誥十年曾不過，牧書萬卷竟非貧。心依屋角鍾山老，手種墳頭柏樹新。文會城南猶寡侶，奈何先托寄言頻。」四十五年，先生主試江南，出闈後，特過草堂，又復流連竟日。是後，因老乞休。著有《籜石齋詩集》四十九卷，體以博大爲宗，神景開闢，不愧作家巨手。《後案》。

嚴元再案，《畫林新詠》：少宗伯致仕清貧，賣畫自給。孫昌齡改名寶甫，字恬齋。方伯亦善畫。頤道居士題其畫云：「仙露坊南舊寓存，百年翰墨重清門。高風仿佛金風長，家學流傳付稻孫。」〔一二〕

【校勘記】

〔一〕題目原缺，據《録》、《總目》、張本補。

〔二〕十年：《梧門詩話》卷六作「壬子」。

〔三〕浙江總督程元章薦舉鴻博報罷：《梧門詩話》作「乾隆丙辰舉鴻博，報罷」。

〔四〕乾隆十七年：《梧門詩話》作「至壬申」。

〔五〕時年四十五：《梧門詩話》作「年逾五十矣」。

〔六〕在：原脱，據《梧門詩話》補。

〔七〕二十：《梧門詩話》作「廿」。

〔八〕過、事：原脱，據《梧門詩話》補。

〔九〕中：原訛作「申」，據《藤陰雜記》卷二改。

〔一〇〕有：《藤陰雜記》無。

〔一一〕南：原訛作「西」，據《藤陰雜記》改。

〔三〕按：此條夾簽原誤置卷二十三「朱稻孫」條後，檢陳文述《畫林新詠》，知其出自該書卷一「錢籜石」條，故移至此。

蔣御史和寧別傳〔一〕

先生諱和寧，字畊叔，世爲武進人。雍正二年分縣，又爲陽湖人。其生卒歲月行事官閥，具於家狀甚詳。其從甥洪亮吉以爲，古之顯於當時、名於後世者，皆有別傳見於載記。自東方朔至夏統，已一百十人，所以裹志乘之闕遺，備史家之搜采焉。爰甄其遺事，以爲之傳曰〔二〕：

先生以强仕之日策名，杖鄉之年去職。其在朝也，官不越五品；其家居也，遊不出千里。而許與氣類，導迎善氣，以是抱人倫之鑒，負海内之望者三十年。迨卒之日，多士之在朝在家者，皆爲位而哭，相向失聲。蓋自東漢許郭、有唐韓李以來，至今日僅見云。而又内行醇備，友誼敦篤〔三〕。李元禮之仕宦，不異神仙；衛叔寶之風華，無傷道範。若綜其高致，可爲神往者焉。夫世之獎許爲懷者，或因片言之善，或録一技之長，皆本素知，由於歷試。而先生則聞聲已識，望氣先知。王猛鬻畚之歲，即推公輔之才〔四〕；孝侯射虎之前，已卜非常之器。每當群賢高會，達士盈門。推白屋之童牙，詡後門之寒畯。致之高坐，無異賓師；望彼成名，有逾子弟。非夫性情之摯，能若己有之如此乎？又以士之曠遠歷落者，類不護細行，好爲大言。史魚爲盗，苟况以之叢譏；顔回復生，禰衡因而隕首。而先生則百喙以辯，萬端曲全。憤此嚚淩，形於辭色。以巷伯之疾惡，成緇衣之好賢，保全者實多云。

家無一頃之田，百金之産，而九族之親，來而共食，一面之識，貧而解衣。重門洞開，雖疏逖而可入；城府坦白，即鄙吝而必言。不移牀遠客，故人樂其寬；或破産酬酢，故世稱其達。多能本乎天性，思理成於自然。

自夫家居，或營小築。平泉一石，亦徵磊落之懷；龍門半池，乃有回環之勢。聆寒谷之竹，早識陰陽；移遠圃之花，先明向背。將毋以濟物之量，寓之於泉石者乎？若夫朗月入抱，莫喻其高懷；白雲在天，思成其春服。守馬卿之四壁，食何曾之萬錢；有柳下之阨窮，御孟嘗之狐白。此則不可無，一學步而即非。誰其嗣之？望塵而不及者矣。

先生於學，或有不窺，而識無乎不貫。雄博如劉子駿，授《太玄》而亦觀；逸才如陸士雲，見《都賦》而驚歎。至於商搉一字，如星位之妥於天；領悟半言，若時雨之零於物。則微言之未絶，視古人而莫愧者歟？

亮吉少以孤童，育於外氏。執畚挈榼，偶影於僮奴；食淡衣粗，視同於傭保。先生識之於糞壤之内，拔之於群從之中，同舍改觀，里閭致敬。憫康伯之陋，則葷書以貽之；傷羊曇之貧，則賭墅以乞之。嗟乎！士感知己，無時可忘；我送舅氏，啜焉而泣。秦人之思鍼虎，欲隕百身；晋客之念范公，將通九地。尚何言哉！他日信陵之客張耳，有推賢之名；潁川之門景顧，成行義之實。是則後死者之責，而先生之所望矣。洪亮吉撰《卷施閣文集》。

【校勘記】

〔一〕題目洪亮吉撰《卷施閣文乙集》卷五作「湖廣道監察御史蔣先生别傳」。

〔二〕之：與張本皆脱，據《卷施閣文乙集》補。

〔三〕敦：《卷施閣文乙集》作「醇」。

〔四〕即：與張本皆訛作「已」，據《卷施閣文乙集》改。

翁覃溪

諱方綱，字正三，大興人。乾隆十七年進士，官内閣學士。公年甫弱冠，已入詞垣，而精心績學，宏覽多聞。所著《兩漢金石記》，剖析毫芒，參以《説文正義》，幾欲駕洪文惠而上之。近年精研經術。嘉慶己未，予入京師，見其方考《禹貢》《顧命》兩篇，諸儒同異，相與辨難〔一〕，斷斷竟日。詩宗江西派，出入山谷、誠齋間，雖嘗仿趙秋谷《聲調譜》，取唐宋大家古詩，審其音節，刊示學者，然自作亦不能盡合也。書法初學顔平原，繼學歐陽率更，隸法《史晨》《韓敕》諸碑。平生雙鈎摹勒舊帖數十本，是以北方求書碑版者畢歸之。王昶撰《蒲褐山房詩話》。

【校勘記】

〔一〕相與：原脱，據《蒲褐山房詩話》補。

西沚先生墓誌銘

西沚先生以篤學鴻文登巍科，入詞館，不數歲而參綸閣，班九列，貴且顯矣。甫逾强仕，奉諱星奔。服闋，遂不復出。里居三十餘年，日以經史詩古文自娱，撰述等身，弟子著録數百人。嘗取杜少陵詩句，以「西莊」自號，學者稱「西莊先生」，西莊之名滿海内。頃歲忽更號「西沚」，予愕焉，諷使易之，不肯，私謂兒輩曰：「沚者，止也。汝舅其不久乎？」西沚於經義專宗鄭氏。兹以嘉慶二年十二月二日捐館，歲行在巳，龍蛇之厄，與康成先後一揆〔一〕，斯亦異矣！予與西沚總角交，予妻又其女弟，幼同學，長同官。及歸田，衡宇相望，奇文疑義，質難無虚日。予鰥，緩西沚數鏃，厲之始克樹立。平生道義之交，無逾西沚，常以異姓軾轍相況，匪由親串暱就，輒相標榜也。今窀穸有期，而予視息猶在，人間志石之銘〔二〕，奚敢辭？

西沚姓王氏，諱鳴盛，字鳳喈，一字禮堂，外舅虛亭先生長子〔三〕，爲世父升孟公後。幼隨王父卓人公丹徒學署，奇慧，四五歲時，日識數百字，縣令馮公咏以神童目之。稍長，習《四書義》，才氣浩瀚，已有名家風度。年十七，補嘉定縣學生。學使歲、科試，屢占第一。鄉試中副榜，才名籍甚。巡撫陳文肅公大受，取入紫陽書院肄業，東南才俊，咸出其下。在吴門，與王琴德、吴企晋、趙損之、曹來殷諸君唱和，沈尚書歸愚以爲不下嘉靖七子。又與惠徵君松厓講經義，知詁訓必以漢儒爲宗，服膺《尚書》，探索久之，乃信東晋之古文固僞，而馬鄭所注，實孔壁之古文也。東晋所獻之《太誓》固僞，而唐儒所斥爲僞《太誓》者，實非僞也。古文之真僞辨，而尚書二十九篇粲然具在，知所從事矣。

乾隆十二年，中江南鄉試。十九年，會試中式，殿試一甲第二人及第，授翰林院編修。蔣文恪公溥爲院長，重其學，延爲上客。二十三年〔四〕，天子親試翰詹諸臣，特擢一等一名，超遷侍講學士，充日講起居注官。其冬，扈從盤山。明年，充福建正考官，未蕆事，即有内閣學士兼禮部侍郎之命。還都召對，天語甚温。未幾，御史論其馳驛不謹，部議降二級。明年，授光禄寺卿，扈從木蘭秋獮。二十七年，以平定回部，覃恩誥封三代，賜貂皮、大緞等物。二十八年，丁朱太淑人憂，去職回里。既除服，以虛亭先生年高，遂不赴補。其後入都祝萬壽者一，迎駕行在者再，皆有文綺之賜，恩遇不異供職時。而西沚自以多病，無宦情矣。

性儉素，無玩好之儲，無聲色之奉。宴坐一室，左右圖書，咿唔如寒士。卜居蘇州閶門外，不與當事通謁，亦不與朝貴通音問。唯好汲引後進，一篇一句之工，獎賞不去口。或評選其佳者，刊而行之。嘗言漢人説經，必守家法，亦云師法。自唐貞觀撰諸經義疏，而家法亡。宋元豐以新經義取士，而漢學殆絶〔五〕。今好古之儒，皆知崇注疏矣，然注疏惟《詩》、《三禮》及《公羊傳》猶是漢人家法，它經注則出於魏晉人，未爲醇備〔六〕，故所撰《尚書後案》，專宗鄭康成；鄭注亡逸者，采馬王補之；孔傳雖僞，其訓詁猶有傳授，非盡鄉壁虛造，間亦取焉。經營二十餘年，自謂存古之功，與惠氏《周易述》相埒。又撰《十七史商榷》百卷，主於校勘本文〔七〕，補正譌脱，審事迹之虛實，辨紀傳之異同。於輿地職官，典章名物，每致詳焉。獨不喜褒貶人物，以爲空言無益實用也。

早歲論詩，溯原漢魏六朝，宗仰盛唐。中年稍變化，出入香山、東坡。晚年獨愛李義山〔八〕，謂少陵以後一人。前後吟咏甚富，手自删定爲二十四卷。王琴德謂其以才輔學，以韻達情，粹然正始之音，非虛憍恃氣者所及。古文紆徐醇厚，用歐曾之法，闡許鄭之學，一時推爲巨手。又撰《蛾術編》百卷，其目有十：曰説録、説字、説地、説制、説人、説物、説集、説刻、説通、说系，蓋仿王深寧、顧亭林之意，而援引尤博贍焉。自束髮至垂白，未嘗一日輟書。年六十八，兩目忽瞽。閲兩歲，得吳興醫鍼之而愈，著書如常時。春秋七十有六。

夫人竇山李氏。子三人：嗣構，候選州同；嗣穫、嗣疇，皆學生。女六人，婿姚篪、嚴曜霄、黄恩長、顧亦宷、宋豫芳、吴振錡。孫男女若干人[九]。銘曰：

古三不朽，立言其一。言非一端[一〇]，所重經術。漢儒治經，各有師承。後儒鑿空，師心自矜。堂堂光禄，樸學是好。祖述後鄭，升堂覩奥。學優而仕，實大聲宏。鷙鳥累百，鸑鷟先鳴。立朝九考，晋秩二品。優游林泉，著作自任。經明史通，詩癖文雄。一編纔出，紙貴吳中。弇山元美，畏壘熙甫。兼而有之，華實相輔。枌榆共社[一一]，科第同年。肩隨兄事，申以婚姻。有過必規，有疑互質。相思披衣，老而愈密。壑舟云逝，大名長留。斯文光焰，芘護松楸。錢大昕撰《潛研堂集》。

【校勘記】

[一] 成：原訛作「陳」，據錢大昕撰《潛研堂文集》卷四十八改。

[二] 間：《潛研堂文集》作「世」。

[三] 亭：與張本皆訛作「堂」，據《潛研堂文集》改。

〔四〕延爲上客二十三年：原脱，據《潛研堂文集》補。
〔五〕殆：原訛作「遂」，據《潛研堂文集》改。
〔六〕按：「爲」後原衍「未」字，據《潛研堂文集》删。
〔七〕本文：原訛作「正史」，據《潛研堂文集》改。
〔八〕愛：原脱，據《潛研堂文集》補。
〔九〕女：原脱，據《潛研堂文集》補。
〔一〇〕言非：原作「其言」，蓋蒙上句而誤，據《潛研堂文集》改。
〔一一〕共：原訛作「有」，據《潛研堂文集》改。

朱竹君學士傳

朱竹君先生名筠，大興人，字美叔，又字竹君，與其弟石君珪，少皆以能文有名。先生中乾隆十九年進士，授編修，進至日講起居注官，翰林院侍讀學士。督安徽學政，以過降級，復爲編修。先生初爲諸城劉文正公所知，以爲疏儁奇士。及在安徽，會上下詔求遺書，先生奏言，翰林院貯有《永樂大典》，内多有古書世未見者，請開局使尋閲，且言搜輯之道甚備。時文正在軍機處，顧不喜，謂非政之要，而徒爲煩，欲議寢之。而金壇于文襄公獨善先生奏，與文正固争執，卒用先生説上之。《四庫全書》館自是啓矣。

先生入京師，居館中，纂修《日下舊聞》。未幾，文正卒，文襄總裁館事，尤重先生。先生顧不造謁，又時以持館中事與意迕，文襄大憾。一日見上，語及先生，上遽稱許朱筠學問文章殊過人，文襄默不得發，先生以是獲安。其後督福建學政。逾年，上使其弟珪代之。歸數月，遂卒。

先生爲人，内友於兄弟，而外好交遊，稱述人善，惟恐不至，即有過，輒覆掩之，後進之士，多因以得名。室中自晨至夕，未嘗無客，與客飲酒談笑窮日夜，而博學彊識不衰。時於其閑屬文，其文才氣奇縱，於義理事物情態無不備，所欲言者無不盡。尤喜小學，爲學政時，遇諸生賢者，與言論若同輩。勸人爲學先識字，語意諄勤，去而人愛思之。所欲著書皆未就，有詩文集，合若干卷。

姚鼐曰，余始識竹君先生〔二〕，因昌平陳伯思。是時皆年二十餘，相聚慷慨論事，摩厲講學，其志誠偉矣，豈第欲爲文士已哉？先生與伯思，皆高才耽酒，伯思中年致酒疾，不能極其才。先生以文名海内，豪逸過伯思，而伯思持論稍中焉。先生暮年，賓客轉盛，入其門者，皆與交密，然亦勞矣。余南歸數年，聞伯思亦衰病，而先生没年才逾五十，惜哉！當其使安徽、福建，每攜賓客飲酒賦詩遊山水，幽險皆至。余間至山中厓谷，輒遇先生題名，爲想見之焉。姚鼐撰《惜抱軒文集》。

【校勘記】

〔一〕始：原脱，據《笥河文集》補。

吴樸庭先生傳

先生姓吴氏，諱煔文，字璞存，世居州山，爲山陰望族。庭有古樸樹，人乃稱爲樸庭先生。祖諱濬哲，康熙壬子舉人，官内閣中書，佐大司馬留村公平厦門，軍功加二級，晋賜一品蔭。父諱棖，由歲貢生宰玉山、安肅兩縣，尋乞去。生康熙丙戌，甫三歲，隨任信州。越十四年，讀書安肅縣齋。及大令公歸田日，君年十九歲矣。明年乙巳，補庠生。又明年，持父喪。越五載，母劉氏卒，由此杜門力學七年，博涉貫穿，沛然而放，才名動邦國。乾隆丁巳，始遊京師。既而婦兄商寶意翰林，乞外得鎮江郡丞，君幡然往依，歷海州南康者又四五年。壬戌，再北征，乃入資太學。

甲子落解，於是來往燕趙間。朱浣桐一蜚、嚴海珊遂成，浙之聞人也。朱守保定，嚴宰望都，見君共傾倒。嚴以子師君。上官重嚴名，屢屬爲文章，君輒振筆相代，由是制府以下知君名，而廉使方問亭公尤相敬禮。嗚呼！當是時也，君豈不以平生知己，能出全力，振拔於君者，惟方、朱兩君爲可恃，而君卒無所遇焉，是可悲已！一蜚官清河道，君撰

《冀州》及《五縣志》；藩山西，君撰《太原府志》；藩直隸，君撰《順德府志》。已而問亭官直隸，任方伯，時勸君爲《幸五臺》及《獵趙北口》二賦，代獻之。上命隨輦蹕，旋以皇太子疾迴鑾，僅邀珍幣之賞而已。嗚呼！當是時也，兩公豈不欲出其全力，振拔於君，而竟無所遇焉，是可悲已！

君敦信義，與人交，歷患不移。高才博學，誨人不倦。嗜山水，苦吟咏，窮達通顯，弗攖於心。而酒酣把筆，氣力縱横，不可一世。在南日，竇意中輩語，勢岌岌，君守之不去，事旋寢。在太原，主三立書院，有搆陷一輩者，欲君相助，君力拒之，且白其冤，朱賴以全。既而客天津，一時名流納交者，如金太守文淳輩，酬唱無虚日。嗚呼！三十年來，其徒出取名位者纍纍然，而君自丙午迄丙子，凡八應鄉試，卒不售，卿大夫以下恒惜焉。

君二子：璜，淹雅宏麗，工詩古文詞，能紹家學，己卯舉京兆試，庚辰成進士，官户部雲南司主事，封君如其官；次書，年二十有二，未娶，先君卒。

君自庚辰後，縱覽釜山、硯嶺，品題上方之勝，詩益老横。著《樸庭集》。丙戌就養京邸。己丑，璜出典澧州，至尉氏，君以病卒旅次，時五月九日也。辛卯秋，櫬歸，與室人商氏合窆於越之型塘先壟云。

太史氏曰：觀詩人遇合，蓋有天焉。杜甫獻三賦，待制集賢院；崔鉉進《李群玉詩》，除校書郎；孟浩然及見天子而無所遇，方干、劉得仁皆以窮死；杜牧有奇節，洞然天下之事，雖放浪一官，無有援者。人生升沉顯晦之際，可勝歎哉！不得於身而得於子，如樸庭者，猶爲厚幸也夫。蔣士銓撰《忠雅堂文集》。

師友淵源録後案卷十二

同年第四門

乾隆二十七年三月初十日内閣奉上論：「浙江進獻詩賦考取一等之進士孫士毅、舉人汪孟鋗，俱著授爲内閣中書，遇缺即補。沈初、王鑾俱著特賜舉人，授爲内閣中書學習行走，與考取人員挨次補用。其二等之李旦華等十三名，著各賞緞二匹。欽此。」

乾隆二十七年三月二十八日内閣奉上諭：「江蘇、安徽二省進獻詩賦諸生，考取一等之進士吴泰來、陸錫熊、郭元灐，俱著授爲内閣中書，遇缺即補用。程晋芳、趙文哲、嚴長明、徐步雲、錢襄，俱著特賜舉人，授爲内閣中書學習行走，與考取候補人員挨次補用。其考取二等之劉潢等十四名，著各賞緞二匹。欽此〔一〕。」

【校勘記】

〔一〕以上兩上諭原在第十卷末，考其内容爲欽賜嚴長明等舉人事，所涉人等皆嚴氏同年，故移至此卷首。

欽取一等〔一〕

孫補山先生行略

公諱士毅，字智治，號補山，世爲姚江望族。祖景明，遷臨平鎮，爲仁和人。曾祖鼎渠，妣姜氏。祖景明，妣黄氏，庶妣趙氏。考玉亭，妣湛氏、馬氏，生妣吴氏。三世皆以公貴，誥贈光禄大夫，妣贈夫人。贈公舉四子：長士宏，次士達，皆馬夫人出；三士倫，公其季也，皆吴夫人出。

公年十九入學，後肆力於古文，暇則寄意吟咏。以臨平僻在鄉村，見聞不廣，乃徙居省之天水橋，與杭堇浦、吴西林諸老輩，及同學邵儕鶴、張桐谷、張蓉沚諸先生，昕夕砥礪。於詩文自出機杼，戛戛獨造，不肯襲人窠臼。乾隆十二年丁外艱，困於鄉者二十餘年。己卯，年四十，舉於鄉。二十六年成進士，殿試二甲。以驗看未挑歸班銓選。時劉文正公語之曰：「吾觀子貌，飛而食肉相也。幸勿以一時得失自墮其志。」

二十七年春，高宗純皇帝三次南巡，召試一等一名，授内閣中書。攜眷北上。補官軍機房行走，升内閣侍讀。每承旨及籌議各省陳奏事件，皆公屬草，動合機宜。傅文忠公倚之如左右手。三十三年鄉試，充四川正考官。是年冬，雲南、緬甸不靖。三十四年春，上命傅文忠公督師征之。經略南蠻，任大責重，文忠公知公才，請隨營辦事。駐軍騰越州之南，蠻煙瘴雨之鄉，經歷年餘〔二〕，倍嘗辛苦。時軍書旁午，羽書絡繹，公日奏千言，倚馬可待。兩次接仗，身當矢石之間，全不似文弱書生。文忠公以下，既重公才，又服公膽。而一生勤勞王事，此其始基矣。已而天威震攝，緬酋投誠，班師回京。軍功議叙加二級，升户部江西司主事。歸甫匝月，張夫人卒於京邸。

奉命視學貴州，邊省士子於詞章素未精研，公爲之口講指畫，文風丕變。差竣，擢大理寺少卿。旋任廣西布政使，調雲南。公自斷弦之後，内室寂静如僧房。因巡邊染疾，狼狽回署。時學使春巖目睹公扶持無人，爲之凄然，勸俟疾愈時，置一侍妾。乃納沈宜人。雲南素産鹽銅，近數十年銅礦日衰。又近山柴薪採伐已盡，遠取於百十里之外，而大費脚價，額給經費，又例有定數。自乾隆三十三年用兵之後，夫馬辦運軍需，井鹽之墮煎墮運墮銷者，以百十萬計。前任督撫，責令司事之員照例辦理，而已墮之鹽，勒限分年完繳。公悉心調濟，詳請豁免廠欠至數十萬。廠員砂丁，悉蒙其澤。

四十四年，擢雲南巡撫〔三〕，以狥庇李相國收受餽遺不早舉發落職，發軍臺效力。未幾，命補授翰林院編修，充《四庫全書》館總纂。公嘗自云以詞賦起家，屢典文柄，而不獲登瀛之選，今亦感高厚之恩無盡矣。旋升太常寺少卿。四十七年，復授山東布政使，又升廣西巡撫，調廣東。廣東瀕海沙地，不禁開墾，民率私自種植，爭奪成訟，剔䠞不休。公命設局清釐，計報升糧地千餘頃，公私俱便。沙茭素多盜，有黄姓兄弟最桀黠，黨結萬餘人。公擒其渠魁，斬數人以狥。奏上，諭：「爾係文人，竟能如此！」賞戴花翎。因病乞解任，奉旨慰留，賜人葠一斤。

尋擢總督兩廣。是冬，臺灣林爽文反，公以調濟得宜，晋加太子太保，賞戴雙眼花翎，世襲一等輕車都尉，兼理粵海關務。五十三年，臺灣平。

會安南國主黎維祁爲其臣阮惠所逐，其母、妻、幼子赴鎮南關請救。廣西巡撫孫永清以聞，上命公前往。自潮起行，凡二十日，行五千餘里而抵鎮南。知黎維祁遁處海濱，而各路總兵，亦漸聚集。上命提督許世亨，帶兵三千，送黎維祁母、妻歸國。公即自請將粵兵八千人往。阮惠遣其將扼於壽昌嘉觀，往擊破之，盡殲其衆。至市球江〔四〕，江爲最險地，闊深不可測，中爲浮橋以渡。其南岸有山，賊依山爲營，各以鳥銃矢石相注，相持三晝夜。炮聲震天地〔五〕，矢及公旁，公意氣自如，身親督戰，士卒皆致死無敢退者。江上游有淺處可渡，賊分兵將襲我後，公偵知，遣將將兵逆擊破走之。繞出賊後，賊衆亂，公望見，即勒兵盡渡，斬首三千餘級。乘勝至富良江，賊以江在國都之外，渡江是無安南也，遂盡收戰艦，泊南岸，悉衆扼守。公因天霧，縳竹筏二，命將將兵四十人，大呼渡江。賊不知我兵多寡，遂奪其大船二，載兵數百以渡。賊大奔，死者不可勝計。斬其將數十，獲其大小戰艦數百。是役也，賊以四萬人守江，我兵之先至者，僅千人耳。次日，遣黎維祁使復其國，阮惠亦遁歸故城。上嘉公功，封一等謀勇公，賞戴寶石頂，四團龍補服。尋奉旨撤兵。而黎不能撫其衆，公甫行，阮氏復據其國。督纂自劾，堅辭公爵、寶石頂、雙眼花翎，上許之。以兵部尚書來京供職，復授爲軍機大臣，南書房行走。賞穿黄馬掛，賜紫禁城騎馬，賜第一區。

五十四年，充順天鄉試正考官。時公年七十正壽，上賜御書「延禧宣力」匾額，玉如意一柄，大紅絨結，玄狐帽，蟒袍，鶴補，天馬袍袿一襲。賞假演戲宴客，不必入直。一時恩遇之隆，人艷稱之。未幾，命署四川總督，旋調兩江。

五十六年，奉旨補授吏部尚書，協辦大學士，以五月抵京供職。九月，西藏廓爾喀與喇嘛搆兵，四川總督鄂公輝帶兵赴藏。奉旨命赴川攝理總督〔六〕，籌辦糧餉。十二月抵任，即赴打箭爐一帶，載運軍糧器械，疏通運道。天顔喜悦，復賞載雙眼花翎。

嗣以大兵已進後藏，前藏爲軍營要地，復奉旨馳赴前藏督理。路經瓦合丹、達拉利等山，其中七十二峰最高者，上下三百里而遥。下則峰頂積雪融化，順流而下，即成冰淋。

險窄之山，加以水滑，不特車馬難行，人亦不能施足。乃令數土人立於山頂，以繩繫腰，懸縋而上。其可行處，兩旁皆有雪窖，深不見底。一失足，即不復見。拉利山下又有海子，水路十里，夏則涉水，春、秋、冬則踏冰而渡，爲往來必經之地。自打箭爐至西藏，運載軍糧器械，俱用牛只，道路艱險，行數站，牛即倒斃，十不剩一二。所運糧，惟青稞炒麵，名曰糌粑，飢則以雪水拌食。公往返數次，遇險要之處，俱身先士卒，艱苦共嘗。是以運載糧餉器械，無稍遲悮，而大軍得以速奏膚功。是年八月，廓爾喀平。九月，補授文淵閣大學士，並賞荷包等物。以惠制軍調任四川，命公駐前藏，與福公相、和制軍辦理善後事宜。又命辦理廓爾喀軍務奏銷，仍署督篆。事未竣，六十年二月，黔、楚苗匪滋事，延及四川秀山境。公帶兵堵截，隨攻克捍子坳、貴道溪一帶，殺賊甚多。三月移營平塊，督理黔楚軍營後路糧餉，並堵禦各隘口，苗匪無敢攔入川境者。

嘉慶元年正月，召公入千叟宴，公以軍務事重，辭不敢赴。上嘉之，以爲得大臣之體，賞賚有加焉。二月，湖北教匪滋事，擾及酉陽州界。公自平塊帶兵，馳抵苗容地方，進兵小坳，大破賊營。自午至暮，追奔九十里，賊率衆七千，乘夜劫營，公出奇兵勝之。入奏，恩賞賜搬指等物，晋封三等男爵。五月十一日，乘勝進兵，扎營龍嘴。二十一日得疾，猶力疾視事。六月四日，蜀中見大星如斗，自南隕於東北。至十七日，自知不起，札請軍營辦事兩江制軍福公寧至營，交代總督印信〔七〕。連夜於二十一日，行至酉陽龍潭地方，溘然而逝，時止公胞侄一人在左右也。薨之前一夕，公所乘馬忽斃，平塊大營大風拔帳前大纛中折，常所登瞭望樓亦倒，士卒皆流涕曰：「公已矣！」先是，福制軍以病重聞，上命由驛馳給陀羅經被，至是事聞，上震悼，加公爵。長孫均襲封伯爵，恩准入漢軍旗籍。胞侄儀給與一品恩蔭，賞銀五千兩治喪。命四川藩司林儁派員護送回籍，並命固倫額駙豐伸殷德，迎往奠酹。賜金祭葬，予謚如例，餙終令典，近罕其匹。而在漢大臣，尤爲千古難逢之曠典矣。

竊念公以儒生受聖天子特達之知，敭歷中外，垂四十年，入贊綸扉，出膺節鉞，一身而兼將相，凡殊恩異數，蓋有人臣夢想所不到者。是以鞠躬盡瘁，彌留之際，惟以大功未得速竣爲憾也。著有奏疏及《有一山房詩文集》，藏於家。薨於嘉慶元年六月二十一日辰時，壽七十有七。夫人張氏，側室沈宜人。葬於西湖天馬山。長子輿，大理寺評事；次衡，己亥科舉人，内閣中書，户部小京官。孫均，承封伯爵；域增，幼。

先君與公同年，同掌綸閣，同侍樞庭，幾及六載。及公節制兩江，時先君已歸道山四載。觀與晉修後進之禮往見，共邀青目，並荷端硯硃砂、狐白裘黄之錫。即所見聞，述此大略，以等采訪。嚴觀稿《後案》。

公後謚文靖〔八〕。家世賈〔九〕。德清蔡某，在臨平鎮授徒〔一〇〕，强令附學，父弗喜也。入泮後，仍居於肆。年四十〔一一〕，中己卯舉人，庚辰下第。旅困珠市中，時無知者〔一二〕。辛巳二甲三名，不用，歸〔一三〕。壬午召試，謂家人曰：「此去若不得官，即沉西湖，誓不歸里。」旋以第一授中書。不十年，開府滇陽，入翰林〔一四〕，職兼將相〔一五〕，世襲伯爵〔一六〕。浙江科目中，膺五等之封，惟公一人而已。曹文埴撰《石鼓齋雜録》。

嚴元再案，《畫林新咏》：「相國文靖公孫均，字古雲，富收藏，精賞鑒，工篆刻，善畫花卉。官散秩大臣。中年辭伯爵，奉母歸，僑寓吴門。頤道居士題其所繪云：『十載金貂侍武皇，全家容易泛歸航。難忘絳雪書堂事，醉潑燕支暈海棠。』絳雪書堂，古雲京邸園名。」

【校勘記】

〔一〕欽取一等：原無，據《總目》及下文「欽取二等」文例補。

〔二〕「歷」後原衍一「年」字，據文意删。

〔三〕雲：原訛作「巡」，按《清高宗實録》一千八十六：「（乾隆四十四年七月）乙未，實授孫士毅爲雲南巡撫。」據改。

〔四〕球：原訛作「珠」，按市球江爲越南北部河流，《小倉山房文集》卷三十一《太子太保文淵閣大學士封一等公孫公神道碑》文中正作「市球江」，據改。

〔五〕炮：與張本皆訛作「駁」，當是「炮」異體「礮」字之形訛，故改。

〔六〕總督：原作空格，按《清高宗純皇帝實録》卷一千三百八十七「乾隆五十六年九月……癸巳，諭曰：『孫士毅現令前往四川署理總督，其未回京以前，吏部尚書事務，著劉墉暫行兼署』」，據之補。

〔七〕交代：原訛作「交帶」，據文意改。

〔八〕靖：原訛作「清」，按此段文字轉録自《槐廳載筆》卷三，原作「孫文靖士毅，杭之臨平鎮人」，據改。

〔九〕《槐廳載筆》「賈」前有「業」字。

〔一〇〕臨平：《槐廳載筆》無。

〔一一〕年：《槐廳載筆》無。

〔一二〕旅困珠市中時無知者：《槐廳載筆》作「旅困珠市口店，亦未知名」。

〔一三〕辛巳二甲三名不用歸：原作「辛巳二以二甲三名歸」，據《槐廳載筆》改。

〔一四〕林：原訛作「相」，據《槐廳載筆》改。

〔一五〕此句後《槐廳載筆》有「年幾八十，先以征安南封公，削去，至是仍贈公」。

〔一六〕襲：原訛作「爵」，據《槐廳載筆》改。

先考妣墓誌銘

不孝孤以乾隆癸卯正月二十四日，奉母陸太夫人柩，與先大夫合葬於邑之南門外因字圩。謹仿柳州自志其母太夫人之例，以示後曰：

先考沈公諱廷樞，字文斗，浙之平湖人。平湖自明宣德間建邑後，沈氏科第之盛爲最。先曾祖諱鉉吉，以明經兩試縣令山東魚臺、福建龍溪，前後皆有聲，授文林郎，以不孝孤官贈榮禄大夫、禮部右侍郎加一級。生子二，次爲先大父，諱承沛，太學生，早世，贈奉直大夫、翰林院侍講，晋榮禄大夫、禮部右侍郎加一級。祖妣馮氏，贈宜人，晋一品夫人，遺腹生先考。性謹厚，言動誠篤，娶太夫人歲餘卒。生子恒，三歲殤。太夫人哭之慟，曰：「吾之爲未亡人也，以有汝在，今已矣！然吾不忍吾家之宗祀自此絶也。」於其斂，以朱誌其臂，祝曰：「天不絶吾家，若再生，以此爲驗。」時雍正己酉十二月事，不孝孤即以是月生。本生父母族遠而居鄰，太夫人聞孤之生爲心動，乃索視之，臂朱灼然，遂請撫之以爲後。

先是，家頗饒，以無經紀者遂日落，歲售田於人，受田者與胥爲奸，減受其賦〔一〕，久之，田既盡而虚賦纍纍，催科者旁午，門庭嘩然。太夫人盡出所有，以償於官。既思無以自立，乃出其嫁資簪珥、衣服、器用悉售之，得數百金以易田。節食謹用，躬率婢嫗紡織爲治生計。上侍奉老姑，延師教孤，爲娶婦，區畫家事三十餘年，備極勞瘁。

孤爲諸生，困於場屋，太夫人謂曰：「汝勿憂，吾於歸後，夢見堂中梁折下壓，吾以手擎之，遂不得下。既覺，臂猶痛。意者吾家其不墜乎？汝但當讀書立身，毋戚戚貧賤也。」孤蒙召試，賜舉人，旋登第，官京師。太夫人奉馮太夫人就養京邸，凡九年。馮太夫人卒，以喪歸。既除，復至京。閲四年，孤奉命視學福建，迎太夫人入閩。逾年，自閩歸。體多病，孤具奏，給假省親。旋請終養，俱得旨。而數年中，病日益甚，遂至不起。

太夫人陸氏，外祖諱文元，澹静工詩，孤幼從受業，以孤官貤贈榮禄大夫、禮部右侍郎加一級。外祖母潘氏，贈一品夫人。潘太夫人病，太夫人嘗禱於天，封肱肉以進。蓋太夫人事親至孝，撫孤盡慈，至性肫摯，格於幽明，故能苦節以成家而傳後，以綿先祀於弗替也。

先考太學生，贈奉直大夫、翰林院侍講，晋榮禄大夫、禮部右侍郎加一級。生康熙丁亥四月二十八日，終雍正丙午十二月二十四日，得年二十。妣封太宜人，晋一品太夫人，生康熙戊子十一月初三日，終乾隆壬寅十月二十五日，壽七十有五。子不孝初，乾隆癸未一甲二名進士，歷官兵部右侍郎加一級，授榮禄大夫。娶王氏，繼娶劉氏，俱贈一品夫人。孫男一，蘭生。女三：一適仁和太學生孫獻元，一適代州舉人馮宬，一未字。

不孝孤苦次摧裂之餘，何能備述先德？謹叙大略，抆淚爲書，而致書同年翰林院侍講孫君效曾〔二〕，爲填世諱。銘曰：

險而後，平履則寧。窒而後，亨德必貞。土沃而水清，是爲吾先人千億年之佳城。沈初撰《韻蘭堂文集》。

按陳鴻壽曰：雲椒司農母陸太夫人遺腹生子，三歲殤，哭之慟，以朱志其臂曰：「天不絶吾家，若再生，當以汝歸。」是月，司農生於嗚珂里之族氏，陸太夫人聞之心動，索視之，臂朱灼然，遂請撫之。五歲即能辨四聲。稍長，研究諸經，旁通子史詩文，沿波討源，爲諸前輩推服。通籍後，命直内廷，賡歌矢音，殆無虚日。由侍講學士、詹事，洊擢禮部、兵部侍郎，充會試副總裁官。視學福建、順天、江蘇、江西諸大省，所拔皆績學士。每奉諭旨，以好學政目之。進左都御史，尋授兵部尚書，調吏部，又調户部，仍權吏部。主順天鄉試，遭遇之隆，數十年如一日。入贊樞務，精白一心，不立異，亦不苟同。卒謚文恪，賜祭葬。阮元撰《兩浙輶軒録》。

【校勘記】

〔一〕減、其：原脱，據沈初撰《蘭韻堂文集》卷五補。

〔三〕君：原脱，據《韻蘭堂文集》補。

王敬輿

諱鑾，字復齋，浙江歸安人。乾隆二十七年召試，欽賜舉人，授内閣中書。

程公晋芳集中有《王氏族譜序》，因采其略云：同年王觀察復齋與余同官内閣中書舍人，又偕辦票本事，由内閣侍讀授迤南道。又五六年，待補來京師。與余往還最久，熟得其性情，蓋敦厚詳慎人也。復齋建節西南，有清勤名聲。今觀此譜而知由同以及異，自家而之國，皆有不紊於中者，可以爲人紀則也。《後案》〔一〕。

【校勘記】

〔一〕原衍一「案」字，據文例删。

吏部主事汪康古墓誌銘〔一〕

君諱孟鋗，字康古，姓汪氏。先世自休寧遷桐鄉，至君考，又遷秀水，遂占籍焉。曾祖諱森，户部郎中，階中憲大夫，富著述，世稱碧巢先生者是也。以弟内閣中書諱文桂次子爲後，諱繼燝，由鄉舉，歷官吏科給事中，巡臺灣，君祖也。考諱上堉，大理府知府，兩世階皆奉直大夫〔二〕。大理生四子，君爲長。

幼穎悟，善屬文，自其年十五六時〔三〕，從宦至京師，先達見其文已奇之。既長〔四〕，益好古文辭。家有裘杼樓，藏書多先代善本。歸里，盡發篋讀之，務爲博綜。又益購所未備，或鈔寫以足之。君之弟仲鈖，才名與君相上下，好學與君同。又得同志友二三人，朝夕相與鏃礪〔五〕，所爲詩若文，駸駸及古作者，名譽大起。又好訂金石文字，得古泉纍纍，時復擕行笈中備考核。大理卒於雲南，奔往扶櫬歸〔六〕。母祝宜人已前卒，遂合葬焉。

乾隆十五年，與仲弟同舉於鄉，人咸以得二俊爲主司慶〔七〕。二十七年，天子三舉南巡之典，君獻詩，并所著《龍井見聞録》十二卷，得旨留覽，賜緞二匹。試入高等，特授内閣中書。大臣重君，凡上有所纂輯，輒以君攝其事，精核爲一館最。三十一年，中禮部試，奉廷對，賜進士出身，不改官。又三年遷典籍，以資深，旋改授吏部文選司主事〔八〕，精勤能舉其職。以君才，御史、郡守可計日而至。乃任吏部未一年，登年五十，而遽殞矣。其卒之日，乾隆三十五年五月二十八日也。以修書勞加一級。後一年遇覃恩，以子官贈奉直大夫。

所著有《厚石齋詩文》、雜著凡若干卷，皆可傳。君嘗欲盡梓曾大父《碧巢遺書》，而力未逮。仲弟亡〔九〕，不忍其無傳，爲梓其遺詩數卷〔一〇〕。又梓亡友萬徵君光泰詩，萬垂殁〔一一〕，盡以所著托君，君亦將爲次第刊布，而不虞其不及爲也，然君於兄弟朋友之道則至矣。

初娶舅氏海寧祝氏，今贈宜人，生子如藻、如澈。宜人父維誥〔一二〕，内閣典籍。繼娶仁和金氏，封宜人，生如洋、治猷。三女：長字朱某〔一三〕，次字錢某，其幼未字。宜人父甡，今禮部左侍郎。側室范氏生承澤。君仲弟無後，命如澈後之，年十七殤。又命如洋後之，今爲縣學生。如藻舉人，官國子監學正。

予與君舅氏同官〔一四〕，習君才名久，及相見歡甚。君中第之歲〔一五〕，予分校禮闈，聞唱君名〔一六〕，滿堂皆大快。朝廷第群臣所上歌頌，凡君代他人作者，率在選。君卒之前月，予來候君，不得見。予無位於朝，訃者不及，予不得哭君柩前，意常慊慊。今孤如藻將以某月葬君於某縣某鄉之原，來請銘，其曷可辭？銘曰：

瀛州華選，以待俊彦，胡獨遺兮。材則輪囷，而貌逡遁，世皆知兮。無援於人，又阸於天，年止斯兮〔一七〕。視仲匪促，視萬有禄，又佳兒兮。欲乞君文，今反銘君，詒此辭兮〔一八〕。書之珉石，深刻藏之〔一九〕，期無期兮。盧文弨撰《抱經堂集》。

【校勘記】

〔一〕題目盧文弨撰《抱經堂文集》卷三十四作「奉直大夫吏部文選司主事汪君墓誌銘」。

〔二〕世：與張本皆脱，據《抱經堂文集》補。

〔三〕五六：原訛作「六七」，據《抱經堂文集》改。
〔四〕長：《抱經堂文集》無。
〔五〕朝夕：原脱，據《抱經堂文集》補。
〔六〕往：原脱，據《抱經堂文集》補。
〔七〕俊：原作「難」，據《抱經堂文集》改。
〔八〕旋：原脱，據《抱經堂文集》補。
〔九〕亡：與張本皆訛作「忘」，據《抱經堂文集》改。
〔一〇〕遺：與張本皆脱，據《抱經堂文集》補。
〔一一〕萬：與張本皆脱，據《抱經堂文集》補。
〔一二〕生子如藻如澈宜人：與張本皆脱，據《抱經堂文集》補。
〔一三〕長：原脱，據《抱經堂文集》補。
〔一四〕與：原訛作「於」，據《抱經堂文集》改。
〔一五〕君：原脱，據《抱經堂文集》補。
〔一六〕聞唱君名：原作「唱名」，據《抱經堂文集》改。
〔一七〕止：原作「祇」，據《抱經堂文集》改。
〔一八〕詒此辭兮：原作「詒君此詞」，「君」與上句重，又脱「兮」字，與全銘之例不合，故據《抱經堂文集》改。

〔一九〕書之珉石深刻藏之：《抱經堂文集》作「玄石深刻，藏之不朽」。

程公晋芳墓誌銘〔一〕

乾隆甲辰秋，魚門之喪歸自秦中，乙巳十二月二日葬於金陵之馮家山。其老友袁枚哭且奠，爲銘其墓曰：

君程姓，名晋芳，字魚門，一字蕺園。先爲程伯休父之後，祖居新安，治鹽於淮。父遷益，生子三人：長原衡，季述先，君其仲也。乾隆初，兩淮殷富，程氏尤豪侈，多畜聲色狗馬，君獨愔愔好儒，罄其資，購書五萬卷，招致四方綴文績學之士〔二〕，與共討論。海内之略識字能握管者，俱走下風，如龍魚之趨大壑。君不能無用世心〔三〕，屢試南闈不第，試京兆不第。亡何，鹽務日折閲，而君舟車頻數〔四〕，覔覺温卷之費頗不貲〔五〕，家漸中落，年已四十餘。

癸未，天子南巡，君獻賦，召試行在，賦《江漢朝宗》詩四章，天子嘉之，拔第一，賜中書舍人。再舉進士，改吏部文選司。未幾，天子開四庫館，諸大臣舉君爲纂修，議叙授翰林院編修，分校禮闈，得士若干。君耽於學，見長几闊案輒心開，鋪卷其上，百事不理。又好周戚友，求者應，不求者或强施之〔六〕。付會計於家奴，任侵盜，了不勘詰，以故雖有俸、有資助，如沃雪填海，負券山積，勢不能支。乞假赴陝，將謀之中丞畢公，爲歸老計。時酷暑，索逋者呼譟隨之，君已衰老，乘弇棧車行烈日中〔七〕，頓撼失食飲節。又聞西陲兵起，氛甚惡，不能無悸，遂病。至中丞署中一月死，年六十七。

嗚呼！君交滿海内，而與余尤暱。未乞假，先致書托覓屋。余喜甚，謂老可不孤。擬某士將向君薦，某處將與君遊，某文字將待君決可否，部署暗定，遲君之來。不料在嶺南，孫中丞補山告君死，時方召食，驚泣至失匕箸〔八〕。歸舟惘行五六千里〔九〕，不能釋君於懷。念君重仁襲義，德施於人，食報未副其量。然又念君所難者科名，而卒晚遇矣。所乏者子嗣，而兒生已五周矣。所樂者書史〔一〇〕，而四海九州之秘本，大内之所藏，已目飽矣。且使終於京師，慮所以歸其櫬，恩其遺孤者，恐不能如畢公之周摯而恢宏。然則天之所以報施善人，似無知，又似有知。

君秀眉方頤，髯飄飄然左右拂，吟論意得，闊步摇簸，袍褶風生〔一一〕。與人言暖暖姝姝，若恐傷之，雖臧獲無所凌誶。遇文人慄然意下，敬若嚴師，雖出己下者，亦必推轂延譽，使滿其意。以故京師人語曰：「自竹君先生死，士無談處。自魚門先生死，士無走處。」竹君者，君之座主朱學士筠也。君學無所不窺，經史子集，天星地志，蟲魚考据，俱宣究。而尤長於詩古文，醇潔有歐曾遺意。所著《周易知旨》、《尚書今文釋義》〔三〕、《左傳翼疏》、《禮記集釋》，各若干卷，《勉行齋文》十卷，《蕺園詩》三十卷。

初娶蕭氏，再娶汪氏，俱先君亡。先嗣子瀚〔三〕，後生子溧。女一人。贈君葬地者，松太巡道章公攀桂；贈葬費者，陝西巡撫畢公沅也，例得附書。銘曰：

天與之氣，春也。玉與之情〔四〕，温也。不踐生草，麟之仁也。儀於虞廷，鳳之文也。秦誓休休，一个臣也。胡爲乎傫其身，客死於秦也。不節之嗟，嗚呼哉君也。雖然更千百年士林下馬，而棘刺不生者，君之墳也。袁枚撰《小倉山房文集》。

【校勘記】

〔一〕題目袁枚撰《小倉山房文集》卷二十四作「翰林院編修程君魚門墓誌銘」。

〔二〕四方：《小倉山房文集》作「方聞」。

〔三〕世：原脱，據《小倉山房文集》補。

〔四〕頻數：《小倉山房文集》作「僕遬」。

〔五〕覓：原脱，據《小倉山房文集》補。

〔六〕或：原脱，據《小倉山房文集》補。

〔七〕棧：原訛作「慶」，據《小倉山房文集》改。

〔八〕匕：原訛作「已」，據《小倉山房文集》改。

〔九〕「舟」字後原衍「中」字，據《小倉山房文集》删。
〔一〇〕史：原脱，據《小倉山房文集》補。
〔一一〕袍：與張本皆訛作「被」，據《小倉山房文集》改。
〔一二〕今：原訛作「古」，按程晉芳《勉行堂文集》卷二有《尚書今文釋義序》，《小倉山房文集》亦作「今」，故改。
〔一三〕先：原脱，據《小倉山房文集》補。
〔一四〕情：原訛作「清」，據《小倉山房文集》改。

贈光禄寺卿趙公文哲墓碑〔一〕

乾隆三十八年春，定邊將軍、大學士温公福次昔嶺，討金川酋。六月己丑朔，美臥溝失守。戊戌，將軍以師退距木果木北嶺，不數里歿於陣，户部河南司主事趙公死之。越九日予聞，自雅州試署，爲位哭之〔二〕。又二旬〔三〕，聞詔贈光禄寺少卿，入祀昭忠祠，予祭葬，馳驛歸里，蔭一子入監讀書，期滿予官。是冬，小金川復平。明年二月〔四〕，孤秉淵自京返旐，而以書抵蜀，先請爲隧道之文。嗚呼！公詩名在天下，節義在國史，有子世其業，死亦無可憾。而予言尤有信者。

憶戊子冬，予使黔歸，次淇縣。時公坐漏言前運使盧見曾逮問事落職〔五〕，從雲貴總督今將軍阿公桂討緬酋賊入滇，驚相遇於道，倚枯柳相泣語，移時别。其明年，今將軍拜副將軍，公從經略大學士傅公恒，出萬仞關，歷猛養、猛拱，攻老官屯。十一月，緬酋降〔六〕。而公病，先入關，以薦得旨候引見。又明年，從副將軍駐騰越防秋。又明年辛卯十月，討小金川。公從温將軍自永昌疾馳二十晝夜，抵成都。明年十二月，小金川平，遂移討金川。會予視學入蜀，謂賊平，可與公亟見，而秉淵亦從予而西。以次年閏禊日，返自木果木軍營，傳語予甚悉，時公已遷官。不三月而變作。凡從軍六年，至是而授命焉。嗚呼！難言矣。

公長予五歲，丁卯秋，以詩相質於舉場，始定交。自後王光禄鳴盛、吴舍人泰來、王考功昶、黄教諭文蓮、錢詹事大昕、曹中允仁虎在蘇州，與公爲《七子詩》，傳至日本，其國相高棅爲七律，人贈一章，寄估舶以達，人艷稱之。而其後，多自以少作爲悔〔七〕。錢以辛未奏賦行在，授内閣中書。至丁丑，而王與曹繼之。予亦與是選，始過公高行之居。癸未春，兩家聯舫入京，僦屋而同與居〔八〕。後三年，予弟攜家亦至，居始析。

公兩放會試，未得列館職。而書局總裁官，歷舉公分修《平定準噶爾回部方略》、《御批歷代通鑒輯覽》、《大清一統志》，及未成之《音韻述微》、《鑒古輯覽》、《熱河志》諸書，均計日程課。自予入詞館，所纂書尚多，然不及公十五六。而公又以其間寅入酉出，僂直草詔令，賦詩談讌俱不廢，或賣文以佐禄〔九〕，人所不逮。去年春，《四庫全書》館局開，一時績學之士，多奏名入翰林，賜進士，其與公同獲罪者皆起〔一〇〕，而公積軍功稍遷，遇變〔一一〕，又不爲同行者之苟免。設公舉禮部，必不直軍機，不直軍機，人知公學之博，説之長，而不知才之足倚以決事。即一言不密，又非出有意。退而授徒著書，亦足以開益於人而傳於後。乃援薦援留，輾轉再四，至以身殉，爲可哀也。公自爲高才生，有忌而蔑以隱事者，其人後公官中書以死，視之猶蒯首之一吷。即東華車馬，不失職之文人，所辛勤而僅有者，不朽果安在也？夫亦可無憾爾矣。

公諱文哲，字損之，號璞函，世爲上海人。學使者以孝友純密舉優行。壬午獻《迎鑾賦》，御試一等第二名〔一二〕，欽賜舉人〔一三〕，授内閣中書，遷户部河南司主事，特贈中憲大夫〔一四〕、光禄寺少卿。曾祖廷炳。祖宏璧，國子生，候選州同知。父紳，歲貢生。兩世以君故，贈徵仕郎、内閣中書。祖母張氏，母張氏、吴氏，皆贈孺人。配張恭人，後公七年卒。側室萬孺人。子秉淵，蔭内閣中書；秉冲，監生〔一五〕；秉淳、秉治、秉洽〔一六〕、學泗、醴源、學海〔一七〕。女一，淑。所著《群經識小録》若干卷、文集若干卷、《媕雅堂詩》十二卷、《藏海廬詩》四卷、《娵隅集》十卷〔一八〕、詞四卷。其殁也，距生雍正三年九月二十九日，年四十有九。以乾隆乙未年閏十月葬於上海縣高昌里。系之銘曰：

黄歇浦東，厥壤鹵斥。挺生我公，百夫之特。其出以庶，匪産是居。緊文是富，緊儒是臞。中歲服官，榮自稽古。書局重申，機庭旁午。片言召釁，萬里行軍。論才密請，公胡不聞？瘴雲際海，雪山没徼。六載寢戈，萬歲拜誥。揃爪截髮，緘題自滇。致命自蜀，中素定焉。傳有文苑，史有死事。公也兼之，啓佑仍世。浣花之溪，有祠慰忠。以公首祀，僉侑且恫。人孰無死，泰山鴻毛，烏鳶螻蟻。英英毅魄，煌煌賜阡。我厚且故，序言不㥛〔一九〕。吴省欽撰。《白華文集》。

公遇難後，贈光禄寺少卿，賚白金三百兩，祭葬蔭祀如例。李心衡《金川瑣記》。

【校勘記】

〔一〕題目吴省欽撰《白華前稿》卷二十二作「贈中憲大夫光禄寺少卿前户部河南司主事趙公墓碑」。

〔二〕哭之：《白華前稿》作「以哭」。

〔三〕二：原訛作「三」，據《白華前稿》改。

〔四〕二月：原脱，據《白華前稿》補

〔五〕公：原脱，據《白華前稿》補。　逮問：原倒在「言」字後，據《白華前稿》乙正。

〔六〕降：原脱，據《白華前稿》補。

〔七〕自：原脱，據《白華前稿》補。

〔八〕同與居：原倒作「與同居」，據《白華前稿》乙正。

〔九〕文：原脱，據《白華前稿》補。

〔一〇〕公：原作「君」，與前後文例不合，故據《白華前稿》改。　者：原脱，據《白華前稿》補。

〔一一〕遇：原倒在「遷」字前，據《白華前稿》乙正。

〔一二〕壬午獻迎鑾賦御試一等第二名：《白華前稿》作「壬午，應南巡召試」。

〔一三〕欽：《白華前稿》無。

〔一四〕中憲：原訛作「奉政」，據《白華前稿》改。

〔一五〕此後《白華前稿》有「入直懋勤殿」。

〔一六〕秉淳秉治秉洽：《白華前稿》無。

〔一七〕學泗醴源學海：與張本皆脱，據《白華前稿》補。

〔一八〕十：原訛作「四」，據《白華前稿》改。

〔一九〕銘文《白華前稿》無。

吴竹嶼

字企晋，長洲人。乾隆二十五年進士。二十七年召試，賜内閣中書。襟期清曠〔一〕，意致蕭閑，咸謂東晋許元度、劉真長之比。少中副車，選校官。俯仰仕途，非其好也，特以松滋山水之佳，勾留竟歲，旋以病歸。

其大父吉安太守銓歸，築遂初園於木瀆，雲林杳靄，花芀參差。有柳堤鶯囀、竹溪烟雨、平橋夏漲、爽臺秋月、古堂晚香、莎村觀刈、松門夕照、晚閣聽濤、巖東霽雪諸勝。其尊人用儀，復購書數萬卷於其中，多宋元善本，遂與江浙諸名士流連觴咏，座無俗客。惟李布衣果、惠徵君棟、王光禄鳴盛、錢詹事大昕、曹學士仁虎、趙少卿文哲、張舍人熙純、朱明經方靄、上舍昂〔二〕、凌孝廉應曾、汪郎中棣、張崗、沙維杓兩布衣，及名僧逸雲、念亭，畫師則王存素，琴師則周紫芝，皆一時之選也。如是十餘年，後雖成進士，以召試賜中書，而少無宦情，壯而彌甚。東南人士，望之如仙。

既而兄弟争析產，出藏書而貨之，并售其園。於是同年畢公沅，招主關中書院，攜眷而往。後又隨至中州〔三〕。年六十餘而卒。

企晋才情明秀，尤嗜徵君所注《精華録訓纂》，故作詩大指，一本漁洋。吴中數十年來，自歸愚宗伯外，無能分手抗行者。中年自定其詩十卷，爲《硯山堂集》〔四〕，徵君序之。餘稿皆藏於家。

予與訂交，將及四紀，向所同遊者，零落殆盡，金谷、玉山之雅集，不可復得。今取其詩而吟諷之，不啻山陽之笛矣。王昶撰《蒲褐山房詩話》。

【校勘記】

〔一〕期：原殘作「礻」，據王昶撰《蒲褐山房詩話》補。

〔二〕上舍昂：原脱，據《蒲褐山房詩話》補。

〔三〕中州：《湖海詩傳》卷二十三引《蒲褐山房詩話》作「開封」。

〔四〕山：原脱，據《蒲褐山房詩話》補。

都察院左副都御史陸耳山墓誌銘〔一〕

洪惟我國家重熙累洽，蘭臺石室所儲，光燭雲漢。而皇上稽古典學，復開《四庫全書》之館，以惠藝林。先取翰林院所弆《永樂大典》，録其所未經見者。又求遺書於天下，書至，令仿劉向、曾鞏之例作提要，載於卷首，而特命陸君錫熊偕紀君昀任之。兩君者，考字畫之訛誤，卷帙之脱落，與他本之互異，篇第之倒置，蘄其是否，不謬於聖人。又博綜前代著録，諸家議論之不同，以折衷於一是。總撰人之生平，撮全書之大概。凡十年書成，論者謂陸君之功爲最多。

君諱錫熊，字健男，一字耳山。乾隆二十四年己卯舉於鄉。二十六年辛巳成進士。二十七年春，恭遇南巡，獻賦行在，召試入一等，賜内閣中書舍人，旋充方略館纂修官。時方奉敕修《通鑑綱目輯覽》，君編撰以進，當上意，遂進直軍機處。三十三年十二月，遷宗人府主事，繼擢刑部員外郎，進郎中。三十八年八月，以所撰提要稱旨，改授翰林院侍讀。四十年二月，授右春坊右庶子。未幾，擢侍讀學士。閏十月，充日講起居注官，又充文淵閣直閣事。四十二年春，孝聖憲皇后賓天，凡大祭、殷奠、上尊謚，典禮嚴重，應奉文字大學士于文襄公屬君撰進〔二〕，皆被旨嘉賞。四十三年六月，授光禄寺卿。四十七年五月，授大理寺卿。五十一年十二月，提督福建學政。五十二年，授都察院左副都御史，仍留學政任。以五十五年春任畢旋京。

初，《四庫全書》之成也，君任編輯，不任校勘。而上命分寫七分，自大内文淵閣以外，圓明園之文源閣，熱河避暑山莊之文津閣，盛京之文溯閣，各庋一部；又於揚州之大觀堂、鎮江金山杭州西湖，皆建閣以庋之〔三〕。而前校勘者不謹，舛誤脱漏，所在多有，文溯閣書尤甚〔四〕。君以是書當代盛典，不可任其疵纇，乃請自往校之。既而以爲未盡，五十七年正月，復往。會山海關道中冰雪凍沍，比至奉天，病以寒卒。預是書之役者衆矣〔五〕，君獨勤其事而歿，可悲也。

君以文章學業受特達之知，故自《四庫全書》、《通鑑綱目輯覽》之外，凡《契丹國志》、《勝朝殉節諸臣録》、《唐桂二王本末》、《河源紀略》、《歷代職官表考》，奉敕編輯，見付武英殿刊刻者，又二百餘卷。每書成，或降旨褒美，或交部議叙，或賜文綺筆硯之屬。奏進表文，多出君手，上閲而益善之。三十九年，奉特旨召入重華宫，與南書房諸臣小宴聯句，并賜如意畫軸，自餘特賞、年賞、節賞書畫、石刻等物，不可勝紀。奉使衡文，更歲不絶。充山西、浙江鄉試副考官者各一，充廣東鄉試正考官者一〔六〕，充會試同考官者二，提督福建學政者一，去取精審，所得多知名士，士論翕然歸之。

君冲和純粹，其色温然，其言吶然，不出諸口。而穎悟明敏，讀書一過，無不洞悉貫串。少時以辭賦入中書，中年在詞館，賓朋酬贈，使節登臨，四方仰重其名，率以絹素來請，所作繁富，闐溢笥篋，顧不甚珍惜，輒爲人取去。自以上蒙恩遇，逾於常格，不屑以詞臣自畫。晚年益覃心經濟之學，常取杜氏《通典》、馬氏《通考》，合以本朝《會典》，如食貨農田、鹽漕兵刑諸大政，溯其因革，審其利弊，口講手畫，侃侃然可以見諸施行，而惜其年之不永〔七〕。是以訃至京師，賢士大夫如紀君輩，莫不爲之曾欷累息者。

君生於雍正十二年甲寅十二月初二日，卒於乾隆五十七年二月二十五日，年五十有九。世爲江蘇上海縣人，諱鳴球者，曾祖考也。諱瀛齡，以選拔貢生官安徽石埭縣教諭者，祖也。諱秉笏，乾隆辛酉科舉人者，考也。三代咸以君貴，封、贈如其官。配朱氏，例封夫人，先君卒，以恭順能佐内政，爲親黨所推。子五：慶循、慶堯、慶庚、慶勳、慶均。女五人。孫男三人。

惟松江陸氏，世以文章著見。君七世從祖文裕公深，在明弘治、嘉靖間，以通人名德，望重臺閣，流傳翰墨，迄今人寶貴之。君官職略與文裕等，若其掌著作而被恩遇，有文裕所未逮者。且《四庫全書》定於御覽，尊於册府，分布於海宇，騰今邁古，千載未有，皆君審定而考正之。世之讀《提要》者，見其學術之該博，議論之純粹，顯然如在目前。所著《寶奎堂文集》、《篁墩詩集》，雖不盡傳，可無憾焉已。

余與君居同郡，先後同官内閣，同直軍機處，文酒之會，靡不同者。《輯覽》之修，余前任其事，尋以從獵木蘭，而君繼之。余常至上海，過君竹素堂方池老屋，不蔽風雨，清修舊德，久而彌著。然則知君之深，無逾於余者。慶循等扶柩歸里，將卜葬於某原，奉狀請銘，其何忍辭！銘曰：

魚圻之裔，世有文名。繄君繼之，蔚其魁閎。綜裁簡册，以黻隆平。入典書局〔八〕，出主文衡。拔諸髦俊，用爲國楨。七略七録，鉅編既成。正厥繆訛，往來神京。風饕雪虐，卒瘁於征。吴淞遼水，共此環瀛。雲車風馬，其返丘塋。文昌華蓋，作作庚庚。照於幽竁，後昆之亨。王昶撰《春融堂集》。

錢竹汀先生嘗云：大理嘗被召〔九〕，預重華宮聯句，賜御題楊基《淞南小隱》畫卷。公以里居在淞江南〔一〇〕，贈公諱秉笏，因號淞南老人，以識恩榮。閲歲，大理復蒙上賜御題《老少年》詩卷，公賦詩紀事，有「淞南小隱成佳話，更喜新題老少年」之句，朝野莫不榮之。家有日涉園，本明陳太僕所筑別業〔一一〕，饒有山水之趣。更治數椽，顔曰「傳經書屋」，乃贈公讀書之所。贈公爲名孝廉，七上公車不遇。大理典試山西時，猶低首聽唱名引試也。

又聞大司馬紀公曉嵐云：「余自四歲至今，無一日離筆硯。乾隆五十七年三月初二日〔一二〕，偶在直廬戲語諸公曰：『昔陶靖節有《自輓歌》，余亦自題一聯云〔一三〕：「浮沉宦海如鷗鳥，生死書叢似蠹魚。」諸公以此見輓足矣。』劉石庵參知曰：『上句殊不類公〔一四〕，下句若以輓陸耳山乃確耳〔一五〕。』越三日，而耳山訃至。事有先兆，莫知其然如此〔一六〕。」《後案》〔一七〕。

【校勘記】

〔一〕題目王昶撰《春融堂集》卷五十五作「都察院左副都御史陸君墓志銘」，「副」字原脱，亦據補。

〔二〕君、撰：原作「公」、「擬」，據《春融堂集》改。

〔三〕原衍「以庋」二字，據《春融堂集》删。

〔四〕書：原脱，據《春融堂集》補。

〔五〕書：原訛作「選」，據《春融堂集》改。

〔六〕者：原脱，與下句文例不合，據《春融堂集》補。

〔七〕其：原脱，據《春融堂集》補。

〔八〕典：原訛作「册」，據《春融堂集》改。

〔九〕嘗：原脱，據《潛研堂文集》卷四十五《封通議大夫日講起居注官文淵閣直閣事翰林院侍讀學士加三級陸公墓誌銘》補。按引文乃删節原文而成，僅校其易致誤解者或需改動者。

〔一〇〕在：原脱，據《潛研堂文集》補。

〔一一〕陳：原脱，據《潛研堂文集》補。

〔一二〕乾隆五十七年：《閲微草堂筆記》卷十一作「壬子」。

〔一三〕亦：原脱，據《閲微草堂筆記》補。

〔一四〕不：原脱，據《閲微草堂筆記》補。

〔一五〕以：原脱，據《閲微草堂筆記》補。

〔一六〕事有先兆莫知其然如此：此文《閲微草堂筆記》原在段首，且無「如此」二字。

〔一七〕按：「案」字原重，今删。

徐縣圃〔一〕

諱步雲，號縣圃，晚號禮華，江蘇興化人。乾隆二十七年，召試欽賜舉人，授内閣中書。

【校勘記】

〔一〕徐懸圃：原作「王蒸」，據《録》、《總目》、張本改。

補徐步雲傳

徐步雲，字蒸遠，號禮華。幼機警，風神玉立。制藝辭賦並工，善詩古文。書尤精妙，楷似《樂毅論》，行似《聖教序》。乾隆二十七年舉人，授内閣中書，軍機處行走。緣盧運使見曾事牽涉褫職，戍伊犁。年滿，舒文襄公奏充《四庫全書》館分校，復原官。尋落職歸，移家泰州，杜門吟誦，聚書萬卷。邃於史，明達國朝掌故，議論縱横博辯，詢以古今事，口如懸河。

生平重氣節，師友患難，竭力救援，雖削籍戍邊弗恤也。齒逾八旬，尚能燈下作小字，詩文華腴，一如壯時。卒年九十有三，著《㬝餘詩鈔》。

子鳴珂，字竹薌，八歲即爲擘窠書，辭賦、詩文、楷法，皆有父風。填詞音律嚴密，格仿玉田。每科試，必見賞宗工，久困場屋，以太學生終，識者惜焉。録自梁園棣修纂《〔咸豐〕重修興化縣志》卷八《列傳·文苑》。

補徐步雲傳

徐步雲，字燕遠，號禮華，興化人。年十七爲諸生，旋食餼，肄業郡城安定書院，主講劉侍郎星煒及運使盧見曾深器之，拔置上舍。乾隆壬午年，南巡召試一等，欽賜舉人，授内閣中書。甲申，進軍機行走。是冬，丁父憂旋里。服除，入都。到甫五日，尚需次時，同歲趙文哲在軍機，語及盧以兩淮任内事被劾，因盧已歸老德州，相去不遠，遂致書於盧。及盧籍没，爲所詿誤，謫戍伊犁。

將軍舒文襄赫德，一見如平生，留掌印房，凡奏稿及受土爾扈特降一切文檄，皆出其手。又援救死刑從末減者數人。謫滿三年，文襄保奏釋還。癸巳，文襄入相，赴都修謁，即奏舉四庫館纂修，充武英殿分校。逾年復職，迎母至都，文襄館之别墅。丙戌，復以文襄子事落職，遂絶意仕進，奉母南歸。

值淮堤決，邑被水，乃移家泰州，以母老，不復遠游。鹽政伊齡阿招之，遇事多所咨畫，款分甚至。嘗欲以鹺務中公産直三萬緡者爲其母壽，堅却之。其子私請故，曰：「爾何知，吾兩去官，皆以受師恩故，今堂上年八十而受此大惠，則以身許人矣。」卒不受。母壽九十二終。

步雲博覽，兼熟本朝掌故，然下筆矜慎，不欲馳騁文藻，故所作不多。暮年尤嗜學，每覽一編，必點勘異同，加丹黄焉。生平篤於師誼，嘗因友人赴都，托迂道至文襄墓所，具牲醴致祭。年八十七時，猶與其族孫修家譜，往復手札數十通。先後知州事者多後進及年家子，造門請見，終無一語及私。宗黨告急，咸厚助之。至九十視聽不衰，齒止脱其二。年九十有二無疾卒。著有《爨餘詩文鈔》。《采訪録》　録自王有慶等纂《〔道光〕泰州志》卷二十七《人物·流寓》。

錢思贊

諱襄，號訥生，江蘇吴縣人，乾隆二十七年召試，欽賜舉人，授内閣中書。

補錢襄傳

錢襄，字思贊，號訥生。師事徐葆光，與沈德潛友。善書法，逼真虞、褚，晚年益進。奉贄幣造門者，幾無虚日。乾隆壬午南巡，召試舉人，授内閣中書。著有《百愧居士稿》。《木瀆小志》。　録自曹允源等纂《〔民國〕吴縣志》卷六十六下《列傳》四。

郭晴湖

諱元灝，字坐山，安徽全椒人。乾隆二十六年進士。二十七年召試，欽賜内閣中書，升侍讀。

補郭元灝傳

郭元灝，字坐山〔一〕，肇鑚子。乾隆進士，壬午南巡召試，取一等第三名，授内閣中書。晋侍讀，歷兵部郎中。充乙酉順天同考官，戊子典試福建。督雲南學政，按郡，裁陋規，取士貴經術。有《連鬟閣詩草》。

子吉桂，字香生，貢生，能詩文，知名於時。邑人金望欣《追懷故人》詩有云「善謔慣書諸葛面，治經空禿賈逵頭」，爲吉桂作也。録自張其濬修、江克讓纂《〔民國〕全椒縣志》卷十《人物志》一。

【校勘記】

〔一〕坐：《録》《後案》皆作「坐」，待考。

師友淵源録後案卷十三

欽取二等〔一〕

李厚齋

李旦華，字憲吉〔二〕，浙江嘉興人，優貢生。乾隆二十七年召試，欽取二等十二人，旦華第一。年甫弱冠，輦下貴人羅致門下，小有拂意，掉頭竟歸。未遇〔三〕，竟奪其算。著有《青蓮館詩草》。余浪遊已倦，思歸，取所爲詩文撰著，薈萃成書，淘汰簸揚，將引憲吉助我。而今乃輯其遺詩，可悲也。《梅里詩話》〔四〕。

憲吉爲同年繹芻之子，以拔貢入京師，才華籍甚，館於于文襄邸舍，半載而亡。予悼以詩句云：「青蓮舊館荒蕪盡，白石新詞感慨多。姓名無復填銀榜，詞賦偏教動玉樓。身非金石原難料，筆有詩書定可傳。」爲時所誦。王昶撰《蒲褐山房詩話》〔五〕。

【校勘記】

〔一〕欽取二等：後原有「召試二等」四字，與《總目》異，故删。

〔二〕字憲吉：「字」原作「號」，阮元《兩浙輶軒録》卷三十四《李旦華》、《蒲褐山房詩話》俱作「字憲吉」，據改；另，阮書載其號爲「厚齋」。

〔三〕「未遇」前《兩浙輶軒録》有「有才」二字。

〔四〕話：《兩浙輶軒録》作「輯」。

〔五〕話：原訛作「誦」，據實際書名改。

李敬持

李恒，浙江仁和人，本姓瑣〔一〕，冒舅氏姓李。抱才命蹇，卒於京師。寡妻幼子，煢煢相依，可悲也已。阮元撰《兩浙輶軒録》。

【校勘記】

〔一〕瑣：《兩浙輶軒録》作「鎖」，未知孰是，待考。

高東井

諱文照，字潤中，浙江武康人。乾隆己酉拔貢，甲午舉人〔一〕。縱情山水，倜儻不羈。

少時隨宦金陵，得從袁簡齋太史遊。朱笥河學士典學皖江〔二〕，辟置幕府。登臨嘯咏，幾無虛日。鄉薦後，遽赴蓉城。遺稿散佚，王大令秋塍復，以賢達素交，搜羅片羽，相其生氣，如接美襟。惜乎《韻海》一編〔三〕，雲煙久化，物之傳之不傳〔四〕，信有數矣。畢沅輯《吴會英才集》。

東井少年韶秀，嶷嶷自立。父宰德化，有賢聲，所得俸爲東井買書。年未二十〔五〕，詩已千首，目空一世，於前輩中所心折者，隨園與心餘耳。舉甲午鄉試〔六〕，卒於京師。詩稿不知流落何處〔七〕。袁枚撰《隨園詩話》。

潤中以選拔來京應試〔八〕，適予隨侍木蘭，未與相晤，留詩而去〔九〕。及從塞垣歸，潤中則已下第南還。久之中式，寓於滿洲某公家，教其子弟。予時在蜀中，及遘病將革，謂其門人曰：「我雖不得受業於王公，而刻我詩集，必求其序。」及丙申予返京師，其門人具述前言，深爲感嘆，因作序貽之。又二十餘年，聞其集已刻於苕溪，以予文冠其端，然亦未見刊本，姑就曩所掇者録之〔一〇〕。至其詩風發泉湧，言之高下皆宜，佳者固不盡於此。王昶撰《蒲褐山房詩話》。

【校勘記】

〔一〕「諱文照」至「舉人」：《吴會英才集》卷十一《武康高文照東井》無，爲《録》之内容。
〔二〕典：原訛作「興」，據《吴會英才集》改。
〔三〕韻海：原倒，據《吴會英才集》乙正。
〔四〕物之：原脱，據《吴會英才集》補。
〔五〕未：原脱，據《隨園詩話》卷十三《高文照》條補。
〔六〕舉：原脱，據《隨園詩話》補。
〔七〕知：原脱，《隨園詩話》補。
〔八〕此條原錯簡在「孫恂士」條之後，前標「高文照」，亦與稱字、號之文例不合，今依其内容調至此。
〔九〕去：原脱，據《蒲褐山房詩話》補。
〔一〇〕掇：原訛作「綴」，據《蒲褐山房詩話》改。

孫恂士

諱效曾，浙江仁和人，乾隆二十八年進士，官翰林院侍講。皆以對策經文詳贍。

江南道監察御史孫君志祖傳〔一〕

先生姓孫氏，諱志祖，字詒穀，世居餘姚。五世祖諱隆遷仁和，隆生紹武。紹武生子二人：曰光祚，有孝行；曰昶，雲南安寧州知州。昶生庭蘭，湖南岳常澧道。庭蘭生子七人，先生其次子也〔二〕。弱不好弄，穎異絶世，讀書五行俱下，一時有奇童之目。浙中宿學全氏祖望、厲氏鶚、杭氏世駿皆器異之，與往來質難焉。

年十八，爲學附生。中乾隆二十一年丙子科舉人。四十年挑選知縣，是科會試中式。先生掇科，皆以對策經文詳贍，爲先後主試莊侍郎存與、裘尚書文達公曰修所賞，拔置高第，殿試二甲賜進士出身〔三〕，以部員用。補刑部主事，洊擢郎中。先生鈎稽律令，附合經義，爲部臣倚重，保薦坐糧廳。嚴約吏役，革除弊規，一時糧艘輸納稱便。轉江南道監察御史，以親老不能迎養，思慕成疾，假歸里門。

先生天性恬淡，不問產業。既家居奉親，杜門著述，博物識古，無書不覽。所藏卷帙，率皆校刊謬誤，丹黄殆遍。

浙中之學，自明季空談性命，或分門户，不求古經義，好辨者則馳騁其詞，無所歸宿。國初經學，有非《周官》信僞《尚書》不守漢儒注義者。至先生，以爲説經而不尊信鄭康成，宜大道岐而卮言出也。背康成由王肅，信王肅由宋人。王肅之背經誣聖，由僞造《家語》、《孔叢子》及作《聖證論》，改易漢以上郊祀、宗廟、喪紀之制，惜魏時王基、孫炎、馬昭難王之書皆不傳，於是作《家語疏證》六卷，集群書之異詞，以證肅之竄改謬妄，以明《家語》之非古本，刊版流播，學者稱快。又集《駁聖證論》及疏證《孔叢子》、《小爾雅》之非古本〔四〕，其書未成。又病宋、明人率臆删削古書，善本甚難購，嘗輯《風俗通》佚文，刊入盧學士文弨《群書拾補》中，屬子同元輯《六韜》佚文〔五〕，以補《元豐七書》删本之缺。又輯謝承諸人《漢書》五卷，補姚氏之駰漏略。凡平生心得，手自録記經史雜説，凡若干條，仿《困學記聞》考古質疑之例，編爲《讀書脞録》七卷〔六〕。撰《文選考異》四卷、《選注補正》四卷、《詳論》一卷，一時服其學之醇而有本云。

平生至性淳篤，自遭父母喪及兩弟物故，哀瘁多疾，不樂應接。然許與氣類，名士鉅儒造門問難者，必燕其疑而去。盧學士卒，爲之編訂遺文，勒成一集。汪明經中歿於西湖旅舍，集同志爲文祭之，送其喪歸。其篤於舊故類此。晚年爲阮中丞元敦請，主講紫陽書院〔七〕，辭不獲命，乃就聘，多士宗仰。

會遘疾，以嘉慶六年二月二十九日卒於里第，得年六十有五。妻汪恭人先卒，嗣子同元〔八〕，以名諸生傳家學。孫世學。

贊曰：漢以來傳儒林者，以通經詁守家法，至晉稍衰焉。有王肅起而亂之，至改易制度，故肅者，經學之罪人也，後世至祀之黌舍，旋悟而黜之。星衍嘗作《六天辯》、《五廟二祧辯》，又擬集馬昭、叔然難王申鄭之説爲一編而未竟，得見先生《家語疏證》，爲之心折。

語云「學如牛毛，成如麟角」。國朝之學〔九〕，推本漢儒，上考三代制作，無師而有師法矣。以予所識，近代儒林若先生及邵學士晋涵、錢校官塘、武進士億、汪明經中，皆彬彬大雅之選，不幸早世，文猶在兹乎？孫星衍撰《平津館文稿》。

【校勘記】

〔一〕題首《孫淵如先生全集》有「清故」二字。

〔二〕原脱：據《孫淵如先生全集·平津館文稿》下補。

〔三〕按：孫志祖中進士在乾隆三十一年丙戌科，爲二甲第三十六名，參江慶柏編著《清代進士題名録》上册第五百七十二頁。

〔四〕子：《孫淵如先生全集》無。

〔五〕屬子同元輯：原作「屬予同」，據《孫淵如先生全集》改。

〔六〕爲：原脱，據《孫淵如先生全集》補。

〔七〕講：原脱，據《孫淵如先生全集》補。

〔八〕同元：原脱，據《孫淵如先生全集》補。

〔九〕朝：原訛作「初」，據《孫淵如先生全集》補。

朱吉人

朱方藹，字春橋，浙江桐鄉人。貢生，生長燕支之滙，居依殳史之山，門第清華，風神雅令。詩賦之餘，兼通畫理，披麻没骨，無所不工。是以載酒江湖，扁舟往來，好事者輒倒屣迎之，姜白石、孫花翁，當日不能尚也。又擅詩餘，故其論詞絶句云：「酒闌蟋蟀語秋塘，信是愁吟伴庾郎〔一〕。賦物却能超物外，苔枝綴玉寫疏香。」「梅溪竹屋共中仙，妙筆終應讓玉田〔二〕。不獨當時唤春水，相思孤雁亦流傳。」王昶撰《蒲褐山房詩話》。

金德輿曰：「舅氏春橋先生，夙學工文。乾隆壬午春〔三〕，翠華南幸，以所圖花卉進御，被文綺之賜，遠近榮之。晚歲家居，每濡墨爲梅兄寫照，圖成必有題句，因匯所作曰《畫梅題記》，以見先生藝事之一斑。又《小長蘆漁唱》，皆所作長短句，附以他人和作。杭世駿《序》略曰：『春橋睥睨流俗，沈酣墳典，僻書秘笈，無不蒐討。吾鄉厲樊榭、陳竹町、封鷗兄弟，嘉定趙攸谷、趙璞函〔四〕，江都閔玉井，西秦張漁川，溧水吴葑田，新安江雲溪〔五〕，皆海内詞家，春橋與之訂僑札之分，推襟送抱，聯珠唱玉，安得不工哉？』」阮元撰《兩浙輶軒録》卷三十二〔六〕。

【校勘記】

〔一〕吟：原訛作「人」，據王昶撰《蒲褐山房詩話》改。

〔二〕終：原訛作「中」，據《蒲褐山房詩話》改。

〔三〕壬午春：原重，據《兩浙輶軒録》删。

〔四〕 饮：原作「秋」，據《兩浙輶軒録》卷三十二改。

〔五〕 江：原訛作「汪」，按《淮海英靈集·丁集》卷四：「江立，字玉屏，號雲溪，舊居杭州，移籍儀徵。工填詞。」據改。

〔六〕 出處原脱，據文例補。

補八叔祖所畫天目紀遊册跋

先八叔祖諱方藹，字吉人，號春橋，浙江桐鄉人。以國子生就翰林院孔目職。乾隆辛巳歲，高宗純皇帝南巡，召試二等，又獻畫册，拜賜文綺。性孝友，憶爲弱十六歲之春日，先大父自西蜀旋里，公喜而賦詩，有「家計好營田數畝，耦耕長此樂天倫」之句，白首一堂，怡怡話舊，鄉族至今爲美談。

此《天目山紀遊》畫册，乃乾隆戊戌春先吟陔叔秉鐸於潛時，迎養至學官署，公耽山水，日策藤杖，遍遊山徑，歸即摹寫，并題句其上。公之孫子裴弟與余同寓京華，以遺墨手自裝治，屬余題句。余敬觀册内，一曰《幻隱庵》，二曰《東塢庵》，三曰《半山亭瀑布》，四曰《西方庵》，五曰《千丈巖》，六曰《老禪堂》，惟第三頁闕題句，余乃補擬一首，題於《半山亭瀑布》畫册之下。

公著有《春橋草堂詩集》《小長蘆漁唱》，已刊成行世。繪事工山林樹石，出入於董尚書、文待詔之間；花鳥則純法南田。晚歲愛寫梅，余少時侍側，公時授其法不倦。此册爲子裴弟世守，將遍丐名公題咏。爰謹志崖略，撫今追昔，不勝憮然。録自朱爲弼撰《蕉聲館文集》卷五。

孫春圃〔一〕

諱梅，字松友，烏程人〔二〕。以乙酉北闈中式第二，己丑進士，授内閣中書〔三〕，轉典籍〔四〕。爲太平府同知，分駐蕪湖。三爲同考，得士最盛，寒畯之士，時節俸周恤之。時有「冷清清，江防署，宛似孫登高隱處」之謡。阮元撰《兩浙輶軒録》卷三十一所録《孫春圃行略》〔五〕。

春圃學問醇邃，卓然楷模，尤深駢體之文，輯《四六叢話》一書，於古今源流，各家得失，梳櫛詳明，洵詞林之寶筏，後學所宜讀也。阮元撰《定香亭筆譚》〔六〕。

【校勘記】

〔一〕圃：《兩浙輶軒録》卷三十一小傳作「浦」。

〔二〕烏程人：《兩浙輶軒録》作「烏程籍歸安人」。

〔三〕内閣：原脱，據《兩浙輶軒録》補。
〔四〕此句前《兩浙輶軒録》有「壬寅」二字。
〔五〕孫春圃行略：《兩浙輶軒録》作「孫憲緒行略」。
〔六〕此條之後重出卷十二之「郭元灐」、卷十三之「李旦華」至「孫春圃」等八條，且「郭元灐」條又衍「欽取二等」四字，今并删。

錢衡

仁和人。

潘本泰

字平子〔一〕，歸安人。

【校勘記】

〔一〕字平子：原脱，據《録》補。

陳蘭

山陰人〔一〕。以上事實缺。

【校勘記】

〔一〕陰：原作空格，據《録》補。

祝芷堂

諱德麟，浙江海寧人。乾隆二十八年進士，官御史。事略見《詩話》。

補祝德麟

祝德麟，號止堂，海寧人。乾隆癸未進士，由編修官御史。著《悦親樓集》。

施朝榦《序》略曰：「余同年友止堂前輩，於百氏之書靡不誦習討論，而皆以資爲詩。其生平出處之節，身世交際、聚散升沉之故，有動於中，皆以詩寫其情而不悖於義。其辭雄古淵博，蒼莽變化，如神龍在天，烟雨迷離，蜿蜒而不可測。及冥心孤往，別開幽徑，則又令人掩卷而思，執筆而嘆爲不能至也。」

吴錫麒《序》略曰：「止堂先生學通五際，才備九能。罳罳之思，内修乎穆行；熊熊之態，外溢乎繩繩。故能敷吻成欄，含笑奏理。餐花一樹，映腸胃而生明；唾也三篇，和金石而流響。驚才風逸，絶惆烟高，不挫質於鼎鐘，不損華於林潊。交戛鵷鸞之韻，雜寫魚鳥之歡。斯誠藝苑之鴻裁，詩人之通矩也。」録自阮元撰《兩浙輶軒録》卷三十四。

周定國〔一〕

諱世武，字書巢，浙江鄞縣人。乾隆四十四年舉人。事略見《詩話》。

【校勘記】

〔一〕此條後重出「潘本泰」「陳蘭」「祝德麟」「周定國」，今并删。

劉企三

諱潢，江蘇吴縣人。事略見《類稿》。

補劉企三

乾隆壬午春，應南巡召試下第，歸舟至燕子磯，同人分體作詩得七律，分韻得弓字，余有「人世浮沉江上鷺，吾儕得失楚人弓」之句，群以爲工，企三尤賞之。企三居新橋，與余寓舍綫香橋半里而近，因時相過從。企三有痼疾，館吴竹嶼家，數日必歸，歸必至寓。余以先君病，數來始一答耳。余將就婚安慶，作别，企三曰：「桐城劉耕南余族兄也，教余

《桐城山歌》，可以送君。」歌罷，余不敢傷其意，曰：「佳。」於是氣虚虚，吸吸然再歌之，余爲之凄然。及乙酉冬再至新橋，訪之，企三殁，屋歸他氏矣。企三嘗苦陳祥道《禮書》無注，自「冕服」至「長衣」已脱稿，「深衣」尤詳備。企三名潢。録自熊寶泰撰《藕頤類稿》卷十七。

補劉潢

字跂三，號西濤，吴縣人。諸生。有《月纓山房》《玉樵山房》諸集。録自王昶撰《蒲褐山房詩話》。

補劉潢

蘇州劉潢，字企山，有清才，與顧景岳齊名。常因召試來隨園，貌瘦而弱。旋以瘵亡，僅記其《晚步》云「缺月依橋斷，孤雲背郭流」。録自袁枚《隨園詩話》卷十三。

莊似撰〔一〕

諱炘，江蘇武進人，乾隆三十三年副榜，官興安府知府。事略見《瑣談》。

【校勘記】

〔一〕此條原脱，據《録》及《總目》補。

補清故奉政大夫陝西邠州直隸州知州莊君墓誌銘

君姓莊氏，諱炘，字景炎，一字似撰，似撰之字尤著。先世有秀九者，自金壇遷武進，遂爲武進人。四傳至襗，明宏治中進士，官山東布政司參政，家始大。曾祖騫，考職州同。祖學愈，直隸開州知州。父蓉纕，國子監生，贈如君官。君幼聰穎，爲開州君鍾愛，嘗以珍玩賜諸孫，君無所取，獨乞舊本《蘭亭》，開州器之。既冠，連遭祖、父喪，哭泣過哀，目左成漏管。

乾隆十六年，召試二等第一。其後三遇召試，皆二等第一。三十三年戊子，中順天鄉試副榜貢生，出大興朱學士筠之門。時年雖三十餘，已屢擯場屋，且母年高，亟謀禄養，乃就職直隸州州判。初，君爲諸生時，見賞於晉寧李侍郎因培，所至聲籍甚。至是，畢撫部沅奏留陝西。

四十年，逆回蘇四十三亂，君司奏節署。事平，歷攝宜君、富平、鄠縣事，以母憂歸。免喪，借補渭南縣丞。復攝朝邑、郿縣、盩厔事。其在盩厔，緝獲鄰境要犯，特旨以知縣題補。是年，補咸寧縣知縣。五十五年，擢興安府漢陰通判。五十八年，署乾州直隸州知州。五十九年，署興安府知府。興安去省會遠，山谷居民，良莠雜處，君廉得白蓮教頭目蕭貴歛錢聚衆，設計鈎捕之，按問得其爲逆狀，遂置之法。既而楚、蜀蔓延，興安獨無事。

嘉慶元年，署咸陽知縣。泥河賊王全禮作亂，總督宜綿公以君練於兵事，檄赴軍營，叙功賞戴藍翎。二年，遷邠州直隸州知州，仍留軍中。是年冬，教匪屯聚興安之光頭山，郡守運餉遠出，督撫以君諳漢南情形，守禦非君不可。於是明年正月，再攝興安郡事。郡舊以堤爲城，坦步可上。時楚賊張添倫等自南鄭渡漢川，賊齊王氏等繼之往來石泉、漢陰間，距城密邇。城中孱兵千餘人，率不任戰，衆皆恇懼。君至，首團丁壯，令無家者出丁，有家者饋食，下其令於屬邑。未一月，各得鄉勇數萬，因堤高下，或塹或墉，身運磚甓，爲衆倡築，未幾而雉堞煥然，争雄鄰郡矣。君念楚賊渡漢遠涉，西鄉紫陽石泉周落遼廣，户口稀少，焚掠無所得，必思歸遁，檄沿漢諸縣，掣商船民舟盡入汉港，守以重兵，使賊不得南向。又念川賊若潰，非東走夔州，即北走通江一帶，興安當南北之衝，全陝安危所係，賊據要險，則兵餉俱絶。於是度其山川遠近之勢，圖其兵勇卡寨之宜，陳之督撫，以備策應。賊乃不敢復萌窺伺。時宜綿公爲統軍，倚君爲重。在興安三月，復檄之去。後人守君成法，得無失。既至軍，行營籌餉，動合機宜。是年十二月，連破洞、汝二河賊巢，賞换花翎。又明年，統軍奉命赴蜀，督大成寨兵。時君年已逾耆，晝則鞍馬驅馳，夜則就地草軍書，積受卑濕，因而疾作，遂回邠州。既痊，權鳳翔府事，堵禦隴州有功，復權榆林府事。十九年，仍回邠州。十一年，年七十有二矣，子逵吉方爲咸寧令，因乞休就養。十八年，逵吉卒，乃攜兩孫歸。初，逵吉卜築於城北之局前，將爲君娛老地，至是始得入居焉。

君在官多陰德，嘗鞫邪教，争於統軍，免株連者萬人。朝邑被水，君爲請賑，以己資八千金濟之，全活無算。在邠州，免地方科派貼差銀三萬兩，去之日，百姓涕泣，求畫公像，建生祠。君遺書慰之，且戒其毋妄費，至今邠人猶能誦其辭也。

自乾隆壬午，予與君同應省試，其後同奏賦，同試京兆，聚散不一。嘉慶戊午，君至京師，得一見。壬申，陝之大吏邀予主關中講席，復見君於潼關官舍，爲留信宿。及逵吉没，予已嬰末疾，君往來西安數數見。未幾，先後旋里。嘗舉五老會，君與予與焉。里中戚友讌集，兩人必偕，予雖跛蹇，亦黽勉以從。每搆一文，必以相質。或談枌榆故事，輒淹晷日，蓋予得之吾家豹三先生，君得之外祖錢鑄庵先生，兩先生固鄉邦所推文獻者也。君詩研究格律，老而彌細。爲文謹於法度，藻不妄抒。生平著述，舟行漢江，爲水滲漏，喪失過半，今掇拾所存，有文六卷，詩猶七百餘首。綜予與君交幾六十年，直亮多聞，初終罔閒。君逝後，忽忽若有所失，回念少日過從之人，已鮮有存者，能不悲哉！

君生雍正十三年十二月十七日，卒嘉慶二十三年五月十六日，春秋八十有四。配蔣氏，封宜人。子二：逵吉，陝西潼關廳同知；勒墉。皆先君卒。女一，婿曰張浩。孫二：鈴、鍇。以嘉慶二十三年十二月乙丑，與蔣宜人合葬於鳴鳳鄉鄒區之原，禮也。銘曰：

君之未遇，能介所守。洎乎入官，經緯兼負。學貫百氏，策裕六韜。珥貂之華，用酬厥勞。故壽考而遂首丘者償之，没齒不能取之於其子者，有孫可俟。録自趙懷玉撰《亦有生齋集·文》卷十九。

沈

諱自申〔一〕，安徽蕪湖人。

【校勘記】

〔一〕申：原訛作「中」，據《録》《總目》改。又按朱滋年輯《南州詩略》卷十「沈自申」條注云「巽音，蕪湖人」，知其字巽音。

顧星橋〔一〕

諱宗泰，江蘇元和人。乾隆四十年成進士，著有《月滿樓詩集》。官廣東知府。

【校勘記】

〔一〕顧星橋：原訛作「莊」，并錯簡在「鄭麗農」後，今據《録》《總目》第十三卷目録調至此。另，此條以顧宗泰之號爲標目，亦從《後案》之文例。

補顧宗泰傳

顧宗泰，字景嶽，號星橋，元和人。登乾隆四十年進士。爲諸生時，試輒冠軍，與吴縣諸生劉潢齊名。家有月滿樓，文酒之會無虚日。袁枚謂其詩才清冠等夷，海内知名之士，無不交投縞紵，今之鄭當時也。官吏部主事，洊擢高州知府，罷歸。《吴門補乘》。録自石韞玉等纂《〔道光〕蘇州府志》卷一百二《人物》。

補顧宗泰傳

顧宗泰，字景嶽，號星橋，元和人。由部郎出守廣東高州，因病假回籍。留珠湖書院主講，惜才如命，題倡風雅。所至揭箋書壁，手不停披，口不廢吟，古學時藝，誨人不倦。凡六載，結納如雲，於翰墨外，纖芥不涉他事。蓋宗泰自弱冠即以才名噪一世，既而一麾出守，頽乎老矣。既返，蕭然囊橐，素位以俟，不輟嘯歌，其天性然也。後移講婁東及敷文兩席。年過七十而卒。著有《月滿樓詩集》六十卷，在郵者《珠湖聽雨集》《江館留雲集》《淮海維駒集》，并梓入全集中。録自馮馨等纂《〔嘉慶〕高郵州志》卷十《寓賢》。

吴謙谷〔一〕

諱鶴齡，安徽休寧人。

【校勘記】

〔一〕按《南州詩略》卷四「吴鶴齡」條注云「亦荀，休寧人」，又《〔道光〕徽州府志》卷九之四「吴鶴齡」條下注云「字亦荀，大斐人。乙酉拔貢，官學教習，候選教諭。南巡召試二等」。

曹

諱榜，安徽休寧人。

楊益能〔一〕

諱惟增〔二〕，江蘇山陽人。

【校勘記】

〔一〕此條原錯簡在「江廷泰」條後，今從《總目》乙正；又「益能」爲整理者所加，參下條校記。

〔二〕按《〔同治〕重修山陽縣志》卷十四「胡喈鳳」條：「是時以文名者，復有楊惟增、吕兆龍、常循。惟增字益能，少負異才，詩詞華贍，兼工書法。乾隆二十七年，迎鑾獻詩，試取二等。後由拔貢官豐縣教諭。」

江

廷泰〔一〕，江蘇江都人。

【校勘記】

〔一〕按《〔光緒〕江都縣續志》卷四「江廷泰：歷官湖北竹谿、山西武鄉知縣」。又《〔嘉慶〕揚州府志》卷三十九《選舉志·進士》載「江廷泰」於丁丑蔡以臺榜，丁丑爲乾隆二十二年。又《清代官員履歷檔案全編》第十九册第三百七十七頁下：「臣江廷泰，江蘇揚州府江都縣人，年四拾貳歲。乾隆貳拾貳年進士，候選知縣。今掣得湖北黄州府廣濟縣知縣缺，敬繕履歷，恭呈御覽。謹奏。乾隆叁拾貳年拾壹月貳拾玖日。」

鄭麗農〔一〕

諱奇樹，安徽歙縣人。

【校勘記】

〔一〕此條後原重出「吴鶴齡」「曹玉堂」「楊惟增」「江廷泰」「鄭麗農」等四條，今從《總目》删。

補鄭奇樹傳

鄭奇樹，巖鎮人。乾隆庚寅舉人，官終濟南府同知。初任東阿縣時，歲大饑，捐俸賑粥，活饑民無算。并修葺文廟，作養人才。獲西洋傳教人伊神甫及滕縣積匪索廷傑，置之法，搜捕餘黨無遺。任濟南、齊東，皆有聲。所著有《凝山詩稿》三卷。録自勞逢源、沈伯棠等修纂《〔道光〕歙縣志》卷八之一。

莊

諱允成，江蘇武進人。

趙元一

諱帥，安徽涇縣人。元一幼與江晼香中丞友善，嘗欲以中丞詩稿，并程魚門、郭㞬山、吴亦苟、張秋浯之詩，附以己作，訂爲《皖歙七子詩》，刊以行世。《後案》。

補趙帥傳

趙帥，字元一，東隅人。父良瓊，歲貢生，端方正直，一邑共推。帥幼聰慧，工詩能文。

乾隆壬午，聖駕南巡，召試二等，即於是科登賢書。任鎮江府訓導，金焦勝地，諸名士所集，帥雖冷官，加意延攬，聲譽大起。所著有《偉堂詩抄》三十卷。袁簡齋枚、王述庵昶，皆極推重之。升安肅縣知縣，吏民愛戴。歸田後，以詩酒自娱。年七十八卒。《採訪册》。録自洪亮吉、李德淦等修纂《〔嘉慶〕涇縣志》卷十八《人物》。

程

諱有勳，江蘇江寧人。

師友淵源録後案卷十四

年誼第五門

梅隅庵

名鈛，上元人。乾隆二十七年，隨尊人文穆公迎駕行在，恩賜舉人。奉親色養，日以史籍自娱。聲音清朗，高談雄辯，令人不倦。六旬外，謝客杜門。喜談星命，判斷如流，後皆驗之。憶甲午年十月初八日午時，先生過訪。先君乞爲孫元排八字，先生云：「命帶三奇，不爲刑部司官，定掌刑名之任。」今子元傳食於楚中，將及二十餘載，何其驗也如此！《後案》。

梅式堂墓誌銘〔一〕

梅氏自徵君定九先生以來，以學行高天下。再傳得文穆公，爲名臣。又一傳，而文穆第三子鈖字二如者，吾友也，實克紹厥家，力行積三十年，天下知與不知，皆信其學問，言行一出於正而不苟矣。乾隆四十二年，二如卒，其弟鏐紀其行實曰：

兄年十二，讀書成均，親名儒。成童時，師潛山張立齋先生，兄之德進業修〔二〕，自師張先生始，故其後恒與人稱張先生。歲庚午，中江南副榜貢生，益留心經世有用之學。聞人言長吏治，或氣節風采著者，詢之惟恐不詳。必述於兄弟，悚動神往〔三〕，又恨不得見其人。久而與人談論及之，情節委折，一如始聞人言時。

會王君者輔僑寓江寧，執贄事之，遂偕王入巡撫番禺莊公幕，所以講明當代法制沿革、邊内外夷險、人情土俗、官常細大事甚悉。番禺公故庚午座主，忘卑賤，輒上書言事。既而歸江寧，肄業鍾山書院。尹文端公期許公，一如番禺公也。先公晚年，終日盤桓寄圃中，其上下階或散步林中〔四〕，苔葉濕潤，石齒齒不平，兄必謹先後之。請先公紀録舊聞，設問難啓，笑語忘倦。晚而侍疾，數十晝夜，先公稱其孝。然兄以納溺器衾中，爪傷觸公，公終身勤剪爪〔五〕，以誌隱痛。思吾母之笑語嗜好不可得，至太倉，追隨舅氏叔仲，間不忍離，數問舊人：「吾母何如叔仲舅氏？」。奉徐夫人得歡心，先公薨之八年，遭徐夫人喪。四兄泣謂兄：「制固不得持三年〔六〕，方有恩科，不宜遂服。」泣對曰：「母視鈐、鏐不異所生，服安忍異〔七〕？」卒率鏐終三年服。

兄性寬和不矯激〔八〕，然義所必行，始終不撓。其以副貢生至都下也，某學士屬後必試順天，探其所欲爲〔九〕，皆兄所嘗切切於友朋間，惟恐蹈之者也。自弱冠，宗親相知，咸願即致巍科，躋公輔。兄亦冀效用於時，上報國恩萬一，下少振家緒，更年幾三十餘，已更試十餘科，竟老牖下〔一〇〕。太史公謂「人能宏道，無如命何」，其信然歟？抑性情之故實與命相通歟？

古文、詩及書法皆絶人，而冲然不自足。爲古文一稟經訓，不宗漢學，而不敢疑《古文尚書》。諸經皆手録。所纂輯《古文》内、外編，《大事論》《三禮方輿》諸書若干卷。平生以書籍、金石、舊字畫爲嗜欲〔一一〕，顧不能得。人借書未還〔一二〕，不忍促也；假人書籍，不奪好也。人以事質，必慮及深遠，而一歸於正，始或未即用，久而人信服之。

卒年四十有六。就職州判，籍宣城，今隸上元。配崔氏，先一年卒。子男二人：準，出繼；幼曰望孫。女五人。

其大略如此，寄余乞銘。余謂繆言皆録實，且得其性情，余不能易，乃撮其詞，而系以銘。銘曰：

古之正學，必有所歸。清獻而後，白田漸微。篤生我友，以昌吾道。匪博而荒，弗元以渺。體之於心，驗之在躬。堂堂正正，儒學之宗。無賢知愚，貴賤老少。僉曰正人，永爲國寶。遇啬而顛，孰知其然。銘以叩幽，公陟在天。戴祖啓撰《師華山房文集》〔一三〕。

【校勘記】

〔一〕題目戴祖啓《師華山房文集》卷四作「梅君墓誌銘」。

〔二〕修：原蒙上訛作「德」，據《師華山房文集》改。

〔三〕動：原訛作「聽」，據《師華山房文集》改。

〔四〕上下：原倒，據《師華山房文集》乙正。

〔五〕勤：原訛作「勸」，據《師華山房文集》改。

〔六〕固：原訛作「制」，據《師華山房文集》改。

〔七〕服：原脱，據《師華山房文集》補。

〔八〕性：原訛作「極」，據《師華山房文集》改。

〔九〕爲：原錯簡在「皆」字後，據《師華山房文集》乙正。

〔一〇〕「自弱冠」至「竟老牖下」：《師華山房文集》作「更試十餘科，竟老牖下」。

〔一一〕籍：原訛作「晝」，據《師華山房文集》改。

〔一二〕借：原訛作「偕」，據《師華山房文集》改。

〔一三〕祖：原脱，據《師華山房文集》補。

陳淦亭

諱尚志，字道寧，江寧人。乾隆二十七年舉於鄉，官廬州府學訓導。會先君抱疾廬陽書院，公則旦夕過從，凡九十餘日，無倦容。感友誼之難忘，慟先人之永逝，悲夫！《後案》。

朱思堂〔一〕

諱孝純，字子穎，奉天正紅旗人。壬午孝廉，以大令起家，官至兩淮運使。工山水，其知泰安府時，曾作《泰岱全圖》，蟠鬱蒼渾，不愧家風。著有《海愚詩鈔》十二卷，劉大櫆序云：「子穎奇男子也，浩浩焉有擔一世之心，文辭章句，非其所措意，而其爲詩古文，乃能高出昔賢之上。子穎偶以七言詩一軸示余，姚君姬傳一見心折，以爲己莫能及也，遂造廬訂交焉。姬傳文章名一世，其愛慕子穎者如此。」乃序其詩云：「即之則光升焉，誦之而聲園焉，循之而不可一世之氣，勃然動乎紙上，而不可御焉，味之而奇思異趣，角立而横出焉，其惟吾子穎之詩乎？」《後案》。

【校勘記】

〔一〕按《〔民國〕奉天通志》卷二百十一：「朱孝純，字子穎，號思堂，一號海愚。由舉人官鹽運使。

工詩文，師事劉海峰。能畫，嘗作《泰岱全圖》。有《海愚詩鈔》十二卷。子朱爾賡額，有《論河工》二書。《嘯亭雜録》《八旗文經》。」

錢竹初

諱維喬〔一〕，武進人，以壬午孝廉知鄞縣事。君爲文敏胞弟，早歲即工翰墨，塤篪叶應，藝苑蜚聲。間爲文敏代作，已咄咄逼真。宦游後尤蒼厚，山水茂密而不繁，峭秀而不塞。作家之習，二者俱備焉。王昶撰《畫識》。

【校勘記】

〔一〕按《歷代畫史彙傳》卷十八「錢維喬，字樹參，號竹初」。

梁文山

亳州梁文山巘，負笈來鍾山講學，十年不歸，然諾必踐，友篤友誼〔一〕。天長王用九罹患難，文山徒步走五百里往省之，爲胥吏所窘，不少屈。又黟縣汪自占染疫癘，同舍生皆遷居以避，文山獨與同眠食，侍湯藥，月餘不懈。後中壬午科舉人。工書法。後官巴東縣令卒。夏之蓉編《半舫齋偶輯》。

【校勘記】

〔一〕友篤：蓋「崇篤」、「敦篤」、「尤篤」等之訛。

補梁巘傳

梁巘，字聞山。乾隆壬午舉人，由教習授巴東知縣。念母老，遂絶意仕進。惟肆力於書，初得筆法於宣城梅釴〔一〕，後以功力精專，蒼健遒勁，釴與弟鈖皆自歎爲不及。楷宗晋唐，草法二王，於李邕、張從申摹倣尤久，幾於神似。碑版遍天下，真蹟人尤寶之。詩亦古雅，而爲書名所掩，故不傳。子偉業，拔貢，官於灊縣知縣，亦善書。録自鍾泰、王懋勳修纂《〔光緒〕亳州志》卷十三。

【校勘記】

〔一〕釴：原訛作「鉞」，據《録》《總目》及《後案》本卷首梅氏小傳改。

補梁巘傳

梁巘，字聞山，亳州人。爲人敦篤，英毅嗜學，尤萃力於書。清之全盛，以書學成名者，無慮皆館閣鉅公。康雍間有王澍、汪士鋐、陳奕禧、何焯、姜宸英、張照，號爲國朝六家，然非其至也。乾嘉之際，聲稱最著者曰翁、劉、梁、王，而梁有南北之分，南梁者山舟學士同書，而北梁則巘。覃谿、石庵、山舟、夢樓，皆以簪紱列清要，負一代重望，而巘僅以孝廉官知縣巴東，名不掛朝籍，一憔悴老儒爾，而書名與石庵抗，蓋其自立無所憑藉爲尤難云。

巘遍習唐碑，以善摹李北海書名天下。摹香光楷行，神骨畢肖，人不能辨。以舉人應禮闈，初至京，爲人書屏幛，懸廠肆。成親王偶過之，驚且歎曰：「此子異日必成大名。」亦不引進也。巘既罷縣歸，主壽州循理書院最久。石如微時爲人作篆隸鐫印，人不之異也，巘獨賞其筆力横絶，若再見秦漢古碑碣，何詎不出入冰斯，因禮致之。念金陵梅文穆家最富金石，具資裝遣往學，石如卒因是成古今絶藝，巘亦以知人名後世。

巘著有《承晋齋積聞録》一卷，其論執筆，以爲明季華亭董其昌傳法於其同邑沈荃，荃入清，傳之王鴻緒，鴻緒傳之張照，照傳之何國宗，國宗傳之金陵梅釴；巘學書三十年，始緣釴得其傳。先是，張公秘其法不授人。一日，與國宗同坐獄中，國宗叩請至再三，乃以書傳，戒勿洩。及出獄，國宗遍語人，釴因而得之。及照總裁某館，釴謄録館中，見照作書，狐裘袖拂著几上，顧謂釴曰：「見吾袖拂几乎？肘實懸而動也。」釴以告巘，巘學之復十餘年，始覺有得。其自負得正傳，而道甘苦若是。然巘亦有自悟入者，謂古傳執筆法圓正通直，然手背若稍内覆，尤易著力，巘自以爲是古人所不道，疑即撥鐙法爾。《積聞録》及《裴景福序》。

贊曰：有清二百七十餘年，皖人士能以天賦偉異之才，施之問學，創開一代之風氣者，經學則有戴震，佛教則有楊文會，而書法則石如其尤也。其聰明才力，足使千人皆廢，然而莫爲之前，雖美弗章，莫爲之後，雖盛弗傳。石如苟無梁巘、梅鏐之助，烏能成其業乎？石如而後，安吉吴俊卿專攻獵碣，爲能振拔有骨幹，俊卿不自以爲師石如，然其發迹所自，不可得而掩焉。自俊卿之未殁，黄縣丁世嶧稍能步武，世嶧亡而風流歇絶矣。惟摹印者或轉相仿傚，然皆參以浙派，不足語於真傳者也。録自安徽通志館纂修《〔民國〕安徽通志稿·列傳》十。

龔吟臞

諱禔身，字深甫，浙江仁和人。壬午科舉人。著有詩集。

補龔吟臞傳

君諱禔身，字深甫，號吟臞。少與伯仲兩兄同就家塾，而君尤穎異。是時，城東之儁稱「三龔」「兩嚴」，兩嚴者，古緣、鐵橋兩孝廉；三龔則君家昆仲也。君少即工詩，而仲兄春潭亦喜言詩，風雨對牀，兄倡弟和，率以爲常。杭堇浦先生自嶺南還，掌教邗江安定書院，君從之遊。邗上諸名士若沈沃田、蔣春農、金棕亭、江雲溪輩，皆相與題襟接席，發藻聯吟於紅橋碧浪之間，由是詩益工，名益振。武林素稱詩藪，厲徵君樊榭先生爲詩壇祭酒，一時學者，翕然宗之，而君亦闖其門而涉其奧。遊魏塘，刻《魏塘倡和詩》一卷。

乾隆壬午舉孝廉，己丑取中正榜，授内閣中書，旋入樞廷行走惟謹。劉文正公、于文襄公當國，咸以爲能，甚器重之。時與伯兄匏伯同官内閣，賃屋而居，合箸同車，無分畦畛。伯兄性嚴重，造次不苟，君則英姿焕發，與人酬酢，輝映四坐，而其胸無城府則同也。故朋好中與君兄弟相友善者，僉曰伯也如玉，季也如晶，蓋不易之論也。君屢應禮部試不售。丙申，隨輦熱河，癰發金臟，亟歸京，逾月而卒。稿中有《病臥自述》一首，蓋絶筆也。春秋三十有七。

君易簀時，諸子皆穉幼，守正猶在母也。匏伯督教之如己子。閲幾年，長履正以館資就鹽埸大使，分發廣東，今擢感恩縣令。次麗正，嘉慶丙辰進士，由禮部郎擢徽州太守，今遷蘇松觀察；先是，匏伯無子，君命爲匏伯後。次繩正，以廩貢除鄞縣訓導。次京正，由從九升清河知縣。次守正，壬戌進士，改庶常，今任詹事府中允。一門之内，莘莘詩禮之華，奕奕簪裾之盛，亦足以慰君素志矣。

余與君同鄉舉，又申之以婚姻，故知君爲稔。觀察方輯家譜，屬爲傳，書其所知如此。

嗟乎！士生當明盛之時，而又夙抱可以致君之具，逡巡就職，以躋高位，亦分之宜，而乃遇合不沮於同朝，文章不嗤於拙目，徒以疾疢之攖於厥躬而賫志以殁，亦可惜已！躍龍津而尾頽，干青雲而羽折，古今安有極哉？録自余集《秋室學古録》卷四。

劉雲樵

諱秉愃，山西洪洞人。壬午舉人。官郎中。

補劉秉愃傳

劉秉愃，繩伊次子，字信中。年甫冠，文名噪一時。乾隆壬午，舉順天鄉試。授内閣中書，遷兵部主事，進秩員外郎。所至，上官獎嘆以爲能。會大兵征金川，軍書旁午，以閣臣薦直樞廷，簪筆承旨，未嘗有遺略，當事倚如左右手。退食之後，侍母沈色養無間。弟秉恬，方以重臣督餉數千里外，得奏膚功者，亦賴匡助之力也。丁母艱，衷毁如禮。服闋，起兵部員外郎，旋進户部郎中。乙卯，充順天武闈同考官，得武舉王瑁等三十八人。前後歷京秩四十餘年，秩滿，出爲知府，不就。年七十有一，卒於京邸。録自韓垌等纂《（民國）洪洞縣志》卷十二《人物志》上。

陸

諱瑗，江蘇陽湖人。壬午舉人。官刑部郎中。

補陸瑗傳

陸瑗，字蘧庵。乾隆二十七年舉人。三十四年會試取中正榜，授内閣中書。入直軍機，升刑部郎中。四十九年，隨大學士阿桂剿回逆。蕆事，又隨閲視河工，奏請以瑗護將軍印回京，値郎中俸滿，加四品銜，留部。瑗在樞廷垂二十年，小心勤慎，贊畫機務，當軸咸倚重之。擢浙江温處道，旋卒。子香森，性慷慨，有幹濟才，由廣東陽江縣丞，洊擢山西平陽知府；逢瑞，乾隆五十一年舉人，湖南醴陵知縣。孫恩壽，福建甌甯知縣。皆能其官。葆尤知名，語具後。録自湯成烈等纂《〔光緒〕武陽縣志》卷二十二《人物·宦跡》。

袁香亭詩集序

香亭出守端州，祖道時，出詩集交余曰：「弟一行作吏，慮於此事將廢。平生所作，兄爲删而存之。」余曰：「唯唯。」今夫天下事，未有不根於性而成於天者也。性之所無，天卒難强。香亭産於粤西，年十八，奉季父喪來歸。余奉先子之命教以文，不教以詩也。香亭好觀余詩，又好觀其姊夫胡書崇詩，戲仿爲之，如彈琴然，觸指便韻。二人交驚，以爲清麗處，於古無讓，矧吾曹耶？香亭喜益奮，取漢、魏、三唐、宋、元人集，伏而誦之。凡羈旅行役，芬芳悱惻之情，悉於詩乎發之。諸體佳，於近體尤佳。近雖嗜畫，少所吟咏，然畫者，無聲之詩也。假道摩詰，業乃益進。集内拔其尤者，得八卷，有攻木之工，請付剞劂。余諾焉。余非不知香亭齒猶未也，嶺南山水絶奇，能益人性靈，又有本朝諸大詩家爲之先，他日造詣，尚無津涯，何必沾沾焉遂以爲耀世哉！然余老矣，趁精力未消亡時，小爲參證，且欲其有聞於時，及於吾身親見之，故板而行焉。世有以爲非者，勿訾香亭，訾余可也。前二十年，曾作駢體，序其詩書，巢陸塄及諸君子，各有弁言，皆香亭未遇時所爲。今官高而學充，境更進矣，都録集尾，以爲孫興公之蘭亭後序云。乾隆四十六年六月，兄枚序。袁枚撰《小倉山房文集》。

費筠浦

諱淳，錢塘人〔一〕。壬午孝廉，連捷成進士。總制兩江時，篤念世好，薦觀纂修《舒城縣志》。其地爲先祖象齡公舊游之地，得與二三耆舊話雨山前，續成佳話，幸也何如！未幾，公入贊絲綸，不啻有天上人間之别矣。《後案》〔二〕。

【校勘記】

〔一〕錢塘：原空，據《（民國）杭州府志》卷一百二十六本傳改。

〔二〕後案：與張本皆脱，據文例補。

補費淳傳

費淳，字筠浦，錢塘人。乾隆二十八年進士，授刑部主事，升郎中，以大學士劉統勳薦充軍機章京。補江蘇常州府知府。丁父憂。服除，補山西太原府知府。屬邑有邪教案，多愚民無識，更相煽誘，誅首從數人，餘並省釋。有争水利者，訟久不決，令遵故道開渠，以資分溉，渠成，民建橋其上，曰「費公橋」。遷冀寧道，累擢安徽巡撫。尋調江蘇，嚴米石出洋之禁。兼署兩江總督、河道總督，會豐工漫口，賑災民，蠲逋賦，挑浚劉河九千五百十二丈有奇。

嘉慶二年，調福建巡撫。未幾，再調江蘇。三年，夏秋亢旱，率僚屬步禱，長跪赤日中三日，天大雨，郡人士繪圖賦詩頌之。淮徐水患，疏請以徐屬徵存漕米四萬七千餘石，就近散賑，公私交便。

四年，擢兩江總督。漕政積弊久，疏請整飭，條舉四事，曰加惠疲丁，曰嚴禁浮收，曰嚴懲紳棍，早停止巡漕，得旨議行。與河督吴璥區畫河務，復混江龍鐵篦船之制。先後興修高家堰石工，搶護賈家樓大堤，工竣，加太子太保。

八年，遷兵部尚書。會河南衡家樓黄水溢，礙漕運，命往山東查勘，疏請於張秋兩岸舊堤增高培厚，以溜勢北掣，於口門南築束水壩二。挑南旺湖各陡門及牛頭河身，洩汶歸湖，以濟重運。又於兖、沂、泰、濟各郡浚名泉四百八十四。挑挖袁口閘下淺工，及運河漫口對岸灘面改挑引河，以利運行，由是漕船挽運無失事者。

十一年，以吏部尚書協辦大學士。明年，授體仁閣大學士。淳年七十，御書「贊綸錫祉」額以賜。明年，以失察三庫事革職留任。尋降補兵部侍郎。十五年，補工部尚書。十六年卒，年七十三。《行狀》、參公舉事實。録自陳璚修、王棻纂，屈映光續修、陸懋勳續纂，齊耀珊重修、吴慶坻重纂，《（民國）杭州府志》卷一百二十六《名臣四》。

施小鐵

儀徵施小鐵朝幹，余同年，乙卯典試山左。詩最古秀，如：「鳥從幽處宿，泉入定中聞。」《客夜》云：「遠火深無影，空江静有聲。」《東關早發》云：「雉堞鬱崔嵬，孤帆一棹開。春星兼鳥落，山雨接潮來。土瘠憂人事。年饑出吏才。生涯猶旅食，慚愧嶺頭梅。」三、四與「落霞孤鶩」同工。《雨村詩話》。

鐵如詩樸質清真〔一〕，不尚才藻，生澀刻峭，得之孟東野、梅聖俞爲多。居官如其詩，往往進寸退尺，如黄楊之厄閏，雖居邗上，不屑與鹾客往還，故其窮日甚。在京師，敗車一輛，老屋數椽，俸不足，益以稱貸。而破氈敝席，寒菹冷炙，夫婦相得怡然，不屑與熱客往來。稍遷京師卿，督湖北學政，而荆襄間潢池告警，惴惴焉不自保，憂悴而亡，無後。其門人伊太守湯安，刻其詩於檇李。王昶撰《蒲褐山房詩話》。

公癸未進士，官太僕寺卿，視學湖北。嘉慶二年卒於官舍。官貧宅廢，歸喪幾無設奠處。門弟子伊湯安周之，並梓其詩集。《後案》〔二〕。

【校勘記】

〔一〕按：此條據張本補。

〔二〕按，「後案」之後原誤抄後文「潘榕臯」條所引《蒲褐山房詩話》殘文，今删。

王少林

諱嵩高，寶應人。乾隆癸未進士，選湖北利川縣。有告女兄被殺者，無鄰里可推，獨遺一三歲兒。嵩高攜至署，以刀作殺人狀示之曰：「誰爲此者？」兒曰：「舅也。」明日，捕告者，一鞠具伏〔一〕，論如律。苗民争山界，前令屢勘不决。嵩高循行叢薄間，指一處曰：「此當有異。」掘之，果得碑，界遂定。以捕獲鄰境巨盜補武黄同知，署鄖陽、施南知府。緣事降補直隸河西務同知。白河水迅急，五十四年堤幾决，嵩高防護穩固，升廣西平樂府。丁内艱。尋卒，年六十六。阿克當阿修、姚文田纂《揚州府志》〔二〕。

少林門第清華，如樓村殿撰、白田庶子，皆其大父行。文學之傳，師承有自，故發於詩者，或幽静而閑止，或奔騰而排奡，皆音節自然，駸駸乎入前賢之室。吟聯結詞甚富〔三〕，今所採摭者〔四〕，止《游梁》一集耳。以郎中出守粤西，未及歲，以乞養歸。後遂不復出，一爲安定書院院長而卒。聞其詩多散佚者。王昶撰《蒲褐山房詩話》。

少林乃孟亭太守猶子，康熙癸未進士，少林亦以乾隆癸未成進士。官漢陽時，畫《藉山圖》，武進湯大奎題云：「佳人碧雲外，好句邈難求。趺坐一卷石，孤吟三徑秋。清風起遥籟，遠性對閑鷗。可憶蒓鱸美，煙波有釣舟。」湯大奎《炙硯瑣談》卷下〔五〕。

公有姬名桃葉，寵甚，畫《歸舟圖》索李雨村題詩云：「畫橋燈火昔年遊，犀押銀釭共一舟。紅袖烏絲人正醉〔六〕，恰如山谷在揚州。」「燈閣風流彼一時，又傳新得謝芳姿。浣花溪上嗤同夢，也擘濤箋共賦詩〔七〕。」李調元《童山詩集》卷十三〔八〕。

【校勘記】

〔一〕伏：原訛作「壯」，據《〔嘉慶〕揚州府志》卷四十八本傳改。

〔二〕「曰此當有異」至「揚州府志」：原脱，蓋浮簽頁未掃描，據張本補。

〔三〕聯結詞：原作「編」，據《蒲褐山房詩話》改。

〔四〕採摭者：原訛作「操擇」，據《蒲褐山房詩話》改。

〔五〕文獻出處爲整理者所加。

〔六〕正：原訛作「共」，據《童山集》卷十三原詩改。

〔七〕共賦詩：《童山集》作「賦艷詩」。

〔八〕文獻出處爲整理者所加。

尹萬起

諱壯圖，字楚畛，雲南蒙自人。乾隆三十一年進士，官禮部侍郎。

補尹壯圖傳

尹壯圖，字楚畛。父均，以翰林官京師，壯圖留侍祖母，以孝聞。嘗赴郡，見患惡疾者，其家懼傳染，將生瘞之，壯圖喻以大義，且助之金，俾別居，其人竟愈。壯圖乾隆丙戌成進士，選庶吉士。散館，授刑部主事。累擢江南京畿道監察御史、光禄太僕寺少卿、内閣學士兼禮部侍郎。疏稱督撫以賠項爲名，派累州縣，挪移倉庫，漸至空虚。上命壯圖偕滿大臣慶成，往各省按之。至河南不得實，壯圖具疏謝，貶内閣侍讀，借補禮部主事。詔令歸養。嘉慶四年，特旨召用爲給事中。復命歸養，在籍奏事。

母阿迷人，壯圖主阿迷講席，時與母族過從，以慰母心，分其館穀，以饋母家之貧乏者。母喜聞前賢軼事，壯圖輒取《列女傳》及近時節義事，諷誦於側，至夜分不倦。年至七十，與兄弟未嘗不同食，一門百口，婚嫁事，皆以筆耕任之。偶止逆旅中，見有子役其父者，壯圖反覆勸導，其子痛哭請改。生平律己最嚴，服御無所擇。與有同行，或有違言，則以自反。其示及門，亦以立品敦行爲要云。録自佚名纂《〔宣統〕續蒙自縣志》卷七。

王鎮之

諱汝璧，四川安居人。乾隆三十一年進士，官安徽巡撫。

補王汝璧傳

王汝璧，字鎮之，恕少子，甫晬而孤。恕雖歷官顯要，而不爲家人生産計，汝璧惟仰母十指以生。稍長，知讀書。弱冠，出贅於浙錢氏，其外舅尚書錢陳群奇其才，割宅以居，益肆力於學。

舉京兆試。乾隆丙戌成進士，授吏部主事，洊擢員外郎、郎中，居銓曹十餘年。性情孤介，寡交遊。出守直隸順德府，調保定府，罷。逾年，起爲宣化府同知，晉正定府知府，大名兵備道。嘉慶四年，授山東按察使。旋歷江蘇布政使、安徽巡撫。入爲内閣學士數月，仍出撫安徽。所至皆有廉聲。十年，遷刑部右侍郎。夏，奉使河南，觸暑乘軺往來，暴得目疾，乞休。逾年，卒於京邸。

詩宗韓孟，有師法，無近時輕率之習。所著《銅梁山人集》，其婿錢塘吴鼎官梁縣令，刻之蜀中。又撰《易林注》《漢書考証》《夏小正傳考》，及《星象勾股》數十卷，及《脂玉詞》《蓮果詞》二卷，皆藏於家。録自常明修、楊芳燦等纂《〔嘉慶〕四川通志》卷一百五十三。

戴芑泉

諱翼子，字燕詒，江寧拔貢生。乾隆二十七年舉人〔一〕，三十一年進士。由部曹官山東道御史。《後案》。

【校勘記】

〔一〕年：原脱，今補。

補戴翼子傳

戴翼子，字燕貽，號芑泉，上元人。乾隆丙戌進士，授工部主事。尋以郎中擢山東道御史，凡時事有未盡者，知無不言。上將大用，或惡其亢直沮之。未幾，卒於官。會工部有分賠之案，同官以其賢而貧甚，代爲之償，而鄉里士大夫爲醵金，以歸其喪。録自吕燕昭修、姚鼐等纂《〔嘉慶〕重刊江寧府志》卷三十九。

潘榕皋

諱奕雋，字守愚，吴縣人。乾隆三十四年進士，官户部主事。家門鼎盛，科第聯綿。通籍後，即膺館職，兼奉皇華，而遽辭簪紱，歸卧山林。鄉閭重以黑頭，士類藉其青眼，琴尊裙屐，望影趨風，僉以爲洛社之耆英，玉山之佳會也。年甫六十，卜勝地於緑畝山林泉窽，生壙附焉。其標格尤不減於司空表聖矣。王昶撰《蒲褐山房詩話》。

公號水雲漫士，兼工篆隸。畫師一峰因酬應煩，但寫蘭、水仙，信筆揮灑，不加粉飾，而天趣盎然，迥非凡品。王昶撰《畫識》。

乾隆己丑殿試，進呈十卷，公名第七，以得信遲誤，保和殿御試不到，改中書。一日，劉文正指潘謂同列曰：「此天子呼來不上船者。」徐錫齡、錢泳輯《熙朝新語》。

謹按，讀公文集，中有《嚴道甫詩序》一篇，謹録於左。

余壬午舉於鄉，江寧嚴道甫亦於是歲應召試，賜舉人，授中書，與余爲同年友，因得讀其詩〔一〕，知道甫之於詩深也。歲丙戌，試禮部，同號舍，縱談至夜分。道甫曰：「詩莫盛於三唐，盛唐尚矣。若滄洲、嘉州、摩詰、東川，詩之能品也，杜少陵則神品也，至矣乎！然而得其門户，專意求之，無慮不自成家。顧吾輩所謂立言不朽者，不第在此耳。」時又竊意道甫之未肯專工於詩也。

後余成進士，授内閣中書，於道甫爲同官。後輩見道甫之勤於職，寅入申出，日以爲常。時委審巨案，襆被宿禁中，或經旬不返舍。又竊意道甫之無暇於爲詩也。今道甫逝矣，令子子進來自江寧，出其全集，讀之而後，知道甫之詩，卓然必傳於後無疑焉。今之爲詩多矣，或好摹古之作若土偶，生氣不存焉。或取齒牙之利類俳優，古法盡淪焉。或標新領異失之巧〔二〕，或怒目張拳失之霸〔三〕，如是乎其言詩，果有當於古人之詩否耶？今觀道甫之作，氣恬而法密，神清而韻和，其才大不矜才，其氣盛不使氣，讀其詩如見其人，殆一代之正聲乎？

道甫在軍機，受知於諸城劉文正公最深。文正公殁，因疾遂不復出，以遊覽著述自娱。然則道甫之難進易退，合於古君子之道。所以見重於端人者，更自有在。第以詩言，固未爲深於知道甫者歟？道甫著述甚富，子進才贍學博，能世其業，行將次第刊其遺集問世，道甫蓋不朽矣。潘奕雋序。

嚴元再案《畫林新咏》：榕皋優游林下，行年九十，神明不衰。工詩善畫，道光丁亥，余曾見其自寫《虞山秋眺圖》，因紀一詩：「九十高年尚著書，梅花同瘦鶴同臞。生平著筆無多子，自寫虞山秋眺圖。」

【校勘記】

〔一〕讀：原訛作「詩」，據潘奕雋撰《三松堂集》卷一改。

〔二〕標新領異：原訛作「標領異異」，據《三松堂集》改。

〔三〕按：「拳」字原重，據《三松堂集》删。

程春帆

諱沅，字芷南，丹徒人。乾隆三十四年進士，官汾州府同知。王昶撰《蒲褐山房詩話》〔一〕。

【校勘記】

〔一〕文獻出處原無，整理者所補。

徐擎士

諱天柱，字衡南，號西灣，德清人。乾隆三十四年進士，官編修。著有《天藻樓詩稿》、

《南陔堂集》。西灣以第二人及第，自蘋村宗伯而下，五世翰林。曹地山宗伯聯句云：「前生慧性摩麟角，六世清聲冠鳳池。」兩充同考，直上書房。假歸不出。《吴興詩話》(二)。

補奉直大夫翰林院編修徐君墓志銘

乾隆二十七年秋，先尚書公主浙江鄉試，榜既發，紹升自家往省。方選刻進御諸文字，閱五策，獨德清徐君爲最，而君名在十七，遂請於尚書公，破格刊入試録，因有意君之爲人也。其後七年，君成進士，列一甲弟二，授翰林院編修。旋直上書房，兩充會試同考官，記名以御史用。

年未及艾，遽引疾歸，侍繼祖母及母，終兩世之喪。居常探索遺經，孳孳不懈，於《易》《書》《周禮》《左傳》博綜訓詁精意，采獲積三十餘卷。旁及歷代吏書、金石文字、河渠、算數之學，考鏡得失，各有論著，合詩文集又三十餘卷。烏呼勤矣！家居十餘年，益薄世味，扁其室曰「波羅蜜」。日課《金剛般若經》，集《金剛經注》二卷，復手書是經，及《法華經》各一通。晚得風疾，閱歲益劇，以乾隆五十八年九月二十七日考終正寢，年六十。

君諱天柱，字擎士。先世自餘姚遷於德清，五世祖倬，康熙中官翰林院侍讀，加禮部侍郎銜，贈光禄大夫、工部尚書。高祖元正，官工部尚書，贈光禄大夫。曾祖志莘，官順天府通判，贈奉政大夫、貴州道監察御史。祖以升，官廣東按察使，授奉政大夫。父開厚，官翰林院編修，贈奉直大夫。君生有異稟，年十五補諸生。已而父、祖相繼即世，君力持門户，然日益嗜學。既致身清要，人方期以大用，而君逡巡引卻曾不終日者，豈其性異人邪？抑所規固不在區區得喪間邪？

君娶王宜人，早卒。繼程宜人。子養原，太學生；次養潛，廪生，爲叔父後。女三：一嫁舉人孔廣栻，一殤，一嫁舉人許蔭培。孫三：琪、琳、球。孫女一。今以乾隆六十年□月□日葬於某原。養潛，予子婿也，來乞銘。銘曰：

木槿朝榮，蜉蝣夕死。哀我人斯，百年彈指。何彼瞢瞢，嗜進不止。夢幻生厓，有何足恃。覷破前塵，頓抛金紫。白首窮經，孔牆伊邇。回向金剛，無終無始。我作斯銘，虚空弄觜。彼岸非遥，反求即是。録自彭紹升撰《二林居集》卷十一。

【校勘記】

〔一〕此條實轉引自《兩浙輶軒録》卷三十三。

龔澄庵

名朝聘，字獻丹，廬州合肥人。家貧力學，居喪盡禮。兩弟早卒，撫恤孀孤，恩誼甚篤。

乾隆三十六年成進士，選甘肅成縣令。時四方軍流至者，舊惟納入空地一隅，以墻環之，暑雨祈寒，死者屢告。乃捐資置屋，俾得安棲。甘肅州縣倉穀，每歲秋酌放之民間，來夏征收，出陳易新，以免糜爛。君於壬寅年三月到任，閱兩月，按例開倉收穀，百姓踴躍急公，不旬日，所收將足。會有恩詔豁免，即出示諭止，且令已完者刻期往倉，照簿反其穀而去。在任四月，以鄰封事被議，歸里授徒。刻有制藝行世。二子：訥、默，俱庠生。《府志擬稿》。

國子監學正戴公祖啓墓碣

乾隆四十有八年三月十四日，戴公未堂考終里第，時余留滯周南，其壻阮坦來告，爰制朋友之服，設位而哭諸寢。越兩月，子衍善等赴至，并以狀來求隧上之文。余與未堂少同師，長同學，同舉於鄉，平生讀書制行，是非好惡，無不同者，於誼曷可辭！謹按狀云：

君姓戴氏，其先世著望休寧隆阜村，後遷江西(一)。明萬歷中，諱顯傑者，復由建昌居江寧。曾大父諱進忠，大父諱天章，以伯父瀚貴，并誥封中憲大夫，翰林院侍講學士。考諱濬，上元學生，以君初授中書科舍人，例贈徵仕郎。

君弱冠補博士弟子員。乾隆壬午舉於鄉。自癸未至癸巳，四試禮部，皆不遇。會開《四庫全書》之館，大學士于文襄公總裁，屬君侄東原相召，君不自往見，乘弇棧歸。是年秋〔二〕，河間畢公開府陝西〔三〕，致幣聘君掌教關中書院。君品端學粹，造士有方。中丞以聞於朝，并請俟六年議叙。戊戌會試成進士，捐中書科舍人，復至關中。己亥，中丞申前請，送部引見，奉旨交軍機處試《四書》文一章。次日，諭以國子監學正用。君拜命，以選期尚遠，於庚子七月南還。又三歲卒。

君幼承家學，爲諸生即沈潛經義，驗諸身心，惟恐有不合者。出餘力爲制舉文字，閎深峻潔。方侍郎望溪嘗曰：「自有時文數百年來，嗣響荆川、震川者，不過數人，戴生其一也〔四〕。」因是大江南北，多士宗之，問業之履恒滿。癸未下第時，房師李君天植令廬江，聘主潛江講席三年，所造益深，乃廢然歎曰：「爲學而不本經術，經術而不關於世教，工無益也。」自是乃專用力於經，以期有補於世。尤以《易》《春秋》聖人手定，父樗園先生已著《易隅》，遂獨治《春秋》。文成數萬，大要統以五事：一曰常文以定體〔五〕，二曰變文以别嫌，三曰互文以通異，四曰便文以修辭，五曰闕文以慎疑。書成，命曰《春秋五測》，凡十二卷。入關後，復從事《尚書》，意以吴草廬後學者，咸力攻古文，其實考之古注及經傳子史、《正義》中三十三篇，與伏生所授，不過古今文字小異，而究不失大同。先爲《協異》四卷，經文既定，然後兼綜衆説，斷以己意，取馬遷語〔六〕，命曰《涉傳》〔七〕，凡四卷。二書皆謹嚴有義法，其道根於彝倫秩叙，其義資乎天下國家。猶憶袁簡齋先生嘗以吕温語稱其《春秋》云：「元首雖白，濁河已清。」余以葉適語稱其《尚書》爲大平經國之書，坐而言者，可起而行，不比世之稽緯候、畫蟲豸，鈎沈索隱，必俟論定於後世子雲也。此外，有《道德經解》一卷，《師華山房文集》六卷，藏於家。

君德行純備，外通而内介。嘗云：「孔子教人先以博文好古，至孟子平時論辯，則在出處進退，辭受取與大防，因是所處不能自潤。惟賴朐脡之人〔八〕，以供朝夕。」其教人也，以敦崇孝弟爲先務，研窮經籍次之，淬厲文辭又次之。居秦中一載，風氣日上，自嘉峪關外，安西、迪化諸州，萬里聞風而請業者舉跡相接。中丞入告後，旋有詔敕各省視爲令甲，一如安定教授湖州，而朝廷取其法，以爲天下式者，蓋嘗綜君生平而論。其制行也，排抵曲阿，獨守廉静，有似漢之甄宇、桓譚〔九〕。其爲學也，明章大中，發露公器，有似唐李翺、陸贄。其爲教也，法嚴而信，道久而尊，有似宋之孫復、胡瑗。至於孝友之行，通於神明，貞白之操，誓諸衾影。見衍善等所爲家狀者，蓋相與締交三十年之久，乃益深知而篤信之。嗚乎！其亦可謂今之成人也矣。

君諱祖啓，字敬咸，家鍾山之陰，愛沈謝所游泳，因號東田，之灊川後，皤然以懷安爲惕，改未堂。生雍正三年十二月二十一日，及是歲春秋五十有九〔一〇〕。配黄孺人，有賢行〔一一〕。男子四人〔一二〕：衍善，上元學生；衍範，國子監生；衍緒、衍士，在幼。女子三人：

長適丁酉副貢生王芾，次適己亥舉人方遵軾，次適陝西試用州同阮坦。孫男二人：廷昌、廷昺。爰序次如右，而系以銘曰：

書之爲教，疏通知遠。比事屬辭，春秋用纘。在昔董相，尊聞行知。挾此譚經，斯無愧詞。其書滿家，以斆以教〔一三〕。大帶元端〔一四〕，開陳聖道。風山水澤，未竟所存。身雖不泰，而道則尊。唏吁哲人，曷爲其已。抆淚書辭，庶期具體。叢叢鍾阜，植此桓碑。九原邈矣，其曷歸〔一五〕！嚴長明撰《歸求草堂文集》。

【校勘記】

〔一〕西：原訛作「南」，據《師華山房文集》卷末附録改。

〔二〕秋：原脱，據《師華山房文集》補。

〔三〕府：原訛作「撫」，據《師華山房文集》改。

〔四〕戴生其一也：《師華山房文集》作「戴生敬咸其一也」。

〔五〕體：原訛作「禮」，據《師華山房文集》改。

〔六〕馬：原訛作「焉」，據《師華山房文集》改。

〔七〕傳：原訛作「博」，據《師華山房文集》改。

〔八〕脡：原訛作「挻」，據《師華山房文集》改。

〔九〕漢：原訛作「漠」，據《師華山房文集》改。

〔一〇〕「是歲」二字原重，據《師華山房文集》删。

〔一一〕行：原脱，據《師華山房文集》補。

〔一二〕「男」字前原衍「子」字，據《師華山房文集》删。

〔一三〕敩：原訛作「學」，據《師華山房文集》改。

〔一四〕帶：原訛作「夢」，據《師華山房文集》改。

〔一五〕其曷歸：原脱，據《師華山房文集》補。

戴氏遺書總序

東原先生姓戴氏，諱震，徽州休寧人也。學於古訓，言行可法。以薦徵爲《四庫全書》纂修〔一〕，賜官庶吉士。春秋五十有五，乾隆丁酉五月二十七日疾卒。凡所著文章、經義若干卷。叔父農部公，先生之昏因也，綴而刻之〔二〕。廣森嘗聞先生緒論，又感先生崇闡漢儒，而不終其志以殁，乃爲序曰：

緬惟樂遊講藝，訪太傅於石渠；元日談經，坐侍中於重席。時則玉羊既遠，金虎初開，著學官者凡十四家，説稽古者成數萬字。至若五是六沴之徵〔三〕，定君陽武；三科七缺之法，弊獄淮南。士苟通經，皆能致用。蓋原其授受，本屬參商；叙其世年，未睽昌闕。

是以祖之前師，沿之後葉。北方戎馬，不能屏視月之儒；南國浮屠，不能改經天之義。夫學有優劣者，時也；經有顯晦者，數也。五君晚出，非漢博士之傳；千祼相仍，廢鄭司農之注。縱横異説，别創先天〔四〕；顛倒聖文，悉更後定。特以腐儒炫視，易謬驪黃；末士明經，原求青紫。但遵甲令，粗知帖括之辭；疇克庚言，紹彼先民之作。敏而好學，信而好古，唯於戴君見之已。

君以梅、姚售僞，孔、蔡謬悠，妄云壁下之書，猥以杭頭之字〔五〕。古文一卷，衹出西州；小序百篇，舊名北斗。正謨攝誥，歷黃序而僅存；月采豐刑，遘赤眉而已燼。乃或誤援《伊訓》，滋元日正月之疑；强執《周官》，推五服一朝之解。譬之争年鄭市，本自兩非；議瓜驪山，良無一是。是用翦除假托，折衷群淆，步驟五三，録目四七。爲《尚書義考》未成，成《堯典》一卷。又以要聞五際，尚論四家。毛傳孤行，是觴源於牟妙；鄭箋破字，每毫采於轅嬰。莫不假聲注文，以意逆志，誠古訓之所式，多識之所資也。雖其篇冠以序，擇焉不精，或云托諸西河，或云造諸東海。然嗣衿貽玖，何必欲色之音；交扈羅鴛，實爲陳古之刺。爲《毛鄭詩考正》四卷〔六〕，别爲《詩補傳》未成，成《周南》《召南》二卷。

君之入書局也，西京容史〔七〕，夙善徐生；東觀中文，遂分淹禮。乃取忠甫《識誤》，德明《釋文》，殫求豕亥之差，期復鴻都之舊。互相參檢，頗有整齊。削康成長衍之條，退喪服厠經之傳，爲《儀禮正誤》一卷。

鄭斤粵鎛之篇，備遺事職；穹蓋星弓之數，首列巾車。九經九緯，營國有方；五溝五涂，奠水有則。尋筵既度，遂知洛邑之朝；圭槷未縣，孰辨營邱之夕。以至肆懸舞甬，五等琮璜，槐里樽空，椎成劍没。大夫嫁女之器，未必皆真；單于賄漢之銘，何嘗盡僞。諶鎰之所畫，續梁聶之所更釐，不有參稽，將無競爽。爲《考工記圖》二卷。

古者冕服以祭，弁服以朝，祭則衣純，朝則衣布〔八〕。芾形連帶，制異於直方；屨色從裳，次分於繢繡。周壇饗帝，大裘降繁露之華；魯禘嫌王，旒璪飾丹雞之祝。等威昭焉〔九〕，文質備焉。道學起而儒林衰，性理興而曲臺絶。齊秦委武，莫識稱名；殷夏圜章，焉能考据。溯增冰於積水，示祭海於先河，爲《學禮篇》一卷，冠其文集十卷之首〔一〇〕。

且夫一陰一陽之爲道，見仁見智之爲性，通於六籍之爲學，辨於萬事之爲理。謂理具靈臺，則師智者得；謂學遺象罔，則悟寂者先。豈有略窺語録〔一一〕，便詡知天；解斥陽明，即稱希聖。信洛黨之盡善，疑孟氏之未醇；其説空空，其見小小。蓋繹鄭君生質之訓，誦周雅教木之箋。所謂受中自天，秉彝攸好，孔提可按，漢學非訛。爲《原善》一卷、《孟子字義疏證》三卷〔一二〕、《大學》〔一三〕、《中庸補注》各一卷。

君之學術，此其大端歟？景純有云〔一四〕：「《爾雅》者〔一五〕，九流之津涉，六藝之鈐鍵。」

虎闈小學，未束髮而知書；豹鼠奇編，不下席而觀古。故辨言之樂，對於三朝；首基之文，問於五始。至於殊方别語，絶代離詞，皆轉注之指歸，亦《凡將》之墜緒。爲《爾雅文字考》十卷〔一六〕、《方言考證》十三卷〔一七〕。

書教有六，最多諧聲；叔重無雙，唯傳解字。若乃部分平仄，母别見溪。官家恨狹，羊戎之所自爲；天子聖哲，梁武之所不信。古人韻緩，止屬椎輪；後世音繁，實精引墨。君審其清濁，導以源流。旁通反紐，發周沈之舊聞〔一八〕；上協詩騷，採顧江之新義。爲《聲韻考》四卷、《聲類表》十卷。先生文集尚有《轉語》二十章，及《六書生論》三卷，自序此二種遺稿未見。

於是辨韻之餘，留觀百氏；研音之下，雅愛三閭。以爲娀臺訪女，近窈窕之遺聲；湘水搴芳，續榛苓之逸響。叔師注而未詳，辨招附而不可。核之《漢志》，名從主人，爲《屈原賦注》四卷。

自疇人分散，鄒大失居。九章中落，昧商高積矩之言；八線西來，竊保氏旁要之算。而耳聽下士，穴見小儒，不知五五之開方，輒薄九九之賤技。哨壺斗五，律管徑三，元晦以之存疑，季通以之强説。未知紀步，何能讀宅柳之經；未曉倨句，何能治上輿之記。爲《九章補圖》一卷、《原象》一卷、《古歷考》二卷、《歷問》二卷。

昔趙商難禮，先求五服之方；景伯受詩，即涉七州之地。君山川能説，郡縣成圖。鄺元故籍，證其綿褫；崑渤今流，條其絡脈。爲《戴氏水經注》四十卷〔一九〕、《水地記》一卷、《直隸河渠書》六十四卷。

嗚呼！君之著書，可謂博矣；君之見道，可謂深矣。向使壽之以年，行其所志，下安輪於都尉，授梯几於鴻臚。雍宫未建，命曹褒以定儀；大予將成，詔宋登而持節。雖復辨卿訟闕，《公羊》未必能明；子駿移書，逸禮難其置立。而太山郡將，北面稱師；上蔡通侯，西行受業。則何湯既貴，輜車方賜於五更；君上從遊，録牒庶多於萬計。豈謂陰堂告祲，圓石鐫名，一經之寫定無年，三歲之瓊瑰已夢。清明卷佚，長封下馬之陵；通德人亡，不待嗟蛇之歲。然而太元覆瓿，終遇桓譚；都養陳謨，彌尊伏勝。鄭卿絶學，倘千百載而重興；戴氏遺書，於十三經其有補。悲懷逝者，延佇將來。孔廣森撰《儀鄭堂集》。

按：孔公云，先生文集尚有《轉語》二十章，及《六書論》三卷。《自序》。此二種遺稿未見。《後案》。〔二〇〕

【校勘記】

〔一〕徵：原脱，據孔廣森撰《駢儷文》卷二補。

〔二〕刻：原脱，據《駢儷文》補。

〔三〕是：原訛作「字」，據《駢驪文》改。

〔四〕天：原訛作「人」，據《駢驪文》改。

〔五〕杭：原訛作「航」，據《駢驪文》改。

〔六〕正：原脱，據《駢驪文》補。

〔七〕容：原訛作「客」，據《駢驪文》改。

〔八〕衣：原訛作「以」，據《駢驪文》改。

〔九〕威：原訛作「文」，據《駢驪文》改。

〔一〇〕其：原訛作「以」，據《駢驪文》改。

〔一一〕略：原訛作「異」，據《駢驪文》改。

〔一二〕證：原訛作「疏」，據《駢驪文》改。

〔一三〕大：原脱，據《駢驪文》補。

〔一四〕有：原脱，據《駢驪文》補。

〔一五〕爾雅者：原脱，據《駢驪文》改。

〔一六〕按：「考」後原衍「証」字，據《駢驪文》删。十卷：原脱，據《駢驪文》補。

〔一七〕方言考證：原脱，據《駢驪文》補。

〔一八〕周沈：《駢驪文》作「顒約」。

〔一九〕氏水：原脱，據《駢驪文》補。
〔二〇〕後案：原無，據文例補。

吴稷堂

學使弟兄交代。辛酉四月，直隸則稷堂宫詹出使，代其兄省欽，爲翰林盛事。洪亮吉撰《曉讀書齋雜録》。

公諱省蘭，南匯人。乾隆二十七年舉人，四十三年進士，官宫詹。著有《聽彝堂試體詩賦》二集。又輯皇朝及漢、唐、宋、元、明人著作八十種，分經、史、子、集，名《藝海珠塵》，行世。蓋一二卷之著作，雖曾刊刻，亦易失散。公之存心，不止嘉惠後學已也。《後案》。

補吴省蘭

少司空吴師諱省蘭，號稷堂，行二，松江南匯人，住鶴沙里，遷郡城西門外之錢涇橋側。乾隆三年戊午五月初七日寅時生。壬午科舉人，戊戌科欽賜進士，翰林院編修，官至工部左侍郎。嘉慶三年戊午，第二次典浙江試，以廷濟爲解首，訓育一十二年，不可盡述。嘉慶庚午正月廿六日子時卒於家，年七十三。師性情嚴峻，學問宏深，入侍禁林，出操文柄，矢公矢慎，史册咸書。卒之後，家計蕭條，琴書與盡，唯《聽彝堂詩文全集》及《藝海珠塵》鋟板尚藏其家。録自張廷濟撰《桂馨堂集·感逝詩》。

江筠

江，諱筠。

補江筠傳

江筠，字震滄，長洲籍徽州人。乾隆二十七年舉人。幼依外家於無錫，爲吴鼒高足弟子。博雅好古，其學尤長於《三禮》《三傳》，著有《儀禮私記》，其友戴震爲之序。晚年失明，以教授自給。録自秦瀛纂《〔嘉慶〕無錫金匱縣志》卷三十。

郭崇封

郭，諱崇封。以上事實待訪。

補郭崇封傳

郭崇封，拔貢。品行端方，能文章，尤長於吏治。朝考，以知縣分發直隸，歷署縣事，升大名府開州知州，所至以循良稱。後補望都，調宣化，因勤勞得疾卒，年四十七，奉特旨入城治喪。汪《志》。録自廖鼎璋纂修《〔光緒〕崇義縣志》卷四。

師友淵源録後案卷十五

内閣前輩第六門

内閣前輩一

諸草廬先生

諸錦，字襄七，號草廬〔一〕，秀水人。雍正二年進士，改庶吉士，散館降金華教職。乾隆元年，復以博學鴻詞徵授檢討，官至左春坊左贊善。著《絳趺閣集》，殁後門人删定，鄭璣尺江以爲，掐擢胃腎，抉摘杳微；陸陸堂奎勛以爲，言近旨遠，根柢深而英華自茂。皆定論也。余甲戌春入都，請予相見。每日苦茗一甌，薧魚畠飯〔二〕，雜談經史，危坐相對，必至日下春而後許返。先生出臨川李公穆堂門下，生平博聞强識〔三〕，詩法山谷、後山。而志節皦然，甘寂寞，守耿介，權貴之門，徵逐之地，未嘗一至。蓋古之聞人，而世之畸人也。王昶撰《蒲褐山房詩話》。

《欽定四庫全書總目》載《絳趺閣詩稿》十一卷。《後案》。

【校勘記】

〔一〕號草廬：原脱，據《湖海詩傳》卷五補。

〔二〕㽞：原訛作「飯」，據《湖海詩傳》改。

〔三〕聞：原訛作「文」，據《湖海詩傳》改。

陳句山先生

陳公兆崙，字星齋，號句山〔一〕，錢塘人。幼穎異，耽吟咏，與一時名宿梁啓心、汪維憲、孫灝、任應烈、嚴在昌諸人切磋〔二〕，復肆力於秦漢以下諸家著述，爲文直臻上乘，世所謂句山一刻，銅城方苞稱爲源盛大，望之有深山大澤龍虎變化氣象。中雍正七年己酉鄉試，庚戌成進士。分省學習試用，派往福建。大吏素聞文名，即令攝鰲峰書院講席，總領志局，多所補輯。乙卯考授内閣中書。丙辰，召試博學鴻詞，授翰林，充講官，纂修《會典》及《明史綱目》。後爲《續文獻通考》副總裁，累官順天府尹、通政副使、太僕寺卿，入直上書房。乞假葬親，躬襄營築廬於墓次。假期届滿，仍在上書房行走。恩准食俸，以資贍給。每下直，則擁爐室中，手自訂正生平著述〔三〕。卒年七十有二。兆崙於學以心得爲主，研窮諸經，折衷衆説。《二十二史》，丹黄并下，加以論斷，靡不挈其要領。詩古今諸體，追蹤漢魏盛唐，晚乃出入坡、谷。凡所著述，士林咸奉爲圭臬云。《杭州府志》。

星齋天才駿發，而虚襟善下，人有寸美，愛不去口，大手名篇，衆人短氣，星齋默而深湛，必勝之後已。篤於友朋昆弟之誼，聞予入閩，喜之不寐。《榕城詩話》。

句山生平和易近人，人有寸美，愛不去口〔四〕，有以詩文請質者，備極奬借，故人樂親之〔五〕。書法《蘭亭》，取意簡遠。梁侍講同書云：「本朝不以書名，而書必傳者〔六〕，陳文簡公元龍及勾山先生兩人而已。」徐錫齡、錢泳輯《熙朝新語》。

【校勘記】

〔一〕號句山：原脱，據鄭澐修、邵晋涵纂《〔乾隆〕杭州府志》卷九十四本傳補。

〔二〕磋：《〔乾隆〕杭州府志》作「劘」。

〔三〕按「平」後原衍「作」字，據《〔乾隆〕杭州府志》删。

〔四〕人有寸美愛不去口：原脱，據《熙朝新語》補。

〔五〕親：原訛作「觀」，據《熙朝新語》改。

〔六〕者：原脱，據《熙朝新語》補。

補清故通奉大夫太僕寺卿陳公神道碑銘

太僕寺卿陳公既葬之二十有三年，其孫某等自楚歸，展敬墓次，相與謀曰：「公事狀在史館，銘幽有顧廣州之文，惟外碑未有刻。揭而詩之，於以詔稚昧而視永久也，益焯矣！」乃介其族昆弟鴻壽爲請。麐自惟不文，且名位先後去公遠且久，既禮辭矣。竊念自少爲文即私淑公，又公嘗自誌先德，不欲求貴人達官，今公之孫猶公之志，遂不獲讓，謹按狀而述其一二大者。

公諱兆崙，字星齋。曾祖諱某，祖諱某，考諱某，皆贈通奉大夫、通政副使。配皆贈夫人。公以雍正庚戌進士試用福建知縣。會舉博學鴻詞入都，考授内閣中書。乾隆丙辰，召試保和殿，名在二等第二，授翰林院檢討。時同徵者百八十四人，通籍者十五人，皆通儒鴻生，斂手交讓，莫敢雁行。充日講起居注官。丁父憂。服除，轉左春坊左中允，擢侍讀學士，遷太僕寺卿。

授順天府府尹。京兆古號難治，以嚴明爲稱職。公一書生，疑不習吏事，又西夷反覆，發滿洲索倫兵往征之，爲隊於德勝門外，供張儲偫，日不暇給。公莅政斬斬，靜若無事，其擘畫處置，皆一一先定。飭大興、宛平兩邑令，各於城外設備户，以貯弓矢器械、他軍行所須，令毋得一入城。公衣短後衣，策馬度居庸關，大雪中周歷諸營壘，下馬相勞苦，羽林髦頭之卒，無不超距踴躍歡呼。京兆來，公徐起上馬，微吟而歸。先是，順天所治縣，置官車以供役，其户求退，輒别簽他户。又時以軍役旁午，議以民私畜車注官籍以備急，公奏罷官車，而力寢籍者之議，民以不擾，官用亦給。

調太常寺卿，左轉大僕寺少卿，遷通政使副使，仍晋太僕寺卿。公先後立朝四十餘年，侃侃正色，無纖介之過。文章學術，徹於當宁，孚於廷寮，崇信於鄉黨，宗師於後學。充《世宗實録》《明史綱目》《詩經補注》各纂修官、《續文獻通考》副總裁，及《經進日講餘他撰述當事者體例未定，文臣學士相顧未下筆，公徐爲敷陳，肌分縷晰，申紙和墨，水縣矩程，至尊動容，群儒俯首。一典湖北鄉試，再充會試同考官，所得士皆天下豪俊。後或居臺閣爲侍從，或先公躋顯秩，或出四方爲大吏，皆卓卓可紀。里人後進，操不律學爲文詞，上者以文名當時，下亦得科第，發名成業如是，纍纍不絶，皆以公爲師，言文必曰句山先生。嗚呼其文哉！公雖位不至宰輔，然一二稍見施設，文章遇合，亦已極儒者之榮，於公皆可無憾。今公孫桂生以拔萃登科，爲太守湖北，有當官名，竟公之志，將於是乎在。詩曰：

千年河清，岐鳳一鳴。歐陽有言，須時太平。國有大科，以納豪俊。己未丙辰，先後稱盛。公起浙西，既伏乃飛。伏誰躓之，飛豈翼之。天門詄開，帝實揖之。典章煌煌，星輝日光。濡染大筆，在帝之旁。皇幾千里，京兆所治。悍卒惕息，窮黎遨嬉。謂公循良，張趙三王。謂公儒者，嚴徐東馬。維帝庸只，位既崇只。不究其庸，人具恫只。龜跌蠵首，有碑穹只。刻此銘詩，長無窮只。録自郭麐撰《靈芬館雜著》卷一。

胡恪靖公

胡寶瑔，初名金蘭，字泰舒。祖希烈，以貢生歷官常州府教授，自歙遷於婁縣。寶瑔生有神兆，資稟異人。雍正元年舉於鄉。乾隆二年，考授内閣中書，大學士鄂爾泰選直軍機處。六年秋，大學士查郎阿〔一〕、兵部侍郎阿里衮，奉命相度奉天三省地形，請以同行。時適隨駕校獵，即由木蘭遍歷諸部至盛京，過吉林，渡松花江，轉至黑龍江，再轉寧古塔。又遍閲諸邊，及春而還，共行二萬二千餘里，横穿側出於冰霜風雪中，覽其形勝，辨其土宜，自以爲極域外之大觀也。會舉御史，查郎阿疏名以上，御試第一。時已遷内閣侍讀，旋授福建道監察御史，轉户部給事中，再遷順天府丞。

寶瑔任道科五載，屢上疏言。直隸賑濟，請酌量土著流民，分别處置。河南查閲營伍，當杜苛派剋扣之弊。山東、江南被水州縣〔二〕，宜乘水涸時，設法疏導，皆得旨允行。

十三年，王師剿金川，命大學士傅恒爲經略，寶琮從行。日馳三百餘里，恪遵廟算，剋期告捷。寶琮贊畫居多，擢順天府府尹，前後賜賚甚厚。屢遷宗人府府丞，副都御史。

十六年，隨駕南巡。有偃師奸民傅毓俊，以私憾控張天重謀逆〔三〕，逮繫百餘人〔四〕。命公往鞫，乘傳七日而至，集案牘視之，比夜分曰：「吾已得其實矣。」一訊而伏，止誅毓俊一人，餘皆省釋，中州人以爲神明。尋遷兵部右侍郎，兼府尹如故。

遂授山西巡撫，旋調湖南。自湖南而江西，而河南，再撫江西，復至河南，凡四省六任焉。在山西，撫饑民，理冤獄，抉貪吏，除奸豪，整關隘，力行教養之政。在湖南，民貧俗敝，苗瑶困兵役之擾，悉整飭之。其在江西，設編船，嚴保甲，以息鄱陽之盜；奏罷廣信開山之議，重封禁山，以杜後患。江浙歲饑，江西亦中熟，因市儈居奇，乃爲宣禁以通商販，鄰省賴焉。

及二十二年撫河南，方患水，開、陳、汝、許與河北之彰、衛、懷，同時被澇者六十餘州縣，天子軫念災黎，發帑金數百萬、撥米數百萬石以賑之。寶琮率屬吏〔五〕，計口而賑，不遺一人。葺廬舍，招流亡，借牛種，至冬，隨地留養，所全活以數千萬計。復奉命開浚水道，工賑兼舉，民飽食趨事，所開支幹各河凡六十有七，道共計二千五百餘里，皆因自然之勢，層注而下，分入於江南之濉、淝諸水〔六〕，滙於淮以歸洪澤湖。乃繪其源流，記其深廣，爲圖説以獻，請御製碑文以垂永久。上深嘉之，加太子少傅。自是連歲大稔。

二十五年十二月，復移江西。次年七月，河決楊橋，沁、洛、丹、衛，同時並漲，被水者五十餘州縣。命大學士劉統勳、協辦大學士户部尚書兆惠，及户部侍郎裘曰修、南河總督高斌共治之〔七〕。復召寶瑔撫河南。時决口數百丈未合，將開引河，築壩束水，需藁薪之屬數千百萬，日役數萬人，以次徵發，受傭者皆與直，民不知擾，被災之地賙恤周至，無一流亡者。水落田出，民借種以播菽麥。次年秋，皆復大熟。寶瑔在河南最久，習知其地利民俗，盡心經畫，故民樂而安之。

二十八年正月卒於官〔八〕。事聞，贈太子太保，兵部尚書，謚恪靖，賜祭葬如例，且允所請入籍青浦。

寶瑔兄弟八人：長嘉會，次嘉浩，皆庠生；三才標，監生；四寶璹，國子監學正；五嘉謨，六寶光，舉人，鳳臺教諭；八寶琳，由保舉至刑部郎中，累官山東鹽道。家門鼎盛，不改儒素。嘗被命祭告，請假便道還。松江太守聞之曰：「吾官此數年矣，不知郡中有此縉紳。」訪之，則已徒步至里門，所居破屋數椽，門不能容車馬，猶然蓬蓽也〔九〕，歎息而去。

王昶撰《春融堂集》〔一〇〕。

胡恪靖公寶瑔〔一二〕，世居徽州，公父官松江府教授，遂家焉。生公之夕，教授公寓居王文成公祠，夢文成手一金軸曰：「五十年後，煩送吾鄉。」乾隆十六年，恭扈聖駕南巡，至會稽，御祭王文成，命公賫金軸讀祝堂下，方知前夢之徵也。

恪靖公未遇時，赴禮部試，有友人托其代賫文書投部者，爲奴子誤事，致愆期，其人不得與試。公知之，曰：「吾累吾友不得入闈，吾安忍獨試！」遂不入闈。尋考授中書，歷官巡撫〔一三〕。徐錫麟、錢泳輯《熙朝新語》〔一三〕。

【校勘記】

〔一〕查郎阿：原倒作「查阿郎」，據王昶撰《春融堂集》六十四乙改。
〔二〕江：原訛作「河」，據《春融堂集》改。
〔三〕天重：原作「某」，據《春融堂集》改。
〔四〕繫：原訛作「擊」，據《春融堂集》卷六十四改。
〔五〕率：原脱，據《春融堂集》補。
〔六〕入：原脱，據《春融堂集》補。
〔七〕南河：原作「河東」，據《春融堂集》改。
〔八〕正月：與張本皆脱，據《春融堂集》補。
〔九〕也：原脱，據《春融堂集》補。

〔一〇〕王昶撰：原缺，據文例補。

〔一一〕恪靖：原訛作「文恪」，據《熙朝新語》卷十三改。

〔一二〕歷官巡撫：原脱，據《熙朝新語》補。

〔一三〕徐錫麟錢泳輯：原缺，據文例補。

補河南巡撫兼提督贈太子太保兵部尚書飴齋胡公墓志銘

乾隆二十八年正月十八日，太子少傅兵部侍郎兼都察院右副都御史、巡撫河南兼提督軍務胡公卒於官。先是，天子聞公疾，屢賜慰問，頒参藥食品，兩遣侍衛偕太醫來視。及遺疏上，上深軫惜，特加贈太子太保、兵部尚書，祭葬如例。并俞所請，入籍青浦，恩至渥也。喪将歸，承重孫傳書幼，道遠未至，孤子鼎蓉等持公之友王君爲公所編《年譜》，泣而請銘。余與公同歲舉於鄉，交四十年，今來汴亦且五載，於公生平最悉，義無可辭。

公諱寶瑔，字泰舒，號飴齋，晚號瓶庵，姓胡氏，徽州府歙縣人。按《年譜》，胡氏，歙大姓，自後唐同光後，代有名儒，人物科第之盛，甲於江左。曾祖考諱守倫，窮經早歿，著有《易旨探微》《蔭堂詩鈔》傳世。祖考諱希烈，幼孤蓄德，以六行著於鄉。考諱廷對，以名諸生貢太學，自溧陽訓導，補寧國，遷婁縣，終常州府學教授，學與政皆有聲。公爲巡撫，兼提督，後皆晋贈如公官。曾祖妣汪氏、祖妣汪氏、妣洪氏，皆一品夫人。同母兄弟八人，公行在第七。

生有神兆，資禀異人，幼承家學，能綜貫群籍，其才閎肆而精博，於制藝、詩古文詞、篆隸行草諸藝事無所不工，而尤究心當世之務，通達治體，盖爲諸生時已負公輔之器矣。年三十舉雍正元年癸卯恩科鄉試，困公車者幾二十年，至乾隆二年始考授内閣中書。太保西林鄂公語人曰：「省中隐埋一老名士，大能任事。」亟令入軍機裏行。直舍無書，而有問則應，據經史百家及直省地形、土俗、職官、兵制因革利病，言之鑿鑿，太保公深倚重之。六年秋，大學士松莊查公、今兵部尚書果毅公阿公，奉命度地奉天三省，奏公同行。随駕校獵畢，即由木蘭遍歷諸部，至盛京，過吉林，渡松花江，轉而至黑龍江，再轉而至寧古塔。又遍閲諸部，至春而還，横穿側出，共行二萬二千餘里，於冰霜風雪中歷夐絶無人之境，巖巒阻深，榛莽蒙密，熊虎之跡，交横於道，而覽其山川形勝，辨其土宜，一過即了然於心口，公自以爲極域外之大觀，爲生平第一盛事。而才勇之過人，益於斯而見矣。

會有詔慎舉言官，必如陽城馬周者，查公即疏公名以上。御試擢第一，記名。既以資遷内閣侍讀，旋授福建道監察御史，轉户科給事中，遷順天府府丞。王師剿金川，命今大學士忠勇公傅公往經略，敕公從行。日馳常三百餘里，遇險則徒步躡危崖斷棧，從者多不相及，或三晝夜一食。傅公恪遵廟算，尅期告捷，贊畫機宜，公之勞績最著。凱旋之日，有問之者，則曰：「吾書生不知兵，惟謹供書記而已。」上知公才可大用，即軍中拜京兆尹，仍敘功晋一級，再晋三級，前後賜賚甚厚。叠遷宗人府府丞、副都御史、兵部右侍郎，兼府尹如故。

自是，遂出領封疆之任。自山西而湖南，而江西，而河南，再撫江西，復至河南，凡四省六任。山西、河南皆兼提督，河南兼節制駐防滿營。其在山西，撫飢民，理寃獄，抉貪吏，除奸豪，戎行以整，關隘堤防悉修，力行教養之政。凡一歲。其在湖南，民貧而狃於俗，吏治習於骫骳，苗瑶常困兵役之擾，公爲整飭化導。簿領山積，視事常至夜分不息。凡五月。其在江西，有重案關士風者，乃刊布聖朝訓典而親訓誡之。設編船，嚴保甲，以息鄱陽之盜。奏罷廣信開山之議，重封禁以杜民之浚患。江浙歲飢，江西亦僅中熟，以市儈居奇，乃爲宣禁，以通商販鄰省，賴以急濟。凡兩年有奇。

公所至，必有惠政，故居則民樂之，去則民思之，有攀留追送數十百里外不忍去者。而豫人之德公爲尤至。初，公爲副都御史，隨駕南巡，有偃師奸民傅毓俊以私憾控張某謀逆，逮繫累百餘人，命公往鞫。七日而至，集案牘夜視之。詰朝，官僚入見，曰：「吾已得其實矣。」一訊而詞伏，止誅毓俊一人，餘皆省釋。中州人至今以爲神明。

公撫江西時，歸德歲屢歉。二十二年六月，水患尤甚，連及開、陳、汝、許，大河以北之彰、衛、懷各郡，同時被澇者六十餘州縣。天子軫念災黎，大發帑金數百萬，撥米數十萬石，知非公莫能辦，遂命移撫河南。至則率勵大小屬吏，察胥吏之侵漁壅遏爲奸弊者，計口而賑，不遺一人。更爲葺廬舍，招流亡，借牛種。冬則隨地留養，糜之糯之，所全活以數千萬計。復奉命開浚水道爲永久計，時工賑兼舉，民皆飽食趨事，凡開治四府二十八州縣之爲水者六十有七，計二千五百餘里，皆因自然之勢層注而下，分入於江南之濉、淝諸水，滙於淮，以歸洪澤。乃繪其源流，記修浚之深廣，爲圖説以獻，請御製碑文，勒永城之通衢。帝深嘉之，遂晋加宫傅。自是，連歲大稔。

二十五年十二月，復移江西。至次年七月而河決於楊橋，沁、洛、丹、衛同時並漲，被災者五十餘州縣，因復召公還汴。至則大學士劉公、協辦大學士兆公及户部侍郎裘公、南河總督高公咸在，有成議，惟決口數百丈未合，將開引河，築壩束水，需藁薪之屬數千百萬，日役數萬人。公以次徵發，受傭與直者，皆得如詔恩。不日而河歸故道，而黄、沁交滙之工，至是亦底績矣。方河與諸水初漲時，其灾更甚於前歲，然而民心帖然，境外不見有一流亡者，則以比歲有秋，非若向時之積歉。且小民咸知上恩意，諸倉既開，内帑數百萬絡繹而至，皆安以待賑。而公於救荒之政，前效可徵，必不使有一夫之失所也。至於水退，而民即得耕。次年夏秋，皆復大熟者。蓋天心之仁愛下民，而賈魯惠濟；諸水久已通流，河得直趨南下而無阻遏。及水去沙停，復乘其浮淤而治之，而田間之水，又各有所洩，是以水落而田出，民得借種以播宿麥也。此非公前此經理之明效乎？是以公之所至，必爲豐年，民樂其業，而公亦自忘其勞。每行部，必躬歷田間，問民疾苦。或境内有事，輒夜半即行，途間買餅餌而食，所過傳舍，不知有供億之煩也。

自奉本儉，而又習於勞，雖貴顯，不改儒素。猶憶往時同奉祭告之命，並轡出都，過涿州，而公騎已遠。比至會稽，公旋已數日矣。聞公請假便道還，松江太守聞之曰：「吾官此數年，不知郡中有此縉紳。」訪之，已步至里門，所居破屋八椽，門不能容車，猶然蓬蓽之士也，歎息而去。

余以丁丑歲蒙恩賜休，公招至大梁書院與諸生講學。每公暇輒來，來必暢談，諸生文藝佳者，引而教之，娓娓不倦，聞者莫不興起。蓋愛民好士出於至誠，其性然也。嗟乎！公以老書生一無緣藉，晚受聖主特達之知，内躋九卿，外長文、武，二十餘年之中，勳施爛焉，揆之素心，亦可以無憾。所憾者，朝廷失一公忠任事之賢臣，使草野不得蒙其福，此黎庶之所以悲思，而士友追念生平，不能不撫遺編而隕涕也。雖然，公完人也，公可以不朽矣，余又奚悲焉？

公生於康熙三十三年十二月初五日巳時，距卒年七十。其著述甚富，惟《四書文稿》已刻，其詩古文凡若干卷，藏於家。配俞氏，誥封一品夫人。子四：長鼎梅，先公殁；次鼎蓉，貢生；次鼎衡，次鼎崧，皆幼。女四人。孫一：傳書。將以某年月日葬公於某原。銘曰：

白岳之英，間世挺生。乘時利見，爲名公卿。勷歷中外，才兼文武。畢公孟侯，方叔召虎。晉楚西江，亦越大梁。自公至止，豐年穰穰。豐年穰穰，吉人藹藹。咸曰我公，令德壽豈。躋堂而祝，時維季冬。春燈初罷，民不夜舂。遺表上陳，帝深軫惜。贈官表墓，恩綸絡繹。存順没寧，生榮死哀。古三不朽，公其備哉。三泖新阡，釣游之地。既固且安，神其永庇。録自陳浩撰《生香書屋文集》卷四。

魏功夏

公諱允迪，字懋堂，廣昌人。雍正元年孝廉，兵部尚書奉新甘汝來公薦舉鴻博。長於考著，辨著甚多。而豪邁不羈，官中書侍讀〔一〕，以撫軍公子而家貧，資財散盡，因之失官〔二〕。《咏山中積雪》詩云：「寂寞山涯更水濱，漫天匝地白如銀。前村報道溪橋斷，可喜難來索債人。」「干霄篁竹翠盈眸，雪壓風欺撲地愁。莫訝此君無勁節，一經淪落也低頭〔三〕。」又《出門》云：「憑著牽衣兒女送，衹揮雙淚不回頭。」讀之令人神傷，而悼其飄泊也。袁枚撰《隨園詩話》。

【校勘記】

〔一〕讀：原訛作「詩」，據《隨園詩話》卷一改。

〔二〕官：原訛作「倌」，據《隨園詩話》改。

〔三〕落：原訛作「洛」，據《隨園詩話》改。

方恪敏公神道碑〔一〕

公姓方，諱觀承，字遐穀，號問亭，又號宜田。先世自元遷桐城。祖登嶧，工部都水司主事。父式濟，康熙己丑進士，以本族《南山集》獄起，全家謫戍黑龍江。公弱冠歸金陵，家無一椽，借居清涼山僧寺。有中州僧知爲非常人，厚待之。公與其兄觀永，往來南北營塞外，菽水之費，或日一食，或徒步行百餘里。

雍正九年，族人某薦入平郡王藩邸。王與語，大奇之，情好日隆。十年，王爲定邊大將軍，征準噶爾，奏公爲記室，世宗命以布衣召見〔二〕，賜中書銜，偕往，時年三十六矣。十二年冬，王師凱旋，以軍功實授内閣中書〔三〕。乾隆元年，詹事王公奕清，薦公博學鴻詞，臨試不赴。尋遷侍讀，行走軍機房，補兵部職方司郎中。出爲直隸清河道，累遷布政使、浙江巡撫。

公風神元定，識力超卓，練其才於憂患之餘。雖書生，善騎射，於世事物理，瑩徹通曉。以故大學士鄂公爾泰勘南河，冢宰諾公親勘海塘，直隸制府高公斌勘永定河，俱奏公偕行。公之受知皇上，亦從此始。直隸饒陽婦被殺，主名不立，公夢神人，示以「周、秋」二字，果獲犯雪冤。在浙弛絲米之禁，開墾海口、大亹，漲地三萬餘頃，歲增雜糧十萬石。

十四年，授直隸總督。直隸當十三省之衝，每歲鑾輿謁陵盛京，避暑木蘭，巡嵩嶽、五臺，南至江浙，路必經由；加之伊犁、緬甸，兩度出師，一切兵校往還，供張儲偫，百務如雲而起，公能料簡周匝，徒御不驚，二十年如一日。

十九年，西陲用兵，加太子太保，署陝甘總督。辦治軍需，日行四百餘里，得怔忡疾，仍回原任。三十二年薨，壽七十一。上聞震悼，給祭葬，賜謚恪敏。

公長於用人，安放貼妥如置器然，敦良者使柔民，聰强者使折獄，素封者使支應，迂緩者使訓士。即其人雖不出於正，而譎詭捷黠者，亦使之刺探而奔走，甘苦必知，賞罰必信，一言必察，寸技不遺，以故人樂爲用。畿輔數千里，如臂使指，拇脉皆通。御史范廷楷、林玉奏直隸丈量旗地，歷年不清。公上疏謝罪，即奏二人剛正有才，請發往直隸補官，相助爲理，上許之。旗地皆王公莊户，豪縱有年，二人故負氣，與齗齗相角，旗地稍清，而二人之鋒亦少挫矣。

各省督撫，奉部議，令民自行修城。公獨奏直隸多差徭，民無餘力，且又朴野不受獎誘，修城之費，請發公帑，孟子所謂「用其一，緩其二」也。上韙其言，從之。

公常言：「事君如事天，天地無心而成化，雨露雷霆，無非教也。人能常修省於受恩之時，則雷霆乍來，轉不惑亂。而至誠所格，天心亦回。」直隸旱蝗，上責公督捕不力，司道勸劾一二州縣以自解，公不可曰：「我之不職，州縣何辜？」磁州逆匪爲亂，公奏誅三人，絞七人。上疑公沽名，有所縱弛，嚴旨督過。一夕間，接十三廷寄〔四〕，家人慮聖怒不測，盡雨泣，而公堅執前議，申辨愈力。詔解犯闕下，九卿軍機大臣會訊，獄辭與公奏一字無訛，遂卒如公議，而從此上愈重公。

各省買穀，鄰儈居奇。公奏請需米處督撫密咨，産米處有司代購運送，可杜此弊。保、雄兩府歲需駐防兵米二萬石，州縣苦之，公請於豫東漕米内截運供支，官民兩便。

所治直隸水利，如永定、滹沱、白溝等河，奇材、鷄距等泉，俱爲搜考原委，判别浚築。上命大臣肇公惠、裘公曰修、高公晉，屢加相度，悉如公策。

加意忠賢之後〔五〕，在浙拜劉念臺先生像，恤其家；在直隸訪楊忠愍、孫文正子孫，給與灘荒田畝。素不信佛，而獨修清凉山廟，所以報中州僧也。公餘之暇，譜印範墨，角尖不苟，一嚬笑，皆有意義。某太守素倨，過保陽衙參公，坐受之，出有愠語。公聞之，笑曰：「我開府二十年，雖簿尉叩頭皆不受，何於某太守獨不然耶？某以宰相子出守郡，慮其氣盛，故逆折之，使知朝廷儀，適將謙謹以有成也，不感我，乃愠我耶？」枚奉發陝西，亦過保陽，公謂清遠令周君夔堂曰：「袁某，循吏也。雖宰江寧省會，而能盡心民事。汝等任首縣者，宜以爲師。」嗚呼！公以此知枚〔六〕，則公之爲政可知矣。

公桐城人，僑居金陵。在平邸時，祖父母、父母，四代俱稾葬關外，每至歲時必慟哭。王哀其意，爲奏請謫戍身死而無餘罪者，聽其遷葬回里，世宗許之，遂著爲令。及公貴，三代俱贈如公官。娶劉氏，誥封夫人。後嗣屢殤。六十一歲生子維甸。上聞之，代爲欣喜，命抱至御前，解所佩金絲荷包賜之。

公雖貴，手不釋卷。好吟詩，有《宜田彙稿》《松漠草》諸集。纂《河渠考》若干卷，辨明《水經注》淦水之非缺，《漢書注》泏水之非增，皆勤學經生所不及也。葬句容之胄王山。銘曰：

月之初生，蒼蒼凉凉。及乎中天，衆星無光。方公未遇，險艱備嘗。豈知天意，大任方將。邊風塞雨，濯滌肺腑。擔簦往來，固其筋骸。操心慮患，既危既深。一朝遭際，百鍊精金。牙纛旌麾，若固有之。彤弓湛露，從容賦詩。狼章鵲章，山陸驅馳。釃泉釁河，弊謀輔志。六秉三衡，功罔不濟。操舟舵穩，負重肩牢。所謂棟梁，不摇不撓〔七〕。無怖斯静，無戀斯定。先民有言，動心忍性。哀榮終始，位極人臣。基於禄命，成於精神。軍民勿悲，公死有歸。欲知偉烈，請觀豊碑。袁枚撰《小倉山房文集》。

寶崖制軍因《神道碑》事有未詳，乃乞姚公鼐復爲《家傳》，今並存之〔八〕，以徵其實。如敏恪公所著《直隸河渠書》一百三卷，爲人易其名曰《畿輔安瀾志》，刻以行世，校其文同而注簡。公未卒時，曾延溧陽史學海及觀於齋中校讎三月，故悉其詳情，因記之。《後案》。

【校勘記】

〔一〕題目原作「太子太保直隸總督方敏恪公神道碑」。

〔二〕召：原作「詔」，據《小倉山房文集》改。

〔三〕内閣：原脱，據《小倉山房文集》補。

〔四〕接：原脱，據《小倉山房文集》補。

〔五〕加：原訛作「如」，據《小倉山房文集》改。

〔六〕公：原脱，據《小倉山房文集》補。
〔七〕摇：原脱，據《小倉山房文集》補。
〔八〕之：原脱，據張本補。

方恪敏公家傳

方恪敏公諱觀承，字遐穀，桐城人也，而居於江寧。桐城方氏，自明以來，以文學名數世矣，而亦被文字之累。公之祖，工部都水司主事諱登嶧；考中舍人，諱式濟，皆以累謫黑龍江。公時尚少，與其兄待詔觀永，歲往來塞内外，以營菽水之奉，奔走南北，徒步或數百里。數年，祖、考皆殁，公益困，然於其間厲志氣，勤學問，遍知天下利病，人情風俗所當設施，遂蓄爲巨才矣。平郡王福彭嘗知之。雍正十年，平郡王爲定邊大將軍，征準噶爾，即奏爲書記，詔賜中書銜。以往在軍營建策善，歸補中書舍人。乾隆初，入軍機處，累遷吏部郎中。出爲直隸清河道、直隸布政使，擢浙江巡撫。乾隆十四年，遂授直隸總督，自是居直隸二十年。中惟西疆用兵，暫署陝甘總督籌軍餉，半年即返。

公性明於用人，一見與語，即能知才所堪任，授之事，隨難易緩急，委寄必當。及公殁，而爲督撫有名若周元理、李湖等，凡十餘人，皆宿所拔於守令丞尉中者也。直隸爲天下總匯之區，人事糅雜紛擾不易靖，乘輿歲有臨幸，往來供張，而公在任，又值西征軍旅之興〔一〕，所過備置營幕芻糧，柔調桀悍，公處此皆儲備精密，弛張得宜，卒未嘗少舛乏，而於民居無擾病焉。

公自爲清河道至總督，皆掌治水。直隸之永定河，故無定河也，其遷移靡常，不可以一術治，不可以占形斷〔二〕。公洞徹地勢，相時決機，或革或因，或浚或障，其於河務，前後數十疏，從之輒利。純皇帝每歎其籌永定之爲善，非他人執成法者所能及也。

磁州有逆民爲亂，公擒治，定斬絞罪十人，餘皆釋。上疑公寬縱〔三〕，廷寄嚴責者數，公執不易。詔令九卿軍機訊獄，乃知公所定之當，上益以賢公。

公素勤於學，工爲詩及書。乾隆初，嘗舉博學鴻詞，以平郡王監試，嫌避不試。仕宦數十年，署中未嘗設劇。公事之暇，即執書讀之。嘗偕秦文恭公輯《五禮通考》。所著《直隸河渠書》百三卷，詩集十三卷，其餘雜記直隸事又數十卷。及薨，家無餘財，而有書數十笈。

於桐城及江寧皆建家祠，置田以養族之貧者。兄弟相愛甚，遺命與兄待詔同葬一山。公在時，已加太子太保。其薨在乾隆三十三年八月，年七十一，賜祭葬及謚，祀於直隸名宦祠及賢良祠。娶劉夫人。公五十而未有子，撫浙時，使人於江寧買一女子，公女兄弟送之至杭州，擇日將納室中矣。公至女兄弟所〔四〕，見詩册有相知名，問知此女所攜其祖父作也。公曰：「吾少時，與此女子祖以詩相知，安得納其孫女乎？」即還其家，助資嫁之。公年六十一矣，今吴太夫人乃生子維甸。既孤，純皇帝以公故，賜爲中書舍人。成乾隆庚子恩科進士，今復爲尚書總督，繼公後。

姚鼐曰：唐時凡入史館者，必令作名臣傳一，所以覘史才。今史館大臣傳，率抄録上諭吏牘，謂以避黨仇譽毁之嫌，而名臣行績，遂於傳中不可得見。然則私傳安可廢乎？余讀《國史·方宫保傳》，爲之憮然。今尚書將修族譜，請叙恪敏公事，遂次其傳。公功在天下，還女事小〔五〕，然世稱公後之大興者，斯亦有助焉，故並書之傳末云。姚鼐撰《惜抱軒文集》。

鄉先達艾太守恩蔭，乾隆間官部郎時，有還女事，亦如宫保，其後亦昌，事載《白下餘談》。所謂莫因善小而不爲者，其斯之謂歟？《後案》。

【校勘記】

〔一〕值：原訛作「直」，據姚鼐撰《惜抱軒文後集》卷五改。

〔二〕占：原訛作「古」，據《惜抱軒文後集》改。

〔三〕縱：原訛作「從」，據《惜抱軒文後集》改。

〔四〕至：原脱，據《惜抱軒文後集》補。

〔五〕事小：原倒作「小事」，據《惜抱軒文後集》乙正。

曹文恪公

公諱秀先，江西新建人，雍正十年舉人。官中書時，户部侍郎臨川李公紱，薦舉鴻博。乾隆元年，先成進士，改庶常，不與試。《詞科掌録》。

官刑部給事中時，乾隆十九年，聖駕東巡，地山獻《東巡賦》，集上御製初集爲八首進呈，以此受知晋秩。有序句云：「欲以天而繪天，蓋沐日而就日。述而不作，義欲竊比於老彭；善而歸君，風難肆好於吉甫。敷陳其事，賦者爲古詩之餘〔一〕；愚賤不專，臣也奉今王之制。」可謂獨創。《雨村詩話》。

新建曹文恪公，宋兵部尚書曹文簡公彦約之裔也。公乾隆元年成進士，選庶吉士，歷官至禮部尚書。四十九年，以疾卒於位。賜謚文恪。公爲文章，原本忠孝，追蹤曾王，方望溪先生屢稱之。詩亦在蘇黄之間，所著《賜書堂稿》《依光》《使星》《秋光》等集，《敬思堂題跋》《栘情堂四六》若干卷。班孟堅所謂雍容揄揚，著於雅頌者，此類是也。嘗見《題畫》二絶句云：「興餘潑墨頭濡墨，人既猶龍樹亦龍。曉谷山人遊泰岱，盗來藍本畫三松。」「壽樟晋柏質璘瑞，駢立西山雲霧間。鶴嶠先生松入夢，遠招簡寂好蒼顔。」亦自楚楚有致。裘君弘撰《西江詩話》。

補光禄大夫太子太傅禮部尚書曹文恪公墓誌銘

乾隆四十九年七月朔，禮部尚書新建曹公以疾卒於位。遺疏入，上軫惜，晋贈太子太傅，諭祭葬，賜謚文恪。明年夏，其孤師曾將奉喪歸葬於賜塋，以狀來請宅幽之銘。瑞於公家三世姻串六十年，公聘瑞女爲叔子婦，叔子早卒，女守貞。迨公病篤，特以禮迎女歸，成其志，故於其請不忍辭。

謹按狀：公諱秀先，字芝田，一字冰持，又字恒所，號地山，宋兵部尚書曹文簡公彦約之裔也。由歙遷鄱之都昌，十傳，遷新建之蘆坑；又三傳，遷魯江。曾祖諱建治；本生曾祖諱建節；祖考諱家甲，康熙丁丑進士，知福建龍溪縣事，多惠政，祀名宦祠；考諱繩彬，歲貢生，候選訓導，有至行，學者稱爲「孝永先生」，三世皆以公貴，贈光禄大夫、禮部尚書。妣皆一品夫人。孝永先生子七人，公其六也。

年十四，補郡庠生，由選拔副榜貢生，中式雍正壬子順天鄉試舉人，官内閣中書。詔舉博學鴻詞，臨川李公紱以公名薦。今上乾隆元年丙辰成進士，選庶吉士。散館，授編修。尋改浙江道監察御史，轉吏科給事中，歷鴻臚、光禄少卿、通政參議、國子祭酒，擢内閣學士，授工部右侍郎，充經筵講官，調户部右侍郎、吏部左右侍郎，晋禮部尚書，入直上書房，封光禄大夫。

公歷官最久，爲政務大體，不爲苛論，天下望爲鉅人長德。長興縣民控吏私增糧耗，奉命鞫治如律，無枉縱。天目諸山水道臨安，瀦苕溪，以達太湖，漲溢敗田廬，災餘杭，沿嘉、湖兩郡，公尋奏便宜。即敕疆吏於苕南挑上下兩湖，疏濬蓄洩，浙西賴之。熱河始置承德府，公時扈蹕，請立廟學，得旨創建，命視成。復請得武英殿書九十二種，存貯尊經閣。以儒臣起家，屢柄文衡，典山東、浙江、江南、順天鄉試各一，文、武會試各一，其他考校以十數，得士甚盛，有歇歷封疆爲國大臣者。視學江蘇，多拔孤寒衰耄，振興郡縣書院，士林頌之。瑞嘗繼公視學，具聞如此。

少受母教。妣胡太夫人嘗患疽，公吮瘡，痛止。天暵，和藥需露，跪達旦，露盈器，病立痊。幼多疾病，賴庶母龔攜持，事如母。學於伯兄茂先，敬之如嚴師。其後并上疏乞封。惠族黨，惟恐弗及，積俸數十年，以建家祠，置義田，立義學。上嘉之，賜「秩宗衍澤」

祠額。魯江田千頃，舊多旱澇患，自公之祖以下，築洪建牐資宣節，公又買雷溪、鄧溪田，開溝以引吴源，續建牐於茶塘，而患除。

生平篤師友，著《師席淵源考》一卷。爲文章原本忠孝，追蹤曾王，方望溪先生屢稱之。詩品在蘇黄之間，所著有《賜書堂稿》《依光》《使星》《秋光》等集、《敬思堂題跋》《移晴堂四六》若干卷。書法尤高古，人得片楮以爲寶，求者不少吝。碑版照耀海宇，自刻石書課若干種。公自爲翰林，以文學邀異數，每國家大慶大典禮，專撰述詩文賦頌以進，輒蒙天語褒獎。年近六十，始躋卿貳，益勤慎。上封事輒焚稿，奏對退，不以述之子弟。然同官或共以事罣吏議，得旨獨寬免，蓋上之知公深矣。嘗語瑞曰：「自惟晚受特達知，報恩恐臣力未能，知恩則夙夜弗敢忘。」遂顔其所居曰「知恩堂」。

公生於康熙四十七年四月二十三日，得年七十有七。配劉夫人，先公三年卒。側室管氏、馬氏。子師曾，官兵部郎中，得封其母管氏爲恭人，娶吴氏。次祖德，次師程，俱馬恭人出，皆早卒。師程即聘瑞女者。女六人，宋荆寶、李秉禮、張曾諧、劉佳琦、温之誠、彭良軫其婿也。銘曰：

秀峰接天生靈芝，毓靈匡廬昌龍溪。幼耽典籍搜經奇，一目七行目生翳。帝令仙人手按治，鴻文繡虎高名基。龍飛初元鳳來儀，聖心簡爲文宗師。得人報國矢勿歟，文思文治隆古稀。公掌邦禮承疇咨，經天緯地文禕而。在位有恪恩心知，奚不少留究厥施。家國一生無一私，恕德廉儉可蔽之。覆露厥裔孫謀詒，既安且吉藏於斯，千秋汗簡徵銘詩。録自彭元瑞撰《恩餘堂輯稿》卷二。

【校勘記】

〔一〕餘：《雨村詩話》卷八作「流」。

金質夫先生

先生諱文淳，錢唐人，廪生。大學士無錫嵇曾筠公試於浙省，以第一人薦。丙辰即舉京兆秋試。以己未成進士，改庶常，官至太守。質夫爲赤泉同懷弟，時有二難之目。深於經術。詩歌清婉秀出〔一〕，爲館閣後來之英〔二〕。倣王伯厚《困學紀聞》〔三〕，爲《蛾子録》三卷；又著《讀史卮言》。杭世駿輯《詞科掌録》。

【校勘記】

〔一〕詩：原脱，據《詞科掌録》卷七小傳補。

〔二〕之：原脱，據《詞科掌録》補。

〔三〕厚：原訛作「原」，據《詞科掌録》改。

都察院左副都御史申君墓誌銘

乾隆元年，徵博學鴻詞之士，用備館閣，而大學士嵇文敏公曾筠，以申君甫薦於朝。是時薦在京輦者，凡百數十人，而君之詩名最著。其後君雖不第，尋以中書舍人歷官至副都御史。又好推獎士類，一語半律之士，輒吟賞嘉歎，士大夫之言詩者，走集其門〔二〕，故稱詩於都下，咸以君爲宗。君名甫，字及甫。其先系出池陽，後遷於揚州。曾祖懿典，祖元會，父承德，三世皆贈資政大夫如君官。

君少敏悟，下筆輒見新意。乾隆六年辛酉，順天鄉試中式。明年，試授中書舍人。九年，在軍機處行走。十四年，擢内閣侍讀。十五年，遷刑部郎中。十八年，授順天府府丞。府丞兼學政事，京師金臺書院，士子膏火不足用，謀於總督方公觀承，撥保定蓮花書院餘資以佐之，自是來學者益衆。二十八年，授光禄寺卿。二十九年，授大理寺卿。三十一年，授都察院左副都御史。三十二年，以事降調。三十三年，補太僕寺少卿，尋遷通政使。三十九年，仍授左副都御史如故。四十三年，病脾泄，久而不愈，以六月十五日卒於寓邸，年七十三。有《笏山詩集》十卷。君兄弟三人，兄來君所，家雖貧，衣服飲饌，必加於己一等。及兄與弟歿，招其從子來於京，飲食教誨之。

直軍機處凡三十餘年，中更戡金川，討準夷，平定回部。軍書旁午，日不暇給，君戴星而入，比暮而歸，爲聖主所深知，宰臣所倚任，與胡巡撫寶瑔、蔣侍郎炳同。至於奉命起草，每奏進，必當上意。政事填委，手批口授，皆能明晰曉暢，洞中機要，則二君或不逮焉。然君最以詩鳴，常以重陽日，同查禮諸君集陶然亭，君詩先成，四座閣筆稱歎。先是寓時晴齋，爲汪文端公故第，春暮藤花開，必招集同志，留連小飲。又賞芍藥於豐臺，尋菊於憫忠寺，歲以爲常，故詩亦最多。君詩源於白香山，出入於劍南、石湖，放而之楊誠齋，在本朝於查悔餘爲近。每扈從幸熱河，恭和御製詩，既進〔二〕，傳旨嘉賞，故世益以其詩爲工。

嗚呼！今上元、二之間，昭宣鴻朗天下文人稱爲極盛，其薦而遇者，若大學士劉文定公綸、雲南總督劉公藻、太僕寺卿陳君兆崙。其薦雖未遇，而致身貴顯者，若尚書裘文達公曰修、沈文慤公德潛、左都御史金公德瑛。若仕未甚達與偃蹇以終者，爲桑調元、符曾、厲鶚、胡天游、劉大櫆、方貞觀等。然衡其著撰，豈以遇不遇爲增損歟？君仰受聖天子特達之知〔三〕，晉登九列，不惟知其人，且知其詩文學政事，兼而有之。然則君詩固必傳於世，而元、二之間人文蔚起，不可於君徵之哉？

君配李氏。年六十餘，妾連得四子：高佑、嘉佑、同佑、永佑，今已嶄然露頭角，能讀書。是年某月歸其柩於揚州。明年某月葬於某原，高佑等使來請銘。乃銘曰：

少作名士，晚稱鉅公。以昌其詩，爲世所宗。豈惟傳世，聞於九重。西清東觀，我躡君蹤。每見退食，吟嘯雍容。匪無德行，協於友恭。匪無政事，達於兵戎。長吟獨謡，乃性所鍾。視今罕儷，與古爲從。嗜君詩者，其矚斯封。王昶撰《春融堂集》。

【校勘記】

〔一〕按：句末原衍「下」字，據《春融堂集》删。

〔二〕進：原作「而」，據《春融堂集》改。

〔三〕君：原脱，據《春融堂集》補。

眭曉章先生

諱朝棟，江蘇丹陽人。乾隆七年進士。事實待訪。

補眭朝棟傳

眭朝棟，字堯章。乾隆壬戌進士，授庶吉士，改主事，累遷郎中，擢監察御史。督學黔中，黔人初不習音韻，朝棟著《詩韻》六册教之，由是始知字學。以科場迴避事罷歸。乙酉召用，授沅州府知府。擢衡永郴桂道，有惠政，衡永人建祠祀之。朝棟工古文，青浦王昶採入《湖海文傳》。録自劉誥、凌焯等修，徐錫麟、姜璘纂《〔光緒〕重修丹陽縣志》卷二十《文苑》本傳。

錢文敏公傳〔一〕

公諱維城，字宗磐，一字稼軒，晚自號茶山，先大夫長子也。生而凝重，長身戍削，目炯炯有光。總角讀書，日千餘言，通大義。先大夫令浙江，家甚貧，吾母吴太夫人織紝以給。公自塾歸飯，太夫人買肉啖之〔二〕，而自蔬食，公恒弗忍啖。十歲能爲詩，十二三歲爲騷賦古文〔三〕，斐然可觀。丁巳，侍先大夫遊京師，負笈宜興任先生翔門，篝燈卒業，雞鳴乃罷。比舍侍御張公重光〔四〕，每夜聞讀聲琅然，異之。詰旦過訪，相與談論移晷，大歎賞〔五〕，侍御故世執，乃折輩行定交去〔六〕。明年，就婚金氏。其外舅之父蘊亭先生，以工詩爲新城王文簡稱，公在甥館，引爲忘年友，有所作，輒曰錢郎云何。

是秋，舉京兆試，房考編修張公爲儀，初獲公卷，以爲耆宿，置之魁。及得名籍，年甚少，意頗不愜。同考某公曰：「若人吾稔知，是嘗有『天碧欲無山』之句傳誦日下者也。」張公乃喜。當是時，有某太史甚器公，欲羅致門下，介所知達意。公曰：「吾誠才，太史自能得之。設以干競進，是不才也，何足重太史？」謝之，卒不往。壬戌，應内閣中書舍人試，入選。乙丑成進士，廷試第一人，授翰林院修撰〔七〕，年甫二十有六。

戊辰夏五月，上在圓明園，有旨召公至，則試以《璿璣玉衡》賦、《五月鳴蜩》詩，日中奉命，申時當納卷。公振翰若飛，文不加點，日甫昳而就，樞禁大臣及宿衛之士皆驚。卷入稱旨，賜克食。自是上稔知公才，欲大用矣。故事，進士入詞垣者三年，試之以定去留，謂之散館。公以鼎甲殿三等末，上頗疑之，故親試焉。方被命時，至宫門，大學士傅公執公手，爲整冠曰：「上意不測，勉之。」公笑曰：「某以一書生登上第，豈有所營謀而得哉，固倖獲耳。今日之事，予奪唯聖意，何慮焉。」遂入。其器度如此。

己巳，擢右春坊右中允，充日講起居注官。未幾，入直南書房，懋勤殿行走。旋擢翰林院侍讀學士。丁丑，擢工部右侍郎。工部管寶源局炊冶，所積歷久，有餘鉛若干〔八〕，吏密以白，公叱之曰：「吾豈以貧故取官物耶？」

辛巳，調刑部右侍郎，尋轉左侍郎。公曉鬯律意，善察獄情，秋審獨治讞牘，常竟夕不寐。同官或偶異所見，反覆辨駁，輒手書千百言論之，久皆以公言爲然〔九〕。嘗因修律例，條其援引歧誤者二事奏之。其一言律載殘毁人屍及棄水中者，杖一百，流三千里。棄而不失，減等。嘗見登時殺死姦夫，或格殺持杖拒捕罪人，及臨時殺死竊劫盜賊，愚民懼累，多有蹈此轍者，有司因其本罪勿論〔一〇〕，遂專治其移埋棄屍之罪。是所殺爲罪人，故得勿論，而移棄此勿論之屍，罪反流徒，是爲本小末大。果其情事實者〔一一〕，宜歸本律，不得以餘罪他援，失輕重之倫也。其一言例於親屬殺姦，分別登時與否，罪視本夫加一等，蓋指未嘗拒捕格鬥而言。若一有拒格，則無論親屬本夫，皆當以罪人拒捕論，義甚明也。各省遇此，或援擅殺論〔一二〕，或直以鬥殺論，甚者持杖拒捕之姦夫〔一三〕，反以謀故鬥殺分擬，是殺拒捕之姦，反重於不拒捕矣。蓋姦盜均爲罪人，故殺之適相等，其輕重俱在拒捕不拒捕之分，請將親屬殺姦非登時者，悉視罪人不拒捕而擅殺律，其拒捕則視罪人拒捕格殺律，以此科斷〔一四〕，則情法合一矣。得旨允行。

又嘗以事主殺賊之例，特奏論之，略曰：夜無故入人家，此民間殺賊本律也。按例事主殺賊折傷以下皆勿論，故雖至死杖、徒，良以盜賊不得與良民論抵，寬良民所以嚴盜賊也。臣竊見此案，外省多引捕亡律，照罪人不拒捕擅殺論抵。原其意，以夜無故例分黑夜白日，而不言登時，疑無以處拘執而殺者。且律載竊盜臨時拒捕及殺傷人者皆斬〔一五〕。若棄財逃走，事主追逐，持金刃拒傷事主，照罪人拒捕絞。竊盜既用罪人拒捕律，事主即用罪人不拒捕律，事若相當，而不知非也。棄財與臨時有間，故於應死之盜賊，求其一綫可生，今遂以原盜賊者，轉而苛事主，可乎？且捕役責在拘縛不拒捕，即非難拘故擅毆且罪之，事主勢在自救，故唯已獲賊則不得擅殺，非官司輕於事主，特以閑捕役耳。今以竊盜拒捕，分棄財不棄財，而事主殺賊，視之夫棄財與否，竊盜自知之，事在倉卒，豈能責人以先檢家財而後捕賊哉？况乎有司逮人不必大無良，故必持杖乃爲拒捕，乃得格殺勿論〔一六〕。事主殺賊則不然。以賊盜多凶强，事主多良善，事主之他物，或不如賊盗之手足，今以手足拒毆爲不拒捕，何以服事主〔一七〕？何以爲鋤强扶弱？且登時打死者杖徒拘執，及不拒捕殺者絞，則杖徒加一等即絞，失遞加之次，非法也。奏入，奉旨大學士九卿議奏，頗見施行。

壬午秋，奉命視學浙江。浙東西爲人文藪，然士子工揣摩，實學者少。公以爲士先立行，文章浮薄，即行之徵也。於是嚴扃鑰，慎校試，浮靡者黜之，根柢者拔之。飭諸生以半年習一經〔一八〕，責成學博董之。於按試時，親爲核驗。逾年，士習蒸然一變。乙酉，例當選士貢太學，有學優而貌寢者，或疑之，公曰：「取士豈以貌耶？」卒以應選。丙戌，滿秩還朝〔一九〕。

己丑，貴州威寧州知州劉標，以銅鉛廠虧帑聞，上命公偕湖廣總督吴公達善、内閣學士富察公善往會讞。富察公已先往，公陛辭，晝夜馳，閲二十一日，遂抵貴筑，與兩公治之〔二〇〕。計虧官帑爲兩二十九萬三千有奇，事連大吏，多所苞苴，見知蔽匿，各得實，論奏如律。是時，黔中讞獄踵起，上疊命公等訊治。凡六案，所涉不下數百人〔二一〕，兩公皆以公久任秋官，虚懷推委。公悉心鞫論，不枉不漏，各得其平。奏牘爰書，悉出手定，指爲之畫〔二二〕。案就畢，而古州逆苗香要之事起。古州爲新闢苗疆，生熟苗環境居。香要者，黨堆寨熟苗，性黠悍，有邪術，力能扼虎，爲諸苗所憚〔二三〕。有老勇、老九者羽翼之。又黨根寨女苗迫根，自言能食銀鐵。四人者聚而謀不軌。庚寅春三月某日，香要衣蟒衣，與迫根踞上坐，老勇、老九旁坐，椎牛饗群苗，衆羅拜，以次呼爲王。轉相煽誘，其旁二十一寨皆響應。遂傳木刻，將以五月十五日襲取下江營。木刻者，苗人所以期信者也。理苗同知龔學海，聞其製鏢鎗，繕栅茨也，遣土舍楊育林等往偵之。既至寨，香要知事且洩，即帳中拔力殺偵者十一人。

學海告變。公等既具奏，即偕巡撫宫公兆麟，倍道馳古州，檄調兵一千四百人赴援。香要先期以十三日，率其衆千餘人攻下江，將自蘇洞渡河。學海已盡拘舟楫北岸，遂不得渡。官軍阻水而陳，炮擊之，有死者。蒲莫甚雨，香要乃麾衆退據烏牛寨。二十日，署古州鎮總兵程國相統兵進剿，香要敗奔佳居寨。

二十二日，公等親至下江營，周覽形勢，其東南界連廣西，東北與湖南毗近，西距古州城九十里〔二四〕，南瀕大河名都江，廣三十餘丈。隔江崇山斗立，林箐深密，是爲烏牛寨，苗中出入襟喉地也。稍進則爲滚塘十二寨，周遭百餘里，人口數千户，而黨堆居其中。公策之曰：「香要倉卒舉事，不得渡河，無能爲也。顧其脅從者衆，地復險阻，苗人急則并力，緩則生疑。若驟鼓行而前，群苗自謂必死，壁山柵水，以逆顔行，勢非旬月可定。待其破滅，斬刈必多，非天子神武不殺之意。誠宜刊榜文，譯苗語，編給諸寨，諭以天朝威德，誅止亂者，餘無所問，則群苗心安，黨將離散，香要特圈中孤豚耳。佳居爲生苗，旁近多其種落，慮其輾轉勾結，或成蔓延。宜密遣人入其寨中，令縛香要自效，即不遽從，狐疑猜阻，大兵卒至，無暇合謀〔二五〕，破之必矣。」兩公及宫公以爲然，乃移文廣西、湖廣督撫〔二六〕，俾守相接要害所，而潛令舊土舍萬忠，由永從縣間道往。計其至日，我兵當抵佳居。復以兵百八十授副將柴榮春，與之期，令助國相進攻，且斷苗後路。國相以二十六日攻佳居，香要拒敵，衆頗洶懼，遂奔潰，擒迫根及餘黨數人。

閏五月二日，公等乃嚴師備下江，身率輕兵繼進。先是，熟苗聞招諭，意頗感悟，日持牛酒獻軍門，公却其摯，前來人，曰：「若曹皆良苗，能助順者有厚賚。雖然，若所重者，木刻也。果願盡力，當於吾前面約信，持示各寨，乃不汝疑。」於是苗人立就樹削一木刻，群跽以請。公乃解所佩刀予首者，其餘給以銀牌鹽布。各踴躍去。既渡河，歷加溜等五寨，達生苗境，頭人有來謁者，皆好言撫之，生苗盡喜〔二七〕。而前所遣萬忠者，至佳居而寨適破，乃與向所知苗人，勸誘旁寨，偵緝逆黨。於是望風吐款者，踵相接矣。

國相之破佳居也，以未用斷後命，僅燒其營，故香要得逸去。公等乃具奏，奪其職，令自贖焉。自烏牛寨至佳居八十里，鳥道峻折，劣容一騎，而加溜尤險隘，乃留百人守之〔二八〕。至佳居日暮，衆以苗奔散，頗易之。公曰：「蠭蠆有毒，不可弛也〔二九〕。」乃設軍號，整壁壘，厲卒以待。朋論者〔三〇〕，佳居面南山也，大箐叢惡，延袤四十餘里〔三一〕。夜半，見炬火明滅，緣崖而下，少止，復緣而上。明日〔三二〕，捕得生口，云苗衆伏榛莽間，度後隊兵寡〔三三〕，將夜劫之〔三四〕，覘有備乃退〔三五〕，衆乃歎服。公等於是督將士，分三路入山搜賊。老勇、老九及香要妻妾子女咸就縛。

當是時，大兵駐佳居者二千人，公慮群苗無知，懼復有進剿意〔三六〕，日事觀望，失栽種之時，無以資生，且香要知大兵在，匿影益密，終不可得。十五日乃下令旋師，令參將德光以兵四百，移屯黨紐，爲鎮撫計。既至滚塘，復退駐古州，揚言即日旋京師，示不復用兵。於是生熟苗奔者悉返〔三七〕，稍稍復業。香要既棄妻子，獨身竄山谷間，聞諸寨得木刻，皆欲捕己者，勢窮蹙無可往，乃匿烏招山中〔三八〕。六月八日，有外入者與之語〔三九〕，香要覺其情，遽拔刀起，突一人持棓，自後擊之，踣，遂反接以獻。則公所募，變服迹賊，名管顯、王應田者也〔四〇〕。首惡皆磔死，凡戮五十二人而事定。

捷聞，上以苗人效順者衆，宜示獎勵。公等於是傳榜文，悉召諸苗至下江。至之日〔四一〕，大開營門，諸將士擐甲侍，列所賜堂下〔四二〕，宣布天子盛德，綏靖萬里，雖在荒阻，無所不愛。諸苗悉下拜稽顙。其有田功不獲至者，則又遣學海賫賞賚〔四三〕，莅黨紐適中地，與德光遍及之，苗人無不大喜，盡納其械器火藥。越數日，生苗自加葉、加鴨諸寨，去古州數百里，皆來投誠，皆曰沐大皇帝天恩，乃得安堵。公等一一勞之如熟苗，乃去。所駐黨紐兵者逾一月，遂檄歸内地，不復屯。上嘉公等成功之速也，以軍功下吏部議叙。

七月，公至京師，奏學海掣舟事，苗不得渡河，實有功。上乃擢學海古州兵備道。復奏丹江兵米，宜行改折。大旨謂苗民所種多稻田〔四四〕，出米甚廣，利採買，若實運，則苗民既失賣米之利〔四五〕，官司復多輸輓之勞。且黔省步步皆山，運米一石，價與買等，是常以二易一也。請自平越始，凡歷年實運之處，一體改折，可以順苗情而節浮費〔四六〕。得旨報可。

三十六年春，滇南之龍陵有逃卒四十八人，省議援伊犁例〔四七〕，一逃者枷示一月，再者斬。而以龍陵新邊地，宜加創懲，雖未及，再擬正法。公以爲過重，且恐後遂爲例，所殺實多。會召見，因言罹法者衆，駢首就戮，情可憫。且於就獲所斬之，邊兵何自知，反不足戒。不如仍械馳龍陵，倍其罰，枷示三月，見者宜無不凛然〔四八〕。上是之，趨傳旨馳赦，竟如所請行。聞者以是舉所活數十人，咸太息。

公之視學浙中也，適先大夫遘疾，不得溲便。公奉楲窬侍，無倦色。穢下，必親視。

數月疾良已。既還朝，以陳情未遂，寢饋恒不自適。壬辰春，遽聞先大夫訃，擗踊馳歸。至家，臥苫塊間，以不及親侍疾，時過慟。出入惟依依太夫人側，不少離。素有消渴疾〔四九〕，至是增劇，體日羸。十月，吴門有吊者，扁舟往謝。天驟寒雨，主人出素服請襲，公視非哀疏〔五〇〕，弗受，遂益感寒疾。歸，疾革，口授遺疏。既而歎曰：「吾不得侍太夫人養矣！」遂卒，時年五十有三歲。

公十餘齡時，先大夫夢至神府，聞大聲臚傳進士，其第三，公名也。旁一吏曰：「是爲若子。」始公名辛來，故字稼軒，至是遂易之。及後乃竟第一人，釋褐七年，遂階二品。

上每謁山陵，時巡方域，公多扈從。在秋官前後十年，上尤倚重之。聞銜恤歸，上顧左右曰：「此好侍郎，國家有用人也〔五一〕。」上稔知公病消，翼日，命王公際華就問，且戒茗飲。及遺疏入，上軫悼，有旨褒恤，加贈尚書，諭祭葬，賜謚文敏。

公精繪事，上愛所作，輒親題詩。既南歸，病中所作《溪山平遠》長卷以進。比達御，已得公凶問，上歎視良久，特命存之。癸巳，御題公所進畫册〔五二〕，猶追念不置云。前後拜御筆詩畫，及尚方服食之賚極多。里居後，特頒《淳化軒閣帖》二部賜公，未至而公卒。巡撫以請，上仍命貯於家。

方爲工部時，奉命監五城平糶。鄉民某挾錢來糴，某甲者竊之，某囊空不得糴，泣以告。公即厰所〔五三〕，盡搜糴者，甲已獲米，而錢有贏〔五四〕，核之某所失數符，詰之，甲不服曰：「吾攜市他物耳。」公乃拘二人〔五五〕，而潛遣役至甲家，紿之曰，甲來糴失錢，已有攫之者，得一言證其數，則益信，乃給米耳。甲家以若干告。役返，甲乃服罪。公之明決類如此。

公生平和易炳白，與人交不設城府。好稱人之善，獎借寒素，口如不勝。然嚴毅不可干以私，雖於公爲久故者，終無所關説。尤重廉節，未嘗以形勢取一錢直餽，雖早貴，而自處如寒士，食不兼味，無媵妾之奉，居室輿馬服玩之好。好爲詩，以李杜爲宗。文章疏達淳茂，絶去規仿〔五六〕。書法似蘇文忠。畫得元四家之勝，卓然成大家。所著有詩文集三十卷，藏於家。按名《茶山集》，已刻。

娶金氏。子二人：中銑，中鈺。女一人，適進士南鄭知縣崔龍見。孫男二人，女二人，俱幼。

公屢司文衡，爲鄉會主考官各一，爲殿試讀卷官者四，及選拔浙江士，所取率多聞人，掇高第登卿列者輩起，得人稱極盛。錢維喬撰《竹初文鈔》〔五七〕。

【校勘記】

〔一〕題目錢維喬撰《竹初文鈔》卷五作「先兄文敏公家傳」。

〔二〕肉：原脱，據《竹初文鈔》補。

〔三〕二三：原訛作「三四」，據《竹初文鈔》改。

〔四〕張公：原脱，據《竹初文鈔》補。

〔五〕賞：原訛作「常」，據《竹初文鈔》改。

〔六〕去：原脱，據《竹初文鈔》補。

〔七〕廷試第一人授翰林院修撰：原作「廷試殿撰」，據《竹初文鈔》改。

〔八〕鎔：原訛作「鎔」，據《竹初文鈔》改。

〔九〕公言：原倒作「言公」，據《竹初文鈔》乙正。

〔一〇〕其：原脱，據《竹初文鈔》補。

〔一一〕情：原脱，據《竹初文鈔》補。

〔一二〕論：原脱，據《竹初文鈔》補。

〔一三〕拒捕：原訛作「格殺」，據《竹初文鈔》改。

〔一四〕科：原訛作「合」，據《竹初文鈔》改。

〔一五〕律：原訛作「例」，據《竹初文鈔》改。

〔一六〕勿：原脱，據《竹初文鈔》補。

〔一七〕何以服事主：原脱，據《竹初文鈔》補。

〔一八〕年：原脱，據《竹初文鈔》補。

〔一九〕秩：原訛作「歲」，據《竹初文鈔》改。
〔二〇〕兩：原脱，據《竹初文鈔》補。
〔二一〕涉：原訛作「活」，據《竹初文鈔》改。
〔二二〕之：原脱，據《竹初文鈔》補。
〔二三〕爲：原脱，據《竹初文鈔》補。
〔二四〕城：原脱，據《竹初文鈔》補。
〔二五〕合謀：原倒作「謀合」，據《竹初文鈔》乙正。
〔二六〕督撫：原作「總督、撫院」，據《竹初文鈔》改。
〔二七〕喜：原訛作「所」，據《竹初文鈔》改。
〔二八〕百：原訛作「十」，據《竹初文鈔》改。
〔二九〕弛：原訛作「持」，據《竹初文鈔》改。
〔三〇〕朋：原訛作「明」，據《竹初文鈔》改。
〔三一〕袤：原訛作「袤」，據《竹初文鈔》改。
〔三二〕日：原脱，據《竹初文鈔》補。
〔三三〕按：「度」前原衍「夜」，據《竹初文鈔》删。
〔三四〕之：原脱，據《竹初文鈔》補。

〔三五〕退：原蒙後訛作「歎」，據《竹初文鈔》改。

〔三六〕復：原脱，據《竹初文鈔》補。

〔三七〕悉：原訛作「復」，據《竹初文鈔》改。

〔三八〕烏：原訛作「鳥」，據《竹初文鈔》改。

〔三九〕按：句末原訛「者」字，據《竹初文鈔》删。

〔四〇〕田：原訛作「元」，據《竹初文鈔》改。

〔四一〕至：原脱，據《竹初文鈔》補。

〔四二〕所賜：原脱，據《竹初文鈔》補。

〔四三〕賫：原脱，據《竹初文鈔》補。

〔四四〕田：原訛作「米」，據《竹初文鈔》改。

〔四五〕失、利：原訛作「實」、「例」，據《竹初文鈔》改。

〔四六〕可：原脱，據《竹初文鈔》補。

〔四七〕議：原訛作「利」，據《竹初文鈔》改。

〔四八〕宜：原訛作「皆」，與「無不」重，據《竹初文鈔》改。

〔四九〕渴：原脱，據《竹初文鈔》補。

〔五〇〕疏：原訛作「素」，據《竹初文鈔》改。

〔五一〕用：原脱，據《竹初文鈔》補。
〔五二〕所：原作「作」，據《竹初文鈔》改。
〔五三〕即廠所：原作「命」，據《竹初文鈔》改。
〔五四〕按：「有」後原衍「乃」字，據《竹初文鈔》删。
〔五五〕公：原脱，據《竹初文鈔》補。
〔五六〕規仿：原倒作「仿規」，據《竹初文鈔》乙正。
〔五七〕竹初文鈔：原缺，據文例補。

莊

諱學和，浙江仁和人。乾隆十年進士，官保寧府知府。事實待訪。

補莊學和傳

莊學和，字介南，一字小鶴，江蘇長洲籍武進人。乾隆丙辰舉人，壬戌内閣中書，乙丑會魁。授刑部主事，充會典館、律例館纂修。馳驛金川，辦理軍務，總核奏銷。歷任四川龍安、雅州、保寧知府。創建錦屏書院，文教聿興，歷科中式，元魁接踵，蜀人頌之。嗣陝甘兩省督撫藩臬，延理幕務，十有餘年。乾隆戊戌，由酒泉院長移課甘泉，集成《郡志》。著有《乙芝園文鈔》《春秋制藝》《教孝千字文》等卷。所至，生徒争從受業。録自鍾賡起纂《〔乾隆〕甘州府志》卷十一。

袁愚谷先生〔一〕

諱守侗，山東長山人。乾隆十年進士，官直隸總督。事實待訪。

【校勘記】

〔一〕按：「袁愚谷」「馮魯巖」原前后互倒，今據嚴長明《録》、《總目》乙正。另，袁守侗之墓銘載於沈叔埏《頤綵堂文集》卷十四、錢儀吉《碑傳集》卷七十三、李祖陶輯《國朝文録續編·頤綵堂文》。據傳，袁守侗（一七二三—一七八三）字執冲，號愚谷，乾隆五年舉人，由内閣中書，仕至直隸總督。

馮魯巖先生

諱光熊，浙江嘉善人。乾隆十二年舉人，官甘肅布政使。事實待訪。

補馮光熊

馮光熊，字太占，號魯巖，嘉興人。乾隆丁卯舉人，官至都察院左都御史。《遠香詩話》：公直軍機，以敏幹稱。隨果烈明公征緬甸，著《征緬紀略》。後官黔，撫定小竹山教匪、南籠府狆苗，甚有方略。擢總憲，以功名終，賜祭葬。詩無專集，訪録一首，鳳毛麐角，彌足貴也。録自潘衍桐撰《兩浙輶軒續録》卷六。

師友淵源録

下册

〔清〕嚴長明 編撰
〔清〕嚴觀
馬振君 補正

中華書局

師友淵源録

下册

〔清〕嚴長明 編撰
〔清〕嚴觀
馬振君 補正

中華書局

師友淵源録後案卷十六

内閣前輩二

盧抱經學士行略

府君生而穎異，外王父桑弢甫先生，故與先王父爲總角交，洎官京師，馳書招府君，因受業門下，與時之學士大夫遊學，業日進。以馬姓，由祖籍援例入國學，中順天鄉試，考授内閣中書，始復本宗姓。官中書十年，讀經史皆遍，以朱筆點定訛字。壬申會試中式，殿試一甲第三名及第，授編修。丙子，充咸安宫官學總裁。丁丑三月，充會試同考官，旋在上書房行走。戊寅，授日講起居注，升左春坊左中允，補翰林院侍讀。甲申，升翰林侍讀學士。乙酉，典試粵東，會試復充同考官，提督湖南學政。戊子正月，以條奏學政事宜撤回，降調六品京堂，告養歸。

歷主鍾山、崇文、紫陽、晉陽、婁東、龍城書院講席，請業者日益衆〔一〕。念古書之在人間者，多訛脱不可讀，學者莫能通其義，因取舊時校正各書，擇其尤要者，如《經典釋文》

《孟子音義》《逸周書》、賈誼《新書》、《春秋繁露》《方言》《白虎通》《西京雜記》、蔡邕《獨斷》等書，次第授梓。是舉也，府君發其端，同時名公鉅卿，與夫及門諸子，咸各出所藏，請府君編校。若嘉水謝氏之《荀子》，鎮洋畢氏之《吕氏春秋》《釋名証誤》，武進趙氏之《韓詩外傳》，揚州秦氏之《封氏聞見記》，吴江嚴氏之《左傳古義》，海寧吴氏之《謝宣城集》，皆經府君訂定。府君更以手校之書，不能盡付鉛槧，則又録其校語爲《群書拾補》。

府君一生好學不倦，馮少渠詩文刻本久毁於火，府君重鋟之，以外王父弢甫公爲學問所從出也。山陰趙敬夫先生曦明，著有《顔氏家訓注》，殁，而府君爲補其所未備刊行之。其他著述，惟《鍾山札記》已刻，《龍城札記》刻而未就；未刻者，尚有《廣雅注釋》。其《儀禮注疏詳校》一書，稿本既定，開雕甫訖工，而府君歸道山矣。自著有《磯漁詩稿》《抱經堂文集》。盧慶鍾述。

盧抱經學士有《張遷碑》，搨手甚工，其同年秦澗泉愛而乞之，盧不與。未半月，秦暴亡，盧往奠畢，忽袖中出此《碑》，哭曰：「早知君將永訣，我當時何苦如許吝耶？耿耿於心，特來補過。」取帖出，向靈前焚之。予感其風義，爲作詩云：「一紙碑文贈故交，勝他十萬紙錢燒。延陵掛劍徐君墓〔二〕，似此高風久寂寥。」袁枚撰《隨園詩話》。

【校勘記】

〔一〕業：原訛作「者」，據文意改。

〔二〕徐：原訛作「除」，據《隨園詩話》卷六改。

吏部侍郎降編修謝公墓誌銘〔一〕

公姓謝，諱墉，字崑城，號金圃，又號東墅。系出晋太傅廬陵郡公。後明嘉靖中，十一世祖諱琛一，由會稽遷嘉善之楓涇。曾祖諱元一，祖諱春芳，父諱永輝，皆以孝友文學傳其家，並因公貴，累贈、封爲光禄大夫、吏部左侍郎。

公少穎異，舉止端雅如成人。讀書不忘，文辭贍博，經史百家，靡不綜核。以優行貢太學。乾隆十六年，上南巡狩，獻賦，召試第一，賜舉人，授内閣中書。十七年，賜進士出身，改翰林院庶吉士。授編修，辦翰林院事，撰翰林院文與繙書房措詞并誤落職。廿四年，獻《平定回部鐃歌》，復原官，上書房行走，充起居注日講官。丙子、庚辰順天鄉試，辛巳會試，皆同考官。乙酉福建鄉試正考官。洊升授翰林院侍講、左春坊右庶子、翰林院侍讀學士。三十三年，恭和御製《鬥鹿賦》原韻稱旨，擢内閣學士，兼禮部侍郎。以父憂去官。起復，拜前官，教習庶吉士，稽察中書科。壬辰，殿試讀卷。三十八年，署禮部右侍郎，授工部右侍郎，轉左侍郎，充經筵講官。

三十九年，提督江蘇學政。上東巡狩，迎於岱麓。時兩金川蕩平，御製《告祭太學碑》文，特先賜觀，并諭曰：「爾長駢體，此次進册，可作古文。」於是撰《平定金川説》，得旨嘉獎。四十三年春，調禮部左侍郎，會試知貢舉，吏不敢欺，士皆稱便。闈中章數上，多允行。秋，扈蹕東巡盛京。四十四年，署工部左、右侍郎，充江南鄉試正考官。四十五年，復充知貢舉，調吏部右侍郎、國史館副總裁、殿試讀卷。吏部有捐復事，公議與大學士阿公不同，上從公議。四十六年，充會試正總裁、殿試讀卷。上擢錢棨爲一甲第一，錢公鄉、會兩元皆出公門，至是成三元，稱盛事。

四十七年，轉吏部左侍郎，充癸卯江南鄉試正考官，即補江蘇學政。上六巡江浙，賜詩嘉獎。上方喜得皇玄孫，命公舉自古五代一堂者幾，奏稱旨。五十一年，旋京。召問時政，公言洪澤湖形勢曰：「淺昔如釜，今如槃，偏災賑恤，請改本色爲折色，由藩司印封給發，以防吏弊。」上諭以折色不能應饑民之急，所奏難行。河務敕交廷議。五十二年，兼署禮部侍郎。江南河臣奏春汛安瀾，上命公親往履勘，知前奏誤，請議處，奉旨寬免。五十三年秋，領月選官，赴熱河引見。先是，大學士阿公以公被傳聞對語嘲誚入告，至是召對訓飭，降補内閣學士，仍兼禮部侍郎。五十四年京察，以前事交部議，恩旨革職留任。上察知上書房各官曠課，皆嚴飭，以公在内廷久，責尤切，降補翰林院編修。上八旬萬壽，公撰賦頌十二章以獻。

五十六年春，大考翰詹，翰林院奏公老，上諭：「謝墉學問好，雖老，知可爲文。」及試，公卷擬三等，上實豫覽默識之，曰：「有小注者是。」擢之。曰：「謝墉前之物議，本無確據，後之曠職，尚屬公愆。」聖心愛惜，恩深仁重，莫是過焉。公此時年七十三矣，自謂精氣未全衰，惟知竭力僶直，不敢告歸以林泉自逸。冬復命，在上書房行走，屢被温旨，命和詩，賜福字，恩遇如前。公病患濕，上遣太醫院堂官臨治。五十九年，熱河召見，單無公名，時召對。六十年，得旨以原品休致。是時，公疾日篤，皇太子暨諸皇子、皇孫遣中使存問，公尚敬詢起居，伏牀叩首稱謝。四月初九日卒，距生於康熙五十八年九月初九日，春秋七十有七。累階至光禄大夫。

公至性孝弟，居親喪，哀毁骨立。及通顯，每遇晋階，輒以悲繼喜。逢諱日，未嘗不涕泗交頤也。里居讀禮，鄉黨稱之。公宅心仁厚，天懷坦白，事貴以禮，待下不驕。大學士傅文忠公以禮聘授館，額駙尚書忠勇公暨文襄王，皆冲齡請業。公九掌文衡，而江南典試者再，督學者再。論文不拘一格，皆衷於典雅，經義策問，尤急甄拔。丁酉拔貢科，所選皆孤寒。尤重江都汪中容甫，汪强記博聞，才氣横發，貧困，未知名於時。公語人曰：「予之上容甫爵也，如以學，予於容甫北面矣。」其不惜自貶以成人名如此。公再督學，元始應童子試，公奬勵極力，居公第讀書數年。高郵李進士惇、嘉定錢進士塘、山陽汪侍講廷珍、儀徵江侍御德量、通州胡學士長齡、陽湖孫觀察星衍、甘泉焦明經循、金匱徐孝廉嵩等，識拔不可勝數，是以江淮南北，務實學之士，靡不伏公之學，感公之恩。積今二十餘年，稱之不衰，願得若公其人者再莅爲幸。

公所著《安雅堂集》十卷，以經史、小學爲本。國家有大慶、大功，雍容揄揚，擬諸雅頌。恭讀御製文，輒以跋文闡明聖學，邀賜便蕃，不可勝紀。《安雅堂詩集》十卷，格律凝重，直溯盛唐。東墅少作及存稿《四書義》二卷，典雅深厚，尤嚴於文律。《六書正説》四卷，發明三代造字本義。詮證秦漢諸儒之説，刊正二徐、鄭樵、戴侗、揚桓、周伯琦等謬誤。尤好鐘鼎古文，獨追象形、象事、象意之本。謂許慎篆文，乃沿秦石刻結體，校以商周尊彝，岐陽石鼓，則形、事、意三者皆不及，指微扶奥，令人解頤。形聲、轉注、假借三事，亦博探蒼雅，出入經訓。故公之爲小學也，依據許氏，而更溯其本。又嘗校正《荀子》揚倞注、《逸周書》孔晁注，合之盧學士文弨所校，鋟板貽學者。

公初娶費夫人，贈一品夫人。後娶金夫人，封一品夫人。子五：昌鑒，庚寅舉人，蚤卒；恭銘，庚子舉人，丁未進士，改翰林院庶吉士，候選八品京官；揚鎮，欽賜舉人；應鏘，捐職州同知，卒；慶鍾，太學生。女二：長適直隸通州運糧通判韋協夢，次適廩貢生吳紹涑。孫八：江、宇澄、淮、河、濟、洙、泗、伏保。

乾隆六十年十二月二十日，公子恭銘等葬公於嘉善縣四中區藏字圩，夫人祔焉。時元督學浙江，敬勒銘曰：

吳越之間，靈秀所鍾。仁德之後，必大厥宗。褎毓純篤，實生我公。我公孝弟，稟於幼冲。推以事君，乃克厥忠。帝曰汝才，既博且鴻。用汝於文，黼黻郅隆。臣殫厥學，賡拜禁中。五花書鳳，九章繪龍。其文緘緘，其光熊熊。秉鑑景徹，物無遁容。氣伸儁異，淚感孤窮。士敦經術，皆公之功。惟帝育臣，千古代農。惟帝教臣，協恭和衷。惟帝愛臣，恩周始終。臣形雖阻，精神尚充。詩書雒誦，子孫其逢。林泉岡道，佳城穹窿。雲飛桓表，日冷高松。蠹書漆簡，黃腸共封。敬書貞石，納諸幽宮。阮元撰《兩浙輶軒録》卷二十七〔二〕。

【校勘記】

〔一〕題目阮元撰《研經室二集》卷三作「刑部左侍郎謝公墓誌銘」。按此文蓋抄自《兩浙輶軒録》卷二十七所附《墓志銘》，與《研經室二集》所收文字出入極大。

〔二〕按：出處原訛作「研經室集」，實出自阮元撰《兩浙輶軒録》卷二十七，故改。

陳寶所先生

諱鴻寶，字衛叔，仁和人。乾隆十六年召試舉人，官至給事中。風神蕭散，舉止頗似晋魏間人。與予同在内閣者五六年。及余遷副都御史，寶所爲給事中，同在臺省，故相知最深。又好書畫。時金壽門農工墨梅，重自珍惜，獨贈余十六幅，所南見之，借去賞玩累月。既而索之，笑曰：「我以是爲性命矣，豈可還乎？」蓋性情幽僻者如此〔一〕。詩瀟灑出俗，如見其人。王昶撰《蒲褐山房詩話》。

【校勘記】

〔一〕者：原脱，據《蒲褐山房詩話》補。

王轂原先生

諱又曾，字受銘，秀水人。乾隆十六年，召試賜内閣中書〔一〕。十九年成進士，官刑部主事。在都下，極爲陳文勤公〔二〕、汪文端公稱許，釋褐後，皆以爲當得上第。既入三甲，人猶以秀水朱檢討爲比。後用爲主事，觀政禮部，又以王儀曹稱之。至補刑部主事，轂原以律例向非素習，且病，遂乞假歸。性善飲，談笑風生，神情瀟灑。雖飄泊江湖〔三〕，而東南長吏，晋接者多，賦詩鬥酒，凡十餘年，卒憔悴偃蹇而没。作詩專仿宋人，信手拈來，自多生趣。王昶撰《蒲褐山房詩話》。

公集名《丁辛老屋》，畢秋帆尚書所謂「取材於衆所不及見，用意於前所未及發」者，信然。《後案》。

【校勘記】

〔一〕賜内閣：原脱，據《蒲褐山房詩話》補。

〔二〕公：原脱，據《蒲褐山房詩話》補。

〔三〕江：原脱，據《蒲褐山房詩話》補。

蔣秦樹編修墓誌銘〔一〕

編修秦樹蔣君，爲余辛巳分校禮闈所得士，其榜名在余房爲第一人。是時君已官中書，與余居同巷，余家在日南坊李鐵拐斜街之北，君居在南。初不相往來，至是發榜來謁，始識君面，温然敦篤君子也，自是相與望衡宇者凡四年〔二〕。先大夫或時從鄰里爲談讌之會，君輒與席。會罷，先大夫必喜爲余言君之賢。自甲申中秋，先大夫捐館舍，伯兄冠山挈眷屬來居余舊居，余移居街南肇慶館之西，君在館東〔三〕，鄰相比也，於是朝夕過從益密。而君於師友之間，其交久而益至。余方自念，人生日月聚處，知君之不盡，而不意君之忽然以死矣！君初無病，今年二月二日，猶飲余之椒花吟舫〔四〕，盡歡，及漏而散。五日又來〔五〕。初九日會日講官缺，君當引見，待於討源書屋，遇疾不得入，舁歸，九日而卒。悲夫！何其命之遽也。余今年正月哭余房師饒霽南先生，兹又哭君，悲夫！余於師友之間，何其厄也。其秋，君子如燕等將扶君柩南歸，乞銘於余，以俟卜葬之日納諸其墓。適余有閩之役，臨行，爲粗叙其所知見於君者〔六〕，授君之子。

君諱雍植，字秦樹，號漁村，又號待園。先世出宜興函亭之望，自歙遷潛山，自潛山遷懷甯。祖諱謨，父諱派長，隱德不仕，兩世并贈翰林院庶吉士。君之將生也，祖母江夢虎伏於卧榻前，已而君生。幼穎慧，解四聲。五歲授《毛詩》，能擘大義，輒以筆墨爲嬉戲，里中號爲奇童。十歲能詩。十七補懷甯縣學生。會陳司業祖范爲敬敷書院山長，君從之遊，乃益精於古文詞。辛酉，年二十二〔七〕，以選拔生來京師，爲北平黄先生叔琳所稱獎。既入國子監，試取八旗教習〔八〕。君念祖母及父且老，遂請告養，十年不出。修家譜，置祀田，日夜不怠，名日以起。

辛未歲，車駕南巡，江浙凡諸生獻賦者，悉命召試，試《蠶月條桑賦》《指佞草詩》《理學真僞論》三篇，君名在第一，特賜御製《生秋詩》一軸。與錢大昕、吴烺、褚寅亮、吴志鴻五人者，同日賜舉人，授内閣中書舍人。南人召試得官者自君始〔九〕，蓋異典也。既入都授職，在軍機處行走。其年遇覃恩加級，貤封先世。乙亥以憂去。服闋，補原官。辛巳，以二甲第一人賜進士，改庶吉士，充《平定準噶爾方略》館纂修官。復遇覃恩加級，晉封先世如其官。癸未，授職編修，充武英殿纂修官。乙酉，充鄉試磨勘官。丙戌，分教庶吉士。戊子，京察一等，加一級〔一〇〕，充順天鄉試同考官。己丑，再分教庶吉士，充會試磨勘官，殿試收卷官。庚寅，充武英殿提調官。其年二月卒。君生於康熙五十九年庚子正月十六日酉時，卒於乾隆三十五年庚寅二月十七日戌時〔一一〕，年五十有一。

君之在館閣也〔一二〕，矻矻獨勤。君故通六書，雖一字之失不假藉。凡日月先後，地理職官，必窮搜旁諮，求得其當然後已，以故總裁諸公，皆重倚之，令總辦《方略》一書。《方略》者，載西事始末自車楞〔一三〕，車楞烏巴什阿睦爾撒納款關以來，至擒達瓦齊者，定伊犁爲正編。其先後誅大、小和卓木，回部悉平，經理西南屯田諸務，爲續編。中間歷時五年，闢地二萬餘里，端緒千百〔一四〕，事實人名累譯而後具。館中用車載箱致君家，檔册充屋，莫能竟其首尾。君早起坐書室，夕燒膏以繼晷，肌分孔决，終始一貫。午食列盤飧，或不暇啜。寒則以火酒數杯自温，比竟茫如也。書成久之，而君之精殆銷亡於此矣〔一五〕。書既上，同修者皆得優叙，而君名以卒不與。館中諸公議，欲如故侍讀楊公述曾贈銜例，爲之請，已而未果，悲夫！此亦君之命也〔一六〕。

君美天性，有繼母弟徐植，六歲而失母，乃撫而教之。比官，則以父所遺業授之弟曰：「吾今俸糈可自了也。」族兄禹若遊困京師久之，不肯歸，君亟勸之，度無以濟行，則舉一歲俸傾囊贈之，曰：「濟乎？」族兄感之〔一七〕，取足以爲歸費者，而悉反其餘，曰：「弟長者，非所望也。」即日行。

君同年友貴州田檢討均豫，遠官且貧，不能攜家室，臥疾且革，旁無顧者。君日往視問藥餌。月餘不起，逡巡顧君曰：「子義足以了某身後〔一八〕，獨以詩數十首，煩點定相累耳。」君爲具棺斂，告賻於同官所知，并檢討之弟先一歲卒者，兩棺同舉，親爲作墓表以送之。

有廣東周中規者，年九十餘矣。先是，以壬申上公車，遇聖母萬壽，特授檢討銜。辛巳，又遇萬壽，偕其孫，騎一衛〔一九〕，復來進册，時期已迫，所司不受，而窮無以歸。君聞左鄰肇慶館中泣聲，問得其故。明日，君與之偕入，爲告於諸貴人，以聞。上大喜，命加贊善銜以歸。君之樂成人而不易生死也如此。

方君以憂家居〔二〇〕，值歲歉，人多殍者。君爲告於縣，發官廩平糶於延壽寺，鄉之賢者主之，吏胥不得爲奸利，而穀值減半。有逾期不得給者，君察之盡老弱，君益惻然，令授粟如數。有縣令令民更番擊柝無寐，雖士流不得免。君上書於令數百言，言傷政體而失士心，莫甚於此。令未之聽，而遽罣議去。後來者，竟罷此役，鄉人德之。

君未通籍時，常過江甯，族人某有質庫在上河，要君居之，且告曰：「屋前主者某娶妾而死〔二一〕。人嫁其妾，鬼時出爲祟，公能無懼乎？」君曰：「且居之。」下帷，牀上酣卧。僕者賀寶恐甚，卧牀側。夜半，四壁燈影昏然，有物從户後出，君睡適小覺，逼牀若人立然〔二二〕。少旋，以手啓帷，若撼動狀，即不復動，亦不去。君曰：「此必某之靈也〔二三〕。」即大聲以死生晝夜之理告之曰：「汝生嘗讀書，寧迷而不悟邪？」鬼若慚恧即滅。輒卧達旦。或來詰者，僕具以告。已而群來問訊，大駭。異自此遂絶。及君病前夕，夢至一所，鬼神羅立，獰惡不可狀。君心獨念曰：「吾何謂彼邪！」遂覺心惡之，出門竟遇疾卒。嗚呼！君之夢覺，始終無畏，其死生亦如是已。

君配夏氏。子三人：長如燕，次如熊，次如鯤〔二四〕，并讀書，能不忘君之志。銘曰：

余初得君文，曰器之貴。及書名於榜，食器騈碎。咤奇文之不曜〔二五〕，而貌璞以温温。五十一而死，信鬼而神。朱筠撰《笥河文集》。

【校勘記】

〔一〕題目朱筠撰《笥河文集》卷十二作「編修蔣君墓誌銘」。

〔三〕與、宇：原脱，據《笥河文集》補。

〔三〕之西君在館：原脱，據《笥河文集》補。
〔四〕之：原脱，據《笥河文集》補。
〔五〕日：原訛作「月」，據《笥河文集》改。
〔六〕按：「爲」後原衍「君」字，據《笥河文集》删。
〔七〕二十二：原訛作「二十一」，據《笥河文集》改。
〔八〕取：原脱，據《笥河文集》補。
〔九〕召試：原脱，據《笥河文集》補。
〔一〇〕加一級：原脱，據《笥河文集》補。
〔一一〕三、十七：原訛作「二」「二十七」，據《笥河文集》改。
〔一二〕閣：原脱，據《笥河文集》補。
〔一三〕車楞：原脱，據《笥河文集》補。
〔一四〕百：原訛作「萬」，據《笥河文集》改。
〔一五〕亡：原訛作「忘」，據《笥河文集》改。
〔一六〕亦：原脱，據《笥河文集》補。
〔一七〕兄：原訛作「人」，據《笥河文集》改。
〔一八〕某：原脱，據《笥河文集》補。

〔一九〕衛：原訛作「騎」，據《笥河文集》改。
〔二〇〕以：原訛作「之」，據《笥河文集》改。
〔二一〕前：原脱，據《笥河文集》補。
〔二二〕有物從户後出君睡適小覺逼牀若人立然：原脱，據《笥河文集》補。
〔二三〕某：原訛作「鬼」，據《笥河文集》改。
〔二四〕如：原脱，據《笥河文集》補。
〔二五〕之：原脱，據《笥河文集》補。

詹事府少詹事錢君墓誌銘

乾隆十三年夏，祖肄業於蘇州紫陽書院，時嘉定宗兄鳳喈先中乙科，在院同學，因知其妹婿錢君曉徵。幼慧，善讀書，歲十五補博士弟子，有神童之目。及院長常熟王次山侍御詢嘉定人材，鳳喈則以君對。侍御轉告巡撫雅公蔚文，檄召至院，試以《周禮》《文獻通考》兩論，君下筆千餘言，悉中典要，於是院長驚異，而院中諸名宿，莫不斂手敬之。

後三年，高宗純皇帝南巡，君獻賦，召試賜舉人，以内閣中書補用。明年入京，與同年褚摺升、吴荀叔講《九章算術》。時禮部尚書大興何公翰如，久領欽天監事，精於推步，時來内閣，君與論宣城梅氏，及明季利瑪竇、湯若望諸家之學，洞若觀火，何公輒遜謝，以爲不及。又以《御製數理精藴》兼綜中西法之妙，悉心探核，曲鬯旁通。繇是用以觀史，則自太初、三統、四分，中至大衍，下迄授時，盡能得其測算之法，故於各史朔閏、薄蝕凌犯、進退强弱之殊，指掌立辨，悉爲抉摘而考定之。

君在書院時，吴江沈冠雲、元和惠定宇兩君，方以經術稱吴中。惠君三世傳經，其學必求之《十三經注疏》暨《方言》《釋名》《釋文》諸書〔一〕，而一衷於許氏《説文》，以洗宋元來庸熟鄙陋。君推而廣之，錯綜貫串，更多前賢未到之處。謂古人屬辭，不外雙聲疊韻，而其秘實具於三百篇中。雙聲即字母所由始，初不傳自西域，皆説經家所未嘗發者。

尤嗜金石文字，舉生平所閲經史子集，證其異同得失，説諸心而研諸慮。海内同好，如畢纕蘅、翁振三、阮伯元、黄小松、武虚谷，咸有記撰。而君最熟於歷代官制損益，地里沿革，以暨遼、金國語，蒙古世繫，故其考據精密，多有出於諸君之外。所著《經史答問》〔二〕、《廿二史考異》、《通鑑注辨正》、《補元史氏族表》〔三〕、《補元史藝文志》、《三統術衍》、《四史朔閏考》、《金石文跋尾》、《養新録》諸書，悉流傳於世。

君弱冠與東南名士吴企晋、趙損之、曹來殷輩，精研風雅，兼有唐宋〔四〕。官翰林十餘年，所進應奉文字及御試詩賦，恒邀睿賞。故詩格在白太傅、劉賓客之間，文法歐陽文忠、曾文定、歸太僕，從容淵懿，質有其文。讀其全集，如見端人正士也。

君入中書後十九年成進士，改庶吉士，散館授編修。二十三年大考二等一名，擢右贊善，尋遷侍讀。二十八年大考一等三名，擢侍講學士〔五〕，充日講起居注官。三十七年改補侍讀學士。其年冬擢詹事府少詹事。君以績學著聞京師，秦文恭公輯《五禮通考》，及奉敕修《音韻述微》，皆請相助。其時朝廷修《熱河志》《續文獻通考》《續通志》《一統志》《天球圖》，君咸充纂修官。己卯、壬午、乙酉、甲午，充山東、湖南、浙江、河南主考官。庚辰、丙戌，充會試同考官。又充會試磨勘官者三〔六〕，充鄉試磨勘官者、殿試執事官者各一〔七〕，京察一等者三。即於主考河南之歲，授廣東學政。明年夏，以丁父憂歸。先是，君以侍讀學士，特命入直上書房，授皇十二子書。每預内廷錫宴，賦詩稱旨，前後蒙賜福字、貂皮、緞匹，恩禮有加。蓋上深知其學行兼優，將次簡畀。顧君淡於榮利，益以識分知足爲懷，嘗慕邴曼容之爲人，謂官至四品可休，故於奉諱歸里，即引疾不復出。

嘉慶四年，今上親政，垂詢君在家形狀。朝臣寓書，勸令還朝，君皆婉言報謝。是以歸田三十年，歷主鍾山、婁東、紫陽三書院。而在紫陽至十六年之久，門下士積二千餘人，其爲臺閣侍從發名成業者不勝計，蓋皆欽其學行，樂趨函丈。即當事，亦均以師道尊禮之。而今巡撫汪君稼門，待君尤獨摯云。

君諱大昕，號竹汀，曉徵其字。生雍正六年正月初七日〔八〕，以嘉慶九年十月二十日卒於書院，年七十有七。君卒之日，尚與諸生相見，口講指畫，談笑不輟。及少疲，倚枕而臥。不逾時，家人趨視，則已與造化者遊矣，非其天懷淡定，涵養有素，能如此哉？

君先世自常熟徙居嘉定，曾祖岐，祖王炯，父桂發，皆邑諸生。兩世耆年篤學，鄉里咸稱善人。以君貴，贈祖奉政大夫、翰林院侍讀；父中憲大夫、詹事府少詹事。祖妣朱贈宜人。妣沈封太恭人。配王恭人，即鳳喈妹，善記誦，有婦德，先君三十七年卒。君事庭闈以孝聞，待鄉黨宗族以姻睦聞，而與弟大昭，尤以古學相切劘，厥後以孝廉方正徵〔九〕，賜六品頂帶，亦稱儒者。其餘猶子〔一〇〕，江寧府教授塘、乾州州判坫、舉人東垣、諸生繹侗等，率能具其一體〔一一〕。文學之盛，萃於一門，亦可以覘其流澤矣。子二：東壁，諸生；東塾，廪貢生，候補縣學訓導。咸克守家學。女二：一適同縣諸生瞿中溶〔一二〕，一適青浦諸生許蔭堂〔一三〕，皆側室浦氏出。孫三：師慎、師康、師光，尚幼。東壁等自蘇州奉柩歸家，將以今年十二月初十日合葬王恭人於城西外岡鎮李字之原〔一四〕，實來請銘。

嗚呼！昶長君四歲〔一五〕，回憶與君及鳳喈同居學舍時，距今忽忽五十七年，逮同年通籍，同官同朝，亦幾二紀。中間昶以出使滇蜀，歘歷中外，與君别日較多，而書問往還，無時不以學問文章相質。蓋著作淵原，性情趨向，有非儕輩所得道其詳者〔一六〕。然則窀穸之文，非昶誰能盡也？鳳喈先以光禄卿告歸〔一七〕。後十二年，君繼之。又十三年，而昶以年届七十，蒙恩予告。三人者，所居百里而近，春秋佳日，常聚於吴中，諸弟子執經載酒，稱爲三老。曾幾何時，而鳳喈先逝，君歸道山又期年矣，獨昶龍鍾衰病，淹息牀笫！且念企晉、損之諸友，更無一人在者〔一八〕，執筆而書君行事，可勝悲夫！銘曰：

博文約禮道所基，下包河洛上璿璣。三才萬象森端倪，君也閎覽兼旁稽。海涵地負參精微，儒林藝苑資歸依。龍蛇妖夢未告期，文昌華蓋沈光輝。丸丸松柏臨湖湄，三尺堂斧千秋思。王昶撰《春融堂集》。

【校勘記】

〔一〕方：原訛作「釋」，據《春融堂集》改。

〔二〕經：原訛作「金」，據《春融堂集》改。

〔三〕表：原脱，據《春融堂集》補。

〔四〕兼有唐宋：原脱，據《春融堂集》補。

〔五〕講：原訛作「讀」，據《春融堂集》改。

〔六〕者：原脱，據《春融堂集》補。

〔七〕前「者」字：原脱，據《春融堂集》卷五十五補。

〔八〕六：原訛作「七」，據《春融堂集》改。

〔九〕厥：原訛作「故」，據《春融堂集》改。

〔一〇〕餘：原脱，據《春融堂集》補。
〔一一〕具：原訛作「舉」，據《春融堂集》改。
〔一二〕縣：原訛作「學」，據《春融堂集》改。
〔一三〕諸生：原脱，據《春融堂集》補。
〔一四〕今：原訛作「明」，據《春融堂集》改。「字」後原衍「圩」字，據《春融堂集》删。
〔一五〕四：原訛作「三」，據《春融堂集》改。
〔一六〕道：原脱，據《春融堂集》補。
〔一七〕告：原訛作「先」，據《春融堂集》改。
〔一八〕更：原脱，據《春融堂集》補。

吴荀叔杉亭集序

自蘄黄而東，包潛霍，帶肥滁，其間皆山色也。淮水繞其後，江水環其前，故安慶、廬州數府，名雖隸江南省，其實乃江北云。余家桐城，吴君荀叔家全椒，相去僅三百里。在家未嘗相識，至京乃相知。然嘗論江淮間山川雄異，宜有偉人用世者出〔一〕。於時，余之庸而闇無狀，固不足比儕類，荀叔負雋才，而亦常頹然有離世之志。然則所云偉人用世，余與荀叔固皆非歟？

荀叔雖無意進取，而工於詩，又通歷象、章算、音韻〔二〕，所著書每古人意思所不到〔三〕，是則余遜荀叔抑遠矣。余嘗譬今之工詩者，如貴介達官相對，盛衣冠，謹趨走，信美矣。而寡情實若荀叔之詩，則第如荀叔而已。荀叔聞是甚喜。夫予雖不足比荀叔，然謂荀叔之學，余爲不知也，其可乎？荀叔訂所著詩文曰《杉亭集》成，請予序之，遂不辭而爲之説。姚鼐撰《惜抱軒文集》。

公有《周髀算經圖注》，乾隆庚子，松江沈大成爲之序，見儀徵阮元《疇人傳》。兼又工詞，王侍郎昶刻入《琴畫樓詞鈔》中。《後案》。

【校勘記】

〔一〕偉：原訛作「傳」，據《惜抱軒文集》卷四改。

〔二〕章算：原脱，據《惜抱軒文集》補。

〔三〕書：原脱，據《惜抱軒文集》補。

補吴烺

字荀叔，號杉亭，全椒人。乾隆十六年，召試舉人，官山西同知。選八首。

荀叔爲玉隨編修從孫。疏節闊目，眉宇軒然。在京師，如梁山舟、陳寶所、王穀原諸君，皆親愛之。工勾股旁要之學。直綸閣者數年。出爲郡司馬，又數年而歿。兼工詞，予刻入《琴畫樓詞鈔》中。録自王昶撰《蒲褐山房詩話》。

補吴烺傳

吴烺，字荀叔，號杉亭。乾隆辛未南巡，迎鑾召試，伸紙疾書，頃刻賦成，衆皆訝其速而工。賜舉人，授内閣中書，與梁同書、陳鴻賓、褚寅亮相友善。習天算學，師劉湘□，益深造。湘□集内《答暦算十問書》一卷，爲烺言之也。後官寧武府同知，署府篆，以疾歸。著有《周髀算經圖注》，以西法補證古經，尤有裨實用。乾隆戊子刊成，松江沈大成曾爲序行之。更著有《勾股算法》《五音反切圖説》行世。其《杉亭詩文集》，姚鼐爲之序，詞爲王昶刻入《琴畫樓詞鈔》中。録自張其濬修、江克讓等纂《〔民國〕全椒縣志》卷十本傳。

褚宗鄭員外傳

公諱寅亮，字搢升，一字鶴侶，晚號宗鄭，江蘇長洲人。廩生。少與筠心學士齊名，又先後俱以召試得官，鄉黨稱爲盛事。乾隆十六年，高宗皇帝初舉南巡，公進詩賦，欽錫一等，特賜舉人，授内閣中書。明年，供職内廷。暇則與吴杉亭、錢竹汀兩先生研求算學，洞悉勾股、少廣、三角、八線之原。繼充方略館纂修，推升刑部奉天司主事。西曹事繁，一司奏讞，歲以千計。公揆情援律，務持其平。遷本部安徽司員外，兼江西司。因久在西曹，明於律意，少司寇杜公嘗以疑讞相屬，遺書曰：「君才大心細，能了此，否則恐成齏粉矣。」四十年夏，以病請假歸里。

公自少至老，歷官二十五年，退食之餘，性耽著述。而於經學尤深，嘗謂其與鄭異而實違經旨，因著《儀禮管見》十七卷、《儀禮答問》三卷，推闡鄭學，糾正敖氏之失。於《春秋公羊傳》，著《釋例》三十卷，以時月日爲例，悉本何、邵之説而引伸之。謂今所傳，皆出於晋人，惟《公羊》爲漢學。宣尼作《春秋》，本爲後人制作，後儒妄生訾議，非聖人之意也。於《易》，自鄭注而外，兼取孟、京、荀、虞之説，撰《周易一得》四卷。於《四書》有《自課録》，又《補遺》二十卷，以補任又新之所未及。又有《重訂朱子年譜》一卷，刊正二李之誤。此外有《周禮》《公羊異義》二卷、《穀經》一卷、《十三經筆記》十卷、《諸史筆記》八卷、《諸子筆記》八卷、《諸名家文集筆記》七卷、《雜記》四卷、《宗鄭山房古文》八卷、《四六賦》三卷、《古今體詩》十六卷。

嘗聞先君稱公曰前輩，又與公子嗚噦壬午同年，時相親炙，故於公之著作，所見最多。

又稱公精於天文推步測算之術，尤有神解。所著《勾股三角術圖解》，於舊法之外，多出新意。又聞公與錢竹汀少詹共讀《晉書》，至永嘉六年七月歲星、熒惑、太白聚於斗牛，公曰：「七月，日在鶉尾之次，去星紀極遠。太白在日，前後不過四十五度，何違日而在斗牛之間？恐七月當爲十月之誤。」考之果然。嘉慶癸亥，阮芸臺中丞將刊公之遺書以壽世，先爲立傳於疇人之中，幸絶學不至於湮没也。嚴觀擬稿《後案》。

湯辛齋先生〔一〕

公諱先甲，字蕁南，宜興人。乾隆十六年進士，由翰林改御史，升内閣侍讀學士，以事謫。尋蒙恩復授編修。乾隆四十二年，督學廣東。余與辛齋同年貢太學，相知最深，聞其歿也，不能無詩：「四海論交久，錚錚見此人。相期唯道義，所得在清貧。歸夢孤舟斷，吟魂萬里親。西風吹老淚，中夜獨霑巾。」韋謙恒撰《傳經堂詩鈔》。

【校勘記】

〔一〕此條出自韋謙恒《傳經堂詩鈔》卷八，詩題作「聞湯辛齋學使歿於粤東舟次并序」，以下即爲所録之序與詩。

師友淵源録後案卷十七

内閣前輩三

蔣春農先生〔一〕

蔣宗海，丹徒人。壬申恩科舉人，是秋成進士，官内閣中書，馴雅該博，聲著日下。工詩，能篆刻，又善丹青，具蕭疏古淡之趣。不屑蹈襲畫家窠臼。尤篤内行，年甫四十，即乞終養歸里，吟詩作畫以自娱。主梅花書院者多年。著有《春農吟稿》。王昶撰《畫識》。

【校勘記】

〔一〕汪啓淑《續印人傳》卷五録有《蔣宗海傳》，道光二十年海虞顧氏刻本。

補蔣宗海傳

蔣宗海，字星巖，號春農，晚號歸求老人。乾隆壬申進士，授内閣中書，入軍機。中年，以母老告歸終養。母卒，即無意宦途，以造育後進爲己任，主書院席，能文之士，多出其門，學者稱「春農先生」。幼好學，比長，無書不讀。性爽直，問字者終其身無虚日。乾隆癸巳，詔求遺書，以揚州爲第一，皆經手選而後進呈。居家孝友恭讓，出於自然。族黨有苦節者，月給蔬米，以爲常。有友外出，貧至鬻女，典己衣，贖而嫁之。偶於吴市遇一生行匄，助之，并贈以詩，有「不信詩書終有誤，可憐風雨太無情」之句，膾炙人口。嘉慶初，修邑志，皆本其所輯舊稿，志未成而卒。詳萬承紀《後序》中。邑令萬承紀父廷蘭與之同年，稱宗海及王文治、張明謙、鄒光國爲四君，各爲之傳。分見《文苑》《宦績》《尚義傳》中。録自徐錫璘等纂《（光緒）丹徒縣志》卷三十二《儒林》本傳。

湖南巡撫陸公行狀〔一〕

曾祖堎元，皇贈通議大夫。祖詮，皇贈通奉大夫。考瓚，山西保德州吏目，皇贈通奉大夫。

公陸氏，諱燿，字青來，一字朗夫，世居吴江之蘆墟。考虔實先生以文行顯，餘事精漢隸，卒爲卑官，士林惜之。公少寒苦，承庭訓，立志以古人自期。乾隆十七年壬申恩科，舉於京兆。甲戌會試明通，考授内閣中書。旋遭虔實先生喪。服闋，入軍機處，慎密而勤事，僇直至於日晡，猶不敢退。洊歷户部郎，管寶泉局監督。聖駕巡幸熱河、木蘭、江浙，無不扈從。大學士傅文忠公、劉文正公交推重之，有大事，輒咨以決疑義〔二〕。

出爲登州府知府。尋調濟南，核通省常平穀石存倉日少，請於中丞徐公，奏留南糧二十萬石，預籌積貯。歲壬辰，各屬薦饑，稍有囤積之家，輒遭劫掠。公親往彈壓勸民，平糶粟麥，恩威並施，應時寧戢。是歲升運河道，遍覽治河諸書，周行堤牐，上書總河姚公：一請濬泉渠。兖泰二郡，共泉四百七十有八，疏導之方，雖在泉源，尤在泉渠，必節節爬梳，由高趨下，然後其流不絶。一請開月河牐。河間年大挑，例於仲冬閉壩，春初挑竣。天寒晷短，窮日繼夜，小民墮指裂膚，殊堪憫惻〔三〕。宜修復南旺、濟寧、臨清月河舊基，再於彭口南岸創作月河。九、十月間，俾漕船、商船悉從此行，以其時挑竣外河，力易施而公私俱便矣。一請修《河渠志》。昔人所編，只就彼時形勢而言，閱歷年歲，頗多歧異。且官師之增并，錢糧之盈絀，兩朝訓諭、諸臣奏疏，并宜及時記載。姚公得書韙之，以次舉行。

甲午秋，壽張奸民嘯聚，距濟寧二百里。姚公率河兵往剿，城中空虚，或議閉門以防賊至，公曰：「鄉民入城者衆，何忍拒之？」乃洞開重闉，身坐其間，稽察容納。募四鄉民兵，授以守禦之方。賊偵之濟寧有備，不敢南嚮。未幾，天兵遂殲賊於臨清。明年乙未，升山東按察使司。建議免命案中徒犯，解讞以省拖累。丙申，署理山東布政使司，以分省佐雜人員日漸壅積，奏停加捐分發之例。

先是，公初補外任時，銓選雲南大理府，改登州，升甘肅西寧道，改運河，皆以親老，蒙聖恩體恤。至是歲，母夫人患痰壅，必得公侍側，叫號少息。乃陳情解任，上憐其至誠，温旨垂允。奉母南歸，夜臥不釋衣者六年。一聞聲響，即往扶掖，待安寢，始得就枕。辛丑遭喪。癸卯起，督運河堤工。復任藩司。奏定申嚴耗羨，隨正解司之成例，平糶穀價，飭解司庫至買補時發給〔四〕，以絶平時之侵那。寄莊錢糧本管官代徵，以杜隔屬之頑抗。甲辰，授湖南巡撫，鹽務舊有陋規，公峻卻之。適鹽價翔湧，勒減其半，商民兩便。社倉捐穀未輸者六萬二千七百餘石，通計貯穀已足，奏停征收。詢屬員，有親已篤老，遠來候補者，請申明終養成例，勒令歸養。嶽麓、城南兩書院，額設膏火，僅數十名，請撥公項三千兩交商生息，以廣肄業名數。

公以單寒膺上知遇，自爲藩臬，以至開府，凡有條奏，皆奉諭旨，益感激圖報。疾作，猶強起視事，竟以勞瘁卒於官署，時乾隆五十年六月二十三日，距生雍正元年正月二十四日，得年六十三歲。上聞，帝曰：「可惜！」天下亦皆以公未罄所學爲抱憾也。

公律身嚴正，自奉儉約。河工藩庫出納〔五〕，無私毫自利。館驛不煩供頓，傔從不遺頭站，屏除餽送，飭門吏毋得妄通。初至長沙，夜夢賦詩云：「能開衡嶽千重雲〔六〕，但飲湘江一杯水。」至今士民揮涕誦之。著有《切問齋集》、《朗夫詩編》，於運河成《備覽》六卷，秉臬有《濟南信讞》四卷。又嘗輯本朝文，議論切深、有關人心世道之作，類爲《切問齋文鈔》三十卷。至憫地方荒旱，著《甘薯録》。聖諭嘉其切要，令大吏刊行。生平不立講學之名，不設同異之見，惇宗黨，篤師友，事不勝書。

配陳夫人。子三：長恩綬，太學生，先卒；次繩，次絅，皆太學生，克守公家範讀書，無紈袴習。孫男六人。

詩自少以兄事公，初應京兆試，館公邸第。官京師，日飫聞公之緒論，每以文行相規勖。及公以藩司假歸，僑居嘉興，每駕小艇見訪，沽濁醪，飯脱粟，款語向夜。所隨傒僮，以一燈送歸舟，情事如昨。薨時，方伯秦公承恩、觀察李公世望，經紀其喪，繩、絅扶柩歸。李公寓書於詩，謂詩從公遊久，粗知公之崖略。不敢以不文辭，乃就繩等述，撰次其行事，以備墓隧誌銘之詞，史館之採擇。謹狀。金學詩撰《播琴堂集》。

【校勘記】

〔一〕題目金學詩《播琴堂集》卷二作「資政大夫兵部侍郎右副都御史湖南巡撫陸公行狀」。

〔二〕咨：原脱，據《播琴堂集》補。

〔三〕堪：原脱，據《播琴堂集》補。

〔四〕解：原脱，據《播琴堂集》補。

〔五〕庫：原訛作「爲患」，據《播琴堂集》改。

〔六〕重：原訛作「里」，據《播琴堂集》改。

内閣中書王君家傳

王曰杏字丹宸，號漱田，無錫人。祖雲錦，康熙丙戌廷試進士第一，改翰林院修撰，提督陝西學政。父諱興洛。君幼時，讀書上口即背誦。既長，善書法，於魏晋以降墨跡石刻，無不臨摹輒畢肖。又嫻習時務，慨然有用世志。

乾隆癸酉，舉於鄉。甲戌，考取内閣中書，行走軍機處。每扈從行圍，遇公事旁午，坐馬上，盤一膝，置紙膝上，信筆作小楷疾如飛，而工秀獨絶，同輩羨嘆，以爲莫能及〔一〕。有官中書者，見機要大臣，跪一足請事，君見而怒罵曰：「子非人！壞朝廷紀綱，吾不能與子共事〔二〕。」遂告之大學士陳文勤公，逐之。蓋數十年前士大夫以禮自持〔三〕，於君猶見前輩風采云。君性耐繁劇，退食之暇，輒以文章書畫自娱，生平未嘗見倦色。屢擢户部郎中。出知銅仁府，明法善斷，人稱之曰王青天。

公事罣誤降調。抵京時，大學士温公辦理緬甸，將往滇南，聞君至，請與偕行。奉命再授内閣中書，仍辦軍機事。由滇之蜀，進討金川，佐謀畫，著有勤績。木果木之變，君方引衆南，有紅衣賊立高壘，飛片石，正中君額以死。事聞，贈授光禄寺少卿，蔭子光顯知縣。程晋芳撰《勉行堂文集》。

按公出知貴州銅仁府，緣事鐫職，奉旨復起爲刑部主事，入直如故。三十六年，從軍入川，與趙公文哲同在幕府。軍潰，格賊死之。贈光禄寺少卿，祭葬賚蔭如例。李心衡撰《金川瑣記》。

【校勘記】

〔一〕以爲：原脱，據《勉行堂文集》補。

〔二〕能：原脱，據《勉行堂文集》補。

〔三〕前：原脱，據《勉行堂文集》補。

劉竹軒

公諱秉恬，洪洞人。以乾隆二十六年中書，十年而至川督。嘉慶三年冬，爲倉場侍郎。觀謁公於京邸，曾以詩稿見贈，并爲余介紹，得見費公雲浦，薦修《舒城志》，在嘉慶七年。縣令四川江油熊載升，亦能吏也。《後案》。

侍郎和平謙雅，性喜吟咏，《全集》二十卷。所著《述職吟》二卷，中有《生春詩》八首云〔一〕：「何處生春早，春生梅蕊中。一枝邀臘雪，幾朵綻和風。不聽開江上，還宜置閣東〔二〕。無邊春色好，梅信早爲通。」「何處春生早，春生嫩柳中。淺金揺旭影，弱翠泛晴空。腰細姿偏媚，眉彎畫欲同。龍池新雨後，一望鬱葱葱。」「何處生春早，春生芳草中。葉雖霜易翦，盟却土難蒙。已見青如線，旋看碧集叢。王孫歸不遠，芳草路相通〔三〕。」「何處生春早，春生緑竹中。雷鳴驚稚子，龍起發孫童。翠色和微露，新叢惹惠風。平安書欲報，心與此君同。」「何處生春早，春生山色中。間紅初日襯，淺緑晚煙籠。樹暖鶯環繞，雪消橋曲通。静觀多態度，畫意畫難同。」「何處生春早，春生碧水中。池塘看緑泛，河畔聽冰融。魚戲随波去，舟行到處通。野航多露宿，是夕畏寒風。」「何處生春早，春生畫閣中。和風來檻外，旭日照樓東。爆竹臨簷響，梅花入户通。寒從高處散，暖氣自融融。」「何處生春早，春生旅館中。陽和先客至，慶賞與人同。晚宿每離火〔四〕，朝行不畏風。津途經萬里，渥澤感恩隆。」即此八章，想見公胸中滿腔春氣，煦煦流於筆墨之外也。檀萃撰《滇南詩話》。

【校勘記】

〔一〕生春：原倒作「春生」，據劉秉恬《述職吟》卷下乙正。

〔二〕東：原訛作「中」，據《述職吟》改。
〔三〕芳草路相：原作「已見路難」，據《述職吟》改。
〔四〕每：原訛作「無」，據《述職吟》改。

補光禄大夫劉公傳

劉秉恬，字德引，號竹軒，世居山西洪洞之蘇堡。曾祖鎮，刑部郎中。祖常，議叙按察司僉事。父繩伊，户部員外郎。并贈如公官。兄弟三：秉愉，湖北按察使；秉愃，户部郎中；公其季也。

幼穎悟，七歲受書，即深求義理。從浙東名宿王道熙先生游，學益進。年十三，父歿於濟寧。訃至，拊擗極哀毁，既恐傷母心也，復飲泣勸慰，其婉摯有過人者。弱冠補弟子員，學使時庵蔣公謂公文理實氣清，設施當不可量。明年丙子舉於鄉。辛巳，取中明通，中書、軍機處行走。每下直，陳諭旨及章奏，悉心尋求，雖夜分不輟，援筆頃刻千言，大臣交重之。遷考功主事，洊升福建道御史。戊子，銜命視南漕，即由臺莊勘河，自淮揚至瓜儀，撈淺刷沙，蓄水鑿石，皆躬親履視，制府及河漕諸帥服焉。差竣，巡視南城，補吏科給事中，監賑粥厰。見有以氈笠蒙面者，詰之，果脱逃旗奴，收治如律，其聰察如此。

己丑春，有事緬甸，高宗純皇帝命傅文忠公督師，以隨行。既至，駐軍騰越州南，雨夜，設兩駝筐作榻，一油傘蔽之，寢其上，猶夢理軍務，雨涔涔下不知也。新街之戰，公先期催儹木邦兵餉，往返三百里，次日畢集。獲俘，因奪旗纛，公之功甚多。轉工科給事中，升鴻臚少卿。明年凱旋，擢副都御史，遷刑部侍郎，調兵部侍郎，尋授倉場侍郎。時公年三十六，期歲六遷，知遇之隆，古今罕覯。

壬辰，大兵進勦兩金川，公奉派馳辦西路糧務，自通抵蜀，纔匝月耳。至即核帳籍，稽道里，以人夫齎少而行遲也，改用騾馱。由灌縣裝赴雜谷鬧，自此以西不通騎，且未有糧臺，乃召募鋪户，借給資本，俾創廬舍於道，而背運者藉以食宿，既有成式矣。會調公赴南路。南路木池一帶未安，夫站山荒徑僻，輓運尤艱，公核定人數、穀數，僱用蠻地烏拉，長運至營。回空日，仍給口糧，丁夫歡躍。十月，阿文成公進攻小金川，公以雪紛道險，而羊隻自能陟山，招蠻民販羊詣營，六羊抵米一石，事遂濟。小金川全境蕩平，以功戴花翎，授四川總督。

癸巳上元，自美諾冒雪赴布朗郭宗，與提督董天弼面商機務。番衆見公來，遮而拜，公賚以布帛、烟茶，顧而喜。時小金川番人隨僧格桑竄人金川者，稍稍因飢逃歸，公慮其摇衆，爲陳利害，具衣糧，開誠心待之。降番感泣曰：「唯公沾我。」温公福之攻昔嶺也，公即日馳赴木果木大營，由功噶爾拉沿途開修臺站，餉運迅。繼諭旨至，指授悉符合，因以公實心體國，與統兵督戰無異，照軍功給優叙焉。土司中綽斯甲布最强，又金川之姻也，名爲效順，實持兩端。適公拜川督，其酋工噶羅爾布，遣頭人生根吉謁賀，意存窺伺。公反其饋，面詰其情，頭人語塞。因檄其酋，而告以大兵之必不中輟，土地之自有公斷，往復數百言，詞義嚴正，群酋讋服。上益以此多公，加銜太子少保。會以董天弼措置乖方，不早參奏，降按察使銜。尋奪職，仍留總督翎頂。

乙未，公在西路有事赴岑，得行仄徑，旁臨深箐，山上騾隻下墜，公正欲側身，而鞍架横兩胯間，得無恙。又赴策爾多催糧，賊卒至，公率衆前行，炮石從馬腹下過，即馬足無少損。一夕，宿日爾拉途次，覺有人趣公起，視之無也，以爲夢。俄聞語如前，遽呼速進，以火繩照路而行。未里許，賊衆大至，會海公蘭察統兵截剿，合師一處。公忠誠所感如是云。是年補職方郎中，隨擢吏部侍郎。丙申，大功告蕆，公留川辦理軍需報銷。

己亥正月，公母病，詔許馳驛歸侍。公感激涕零，遄行抵都，太夫人已棄養，公哀毁盡禮。時伯兄已前卒，乃偕仲兄扶櫬回籍，度塋壙，葺墓廬，立家祠，皆身親其事。煢煢骨立，終以未視含斂爲遺恨。十二月十五日，忽奉廷寄，使公束裝待命。公方惶遽未及陳情，十七日，即奉署理陝撫之命。緣上諭有「一時不得其人，并非開在任守制之例」等語，不得已銜哀。

明年，徙滇撫。又明年，權雲貴總督。時安南國王以内地民人出邊居住爲辭，咨請防禁，語多乖制。公既加駁詰，復備述天朝法紀森嚴，大皇帝懷柔盛德，令查滋事者主名送内地推問。隨飭沿邊文武，巡防隘口，有竄回者執之。奏入，上以爲綏遠靖邊之體。壬寅，楚雄水，親往賑其民。黑鹽井被淹，順道勘修之。龍川江漸薄府城，開引河，復故道，使無衝城基。餘如澂江之撫仙湖、昆明之盤龍江，及金汁河之韓冕閘，次第修建，溉民田數萬頃，爲至今利。公于人材尤加意。初己亥恩科，耆儒得賜會試，而滇省獨未奏請，公撫滇，以錢兆基、周世德等補題，滇人賜科自此始。五華書院，省垣肄士之所，延名師主講，親莅觀風，增其月給。一時俊人振興，如嚴觀察烺，其尤著者。

丙午冬，内授兵部侍郎。明年，調佸倉場。公初督倉場時，東省頭運麥五萬石先期抵通，爲花户留難，公至，二運、三運麥十萬石踵集，隨到隨收，不十日而畢。京城麥貴，運麥赴京分貯，例由司坊官與倉監督而兑，而前此多書吏詣領，因而與花户、斗級勾通中飽，公奏定官與官兑，積弊爲之一洗。至是，公再莅，胥役等聞風悚息，以故終公任前後十餘年，無敢因緣爲奸者。公熟於堤防，疏濬恒先事講求。憶辛卯歲，通惠河漲，衝刷普濟閘南岸，修築糜費，因奏：「大通橋至通州石壩等工，久未挑濬，與其補苴於事後，不若綢繆於幾先。」上覽奏嘉悦，如所請。壬子秋，張家灣急水溜窩，糧艘難進，公親赴督催，僱縴夫每船至四百人，浹旬完竣，其蕆事之速，多類此。

丙辰，皇上御極之元年，公與仲兄同預千叟宴，有百韻詩紀盛。己未，授兵部右侍郎，知武舉，充殿試監射官。庚申正月，轉左侍郎。方己未春，高宗純皇帝龍馭上賓，公感荷深恩，五中摧裂，漸成氣逆之症，卒以是不起。生於雍正十三年閏四月二十四日，終於嘉慶五年二月二十六日，年六十有六。

著有奏議、詩古文各若干卷，藏於家。

論曰：公在蜀時，奏略云「天下無必不可辦之事」；晚年，謂其子又云「吾自幼至今，無時無事不敬」，至哉言乎！公勳勞聲名，照耀竹帛，事洵無不辦矣。顧兢兢於敬之一字，真善道得力者。服官四十年，倚畀之深，遭逢之盛，豈偶然也哉？錄自劉鍾邠等增修《山西洪洞劉氏宗譜》卷十一《洪洞劉氏家傳》。

特贈副都御史掌陝西道監察御史曹公墓誌銘〔一〕

乾隆五十七年壬子春，侍御劍亭曹公卒於京邸〔二〕，手書遺其子曰：「誌墓之文，必求石君朱中丞先生爲之。蓋石君最知我，而其文必傳也。」其婿陳慤以其孤江書來告哀，且求銘曰：「此先子之遺命也。」予泣曰：「我何以傳我友哉！然吾何敢遽銘吾友也〔三〕？」

慇屢趣之〔四〕，曰：「姑有待。」越嘉慶己未，江將扶其繼母趙淑人之柩歸，合葬於公之阡，固以請。珪曰：「我今可以報吾友矣。」

公諱錫寶，字鴻書，又字劍亭，晚號容圃〔五〕，江蘇上海人。祖贈公煜曾，父贈公培謙，母張淑人。以康熙己亥年十一月三日辰時生。公幼而穎敏絶倫，見愛於祖父母。

弱冠，以第一名入學。乾隆辛酉，以國子生舉北闈鄉試。壬戌，考取内閣中書。丁贈公憂。戊辰，服除，起直軍機處〔六〕。庚午，補中書。時與莊殿撰培因同直齊名，莊既大魁，人望屬公。傅忠勇公將奏擢侍讀，力辭，忠勇公笑曰：「人各有志，不可强也。」丁丑，會試中式，殿試二甲五名進士，改庶吉士。丁張淑人憂，扶喪南旋。忽遘瘍疾，委茶將十年。手鈔經、史、古詩文、《華嚴》，皆成部疊架。作詩尤長於五古〔七〕，有陶、謝、韋、孟真意。丙戌，散館改刑部主事。戊子，遷員外郎。庚寅恩科，充河南鄉試副考官，擢郎中。辛卯，充會試同考官，督學山西。乙未，授山東糧道。丁酉，以旗丁門毆命案罣吏議來京，以部員用，在《四庫全書》處行走，分辦黄簽考證。書成，議叙以國子監司業用。

乙巳，與千叟宴，特旨授陜西道監察御史。丙午，上封事劾奏大學士和珅家人劉全衣服、車馬、房屋逾制。先有竊知其事者，漏言事於和，乃星夜毁其跡。於是奉旨留京。王大臣勘查僭妄蹤跡，竟不可得。而公危甚，馳赴热河待詢。當是時，和珅當路已十餘年，中外無一人敢投鼠者，聞公此舉，皆咋舌，噤不能吐氣。一二有心人，仰屋竊歎而已，亦未敢頌言公賢，皆曰：「曹公禍且不測！」然上竟不以罪公也。部議鐫三級，奉旨改爲革職留任，蓋先帝保全言官，故卒無敢中傷之者。

丁未，充文淵閣詳校。戊申，轉掌陝西道，巡視北城。八月，充鄉試同考官。九月，以他御史事波及〔八〕，降二級留任。庚戌以後，得嘔血疾，自是貧病憊甚，乃自作年譜。壬子正月十九日亥時卒於官，年七十有四。

越七年，今上親政六日而和珅下獄。正月十八日，賜和死。今上於是追念曲突徙薪之功，惟公一人而已。二十八日，特下明詔曰：「前御史曹錫寶，參奏和珅家人劉全倚勢營私，家資豐厚，時當和珅聲勢熏灼，舉朝無一人敢於糾劾，而曹錫寶獨能抗辭執奏，殊爲可嘉，不愧諍臣之職。今和珅治罪後，查劉全家産，竟至二十餘萬之多，是曹錫寶前此所劾，信屬不虚，宜加優獎，以旌直言。著加恩，追贈副都御史。伊子照，加贈官職銜，給予蔭生。」於是天下聞之莫不吞聲心折，呼聖明萬歲。而天道久而必信也。嗚呼！公真不朽矣，何待珪一言以爲輕重耶？

憶珪初識公於丁卯八月，公視學山右，珪爲晋藩，相聚者三年，中間離合，亦不數數見也。而公獨以珪爲知我，且遺言其子必求予銘，予感公意，乃以侄女孫許字公之子江〔九〕。

公娶張，性孝，爲姑刲臂。生女一，嫁海寧陳慤。繼趙，生女一，嫁青浦王肇嘉。側室郭，生子江，三品蔭生。卜以嘉慶四年己未冬某月某日祔葬趙淑人於吴縣七子山清凉塢，背丁面癸，公及張淑人之墓所。銘曰：

鄧林蔽霄，萬族穴巢。有孤鳳皇，翀飛哀號。燎原一焮，獸走鳥焦。嗟鳳逝兮，帝命下招。公今在天，扶雲一笑。噫我後死，仰閶絶叫。聖人旌直，豈爲一人？闡幽彰癉，忠正氣伸。榮衮誅鉞，惟皇福威。垂蔭世世，視此碣碑。朱珪撰《文正公集》。

【校勘記】

〔一〕題目朱珪《知足齋文集》卷五作「掌陝西道監察御史特恩贈副都御史曹公墓誌銘」。

〔二〕侍御：原作「御史」，據《知足齋文集》改。

〔三〕然：原脱，據《知足齋文集》補。

〔四〕趣：原訛作「趨」，據《知足齋文集》改。

〔五〕晚號容圃：原脱，據《知足齋文集》補。

〔六〕服除起：原脱，據《知足齋文集》補。

〔七〕古：原訛作「言」，據《知足齋文集》改。

〔八〕事：原脱，據《知足齋文集》補。

〔九〕孫：原脱，據《知足齋文集》補。

翰林院編修蔣君墓志銘

乾隆十九年，余會試在京師，以通家子得謁總憲金檜門先生。時鉛山蔣君士銓，先生門下士也，以能詩鳴，故詩酒之會〔一〕，無不共之。迄今忽忽三十餘年，其間離合無定，而郢石之知，罕有逾於君者。自先生下世二十餘年，君又繼之，所謂臣之質死久矣。於是其子知廉等以狀來，乞爲幽竁之銘，余其忍辭！

按《狀》，君字心餘，一字苕生，號清容。祖承榮，父堅，皆不仕。君生四歲，母鍾宜人授以《四子書》及唐人詩，一過不忘。清江楊勤恪公異之，待以國士。從父至山西，讀鳳臺王氏藏書，學益富。年二十二，檜門先生督江西學政，拔補縣學生，以孤鳳凰稱之。十二年，中丁卯科鄉試。十九年，考授内閣中書舍人。二十二年，成進士，改庶吉士。時余亦召試爲中書舍人，故與君之交益密。二十五年，授編修，充武英殿纂修官。二十七年，又偕余充順天鄉試同考官。二十八年，充《續文獻通考》館纂修官。

明年，奉母南歸，居金陵。久之，浙江巡撫請主紹興蕺山書院，凡五載。兩淮鹽運使復請主揚州安定講席，奉母以行。四十年，鍾宜人殁。服終入京，充國史館纂修官。尋患風痺，時淹臥牀第間。四十四年，余請假還朝，往候之。君笑曰：「已作習鑿齒矣。」談笑間，目光猶炯炯也。四十六年，復病，歸南昌。至五十年二月二十二日卒，年六十有一。君生歿之日，皆無雨而雷風，故世以爲異云。子七：長知廉，拔貢生，充四庫館謄録；次知節，舉人；次知讓，召試舉人；次知白、知重、知簡、知約，皆幼。

生平著《藏園詩文集》若干卷〔二〕，存於家〔三〕。君風神散朗，如魏晋間人，從容譃笑，繼以諧謔。而甄録寒畯，激揚忠義，有古烈士之風。博通淹雅，自古文辭及填詞度曲，無所不工，而最擅場者莫如詩〔四〕。當其摇毫擲簡，意緒觸發，如雷奮地，如風抉土，如熊咆虎嗥，鯨呿鰲擲，山負海涵，莫可窮詰。故論詩，於當代以君爲首；而論君之詩，以五七言古詩爲極則〔五〕。君與禮部尚書彭君元瑞生同鄉，成進士同年，又同官翰林，上賜詩，嘗有「江右兩名士」之目。今彭君置身華要，而君官不過七品，往蹇來反，卒纏綿於惡疾。歐陽子曰：「士患不逢時。時逢矣，患人主之不知。知矣而不用者，命也。」如君，洵可謂之命矣！五十二年某月日，知廉等葬君於某縣之某鄉。乃作銘曰：

維遇之嗇，緊才之豐。匪惟才豐，志行攸崇。抉幽發潛，扶孝植忠。何登朝著，疢疾乃叢。有山崇崇，有水淙淙。曰歸斯邱，馬鬣以封。凌雲之氣，閟於幽宫。發爲詩歌，翻蜺走虹。如有不信，驗此雷風。王昶撰《春融堂集》〔六〕。

【校勘記】

〔一〕故：原訛作「改」，據《春融堂集》改。

〔二〕文集：原脱，據《春融堂集》補。

〔三〕存於家：原脱，據《春融堂集》補。

〔四〕詩：原訛作「時」，據《春融堂集》改。

〔五〕則：原脱，據《春融堂集》補。

〔六〕按：此下原有「客有謁劍閣姜平襄祠，歸而誦保寧太守莊學詩云：「沓中豈是爲身謀，保障成都第一籌。不畏裹毡來鄧艾，最嗔銜璧出譙周。軍皆斫地完齊燼，敵竟呼天執楚囚。大膽何當無遠略，陰平曾表護橋頭。」詩果平久，可作平姜論」一段文字，未注出處，且字亦似有誤者，不知所詠何人，蓋夾籤誤置此者，今删。

童梧岡先生

山陰童梧岡鳳三，庚辰進士，督學陝甘，有《至山南》詩云：「二月燕山道，春寒雪尚滋。如何亭畔柳，偏緑送人衣。遠鳥歸帆外，斜陽獨立時。幾回搔首望，玄鬢欲成絲。」先生督學陝甘，距今幾三十年。嘉慶十三年清明日，遇趙味辛司馬於邗上，見其持箑，因録是詩，以誌景仰。《後案》。

丁丑，浙江召試題目《循名責實得田字》，御筆草書，諸生莫辨，押思字者多，田字者只二卷，難定去取。次日，復以《蠶月條桑》考試，童梧岡第一，即押田字卷也。戴璐撰《石鼓齋録》。

王蘭泉侍郎行略

蘭泉侍郎政事文章，名揚海内。幼與先君同官綸閣，同侍樞庭。及先君歿於廬陽書院，公哭以詩。觀以所著《元和郡縣補志》呈公，公亦見許，因輯公行略，以誌感焉。

公王姓，諱昶，字德甫，號述庵，又有蘭泉、琴德之號。世爲松江府青浦縣人。官至刑部左侍郎。曾祖之輔，祖璵，父士毅，皆以公貴，贈如其官。曾祖母雷，祖母沈，嫡母陸，生母錢，皆晋至一品夫人。

乾隆十八年，公由廩生舉於鄉，連捷成進士。二十二年三月，高宗純皇帝南巡，召試欽取一等第一，賜内閣中書。補官後，署協辦侍讀。五充順天鄉試同考官，皆李文公所卓異者也。二十九年二月，升刑部山東司主事，兼辦秋審處。又充經咒館校理。先是，高宗以《三教聖教》中頗有俚俗猥瑣者，命劉文正公詳加删定。文正屬公與先君及汪舍人孟鋗，取《經律論》，按日排閱，凡六閲月而畢。擬删唐智昇《開元釋教録》五卷，元僧祥邁《辨僞録》，并《永樂大典制序讚文》一卷。奏進，上從之。命章嘉國師偕其徒，重譯《首楞嚴經》及《諸經咒語》，凡漢、唐文字番語所未通，須講解之，故有是職。三十一年春，升浙江司員外郎，轉江西司郎中。先後五遇京察一等，記名以府道用。七月，兩淮運使提引事發，坐言語不密罷職。計在京曾充方略館收掌提調《通鑒輯覽》《一統志》《同文志》纂修官。

時緬甸未靖，上以阿文成爲伊犁將軍，奏公學問幹濟，請以從行。遂於十月初十日發京師。時錢太夫人尚在京邸。及抵騰越，時大學士傅公恒爲經略，會緬酋乞降，從文成抵省，籌安邊善後事宜。三十六年六月，文成内用，公又爲尚書温公福留佐軍事。十月，恩賞公吏部考功司主事。三十七年二月，參贊大臣伍公岱緣事，上命文成往統其衆。三十八年六月初十日，温公没於陣。公從文成抵成都。三十九年四月，袁公守侗按事來川，詔令便赴軍營視狀，袁公知軍牘皆公一手所辦。上嘉之，升吏部稽勳司員外郎，轉文選司郎中。會兩金川平，公將回京供職。凡在軍營九年，和平簡易，自科爾沁親王，及副將軍參贊大臣等，無不親之重之。

四十一年三月初二日，自噶喇依班師，行至良鄉竇店。四月二十三日，駕幸黄新莊，公用戎服行禮，賜茶。次日至京，見太夫人康强逢吉，喜心翻倒，不知流涕滿面也。上幸紫光閣賜宴，升公鴻臚寺卿，賞戴花翎，入直軍機，充《金川方略》及《一統志》總纂官。擢通政使，尋又擢大理寺卿。四十二年十二月冬，授都察院左副都御史。四十五年三月，命授江西按察使。抵南昌五閲月，丁錢太夫人憂，回籍治喪。并承光禄公志，起祠堂二十間，旁爲家塾。并置田五百畝，以供其用。

起服授陜西按察使。四十九年四月十九日，有回民田五、阿渾之變。上命往長武禦之，賴公晝計，民得以安。至七月初五日始平。是役也，公不攜胥吏，不藉賓僚，飛書草檄，咄嗟立辦。暨平班師竣事，無一舛誤。八月，升雲南布政使。見滇省銅政最繁，莫能推其顛末，作《銅政全書》五十卷，以爲補救之方、調劑之術焉。五十三年三月，調江西布政使。入境覆勘江湖水溢被災情形，具奏，蒙恩加恤。五十五年正月内，升刑部右侍郎。五十七年八月，命充順天副主考，又磨勘各省鄉試中式卷。

公受高宗純皇帝暨皇上特達之知，遇有大案，每命往鞫，復奏均得温旨嘉之。自乾隆癸未至癸丑，隨駕謁東陵、西陵者五，五臺者一，盤山一，熱河四，天津一。中間賡和御制詩篇暨緞匹文翰之錫，不可勝紀。五十八年，年七十，因老乞休，恩予原品休，并命俟春融回籍。歸，以「春融」二字顔其堂，以紀恩遇。

嘉慶二年，與千叟宴。四年，太上皇帝升遐，入都晋謁梓宫行禮。三月初一日召見，條陳數事。上命留覽。回籍，兩應婁東、敷文書院之聘。嘉慶八年，詔令查雲南各屬銅、鹽虧空，公應賠銀一萬二千餘兩，以所有田宅入官變價，具呈以繳，凡六千餘兩，呈督撫咨部豁免。以疾辭書院歸里，年八十有三壽終。雍正二年十二月二十二日未時生，嘉慶十一年七月初七日卒。誥授光禄大夫、刑部左侍郎。

妻鄒氏，封一品夫人。繼子肇和。女適杭州府知府嚴榮。生平著作，曾與纂《五禮通考》《紅橋小志》《西湖志》《太倉州志》《春融堂全集》《金石萃編》《天下書院志》《湖海詩傳》《續詞綜》《琴畫樓詞鈔》《小品》十四種，如《西陵扈從記》、《滇行日記》兩編、《征緬紀聞》、《蜀徼紀聞》、《屬車雜志》、《豫章行程記》、《雪鴻再録》、《適泰日記》、《商洛行程記》、《使楚叢譚》、《臺懷隨筆》、《歸葬小志》，皆有關於掌故。論者謂足與漁洋、西河并駕齊驅也。嚴觀擬稿《後案》。

韋約軒傳經堂詩鈔自序

鈔己酉以往所作，得古今體詩一千有奇，凡十二卷，蓋余年已七十矣。憶四歲時，先母教識字，即日授唐詩一兩首〔一〕。洎六歲就外傅，以方受經，弗暇也。十一歲，侍先君子歸自泗州，舟中無事，適行笈有《右丞集》，俾余讀之，乃稍知所謂詩者。至十三四，見諸執友，分題刻燭，余亦間有吟咏，謬邀許可，然此中實無所得也。稍長，始博觀漢魏以洎三唐，并旁涉宋金元明諸大家，覺胸臆間有流露於不自知者，故存詩自壬戌始。

伏念自少孤露，不得已餬口四方，歌食歌事，期於自適。通籍後，雖簪筆從容，宜得盡心於文字，而軟塵僕僕，求如曩時之低首牖下，含毫吮墨，殊不易得。及出而之海岱，之滇之黔，則案牘填委，川涂阻長。凡有所得，多在馬上枕上，亦不復能自收拾。迨重入玉堂，而白駒過隙，鬚鬢皤然，壯盛不來，吟興漸減。惟己亥典試雲南，重尋陳跡，時越半年，得詩較多。丙午奉使入秦，新作亦復無幾。至遍叨館職，書局匆匆，再領成均，則以講習爲職，輒累月經旬，不成一句。四十餘年，薈萃篇什，離爲三十四卷，聊紀歲時，所謂千金敝帚，擁以自私，真不堪一噱也。新春稍暇，遍檢諸集，鈔什之三四，未知於古作者何如？或不至以浮華浪蕊、蚓竅蠅鳴見擯於大雅，則幸矣。乾隆庚戌正月，中憲大夫、國子監祭酒、仍兼教習庶吉士木翁韋謙恒書於京師宣武門外之長生瓦研齋。韋謙恒撰《傳經堂詩鈔》〔一〕。

韋約軒中丞謙恒，二十拔貢，名噪場屋。四十四癸未及第，不十年，開府黔中。嗣三入詞館，再領成均，官止鴻臚。七十七卒。戴璐撰《藤陰雜記》。

【校勘記】

〔一〕唐詩：原脱，據韋謙恒《傳經堂詩鈔》卷首自序補。

〔二〕傳經堂詩鈔：原無，據文例補。

翰林院侍讀學士曹公墓誌銘〔一〕

翰林院侍讀學士曹公習庵，予同里總角交也。君之高祖母，予曾祖姑；而予曾祖母，則君高祖姑。君之尊人檀滑公，爲先大父入室弟子，予又受業於檀滑公。君少於予三歲，相視若昆弟然。已而同客吴門〔二〕，先後以召試通籍。又同在詞館，應制詩文，互相商榷。游覽宴集，出入必偕者蓋四十年。予視學東粤僅半載，奉諱歸里，遂不復出。又十餘年，習庵亦視學於粤，臨行，貽書告予，謂任滿日當乞養南歸，相從尋山水之盟。乃到任僅半載，奉太夫人之諱，馴至不起。嗚呼！當代失一大手筆。聞者無不盡傷，况交親至厚如予者乎！孤子臣晟以志銘見屬，誼不可辭。

君諱仁虎，字習庵，號來殷。本姓杭氏，世居嘉定之周公村，十世祖維德幼孤，依母氏居外家，子孫因以曹爲氏。五世祖元嘏，移居城西之外岡。高祖國正，贈武德將軍。曾祖錫命，康熙壬戌武進士，湖廣撫標中營游擊。祖源，歲貢生，以君貴，累贈中憲大夫，始移居縣城。父檀滑公，文行爲士林推重，弟子著録最盛，歲貢生，候選訓導，以君貴，誥封奉直大夫，晉贈中憲大夫。母程氏，累封太恭人。

君少而好學沈静，不妄出一語，而於所讀書，悉能貫串。同邑王君鳴盛，少負才，俯視儕輩，獨稱君與予爲二友。年十六，補博士弟子，學使蒲州崔公紀有奇才之目。中丞覺羅雅公㮄亭選高才〔三〕，入紫陽書院肄業，州縣以君名應。時青浦王君昶與予亦同入院〔四〕，三人者，食則同爨，夜則聯牀。而長洲吴君泰來，上海趙君文哲，及王君鳴盛，數相過從，相與鏃厲爲古學。君在院尤久，院長沈文慤公數稱其詩，學使寧化雷公鋐舉君優行〔五〕。

乾隆二十二年，聖駕南巡，君獻賦行在，召試列一等，特賜舉人，授内閣中書。儤直之暇，刻意吟咏，未嘗造請貴游。二十六年，成進士，改翰林院庶吉士，散館授編修。君詞賦久爲海内傳誦，及在禁林，每遇大禮，高文典册，多出其手。館閣代言之文，院長輒委屬草，皆典重清切，宜古宜今。擢右春坊右中允，充日講起居注官。扈蹕盤山，有奉敕賡和諸作〔六〕。遷翰林院侍講，轉侍讀，進右春坊右庶子，擢侍講學士。五十一年，奉命視學廣東，與平少詹恕交代。少詹爲諸生時，嘗受業於君，粤人傳爲美談。明年，程太恭人終於官署。君方按試連州，不及視含斂，聞訃，晝夜號泣，甫匝月，竟以毁卒。時乾隆五十二年八月八日，距生於雍正九年五月五日，春秋五十有七。娶陸氏，繼娶申氏、董氏，皆前卒。子臣晟。女二。

君起家寒素，以文字受主知，久列承明著作之廷，京察常居一等。兩遇大考，皆列二等。教習庶吉士凡七科。前後典鄉試者二〔七〕，分校順天鄉試者一，分校會試者三，總裁武會試者一。後進得其品題，便成佳士。舟車所至，乞詩文者屨滿户外。博極群書，精於證據。詩宗三唐，而神明變化，一洗粗率佻巧之陋。格律醇雅深厚，卓然爲一時宗。少時與王、吴、趙諸君唱酬，彙刻其詩〔八〕，流傳海舶，日本國相以餅金購之。在京華，與館閣諸同好及同年友爲詩社，率旬日一集，或分題，或聯句，或分體，每一篇出，傳誦日下，今所流傳《刻燭》《炙硯》二集是也。其事二親孝，所得俸錢，分寄諸弟，無私藏焉。所著詩有《宛委山房》《春槃瑶華倡和》《秦中雜稿》《輶韶鳴春》諸集〔九〕，又有《蓉鏡堂文稿》《二十四氣七十二候考》《轉注古音考》。學士在唐宋時，預聞機密，今則專以文字爲職，然亦惟鴻筆麗藻，斯與職稱〔一〇〕。學優如君，其不謂之真學士也夫〔一一〕？銘曰：

威鳳五采，鳴於朝陽。詞臣報國，厥惟文章。漢廷枚馬，鄴下陳王。詩歌元白，制誥常楊。慶曆歐梅，元祐蘇黄。虞楊范揭，高楊徐張〔一二〕。淵哉若人，文苑之英。名位未極，令聞不忘。誰其銘之？疇昔雁行。竹林路杳，懸河淚滂！錢大昕撰《潛研堂集》。

乾隆三十三年臘月二十四日，程魚門先生招先君暨趙公璞函、吴公白華、曹公來殷、諸公景初、陸公耳山，到寓齋作詩會，以祀竈爲題。詩成，共飲酒數巡。曹公伏案，搖之不醒。衆疑詩中有侮竈神語，故神示之譴，因向竈前祈請。移時曹醒，自云恍惚出門，如行沙泥中，身不知所泊，亦無恐怖。忽見黑衣神迎面攔阻，因送之歸。衆以爲幸。後曹官至學士，越十九年而卒。

又嘉慶己巳春，與姚秋農殿撰同寓廣陵，偶言及此。姚公因言，湖州有潘道士，道行與張真人等，嘗述竈神爵雖卑，恒直斗宫，司人家善惡，晨惡竈前不潔凈，犯者以禍福示懲勸予家主，是不可不慎。《後案》。

曹來殷仁虎，由召試中書，登乾隆辛巳進士。在京師時，晝寢，夢一偉丈夫來拜〔一三〕，自稱黄崑圃。偕至一處，宫殿巍然，中有尊神，面正方，著本朝衣冠，請曹入見曰：「吾三人皆翰林衙門官，只行後輩禮，不行僚屬禮。」坐定，目曹曰：「卿十一歲時行一大好事，上帝知之，故特召卿到此受職，卿可即來。」曹茫然不記幼所行何事，惟力陳家寒子幼，不願來。尊神意不懌，向黄曰：「再勸掖之。」語畢而入。黄笑謂曹曰〔一四〕：「翰林衙門甚苦，何戀戀不肯來耶？」曹又哀求至再。黄曰：「我姑爲卿説情，或者可免。但卿以後逢火日不可出門，慎勿忘也。」曹唯唯，因問尊神何人。曰：「張京江相國。」問此何地，曰：「天曹都察院。」曹驚醒。後每出門，必避火日，雖慶弔亦不往。數年後，漸不記憶。乾隆三十三年臘月二十三日，先君邀程太史晋芳家作詩會。俗以此日祀竈，遂以爲題。席間酒數巡，曹公伏案睡去，摇之不醒。客大驚，疑詩中有侮竈神語，故神示之譴，乃群向竈神禮拜祈請。至三鼓，曹始蘇，自言恍惚出門，如行泥沙中，身不知所洎，亦了無恐怖〔一五〕。忽見黑衣神，迎面攔阻去路，因送之歸。次日取時憲書閱之，二十三日乃火日也。曹後官至侍讀學士，卒無他異。徐錫齡、錢泳輯《熙朝新語》〔一六〕。

【校勘記】

〔一〕題目錢大昕《潛研堂文集》卷四十三作「日講起居注官翰林院侍講學士曹君墓誌銘」。

〔二〕已：原訛作「然」，據《潛研堂文集》改。

〔三〕覺羅：原倒作「羅覺」，據《潛研堂文集》乙正。

〔四〕肄業州縣以君名應時青浦王君昶與予亦同入院：原脱，據《潛研堂文集》補。

〔五〕鋐：原脱，據《潛研堂文集》補。

〔六〕有：原脱，據《潛研堂文集》補。

〔七〕鄉：原脱，據《潛研堂文集》補。

〔八〕按：「彙」後原衍「集」字，據《潛研堂文集》删。

〔九〕詩：原脱，據《潛研堂文集》補。

〔一〇〕稱：原脱，據《潛研堂文集》補。

〔一一〕真：原訛作「直」，據《潛研堂文集》改。

〔一二〕二「楊」字：原訛作「陽」，據《潛研堂文集》改。

〔一三〕「曹來殷仁虎」至「夢一偉丈夫來拜」：原脱，據《熙朝新語》補。

〔一四〕黄：原脱，據《熙朝新語》補。

〔一五〕了：原脱，據《熙朝新語》補。

〔一六〕按：此後原有「盧公諱見曾，字抱孫，一字淡園，號雅雨，德州人。康熙六十年進士，官兩淮鹽運使，有《邯鄲》《出塞》諸集」及「觀又按，姚秋農侍郎嘗以湖州潘道士之言語觀曰：「此神位居斗宿，司人家善惡。最惡人家廚房不潔浄，否則降災，不獨疢疫不除而止。余因閲曹公《墓誌》而及之，以示世之君子加謹焉」二段，前段蓋浮簽誤夾置此，後段蓋失於檢核而致重，今并删。

師友淵源録後案卷十八

内閣前輩四

前經筵講官都察院左都御史吴君墓誌銘

同年總憲吴君冲之之將卒也，語其子曰：「吾與王君德甫生同鄉，召試同爲中書，出入同朝者四十餘年，悉吾生平行事，殁後必乞爲志墓之文。」既卒，其子奉遺命書來乞銘。

嗚呼！君小余五歲。余弱冠後，取友於同郡之士，先交君及趙君升之、張君策時，既而又交君弟泉之及陸君健男，相與磨切學問，以文章爲己任。其後，六人者相繼通籍。京師士大夫論松江人物者，必舉此六人。詩酒之會，亦靡不從之。而張君爲中書舍人，早卒數年。趙君殉難於金川，贈光禄寺卿。又數年，陸君以副都御史奉使，殁於遼陽館舍。惟余與君兄弟更踐中外，今泉之以學士尚在京師，而余與君皆久歸鄉里，相距一舍有餘，方幸扁舟過從，踐東阡西陌之約。且君精力尚强，而乃遽以疾終！嗚呼！雖微君之末命，余何忍不銘？

按君名省欽，號白華，冲之其字，松江南匯人。少英敏，善屬文。年十七，爲諸生。明年，補廩。乾隆二十二年，高宗純皇帝南巡，獻賦，召試賜舉人，授内閣中書。二十八年，成進士，改庶吉士。三十一年，散館，一等第二，授編修。三十三年，大考翰詹一等第一，擢侍讀，尋充日講起居注官，遷右庶子，四十四年遷學士〔一〕，四十九年升光禄寺卿〔二〕，命在上書房行走。明年，升順天府尹。君以京兆治輦轂，所轄二十七州縣，政事繁重，恐在内廷，不能兼顧，請辭書房之職。上是之。又六年升禮部侍郎〔三〕，調工部。又六年，調吏部。是年三月〔四〕，充經筵講官。嘉慶二年，升都察院左都御史。後二年，因保舉非人，遂罷職。

君在翰林二十餘年，以文學詞賦爲聖主所知。己丑、辛卯、壬辰，充會試同考者三。戊子，充貴州正考官。庚寅，充廣西正考官。辛卯，充湖北正考官。壬子，充江西正考官〔五〕。己亥、甲寅、乙卯，充浙江正副考官者三。癸丑，爲會試總裁。丙午，順天鄉試監臨。乙卯，充殿試閲卷官。派教習庶吉士者三。提督四川、湖北、直隸學政者四。君歷主鄉會試，所録多知名之士，迄今侍從臺諫及躋通顯者甚衆。任學政，教士子，以博文好學，不惑於時尚，士子亦多樂而從之。

作詩本杜、韓、蘇三家，古文本韓、柳、孫樵、劉蜕及北宋諸名家，刻琢凝練，援引精密。

詩詞文共六十卷。生平遇國家大典禮，所進詩文各册，如《説雍》《説壽》諸篇，皆蒙嘉奬，留貯内府，鈐以御寶，時人咸以爲榮。

今上登極，舉行千叟宴典禮，君年止六十有八〔六〕，未合例，已奉特旨令入宴，賜如意、壽杖等凡十六種。又每年春正，重華宫賦詩小宴，惟大學士及内廷諸臣，君亦皆參預。至新刻《石經》勒成，外廷二品，皆不得與，又蒙特旨賞賜。皆非常之典也。其餘所賜字畫古硯，朝珠紗緞等，不能勝計。君歸後，嘗摩挲賜物，至於泣下，蓋追念兩朝知遇之隆，逾於常格，故雖以殘年暮景，尤感激而不能自已也。

君生於雍正七年某月某日，卒於嘉慶八年八月某日〔七〕，年七十五歲。曾祖燧、祖啓秀、父成九，皆積學有行誼，累贈工部侍郎。曾祖妣某氏、祖妣某氏、妣某氏〔八〕，累封贈夫人。妻查氏，封亦如之，先卒。弟即泉之，名省蘭，前官工部侍郎，今爲翰林院侍講學士。長子敬樞，例得二品蔭生。次子敬沐，尚幼。女一人。孫一人：樹榮。即於是年十月某日葬於婁縣白漾灘之原。

嗚呼！自張、趙、陸三君之葬，余皆志而銘其墓，今余年八十矣，追維平生笑言之雅，顯顯然如在目中，飾巾待盡，猶執筆而叙君之生平，以傳於後。曹子桓云「既傷逝者，行自念也」〔九〕，斯尤可深悼也已！銘曰：

白漾之水清而泚，佳城鬱鬱封於是。九原不作今已矣，君子有穀貽孫子。王昶撰《春融堂文集》。

吴白華司空久困鄉闈〔一〇〕，丙子被貼《飲於長干酒樓》詩：「歸燕吟成近十霜〔一一〕，吴鞋重踏大功坊。故侯寥落遺民老，忍見西風字數行。大功坊，被貼處。」丁丑召試授中書，《感遇》詩：「再四蹉跎榜未填，蹇人豈分上青天。科因制舉尊鴻博，典爲遊巡予量銓。」迨癸未入詞館，秉文衡，今已三十年，能無今昔之感乎？戴璐撰《藤陰雜記》。

【校勘記】

〔一〕按：「年」字前原空三字，今據吴省欽《白華後稿》附《墓志銘》補。

〔二〕四十九：原空缺，據《白華後稿》補。

〔三〕六：原空缺，據《白華後稿》補。

〔四〕三：原空缺，據《白華後稿》補。

〔五〕江：原訛作「廣」，據《春融堂集》改。

〔六〕八：原訛作「九」，據《白華後稿》改。按下文，吴省欽生於雍正七年（1729），至嘉慶元年（1796）正六十八歲。

〔七〕八，《白華後稿》作「六」。

〔八〕妣某氏：原脱，據《春融堂集》補。

〔九〕曹子桓：原訛作「曹子建恒」，按「既傷逝者，行自念也」出自曹丕《與吴質書》，子桓其字也，故改。

〔一〇〕闈：原訛作「圍」，據戴璐《藤陰雜記》卷二改。

〔一一〕近：原訛作「管」，據《藤陰雜記》改。

褚筠心書屋詩鈔序

吾師長洲褚筠心先生，以媕雅之才，抱經世之志，未冠遊庠，即聲振吴下。尋由選拔貢成均。廷試第一，授太和教諭。於祈晴勘災諸務，輒懇懇焉以民瘼爲念。乾隆辛未，恭逢純皇帝南巡，召試行在，賜乙科，改授中書。承纂《西域同文》諸志。癸未成進士，入詞垣。又以大考第一，晋侍讀學士。中間分校禮闈者五，典試者三，視學者一，率提衡允望，竿牘不行。在楚南時，禁溺女，化訐訟，贖節婦祀田，士民到今稱之。

先生天性惇至，學貫古今。居家則孝友睦婣，臨政則愷悌忠信。詩其餘事也，然玩其《感懷》云〔一二〕：「温柔有至教，樂職中和賅。」又云：「民物愛無濟，吾衰徒慨慷。」則先生發於詩者，纏綿悱惻，莫非根柢於風雅頌之義，而不屑僅以詞章著也。

祥雲以乾隆癸卯舉於鄉，先生適典省試，故得隸門下。每於學問淵源，親爲指示，遂獲盡窺先生作詩之旨。爾時竊私計，他日苟邀餘禄，當爲裒刻全集。迨祥雲以丁未捷南宫，觀政刑部，而先生即奉諱歸里。及服闋至京師〔二〕，未幾又謝病去。都門祖帳，以間請刊先生詩，則尚未編纂成帙也。既而先生歿於家，祥雲亦以己未出守廬陽。令嗣兆麐至署〔三〕，詢遺稿，則已爲人取去。未幾，令嗣又謝世〔四〕，一孫尚幼。恐先生之詩，自是遂散佚而不可得。歲己丑，以公至邗上，得《筠心詩鈔》二十八卷，雲間王少司寇爲之序。蓋先生所手訂。因請改於桐城姚姬傳先生，就原編更并爲十二卷，以付梓人，而叙其顛末如此。祥雲不能文，以師故，亦不敢主席也〔五〕。適同年葉曉崖觀察、林桐崖大令與有同志，曉崖近在袁浦，時與商榷〔六〕。而桐崖適於今夏至汝陰預校讎事，亦可見先生平生氣誼之感人。凡列門墻者，靡不心嚮往之，而樂觀是役之成也。嘉慶十一年五月，受業晋江張祥雲謹序。載褚廷璋《筠心書屋詩鈔》卷首〔七〕。

筠心敏慧絶倫〔八〕，風神諧暢，兼有荀令、謝郎之目。直綸扉，進詞館，充方略館纂修。於準夷回部，山川風土〔九〕，最爲諳悉，奉敕纂《西域同文志》。并通等音字母之學，雖法顯、神珙，無以逾也。詩初學青邱，既學元白，旨遠詞文，卓然大雅。王昶撰《蒲褐山房詩話》。

【校勘記】

〔一〕懷：原訛作「情」，據褚廷璋《筠心書屋詩鈔》卷首序改。

〔二〕京師：原訛作「今」，《筠心書屋詩鈔》作「京師」，據改。

〔三〕謦：原訛作「譬」，據《筠心書屋詩鈔》改。

〔四〕世：原訛作「去」，據《筠心書屋詩鈔》改。

〔五〕主席：原訛作「文」，據《筠心書屋詩鈔》改。

〔六〕榷：原訛作「確」，據《筠心書屋詩鈔》改。

〔七〕按：此出處原無，據文例補。

〔八〕按：此句前《蒲褐山房詩話》有小傳云：「褚廷璋，字左峨，號筠心，長洲人。乾隆二十二年，召試賜内閣中書。二十八年成進士，官至翰林院侍讀學士。降六品銜，乞歸。」

〔九〕風土：原脱，據《蒲褐山房詩話》補。

吴二匏

諱寬，安徽歙縣人。拔貢生，召試中書，出爲汀州同知，履任五日卒。

補汀州司馬吴君二匏傳

余與二匏及其伯兄松原交結二十餘年，中間離合不常，難屈指數。二匏之官汀州，過揚州，與余飲，盡醉而别。未半年，松原書來曰：「二匏已死，請子爲傳。」嗚呼！曩者與二匏舉觴劇談時，安知不數月即爲之作傳哉。乃追憶生平，綜其大略，以寄松原，其又以增松原之悲也。

二匏吴君諱寬，字𣏌芍，因與前明匏庵先生同姓名，故自號二匏。吴氏爲新安望族，二匏家歙之西鄉路口，世以文學著稱。父早殁，祖蕙邨先生愛之尤篤。八九歲時，與伯兄松原共讀書，即私相唱和。蕙邨先生或見之，曰：「此吾家中林蘭蕙也。」二匏性警慧。母程太宜人自稱未亡人，後慘戚勞瘁，無一日歡。二匏方童丱，即曲體親心，恂恂若處子，針線筐篋之物，一一皆識其處。太宜人有所索，即持以獻。太宜人嘗戲謂之曰：「吾有此得力閨媛，尚肯令其遠嫁哉？」後與松原先後入庠序，著文行名，歙人目之爲「路口二吴」，蓋以比道助附子也。

乾隆辛未，車駕南巡。安徽學使雙公，遴八府五州風雅之士，將以獻賦行在。先期麇集於姑熟使院，一日課詩，一日課賦，一日詩賦并課，嚴冬短晷，筆凍指僵，無不瑟縮歎咨。而二吴生衣敝緼，策蹇驢，自新安風雪中捧檄而至，一日成數十藝，瓌偉奇麗，舉坐皆驚。

雙公得之，如獲異寶。既獻賦，兄弟皆召試入等，賞賚甚渥。雙公喜甚，即拔二匏貢成均。後視學至徽郡，登黄山，憩問政紫霞閣，招鄭布衣來、方文學儻，與二吴生茶話竟日，二吴即席成聯句一百韻紀其事，歙人至今以爲美談。丁丑春，二匏再召試，賜舉人，授中書舍人。官十餘年，秩滿，遷汀洲司馬。卒，遺孤三人。

初，二匏之得中書舍人也，留其妻侍養，攜一妾、一子、一老嫗、一短童入京師，僦居委巷中。以一驢曳破車，朝夕入直内閣。歸，或不能舉火，則入市貰不托，與家人分食，終不肯有所丐貸。俄，妾又生二子，家累益重。而二匏以思母得疾，常中夜不能寐。逮曙即入朝，迎觚棱曉光作小楷，恭録絲綸，如是累年，遂眚一目。於是請急歸省，又留其妾與子侍母側，隻身再赴都供職。是時，上方留意雅樂，頒《九宫大成》於樂部，輔國公瑶華主人延二匏入咸邸同校宫譜，爲《新樂府》，播之管弦，一時有李嶠才子之目。然二匏思母益甚，每於笙歌鼎沸之時，或向隅獨歎，中夜即悲泣不自勝，枕褥盡濕。既得汀州司馬，即日束裝就道，曰：「吾可以常侍吾母矣。」遄行南歸。

至家省母兄，見妻子。約到官三月後，即遣信迎養，移兄嫂、妻妾、子侄輩全家入閩，爲聚首之樂。既至閩，到官視事，僅半月而卒，閩之仕者，無不哀之。

生平樂易慈厚，與人無忤。官西清時，以文望爲宰輔所重，然持議不阿，時好有不可者，齗齗争論，既伸其説，當軸者亦深韙之。到汀郡，接士民以誠，雖莅官僅半月，而卒後有聞之流涕者。幼初學爲詩，即能作長短句，故生平尤愛倚聲。二匏卒後，江東人遂無有能作綺語者。

金兆燕曰：二匏官中書十餘年，時以不得養母爲念。既得外任，仍不獲盡一日之養，二匏其不瞑矣哉！古人以禄不逮養爲憾，如二匏者，抑更可憫矣！世有居顯官，擁厚資，而終其身未謀一日之養者，其於二匏爲何如也？録自金兆燕《國子先生全集·棕亭古文鈔》卷一。

補汀州府同知吴君墓誌銘

余初識二匏在丁丑之冬，時二匏年四十餘，用諸生再召試得官爲中書舍人。方未至京師，嘉定錢學士大昕爲余言：「吴君二匏，歙之詞人也。」比至，相見於歙縣館舍中，其容樸，出其詞，讀之清以麗，言華而行樸，殆所謂君子者邪。自是居京師者十年，與余之交也澹然，數試禮部，幾遇矣。已而數躓，余出自闈中，輒執手相勞苦，二匏輒自解而罷。與余之交，久而彌至。十年中間，一歸省其母。再至京師，頹然一目眚，且老矣。久之，遷典籍。辛卯，計舍人俸。六年，當遷，出爲汀州府同知。便道至家，再省其母。壬辰春至官，暴卒於汀州。其年三月，余試徽士，聞其死也，悲之。

憶二匏在京師，咸邸致之爲上賓，王子輔國公瑶華主人呼曰：「二匏先生，爲我譜新樂府。」每一詞成，王子坐君左席，召伶優子弟遞進，倚聲按譜，一時豔傳。時江寧王生梅君年二十餘，玉貌驚才，以工詩名聲出邸客，獨心折二匏，二匏亦忘年與之交相善也。二人同居五老衚衕，每賢豪通人，車騎過東城，不之王，則之吴。辛卯之春，梅君病欬血，二匏過余，蹙見於色。已而，余入貢院，分校試事。既罷出，而梅君死矣。二匏亦報罷，於時相與欷歔太息，以爲才人之不及永年。而不知君官之一出，年及改而死也。兹余來徽州，二匏兄寧松原方就應諸生科試，文章出諸少年右，而二匏年不及其兄而死。然吾猶喜見二匏之兄之健，爲擊節其文也。

又讀全椒金君兆燕所作《二匏傳》，述二匏之幼事太宜人如處女，太宜人戲呼曰「閨媛」。其在京師，當笙歌管弦之交，背隅獨歎，引枕而泣，慕太宜人五十如其數歲時。且曰二匏死，江南人無能作綺語者，信然。益嘆余向者知二匏中行之未盡，而其爲詞人之君子不妄也。

二匏諱寬，字碪芍，二匏其别字也，歙人。生於康熙某年某月某日，卒於乾隆壬辰某月某日，年五十有□。癸酉，拔貢生。丁丑，召試舉人，欽賜内閣中書舍人。福建汀州府同知。曾祖諱某，祖諱某，父諱某，母某氏，祖、父皆贈如其官。配某氏，敕贈孺人。子□

人。銘曰：

昔吴原博，以匏自號。文達命通，君同其姓。又同其名，匏無所容。曰官不若，曰年不若。詞鏗奇工，黄山之麓。骨托斯阿，以韻歙風。録自朱筠《笥河文集》卷十四。

王蓬心太守傳

公諱宸，字紫凝，號蓬心，江蘇鎮洋人。幼習舉業，肆力於詩文及百家二氏之學。暇則究心六法。因念京師乃人文淵藪，策蹇入都，受業於聞太史静儒之門，業益進。庚辰舉京兆。辛巳會試，以南卷溢額改置乙榜，以内閣中書即用入直漢票籤處。公於退直之下，輒游情翰墨，意興所至，筆法直逼古人，遂邀質邸鑒賞。公長身修髯，因有「東坡草稿」之稱，士論榮之。

升湖北宜昌府同知，管理武昌錢局凡六年。公餘登黄鶴樓望晴川，唱和多名流，因輯《江漢同聲集》四卷。丁酉、己亥、庚子鄉試，三與分校，取多三楚名士。

推升湖南永州府知府。其地民、瑶雜處，俗多厖雜。公下車，咨訪民間疾苦，興利革弊，因俗制宜，無紛更煩擾之累，民、瑶咸樂遵教令焉。屬縣新田民有少孤者，事母以孝聞，後其母因病自縊，保甲捏報忤逆，縣問如律。公鞫詞查狀，竟雪其冤。又寧遠有兄弟争産者，訐訟連年，兩家黨屬，從中煽搆，産幾傾矣，而訟不息。公爲陳説利害，弟兄皆感悟息訟。其察獄以情，化民以誠，類如此。治永八年，有汲黯臥理之風。暇則以著述自娱，所著有《繪林伐材》六卷、《瀟湘北苑録》、《六法津梁》、《論畫十則》、《離垢軒雜録》諸書，又《離垢軒詩稿》八卷、《定慧山房詩稿》十六卷，蓋未嘗以政事廢文學也。

庚戌秩滿，呈請休致。行次武昌，畢秋帆尚書挽留駐足，仍以筆墨爲生計。乾隆五十七年季春，苗疆不靖，制軍移駐辰州。頻行，囑公勿遽反棹回省，當爲祖道，公亦未忍遽離。迨嘉慶二年仲秋間，制軍謝世，忽忽不樂，不數日亦歸道山。憶制軍曾繪《終南招鶴圖》，貌公與制軍其上，豈宿因固有不可解者耶？

公子岵孫，官陝西縣丞；侄屺孫。俱工書畫，紹其家學。嚴觀擬《後案》。

太子太保兩湖總督畢公墓誌銘〔一〕

嘉慶二年秋七月庚午，兵部尚書湖廣總督世襲輕車都尉鎮洋畢公以疾終於辰陽行館。公久在行間〔二〕，勛勞懋著。及移駐楚南，籌畫善後之策，苗境敉寧。上聞公積勞遘疾，手足不仁，即馳賜上藥，諭以安心調攝。公自念受恩深重，且當三楚多事，不敢以私誤公，力疾視事，有加無瘳，遂致不起。遺疏入告，九重軫恤，加贈太子太保，諭祭如禮。文通武達，生榮死哀，可謂令德考終也已。諸孤奉公柩歸吴門里第。越明年三月十有八日，卜新阡於吴門靈巖鄉上沙里〔三〕，以元配汪夫人祔，禮也。大昕與公同里閈，先後入館閣，論文道古，數共晨夕。晚歲雖雲泥分隔，而公不忘久要，書問屢至，每有撰述，必先寄示。兹諸孤述遺言，請文刻諸貞石，大昕泫然不敢辭。

按《狀》，公諱沅，字纕蘅，一字秋帆，自號靈巖山人。先世居徽之休寧，明季避地蘇之昆山，又徙太倉州，後析置鎮洋縣，遂占籍焉。曾大父泰來公，大父見峰公，父素庵公，皆厚德敦行，識者謂其後必大。公自少穎悟，甫六歲，母張太夫人手授《毛詩》《離騷》，過目即成誦。十歲審聲韻〔四〕，十二習制舉義，十五能詩。稍長，讀書靈巖山，從沈文慤公德潛、惠徵君棟游學，業益邃。弱冠後，游京師。乾隆十八年，中順天鄉試。又四年，授内閣中書。大學士傅文忠公一見器重，即令入直軍機處。公練習掌故，治事識大體，樞庭諸公，咸以公輔期之。二十五年，會試中式，名在第二。及廷對，纚纚數千言，議論剴切，上親擢第一。是歲，始定新進士前十名於讀卷日引見。公儀觀秀偉，進止有度，天顔甚喜，臚唱，授翰林院修撰。館中經進文字，多出公手，皆典重有體。遷右春坊右中允，再遷翰林院侍讀，充日講起居注官，轉左春坊左庶子。三十二年，上親耕耤田，御觀稼臺〔五〕。公侍直，奏對稱旨，宣示御製詩，給筆札，令賡和。詩成進覽，稱善。

是冬，授甘肅鞏秦階道。召見，諭曰：「汝軍機舊屬，達於政事〔六〕，不徒文學優長也。」到官，即留辦新疆經費局。又從總督出嘉峪關，察勘屯田，自木壘河至吉木薩，往返數萬里，途中多紀行咏古之什。尋調安肅道。

三十六年，擢陝西按察使。入覲，具言甘肅頻年苦旱狀〔七〕，有旨諭督臣加意賑恤，并免積欠四百萬兩。尋擢陝西布政使，兼護巡撫印務。時大兵征金川〔八〕，由陝入蜀，公督理臺站，餽餉充足。三十八年，河、渭、洛三水溢，入朝邑界，公馳往，分別賑恤，全活甚衆。擢陝西巡撫。歲旱，禱太白山，得甘雨。清理八旗及提標馬廠空地，募民開墾納賦，爲賞恤之用。又奏修西嶽廟及元聖周公墓，訪其後裔，置五經博士一人，以奉祀事。浚涇陽龍洞渠。在陝六載，兼署西安將軍者再，署陝甘總督者一，特賜戴孔雀翎〔九〕，恩遇之隆，漢大臣莫及焉。

丁張太夫人艱甫及一年，上以陝西任重〔一〇〕，復起公署巡撫事。會甘肅回賊陷河州，逼蘭州城，公檄調滿漢兵，先後赴援。又請簡八旗勁旅，令大臣總統援應。及事平，上曰：「畢某在陝西，聞甘肅逆回滋事，即能悉心調度，事事妥協，并有先辦而與朕旨相合者，實屬可嘉。著賞給一品頂帶〔一一〕。」其後平凉逆回復倡亂，攻掠通渭、静寧，驛道梗塞〔一二〕，公復調兵助剿。又分兵出間道繞其後，俾不得他竄。公之盡心國事，不分畛域，多如此類。

五十年，調河南巡撫。是時，河南北頻年苦旱，河水泛溢，壞民田廬。公既受命，即奏請截留漕運，以平市價。諸州縣被灾，展賑兩月，其徵收未完銀米，視被灾分數〔一三〕，或全免，或緩徵，俱得旨允行。自後積水漸消，禱雨輒應，歲獲豐稔。又奉命詣桐柏山求淮源，公躬履嶄巖，尋其脉絡，繪圖以進，特蒙嘉獎《御製淮源記》述其事。尋賞穿黄馬褂，擢湖廣總督。未行，以伊陽拒捕案被議，仍留巡撫任。

五十二年，河決睢口，溢寧陵、商丘、永城、鹿邑、柘城諸縣，詔大學士阿文成公臨視，會同籌畫。自夏迄冬，凡五閲月而蕆事，撫恤灾黎，蠲緩借種，全活無算。明年，河北三郡旱，遵旨撥運米麥，減價平糶。又浚治百泉、丹河、九道堰，引水溉田。

尋授湖廣總督。江水異漲，溢入荆州城，下游州縣，亦多淹没。訪得江心有窖金洲阻塞水道〔一四〕，爲上游之害，亟命拔去蘆葦，居民毋得占據，仍於北岸築壩，逼溜南趨，以資保護。賑恤被淹人户，城垣堤岸，衙署兵房，次第修葺。又革除鹽課陋規，禁絶私販，每歲溢銷十數萬引。

五十九年，入覲天津行在，賜御製詩。隨於幄次賡和〔一五〕，自陳早衰多病，乞京職自效，温諭不允。是秋，以湖北奸民傳教案〔一六〕，左遷山東巡撫。臨清、館陶諸州縣被水，遵旨加兩倍賑恤，豁免秋糧及本年漕米，委員於豐收處糴米存貯，以備來歲平糶。六十年春，恩詔普免各省民欠。公查東省節年所欠正耗銀四百八十七萬有奇，常平社倉米穀五十萬有奇，奏除之。時已得再任湖督之命，拜奏而後行，其勇於任事，無遷延顧望如此。

初入楚境，聞苗疆有警〔一七〕，即馳赴常德，籌畫轉餉。既而大學士嘉勇公福公、四川總督和公先後到楚，檄調六省兵會剿，供支日不下數萬〔一八〕。公移駐辰州，督運軍儲，輸將相繼。大兵既擒首逆吴半生等，乾州、永順、永綏、保靖諸苗五百餘寨，先後詣辰乞降，公承詔撫諭，咸感泣叩頭而去。

嘉慶元年春〔一九〕，湖北枝江賊起，詭稱白蓮教，而宜都、長陽、長樂教匪應和，四出焚掠。公馳赴枝江，與巡撫惠公調兵進剿，連破蕭家巖、栗子山、長嶺冲諸寨。時北省標營兵皆調赴苗疆，奸民乘虚集匪徒，分擾諸縣，當陽、保康、來鳳、竹山相繼失陷。詔諸大帥攻剿，而公與將軍舒公攻當陽，即選驍勇扼山隘，殲其外援三千。賊悉力死守，公親督將士〔二〇〕，以火箭火彈射入城中，燒其炮臺及蓄聚。七月，克東門，賊退守西北，復擊殺賊退，殲二千餘人，擒其僞帥，縣境悉平。事聞，賜賚優渥，賞輕車都尉世職。復馳至襄陽，督同鎮道，邀擊賊於青河口，破之。時征苗大學士貝子福公、總督和公，相繼徂謝。公密奏乾州已復，首逆就擒〔二一〕，惟石柳鄧未獲，而以十萬之衆駐守蠻瘴，苗人見有重兵，生計無資，石逆轉得從中煽誘。不若因其困守，許以自新，酌節裁撤苗寨官兵，而於四面設兵防守，其有出外滋事，及同類仇殺者，用以苗攻苗之法〔二二〕，可不再煩兵力。詔下其章於軍中議之〔二三〕。

未幾，大兵破平隴，斬石柳鄧等，遂詔公馳往湖南，籌議善後及撤兵事。二年春，抵乾州，周歷三廳，撫諭苗寨，清厘民苗地畝〔二四〕，給還耕種，咸伏地感泣，各歸生業。各省兵亦次第撤回。公遵旨留駐辰州，與巡撫姜公、提督鄂公會奏，請移提督駐辰州，而以辰州協駐乾州，洞庭協駐常德。又於花園汛添設一鎮，以永綏協保靖營隸之。它要隘之處，撥兵屯守，聯絡控制。其苗寨酌設土弁，以資約束。又估修城堡、營房，賑撫難民，恤贈殉難官弁及紳士婦女。皆得旨敕部議行。而公以炎瘴致疾，食少事煩，未極大年，此海内識與不識，靡不驚怛墮淚者也。

公識量閎遠，喜怒不形於色，遇僚屬以禮，議事不執己見，人人皆得盡其言。若遇疑難事，衆所無措者，公沈機立斷，雖萬口莫能奪。久莅方面，職事修舉，不以察察爲明，亦不以煦煦要譽。所薦拔多至大僚，或在同列，亦未嘗引爲己功。

公天性純孝，既貴，自傷禄不逮養，賴母氏教誨成立，迎養官齋，修潔白之膳。及張太夫人棄世，遇諱日，哀慕出涕。嘗陳情上前，御賜「經訓克家」四大字。隨於靈巖山麓築樓〔二五〕，以奉御書。旁建張太夫人祠堂，俾子孫毋忘所自。與竹癡、梅泉，友愛無間，視諸侄如己子。兩妹早寡，爲置産，瞻其甥，俾克有成〔二六〕。

生平篤於故舊，尤好汲引後進，一時名儒才士，多招致幕府。公務之暇，詩酒唱酬，登其門者以爲榮。性好著書，雖官至極品，鉛槧未嘗去手。謂經學當宗漢儒，故有《傳經表》之作。謂文字當宗許氏，故有《經典文字辨正書》及《音同義異辨》之作。謂編年之史莫善於涑水，續之者有薛、王、徐三家，徐雖優於薛、王，而所見書籍猶未備，且有詳南略北之病；乃博稽群書，考證正史，手自裁定，始宋迄元，爲《續資治通鑑》二百二十卷，別爲《考異》，附於本條之下，凡四易稿而成。謂史學當究流別，故有《史籍考》之作。謂史學必通地理〔二七〕，故於《山海經》《晋書·地理志》皆有校注〔二八〕，又有《關中勝蹟圖志》《西安府志》之作。謂金石可證經史，宦蹤所至，搜羅尤博，有《關中》《中州》《山左金石記》。詩文下筆不拘一格，要自運性靈，不違大雅之旨，有《靈巖山人詩集》四十卷、《文集》八卷。

公生於雍正八年八月十八日，春秋六十有八。汪夫人淑慎有壼德，候補知府□□女，先公三十年卒。子三人：念曾，候補員外郎，早歿；嵩珠，一品蔭生，候補員外郎；鄂珠，候補員外郎。女四人：長適陳暻，次許字秦耀曾，次許字孔慶鎔〔二九〕，次未許字。孫二人：蘭慶，承襲二等輕車都尉；芝祥，候選員外郎。曾孫二人。銘曰：

洛牧命虞，分陝翼周。十連有帥，統小諸侯。魏晋暨唐，職均名別。都督總管，節度觀察〔三〇〕。峴首羊杜，秦塞范韓〔三一〕。先後禦侮，爲國屏垣。猗與畢公，懋德之裔。文章潤身，温飽非志。南宮首選，北闕臚傳。風度凝重，儼若神仙。智方行圓，明體達用。三館楷模，中朝梁棟。帝曰汝諧，試之監司。盤根錯節，利器無虧。乃撫三秦，冰澄月朗。籌邊餉軍，萬里指掌。乃撫汴洛，載修河渠。荒政具舉，黔首以蘇。乃撫齊魯，正躬率下。廣宣皇仁，民抃而舞。江漢之滸，控扼蠻荆。公督餽餫，士飽馬騰。潢池偶警〔二〕，親提桴鼓。胸有甲兵，人百其武。負嵎猶鬥，一鼓而殲。露布星馳，錫命用占。苗逆已擒，苗民來格〔三〕。公承廟謨，爲永久策。出入叢箐，涉歷瘴雲。遮道羅拜，共戴尊親。乃撤貔貅，乃設屯戍。烽燧罔驚，籓籬孔固。大星忽隕，梁木其傾。楓宸悼惜，崇班晋膺。公之恩榮，勳名終始。頒祭尚方，澤及孫子。硯山之陽〔四〕，水木明瑟。某水某丘，舊游彷彿。井椁是卜，公其樂兹。我文紀實，或無愧詞。

錢大昕撰《潛研堂文集》。

【校勘記】

〔一〕題目錢大昕撰《潛研堂文集》卷四十二作「太子太保兵部尚書湖廣總督世襲二等輕車都尉畢公墓誌銘」。

〔二〕久：原脱，據《潛研堂文集》補。

〔三〕卜、於：原脱，據《潛研堂文集》補。

〔四〕韻：原脱，據《潛研堂文集》補。

〔五〕臺：原訛作「堂」，據《潛研堂文集》改。

〔六〕達：原脱，據《潛研堂文集》補。

〔七〕甘肅：原脱，據《潛研堂文集》補。

〔八〕川：原脱，據《潛研堂文集》補。

〔九〕孔雀：原訛作「花」，據《潛研堂文集》改。

〔一〇〕任重，原倒作「重任」，據《潛研堂文集》乙正。

〔一一〕著：原脱，據《潛研堂文集》補。

〔一二〕道：原脱，據《潛研堂文集》補。

〔一三〕視：原脱，據《潛研堂文集》補。

〔一四〕心：原訛作「水」，據《潛研堂文集》改。

〔一五〕於：原脱，據《潛研堂文集》補。

〔一六〕以：原脱，據《潛研堂文集》補。

〔一七〕苗：原訛作「楚」，據《潛研堂文集》改。

〔一八〕日：原脱，據《潛研堂文集》補。

〔一九〕春：原脱，據《潛研堂文集》補。

〔二〇〕士：原脱，據《潛研堂文集》補。

〔二一〕就擒：原脱，據《潛研堂文集》補。

〔二二〕前「苗」字：原脱，據《潛研堂文集》補。

〔二三〕中：原脱，據《潛研堂文集》補。

〔二四〕民：原脱，據《潛研堂文集》補。

〔二五〕築：原脱，據《潛研堂文集》補。

〔二六〕俾：原訛作「早」，據《潛研堂文集》改。

〔二七〕史：原脱，據《潛研堂文集》補。

〔二八〕於：原訛作「有」，據《潛研堂文集》改。「皆」前原衍「之作」二字，據《潛研堂文集》删。

〔二九〕慶：原訛作「廣」，據《潛研堂文集》改。

〔三〇〕節度：原脱，據《潛研堂文集》補。

〔三一〕塞：原訛作「寨」，據《潛研堂文集》改。

〔三二〕警：原訛作「弄」，據《潛研堂文集》改。

〔三三〕苗民來格：原脱，據《潛研堂文集》補。

〔三四〕硯：原訛作「峴」，據《潛研堂文集》改。

諸申之墓誌〔一〕

吾師餘姚諸公之病也，省欽自廣西奉使還京，道武昌，執手語移時。别逾月，訃至，言櫬已歸去。孤開瑑纔十四歲耳。去夏，開瑑來應雍試，裒公遺文若詩止四卷，散佚過半。如癸未、甲申間，同省欽作者至一卷，而省欽所同作散佚亦幾半。竊念名位有定，時命間阻，雖華實茂美，體用兼備之士，有幸有不幸，或天之既已阨之，而將以昌其文與其後，固不可得而知也。

公少慧，母蘇安人爲杭州府學教授滋恢公女。公讀書學署，如厲徵士鶚、杭編修世駿、孫通政灝、陳太僕兆崙、宋侍講佩蓮〔二〕，皆著録教授門，深共推挹，論交在師友間。而封公以經世之學主大府章奏，凡名律之輕重，食貨之耗息，與夫河渠軍政之是非失得，燭照數計，每爲詳具端緒，故公以第一人冠中書。直軍機者數年，以第二人對策。主山東鄉試、分校會試各一，一時稱得士。當公官中書時，以京察名記御屏。洎入翰林，兩院長皆薦公習吏事，簡知辰州府事。

中丞晉寧李公倚若左右手。李剛直，每負氣，藩使者遷怒及公。李去，代之者爲藩使所親，道出辰，辰水方怒漲，留一二日始發，以公玩民瘼劾罷修堤工，蓋丙戌六月日也。戊子夏，省欽使黔，過辰。辰吏人指公結茅棚、編舟筏、施粥米處。又言辰水夾兩山作建瓴勢，雖盛漲，不一二日輒消，舉咨嗟太息，於藩使爲戒云。公既歸，與其孟侍堂上養。蘇安人厭世，會南豐李恭毅公開藩於蘇〔三〕，招封公。公亦應梁文定公遊楚之招〔四〕，將歸，病劇而歿。名公卿及士大夫交相搤捥，以謂時命之不可知至此。

公諱重光，字申之，一字桐嶼。乾隆癸酉，以副榜貢生舉於鄉。庚辰，成進士。歷内閣中書，翰林院編修，湖南辰州府知府。康熙五十九年七月二十四日生〔五〕，乾隆三十四年十月十三日卒〔六〕。先世故朱姓，元末彦明公由亳州遷餘姚，改今姓。曾祖國正，副榜貢生，敕贈文林郎、翰林院檢討。祖諱起新，康熙丙戌進士，翰林院檢討。父諱先庚，廩貢生〔七〕，敕封承德郎、翰林院編修，後公四年卒〔八〕。配俞氏，敕贈安人。繼孫氏，敕封安人，生開璪，今爲廩貢生。以省欽出公門下，不爲洟泗誣善之辭，乞預爲之文，俟卜地葬公與俞安人，而爲孫安人生壙焉。銘曰：

公在郡時，太公就養。七秩之辰，優歌闋響。曰維恭儉，慈惠可知。弟有孤侄，身爲之師。六草三真，問誰抗手。制誥之文，猶在人口。集止此夫，官止此夫。載銘幽隧，載欷載歔！吴省欽撰《白華文集》。

【校勘記】

〔一〕題目吴省欽撰《白華後稿》卷二十三作「賜進士及第湖南辰州府知府諸公墓志銘」。

〔二〕宋：原訛作「朱」，據《白華後稿》改。

〔三〕於蘇：原脱，據《白華後稿》補。

〔四〕按：「應」後原有「之不移時見法」六字，據《白華後稿》刪。

〔五〕五十九：原作「六十」，據《白華後稿》改。
〔六〕四：原作「五」，據《白華後稿》改。
〔七〕貢：原脱，據《白華後稿》補。
〔八〕四：原作「五」，據《白華後稿》改。

山東鹽法道章公行狀〔一〕

公諱棠，字蔭南，又字自勤，别號二梧，姓章氏。先世諱德剛者，自浙江會稽之道墟，仕元爲崑山學正，遂家於吴，是爲遷吴之始祖。曾祖豫明，兵部職方司員外郎。本生祖克邁，國朝直隸廣平府同知。祖克紹，光禄寺典簿。考璉，字器商，候選州同知。母蔣氏。以公貴，贈其考皆如公官，妣皆淑人。先是，器商公喜施予。乾隆初年，閩省流民，就食吴市，因破家收養，資送回籍。當事聞其名，皆敬禮之。生三子：長基，太學生；次肇開，皆先卒；公其季也。

生而警敏，於書一覽即洞見底藴。爲文清新條達，無纖毫晦翳，稱其爲人。二十四年，以縣庠生入國子監，就順天鄉試，中式己卯科舉人〔二〕。二十六年，禮部會試，闈卷溢額，拔授内閣中書。儤直省垣，揮毫贍給，聲華益起。三十四年，經大學士傅文忠公選入軍機處行走〔三〕。公固書生，而軍機司員，常橐筆扈從。每遇六飛巡幸，公據鞍馳驟，如所素習，委任叢雜，未嘗遺忘。三十七年三月，奏授起居注主事。十月，調兵部職方司，充方略館纂修兼提調。各館纂修，專任一書，獨方略館以樞臣總領，於事無所不當問〔四〕，館書無不彙集；而提調者專司出入，稽考勤惰，公尤平允，冠其先後。

三十九年正月，升武選司員外郎，仍兼職方司務。是年九月，會山東壽張民王倫爲逆，寇臨清，上命大學士舒公提兵赴勦，奏公隨行。公治辦軍書〔五〕，百函俱發，跋履兼旬，未嘗告倦。事平之日，今兩廣制府楊公方爲中丞，保奏留東，即奉上諭，補授濟東泰武道。明年，署按察使事。四十一年九月，調補鹽運使司鹽法道，恤商省費，才譽翕如。

四十二年正月，署理布政使司事。公勤於職業，纖屑必親，所以事上官接僚屬者，務在不激不隨。與人言，陳析事理，無不歡然各滿其意。故卒之日，無尊卑疏戚，皆咨嗟痛惜，以爲天奪公之速也。體素短小尫羸，在臨清日，殊勞苦倦矾，而口不以言，遂受病，時而作疾。迨署藩印，尤盡心力，因大劇失音，徐投補劑，已無及矣。以乾隆四十二年九月十四日卒，距生於雍正十二年正月初九日，得年四十有四。配唐氏，子三人：逢恩、逢升、逢印，長止七歲。其幼者皆側室葉出。

初，公外舅州同知硯庭唐公，策知器商公之必將有後，且奇公穎異，因以女字，延至家，與其子澧州知州璟同學砥礪〔六〕。後果先後由科目入仕，爲時才吏。而公自諸生位至觀察，攝方伯，與余同出處内外二十年所，蹤跡尤爲親密。今公既溘逝，慮其孤之久而無述也，爲之狀，俟其長而讀焉，且求當代大人先生賜之銘誄，以垂不朽。陸燿撰《切問齋文集》。

【校勘記】

〔一〕題目陸燿《切問齋集》卷十一作「山東鹽運使二梧章公行狀」。

〔二〕科：原脱，據《切問齋文集》補。

〔三〕處：原脱，據《切問齋文集》補。

〔四〕於：原訛作「其」，據《切問齋文集》改。

〔五〕書：原訛作「需」，據《切問齋文集》改。

〔六〕知州：原訛作「同知」，據《切問齋文集》改。

趙雲崧

公諱翼，陽湖人。雲崧觀察嘗自云：「我本欲占人間第一流，而無如總作第三人。」蓋觀察辛巳探花，而於詩，則推服心餘與隨園故也。觀察才氣橫絶一代，獨夢樓先生不以爲然，嘗云：「佛家重正法眼藏，不重神通。雲崧詩專顯神通，非正法眼藏也。」而錢嶼沙先生又奇賞之。人之好尚不同有如此者。《隨園詩話》。

余主庚午京闈，得一《五經》卷，才氣超逸，兼數人之長。二場所擬詔誥，復極典雅，心知爲才士，亟取入額。及榜發，則陽湖趙生雲崧也。《松泉文集》。

余爲教習三年，可得邑令而考授中書；爲中書六年，可遷部曹而成進士；官編修，今六年，可得坊局而又出守。每垂成，輒易地，殊不可解也。《甌北集》。

【校勘記】

〔一〕不惜費則成功速而費轉少：「費轉少」原倒爲「轉費少」，據《甌北先生年譜》附文改。

〔二〕《甌北先生年譜》附文末有「誥授通奉大夫山東督糧道孫星衍撰文」十六字。

補皇清誥授中憲大夫賜進士及第翰林院編修貴州貴西兵備道

庚午科重赴鹿鳴筵宴晋加三品頂戴趙甌北府君墓誌銘

嘉慶廿年秋九月，趙氏廷英昆仲等來金陵，乞撰其尊甫甌北先生墓志銘。先生與予同里，有姻聯，又爲詞館前輩，生平游處甚熟，知其學行尤悉，不可以不敏辭。

按《狀》，先生姓趙氏，諱翼，字耘松，號甌北，常州府陽湖縣人。其先有名孟堙者，爲宋宗室，元末官高郵州録事，因家常州。五傳生敔，明景泰甲戌進士，歷山西、山東按察使。七傳生州，爲先生曾祖。生福臻，又名斗熢，贈儒林郎，爲先生祖。生惟寬，贈中憲大夫，爲先生父。配丁太恭人，生先生及弟汝明、汝霖。趙氏遷常久，家中落，父中憲公以授徒爲生計。

先生生有異稟，三歲識字，十二歲爲科舉文，一日輒成七篇。時令甲未以詩試士，特好爲之，兼爲古文。十九歲入縣學，游學都門，才名動輦下。劉文正公時爲總憲，延至家，纂修宫史。以直隸商籍入學，中乾隆十五年庚午科北榜舉人。補義學教習。十九年會試，中明通榜，用内閣中書。明年補官。又明年，入直軍機。尹文端公、傅文忠公皆倚重先生。扈從行在，或伏地草奏，下筆千言，文不加點，一切應奉文字，非先生不辦。二十六年，中辛巳科進士，殿試呈卷第一，高宗純皇帝以國朝已來陝西未有狀元，遂以第三卷互易，即王文端也。授翰林院編修。明年，京察一等記名。在翰林時，任撰文，修《通鑑輯覽》。壬午科分校順天鄉試。乙酉科爲順天武闈鄉試主考官。癸未、丙戌科俱充會試同考官，得士尤盛。

三十一年冬，授廣西鎮安府知府。府境極邊，民淳訟簡，而常、社倉穀有出輕入重之弊，粵民償穀以竹筐，以權代槪，有司因購馬濟滇軍，別製大筐斂穀。事罷，遂以爲常，民苦之。先生開府倉，聽民用舊筐自權以納穀，於是民皆持羨穀以去，飲食醉飽，歡聲溢闤闠。屬城有控横斂者，則縛其監倉奴及書吏，痛懲之。鎮安民由是感激，每出行，争肩輿先生過其村，送歷他村亦如之。老弱饋餉雞豚酒醴，先生辭之不得，無煩縣令供頓矣。其後有爲先生立生祠者。會以辦案不合總督李公侍堯意，幾被劾。適有特旨，令先生赴滇參軍事。

是時，明將軍瑞征緬甸失事殉難，緬酋遣使求和，副將軍大學士阿公里衮奏其事，上不許。時阿文成公桂以總督來將軍，大兵停征，奉命以偏師剿南坎、頓拐等處。兩將軍出行，令先生守大營，護將印，一切緩急應援，皆得便宜行事。及大學士傅文忠公來滇經略兵事，議以大兵渡戞鳩江進剿，即大金江上流也。令提督以偏師五千從普洱進，遥爲聲援。先生謂戞鳩、普洱相去四千餘里，大兵既渡戞鳩之西，則偏師宜由江東岸近地進取猛密，夾江而下，造船以通往來，庶兩軍可以互應。遂如先生言入告。其後，渡戞鳩之兵遭瘴氣，多疾病，而阿文成公所統江東岸一軍獨完。又以此兵敗賊於蠻暮老官屯，卒以蕆事，時三十四年也。

明年，調守廣東廣州府。先是，總督李公固欲調先生，使他守諭意，先生不可，曰：

「鎮安，天子所授，吾受上司恩調善地，他日何能自行其志？」至是，人服其能自立云。海盜拒官兵而竄，盡獲之，得一百八人，按律皆當死。先生念諸盜無殺人案，乃條別其輕重，戮其魁，餘多遣戍者。其他平情折獄類此。

明年，擢貴州貴西兵備道。威寧水程兩鉛廠舊由糧道管轄，大小官吏漁利，虧空案發，巡撫司道以下，多罹重辟，因改令貴西道經理。先生以立法方始，凡短發工價運費諸弊，盡剔除之。又催在途未運銅斤，速抵蜀省。上司方以是爲先生功，旋以廣州讞獄舊案，奉部議降級，奉旨送部引見。當路欲奏留先生，先生以母老力辭，歸里侍養者五年，暨終制，遂不復出。

五十二年，閩督李公侍堯征臺灣，過常州，邀先生贊畫軍事，偕至泉州。李公故精嚴，事少寬假。先生閲歷兵事久，謂惜費則成功遲而費轉多，不惜費則成功速而費轉少，凡軍裝口糧一切擘畫從寬濟軍，爲李公繕摺奏請。得旨，軍皆挾纊。時賊初起，提督等率兵過海，前督常公青來將軍督師，咸謂不日蕩平。先生難之，告李公宜以實情上達，并函書廣督調兵待用。及大兵不利，總兵爲賊所陷，游擊被戕，果賴粤兵以濟，李公以是服先生預策之善。事平，欲奏起先生，堅辭，乃止。

先生年過六十，歸後以著述自娱。主講安定書院，往還平江一帶，所至名流傾倒，傳寫詩什，江左紙貴。同時袁大令枚、蔣太史士銓與先生齊名，如唐之李杜元白。而先生高才博物，既歷清要，通達朝章國典，尤邃於史學，家居數十年，手不釋卷。所撰《廿二史札記》，鈎稽同異，屬詞比事，其於前代弊政，一篇之中三致意焉。所爲詩，無不如人意所欲出，不拘唐宋格律，自成一家。凡撰《陔餘業考》四十三卷、《廿二史札記》三十六卷、《甌北詩集》五十三卷、《皇朝武功紀盛》四卷、《簷曝雜記》六卷、《唐宋十家詩話》十二卷。論世者以爲，國家中葉，極盛之世，文章耆壽，必有應運而興，爲一代冠冕，先生其人矣。

方先生七十時，兩江總督費公淳、漕督蔣公兆奎皆出先生門，每過存先生咨詢風土，言不及私，兩公益重先生。嘉慶十五年庚午科鄉試，先生八十有四，重赴鹿鳴筵宴，奉旨賜三品冠服。先生素和易，生平無疾言遽色。服食節儉，家稍豐裕，凡少賤時有德於先生者，皆厚酬之，曰：「財債當償，心債尤不可負也。」里中偏災，則捐千金爲搢紳倡。

至十九年四月十七日，以疾終於里第，春秋八十有八。配劉恭人，繼配程恭人，皆温恭淑慎，治家勤儉，族黨無間言，先後卒在先生前。側室蔣氏。子廷英，候選同知；廷偉，縣學生，先卒；廷俊，縣學生，候選通判；廷彦，府學生，候選鹽運司經歷。女長嫁國子監生沈景蒼，次嫁邑庠生金裕恩，次嫁候選州同湯詒憲，次嫁江西試用縣丞高德葆，次嫁國子監生盧慶録，次嫁直隸試用從九品蔣純健。長孫公桂，直隸候補縣丞；次忠弼；次慶齡；次申嘉；次鳴盛；次公樾；次景謨；次覽；次鴻文；次僧善。曾孫長增慶，次增榮，次增禄，次增祥。廷英等以二十年十一月五日葬先生於馬迹山丁太恭人之昭穴，祔以程恭人。先葬劉恭人於下程橋已四十餘年，以遺命不復遷祔。銘曰：

出奇無窮公之文，乃以筆陳籌三軍，决勝帷幄辭書勛。翩然歸里折角巾，桐鄉樂社俎豆陳。瓣香不墜韓杜親，安樂壽考完其真。松邪柏邪五湖濱，死而不朽元氣存。

録自王重民輯《孫淵如外集》卷五。

蘇君墓誌銘〔一〕

常熟蘇君去疾〔二〕，字獻之〔三〕，桐城姚鼐同年友也〔四〕。孤清峻立，以古人道持身衡於世，知不行，年四十四去官。自號園公，處場圃，觀山水，作文章自娱。尤工詩，標舉性情，引撢幽渺，斫雕藏耀。人初視，若無足賞，再三往復，則爲之欣忭惻愴，不能自已。乾隆五十五年冬，君訪友於安慶，鼐得遇於江津舟中，各出其詩相示，分持而去。自是十五年不見。嘉慶十年正月，君卒於里。次年八月十八日，葬於虞山北麓祖墓之東〔五〕。君子來告，請鼐爲銘之。

君曾祖翔鳳，康熙壬戌進士，沂水知縣。祖佑，昌平州同，贈興化府知府。考本忠〔六〕，贈内閣中書。君於乾隆己卯科中順天鄉試，辛巳恩科取爲内閣中書，考得贈官。癸未科成進士，改庶吉士。散館刑部廣西司主事。發貴州爲直隸知州，署都匀府八寨同知，以逸獄囚罷官。次年引見，以原官起用。君請疾，遂不復仕。

其狀小身，短視訥言，然胸中通貫今古，於事理無不曉，敢爲介直辭。在刑部，屢争疑獄。當安南黎氏爲阮氏逼篡，仁和孫相國文靖公爲兩廣總督，將討之。與文靖姻也，與之書曰：「虚聲不可以讋强悍，鄉鄰有鬥，雖閉户可也。取之似爲貪兵，發難有端，將爲吾患，不可不念。」文靖迂其説，然竟以喪師，身幾不免，乃悔棄君語。大臣間亦知君才者，而君不樂與俗伍，間應其招。嘗爲山西、河南書院山長，旋歸以老。年七十有八而終。

有詩集六卷，制義、律賦各二卷，已雕刻。古文數十首，藏於家。夫人錢氏，處士用和女，前卒。生子三：汝詔，監生；載，漳浦縣丞；采〔七〕，廪膳生。一女，適大理評事孫輿，文靖子也。側室魏氏，生女尚幼。有孫十二人。銘曰：

嗚呼！園公有道植躬，仕而不見通。有文閎崇，視於世而不見工。吾銘其幽宫邪？以待後世之無窮耶？有知而如見其中耶？姚鼐撰《惜抱軒文集》。

【校勘記】

〔一〕題目姚鼐《惜抱軒文後集》卷七作「蘇獻之墓誌銘并序」。

〔二〕按：「君」後原衍「字」，據《惜抱軒文後集》删。

〔三〕獻：原訛作「顯」，據《惜抱軒文後集》改。

〔四〕姚鼐：原脱，據《惜抱軒文後集》補。

〔五〕葬於虞山北麓祖墓之東：《惜抱軒文後集》作「葬於常熟西山父墓之側」。

〔六〕本忠：《惜抱軒文後集》作「直言」。

〔七〕采：原訛作「菜」，據《惜抱軒文後集》改。

王梅岑先生

諱家賓，直隸昌平人。乾隆二十八年進士，官辰州府知府。事實待訪。

補王家賓傳

王家賓，字梅岑，號穆門。乾隆己卯舉人，癸未進士，由中書累官廣西按察使，署布政使。因平苗功，賞二品頂戴花翎、黄馬褂。《采訪册》。録自續昌、裕昆等修纂《〔光緒〕昌平州志》卷十四

《列士傳》。

張莖亭先生

諱士範，陝西蒲城人。舉人，官蕪湖道。事實待訪。

補蕪湖兵備道張公墓志銘

公張姓，諱士範，字仲模，號莖亭〔一〕。先世爲山西洪銅縣人，遷居陝西蒲城。祖國祚，父克光，俱以公貴，誥贈中憲大夫。世有積德，恤饑拯災，戚里受其惠者，咸交口祝延之，遂生公。幼即穎異，舉止異凡兒。每塾師出對句，或分韻題詩，公應聲如響，聞者讋伏。丙子，舉於鄉。庚辰，補内閣中書。甲申，援例選福建興化府知府。旋丁母憂歸。服闋，選浙江衢州府知府，因公左遷。捐復原官，選安徽池州府知府。久之，特授安徽蕪湖巡道，又因公左遷。公離家久，將歸省墓，途間患痁，就醫白下，遂至不起，年六十四。

公祓飾厥躬，慕君子之安雅，善氣迎人，行安而節和，見者皆慄然意下。四權臬使，兩膺卓薦，天子召見，輒加温奬，奏對移時。池州民多凋㔾，官俸淡薄。蕪湖轄五府一州，兼榷關税，俗尚華離，人俱爲公憂，公夷然不以爲意。抵任後，問民疾苦，察庫盈虚，廉不言貧，勤不知憊，不矯虔以弋名，不舒緩以廢事，卒使吏静民安，商賈麢至，課以報最。貴池縣西有火燒蕩，公嫌不祥，建天一亭，取以水制火之義。未幾，融風頓息。己酉，皖江水暴漲，漕港有麻浦圩，幾淹矣。公親往堵塞，露立三晝夜，堤竟保全。丙午旱蝗，公自爲文，禱於神山李衛公祠〔二〕，甫下山而雨，蝗亦蔽天飛去。公於治獄測囚尤祥審。權臬使時，鳳陽孀婦迮管氏刈麥於田，姑老矣，墜樓身殞。長子鳴九素忿婦，謀吞其産，以婦推姑墮控縣。縣令不察，擬婦極刑。公詰之曰：「姑死，旁無見証，身無他傷，何由知是管氏所推耶？」鳴九不能聲。婦冤始雪。鳳陽人嘖曰：「微張公，吾鄉其六月飛霜乎！」

公道韻平淡，於人世紛華投煢、博奕歌舞諸事，絕無所嗜。平晝閑居，惟手一編，吟咏不輟。或取古人法書，臨摹自喜。愛才出於天性，遇寒素，必傾衿禮下之。所屬書院，有廢必興，厚其餐錢，嚴其課，人文蔚起。丙戌秋，與余初遇於高制府署中，一見如舊。相識三十年來，酒賦琴歌，時時霑接。今秋病中，氣息綿惙，猶强起絮語，約小差後過從爲歡。不圖余往京江，未半月歸，而公訃已横几上。嗚呼！浮生局促，天意渺茫，原不許人控揣。然余犬馬之齒，猶豈先一飯矣，分當先填溝壑，乃一旦郎君反以墓銘見托，其能無悲從中來，筆未揮而淚先下哉？古語云：「善人云亡，百身莫贖。」如公者，當亦海内士林所異音同嘆者夫。

所著有《澹園詩鈔》，所臨有《十七帖》《絶交書》三種。先娶雷氏，再娶王氏，俱誥封恭人。子汝驤，壬子科舉人，試用教諭。次汝驥，廩貢生，出繼弟夢選。三子阿玉，尚幼。女七人，俱適士族。孫□人。以年月日葬。銘曰：

旃檀一樹，百里外聞其香也；福德一星，九州内瞻其光也。肫肫張公，國之良也。身雖逝兮，民不能忘也。壽固未爲短兮，餘慶知更長也。鬱鬱佳城，此其藏也。猶有鬼神，俾爾子爾孫隆隆其未央也。録自袁枚《小倉山房文集》卷三十二。

【校勘記】

〔一〕茝：原訛作「芷」，按《小倉山房詩集》卷三十四有《哭張茝亭觀察》詩，題下注「諱士範，陝西人」，據改。

〔二〕祠：原訛作「詞」，據文意改。

師友淵源録後案卷十九

内閣後輩第七門

馮星實〔一〕

諱應榴，字貽曾，浙江桐鄉人。乾隆二十六年進士。三十年，召試欽賜中書，軍機處行走〔二〕。勤練通達，中正廉敏〔三〕。傅忠勇、舒文襄、劉文正、于文襄、阿文成諸相國，遞相信任〔四〕，謂其獻疑補缺〔五〕，皆有補於政事。累擢鴻臚寺卿，授江西布政使，護理江西巡撫印務。剛而不激，廉而不劌，薦拔多賢才，苞苴屏絶，人無敢干以私。因事牽連罷斥〔六〕，由部郎遷前官〔七〕。以告終養回籍，卒〔八〕。

少承家學，才識過人，下筆纚纚數千言，嘉興錢文端早以國士目之。一督川學，一充順天同考官。三十五年湖北副考官，五十四年山東正考官，咸稱其得士。

所著有《蘇詩合注》，能搜羅秘籍，補缺訂訛，多前人所未見者。其自注《年譜》及詩文若干卷，藏於家。李廷輝修《桐鄉縣志》。

【校勘記】

〔一〕按：秦瀛《小峴山人文集》卷五有《鴻臚寺卿星實馮君墓表》，後被收入閔爾昌輯《碑傳集補》卷七中，可參看。

〔二〕處：原訛作「房」，據李廷輝修《〔嘉慶〕桐鄉縣志》卷七本傳改。

〔三〕敏：原訛作「明」，據《〔嘉慶〕桐鄉縣志》改。

〔四〕信任：原倒作「任信」，據《〔嘉慶〕桐鄉縣志》乙正。

〔五〕獻：原訛作「讞」，據《〔嘉慶〕桐鄉縣志》改。

〔六〕罷：原脱，據《〔嘉慶〕桐鄉縣志》補。

〔七〕前：原脱，據《〔嘉慶〕桐鄉縣志》補。

〔八〕卒：原脱，據《〔嘉慶〕桐鄉縣志》補。

陸丹叔

陸費墀，號頤齋。乾隆丙戌進士，官編修。庚寅，充順天鄉試同考官，得周永年等十三人。提調《四庫全書》館。甲午茶宴，和詩稱旨，特賜唐寅《梧竹高隱圖》。奉旨：「編修陸費墀承辦《四庫全書》并《薈要》處繕録之事，綜核稽查，頗能實心勤勉。且其學問亦優，著加恩以翰林院侍讀升用。」薦升詹事府少詹，充文淵閣直閣事，《歷代職官表》總纂官。擢禮部右侍郎，充《四庫全書》副總裁〔一〕。旋丁母艱回籍〔二〕。因前辨書有應撤毁者，未經奏明，又因正本未及移交明白落職。

平生閎覽博物，精確鑒賞。上溯周秦，下逮元明，彝鼎圖書，碑刻縑素，過目能辨。書法愛顔平原〔三〕，旁及堪輿醫藥、陰陽方技之術，靡不通曉。著有《枝蔭閣詩集》〔四〕、《頤齋賦稿》、《經典同文》等書。李廷輝修《桐鄉縣志》。

【校勘記】

〔一〕全：原脱，據《〔嘉慶〕桐鄉縣志》補。

〔二〕母：原脱，據《〔嘉慶〕桐鄉縣志》補。

〔三〕顔：原脱，據《〔嘉慶〕桐鄉縣志》補。

〔四〕詩：原脱，據《〔嘉慶〕桐鄉縣志》補。

鄭晴波

鄭澐，儀徵人。年十九，父染病卒。母繼病，澐割左股，和藥以進。乾隆二十七年舉人。三十年南巡召試，授中書。出爲建寧府同知，清釐晋江積案三千餘牘。擢守温州，有兄弟争産者，澐爲講《棠棣》一詩，聽者泣下，遂罷訟。遷浙江糧道，以事削籍。恭遇高廟萬壽慶典，給五品銜。

澐詩學杜，嘗刻《少陵全集》〔一〕。著有《玉句草堂詩餘集》《鷗翥集》《石瓠園詩存》諸稿，凡若干卷，《詩餘》三卷。阿克當阿修，張世浣、嵩年纂《新揚州府志》。

鄭中翰澐新婚北上，《留别閨中》云：「來時春到江南岸，楊柳青青莫上樓。」其同年周舍人發春喜誦之。時庶常陳濂與周善，而未識鄭。一日公讌，周、鄭俱在，陳忽語周曰：「昨聞有人贈内句云，情韵絶佳，當是晚唐人手筆。」周急叩之，則所稱者即鄭詩也。鄭聞而愕然，周因指鄭示陳曰〔二〕：「此即賦『楊柳青青』之晚唐人也。」三人大笑。程灌夫亦有句云：「春風吹緑垂楊色，何事羈人怕傍樓。」袁枚撰《隨園詩話》。

【校勘記】

〔一〕全：原脱，據《（嘉慶）重修揚州府志》卷四十八本傳補。

〔二〕周：原脱，據《隨園詩話》補。

張策時墓誌銘〔一〕

張君策時，名熙純，一字少華，江南上海縣人。性蕩儻疏豁〔二〕，意所不相得，悻悻然見於顔面，而不知人世有嶮巇陷阱。好飲酒，間亦博簺叫號以爲樂。然嗜詩特甚，堅苦刻琢，迆演藴蓄，久之乃大放，翕張頓挫，喑嗚叱咤，力若可辟萬人，是以人皆頌其詩之工。余以丁卯爲文會，同郡與於會者十四人，君獨與趙君文哲及余最親。是時君已有聲庠序，然家益貧，試於鄉，亦屢黜。後爲侍郎夢公麟所知。李公因培任浙江學政，因召入幕。而幕有忌君者，君不自安去。

入京師，應壬午順天鄉試，得中式。明年會試，又見黜於有司。歸逾年，乙酉，上南巡，君獻賦行在，召試授内閣中書舍人。明年丙戌，充方略館纂修官。君自念以蕩儻疏豁，故致齮齕，乃折節自下，遇人頽乎其順，抑抑乎惟謹，言若不能出諸口，曩時嬉笑怒駡之態，刮劘無有存者。人謂君齒漸長，故性情漸平，不知其剷削崖岸，以與時人委蛇，以避世人彈射，蓋用心苦而意氣亦殆盡矣。丁亥八月，余隨上獮於木蘭，始聞君疾。比歸，則疾已劇。越三日卒，時惟九月之二十五日也，距君生於乙巳六月十六日，年四十有三。

君祖永昇，父懋，皆不仕。無子，以兄子培材爲後。一女，適同縣黄兆鼇。卒之年十月，其妻彭氏持喪歸，以某年月日葬於南滙縣之二十保三區〔三〕。其兄書來乞銘。

嗚呼！自君與余同會，迄於今垂二十五六年，交益親。君母夫人卒，余爲文弔之，言君雖無以爲養，其文與行，必有以顯揚於世，君讀之而泣。及在京師，館余家，酒酣以往，具言生平閲歷，輒欷歔流涕，因出所撰《華海堂集》，屬爲序。余言：「君乃古之所謂狂者，其嵚崎歷落之概，與掩抑阨塞之狀，一發諸詩，觀其詩如見其人。」君讀之忻然而笑，世亦頗以余爲知言，然則銘非余誰宜。銘曰：

嗟乎張君，天所慳也。稚而孤露，茹辛酸也。長而依人，飽艱難也。空堂幽幽，罕秸莞也。刻劃圭角，弗屑刓也。誰爲含沙，忍痏瘢也。晚始一遇，顛已斑也。犖嫯視含，涕潺湲也。如雲之氣，束此棺也。舍十得一，名不刊也。用昌其詩，瀰迴瀾也。我斫銘辭，不敢謾也。王昶撰《春融堂集》。

【校勘記】

〔一〕題目《春融堂集》卷五十六作「内閣中書舍人張君墓志銘」。

〔二〕蕩：原訛作「俶」，據《春融堂集》改。下同。

〔三〕二：原訛作「三」，據《春融堂集》改。

鮑論山

丹徒鮑步江徵君之子，字雅堂，名之鍾。乾隆三十年，召試欽賜舉人，授中書。三十四年成進士，官户部郎中。與先君同客維揚，通籍後同官徽省幾十年。歲戊戌，先生告假南旋，時先君遊秦未歸，先生主於余家歸求草堂四十餘日。雖極文酒之歡，而先生念先君，恒見流於口角。越十九年，觀詣都門謁公寓齋，知公詩集四十卷已編定，中有《追輓》一律云：「老我嘗嗟生也晚，因君猶得見先民。自注「因君見望溪先生」。聯鑣東馬聲名壯，自注「君與曹習庵、王蘭泉先生齊名」。橐筆西清職事親。上相録賢方舉首，承明厭職已抽身。水西文館藏書富，有子編排足慰人。」閱三年，亦卒於官。逮嘉慶十二年夏，觀應揚州太守伊墨卿之招，適與先生之子遵共事修書，相得甚歡也。《後案》。

修撰金先生墓誌銘〔一〕

先生姓金氏，諱榜，字蕊中，一字輔之，晚更號檠齋。先世自杭州徙歙北呈坎，二十二傳徙郡城，又六傳而先生之曾祖五聚徙歙北趙村，祖公著乃自趙村復徙巖鎮〔二〕，今爲巖鎮人。乾隆戊辰進士，官吏部稽勳司主事，諱長溥者，先生之父也。以翰林官御史，出爲浙江督糧道，諱雲槐者，先生之兄也。

先生少負偉志，思博學深造爲通儒，而不屑溺没聰明於科舉之學。受經學於江永慎修暨戴震東原〔三〕，學詩古文辭於吾師劉大櫆耕南，學科舉之文於方楘如朴山〔四〕。數君子者，各有所長擅天下，先生或師之，或友之〔五〕，而皆得其宗，故其學偉然爲江南魁俊。嘗語定曰：「予之獲師友此數公者，生平之幸也。吾聞猿得木而捷，魚得水而鶩，士之有明師賢友也，猶百鳥依鸞皇，而羽毛因之改色也。君子其急求天下士廣交之乎？」年三十一，高宗南巡，以詩賦蒙恩擢授中書舍人。越七年，成進士，殿試一甲第一人，官翰林院修撰。嘗一出爲山西副考官，以父喪歸，遂不出。

邃於經，尤深於《三禮》，自江慎修開經學之宗，先生暨東原皆其弟子〔六〕，由是新安經學遂冠於時。桐城姚姬傳嘗曰：「國朝經學之盛在新安，古文之盛在桐城。」識者以爲知言。所著有《禮箋》一書，詳稽制度，卓然可補江、戴之缺而尾隨之，必傳於後無疑也。始先生登第時，齒盛名高，扶掖者衆，乃獨浩然勇退，杜門深山，沈浸於著述。有諷先生復登朝者，先生笑曰：「富貴者，一日之榮也，所謂夏日之裘，冬日之箑，時過則無所用之者也。君子縱不獲争光日月，或者猶得比壽丘陵也。」嗚呼！此其見卓矣。

曩先生嘗招余館於其塾〔七〕，訓其少子童孫，漏三下，往往猶相與講學論文不輟，甚相得也。而今乃濡淚銘先生！以嘉慶六年六月十一日卒，年六十有七。始娶吳氏，續娶洪氏、汪氏。子二人：應瑭，太學生；應琛，郡庠生。孫四人：銘恩、培恩、達恩、炳恩。曾孫一人：希曾。將以某年月日葬先生於某鄉某原。定老矣，豫爲之銘曰：

赫赫榮名，世莫匹兮。衆群艶之，中心折兮。先生曰嘻，雹飄瞥兮。龍蛇蚯蚓，同埋没兮。繄惟名山之藏，顯億祀兮彌光〔八〕。吴定撰《紫石泉山房文集》〔九〕。

【校勘記】

〔一〕題目吴定《紫石泉山房文集》卷十作「翰林院修撰金先生墓誌銘」。

〔二〕徙：原脱，據《紫石泉山房文集》補。

〔三〕震：原脱，據《紫石泉山房文集》補。

〔四〕棨：原訛作「棨」，據《紫石泉山房文集》改。

〔五〕或友之：原脱，據《紫石泉山房文集》補。

〔六〕先生：原脱，據《紫石泉山房文集》補。

〔七〕其：原脱，據《紫石泉山房文集》補。

〔八〕祀：原訛作「禩」，據《紫石泉山房文集》改。

〔九〕吴：原訛作「孫」，據《紫石泉山房文集》改。

秦端巖先生〔一〕

秦端巖，諱潮，字步皋，江蘇無錫人。乾隆三十年召試賜舉人，授内閣中書。三十一年成進士，官至司業。事實待訪。

【校勘記】

〔一〕按：此條原脱，據《録》補。

周青原墓誌銘

乾隆三十年春，高宗純皇帝南巡江浙，合江南士之獻進賦頌者〔一〕，召試於江寧。自十六年南巡，至是三召試矣。是年定爲糊名閲卷，取中尤嚴。而江寧周君以廪膳拔貢生入試，欽定爲一等，賜舉人，授内閣中書舍人，君之名乃大著於天下。入都供職，旋入軍機處辦事。一夕内直，上偶問得君名，歎曰：「此吾南巡時所得江南才子也。」時大臣無不欽重君者。君兩會試未第〔二〕，倏挂吏議，君時年才逾三十耳，而意沮喪，無仕進之志。

故通曉天下利病，又善爲文奏，既退閑〔三〕，於是四方督撫多請君入署爲章奏〔四〕，而君藉以遨遊徧天下。當君之得過，以人有來探事者，君對不知，後其人得罪，引君及同直軍機者，皆未泄密也。吏有與軍機官相惡者，即以不嚴斥，探者傳重比鐫級。其後與君同罪者，復進用至卿貳，而君猶遠跡都門。雖其居幕府爲奏言之善，多爲天下稱誦，而身一見枉，終放廢以至於老，天下所尤爲慨惜也。

君諱發春，字卉含，其號曰青原，人皆呼之，故青原之稱尤著。余初於京師見之〔五〕，其文章書法之美，交遊中所希見。而議論和平，與人接，恂恂温良人也。余歸里主皖中書院，君時來皖，得再見甚歡〔六〕。余後至江寧，而君尚依子之桂於皖，遂不見。而之桂今以君柩歸矣。君夫人沈氏，賢而早没。生子之桂，安徽候補知縣。之桐早喪。孫開麒。嘉慶十六年十月十日君卒，年七十四。次年□月□□日，葬於江寧南吉山之麓。沈氏先葬於是，今以君合焉。爲之銘者，桐城姚鼐也。銘曰：

才高不盡其能，名著不究其升。智可逮遠，而身失其憑。惟其君子長者也，補其後之式承。姚鼐撰《惜抱軒文集》。

青原先生次子之桐，陳麟州中丞之婿，才學俱優，選拔後即没。其妻苦節二十餘年〔七〕，得請旌表。有子開麒，字石生，道光三年進士一甲第三，官編修。

【校勘記】

〔一〕進賦：原脱，據姚鼐《惜抱軒文後集》卷九補。

〔二〕君：原脱，據《惜抱軒文後集》補。

〔三〕按：此句前原衍「以遨遊遍天下」一句，今删。

〔四〕四方：原脱，據《惜抱軒文後集》補。

〔五〕師：原訛作「邸」，據《惜抱軒文後集》改。

〔六〕再：原脱，據《惜抱軒文後集》補。

〔七〕二：原訛作「三」，據《惜抱軒文後集》改。

洪定甫行略

公諱朴，字素人，號定甫，安徽歙縣人，與弟榜、梧同負異才，世有「三洪」之目。公重經濟，磊落慷慨。讀史傳遇忠孝節義〔一〕，輒感激若身任其事者。

乾隆三十年，高宗純皇帝四幸江浙，以諸生應召試，欽賜舉人，授内閣中書。三十六年成進士，升刑部廣西司主事，於是專志刑名。古今凡有關於律例者，莫不細讀，歲益深，律益習，上官有問，輒應口條對，人服其能。遷江西司員外郎，升吏部驗封司郎中。其間三十九年典試湖南，四十二年命視學湖北。感天子知遇，率諸生崇實學，勵名節，發爲文章，皆疏《四子》實義，無膚詞，而自合於先正。至於清操飲冰，疆吏共欽之。復命時，英文肅公總理刑部尚書，特爲奏留。補陝西司郎中，辦理秋讞。後保舉御史。

引見記名，選順德府知府。既至順德，首劾唐山縣趙鈞彤科派事。郡久旱，是日雨。又以邇年天子明諭，清釐各省錢穀虧空，公得一郡虚實，聞於大吏，大吏方有待於入奏，而公遽因疾作謝事。嘗寓書於其弟沂州太守桐生曰：「鞠躬盡瘁，死而後已。」又曰：「朝聞道，夕死可矣。」又致書於所知，其略曰：「憂心悄悄，讒謗每集其躬；守己硜硜，光塵遂陋於俗。已堪擯棄，敢望飛騰？」又云：「倉儲未便於空虛，蔀屋猶憐其蕭瑟。緣循分以直陳，或轉移之有道。死生榮辱，微軀早付於太虛；恩怨是非，衆口盡歸於烏有。不敢負國，庶幾當官。」病甚，始請假歸，恩予回籍。行次東平，卒於舟次，年甫四十。嗚乎！何不遂慨慷之志，豐其才嗇其壽耶？

觀侍先君，曾聞公之讜論。四十八年冬，偶客邗江，適遇公之靈舟，拜奠之餘，謹述公之梗概焉。嚴觀撰《後案》。

素人少與弟桐、梧先後登進士，曾有「三珠」之譽。同鄉戴編修震、金殿撰榜皆通經，素人從之問業。故以員外郎督學湖北，飭童子背誦《五經》者入學，諸生能背誦《左傳》《周禮》《儀禮》者補廩，楚士翕然從之。後由郎中出爲廣平守〔二〕，將發屬令之虧空，衆人驚異，而素人亦憂疑抑鬱，久之，殁於任所。王昶撰《蒲褐山房詩話》。

【校勘記】

〔一〕孝：原脱，據張本補。

〔二〕廣平：原作「順德」，據王昶撰《蒲褐山房詩話》改。

陳雲濤

諱希哲，江蘇吴縣人。乾隆三十年召試，欽賜舉人，授内閣中書。事略待訪。

劉檀橋墓誌銘

士君子奮跡貧寒，洊歷膴仕，能滿而不溢，尚非甚難。若乃生長世閥，馴至通顯，入典詞翰，出司文衡，上有聖明特達之知，下有父兄聲氣之雅，禔躬砥行，豐儉得宜，不激不隨，輿論帖服，非閱歷深而操持定，其能若是乎？吾於劉君檀橋見之矣。

君姓劉氏，諱種之，字存子，世爲江南武進人。曾祖淳，邑諸生，考授州同知。祖樞，國子監生，累封資政大夫。考諱星煒，官工部右侍郎。君幼穎悟，弱冠，名噪日下。乾隆乙酉，高宗純皇帝南巡，召試賜舉人，授内閣中書。丙戌成進士，改翰林院庶吉士。己丑、壬辰，丁侍郎憂。甲午，服闋入都，充武英殿提調，文淵閣校理。己亥，典試山東，視山東學政。丙午，典試廣西，視河南學政。庚戌，遷右春坊右贊善。旋授山西歸綏道。以此缺例用滿人而止。癸丑二月，患怔忡疾，乃乞假歸里。疾久未愈，遂不復赴補，此君出處之大概也。

當年少時，即值家門鼎盛，侍郎公方歇歷卿貳，從父文定公已躋揆席，再從兄躍雲同入翰林，兄謹之直機廷。君以長才逸韻，翔步其間，門第既高，聲華藉甚，宜若可稍自弛易，乃抑然白下，手不釋卷，攻苦如經生。侍郎公夙以駢體名家，君能世濟其美。兼工楷法，落紙即爲人攫去。爲庶常時，派習國書。及散館，考列一等。其思力精鋭，每事必出人頭地，可類推也。侍郎公晚得風疾，謝事養疴京邸。君侍醫藥，久而弗懈。與給諫最愛，給諫直軍機，積勞疾歿。其夫人湯隨以身殉。上憫之，贈給諫鴻臚寺卿，湯亦被旌。君爲立祠建坊，以己子用錫爲之後。兩爲主考，兩任學政，皆以文字爲職業。每按試，必矢慎矢公，故所取多一時名宿。

歸田後，爲德於鄉，待以舉火者數十家。丁卯歲歉，首以千金爲捐賑倡，邑人遂無餓死者。自以世受國恩，無由報效，乃以其子用霖捐知縣，分發陝西。用和捐知州，選廣西上恩州。用錫亦捐知州，分發安徽。蓋以寓毁家亟公之誼。暇則以文史自娱，間與里中耆舊，如洪編修亮吉、族孫懷玉及予輩，爲文酒之會。朱藩伯勳寓郡城時，從遊數。里中或有公讌，必在君宅，供張備而餚饌精，同人輒留連竟日忘返。昨歲君七十初度，予戲謂君自少至老，無一非樂境，東坡所謂一日勝兩日，若活七十年，便是一百四，似專爲君言。

孰謂一時戲笑之言，竟成讖耶？予與侍郎公父子交，在紀群之間，今遂哭其兩世，無復晨星之伴，徒深舊雨之悲，捉筆伸紙，不自覺淚涔涔下也。

君生於乾隆六年九月十三日，卒於嘉慶十五年九月十三日，年七十。配陳氏，封登仕郎時修女，先卒，葬豐東鄉翟墅侍郎之穆穴。繼配史氏，大學士文靖公孫女，兵部侍郎奕昂女。子五：長用霖；次用和；次用錫，嗣兄後；次用績，先卒；次用康。女四人。孫七人。以嘉慶十六年十二月十七日，與陳恭人合葬焉。銘曰：

昔之檀橋，窮經老儒。今之檀橋，生長華腴。境雖不同，各有令譽。我忝朋簪，年輩稍長。及見英遊，詞壇掉鞅。蝥孤一麾，千軍頓纇。中歲歸里，散髮林阿。蛩駏相依，步屧屢過。豈期撒手，渺若山河。幸是烏衣，門第如舊。餘輝所耀，長夜白晝。我作銘詞，永卜燾後。趙翼撰。

潘蘭公

諱庭筠，號德園，錢塘縣人。以舉人官内閣中書。乾隆四十三年進士，入詞林。轉陝西道監察御史，告終養歸。主惠南書院。其韻春和，其致秋潔。尤喜皈依净域，洗涴濁流。持齋誦經，蕭然物外。自言於繪事，向極研究。解悟後，棄捐一切，惟隨意寫水墨花卉，以應請索而已。王昶撰《畫識》。

光禄寺卿范公墓誌銘(一)

范君叔度卒之明年，其孤準將奉其柩歸葬於江寧之祖墓(二)，而請爲銘。案范氏由吴而婺而嚴，明初始居金陵。八世至君考，諱文聯，游京師，遂入籍大興。配陳，生子三：長鐸，次鐘，君其季也。出後世父諱文忠，君貴本生及所後考、妣，皆誥贈如君官。

君名鏊，字叔度，號攝生。先是，有上虞張秀才光嶽，好奇喜相士，先兄冠山托之相攸。張君一日來告予兄弟曰：「吾於市衢中見一童子，英秀逼眉宇，容訪之。」遂謁君伯兄於舍曰：「君弟偉器，然須我授之書。」乃辭龔氏之館，而就館於范。甫閲月，曰：「我非能久居於此，將薦之於朱竹君太史，而爲媒於其兄冠山。」遂力爲蹇脩焉。於是締姻於伯兄之長女，而讀書於我家，時爲諸生。

乾隆戊子科，舉順天鄉試。己丑，取中正榜，授内閣中書，直軍機處。庚子，成進士，改庶吉士。辛丑，散館改刑部貴州司主事，升湖廣司員外郎、陝西司郎中，總辦秋審。京察一等，以升銜留任。丁未，臺灣林爽文作亂，隨福將軍出征。是時，彰化、鳳山、諸羅告急，君從渡海，遂擒林爽文、莊大田。凡獲俘囚，將軍屬君訊之，多所全活。以軍功賜戴花翎。己酉，擢陝西道監察御史。庚戌正月，以監放賞賚外藩散班早，劾降主事，奏留刑部〔三〕，洊升浙江司郎中。丁未、庚戌、癸丑、乙卯，四充會試同考官。壬子，典湖北鄉試。甲寅，典四川鄉試。乙卯，督學湖南。培養士習，增修號舍千余間，至今傳爲盛事。嘉慶己未，升鴻臚寺少卿〔四〕，旋擢通政使司副使。辛酉，分查北路水災，升光禄寺卿，監盧溝橋賑務。上方嚮用君，乃未竟其施，以勤賑染時疫，遂卒，可惜也！

君晚年慕道爲善，孜孜不倦。友愛於厥兄，念其兄老病，對予言及，輒涕泗不自止，可爲天性醇摯者矣。君生於乾隆癸亥七月十四日，卒於嘉慶壬戌四月二十八日，年六十。娶朱氏，貤封中憲大夫、日講起居注官、翰林院侍講學士、文淵閣直閣事先伯兄諱堂公長女。子二：長準，附監生，兩淮鹽運庫使，候選知府；次潤，監生，候選鹽大使。女五：長適太常寺典簿劉圭，次適甲寅科舉人内閣中書王鼎文，三適己未科進士庶吉士刑部主事曹汝淵，四適庚申科舉人朱涂，五適監生吴華基。孫四：承誥，順天府學附生〔五〕；承祖、承壽，皆準出；承典，潤出。孫女三。某年月日葬於某原。銘曰：

籥雲騰上中逵摧，爲善日益志勿隳。反藏於南魂九閡，炯炯者性何去來。朱珪撰《知足齋文集》。

【校勘記】

〔一〕公：朱珪《知足齋文集》卷五作「君」。

〔二〕江寧之：原脱，據《知足齋文集》補。

〔三〕奏：原訛作「奉」，據《知足齋文集》改。

〔四〕少：原脱，據《知足齋文集》補。

〔五〕學：原脱，據《知足齋文集》補。

廣東布政使許公墓誌銘〔一〕

公諱祖京，字依之，德清許氏。曾祖諱煌甲。祖翰林院編修，南昌府知府，諱鎮。考舉人，西安教諭，諱家駒。三世皆以公貴，贈通奉大夫。

公少勤學，工文辭。乾隆戊子科中浙江鄉試第一人。己丑成進士，授官内閣中書。貧甚，徒步懷餅入直，暮而出，歷七年。内閣侍讀缺，公次當擢，金壇相國于文襄公欲别擬人矣，聞公論謂許舍人不得擢爲不平，乃卒擢公。在内閣兩遇京察，皆一等。丁酉科充四川鄉試正考官，復命奏對稱旨。旋命爲雲南驛鹽道。

三年，擢雲南按察使，辦疑獄，悉精當得情。姚州有劫盜，以刀背傷事主，擬死罪上，部駁謂：「刀背雖金非刃，不當死。承審官知州誤擬，當降職。」公言：「州本擬如部所論，臣飭改之，咎在臣。」奏上，純皇帝愈以此重公。擢廣東布政使。公在雲南時，值總督李侍堯怙勢求賄。其後事發得罪，屬吏多爲所累降絀，公初不迎附，卒亦不與其咎。

及在廣東，仁和相國孫文靖公爲總督，值林爽文亂，文靖馳至潮州，調兵餉甚衆。公抗言：「臺灣亂當即平，不可無故先困粤民。」文靖得牘，怒甚，欲奏公沮軍。會臺灣平，乃止。及毅勇貝勒相國福文襄公爲總督，勢益重，而公守意自如。文襄之護安南阮惠入朝，公定郡邑供帳有限數〔二〕。阮惠行出廣東，緣道官乃務極華侈。傳單至達行在所，純皇帝以讓文襄，文襄乃歎公所定豐約之當也。至於廣東濱海，民雜易擾，公治之凡十年，於事患多消弭。民有欲請於瓊州開礦者，公駁不許。又有欲於省設船步網利者〔三〕，公亦不許。民以晏然。

乾隆五十九年，以請養歸。逾一年，丁母蔡太夫人憂。而瘍於杭州〔四〕，年七十四。

公强識過人，少所見文字，至老未嘗忘。治官事勤甚，累日夜廢寢食不疲。其在雲南，不置幕客，文案皆親定之。又以餘力訓子爲學。其在內閣修官書《一統志》《西域圖志》《同文志》《勝朝殉國諸臣録》〔五〕，皆獨當其勞。平生自著書，則有《書經述》八卷、詩四卷、《許氏譜》二卷，藏於家。夫人，同縣進士祁縣知縣胡官龍女，賢明有禮，先公卒四年。子二：翼宗，國學生，早卒；宗彥，嘉慶己未科進士，兵部車駕司主事。女一，適山陰王思鈞。胡夫人先葬武康春岡嶺上〔六〕，青浦王侍郎昶銘之矣。嘉慶□年□月□□日啓穴，以公夫人合葬焉。桐城姚鼐爲之銘。銘曰：

公以儒興，操筆文雄。秉節吏能，愍愚察病。勇爲衆靖，憂哉從政。其道蹇蹇，建謨伊善。植躬靡沕，禁闥著庸。山徼海邦，身去慕從。天靳民澤，錢塘之郭。公臥不作，有配允賢。魯祔茲阡，厥嗣昌延。姚鼐撰《惜抱軒文集》。

【校勘記】

〔一〕題目姚鼐《惜抱軒文後集》卷七作「通奉大夫廣東布政使許公墓誌銘并序」。

〔二〕供帳：原訛作「公張」，據《惜抱軒文後集》改。

〔三〕步：原訛作「布」，據《惜抱軒文後集》改。

〔四〕而殤於杭州：《惜抱軒文後集》作「既而病居杭州就醫。嘉慶十年二月二十一日，卒於杭州」。

〔五〕同文志勝朝殉國諸臣録：《惜抱軒文後集》作「《西域同文志》《勝朝殉節臣録》」。

〔六〕上：原訛作「下」，據《惜抱軒文後集》改。

廣西巡撫孫君墓誌銘

我國家撫有方夏，薄海内外，悉主悉臣，覃及西南絶徼，莫不奉琛錫貢，至其君越萬餘里，親赴闕廷，鞠跽上壽，幸備期門羽林之末者，莫如安南阮惠。而廣西巡撫孫君，敷揚威德，實有以致之。蓋安南諸大校莫、黎、鄭、阮諸姓，相吞噬久矣〔一〕。先是，黎氏殘莫氏而據其國。其臣鄭檢尋篡奪，阮惠誅鄭，并逐黎氏。

乾隆五十二年，黎維祁叩關求内附。孫君方奏聞，而總督遽請出師，逾三江，挾維祁至於黎城。會春正，總督不設備，惠悉衆至，維祁駭竄，官軍隨之入鎮南關。時高宗純皇帝已遣福公康安總督兩粵，將議討，君密陳曰：「黎、阮相吞噬，外夷之常，非敢抗大兵也。今維祁不能守其城，寇至，相率而潰，其不足以自立明矣，豈宜進討以助之？且自鎮南關抵其巢，沿瘴海，崎嶇瘴癘〔二〕，兵必損。粵民久不知兵，騷擾徵發，必又損於民。聞安南深懾天威，可以折箠使也。」福勇公然之。阮惠果悔罪自陳，乞效職貢，并請封。先遣其從子光顯入朝。明年，恭遇高宗八十萬壽，又入覲。既至，請用中國冠服，上益嘉之，賜名光平。禮成而還，西裔番王鑾長咤謂是千古所未有也。

君名永清，字宏圖，別字春臺。少而敏慧，受書輒成誦。年二十二爲諸生，入廣東布政使胡君文伯幕。值土司以争蔭襲相訐告，驗之，皆明時印璽。總督將擬以私造符信，比叛逆律當斬，株連者衆。君先私具稿見胡君曰：「土酋意在承襲，無他志，豈宜妄以叛逆坐之？」胡君曰：「是督撫意，且限迫，安能倉卒易稿？」君乃出所具稿示胡君，胡君讀竟大喜，陳於督撫，從之，得活者二百餘人。蓋少時固已奇偉矣。

及從廣東歸，兩應南巡召試，皆列二等。三十三年戊子，順天鄉試舉人。明年會試，取授内閣中書。旋入直軍機房，撰擬悉當，大學士劉文正公、于文襄公，倚如左右手。三十八年，遷内閣侍讀，充方略館纂修提調官，又充文淵閣校理四庫館纂修官。鑾輅時巡，恒在扈從，常以要事騎而馳，上遥識之，曰：「此軍機處孫某也。馳驟若是，孰謂南人止能坐船耶？」四十四年，擢江西道監察御史。明年四月，遂晋右副都御史，不次之擢，蓋異數也。是年八月，授貴州布政使。龍里令某殘酷，劾去之；大定府胥役劉某黠悍，杖斃之。闔境肅然。

五年入覲，召對稱旨。旋有巡撫廣西之命。既至，劾屬吏之糾結舞弊號十惡者，削職治罪以示於衆。廣東饑，開常平倉，停採買，米價大平，廣東人賴以全活。奉旨嘉獎，謂深知大體，有古大臣風，御製詩以志之。融縣四頂山舊産鉛，至是，或言歲久砂薄，君訪知煤少，非鉛少也。聞附近羅城縣有長安官山煤廠旺，移砂就之，於是鉛額如故。五十二年，臺灣林爽文反，調廣西兵合剿。君往駐梧州，擇勇鋭者勞遣之，士氣騰湧。臺灣平，福公謂是役也，得廣西鎗兵之力爲多。又慮梧州地界兩省，餘賊或從此竄，詗之，果獲陳興遠等。西寧民仇德，廣邀衆結盟行劫，捕獲之。廣東官吏將窮治起大獄，君曰：「結盟行劫，有律在，奚事株連爲？」其寬嚴平允又如此。然自安南事起，籌糧餉，庀夫馬，督運輜重鉛藥，往來瘴地者兩年，心力瘁而受病深矣。病亟，口授遺奏。召諸子，勉以讀書承志。語不及私而卒。

而君性仁厚，篤於兄弟，惠及宗黨。工詩文，少時已爲江蘇學政李公因培所器。在京師，與陸副憲錫熊、汪編修學金爲詩文友。著《寶嚴齋詩》八卷，皆和平廉直之音。君生於雍正十年七月二十一日，卒以乾隆五十五年五月二十日，年五十有七。始祖自丹陽遷無錫。六世祖繼皋，萬歷甲戌第一甲第一名進士，官吏部侍郎〔三〕，歿贈禮部尚書。尚書孫仁溥，是爲曾祖。祖岱正。父廷鏞，官山東德州州同。三代咸以君顯，贈資政大夫。先娶華氏，早卒。繼娶顧氏，以仁孝稱，治家惠而有法，先君五年卒。子五：長爾琦，先歿；次爾準，舉人，方以博學工詩詞名於時；次爾拯，殤；次爾齡，候補國子監典簿；次爾曾，尚幼。女一，適太學生華亮。孫三：慧詩，慧淳，慧翼。以嘉慶五年四月二十七日合葬於金匱縣北胡埭之新阡。爾準實來請銘。

方予自四川歸，以鴻臚寺卿與君同直軍機。又四年，予由左副都御史按察江西，君實補其缺。故予二人相得爲最深。初，四十二年，雲南總督奏緬甸有入貢之信，上命阿文成公莅其事，奏以君從。既抵滇〔四〕，貢不即至。上召公還，君曰：「緬夷震讋已久，因前留守備蘇爾相恐罪重不能自決，若警切開導，必無不至者。」公屬君作檄諭之。未幾，蘇爾相果還。而其後按年入貢，與安南同。蓋君明遠略，熟邊務，識夷情，洞燭機宜，所籌必當，其才識有過人者，非獨安南一事爲然。故牽綴書之，以示來裔，其他政績甚著，不復具書。銘曰：

治亂持危，取昧侮亡。國有常經，帝持其綱。胡爲夸毗，以缺斧斨。維相尸之，維君匡之。止戈爲武，來享來王。吁嗟星象，忽隕南荒。契龜食墨，其歸其藏。後有墮淚，弔此崇岡。王昶撰《春融堂集》。

【校勘記】

〔一〕噬：原脱，據王昶撰《春融堂集》卷五十四補。

〔二〕瘴癘：原脱，據《春融堂集》補。

〔三〕官吏部侍郎：原脱，據《春融堂集》補。

〔四〕既：原訛作「即」，據《春融堂集》改。

姚殿芝〔一〕

諱梁，浙江慶元人，乾隆三十四年進士，官按察使。事實待訪。

【校勘記】

〔一〕姚殿芝：原脱，據《録》《總目》補。下「汪首禾」條亦同。

補姚梁傳

姚梁，號佃芝，處州慶元人，僑寓永嘉。以進士通籍，累官至山左按察使。子魯培，號洙楷，聰穎異常。年十四，隨父至粵西，《經岳陽樓》詩曰：「岳陽樓上淡斜暉，岳陽樓邊秋雁飛。乾坤吴楚此終古，廊廟江湖誰與歸。斷岸樹依懸酒旆，遠波帆颭掠漁磯。蒼茫何處聞湘瑟，一點君山綰翠微。」惜甫游泮水，年未弱冠而亡。戚學標《鶴泉文鈔》有傳。《甌乘補》。録自張寶琳等修纂《〔光緒〕永嘉縣志》卷三十七。

汪首禾

諱日章，字雲倬，浙江歸安人。乾隆三十七年取中書，官江蘇巡撫。事實待訪。

補汪日章傳

汪日章，字雲倬，錢塘人。乾隆三十七年會試，明通榜第一，授中書，在軍機處行走。

父憂服闋，以福康安保奏，在兵部額外主事上行走。是歲，高宗四舉南巡，日章扈蹕，補武選司主事。從阿桂征逆回。四十三年凱還，升職方司員外郎，擢江南道監察御史。又隨阿桂征馬四娃，敗之。日章請凡回民自十二歲以下免戮，以廣好生之德，全活童稚數千人。丁母憂歸。因福康安保奏，從征安南。數月事定，起補貴州道監察御史。嘉慶二年，轉禮科給事中，擢通政司參議，特命仍在軍機處行走。三年，升大理寺少卿，擢江寧布政使。召見四次，奏對俱稱旨，授廣西巡撫。調江蘇，屢賑災民，民咸懷之。嗣因山陽知縣王伸漢毒斃李毓昌案革職，回籍卒。《武林人物新志》。録自李榕撰《（民國）杭州府志》卷一百二十六。

浙江按察使陸君墓誌銘

吴中以顧、陸、朱、張爲四大姓，而陸氏人才尤盛。蓋自漢、三國、六朝迄唐宋，見於史傳者，多至數百人。至明文定公樹聲，尤以衰年宿望，重於鄉國，迄今士大夫景仰不衰。而陸君重暉，其第七世孫也。君名伯焜，號璞堂，重暉其字。文定公本籍華亭，子彦章，官至刑部侍郎。孫景行，國學生。曾孫慶臻，始還青浦，明崇禎壬午舉人，揀選推官，不就。子光弼，諸生，是爲君之曾祖。祖瑜，康熙庚子舉人，丁未明通進士，泰興教諭。父楣。二代皆贈中憲大夫、翰林院侍讀學士。祖妣顧氏，妣蕭氏，皆封恭人。

君少而英異，十歲，《五經》《三傳》已俱徧誦。十七歲爲諸生。明年，補廪生。時余方與吴下諸名士爲文酒之會，君亦來從吴企晉、趙升之、曹來殷、張策時諸君游，而陸君健男本同宗，尤以詩文相得。余官内閣，君因至京師。未幾，館工部侍郎倪君承寬家，余同年也。金壇于文襄公聞君名，延主書記。公性機警敏捷，時方爲户部尚書直機地，兼南書房懋勤殿，翰墨紛挐，悉以屬君。君精心果力，分别應之，動中窾要，無稍遲誤。公相倚之如左右手，凡扈蹕之地，必以相隨。

三十八年，高宗純皇帝巡幸天津，君獻賦，召試賜舉人，尋援例得内閣中書舍人。四十二年冬，丁憂。服闋，補官。四十五年，成進士，殿試二甲第二，改庶吉士，充武英殿分校官、《日下舊聞》纂修官。明年，散館，一等一名，授編修，兼撰進呈文字。四十八年，充順天鄉試同考官。又明年，教習庶吉士，補《三通》館纂修官，《四庫》館提調官。五十年，大考翰詹一等第一，升侍讀學士，旋充日講起居注官。五十一年，京察一等。五十三年，充順天武鄉試正考官。五十五年，充會試同考官，得齊嘉紹、桂馥、祝曾等六人。五十六年，再經大考，改吏部員外郎，掌考功司印。五十八年，升考功司郎中，掌文選司印，充吏部則例提調官。六十年，充順天鄉試同考官。是冬，保舉京堂，升鴻臚寺少卿。嘉慶元年，升光禄寺少卿。二年，授江西按察使。九月，調浙江按察使。君在翰林十年，以文章受主知，累擢高等。而刑名非所素習，任江西，以訟牒紛繁，倍於他省。在浙江時，方緝捕洋盜，每獲四五十人，生死出入，間不容髮。君晝夜研鞫，詳求律例，苦心比擬，反覆至於數四，本有肝疾，由此日劇。四年正月，遂以病假乞巡撫轉奏，蒙恩允許。是冬，南河總河吴君璥入都陛見，上詢陸伯焜疾何時可愈，蓋眷念殊未已也。

君歸，建家祠，兼置義田贍宗族。其文定公以下各代祠在郡城者〔一〕，皆爲修葺。越二年，病少愈，將治裝北行，而肝氣復發，臥牀月餘而殁。君生於乾隆七年九月初三日，卒於嘉慶七年十一月初六日，年六十有一。配王氏，例封淑人〔二〕，即余從兄本蕃之女〔三〕。子二：長元琦，國學生；次元珪，未娶。孫六人：壽銘、壽鈞、壽銓、壽鎔、壽錫、壽鏗，俱幼。以八年十二月初三日葬於本縣宇字圩七間村。

君詩少習三唐，後出入於王阮亭、查初白兩公間，清新婉約，故爲企晋諸君所稱。其後專爲應奉文字，又覃心吏牘，不復多作，僅存《玉笥山房詩》四卷，皆雅音也。昔文定公中年登第〔四〕，仕至大宗伯，而立朝不滿一紀，嘗作適園，以爲生平休息游衍之所。君年未六十，以病乞休，曾繪《適園長卷》，思承祖德，而園廢已久，無從搆造，遽以病終。然則令終壽考，天之豐於昔而靳於今也，豈非命哉！余與君托絲蘿之契，事余禮先一飯，三十餘年，出處仕宦之間，周旋無間。而歸田之後，不獲同山水魚鳥之樂，繼文定公之百一，是可爲屢欷而叁息者已〔五〕。銘曰：

鸞坡鳳掖，耀詞章也。漸江彭蠡，播慈祥也。困於二豎，旋江鄉也。思述祖德，圖縹緗也。志而未遂，歸於其藏也。若堂若斧，伊余哀之傷也。松楸葱鬱，卜流澤之孔長也。王昶撰《春融堂集》。

【校勘記】

〔一〕城：原脱，據《春融堂集》補。

〔二〕例：原脱，據《春融堂集》補。

〔三〕從：原脱，據《春融堂集》補。

〔四〕昔：原脱，據《春融堂集》補。

〔五〕屢：原訛作「層」，據《春融堂集》改。

汪存南〔一〕

諱履基，江蘇江都人。乾隆四十五年召試賜舉人，授内閣中書。

【校勘記】

〔一〕存南：原無，按朱滋年《南州詩略》卷四「汪履基，存南，全椒人」，據補。

補汪履基傳

汪履基，全椒人。乾隆辛卯舉人。父昕，有隱德，家極貧，一介不取，嘗拮据置祭田以祀先。履基博學工詩文，庚子迎鑾，召試授内閣中書。著有《溯迴草堂詩文集》。《全椒縣志》。録自吴坤修等修、何紹基纂《〔光緒〕重修安徽通志》卷二百二十九《文苑》八。

洪桐生

諱梧，安徽歙縣人。乾隆四十五年召試賜舉人，授中書。五十五年成進士，後官沂州府知府。《後案》。

曾於嘉慶元年正月，太上皇帝授寶禮成，群臣上表稱賀。翰苑諸臣各進詩賦詞章，俱蒙睿賞，頒賚有差。桐生獨出機杼，敬撰《萬全全韻頌》進呈，洋洋萬餘言，導揚盛軌，無一膚泛語。聖心嘉悦，拜蟒袍文綺之賜。是年冬，簡放沂州。足見文人遭際之盛。徐錫齡、錢泳輯《熙朝新語》。

附録江寧金石記書後

道甫前輩與素人先兄同官樞掖，交契最厚。梧入都時，道甫前輩早歸林下。曾於先兄處得讀詩草，并知賢嗣子進先生名，思仰久矣。嘉慶丁卯歲，假館梅花講院。偶登鎮海樓，得與子進先生邂逅。讀所著《江寧金石記》，綜博賅贍，與時阮中丞《山東金石志》相類。心兼歐趙之勤，文具桑麗之雅，可謂淹貫肴核，不愧名父之子者矣。

梧竊意江表文物，自孫吴六代方盛，《光和校官》一碑，搜從後人，正當以此斷代。其秦《繹山碑》，爲唐李處巽復刻，宜列於唐，不當云二世元年立。正如《訪目》内之《蘭亭》《樂毅》，不得目爲晋刻；延陵之《吴季子碣》，不得定爲孔子書也。

考古金石諸家，漢碑在東南者甚少，《丹陽太守郭君碑》未知所在，《費君父子》三碑在烏程，《曹娥碑》在上虞，皆今浙地，而于氏《天下金石志》所載江南漢碑，與《字原》《隸釋》《金石集古録》，都無出入。其江寧屬之《史崇》《潘乾》二碑，鳳陽屬之《朱龜》《曹騰》《元賓》三碑，常州屬之《司農》《劉夫人》碑，淮安屬之《東海神廟》《陳球》《嚴訢》三碑，徐州屬之《張侯》《度尚》《劉熙》《感應》四碑。《隸辨》又載彭城《袁安》《徐庶》二碑。其間亳州、下邳、海州、彭城，皆非江左。然則《史崇》佚而《潘乾》僅存，爲可寶矣。

前乎漢者，《茅山》、李斯篆《淮安始皇碑》，皆不可見。後乎漢者，松江之《吴赤烏碑》，太平之《吴赤烏碑磚》，又不若天璽三截之較著也。

先生分纂《揚州圖經》「金石」一門，殆必有以贊中丞太守之裒輯者。側聞省志行方續修，得先生訪求散佚，稽合古載，集爲全書，豈不甚善！謹跋卷末，以誌心折，並紀交誼之舊云。仲秋五日，新安洪梧書於香遠樓中。

補洪沂州誄并叙。

維嘉慶丁丑五月十二日，沂州知府前翰林院編修洪公卒於揚州行館。嗚乎哀哉！仲宣旅殯，得赴告而愆期；中郎乏嗣，待行狀而無述。維公早爲聖童，長稱良史，中奏循吏之績，晚垂德人之頌。家世官爵，小子所知也。公諱梧，字桐生。考曰篠洲先生，潛德弗煒，清徽自揚。是生公兄弟三人：長召試中書，終順德知府朴；次召試中書，終本官榜；公其季也。自爲弟子，遂著衹恭；侍寢攤書，群嬉戲蠟。座争誇於慘緑，家流譽於白麋。

乾隆乙酉，年十六，選拔貢生。庚子，召試中書，旋充軍機章京。季偉虎嘯，河東鳳飛。名列青瑣，有三上之鑾坡；人言紫薇，是一家之荆樹。庚戌成進士，以舍人舊改北門官，籍甚才名，勤於史職。門無車馬，而故人同居；世競苞苴，而勢交絶跡。爲儀注之學，讀清秘之書，上口不忘，指掌能説。纂修國史，校勘石經，天子知其勞也。乙卯秋試，奉詔爲浙江副考官。丙辰，爲會試分校官，得士稱盛，知名者多。是歲也，堯琴成化，舜玉啓圖，赤縣騰歡，康衢臚慶。公乃闡皇道，述帝範，揚成烈，贊嗣德。書陋封禪，箴閎大寶，上太上皇帝授受禮，成《萬全全韻頌》，韻盡四聲，文逾百首。因奉召對，與之論文，聽天語而伏地，視日蔭而移階。李侯仙骨，覆之以錦袍；蘇公相器，照之以蓮燭。蟒衣拜賜，荷囊副之。蓋中外臣工，以進册受賞者四人，而公與焉。嗚乎！其榮哉。

文苑聲起，循良望成，方以三接爲榮，豈云一麾而出。今上親政之三年，簡授沂州知府。青齊古郡，瑯玡大邦，地茂風節，民習奸宄。白徒惟二丸是探，里豪以單刀結使。公推誠牖衆，繼猛消萌；鈎鉅弗施，漸摩有效。遂使帶牛之俗，桑麻以課子孫；喫菜之家，羔羊以祠伏臘。三年小試，一郡大和。積兹撫字之勞，屬有偏枯之疾，臥閣不任，謝病而歸。

公故鄉無宅，吾郡舊游，爰開講江村，授徒梅領。文筆轉爲古學，孝廉願作諸生，江淮士風，翕然一變焉。所憾葵難衛足，桐餘半枝。抗手山靈，長辭不借；隨身藥裹，獨少當歸。重以逆旅無歡，天倫多戚，自悼妻誄，作祭侄文。傳寫經窮年，秉燭修夜，神明過用，致失其明。空祈佛力於金鎞，苦乞神光於慧水。維摩病榻，半死之歎十年；迦葉精廬，一往之苦千古。嗚乎哀哉！

寶晋昔當志學，輒許升堂；絳帳一拜，白衣遂脱。耆英之會，破格以逮少年；龍門之游，爲我而絶貴介。而遠違講肆，永閉恩門，聞歌響而無從，持心喪而代哭。猶父之親，後死爲幸；知己之感，非公而誰。兄公身外無物，死無以斂；故人贈賻，繼子歸喪。藏書五萬卷，惟托桑門；歸骨二千里，莫銘丹旐。尤羈旅之殊悲，門生之重責也。誄曰：

忠宣後葉，歙溪三英。遺此一老，勝彼兩兄。早腴晚瘁，身窒道亨。抗論知己，喪我平生。嗚乎哀哉！

吏不可廉，年不欲永。黷貨自雄，短折亦幸。窮罰凋顏，病魔纏瘠。世短意長，委之俄頃。嗚乎哀哉！

七尺苦具，四方旅魂。夢中官冷，寒時雪温。燭替目力，床捫膝痕。黄山負約，白水忘言。嗚乎哀哉！

宦蹟口碑，詞林衣鉢。芾棠勿剪，襴襦遭割。説士回甘，忘名希達。一輩孤寒，同情忉怛。嗚乎哀哉！

鑿楹萬卷，巾箱五經。虹驚垂耀，蟫走遺馨。空王受托，名山有靈。修其先業，屬望零丁。嗚乎哀哉！

昉溪水涸，問政亭荒。一生羈宦，百歲行藏。梅花對影，明月流光。形歸故國，魂棲此鄉，嗚乎哀哉！録自夏寶晉《冬生草堂文録》卷一。

金堯臣〔一〕

諱廷訢，江蘇□□人。乾隆四十五年召試賜舉人，授中書。

【校勘記】

〔一〕堯臣：原無，據《〔光緒〕重修安徽通志》卷二百二十九補。

補金廷訢傳

金廷訢，字堯臣，全椒人。乾隆庚子，迎鑾召試，列高等，由明經賜舉人、内閣中書。初，學使劉文清嘗延廷訢於江蘇使院，高會賦詩，廷訢取諸人詩遍和之，一日得數十首，文清喜，自擘繭紙書之。《全椒縣志》。録自吴坤修等修，何紹基、楊沂孫纂《〔光緒〕重修安徽通志》卷二百二十九。

趙味辛

諱懷玉，江蘇武進人。乾隆四十五年召試賜舉人，授中書。後官山東登州府同知。昔先君卒於廬州，歸厝雨花岡，繪圖紀事，先生爲題古詩云〔一〕：「憶昔識君時，予年才十三。俞安國王少林并倜儻，意氣君尤酣。初登省掖邃，旋見樞機參。方期致槐棘，乃忽辭組簪。冒雨陟太華，披雲入終南。歸來買十笏，老作書中蟫。磚求五鳳歲，器列交虬盦〔二〕。書至篤朋舊，頗不嗤狂憨。黽勉在千秋，絕業同荷擔。蹉跎負良友，耿耿中懷慚。一。

「歲紀在上章〔三〕，秋風渡揚子。乘興一訪君，頗深足音喜。看張隨園燈，陪叟鄭公履。時秋帆先生亦在白門。鬚鬢雖皓蒼，風骨尚渟峙〔四〕。豈知此分張，奄忽判生死！歲月遞過塵，音書梗尺紙〔五〕。聞君去年秋，講席傍淝水。霜露偶中之，沈綿遂不起。逾時始傳耗，猶恐無是理。嗟來素車遲〔六〕，元伯竟難俟。二。

「峨峨雨花臺，漠漠梅花岡。雪深不辨路，月白惟聞香。君懷終焉志，生時每襄羊。有子體父心，兆卜於其旁〔七〕。昔欣觴咏氣，今痛魂魄藏。二忠祠屋幽，六代雲山蒼。丹青繪尺素，中有血淚滂。結交鮮百年，况而參與商。披圖追少境，泚筆悽衷腸〔八〕。三。」

并跋尾云：「撫今追昔，得詩三首，用申杵臼之情，並展山邱之痛。」《後案》。

常州趙恭毅公諱申喬，國朝名臣也。平日最敬惜字紙。康熙庚戌科會試卷爲墨污，恍惚一人以袖拂之，墨跡遂去〔九〕，大異之。是科中式。後官大司農，謚恭毅。子熊詔，己丑狀元。今內閣中書懷玉，其曾孫也。《紫垣隨筆》。

【校勘記】

〔一〕按：此詩題據趙懷玉《亦有生齋詩集》卷十作「嚴侍讀長明素愛江寧之梅岡花時輒游其下既歿其子卜壤未就攢於岡側繪圖乞詩爲題三首」。

〔二〕列：原訛作「別」，據《亦有生齋詩集》改。

〔三〕歲紀：原倒作「紀歲」，據《亦有生齋詩集》乙正。

〔四〕渟：原訛作「停」，據《亦有生齋詩集》改。

〔五〕尺：原訛作「人」，據《亦有生齋詩集》改。

〔六〕車：原訛作「尺」，據《亦有生齋詩集》改。

〔七〕兆卜於其旁：《亦有生齋詩集》作「卜兆攢其傍」。

〔八〕衷：原訛作「哀」，據《亦有生齋詩集》改。

〔九〕墨跡：原脱，據《槐廳載筆》卷十六補。

補趙收庵先生傳

先生諱懷玉，字億生，自號味辛，晚又別署收庵。年長余二歲，余以兄事之，蓋重其學與行也。先生邃於學，而昌於文，詩歌樂府，典正醇雅，一時諸名士，各有偏勝，而鮮能過之，知不知無不推爲作者。余謂先生之學，本於門内外之行，而貫之以誠，故不可及。《中庸》言誠，澈上澈下，先生嘗曰：「不敢好名爲欺人之事，不敢好奇爲欺人之學，誠也。莊生曰：『無近名事，不欺己即不欺人也。』周子曰：『篤其實學，不欺人由不欺己也。』」先生澹於名而矜於行，未通籍時，曾讀書於穹窿山之法雨庵，取太白「緑蘿笑簪紱」語，顔所居曰「蘿笑」，名已澹矣。

顧先生年十二即能詩，十九獻賦行在，譽望赫然。又十三年庚子，召試賜舉人，授中書，名益振，名公鉅卿，相望風采，争欲羅致，勢將一日千里，名實招之。然居母憂，丁未服闋，寓書趨赴禮部試者相屬，所親亦咸勸行，先生憮然曰：「日月不居，太夫人喪，算既即祥矣，猶卜兆稽葬，罪難逭。古人於親喪不葬不除服，不應舉，不服官，吾忍違之？且吾始應鄉舉時，即誓諸明神，不敢以夤緣進，又未可背也。」

及儤直中書，敬事弗怠。嚴慎交遊，危坐誦讀，風節隱然。時次揆方用事，雅重先生，欲招致自重，中書又其統屬，當省謁白事，延接優異，絶乎群僚，而先生卒未嘗撇裾其門，因大嗛。會軍機選賢，章佳文成公特以先生薦，次揆扼不用。先生怡然，若有求而得所欲也。

居久之，念曠定省，亟將告歸，父刑部君再馳書諭止。會舉勝外任，佐郡青州。辛酉，請假歸，爲刑部君壽。怏怏赴任，未再期，遭刑部君喪，先生搶地號呼，曰：「人子從親令不爲孝，孤子乃真不孝也。」居喪，蔬食三年，緇布不御。由此遂絶意仕進。今白首頹然，與弟球玉讓梨棗，割甘肉，相煦嫗如孺子。嗚呼！先生之至行高節，始終不渝，非一誠貫徹，能如是哉？修辭立其誠，固未可以尋常著述論也。

余與先生同里閈，交四十餘年。憶昔盛年嘗與先生爲文酒之會，皆里中卓越士，酒數行，廣座諸賢，或諧虔間作一握爲笑；或拈經發難，辨論鋒起，左右袒者，進而助囂；或懷才厄塞，立釂揮觥，慷慨歌嘯，莫不踸踔磥硌，華穎向人。而先生退然於樽俎之間，渾渾愉愉，委蛇歡笑，不露鋩角，如儜弱儒士。及遇至行所係，乃堅植不猗，又如底柱析城，不爲驚濤所震撼，雖賁育之勇，無有過焉者，賢者固不可測哉！

先生卒，都御史姚秋農先生銘其墓，其間有略而不詳，隱而未彰者，余知之稔，不能已於言。其事已論著，不復綴云。録自左輔《念宛齋文補》。

閩浙總督董公墓誌銘〔一〕

董公諱教增，字益其，又字觀橋，江蘇上元人也。曾祖諱志道，祖諱法泰，本生祖諱法建，考諱以學，三世以公貴，并誥贈荣禄大夫、振威將軍、兵部尚書、都察院右都御史、閩浙總督〔二〕，如公官。考用績學爲名諸生，晚始得貢，司訓贑榆，位不稱德，遺慶於公。

生七歲能全誦《五經》。十九補諸生，爲少詹事錢公大昕所器重，解釋《漢書》數十事，錢公擷入《史考異》中。乾隆四十五年，純皇帝南巡，公獻詩賦，欽賜内閣中書。五十二年，成進士，殿試一甲三名，授職翰林院編修。

公自爲諸生，嚴正自守，貴顯之家，終歲不一履其門。散館改主事，補吏部考功司主事，升文選司員外郎，充順天鄉試同考官。再擢郎中，掌文選司印。《吏部則例》繁擾，人不能記憶，公引某事宜用某條，某條在某册，嫻熟㥿當，猾吏莫得舞其文。

嘉慶四年，睿皇帝初親大政，用九卿薦，發四川以道員用。公至四川甫七日，檄署鹽茶道事，旋署提刑按察使。川匪餘孽竄渡嘉陵江，民逃難至成都，議者謂流民入城，慮雜奸宄，將閉城令無入。公曰：「成都民吾赤子也，川西民獨非吾赤子乎？」急内之。而日與諸僚分城巡缉，逃者數萬，皆獲生，卒無他患。補授提刑按察使。峨眉猓夷滋事，貪功者請進剿，公曰：「兵凶戰危，不可妄用。」密遣幹吏，偵伺動静，僅擒夷民滋事者六人，漢民挑釁激變者十一人，奏論如法〔三〕，餘無所誅。

調貴州提刑按察使，旋擢四川承宣布政使，再擢安徽巡撫。公在安徽，熟悉其民多無情之訟。又徽州伴儅寧國世僕，頻年相告訐，屈鬱者衆。公奏請嚴杜妄訟，凡世僕出户已及百年者，雖有據，亦與開釋。上嘉之，命纂入《則例》。由是被訐之户，得還爲良民者數以千百，而争訟之習，爲之頓清。

調陝西巡撫。陝自嘉慶紀元以來，數經寇亂〔四〕，民氣殘毁。公既至，壹意撫民，四五年間，民以蘇息。初〔五〕，公在安徽，馭下頗嚴。及至陝，乃務行寬大。人乃知公因地制宜，寬猛相濟如此也。再署陝甘總督，旋調廣東巡撫。當是時，河南有滑縣之亂，陝西提督楊公遇春帥師進剿。公自蘭州啓行，密念滑賊在圍，勢已窮蹙，而南山老林，安定未久，恐因勢轉相煽動，請簡回遇春於陝西。奏甫入，而楊公已奉命赴陝，聖算忠謀，若合符契，聞者以爲奇。

撫廣數年，擢授閩浙總督，會匪洋盜，所至肅清。而福清林瀰高，抗糧數十年，羽翼環布，吏莫敢誰何〔六〕，公立擒誅之，姦黨消除。是事也，爲消患於未萌，上尤善焉。督閩數年，嘗署浙江、福建巡撫〔七〕、兩浙鹽政、及織造關防，一時兼綰五印〔八〕，人以爲榮。然公勞劇病矣。病稍愈，奏請陛見，會睿皇帝上賓，公入都哭臨，哀毁復病，今上皇帝特命歸鄉調治。道光二年七月二十六日，薨於上元里第，年七十三。事聞，上軫悼，賜祭葬及碑文，謚曰「文恪」。

公自爲諸生，不耻疏敝，當官守職，蠲潔敬慎，事上以誠，接下以恕，吏黜浮薄，政務安静，不邀奇功，亦不貽後悔。三聖相繼倚爲重臣。夫人蔡氏，誥封一品夫人，先公卒。子三人：長斯壽〔九〕，一品蔭生；次斯福，湖南辰州府知府，護理辰沅永靖兵備道；次斯廣〔一〇〕，尚幼。以道光三年三月二十八日與蔡夫人合葬於聚寶門外之姚家山。銘曰：

公在齠齔，遭家弗恤。母氏之喪，泣求窀穸。風嘯雲蒸，爲鯤與鵬。居多士上，至乎大臣。初官京師，棘棘不阿。貴勢所厭，皇心所嘉。畀之監司，授以封圻。公跡所屆，皇無憂思。公去蝨賊，怒如霆疾。及蘇槁禾，湛湛雨澤。匪公異施，惟民異宜。攻救殊藥，公誠民蜸。西赴汶水，東漸閩海。公無他功〔二〕，民畏民戴。公旂央央，來過故鄉。楚人有言，衣繡晝行。衣繡晝行〔三〕，於公何榮。公貴卅年，公猶諸生。度今廊廟，揆席方召。重歸幾時，白馬牽旐。姚山之阿，穹碑峨峨。鳳藻龍章，鬼神護呵。烝烝孝嗣，斫石更誌。揭此銘辭，永昭後世。湯藩撰。

【校勘記】

〔一〕題目管同《因寄軒文二集》卷二作「光禄大夫振威將軍兵部尚書都察院右都御史閩浙總督董文恪公墓誌銘道光三年代」。此文爲管同代湯藩撰，故文末標「湯藩撰」。

〔二〕兵部尚書都察院右都御史閩浙總督：原脱，據《因寄軒文二集》補。

〔三〕奏論：原倒作「論奏」，據《因寄軒文二集》乙正。

〔四〕亂：原訛作「飢」，據《因寄軒文二集》改。

〔五〕初：原脱，據《因寄軒文二集》補。

〔六〕吏：原脱，據《因寄軒文二集》補。

〔七〕巡撫：原脱，據《因寄軒文二集》補。

〔八〕綰：原脱，據《因寄軒文二集》補。
〔九〕壽：原訛作「尋」，據《因寄軒文二集》改。
〔一〇〕次：原脱，據《因寄軒文二集》補。
〔一一〕他：原訛作「值」，據《因寄軒文二集》改。
〔一三〕衣繡晝行：原脱，據《因寄軒文二集》補。

董觀橋

諱教增，字益其，江蘇上元人。乾隆四十五年召試賜舉人，授中書。五十二年賜進士第一甲第三。抱經濟之才，掌封疆之任。年逾七十，因病乞假，予告回籍。

姚亮甫

諱祖同，錢塘人〔一〕。乾隆四十九年召試賜舉人，授中書。歷任兵部司員，現官廣東按察使。

【校勘記】

〔一〕錢塘：原脱，據張履《積石文稿》卷十五《誥授資政大夫都察院左副都御史姚公神道碑》補。

補誥授資政大夫都察院左副都御史姚公神道碑銘

道光二十有二年九月日，左副都御史錢塘姚公終於里第，年八十有一。粤三年□月日，葬於某鄉之某原。公之子文奉行狀請辭以刻石。

公姓姚，諱祖同，字秉璋，又字亮甫。少穎悟，年十一，作《游西湖序》，人服其工。二十一，應科舉，爲學使竇公光鼐所稱許。乾隆四十九年，高宗臨幸杭州，獻詩召試，入一等，賜舉人，授内閣中書。六十年，册立皇太子，典禮重大，派入樞廷同辦。旋考取章京。嘉慶四年，回内閣，大學士韓城王文端公重公文，值山陵大事，章奏一日數上，悉以屬公。委署侍讀，掌誥敕，仍入直軍機，洊升兵部武選司、武庫司主事、職方司員外郎、武選司郎中，擢鴻臚寺少卿、通政使司參議、内閣侍讀學士、鴻臚寺卿。歷充玉牒館謄録，方略館分校纂修、提調文淵閣校閲。中更湖南、北苗匪，邪教之亂，繼又川、楚、陝三省不靖，閩、粤洋盜鴟張，青海番賊竊發。十八年九月，教匪闌入禁門，公常直方略館，累以軍務出力，保奏列一等，奉諭優叙，書名於軍機大臣之次。屢承命核廢員公私罪過，秉公予奪。又嘗有疑案，刑部、京尹相持不下，軍機大臣派員審訊，亦不能決，特命公覆訊，讞上，咸以爲平。

二十年，授河南布政使。明年，調山西，又調直隸、河南。自十七年荒旱之後，繼以兵燹。河決，疫癘盛行，民氣傷殘，公與爲休息。秋間，陝州及所屬靈寶、閿鄉地震，躬遍履勘，死者埋之，傷者療之。司庫支取浮濫河工爲甚，防險提用之銀，向不逾三十萬，近或至百萬，公援舊例請示之，限制州縣虧空日積。陛辭日，奉諭清釐。於是舉各屬交代未清者，凡六十餘案，并立限結算。丁賦無論正雜，既征，悉令同解。是年，庫貯五百六十五萬兩，各屬倉穀七十三萬石。

在直隸，摘虧侵浮冒及州縣自報虧數各數十萬，乃令凡新任不得私受虧空，仍嚴杜各屬新虧，并請將虧空之員停其升補。先是，自乾隆五十一年以後，經費不敷，歲向它省奏撥，或數十萬，或百萬，末年，庫貯僅二十餘萬，迨公去任時，乃實貯四百二十餘萬。倉穀自經饑侵，兼軍需支動，蕩然無存，飭各屬糴補，亦數十萬石。直隸水利，如雄縣馬道正、支河及蘆、僧諸河，在在淤阻，致上游安州、新安泛溢爲害。安州更如釜底，而新安在安州下流，乃先浚新安之長流河及馬道支河尤淤處，以通水之去路。高陽瀦龍河，自小莊決口，舊河淤塞，别由劉果莊等處衝刷成河，致境内及安州數十村莊連年被澇，并遴員治理。至於澄汰屬員，貪墨之輩，望風引去。排日傳見需次人，以察其行能。奏改按班輪委法，俾人地相宜，以收實效。一時吏治尤蒸蒸日起。二十二年，順天、保定等處被旱災，重者凡二十九州縣，先令停征，請截漕十萬石，貯北倉備振，并由豫、東二省撥米協振。時公疾新愈，即遍歷災區，劾其吏之辦振不實者，發米賈囤積數十萬石，責令平糶，民賴以濟。明年七月，聖駕東巡，值連旬甚雨，公督造灤河橋成，賜花翎，并諭「是賞非爲橋工，因汝平素實心辦事」云。

二十四年，擢安徽巡撫。值鳳、潁水災，親加撫恤。亳州城外渦河，因祥符六堡決口灌入，洶涌下注。又鹿邑紅山廟南岸漫缺下流，州縣先後被淹。公乘小舟，上下巡視。自五河歸櫂，夜半，大風驟作，激水滿船。

明年，調河南。時沁、黄并漲，漫及馬工壩尾，相機疏導，化險爲夷。七月，仁廟龍馭上賓，今上登極，命堵築儀封口門，每届十日，將進占丈尺奏聞。至冬間，口門漸窄，而大河冰堅，合龍逾限。公親乘小舟，督令開鑿。臘月初啓，放引河，復加進占，不數日大工告藏。聖心嘉悦。

道光元年二月，公奏豫省近年情形，河工之敝壞，顯而易見，民生之凋瘵，隱而難知。河工加價，自常賦三百六十餘萬外，逾額攤征，衡工未已，接征睢工，睢工未已，又將接征馬工、儀工。此外，復有各處堤工隨時攤征之款，民力支絀。請概停緩三年，蒙俞允。公素留意武備，每閲兵，必明示賞罰，雖參、游大員，不稍假借。是年，兵部議裁減名糧，而豫省方議添設，并請於考城增游擊一員。二年，議馬營壩工河督嚴公烺欲抛護碎石，旨已依議，復命公籌度。公奏時當大堤放淤，遏其奔衝，既非順水之性，而遇伏秋盛漲，壩西水勢加高，上游堤埝愈險，則河北可虞。且慮攔沁轉致攔黄，於事實爲未便。奉命交河臣復議，卒如公言。七月間，防汛黑堈，適有儀工被誣事。儀工經費，經公嚴核弊竇，所省帑金不下百萬。至局員報銷，往往截長補短，以求符合成規，挾嫌者遽指爲浮冒，事幸得白。而八子錢五萬六千餘緡，責償於公。八子錢者，局員以雜用不敷，創議以銀易錢，每兩加扣八十，公置不問，遂代受其過。旋奉召還。士民數千，擁塞行館門外，瀕行，遮道攀轅。路出安陽，察看漳水情形，應任其北徙，致書新撫程愈祖洛，勿瞻顧前議。

是冬，補太常寺少卿。久之，授陝西按察使，接署藩篆。陝地人尚節義，時褒揚之。盩厔縣自川、楚滋事，歧鄠廂匪蹂躪，死節甚多，公爲請建流芳祠。陳臬不及兩月，小大之獄，必當其情。時總督某公，氣焰甚盛，切誡從者，勿以私干姚按察云。

六年入都。明年八月，奉命偕刑部尚書陳公若霖，赴湖北京山縣察勘王家營堤工，宜修復故道，定議入奏。往反道經河南，士民迎謁相屬，一路撫慰，情殊依戀。旋補廣東按察使，屢平反冤獄。各屬瘐死累累，發檄嚴禁。未幾，又内補通政副使。十一年，升通政使，遷左副都御史。兩次召見，以年老重聽乞歸田里，奉諭以原品休致。

公以强幹之力，精白之心，踐歷樞廷，洞悉機要。至秉鞭作牧，懲治蠹役，寬免雜繇，承吏治積弊之餘，帑藏空虚，仰體宸衷，力圖整頓，願取怨於下僚，必不肯苟且因循，以致國家有一旦卒然之患而無其備。此公之立志然也。迨簡畀封圻，河防、水利、營伍諸大政，悉心籌畫，事必躬親，不避艱險，雖古人戴星之勤，叱馭之勇，曾無以過。嘗荷仁廟褒嘉，有云「一清如水，萬事認真」。今上復疊降温綸，謂「汝能如此盡心民事，實不負皇考委任之意」。公感激主知，彌矢報稱。自儀工被誣，朝使廉問，卒不得其豪髪之私，天子亦諒其無它。既改京卿，復出司風憲，已而屢經内召，三遷其官，仍駸駸嚮用矣。而公遽陳情乞歸，天下惜之。

公事親，孺子慕。供職内閣日，臚列所作事三日，附急足寄呈。執喪盡禮，窀穸之事，歷三年不懈。自京卿出任藩撫，每之任及以事行部，必飭所過州縣，毋得遠迎，撤供應，絶饋遺，輿馬皆自給雇直。去官之日，宦槖蕭然。平生好學不倦，尤喜《陸宣公集》、司馬温公《資治通鑑》。自少善爲詩，既以召試授官，歷次扈從，并有命和之作。當高宗内禪禮成，進《闡藴》一首，發明聖德，以敬爲本。仁廟六旬萬壽，進《仁壽頌》，深當上意，命陳設殿廷。其以文字受知又如此。

曾祖諱廷錫。祖諱遠翻，刑部郎中。考諱思康，兩淮分司運判。并以公爲安徽巡撫時贈如公官。曾祖妣旌節孝趙、祖妣陳、前妣李、妣金，并贈一品夫人。配吴，封一品夫人。子八人：大成，江南常熟縣丞，保舉知縣；德基，由附生蔭通判，加知州銜；澧，山東萊陽知縣；文，出爲□□後，候補知縣；德普，候補縣丞。皆吴夫人出。德用，候補鹽大使；德舒、德賓，并候補縣丞。女四人，皆適名族。孫十三人：近賓，進士，刑部主事；近韓，進士，内閣中書；近維、近斗，并舉人，候補知縣。銘曰：

吏習之鄙，乃家是肥。垂橐而至，稛載而歸。公懷藎忠，深維國計。塞彼漏卮，正供自裕。吏心之偷，置民則恝。疾痛顛連，視同秦越。公竭勞勩，以拯天災。環顧群赤，已溺已飢。公昔壯年，萬里思騁。晚自西歸，猶躋華頂。手攀鐵索，五千餘仞。及公南下，又躡岱巔。天門石級，上下幾千。公齒雖隤，公氣獨盛。十載縣車，厥施未竟。施雖未竟，厥後則昌。子姓林立，接武巖廊。繇公獲報，驗公之德。仁恕内含，清而不刻。紀公治行，職在史臣。勒銘埏道，萬古不泯。録自張履撰《積石文稿》卷十五。

孫

諱一元，江蘇句容人。乾隆四十九年召試賜舉人，授中書。

師友淵源録後案卷二十

交契第八門

交契一

户部侍郎宋公墓誌銘〔一〕

國家慎簡侍從之臣，試以民事，洊膺方岳節制之任，其人往往能以功名顯。世之論者，於文學政事，每岐而視之，非也。予鄉侍郎宋公，初以翰林屢奉命校士，既而敭歷中外，得展其幹濟才，聖天子方倚毗之，遽得疾以終，不盡其用，是可惜也。公之喪，既自京師歸，越一年，其孤思仁狀來請曰〔二〕：「先大夫葬有期矣，敢請銘。」予乃按狀而志之曰：

公諱邦綏，字逸才，一字况梅，世爲蘇州人。曾祖諱王年，明諸生。祖諱兆鶴，歲貢生，選授河工州判，以二子官贈刑部郎中〔三〕，再贈翰林院編修。考諱照，官編修，長於經術，乾隆初舉博學鴻詞，復以薦分纂《三禮》，旋卒於京師，累贈山西布政使。

公年十八爲長洲學生。又四年，舉順天鄉試。乾隆元年成進士，選庶吉士，以父喪歸。服闋，赴官。六年〔四〕，授編修，纂《三禮》告成，總裁咸安宫教習，擢侍讀，充日講起居注官。明年，典河南試，遂督學湖北。已而改山西，復還湖北。其按士也，每導以實學，凡選貢，必考其行履，衆議既合，而後進之。以母憂歸。服闋，補侍講。

十九年，出爲川東道。再署兩司事，恤冤獄，治奸宄，而民以靖。二十一年，擢湖南按察使司，兼攝糧驛鹽道事。公爲人通敏，善知物情，長於應務，雖履繁劇，而處之裕如。簿書細故，初不以假人，每有奏議，輒報可。以故大吏咸重其才。頃之，擢廣東布政使司，其政尚嚴，吏民皆慴伏。二十五年，調山西，攝巡撫事〔五〕，減冗兵數百人，以河曲移治河保〔六〕，民便之。明年，授湖北巡撫。未幾，以前任歸州盜案落職，奉命往襄漢間治堤工。二十九年，起爲西安布政使司。旋巡撫廣西。時邊地奸民或依阻山谷，連夷獠謀蠢動，公至，探其穴，擒渠魁而誅之。因請設流官於小鎮〔七〕，安以資，彈壓用重法，以懲奸民、安良善。上可之。勸民墾荒地，歲收穀數萬石。

居三年，入爲兵部右侍郎。三十四年，調户部。明年正月六日，陪祀於太廟，中寒歸，越夕而卒，年六十。

公平居儉約，無聲色服御之好。躬孝友之行，嘗建宗祠〔八〕，置贍族田，鄉黨咸稱之。

予與公故世交，公雖貴，益善自下無矜容，每見予，執後輩禮唯謹。至其議論時務，剖決是非，洒洒清辨無滯礙。予以是樂與公相接，而嘆其深遠不易測也。予既致仕歸，冀公久在朝，爲王家盡力，以贊隆平之治，乃未幾而公逝矣，悲夫！

妻蔣氏，封夫人。子男：思仁，官簡州知州；思義，爲叔父後，先歿；思敬，府學增生。女一，適貢生葉樹蕃。孫男三人：榮林、寶琳，林爲思義後。女二。今將以三十七年九月初八日葬於吳縣吳山之陽。銘曰：

我吳望族，系出廣平。奕世載德，乃昌厥聲。公秉夙植，嶷然早成。衣裳在笥，詩禮在庭。藝林標幟，雞壇主盟。金馬玉堂，掞藻飛英。軺車載馳，鑑空水平。爲屏爲藩，攬轡澄清。懷哉郇伯，陰雨斯零。進秩農部，宣勞列卿。謂年未耄，夙夜浚明。曷不少留，雲旗上征。靈兮歸里，故友泪傾。吳山之陽，新築佳城。詒爾子孫，繼繼承承。幽堂勒石，千秋永貞。彭啓豐撰《芝庭文集》。

【校勘記】

〔一〕題目彭啓豐《芝庭詩文稿》卷七作「資政大夫户部右侍郎宋公墓志銘」。

〔二〕狀：原脱，據《芝庭詩文稿》補。

〔三〕郎中：原訛作「侍郎」，據《芝庭詩文稿》改。

〔四〕六年：原脱，據《芝庭詩文稿》補。

〔五〕攝：原訛作「護」，據《芝庭詩文稿》改。

〔六〕曲：原脱，據《芝庭詩文稿》補。

〔七〕請設：原倒作「設請」，據《芝庭詩文稿》乙正。

〔八〕宗：原訛作「家」，據《芝庭詩文稿》改。

翰林院侍讀楊君墓誌銘〔一〕

乾隆三十二年丁亥閏七月二十一日，翰林院侍讀充《通鑒輯覽》館纂修官楊君歿於職。於是領總裁事大學士公傅恒等以聞，且言：「《輯覽》一書，悉禀睿裁鳌定，非儒臣等能裨補萬一。惟楊述曾在事八載，實殫心力，今書垂成而身故，不獲邀叙録微勞，情殊可憫。」得旨：「楊述曾著賞給四品職銜。」同時館閣諸臣，罔不摧感銜激，惜君不克生被其榮，而益信君之克世其業、舉其官也。越歲己丑，將卜尋其派〔二〕，仁譽苴杖請銘〔三〕，不得謝。

按狀：君楊姓，諱述曾，字二思，企山其號〔四〕。先世自漢太尉公震四十八傳至士英，始由江西遷江南武進縣之前黄里，後其地分隸陽湖，遂爲陽湖縣人。又十三世至故明崇禎癸未一甲一名進士翰林院修撰諱廷鑑，君曾大父也。皇朝康熙己未進士提督順天學政左春坊左諭德諱大鶴，君大父也。康熙乙未會試中式戊戌殿試進士翰林院侍講學士諱椿〔五〕，君父也。君爲學士公長子。

既夙慧，禀家學，生九齡，《五經》已成誦。比長，綜核群籍，於史學尤精心貫串，甚博而知要。初，侍學士公在史館，時方編纂《明史綱目三編》，君參預屬草。禮部侍郎桐城方公苞見之〔六〕，捉其臂曰：「史才！史才！」聲譽大起。雍正乙卯，中順天鄉試舉人。乾隆丙辰，詔舉博學宏詞科，户部侍郎長沙陳公樹萱以君名特薦。丁巳，以《國史》館議叙候選知縣。壬戌，會試中式，廷對時，今上皇帝以策問《耗羨條抒論》獨爲委備〔七〕，特擢一甲二名進士，授職編修。壬申，御試翰詹諸臣，君名在一等第三，晋官侍讀。戊寅，再應御試，適君遇足疾，左遷編修。癸未，復晋右春坊右中允。甲申，再晋侍讀。丙戌，充日講起居注官。及丁亥秋，館中進《御批輯覽》定本一百二十卷，繕稿將脱，而君病則已劇矣。

君在翰林，屢司文枋，分校順天鄉試者一，會試者二，主考雲南、廣東鄉試者一，陝西鄉試者二，分教習庶吉士者五〔八〕。得士如户部侍郎錢塘王公際華已下，位望咸躋通顯。所上經史摺，發明傳注，咸見家風。其釋《書》「大陸既作」〔九〕，因陳《畿輔水利論》；《漢書·魏相傳》，因陳救荒之策及治淮、黄束浚之法，大指論黄河兩岸之壖，宜塞南岸而開北岸，則漲流可消，民居可捍，人以覘其實用。

君之爲纂修也，館臣各以時代分年斷編，而折衷體例書法本末條件，總裁一委之於君。又古今輿地之承譌襲謬，紛歧莫定者，博徵詳訂，彙爲箋釋，乃至墻牖屏帳，悉著紙筆，熒然一燈徹曙，自言樂不知疲。而久坐脾損下泄，浸以日增。嗚呼！翰林號爲史官，用文章爲職業，寧詎品目相引重而已？若楊氏世踐清華，人嫻述作，觀學士公之於《三編》，與君之於《輯覽》，則直以其官與身一一視書成爲始終，其可誌也夫！

君平生孝友天至〔一〇〕，事學士公暨母沈太淑人，能先意承顔，前後執喪，盡哀盡慎。偕仲弟福建臺灣縣丞耀曾〔一一〕、季弟山東道監察御史承曾，以學行相敦勖。會季弟以同縣湖南巡撫蔣公炳緣事有連被遣歸，道卒，君傾資調護，慘割幾不自勝。又從弟和官户部罣誤，公爲援例捐復，重息假貸，歲縮俸入以償，生計逾嗇。而戚黨寓食邸舍者，屏當供具無倦容。與人交，不爲姁姁暱比而通懷接物，後進往往樂就之。所著有《南圃文稿》二十卷。

君生於康熙戊寅九月二十八日，距其殁也得年七十。初娶錢氏〔一二〕，繼曹氏，并以世家女嫻婦則，先後誥封宜人，皆先君卒。錢宜人生子仁元，亦先卒。嗣仁譽，國學生，仲弟耀曾出也。孫一：慈慶。孫女三。銘曰：

弘農系，前黃貴。四世翰林兩及第，一脉相傳汗青字。武交綬〔一三〕，文絶韋，以死勤事義莫睽。吁嗟楊君洵禕而！劉綸撰《繩庵外集》。

【校勘記】

〔一〕題目劉綸《繩庵外集》卷七作「贈中憲大夫翰林院侍讀企山楊君墓誌銘」。

〔二〕按：「卜」後原衍「葬其」二字，據《繩庵外集》删。

〔三〕杖：原訛作「丈」，據《繩庵外集》補。

〔四〕山：原作「三」，據《繩庵外集》改。

〔五〕乙：原訛作「己」，據《繩庵外集》改。

〔六〕禮部：原脱，據《繩庵外集》補。

〔七〕條：原脱，據《繩庵外集》卷七補。

〔八〕教：原訛作「校」，據《繩庵外集》改。

〔九〕書：原脱，據《繩庵外集》補。

〔一〇〕友：原脱，據《繩庵外集》補。

〔一一〕丞：原脱，據《繩庵外集》補。

〔一二〕初：原脱，據《繩庵外集》補。

〔一三〕按：「交」原重，據《繩庵外集》删。

汪樸存

諱以誠，江蘇江寧人。乾隆十五年舉人，官華州知州。

補汪以誠傳

公字樸存，江南江寧人。庚午舉人。由渭南升任於華，居心慈惠，凡所施行，務存長厚，莅任數載，從未酷刑，仁心仁政，溢於境内。歲旱祈雨，則必誠敬而禱之。州城修葺已久，率多缺陷，公則捐俸而葺之。甲辰、丁未水患，公則加意調停賑恤之。其爲華民慮者，深且遠也。敬一亭被焚，公重建焉。至於州志百有餘年，公則慨然起而修之，則擬諸前志之馮公昌奕，夫何讓焉？前志之頌馮公曰「豈弟君子」，余於我公亦然。現任。録自史蓴、汪以誠修纂《〔乾隆〕再續華州志》卷五。

徐心如

諱恕，號芳圃〔一〕。父葵，青浦學生，居白鶴江。恕生一歲母亡，葵撫之成立。乾隆十年，年十六，補縣學生。十六年成進士，選浙江浦江縣知縣〔二〕，尋補海寧。調平陽。自壬申、癸酉、丙子、己卯，四入文闈，所拔悉兩浙知名士。秩滿，擢太常寺博士。旋遷宗人府主事，充玉牒館纂修官。三十年，典試河南。三十二年〔三〕，典試廣西。遷吏部稽勳司員外郎。尋授湖州府知府。調杭州。三十五年春，以卓異晋浙江糧道〔四〕。蕭山被水，親臨查勘，動帑賑飢，民賴以安。三十九年，授浙江按察使。六月，有飛蝗自海外入錢塘。恕馳至海濱，教民夫以掘溝掩捕，計升斗，易以錢米。凡兩晝夜，蝗得浄盡。四十一年，丁内艱。四十二年，命署山東布政使。值歲旱，恕布衣草屨，自泰安西門西，步登泰山嶺頂。禱畢，濃雲四合，甘雨如注，自昏達旦，四境歡呼。遠縣馳報，同日得雨，枯槁勃然，歲以大熟。七月，調署浙江布政使。四十四年正月，仍授山東布政使。十二月十七夜，署中火發，入内取印，焦灼而卒。事聞，上憫之，贈副都御史，蔭一子。《青湖縣志》。

【校勘記】

〔一〕號：原訛作「字」，據王昶等修纂《〔乾隆〕青浦縣志》卷三十本傳改。

〔二〕江縣：原脱，據《〔乾隆〕青浦縣志》補。

〔三〕二：原訛作「三」，據《〔乾隆〕青浦縣志》改。

〔四〕糧：原訛作「鹽」，據《〔乾隆〕青浦縣志》改。

廣西蒼梧道周君墓誌銘

昔裘文達公以通才絶識延攬天下士，予與諸君重光、周君穉圭，皆與公子麟同年，因得往來門下。而公之愛君也尤甚，凡内廷之著作、農部之陳奏，皆必屬君書而後入告。故公卿間，均重其名。先是，君考教授公與叔編修公同舉於鄉。辛未，編修公會試第一，殿試第三人入詞館。明年，君從兄震榮登賢書。癸酉，君與季叔既濟及兄鼎樞又同舉於鄉，而教授公與君同成進士。父子兄弟，相繼登科，故溯嘉禾文學科名之盛者，必以周氏爲首，而君之聞望尤著。

君諱升桓，别號山茨，穉圭其字，世爲浙江嘉善縣人。高祖某，曾祖某〔一〕，祖某，皆耕讀不仕。考翼洙，以進士官衢州府教授，以君貴，貤封中憲大夫。妣俱封恭人。君生而敏慧，十三能時文，十五補縣學生，二十一廩於庠。乾隆十八年癸酉，鄉試中式。明年成進士，改庶吉士，習國書。二十一年丁艱。二十四年服闋，散館授檢討。壬午，充順天鄉試同考官，取蔣雲師等若干人，時稱得士。二十八年大考，欽定一等第二名，擢侍講，充武英殿纂修官，又命充日講起居注官。

明年，補授廣西蒼梧道。君素以文學著名，既任監司，精吏治，捕積猾，獲之，貸其餘黨，白土司之冤，皆爲兩廣總督李公侍堯所稱。旋署按察使，因以知府秦某移獄事獲咎，效力阿爾泰軍臺〔二〕。軍臺自京師迤北出張家口，至烏里雅蘇臺，凡二十四站，往來文報，君督蒙古人馳遞之。地苦寒，黄沙白草，絶少人迹，君處之怡然。日課《通鑑》，又臨摹古帖，凡六年如一日也。是時妣俞太夫人年七十有六，請於上，得旨賜歸。

君既歸里，無以爲家食計〔三〕，四方節鎮夙重君名，聘爲書院院長。凡歷天津問津、揚州安定、濟南濼源、本郡鴛湖、安徽敬敷諸講席，所至諸生雲集，人人自以爲得師。而節鎮知其明練，間亦延入幕中，咨以政事，或代爲章奏。嘉慶五年冬，江南總督方以鍾山書院相屬，而以素患痰疾，遂卒於家。

君少工書，爲庶常時，座主錢文敏公愛重與文達公相等，常招至於家，故書學文敏，以東坡爲法。四方人士以絹素乞書者無虚日，長碑短碣，得其書寫以爲榮，故雖在塞外，而以誌銘請乞者，猶相望於道也。詩清新婉麗，有《皖遊詩存》若干卷，未刊。

君生於雍正十一年八月二十二日，卒於嘉慶六年正月十一日，壽六十有九。夫人姚氏，封恭人，先卒。子四：長以照，候選主簿，出嗣君兄鼎樞；其次以烺，庠生；次以煇，候補江南河工通判；次以燿，附監生，君卒後，亦殁。女四：長適海寧舉人陳緝敬；次適候補江南河工同知章光祖；次適監生吴仲增；次未字，早殤。孫四。孫女一，尚幼。以本年十二月日偕姚恭人合葬於某鄉之某原。以照、以烺等具《行狀》來乞銘。嗚呼！君與予同舉於鄉，同登進士，見君才情踔厲，謂可從容展布，克盡所長，孰意蹶而不復振也！俯仰五十年間，文達、文敏兩公，先後殂謝，君之從父諸兄，亦皆盡矣，同年落落如晨星，而君又下世，所以讀君《行狀》，而不禁愴然悲也。微以照等請，予亦何忍不銘？銘曰：

其榮也孰司之？其瘁也孰尸之？嗟若人至於斯！若堂若斧，貍首所依。僉謂其後之蕃昌兮，我獨懷舊而嗟咨。王昶撰《春融堂集》。

【校勘記】

〔一〕曾：原脱，據《春融堂集》補。

〔二〕軍：原脱，據《春融堂集》補。

〔三〕爲家：原訛作「日」，據《春融堂集》改。

光禄寺卿陳公行略

陳光禄孝泳，字賡言，晚號研石老人。先世居徽之休寧，後遷楓涇鎮之界河，遂爲松江婁縣人。曾祖經時，祖莘育，父泰，皆以公貴，誥封中議大夫、通政使副使。妣宋氏、朱氏、□氏，俱贈淑人。公行二。

年二十一，補博士弟子員，聲名隆起。有傳其文於京師者，太常少卿篁塘程公見之，貽書曰：「子非東吴菰蘆中人，無浮湛故鄉爲也。」遂游學京師，請業富陽董文恪公之門，得其指授。又得曉嵐紀公、劍亭曹公相於切磋，爲詩古文詞。屢試京兆未售，以文穎館謄録議叙注選縣丞。會乾隆十一年，命修《西清古鑑》，訪能識古文奇字者參預討論。休寧汪文端公以名上，得旨入齋宫校閲。懷鉛握槧，鈎考審視，不爽毫髮，輒當上意。乾隆十七年二月恩科鄉試，以《春秋》中式舉人。《西清古鑑》成，内廷大臣奏留，仍供奉懋勤殿。二十一年，裘文達公薦授國子監助教。三十一年會試榜出，奉上諭：「陳孝泳在内廷行走有年，屢應會試，未能中式，著加恩以主事用。」

公自念草茅寒畯，蹭蹬名場，荷蒙恩加矜恤，授官逾格，每至涕零。補户部廣西司主事，升員外郎，晋陜西司郎中，兼督寶泉局。尋授陜西道監察御史〔一〕，仍兼户部行走。自二十四年至辛卯，凡十三年，五遇考績，皆列一等。是年十一月，慈寧大慶。公之母朱太淑人亦適届八十誕辰，上特賚緑緞貂皮，俾持歸爲壽。敬陳賜物，奉觴起居，公卿稱慶者，皆以爲榮。甫匝月，太淑人仙逝，特賜帑金。於次年正月歸里庀事。三十八年謁闕謝恩，奉旨仍在内廷行走，兼户部司員上辦事。三十九年服除，補授河南道御史。擢兵科給事中，陳奏錢局事宜。四十年，署雲南道事。旋升鴻臚寺少卿。奉上諭著同南書房翰林行走。自云七上春官，迄不得博一第，每酒闌燈灺，追話風簷辛苦，輒不勝玉堂天上之思。一日憑藉寵光，得厠跡清華，稍償夙願，實遭際殊榮，爲本朝故事所未有。具摺陳謝，有云「舉頭黄榜，昔成進士之難；聯步丹墀，今獲翰林之後」，誠紀其實也。是年十二月。轉補通政司參議。京察一等，恭送孝慈憲皇后梓宫，加二級。四十三年補光禄寺卿。

是年冒寒感疾，請旨開缺，恩難解任，延至四十四年三月二十八日寅時卒，年六十有五。娶黄淑人、程孺人。子三，晋、暻、暠。平生嗜古博雅，留意法書名畫，而於篆隸尤爲妙絶。凡商周秦漢，鼎彝款識，研究字畫體制，悉能考訂是非，道其本末。論者謂可與郭忠恕、黄長睿相伯仲。凡内府儲藏古器，詔下詞臣驗視者〔二〕，其辨别文字，考其真贋，必取公一言爲决。在内廷恩賚駢闐，屢得預重華宫聯句。御定碑帖，御制詩文刻本，皆特荷頒賜。至於歲時所賜紗葛、宫扇、貂皮、大緞、香囊、藥錠、福絹、紙筆、硃墨，與夫荷包、魚鯗、珍羞、果品之屬，恩施重疊，不可勝紀。嚴觀擬稿《後案》。

【校勘記】

〔一〕監：與張本皆訛作「兼」，蓋同音致訛，故改。

〔二〕者：原作「考」，據張本改。

林静亭

諱守鹿，福建莆田人。乾隆十七年舉人，官河南汝南光道。事實待訪。

補林守鹿傳

林守鹿，字静亭，閩縣人。乾隆二十九年，以進士知井研，德器深厚，終日無疾言遽色，偶有所忤拂，亦不爲意。然遇所争執，屹不可移，故令雖寬，而吏不敢影射民一錢。暇則延諸生爲文會，親校核之，爲决其所到，無爽者。邑士雷輪、胡元善從之游，取次登甲科，極一時妙選。在任十年，官至河南汝光兵備道。録自高承瀛修、吴嘉謨等纂《〔光緒〕井研縣志》卷二十九。

張端齋

諱拱，字翼舒，安徽廬江人。乾隆十七年武舉人，官河南副將。事實待訪。

補張拱傳

張拱，字能五，廬江人。乾隆壬申武舉，以材技選兵部。運羊西域，補陝西柳樹澗守備。累官定邊副將。時甘肅逆回滋事，調静寧新營辦理卡站，招募新兵，悉中機要。以老乞歸。罣吏議，發往烏魯木齊效力，派管鐵場三年。所獲鐵溢於正額，復補河間府副將。乞休歸。卒年八十一。《舊志》。録自林之望、黄彭年等纂《〔光緒〕續修廬州府志》卷四十八。

湖北按察使馮公碑銘〔一〕

君諱廷丞，字均弼。其先畢公高之後，食采馮城，因而命氏。世遠失其譜系，明成化中，壽光馮盛以軍隸振武衛，遂家代州。五傳至明期，領鄉薦，其族始顯。始祖諱如京，廣東布政使司左布政使。子曰雲驌，禮科給事中，爲君高祖。曰壅，南寧府同知，爲君曾祖。曰光裕，都察院右副都御史，巡撫湖南，爲君祖。曰祁，翰林院編修，爲君父。馮氏以文學起家，至君凡十一世，立朝莅官，咸有名績，家法謹嚴，爲北方所重。

君既冠，舉於鄉。乾隆二十一年，由蔭生授光禄寺署正。君儀觀温雅〔二〕，造次必於禮法。嘗引見，上望其舉止，喜曰：「是舊家子弟。」丁父憂去官。君自以有禄於朝，乃盡以遺産與諸弟，而任其喪葬之事。服闋，補故官。官閑少事，因得肆力於學〔三〕，與大興朱學士筠及其弟侍郎珪、嘉定錢少詹事大昕、青浦王按察使昶、歙程編修晋芳、桐鄉汪舍人孟鋗，以名節相矜尚，文章議論，咸緼藉有根柢。是時諸人皆卑官，其後仕宦，或顯或不顯，天下稱名德焉。君多識史事，尤精於地理，自《禹貢》以下川瀆異同，都邑沿革，口講手畫，昭然如睹，丹黄累篋，老而益勤。然不喜著書，自娱而已。

差監通州本裕倉，有善政，既受代，吏人往來京師，更十餘年，參謁惟謹。遷大理寺寺丞。故事，大理於三法司主平反，刑部權日重，大理不得舉其職。君在官，於罪名出入，數有糾駁，刑部諸司皆怒，而大學士劉文正兼刑部尚書，獨心善焉。未幾，遷刑部廣西司員外郎。既受知於文正，文正傾心禮遇〔四〕，事無大小，悉以咨之。逾年，遷廣東司郎中。公廉不受請托，然用法持平，多所矜恕。是時文正方得政，所奏請無不當，故君得行其志。其後，君由江西按察使入覲，大學士于文襄問君在刑部治狀，曰：「夫獄者，愈求則愈深，要在適中而止，則情法兩盡。」文襄嗟賞其言，告諸司官以爲法。

出爲浙江分巡寧紹台兵備道〔五〕，兼海關監督，歲造戰船，采木於屬縣，吏因以爲利。君閲實其木，書於策，以次伐之，吏無所容手。潮犯蕭山，君急裝立塘上，曰：「水至則死於此。」督吏民修防〔六〕，更三晝夜，塘得不壞。歲入有餘，則以舉其地之公事，次則施諸三族之貧者。通人名德，禮接如不及，故交遊士，咸得其欲。而君被服如儒者，不聽音樂，終身無妾媵。遷官之日，至無以治裝。

調福建分巡臺灣兵備道，兼提督學政〔七〕。承黄教亂後，撫治凋敝，務安静，不苛擾。栅城三千七百丈，以爲外衛。數巡廳縣，供頓餽遺無所受，嘗一夕卻金如意七，列城歎服稱盛事。有吏職造船，應支番銀二萬〔八〕，吏之子爲諸生，其年當選拔，吏請無受直而貢其子，卒不許。

遷江西提刑按察使司按察使。江西當江湖嶺嶠之湊，地險而民獷，是以多盜。君廣設鈎距，得其主名，將竟其事，會王錫侯《字貫》獄起，君坐失察革職，發軍臺效力贖罪。

尋准君捐贖，發江南以同知用。四十五年，上南巡駐蹕宿遷，詔許君降捐道員，仍留江南候補。君自至江南，前後爲總督者，謂君不習爲吏，接遇甚簡。既論贖，盡毁其家，不足當十一。素畏慎善憂，及兹牢落，生意遂盡。諸道凡缺七員〔九〕，輒爲人得。署常州、徐州、淮安三府，蘇松常鎮太糧儲，河庫江南鹽巡，松太兵備四道，率不數月代去。終日旁皇無所得食，賈人責家，咸見偪迫。及其當官，則清操彌厲。同官或叩其所〔一〇〕，人輒權詞答之，終不易其守蓋人。盡心民事，尤急窮弱，雖一日必舉其職。時人以君好施而無所取，清而不刻，篤學勤政，未嘗近名，謂之三反。

當君管河庫日，大學士誠謀英勇公以閱河至，見君，深相器重，使開臨河集引河，刻期而竣。比還朝，陳君忠實可任，且言其淹恤，由是補整飭江南鹽務分巡江寧道。逾月，遷湖北提刑按察使司按察使，兼管驛傳。荆門州知州某爲民所歐，以抗糧聞，君馳往，撫定其衆，究其致衅始末，乃坐倡首者，而貸其餘人。施南民以争地相仇殺，君履行萬山中，親定其界，爲瘴氣所中，重以飢勞，舊疾遂作。既歸，猶冒暑聽斷不少止。逾秋浸劇，請解官治疾，甫報允而卒。是爲乾隆五十年十一月乙丑，春秋五十有七〔一二〕。貧不能具含斂，妻子歸無所居，寄食京師。士大夫知與不知，莫不痛惜。

君長於撫御，短於應變，故與同官多不相中，而恒得民心。嘗慕古争臣守節死義，昌言天下事，遇事激發，引爲己任。久宦京朝，隨牒平遷，未有言責〔一三〕。其後五官司道，上不能專制，下不能親其民，清勤自力，無所表樹。經世之術，體國之忠，生不竟其施，没不傳於後世，其可哀也已！

君取翰林院侍讀學士錢塘周玉章女，誥封淑人。子宬，候補八品小京官。女適翰林院編修臨汾曹錫齡。宬以君卒之次年十一月乙丑葬君於代州之煙望村，禮也。

中自依有道，逮一星終，愧以下材遇賞君子，始則窮鳥投懷，實蒙忘分與年，流言不信。既而繾綣從公，共涉夷險，凡所披陳，無不意盡。嘗恐朝露有期，將使老母弱女〔一三〕，累君高義，而一辭祖道〔一四〕，遽至撫棺，遂以衰疾餘生，哀述舊德，天道人事，其何可量！

銘曰：

邈矣公高，光我文昭。畢分晋國，馮坐秦朝。上黨東陽〔一五〕，其延十世。良德和龍〔一六〕，亦雄四裔。代州之顯，當明末造。綿祀二百，自他有耀。君生而貴，亦與憂俱。保世守官，尺寸不逾。高柴用刑，刖人感惠。汲孺閉閤，淮陽稱治。君雖習吏，澤不及民。盛德在抱，萬物知春。在邦在家，曰有簠簋。何以飾之，臣心如水。朝酗夜歌，彼維何人。乃速高位，以康其身。此焉小心，履冰集木。鉅箳尺書〔一七〕，蒼黄詔獄。鈎金孔棘，焚心汗顔。隕我國寶，傷哉百鍰。牽復有時，交摧莫訴。如彼敬通，坎坷末路。目營四海，受纏朱紱。金玉滿堂，泊如無物。一材一藝，百年千里。聞名嚮風，載矜載喜。生館死殯，其歸如林。外無德色，内無倦心。戚戚兄弟，莫遠具邇。女憂女嘆，如余在體。窮年奔命，一肉不完。人賴舉火，君死勤官。年裁中壽，家亦屢空。完然白璧，君子之躬〔一八〕。百世有師，清風不墜。我無愧辭，人惟墮淚。汪中撰

《述學》。

【校勘記】

〔一〕題目汪中《述學·外篇》一作「大清誥授通議大夫湖北提刑按察使司按察使兼管驛傳馮君碑銘并序」。

〔二〕君：原脱，據《述學》補。

〔三〕力：原訛作「意」，據《述學》改。

〔四〕「禮遇」至「輒爲人得署」：大段内容原錯簡在「君子始則窮鳥」之下，今據《述學》乙正。

〔五〕分巡：原脱，据《述學》補。

〔六〕吏民：原倒作「民吏」，據《述學》乙正。

〔七〕兼：原脱，據《述學》補。

〔八〕銀：原訛作「錢」，據《述學》改。

〔九〕凡：原訛作「繁」，據《述學》改。

〔一〇〕叩：原訛作「扣」，據《述學》改。

〔一一〕七：原訛作「八」，據《述學》改。

〔一二〕言責：原倒作「責言」，據《述學》乙正。

〔一三〕將：原脱，據《述學》補。

〔一四〕一：原脱，據《述學》補。

〔一五〕上黨：原脱，據《述學》補。

〔一六〕和龍：原脱，據《述學》補。

〔一七〕尺書：原訛作「集木」，據《述學》改。

〔一八〕 躬：原訛作「窮」，據《述學》改。

紀曉嵐烏魯木齊雜詩序

同年紀學士曉嵐自塞上還，予往候，握手叙契闊外，即出所作《烏魯木齊雜詩》見示。讀之，聲調流美，出入三唐，而叙次風土人物，歷歷如見，無鬱轖愁苦之音，而有春容渾脱之趣。

間又語予，嘗見哈拉火卓石壁有古火州字，甚壯偉，不題年月。火州之名始於唐，此刻必在唐以後。宋、金及明，疆理不能到此，當是元人所刻。今以《元史·亦都護傳》及虞文靖所撰《高昌王世勛碑》證之，則火州在元時實畏吾兒部之分地〔一〕，益證君考古之精核。獨怪元之盛時，畏吾兒部人仕於中朝者最多，若廉、善甫父子，貫酸齋、偰玉立兄弟，并以文學稱，而於本國風土，未能見諸紀述，使後世有所稽考，何與？將徙居内地而忘其故俗與？抑登高能賦，自古固難其人與？

今天子神聖威武，自西域底平以來，築城置吏，引渠屯田，十餘年間，生聚豐衍。而烏魯木齊，又天山以北一都會也。讀是詩，仰見大朝威德所被，俾遐疏沙礫之場，盡爲耕鑿弦誦之地。而又得之目擊，異乎傳聞影響之談，它日采風謡，志輿地者，將於斯乎徵信，夫豈與尋常牽綴士風者同日而道哉？錢大昕序。

《朱文正公文集》中，有《紀文簡公墓誌銘》記此，借抄。《後案》。

【校勘記】

〔一〕吾：原脱，據錢大昕撰《潛研堂文集》卷二十六補。

補紀文達公傳略

紀公昀，字曉嵐，號春帆，别號茶星、三十六亭主人、觀奕道人，晚號孤石道人。系出江南明永樂甲申遷大姓實畿輔公先世號椒坡者，自上元徙景城，世爲直隸獻縣人。八世祖諱廷相，字柱石，著《友于小傳》。十世祖諱坤，字厚齋，著《花王閣剩藁》。皆明諸生。曾祖諱鈺，字潤生；妣王氏。祖諱天申，字寵予，康熙壬寅、雍正癸卯，先後捐米一萬數千石賑饑，請增獻縣學額三名爲中學；妣陳氏、張氏。考諱容舒，字遲叟，附學生，康熙癸巳舉人，歷官户部員外郎、刑部郎中、雲南姚安府知府，著《杜律疏》《玉臺新詠考異》《唐韻考》，載《四庫全書目》；妣安氏、張氏、張氏。三世皆以公貴，贈光録大夫、禮部尚書；妣皆贈一品夫人。姚安配安夫人，生子晫三。娶張夫人，以雍正二年甲辰六月十五日午時生公於獻縣崔莊之對雲樓，與從兄爲序行居四。

四歲受書，師及孺愛。十五歲受經於富陽董文恪公。十七歲娶東光馬氏，城武縣令永圖之女也。二十歲，河間郡試第一，補諸生，亦冠弟子員。先是，姚安官京師，公隨侍。至是，讀書外舅馬周籙家。馬故甲族，世多名德，公學日進。督學吕少司空熾科試拔公郡庠，首食廩餼。乾隆十二年丁卯，鄉試中式第一名，出錢塘陳吏部鍔房。時主試爲滿洲阿文勤公、諸城劉文正公。榜發，皆稱得人。二公以公姓名上聞，高廟特達之知，蓋基於此矣。二十七歲，丁母憂。十九年甲戌，會試中式第二十二名，出烏程孫中允人龍房。時總裁爲海寧陳文勤公、滿洲少宗伯介公、武進錢文敏公。廷對奏策，讀卷官清江楊勤慤公以爲有體有用之文，列前十卷進，以二甲第四名賜莊培因榜進士出身，改庶吉士。

二十一年，纂修《熱河志》。扈蹕避暑山莊，屢與賡和。二十二年，散館一等，授編修，辦翰林院事，兼撰文。二十三年，大考二等七名，充武英殿纂修。二十四年，輯沈氏《四聲考》，重訂張爲《主客圖》，集《唐試律》，爲之説，皆製序行。京察一等。典試山西。充功臣館總纂。二十五年，充國史館總纂，重訂史雪汀《風雅遺音》。時初議增科舉律詩，爰集館閣諸作，輯爲《庚辰集評注》，以示學試帖者。充會試同考官。二十六年，京察一等，以道府記名，充庶吉士小教習、方略館總校。二十七年，刪正《才調集》，點論李義山、黄山谷詩集，輯《唐人詩略》八卷。是年順天鄉試，爲同考官。出闈，授福建學政。著《南行雜詠》一卷。二十八年，奏：「附生因二等補增生，已邀嘉獎，若幫增，又即補廩，未免過優。」經部議，准停新增生補廩例。授侍讀。二十九年，删定《陳后山集》。

明年，爲姚安八十壽。是歲至閩，公欲稱慶，姚安不可，乃北歸，舟中遘疾不起。訃至閩，公哀慟欲絶，急切跣奔，遠近黌序之士，奔走唁送。吏民咸感歎，以教澤之洽人，至於如是也。三十一年，守《史通》斷限法輯《族譜》，悉依姚安舊格。删定劉侗《帝京景物略》，皆序簡端。三十二年，葬姚安公，母安、張三匶祔焉。

服除，充《三通》館提調，兼纂修《日講起居注》官，授左春坊左庶子。删浦氏注《史通》本，名之曰《史通削繁》。三十三年，授貴州都匀府知府。高廟以公學問優，外任不能盡所長，加四品銜，留庶子任。大考二等十六名，授翰林院侍讀學士，副典試江南。

時前兩淮鹽運使盧見曾獲罪，將籍其家，公與盧爲姻，漏言於見曾孫蔭恩。革職逮問，戍烏魯木齊。三十四年，爲戍所印務章京。舊例，挈妻子謫遣者，五年後釋爲民，單丁則終身戍役，以故積多至六千人，頗相煽動。公擬奏稿，辦事大臣巴彦弼上之。六千人同日脱籍，并著爲令，與挈眷者同限。三十五年，釋還。三十六年東歸，途中追述風土舊遊，得詩百六十首。

十月，高宗幸熱河。回鑾，公迎至密雲，御試《土爾扈特全部歸順》詩，立成五言排律三十六韻以進，得旨優奬。復授編修。暇日點勘前人遺集、《瀛奎律髓箋序正誤》。蘇詩五閲，始繕净本。《文心雕龍》《王子安集》《韓致堯集》《唐詩鼓吹》，咸親評校。三十七年，再充庶吉士小教習。

三十八年二月，命儒臣校核明代《永樂大典》，求天下遺書，開《四庫全書》館，選翰林官專司纂輯。大學士劉統勳以公名首薦。後又奏《全書》浩博，應斟酌綜核，以免罣漏參差，舉公及提調官郎中陸錫熊爲總辦。搜輯《大典》中逸篇墜簡及海内秘笈萬餘部，釐其應刊、應鈔、應存者，依經、史、子、集部分類聚，考異同，辨真僞，撮著作之大凡，審傳本之得失，挈其綱領，列成《總目》，撰爲《提要》二百卷上之。諭曰：「《四庫全書》處將《大典》内檢出各書，陸續進呈，朕親加披覽，間予題評。見其考訂分排，具有條理，而撰述提要，粲然可觀，則成於紀昀、陸錫熊之手。二人學問本優，校書亦極勤勉，甚屬可嘉。紀昀曾任學士，著加恩授爲翰林院侍讀，以示奬勵。」十一月，補侍讀。三十九年正月八日，以外廷翰林召重華宫詩宴。自後，歲以爲常。上以《總目提要》卷帙繁，公輯《簡明書目》二十卷。初求遺書也，凡中外所獻，皆擇珍本，製詩弁於首。公進書百種，御題所進孫覺《春秋經解》，有「邵張珍弆今歸紀，汲古深心有足多」之句，公勒石誌跋以傳。

尋因子汝佶逋負罣議降調，改降三級留任，餘如故。故事，降留官遇升缺，不予開列。四十年，吏部請除翰林院侍讀學士，無公名。以公於《四庫全書》裒輯實盡心力，予一體列名。

四十一年，擢侍講學士，充文淵閣直閣事、日講起居注官、《勝朝殉節諸臣録》總纂。四十二年，館臣校書誤，應議，特旨免公。四十四年，擢詹事府詹事。逾月，擢内閣學士，兼禮部侍郎，管中書科事。四十六年，充殿試讀卷官、《歷代職官表》總纂。以《四庫全書總目提要》成，上覽之，嘉其詳核，給予優敘。四十七年，擢兵部右侍郎。館臣進《四庫全書表》，上曰：「此必紀昀所撰。」賚書幣有差。充《河源紀略》總纂。四十九年，上南巡，行在發途中所製《濟水考》寄公核各説經家及輿地家，詳考覆奏。充會試副考官，復知武舉。

五十年，擢都察院左都御史，兼直閣事如故。員外郎海昇毆死妻吴雅氏，詭言自縊死。事覺，公鞫其獄，覆檢不實，部臣議鐫職，改革職留任。五十二年，遷禮部尚書，充經筵講官、殿試讀卷官。是年，赴熱河校書。五十三年，旋京，管鴻臚寺印鑰。復赴熱河校書。是年旋京。五十四年五月，赴校書之役。著《灤陽消夏録》六卷。旋京，即奉紫禁城騎馬之命。充武會試正考官。偕懋勤殿翰林校勘《薈要》。五十六年，再調左都御史，充

《八旗通志》館總裁。著《如是我聞》四卷。

五十七年，赴熱河校書。回京日，畿輔歲歉，饑民多就食京師，公奏言：「直隸、河間等府，二麥歉收，命截漕五十萬石備賑。而領賑百姓有極貧、次貧之不同，次貧之户可以支持待賑，不肯輕去其鄉；至極貧之户，一聞米貴，不能不就食他方。近京諸處，多先赴京城傭工餬口，恐聚集日多，未必能人人得所。又業已扶老挈幼，拮据得至，勢難以即返就糧。是此項流户以極貧之故，離其鄉井，轉不能同沐皇仁，殊爲可憫。定例，每年自十月初一日起，至次年三月二十日止，五城原設飯廠十處，每日領官米十石，由坊官煮放。外來流户，原可同霑，但自夏至冬，爲期太遠，恐貧民迫不及待，且人數較多，米數亦未必能敷。伏思偏災不過四府，賑米有餘，請於原額五十萬石内酌撥京城數千石，自六月中旬爲始，每廠煮米三石。至十月初一日後，則於原額一石之外，加煮米二石。仍均於三月二十日爲止。其米先於京倉支用，將來於截漕數内撥還，庶貧民就食者得以在京存留，不致間關遠去，明春易於還鄉，不誤耕作。即各處聞有此信，來者較多，伊等本係應賑之人，此間多一人領飯，則本地少一人領米，計人數米數，仍屬相當，亦不慮本處給散之不足。如此一轉移間，所需賑米仍在截漕原額之内，而貧民在鄉在外，皆得均霑，於賑務更爲周到。」疏聞，下廷臣議，從之。嗣復增五廠。明年四月始停止，所全活者無算。復參奏監賑御史不親督放，玩視民瘼，治罪褫職有差。

再遷禮部尚書，仍署左都御史。奏：「考試《春秋》，向用胡安國《傳》，而胡《傳》一書中多有經無傳，出題之處，不過數十，即如本年年鄉試，竟有一題而五省同出者，其三四省相同，不一而足。士子不讀全經，不知本事，但記數十破題，便敷入試之用。且胡安國當宋南渡時，不附和議，作是書以諷高宗而斥秦檜，其人品剛正，而借經立説，與孔子之意不相比附。恭讀聖祖仁皇帝《欽定春秋傳説彙纂》，駁胡《傳》者數十百條。皇上御製文亦多駁其説。而科場所用，以重複相同之題，習偏謬失當之論，殊覺無謂。請嗣後《春秋》題俱以《左傳》本事爲文，參用《公羊》《穀梁》之説。在《三傳》親承聖教，即較三千年後儒家之説爲得其真，而士子不讀《左傳》不能成文，亦足以勸經學而裨文風。」疏入，從之。著《槐西雜志》四卷。

五十八年，充殿試讀卷官。著《姑妄聽之》四卷。六十年，署左都御史，覆勘會試卷。先是，會榜發，奉命搜遺卷，得天津舉人徐炘、仁和舉人傅淦文以進，俱以内閣中書用。復充殿試讀卷官。著《我法集》二卷。

嘉慶元年，授受禮成，進《邁古論》一篇，貯之玉匣，以備陳設。與千叟宴。充會試正考官，調兵部尚書，復調左都御史。二年，復遷禮部尚書。四年，扈從熱河。著《灤陽續録》六卷。四年，充《高宗純皇帝實録》館副總裁、殿試讀卷官、武會試正考官。五年，恭立裕陵聖德神功碑。前一日，公詣祭告。六年，册封華妃，充正使。定例，京城内外修建牆屋，呈官興工。六月，桑乾水漲，旗民房舍，多所傾圮。公奏聽其自行修，以免勘驗稽時。從之。充《會典》館副總裁。七年，京師平糶，充監糶大臣、會試正考官。專管《會典》修書事，酌議奏改章程八條上之，下館臣議行。安南國王阮福請改國名「南越」，議駁。

八年，奉諭：「《四庫全書》内恭繕高宗純皇帝聖製詩文，存貯諸閣，惟詩自四集以後，文自二集以後，俱未繕齊恭貯，宜敬謹增入。此外如《八旬萬壽盛典》及續辦方略、紀略等書，亦應繕入庋藏。尚書紀昀，係纂辦《四庫全書》熟手，著即詳悉查明，開單具奏。」公年八旬，命署上駟院卿，常貴賚珍幣至公第賜之。署兵部尚書，教習庶吉士。檢校石經碑文。尋以禮部奏奉安孝淑皇后事宜措詞失當嚴議，部臣議鐫職，改革職留任。又以咨送議處司員祇宋其沅一人，爲御史鄭敏行所劾，部臣如前議，改降三級留任。駁山東巡撫疏請增設左丘明五經博士，公具稿，由禮部奏。從之。又奏：「定例，凡婦女强姦不從，因而被殺者，皆准旌表。其猝遭强暴，綑縛受污，不屈見戕者，則例無旌表。伏思此等婦女，舍生取義，其志本同，徒以或孱弱而遇獷悍，或孤身而遇多人，此其勢之不敵，非其節之不固，卒能捍刃捐生，與抗節被殺者無異。譬如忠臣烈士，誓不從賊，而絷縛把持，强使跪拜，可謂屈膝賊庭哉？請敕交大學士九卿科道公議，與未被污者略示區别，量予旌表。」尋議如凶手在兩人以上者，顯係孱弱難支，與强姦被殺者一體予旌。令各督撫勘明，奏請核奪報可，予量減。陳奏失詞，處分有差。公疾，命軍機章京富綿率醫官王詔恩視之。

九年，奏會典館繕正本，請明定章程，以免疏懈誤公。蓋底本九百九卷已於年前竣事，而議叙俟正本進呈，謄録供事，妄生覬覦，遲延功課。惟明示以正本全竣，方准議叙，足昭核實。山東撫臣申辯左丘明博士前疏，并請增設漢儒鄭玄世襲五經博士，仍具稿擬駁。禮部奏聞，上是之。

十年正月，以禮部尚書、協辦大學士、加太子少保管國子監事，一切題奏事件，在滿洲尚書之前。二月，賜奠華妃於田村，恪恭將事。感寒，復作痰喘疾。充先醫廟承祭大臣，力疾前往。歸，乞假。仍備禮曹，辯論公事不輟。遂於十四日卒。遺疏入，諭曰：「協辦大學士、禮部尚書紀昀，學問淹通，辦理《四庫全書》，始終其事十有餘年，甚爲出力。由翰林洊歷正卿，服官五十餘載。本年正月，甫經擢襄綸閣，晋錫宫銜，遽聞溘逝，深爲軫惜。著加恩賞給陀羅經被，派散秩大臣德通，帶同侍衛十員前往賜奠，並賞廣儲司庫銀五百兩經理喪事。其任内降革處分，悉予開復。所有應得恤典，該衙門察例具奏。予祭葬如例。謚文達。」録自李昉《聞妙香室文》卷十四。

沈既堂事略

諱業富，高郵人。幼穎異好學。乾隆十九年聯捷進士，選庶吉士，習國書。散館授編修。歷典江西、山西鄉試，順天鄉試同考官。三十年出守太平，值大水，賑饑口五十餘萬。當塗大官圩決，下密札勸富户糶濟，清釐泗州災民户口。遇歲旱禱雨無應，輒爲文哭祀社稷，卒得雨。歲大疫，設藥、瘞局，督理暴露十餘萬棺。蕪湖有兄弟訟者，察其詞出一手，杖主訟者，兄弟悔悟。當塗有師弟互訐陰事，塵卷盈尺，取置案前，遽火之。委曲勸誡，師弟皆泣，訟乃息。貴池人以墓地訟於部，積案百數十年，頭緒紛如。業富中夜檢舊牘，得成化二十一年閏四月官契，喜曰：「愚民安知前朝某年閏某月。」檢《明史・七卿表》果符〔一〕，遂據以定讞，遠近稱神明。四十六年，高廟特簡河東鹽運使。初，解州鹽池受淡水歉産，因運蒙古鹽，多勞費。及後鹽盛産而弊多，商益乏，乃立均引順路之法，總三省引地，以三等均之。復以道路相近者，順配爲五十六路，路各一簽，令各商簽掣之〔二〕。由是商力蘇，而鉆營之弊亦絶。運司署西隙地創立號舍四十〔三〕，月課諸生。又葺宏運書院，貯書數百種，刻《條山試藝》。在晋甫一年，乞終養歸，不復出。年七十六歲卒。著有《味燈齋詩文集》若干卷〔四〕。子在廷，四十八年舉人，候補中書。孫勤增，貢生。《揚州府志》。

【校勘記】

〔一〕明史：原脱，據《〔嘉慶〕重修揚州府志》卷四十八補。

〔二〕簽：原脱，據《〔嘉慶〕重修揚州府志》補。

〔三〕號：原訛作「學」，據《〔嘉慶〕重修揚州府志》改。

〔四〕燈齋：原訛作「經堂」，據《〔嘉慶〕重修揚州府志》改。按，沈業富《味燈書屋詩集》現存。

補皇清誥授中議大夫河東鹽運使前翰林院編修沈公既堂墓誌銘〔一〕

公姓沈氏，諱業富，字既堂。元代由吴興徙高郵。明代遷貴州普安，官河南按察副使奕琛者，復歸高郵。曾祖弼，官廣東高州府知府，遷儀徵。祖文尉，遷江寧。父之亮，徙揚州府城。公猶以高郵通籍。祖、父皆贈如公官。

公幼穎異好學，雷學使鋐始拔之。年二十二舉於鄉。次年成進士，改庶吉士，習國書。有謂公早達爲倖者，里巷擊柝者曰：「吾每當風雪夜過沈氏書樓，未嘗不聞讀書聲，何倖也？」越二年，散館授編修，撰制誥文，辦院事。庚辰，充江西副考官。壬午，充山西副考官。乙酉，分校順天鄉試。皆以先正法衡文，得士爲盛。尤屏絶聲氣，關節不通，館譽重之。前後充國史館、《續文獻通考》館纂修官。

乙酉冬，補安徽太平府知府。掌院劉文正公曰：「纂書之勤，無如君者。」欲留公京秩，未果。公久於太平府任者十六年，於灾眚尤盡職。己丑大水，城野成巨浸，公隨布政司坐浴盆經行村落，公曰：「太平昔年賑多者三四萬口，今非五十萬口不可，賑乃大行。」當塗縣大官圩决。公夜半至，見遠村肆奪火光，銃聲不絶，公自爲密札十下各官圩，勸富家糶濟，曰：「本村人面相識，鄰村即路人矣。今當各保各村，毋令轉掠，若轉掠，是全圩皆路人也。互相殺，能保富乎？今密札不顯諭者，别有以靖之也。」有告某富家不糶者，笞械之，曰：「汝奉何明文令富家出粟耶？」民始定，糶濟大行。總督聞之，下其法於他郡。

辛卯秋，泗州水。撫部裴公知公賢，檄治其賑。公釐户口之弊，民受其惠。乙未旱，禱雨無應，爲文哭祀社稷木主，卒得雨。庚寅大疫，設藥局、瘞局，絶葷祈禳，民乃寧。前後課各邑種柳數百萬株，官路緑陰相接成幄。督埋暴露十餘萬棺，有一村同時舉數百棺，前明之棺尚在者，民始而嘩，及見其親之骨，感泣曰：「非府君教督不至此！」

戊子，剳辮妖妄案起，羽檄紛馳，捕搜遍各郡，獨太平不獲一人。有誣者，立出之。上司責公，公曰：「本無奸，曷捕焉？」蕪湖有兄弟訟者，公察其詞出一手，杖主訟者，兄弟悔悟，友善如初。當塗有師弟互以陰事訐者，公取火盆置案前，卷盈尺，遽火之，曰：「爾等詞必有稿，可上控，曰郡守焚案不汝靳也。」師弟皆泣，訟乃息。貴池有以墓地訟於部者，塵案山積。公夜視舊牘，得成化二十一年閏四月官契，公謂：「愚民安知閏？」檢《明史·七卿表》得是年閏四月文，遂據以定讞。

公治郡資最深，每考績，輒有尼之者，或勸赴省，公曰：「求之得，可耻也；不得，更可耻也。」逮辛丑，始授河東鹽運使，純皇帝所特簡也。河東鹽池受淡水歉産，商運蒙古鹽多勞費，及鹽盛産，而弊益多，商益乏。公曰：「鹽池自古爲利，不當革。若聽民自販，必致蒙古鹽内侵。商人之力不在寡，在不均，其弊有三：姦商棄瘠據肥，一也；費浮地遠，伙攫其利，二也；籤代之期，貧富倒置，三也。乃立均引順路之法，總三省引地，以三等均之。復以道路相近者，順配爲五十六路，路各一籤，令各商鬮分籤掣之。於是賂絶而弊不行。洎乾隆六十年後廢，商運蒙古鹽内侵。嘉慶十一年，復舊制，皆如公所預燭者。

公所莅，皆興學愛士，修書院，習樂舞。運司署西隙地，仿鄉塲號舍立四十舍，月課諸生。才人黄景仁殁於山西公署，公經其喪，厚其賻，送其柩歸常州，海内高其義。事母以孝聞，在晋甫一年，以母老宜告歸請終養，撫部不許。固請，乃許之。俄而湖北陸撫部有凡官親老者，勒令終養之議。撫部曰：「非一月前入奏，今無以對子矣。」公曰：「但得終養，即勒歸無愧也。」母卒，喪以禮。服闋，以濕疾恬然不復出。居鄉十餘年，多善舉。里黨皆曰：「沈公乃正人。」所著有《味燈齋詩文集》。

公生於雍正十年閏五月二十二日，卒於嘉慶十二年八月十五日。公子在廷，以十三年十一月丁丑葬公於儀徵便益集之原，配鄭淑人祔焉。子一：在廷，癸卯舉人，内閣中書。女一，適工部郎中裴正文。孫二：勤增，太學生員；次勤埴，元昔以長女荃字之，余女殤，勤埴亦未冠卒。公與先大夫相友善，且爲姻家，故公子屬元爲銘。銘曰：

公文在經，公學在性。忠厚其心，砥礪其行。拙於成宦，勤於從政。飽民之飢，療民之病。以史斷獄，以道出令。苦鹽既調，澹泊無競。以孝辭職，壹志温凊。既享其壽，乃歸其命。藏此佳城，積善餘慶。鄉里私謚，僉許曰正。阮元撰。録自沈業富《味燈書屋詩集》卷首。

【校勘記】

〔一〕題目下原有「賜進士出身光禄大夫兵部侍郎都察院右副都御史巡撫浙江提督軍務儀徵阮元撰」。

袁春圃

諱鑒，浙江仁和人。乾隆十九年進士，官江寧布政使。

補袁鑒傳

袁鑒，字汝甘，一字春圃，錢塘人。乾隆丁丑進士，由編修官至江寧布政使，降補江寧知府。

楊文蓀曰：《隨園詩話》：「余春圃、香亭兩弟，詩皆絶妙，而一累於官，一累於畫，皆未盡其才。」「春圃先生爲杭堇浦、張無夜兩先生高弟子，故詩律具有淵源。暮年獨好松雪、雁門之詩，尤工七絶。」録自阮元《兩浙輶軒録補遺》卷五。

翁誠軒

諱耀，湘潭人。乾隆二十二年進士。

補翁耀傳

翁耀，字明遠，湘潭人。乾隆丁丑進士，知元城縣。縣當漳衛之衝，多水患，耀疏通下流，鳩工堵築，兼增衛河堤工，民賴安堵。擢知滄州，天津巨盜九人竄匿州境，悉捕得，寘之法。累擢陝西糧儲道，值金川不靖，復值甘肅逆回滋擾，羽書旁午，耀從容肆應，上官倚重之。以母年九十乞終養歸。卒年六十五。《縣志》。録自巴哈布、王煦等修纂《〔嘉庆〕湖南通志》卷一百四十二。

彭雲楣

諱元瑞，字掌仍，南昌人。乾隆二十二年進士，官至工部尚書〔一〕、協辦大學士，後贈太子太保，謚文勤。少年敏慧，早直西清，應奉文字，婉麗清新，往往出人意表，所進無不蒙獎賞。而《恭跋御製全韻詩》，乃集《千字文》爲之。又撰《乾清宮前燈詞》。駢體尤佳。上賜以貂裘、端硯，中外榮之。故思眷不替。嘗輯《宋四六選》〔二〕，更爲藝林傳誦。王昶撰《蒲褐山房詩話》。

【校勘記】

〔一〕工：原訛作「禮」，據王昶《蒲褐山房詩話》改。

〔二〕宋四六選：《蒲褐山房詩話》作「宋人四六」。

王倚雲

王杏舒，字念庵，合肥人。乾隆二十四年舉人，三十一年大挑分發陝西，試用蒲城令。任遇事立剖，精練如神。補高陵，供億金川軍務。自始事至凱旋，民不知勞，而無差誤。任三原邑，有小民幾爲勢家所陷，力爲昭雪。大計卓異，特授平度州知州。因蘭州逆回滋事，陝撫奏留。歷署醴泉、永壽、寶雞、華州、興安府，均有惠政。借補渭南。漢回雜處，每每愷切曉諭，事分曲直，不分回漢，衆心帖然。舒每莅一任，時有鄰邑奔訴，並兩造同至，惟求一言判斷，悦服以去。乾隆甲午、丁酉、庚子，三充鄉試同考官。大吏謂舒實心愛民，保舉知府，特授甘肅迪化州知州。因丁憂未赴任。服闋，選廣西鬱林州牧，捐俸修理城垣。未一載，因病乞休，歸里卒。《廬州府志》。

金聽濤

諱士松，江蘇吴縣人。乾隆二十五年進士，官内閣學士。

補兵部尚書金文簡公合葬墓誌銘

嘉慶庚申正月九日，兵部尚書金公卒於官。遺疏上聞，皇帝敕諭禮官曰：「兵部尚書金士松，在内廷行走有年，襄理部務，勤慎供職。今聞溘逝，殊爲軫惜。所有應得卹典，著該部察例具奏。」一時昀方掌禮曹，具奏祭葬如例，而以易名之典請。蒙賜謚曰文簡。一時推爲儒者之榮，而惜公年僅七十有一，不待躋台輔。昀謂公性故恬静，起家寒素，仕宦四十年，出入禁闥，以恩榮終始，公固可以無憾矣。皇帝未登大寶以前，於諸臣之賢否真僞，無不夙知。親政以來，老臣殂謝者非一，有飾終弗議者矣，有得蒙賜恤而謚典弗具者矣，聖人之心鑑空衡平，各因所自爲，而各予以所應得。苟非數十年來見其從容之啓沃，與夙夜之勤勞，先有深契宸衷者，又豈能遽荷寵光哉？

據昀所知，公以乾隆丙子舉於鄉。庚辰成進士，入詞館，散館高等，授編修，即爲《國史》館總纂，猶以掌院觀文恭公之賞識也。迨戊子，御試翰林，擢侍讀。己丑，充會試同考官，已簡在帝心矣。俄召入内廷，繕寫金經，遂受特達之知。辛卯，署日講起居注官，充福建正考官，即提督廣東學政。甲午，遷左庶子。報滿，還京，途次遷侍講學士。乙未正月，復命即入直南書房，實授日講起居注官，轉侍讀學士，充武會試副總裁。丙申，疊遷少詹事、詹事、充文淵閣直閣事。戊戌，充《四庫全書》館總閲官，又充武會試正總裁。

己亥，丁本生母艱歸。庚子，迎鑾紅花埠，即奉命還京，仍直南書房。旋提督順天學政，公以舊曾寄籍辭，詔勿回避，蓋信公深也。是秋，當更代學政，仍留任。辛丑，遷内閣學士。壬寅，遷禮部侍郎。癸卯，再留順天學政。乙巳，公年甫五十有七，特命入千叟宴。又官階二品，而賞賚同一品。是年，調兵部侍郎。公忽得末疾，乞解任。不許，仍温詔存問。丙午，病痊，調吏部侍郎。己酉，學政報滿，充經筵講官。辛亥，充武英殿總裁。壬子，充浙江正考官。乙卯，充江西正考官。未出闈，遷都察院左都御史。嘉慶丙辰，充會試副總裁，遷禮部尚書，又充玉牒館副總裁。丁巳，調兵部尚書。計公通籍至是凡三十九年，殊恩異數，多逾常格，以高宗純皇帝之甄别人材、慎惜名器，而獨厚於公如是也。

迨皇帝親政以後，念公年已七旬，免内廷之日直，而上方珍品頒賚如故，併賜紫禁城騎馬。庚申正月，扈從謁裕陵，公於路嬰疾，特遣醫官診視。蓋兩年之内，恩禮勿替，仍如高宗純皇帝時也。恭讀御賜碑文有曰「學有淵源，才爲梁棟。文章兼乎政事，獻納繼以論思」，諭祭文有曰「冲和賦性，醇謹禔躬。通經術以起家，富文章而報國」，一字之褒，榮於華衮，是即千秋之定論矣。

公字亭立，號聽濤，世居吴江。曾祖諱坤元，考職州同；曾祖母張氏、周氏。祖諱國英，揀選縣丞；祖母吴氏。父諱瀾，母寧氏。本生父諱潤，縣學生；母吴氏。三代并以公官左都御史，時恭遇覃恩，誥贈一品。元配同縣趙氏，封一品夫人，先公二年卒，年六十九。公撰《家傳》稱少同甘苦，公薄游四方，恒以婦功代子職。姑寧太夫人患風痺，侍疾四載，無懈志。事本生姑吴太夫人，亦得其歡心。相夫課子，具遵禮法。摒擋家政，内外肅然。而待人温厚純篤，始終如一。蓋亦賢矣。子三：長芝原，乾隆己亥舉人，官内閣中書舍人，協辦侍讀，充文淵閣檢閲；次逢原，候補州同；次福原，幼殤。孫八：長宗培，一品蔭生；次宗堉，宗垚、宗墉、宗塝、宗基、宗塏、宗埏。辛酉十月十七日，芝原將奉公及趙夫人柩合葬服字圩新阡，乞昀爲銘。昀與公交四十餘年，義無可諉，乃括叙大略，而系以銘曰：

枚馬蜚聲，鳳噦太清。不汲汲以多營，不矯矯以立名。身閲兩朝，均重老成。嘉乃靖共，殁也哀榮。青山萬古，識鬱鬱之佳城。録自紀昀撰《紀文達公遺集》卷十六。

吴鑑南傳

吴璜，字方甸，號鑑南，浙江山陰人。曾祖諱濬哲，康熙壬子舉人，官内閣中書。佐大司馬留村公平厦門，軍功加二級，晋封賜一品蔭。祖諱棖，由歲貢生宰玉山、安肅兩縣，尋乞去。考諱煔文，世稱樸庭先生，國子監生，有文不遇，爲時推重，别有傳。生二子，公其長也。母商氏，爲沅州府知府諱盤之妹。

公生具宿慧，能承家學。乾隆己卯，舉京兆鄉試。庚辰成進士，除户部雲南司主事。乙酉出知湖南澧州，至河南尉氏，父卒於塗，貧不能歸。時知衛輝府朱歧爲公同榜進士，延掌崇本書院。服闋，扶父柩歸里，與母合窆於型塘先域〔一〕。

癸巳，再謁選，益屢空。三月，揀發四川，馳入衛輝，寄孥於岐。去至西安，資斧竭，中丞畢公沅贈金三十鎰，乃得行。四月十二日，抵成都，金又竭，拮据，得十鎰買鞍馬。五月十一日，詣登春營。山水惡劣〔二〕，積雪不融，盛暑挾纊，仍有寒色。將軍温某營木果木，與賊持。總督守登春策應於後〔三〕。六月二日，賊圍登春急，初十之夕，木果木一軍潰，將軍死。明夕，總督突圍出，登春一軍亦退。公偕妻叔周輔鈞馳至崇德山梁，賊鎗中輔鈞，騎突逸不能止〔四〕，返顧，公爲礮飛擊，人馬墜溪水中，時年四十七歲。上聞，得贈加道銜〔五〕，入祀昭忠祠。子安祖，方七齡，蔭知縣。

同時死兵禍爲吾友者，則南昌彭同知諱元瑋、大興孫知縣維龍、陽湖王主事日杏、松江趙主事文哲。維龍先一日死。日杏後一日憩山郞中，賊飛石死。文哲被賊斷臂死。元瑋挾三奴徒步，賊且大至，乃奮身躍江中，時年六十有一云。

公性嗜學，重友義，爲舅氏商公愛重。能苦吟，篇成數改竄，求必傳，一字不安〔六〕，至廢寢食，飲酒談文，終夕不倦。奴子苦飢，怨聲喃喃，如弗聞者。然議論馳騁，輒以人倫綱紀爲任，都下端人名士咸器之。所著《蘇門紀遊》及《黄琢山房詩》六卷〔七〕。惟入蜀所作，棄亂軍中，可惜也。

論曰：吾聞周生云，登春突圍時，鑑南苟疾馳，尚可脱，顧攬轡夷猶，謂周生曰：「偷生無補於事，死吾職，妻子君之責也。」語未絶，遂墜澤中。嗚乎！予在越中與君交遊且一載，或目爲詩人，予輒哂之，至此而公之論定矣。予蓋聞公平日所志者大也，然而報國僅止於此乎？又愸焉垂涕已。蔣士銓撰《忠雅堂集》。

公署重慶通判，調送軍餉至登春，制軍留佐軍務。西軍潰，撤站宵行，公無騎，不欲走，遂被害。少負詩名，爲商寶意太史甥，絶重之。家貧力學，手不釋卷。父樸存先生爲徵士〔八〕，名重一時。公淵源家學，有大小蘇之號。平居遇事慷慨，不避艱險。篋中有《黄琢山房集》，令人懷之脱出，曰：「我死，弗令此詩失傳。」其同年友制軍畢公序刻之。贈道銜，祭葬如例。李心恒撰《金川瑣記》卷一。

【校勘記】

〔一〕合：原脱，據吴璜撰《黄琢山房集》卷首本傳補。

〔二〕劣：原訛作「方」，據《黄琢山房集》改。

〔三〕守、於後：原脱，據《黄琢山房集》補。另，「春」字原重，據《黄琢山房集》删。

〔四〕突：原訛作「忽」，據《黄琢山房集》改。

〔五〕銜：原訛作「御」，據《黄琢山房集》改。

〔六〕安：原訛作「成」，據《黄琢山房集》改。

〔七〕蘇：原訛作「燕」，據《黄琢山房集》改。

〔八〕存：原作「庭」，據《金川瑣記》卷一小傳改。

翰林院庶吉士侍君權厝銘

君諱潮〔一〕，字潞川，泰州人也。其先姓侍其，明初去「其」稱侍氏。曾祖諱念祖，祖諱震，考諱衛，皆諸生。而祖、考得贈如君官。

君少孤好學，無師友之助，而於古文辭、詩歌、四六諸體，皆習而能之。始冠，得鄉舉。初聘泰州沈氏。沈氏女不幸得瘖疾，其家願無嫁，請君他娶。君不可，卒與處無嫌惡且十年〔二〕，沈氏卒。而後娶江寧鄭氏，人以爲難。君内行修，外重交遊，有生死之誼。而性情峭急，聞人一善，稱之不容口，惟恐不及知。及見行有失道理者，亦切齒忿怒，若不可須臾共處世者然。故世亦以此過君。

乾隆二十五年成進士，當就吏部選知縣，君曰：「吏事非吾所堪也。」後國子監缺丞，詔大臣於進士中選〔三〕，得君。君任職以不阿上爲節。有共事不合君者，君不能堪，即日引疾去。久之，會修《四庫全書》，大臣有知君之才，奏爲校勘官。既而爲總校。君校書數倍他人，而最精當，乃命爲庶吉士。是時，君已得疾，而讎校不懈。乾隆四十二年瘍生於首，七月晦卒，年四十九〔四〕。無子。女嫁者一，幼者二。其弟臣仕浙江，亦未有子。君妻弟鄭君厝君甘泉之西山〔五〕，以待臣生子而後之。鼐知君最久，故爲之銘。銘曰：

山璞瑤琨，器之侈也。龍淵大阿，鋭則折也。嗟子忼忼，勇言義也。子以自居，甘爲躓也。日暮延登，才未竭也。天生不與之年，死不與之繼世也。茐兮以托於兹，吾辭以志也。姚鼐撰《惜抱軒文集》。

【校勘記】

〔一〕潮：姚鼐《惜抱軒文集》卷十二作「朝」。

〔二〕卒與：原脱，據《惜抱軒文集》補。

〔三〕大：原作「天下」，據《惜抱軒文集》改。

〔四〕「年」字前原衍「立」字，據《惜抱軒文集》删。

〔五〕弟：原脱，據《惜抱軒文集》補。

師友淵源録後案卷二十一

交契二

雲南臨江府知府王君墓誌銘〔一〕

君諱文治，字禹卿，丹徒人。自少以文章書法稱於天下。中乾隆二十五年一甲三名進士，授編修。爲壬午科順天鄉試同考官。癸未會試同考官，其年御試翰林第一，擢侍讀，署日講官。旋命爲雲南臨江府知府。數年以屬吏事鐫級去任。其後當復職矣，而君厭吏事，遂不就官。高宗南巡至錢塘僧寺，見君書碑，大賞愛之。内廷臣有告君招君出者，君亦不應。

君之歸也，買僮教之度曲，行無遠近〔二〕，必以歌伶一部自隨。其辨論音樂，窮極幽眇。客至君家，張樂共聽，朝暮不倦。海内求君書者餽遺率費於聲伎，人或諫之，不聽，其自喜顧彌甚也。然自客去樂散，默然禪定夜坐〔三〕，脅未嘗至席。持佛戒，日食蔬果而已。如此數十年，其用意不易測如此。君少嘗渡海至琉球〔四〕，人傳其翰墨。爲文尚瑰麗，至老歸於平淡。其詩與書尤能盡古今之變，而自成體。君嘗自言：「吾詩字皆有禪理也。」余與君相知既久。嘉慶三年秋，過丹徒訪君。君邀之涉江，風雨中登焦山東升閣，臨望滄海，邈然言蟬蜕萬物無生之義。自是不復見君。今君家來訃，以嘉慶七年四月二十六日，趺坐室中逝矣。妻女子孫來訣〔五〕，不爲動容。問身後，不答。然則君殆莊生所謂遊方之外，與造物爲人者耶？著作文藝雖工妙，特君寄跡而已，況其於伎樂遊戲之事乎？君年七十三。夫人黄氏，生子槐慶。女四，婿曰溧陽狄□，丹徒陳□，商邱陳杲，長洲宋懋祁。孫男六。將葬君某所，鼐爲之銘，以代送窆。鼐爲《王氏秀山阡表》具君世矣，故不復述。銘曰：

茫乎其來何從乎？芴乎其往何終乎？嗟吾禹卿乎，生而燕樂與世同乎？名揚於翰墨之叢乎？骨蜕於黄壤之宫乎？儵乎寥乎，憑日月之光，而遊天地之鴻蒙乎？姚鼐撰《惜抱軒文集》。

【校勘記】

〔一〕題目《惜抱軒文後集》卷七作「中憲大夫雲南臨安府知府丹徒王君墓誌銘并序」。

〔二〕無：原作「不」，據《惜抱軒文後集》改。

〔三〕默：原脱，據《惜抱軒文後集》補。

〔四〕少：原脱，據《惜抱軒文後集》補。球：原訛作「琉」，據《惜抱軒文後集》改。
〔五〕女：原訛作「子」，據《惜抱軒文後集》改。

申圖南

諱兆定，號鐵蟾，陽曲人。乾隆二十五年舉人，官定邊知縣。圖南少日清羸多病，弱不勝衣。官湖南衡陽、河南長葛，及陝西大荔、朝邑，均以廉聲著聞，然非其好也。中年學道，留心參同悟真。聞涇陽有李半仙者，本大興人，雲游海嶽，得養生術，年可一百四五十許，晚居陶復中，衣履垢膩。圖南屏車騎親謁之，從容扣擊，爲其許可。又工分書，遇有漢魏碑碣，必於齾缺尋其點畫，凡偏旁波磔，反覆考證，臨摹數十過乃已。所撰《涵真閣漢碑文字》《如郙閣頌》《張壽景君》諸碑跋，皆精深詳密，以訂《隸釋》《隸辨》及《金石圖》之異同，故當自成一書，獨有千古。作令十年，遽歸奄逝。其《夢入西溪枕上偶賦》云「脈脈西溪路，南枝竟報春。如何花底客，竟是夢中身。冷艷猶盈抱，茅檐尚可巡。惱人寒漏急，不得臥香塵。」王昶撰《蒲褐山房詩話》。

劉松庵

諱墫〔一〕，山東諸城人。乾隆二十五年進士，官江蘇布政使。

【校勘記】

〔一〕墫：原訛作「樽」，據法式善《清秘述聞》卷七「劉墫，字象山」改。

曹竹虛

諱文埴，安徽歙縣人。乾隆二十五年進士，官兵部尚書。著有文集。《後案》。

補先文敏公行狀

先公姓曹氏，諱文埴，字近薇，號竹虛，又號薺原。世居徽郡歙南之雄村。曾祖諱士璉，字連玉，幼孤，事母孝，敬兄愛弟，敦好恤鄰，宗族每亟稱之。祖諱世昌，號堇飴，長於幹略，篤於孝弟，周恤閭里，洽比姻黨。貧者恃以舉爨，争者藉以解紛，憫遺骸暴露，則置義阡，值歉歲啼號，則興平糶，憂人之憂，急人之急，有不可以臚列悉數者。父諱景宸，號楓亭，事親以孝，處伯叔兄弟之間，事皆克己，無私財，無倦意。而且建祖祠，置墓田。孤兒孀婦，歲有養；時寒年饑，家有助。近支之因貧廢學者，或爲延禮樂之師；同姓之射策應舉者，或爲贍羔雁之具。晚歲重修宗譜，敬宗收族，至老猶惓惓也。三代皆以先公貴，誥贈光禄大夫、太子太保、户部尚書，仍兼管順天府府尹事務加二級。曾祖妣氏程、祖妣氏朱，俱誥贈一品夫人；母氏朱，誥封一品太夫人。先大父生子三，先公其季也。

幼穎悟，六歲就外傅，讀書數十行俱下，先曾大父堇飴公尤爲鍾愛。十一歲應童子試，太守濟源何公諱達善大加期許，有國士之目。時淳安方朴山先生主紫陽書院講席，先公至院應課，朴山先生謂先公年雖幼，而出語老成，有諸生所不能及者，其氣清，其骨峻也，他日必爲廊廟器。辛未，補博士弟子員。督學爲長白雙有亭先生。

壬申二月，應本省恩科鄉試，中式第四十九名。座師爲兵部右侍郎後官工部尚書新建裘文達公、編修後官御史錢塘邵蕢村先生，房師爲新陽令孝感程璧亭先生。先公獲雋，先曾大父母皆壽躋八袠，康健在堂，聞之欣喜欲躍。四月，先公北上赴禮闈，以先曾大父、母年高，遂於八月二十日出都，榜猶未發也。是冬，娶吾母程夫人。有族人贈聯句云：「遐福誰如具慶下前重慶下，成方可揭大登科後小登科。」吾邑傳爲美談。

癸酉，先曾大父堇飴公見背，先公哀慟號慕，殆不勝喪。甲戌閏四月，不孝錤生。乙亥五月，先曾大母朱太夫人辭世。十月，不孝振鏞生。丁丑，先公恭應南巡召試，欽取二等，蒙恩賞大緞。庚辰，會試中式第一百五十六名。座師爲東閣大學士常熟蔣文恪公、刑部尚書金匱秦文恭公、禮部左侍郎長白介景庵先生、左副都御史後官總憲金匱張文恪公，房師爲檢討後官御史平樂陳雨齋先生。殿試進呈第八，高宗純皇帝拔置二甲第一名。朝考第三名，引見，改庶吉士。

辛巳，以國書散館欽定一等第一名，授職編修。隨請假南歸。癸未，假滿，偕吾母程夫人挈不孝等至京師。御試翰詹，先公考列二等第十四名，奉旨以應升之缺提奏。大學士諸城劉文正公欲奏先公辦院事，先公固辭。文正公謂先公曰：「翰林諳掌故，備顧問，然欲爲國出力，必先通達事理，非僅以文章爲報已也。吾以子才識開朗，故欲奏辦院事，以覘經濟，何以辭爲？」先公辦院事者三載，文正公深相倚重。

丙戌，大學士長白尹文端公奏請裁新進士驗看挑選之例，以甲第分省引見，衆議江蘇、安徽爲一省。先公以安徽中式者少，若錯雜江蘇省中，則安徽可無館選分部之人，因請於文正公分兩省引見。文正公曰：「所言公也。」遂奏明，著爲例。故後此安徽雖中式進士二人，亦得蒙恩館選，皆先公之力也。及癸丑科，奉旨江蘇、安徽進士分兩省中式，益徵先公有先見之機云。五月，奏派教習庶吉士，充方略館、《三通》館纂修官。

丁亥，入直懋勤殿。命繕寫《華嚴經》，爲聖母皇太后八旬萬壽祝釐。每呈御覽，必蒙嘉獎。

戊子正月，擢右中允，尋以原銜充日講起居注官。京察一等加一級。是年四月，御試翰詹，先公奉旨特免考試。事竣，又奉上諭：「中允曹文埴、編修彭元瑞、沈初、董誥，學問俱優，因内廷有承辦事件，考試翰詹，降旨停免，未得與諸臣一體升轉，著加恩加一級。欽此。」十二月，升授侍讀。

己丑七月，命不孝錤南歸，以先大父將歸老於家，兩世父經營家計，先公不欲兩世父獨任其勞，故遣不孝錤歸，俾習畊策於淮，知稼穡之艱難也。十二月升授右庶子。

庚寅春二月，先公患傷寒發疹之症，兩旬弗愈，勢甚危篤。吾母程夫人焚香叩天，願以身代。翼日，先公病漸瘥。未逾旬，而吾母程夫人果下世矣。吾妹始生三日，呱呱而泣。先公扶疾料理喪務，悲愴神傷，無時或釋。四月，不孝錤奔喪來京邸。閏七月，命不孝等扶櫬南旋。先公既悼吾母之早亡，復憐不孝等之失恃，涕泣謂不孝等曰：「汝母之病也以余故，汝母之亡也亦以余故，余終身安有所謂樂境耶！」十月，吾母程夫人之喪抵家。不孝等拜謁先大父、家大母，兩老人涕淚汍瀾，謂吾母之賢淑，實有以得舅姑歡也。

辛卯三月，吾繼母張夫人來歸，家舅氏程樾林先生送至京師。四月，先公奉旨考試差。先是，以《華嚴經》未繕成，皆不與試。至是，奉旨得考。五月，欽點廣東正考官，與侍御樂平胡羽堯先生偕往，取士陳相伯等七十二人，一時稱得人之盛。先公奉命後，奏明於試差事竣，請給假五日，便道歸省。九月，在途拜視學江右之命，兼程返里。假滿之日，旋即星馳，於十月二十七日抵江西任。江西以南昌府爲省會，新令凡倚郭之二縣三縣皆同日試，以杜兩籍。而南昌、新建之與試者四千餘人，試院不能容，皆移試貢院中，地大難稽，未竣事而出署，官與士兩以爲非宜。先公乃謀所以擴之，一時紳士，踴躍争赴。臬使廣平歐陽公遂割射圃之餘地，以益其基。先公復購民居之鄰院者，得地廣十八丈，袤十七丈有奇，革舊益新，四千餘席，高明爽塏，堅密静深。八邑之士暨闔省諸生之録遺者，罔不感頌德意。不孝振鏞赴廣東學政任，道經江右，其事已逾二十八年之久，士大夫猶稱誦弗置。前此督學西江者，詢利弊於今宫保大司空南昌彭芸楣先生，先生即以是告。先公同迓蹕於南石槽，聞之，不置一語。越三年，而膺兹任，遂有是役。彭芸楣先生爲文以記曰：「集思廣益，宰相之事也；不動聲色，舉而措之，社稷之臣也。」蓋先公慎重簡默，而見諸行事，不勞而成，類如此。至於教士有程，取文有法，所選之《明文小題躍如集》及《本朝文小題躍如集》，家弦户誦，文風丕變，咸比之義門先生《行遠集》云。

壬辰，爲不孝錤娶婦。癸巳，爲不孝振鏞娶婦。七月，不孝錤生恩沛。八月，不孝振鏞補博士弟子員。十月，先公擢授侍讀學士。半年之内，家慶疊膺。先公《除夕》詩曰：

「十年游宦久，今歲抱孫新。聊慰雙親意，初看四世人。」人皆知先公以含飴爲樂，而不知以兩老人得見四世爲樂也。

甲午秋，迎先大父與家大母至江西學署中，承歡兩月，未嘗頃刻離。十月買棹，命不孝錤侍兩老人啓程旋里。先公回京，恭復恩命。十二月抵京，奉旨在南書房行走。不孝振鏞亦於十二月隨家顧厓叔父赴京讀書，乙未二月至京。十月，先公充武殿試讀卷官。旋蒙恩升授少詹事。十一月，奉命視學兩浙。十二月，又蒙恩補授詹事。不孝振鏞侍先公南行，先公於途次聞詹事之擢，即馳家書送喜，并請命兩老人於來春迎養。先大父與家大母欣然允從。丙申正月，抵吴閶，猝聞先大父訃音，先公椎心泣血，痛不欲生，匍匐奔歸，呼號幾絶，三年未嘗見齒也。丁酉二月，治裝赴都，恭謁孝聖憲皇后梓宫。五月旋里。戊戌，服闋赴補。六月二十三日抵都。奉旨仍在南書房行走。未得缺以前，加恩食俸。二十六日，都察院左副都御史缺出，奉旨補授。七月初八日，都察院奏山東濰縣民人王吉控該縣户書劉鐸浮派錢糧，違例徵收，請派員查審。奉旨，命先公馳驛前往，秉公查辦。召對之頃，蒙諭：「先在平情，自能得情。」先公馳赴山東，廉得其實，不數日而案定。恭逢聖駕駐蹕盛京，祇謁祖陵，星夜前往復旨。蒙召見嘉獎，命即行回京。隨派查右翼覺羅宗學。

己亥二月，充《四庫全書》館總閱。六月，奉旨添派閲辦《大清一統志》。十二月，充《三通》館副總裁。同日，又恩派同辦《遼史》《元史》。是年春，吾繼母張夫人挈不孝振鏞婦赴京師，家舅氏程葦塘先生偕行。九月，江南榜發，不孝振鏞舉於鄉。十一月入都，就試禮闈，於除夕抵京寓。十二月，先公召見，奏對良久，仰荷垂詢：「汝猶三品乎？」次日，即奉旨補授刑部侍郎。先公以不諳刑名感悚奏謝，高宗純皇帝諭曰：「刑名不外情理，由情理而準於律，則得之矣。」

庚子三月，調補兵部侍郎，并充武英殿總裁。時提調遺失《四庫全書》底本四五百種，特命大大學士長白英文肅公、大司寇光山胡雲坡先生、大司空長白金可庭先生與先公秉公審訊。先公到總裁任，即將底本清查，其短少者，另覓善本赶繕，并將實數查出奏明，不使提調等拖延掩飾，以仰副聖朝嘉惠士林、克臻完善之盛。五月，充殿試讀卷官，署户部侍郎。又派閲考職卷。六月，充《四庫全書》館副總裁。高宗純皇帝以《四庫全書》第一部尚未告竣，命先公迅速蕆事。逮第一部告成排架後，其第二、三、四部分庋文溯、文源、文津三閣，及分貯江浙之三分書，皆以一年成一部者，遵旨勒限速成，不欲如前此之拖延爲邀敘地也。九月，轉補兵部左侍郎。十月，奉旨以原銜充經筵講官。十一月，兼署工部侍郎。

辛丑二月，御經筵，奉派進講。不孝振鏞會試中式，改庶吉士。先公具摺謝恩，蒙召見垂詢，優加獎勵。先公感激聖慈，諭不孝振鏞以讀書立品之道，命終身謹誌弗忘。五月，派閲考試景山覺羅官學教習卷。不孝錤來京師，先公詢知家大母起居康健，歡慰逾常。不孝錤在京度歲，侍奉先公左右。不孝振鏞新授詞垣，先公精神暢茂，較昔有加焉。

壬寅春，命不孝振鏞乞假，同不孝錤南旋，省視家大母。兼以不孝振鏞得選庶常，令拜吾母程夫人墓下，以伸哀慕。四月，先公奉旨調補户部侍郎。五月，又蒙恩兼署吏部侍郎。夏間，吾繼母張夫人患咯血疾，病勢沉綿。迨秋冬倍劇，脾胃衰削，輔以參耆重劑，迄無效，至十一月初一日溘逝。先公痛悼弗已。不孝等先後奔喪至京師，先公雖俯慰萬端，而神容日益消瘦矣。

癸卯，京察届期，先公奉旨優獎，交部議叙加一級。六月，聞家二世父歿於常熟，先公慟甚，家在閩四弟應試京兆，即命其赴常熟，扶櫬以歸。四弟啓行之日，先公哭不成聲。七月，不孝錤扶繼母張夫人柩歸厝。不孝振鏞與三妹留京師。九月，得家衡宬二弟秋闈捷音，先公愁懷稍解，喜形於色。

甲辰五月，充殿試讀卷官。十一月，奉命兼管順天府府尹事務。乙巳二月，奉旨派往辦理明陵工程。時家衡宬二弟患病，將出都，先公即日往昌平，諄屬其長途珍攝，曲加寬慰。然對不孝振鏞言之，已涕泗交頤矣。四月，奉旨與少司空長白伊簾也先生覆驗海昇毆死妻吴雅氏一案，此案經屍親貴寧以伊姊吴雅氏並非自縊，在步軍統領衙門屢控，因特派前往覆檢。先公以屍身並無縊痕，據實具奏。召見詢問，先公以實對。隨命軍機大臣，會同刑部堂官及原檢、覆檢之堂司官等，公同檢驗，與先公所奏相符。即奉旨研訊，將毆踢致死裝點實情審出，奉上諭：「此案曹文埴、伊齡阿即能秉公據實具奏，不肯扶同徇隱，頗得公正大臣之體，甚屬可嘉，著交部議叙。欽此。」五月，聞家衡扆二弟在蘇病歿，先公痛惜彌甚。家衡扆二弟於甲辰禮闈報罷，留京讀書，春間患病，先公以京師乏良醫，冀其旋徽醫治，或可速痊，乃卒於吴門，未及抵家。先公既悲家大世父之失兒，而又恐家大母之憂傷而致疾也，謂不孝振鏞曰：「癸卯二伯父之變，老人悲慟未已，今復遭此，三年之内，哭子悼孫，老人之痛深矣！」且言且泣，涕淚盈襟。是月，先公以户部右侍郎蒙恩擢授户部尚書。先公由刑部轉兵部、户部，其吏、工二部曾奉旨兼攝，計六曹已历其五，且侍郎未六年而晋秩尚書，尤爲異數。九月，高宗純皇帝以糧船到通卸糧遲滯，恐冬間不能迴至水次受兑，致誤來歲新漕，又命先公與少司空伊簾也先生同往通州辦理。未半月，而糧艘皆回空，迅速南行。先公具奏，奉硃批：「似較去年尚早，竟無守凍之虞矣。事在人爲，信然。」先公由通州趨赴行在復命，奉優旨交部議叙加一級。

丙午正月，奉旨舉行鄉飲酒禮。順天府已二十餘年未經舉行，兹特敕於上元節舉行是禮，并命慎選佾生，肄習御製《南陔》《白華》等笙詩六篇，以昭引年盛典。先公以兼管府尹職司其事。事竣召見，蒙詳悉垂問，先公具陳禮文儀節及佾生歌詩，天顔温霽，御製詩云：「京兆舉行鄉飲酒，上元佳話倍增妍。」先公深幸藉得與觀典禮，益深榮感。二月京察，先公又奉旨優獎，議叙加一級。十七日，奉命赴浙查辦倉庫虧缺一案。是年爲家大母八十壽辰，先公於召見時奏請乞假歸祝，温旨俞允，且諭以：「屆期，尚欲賞給汝母扁額。」適值浙撫奏浙省各屬倉庫虧缺之項爲數較多，實難依限全補，懇請分别展限，并稱「於新正傳齊司道各府，公同立誓，共砥廉隅」等語。高宗純皇帝以撫臣與屬員公同立誓已屬不成政體，地方官宕延國帑，尤不可不嚴加懲創，特派先公與少司寇元和姜度香先生、少司空伊簾也先生同往查辦，以便先公順道歸祝家大母壽。

先公到浙，委隨帶司員先行盤查，并親自抽盤其應解藩庫者催解藩庫，其應提府庫者提貯府庫，并令該管道府出具收管切結，務使清釐得實。後因學使諸城竇東皋先生之奏，奉諭旨令大學士公長白阿文成公來浙，會同按款查辦，得以和衷商確，將通省倉庫虧缺已未彌補實數，詳核定議，并酌立善後章程具奏。奉旨依議。又因浙撫奏籌備柴塘歲修經費一摺，高宗純皇帝以海塘改建石工，原欲保障民生，爲一勞永逸之計，若既建石塘，復又需添築坦水，歲修柴工，是欲省有限之費而轉不免無窮之累。命先公親赴該處，會同地方官詳晰履勘，將從前石塘是否當建，及柴塘坦水如何又需添建歲修之處，一并據實覆奏。并謂先公係曉事之人，必能仰體聖意。先公親往，沿塘勘履籌畫，見新建石塘四千五百丈，其柴塘所空溝槽，填土種樹，柴石兩塘，合爲一勢，即以舊柴塘爲坦水，表裏完固，益服睿慮周詳，計出萬全。然柴塘日受潮汐往來汕刷，勢不能無蹲矬，今既以爲坦水，若不隨時修補，不能抵禦大溜，遂奏明：「坦水既有歲修，則作爲坦水之柴塘亦應一律籌辦，方足以當潮勢之内衝，而爲石塘之保障。」奉硃批：「所議是。如所請行。」蓋先公以海塘關係民生甚鉅，重蒙委任，不敢稍有迴護遷就之見，據實具陳，得邀俞允，皆先公之實心辦事，受上知者有素也。

其時聖駕駐蹕熱河，硃批奏摺，特垂示熱河京畿晴雨日期，并御製詩五首，屬先公和韻。又郵寄奶餅，賞賜信任之篤，恩眷之隆，稽之史册，實爲罕覯。家大母之稱觴也在五月十二日，先公之赴浙也在二月十九日，爲期尚遠，乃蒙恩先賜御筆「南陔衍福」扁額，并玉如意、玉手珠、玉佛、鳩杖、豐貂、文綺諸珍物，命御前侍衛公明安親賫到寓，一時榮之。在浙，又恭奉諭旨：「浙省盤查虧空，既須逐細清釐，而海塘事宜，尤關緊要。著傳諭曹文埴，務須悉心籌畫一切，查辦周妥，覆奏後，再行回籍。即使稍逾伊母壽期，於六月内回籍補祝，多住數日，亦無不可。欽此。」先公感格外隆施，於事竣後，始由杭回籍稱觴，與鄰里姻戚，歡然道故。遵旨在家侍養家大母十餘日，再行起程。

八月到京，即赴興桓復命。九月初六日，在波羅河屯迎駕謝恩，奉旨隨至避暑山莊。隨於初九日，令先公一體與宴。向例，每歲木蘭秋獮之後，迴蹕至山莊，召集扈從王公、軍機大臣、御前近臣，賜宴於延薰山館，與宴者不過十五六人，先公并未扈從，亦叨讌賞，非常榮寵，感怵靡涯。當興桓召見時，詢問家大母精神甚悉。先公歸述恩語，感激涕零，而告養之請益切矣。先公自先大父捐館舍後，即不忍赴補，因受恩深重，未敢遽作家居之計。且定例，臯子之父母年有過八十以上者，方准歸養。是年，歸祝家大母壽，眷戀慈闈，依依不舍。旋京後，飲食頓減。十一月初六日召見，蒙詢先公面貌羸瘦，先公遂面奏母老，欲求回籍侍養。兼奏請歲前動身。蒙聖諭：「此時天寒道遠，汝母必深懸念，可於開印後遞摺。」十五日召見，先公面奏八旗兵丁有應追伊祖父任内各種賠欠之項，内有查明家産變抵者，有於餉銀内坐扣者，且有應追之數甚多，而所得餉銀有限，扣至百十年不能完清者，於生計未免拮据。請施恩查辦豁免。當蒙俞允，命出告軍機大臣，恭繕諭旨。阿文成公謂先公曰：「仁人君子之用心也。」十二月十三日，大學士豐山梁文定公下世。十四日，召内廷諸臣入見，以軍機大臣及協辦大學士皆欲擢用先公，因業經乞養，不忍相留。

蓋受知最深，宣麻有日，而先公不忍家大母之年逾八袠而違定省也。蒙眷彌隆，陳情彌决。

丁未正月二十一日，遞摺陳請終養。奉上諭：「曹文埴著准其終養。伊久直内廷，辦理部務，頗爲出力能事。著施恩加太子太保銜，并御書扁額，賞給伊母，以示優眷。欽此。」二十七日，復荷御製詩章，親書以賜，寵光下逮，同列稱榮。二月初一日，召王大臣於乾清宫食肉。先公以已經告養不列名，蒙硃筆添出。初二日陛辭，温諭備至，并奉「願汝母百齡」之諭。初三日出都，祖餞盈道，咸謂此爲數十年不常有之恩遇，故相與設帳於都門之外，以壯行色。大學士無錫嵇文恭公書楹帖以贈，曰「萱壽百齡天語錫，萊衣一品地卿榮」，蓋紀實也。三月十七日抵家，恭捧恩賜御筆「春暉延慶」扁額，并大緞、寧綢、貂皮，恭設香案，隨家大母望闕叩頭，祇領天題景鑠「寵賚駢蕃」。家大母頂禮焚香，感激歡躍。即日，命先公具摺恭謝隆施。乃復蒙頒賞紗葛、香扇、香珠、香囊諸珍品，交遞摺家人賫回，先公跪領之下，竊念養母家居，仰邀九重眷注，轉較在直時恩賚有加，實夢寐所不敢期，尤言詞所莫能罄。此後十二年中，每逢五月端陽節、八月萬壽慶辰及歲暮令節，皆膺優錫。家大母并外加賞賜，舉家感戴，銜結難名。

不孝振鏞於四月散館，蒙恩授職編修。不孝振鏞婦鮑氏以瘵疾卒，先公手示慰諭，令不孝振鏞勿以此鬱鬱也。戊申，先公以不孝振鏞患病未痊，命不孝錤至京視疾。并爲不孝振鏞續娶婦劉氏。十一月，不孝錤南歸。

己酉八月十四日，奉上諭：「明年朕八旬萬壽，前經俯允王公大臣之請舉慶典，在籍大學士蔡新、尚書曹文埴，自必進京祝嘏。第念蔡新年逾八旬，而曹文埴之母則年已望九，若屆期蔡新精神矍鑠，曹文埴之母亦復體履康强，伊二人自當前詣闕廷，以伸慶祝之誠。倘蔡新精力未能如舊，曹文埴之母亦漸形衰老，則蔡新高年跋涉既非所宜，而曹文埴遠赴京師不能朝夕侍養，伊母子亦未免彼此懸戀。在蔡新、曹文埴俱係大臣，心殷葵向，必不肯以私情上達。因思福建、安徽督撫，近在同省，見聞較切，務宜留心體察。如蔡新、曹文埴有不能遠來之勢，該督撫即應力爲阻止。倘伊二人以朕八旬萬壽未得與在廷臣工共伸慶祝，即令在籍望闕行禮，均足以展其忱悃也。著該督撫將此旨告知蔡新、曹文埴，以示朕優加體恤至意。欽此。」安徽巡撫恭録諭旨，告知先公。先公跪捧恭誦，仰聖懷之周摯，奉天語之丁寧，頂戴恩膏，淪肌浹髓。奏以現在情形，來年儘可進京，叩祝萬壽，或臨時果有不能遠離之勢，自當揣量，斷不敢稍涉勉强。總之，上體聖意，下順親心，諸事皆從真實，以稍抒感慶喜懼之悃而已。奉硃批：「若能來，朕誠喜。但不可稍涉勉强，當體朕心。」

庚戌，家大母體履康適。先公於五月起程，詣京祝嘏。七月二十日，趨詣山莊，恭請聖安。即蒙召見，先詢家大母眠食情形。先公扈從迴蹕至長山峪，奉命先回京師。八月初二、初四、初六等日，先公蒙恩入同樂園觀劇，并荷賞賚。初七日召對，蒙諭先公涉遠至京，且與汝子久未相見，無庸日赴西苑侍朝，俯恤無微不至。先公雖未敢奉命，而慈恩實逾常格也。十三日，寧壽宮演大慶戲，先公亦邀預坐。是日，恩賜家大母嵌玉如意一柄，其背鐫御銘「仙實駢徵茀禄，申握中之珍，以協長春」十五字。中秋日，又蒙恩賜家大母大緞二匹、貂皮十張。十七日召對，俯念家大母年高，命先公即治歸裝，以慰數千里倚閭懸望。且垂詢先公面貌何較前數年加瘦，并念及家計如何經理，聖慈憐恤，不啻家人父子。先公即俶裝遄歸。十一月抵里，家大母敬詢恩言，先公恭述縷陳，家大母聽聞感忭，莫能名狀。

辛亥二月初九日，御試翰詹各官。十三日，奉上諭：「編修曹振鏞，雖考列三等，但觀其才具，尚堪造就，且係曹文埴之子，著加恩陞授侍講。欽此。」先公書勖不孝振鏞，奮志編摩，立心篤實，冀無負栽培造就至意。十月，不孝振鏞以原銜充日講起居注官。

壬子四月，恩賜先公御製《圭瑁説》《搢圭説》墨刻二卷，又御製《反蘇軾超然臺説》墨刻一卷。先公具摺奏謝，奉硃批：「家居尚未廢學，好！」先公以在籍大臣而尋常奏摺荷蒙褒獎，尤爲格外寵眷云。六月，不孝振鏞蒙恩放浙江副考官。八月，又蒙恩放河南學政。先公以醲膏優布，渥澤頻施，感佩之餘，倍深悚惕，寄書諄諭不孝振鏞，廉隅砥礪，校閲公勤。不孝振鏞在豫三年，慄慄危懼，不致隳敗家聲者，遵先公命也。

癸丑二月，不孝振鏞舉次子恩汴。四月，恩沛入縣庠。先公書來，慶慰溢於楮墨。甲寅，不孝振鏞長子恩洪殤。不孝振鏞娶婦十五載，蘭夢無徵，先公盼望綦切。迨庚戌之春，始生恩洪，稍慰老懷。至是又殤，先公悼慟尤深。

乙卯，恭逢高宗純皇帝御極六十年，天下臣民，同聲歡慶。先公奏詣闕廷，虔申祝悃，奉上諭：「曹文埴奏請『進京瞻覲，隨班慶祝』一摺。曹文埴於五十五年來京祝嘏，逮今日逾五載。該尚書瞻戀之忱，自屬出於真切。朕亦思欲一見，惟念伊母年近九十，侍養需人，曹文埴實未便於遠離。今閲所奏，伊母體履寧適，優游壽宇，中心感悦。令曹文埴『早治行裝，代伸葵向』等語，情詞悃款，又未便却其所請。著傳諭曹文埴，自行酌量，如届期伊母氣體微覺軟弱，曹文埴自不可遠涉來京；若伊母仍舊强健，亦不必急於啓程，著計算日期，於萬壽前趕到熱河，於隨班行禮後，迅速歸里侍奉。既得伸其就瞻之念，兼可遂其奉養之私，以示朕體恤至意。將此諭令知之。欽此。」先公接奉諭旨，感荷聖慈體恤，垂照入微，遵旨計日啓程。於八月初旬，趨赴山莊，未經召對之前，垂詢軍機大臣曾得尚書封誥否，如尚未得，既行賞給。及詢知家大母次年九旬，即恩賜御筆「期頤延祐」扁額。適哲布尊丹巴呼圖克圖恭進丹書，以無量壽佛祝釐，高宗純皇帝於召見先公之後，命内監捧出無量壽佛，轉賜家大母，并令内監傳旨曰：「俾曹文埴之母得此護持，壽躋一二三百歲。」真非常曠典也。八月十四日，高宗純皇帝面諭云：「汝母年高，必望汝早歸，當即南旋，以遂所願。」并恩賜家大母如意一柄、大緞四匹、貂皮十張。先公隨星夜遄行，於九月二十七日抵里。十月，不孝振鏞自豫回京，恭復恩命。十一月，《四庫全書總目》刊刻竣工，進呈御覽。先是，先公於丙午年奏請刊刻，仰荷俞允，後因《提要》有更改處停工未刻。至是刻成，特奏明：「是書便於翻閲，欲得之人自多，請敕交武英殿總裁照向辦官書之例，集工刷印，發交京城各書坊領售，俾得家有其書，仰副崇文雅化。」奏上，得得旨允行。

嘉慶丙辰二月，不孝振鏞轉補侍讀。四月，不孝振鏞升授右庶子。五月，爲家大母九衮壽辰。先公與家大世父率子侄孫曾輩數十人，羅拜於庭前，家大母顧而樂之。旁觀者咸謂國恩、家慶，世所稀有也。十一月，不孝振鏞升補侍講學士，旋轉補侍讀學士。先公以書諭不孝振鏞曰：「我遭逢知遇，告養家居，涓埃未效。今汝一歲三遷，受恩愈重，報稱愈難，可勿時深兢業乎！」

戊午二月，不孝振鏞以大考二等三名蒙恩擢用少詹事。六月，不孝振鏞典試楚北。

八月，又奉旨視學粵東。九月，恩沛中本省副榜。不孝振鏞自楚遞摺，請假歸省。於十月朔抵家。先公扶掖家大母坐堂上，不孝振鏞拜謁先公，顧視神怡，作詩四律志喜，有「堂中母老寧稱老，膝下兒榮更覺榮」之句。假滿啓程日，先公送於門外，淚珠盈睫，不孝振鏞亦牽裾不忍别。先公曰：「吾與汝受恩深重，汝當體吾心，益矢公慎，力圖報效也。」十月，接閲不孝振鏞升授詹事之旨，先公手諭不孝振鏞曰：「學政爲稽古之至榮，詹事爲清華之極選，益當克勤厥職，無負聖恩。」孰知紙色尚新，墨痕猶濕，而先公已棄人間世也。嗚呼痛哉！

先公遺疏馳奏未上。今春二月二十七日，奉上諭：「原任户部尚書曹文埴，原任左都御史胡高望，俱於前歲先後溘逝，其時正值皇考聖體違豫，朕心日深焦切，未經加恩賜恤。今思曹文埴在南書房行走有年，胡高望久直尚書房，又曾在南書房行走，均屬勤慎，身後未蒙恩恤，殊堪軫念。曹文埴、胡高望，俱著加恩補行，給予恤典，該部察例具奏。其原任内如有降革處分，俱准其開復，以示優恤舊臣至意。欽此。」禮部具恤典題奏，恩賜祭葬如制，賜謚文敏，盛典飾終，優崇逾格。不孝振鏞赴闕謝恩，仰蒙召對。上垂問先公病狀，深爲悼惜，并詢家大母眠食甚詳，賜緞賜參，以資頤養，天恩高厚，憐恤備至，皆非臣子夢想所敢及者。不孝振鏞歸里，至先公柩前跪讀泣告，而先公平昔感恩圖報之語，不可復聞也，嗚呼痛哉！

先公體素羸弱，嘉慶戊午十月二十三日，偶感微疾，醫家攻散過劑，雖客邪解退，而正氣虧敗，竟爾不諱。維時不孝錤在揚，不孝振鏞在粤，其侍側者惟孫恩沛暨家人在耳。不孝等生不能奉甘旨，病不能侍湯藥，歿不能視含殮，不可以爲人，不可以爲子，終天之恨，抱憾無窮，嗚呼痛哉！不孝錤離膝下者三載，不孝振鏞違侍家大母者十七年，違侍先公者八年。丙辰、丁巳兩年間，先公患脚氣病。戊午春，患臂痛病。不孝振鏞屢奉書，欲請假歸視，先公不允所請。及不孝振鏞典試楚北，旋拜視學粤東之命，因乞假以歸。歸五日，而承顔視膳，欒聚庭闈，先公與語，輒夜分不寐。方幸氣體康健，可臻上壽，即先公亦自謂精神不減昔時，孰料月甫一周，遽聞凶耗！而不孝錤又以事羈揚，欲歸未果，竟使先後拜别之日，皆爲死生訣别之日也，痛哉！痛哉！

先公度量宏達，治事明敏而安詳静鎮。歷官吏、户、兵、刑、工五部，兼攝順天府府尹三年，恪遵成法，未嘗輕議更張，稿牘必斟酌再三，稍有未協，即手爲更改。屢奉任使，遇大讞定案，奏稿數千言，援筆立就。所司皆以先公於事理通達，故不執成見，亦無遲疑不决之事。先公趨直禁廷，自任侍郎兼京尹以來，每月頻荷召對，知無不言，而小心慎密，未嘗宣洩，即不孝等亦不敢問，問亦不言也。

先公天性孝友。自癸未挈眷至京師，每以温凊有間，懸念鄉閭。雖持節錦旋，迎署榮養，而白雲望切，無間晨昏。先大父棄世迄今，每遇諱辰，輒凄然泣下。丁未得旨告養，侍奉家大母者十二年。不孝振鏞之自楚歸省也，家大母謂不孝振鏞曰：「我行年九十，神明不衰，皆汝父左右侍養，先意承志，能得歡心。願汝他日效汝父之孝於我者，以孝於汝父也。」蓋先公洗腆承歡，不使老人稍有幾微弗快，故家大母壽益高，體益健。先公彌留時，猶以家大母百齡已近，不及養終爲憾。先伯祖父省愆公視侄如子，先公感教誨恩，陳請於朝，貤封奉直大夫、翰林院編修。丁亥秋，聞省愆公去世，爲位而哭。後官户部侍郎時，具陳少日體羸，賴伯父教養得成立狀，嗚咽流涕，奏請貤贈光禄大夫如其官，奉旨准其貤封。摺内有云：「十行丹綍，得蒙褒典之崇；三尺黄壚，庶慰抱經之志。」又云：「兄弟之子猶子，淵源加師弟之深；天地之恩報恩，銜結矢子孫之遠。」爲一時傳誦。

敬事兩世父，終身弗替。癸卯，聞先二世父之訃，哭泣月餘。家居十二年中，於家大世父克盡弟道。嘗謂不孝等曰：「汝兄弟當知此意，爲兄者愛弟，爲弟者敬兄，不可因弟之敬而兄失其愛，亦不可因兄之愛而弟弛其敬也。」同曾祖兄弟如家已阡伯父、顧厓叔父，幼時同習舉子業，先後成進士。先公在京師時，已阡伯父官儀曹，顧厓叔父官翰林，先公邀同住寓所，車馬飲食，悉給於先公，怡怡親愛，不異同懷。

教不孝等以根本爲先，讀書服賈，命分任之，有過則委婉開導，不加夏楚，有疾病則輾轉憂愁，坐卧弗寧。丙辰秋不孝錤赴揚，戊午冬不孝振鏞赴粤，皆悲從中來，淚簌簌不能自制。家人咸相勸曰：「出門毋過悲。」嗚呼！此即不孝等終天訣别時也，機固有兆於先者與？先公於不孝等行後，亦獨坐淚流，悵惘累日。先公之慈愛不孝等何如，而謂不孝等能不肝腸寸斷耶！

待子侄無間親疏。家咏劬大兄艱於嗣續，先公時以爲慮，因復爲之置妾。聞有身則喜，未幾半産，則又轉喜爲憂。於子弟之服賈者，則必思所以經營之；於子弟之讀書者，則必思所以培植之。即同堂弟兄之子侄，亦各欲其有聲庠序，克繼書香。至於處鄉黨之中，恂恂然不以貴寵驕人。每與族中之能詩者流連觴詠，或賡唱迭和，抑然自下，謙讓弗遑也。

親串往來，情誼最爲懇摯。家外大母張太宜人長家大母一歲，先公時問安好，饋遺不絶。與家舅氏情如弟兄，凡兩家悲喜之事，休戚相關，刻縈念慮。家姑母爲家大母所鍾愛，老年多疾病，先公贈以藥餌，即參苓不少靳。家慧生表弟宦遊於蜀，先公每誨勵之，俾得禄養，以解堂上之憂。其餘戚屬，以事相商者，罔不爲之悉心籌畫，無憾而後即安。

先公篤於師門。侍御陳雨齋先生爲先公房師，不時周其困乏，衣食則厚給焉，寓屋則代購焉。殁後，生遺腹子，先公代爲經理，歲寄資斧，以爲遺孤日用讀書之費。并欲俟其長成，爲之授室。及遺孤十六歲病亡，先公每爲揮涕，有詩《與陳岸亭明府》云：「含將淚眼望師門，電火塵光不忍論。當日游楊惟我在，一家簪紱幾人存！」岸亭明府爲雨齋先生從弟，常對人言先公之古誼，有非世俗所能幾及萬一者。

與人交，不爲翕翕熱，而肝胆吐露，無事不可對人，言且坦易和藹。自公卿大夫，以至田夫野老，望見顔色，如坐春風。下而官府隸役，臧獲婢妾，皆以恩待之。

遇公事，尤樂爲之倡。先公六十壽辰，不欲稱賀。念吾宗清明祭掃，自仰齋公以下，無豚羊之饗，無鼓吹之侑，特置田産輸祠，爲每歲墳塋之用，以行久遠。并買地爲義冢，俾里中之無力者咸葬焉。又念自連玉公三代，俱受覃恩，邀封鸞誥，爰於宗祠前建坊，以志顯榮褒大，實賴先人積善成德，庶子孫觀瞻，知所興感。吾郡試院，歲久不修且壞。先公庀材鳩工，不惜多金，高其號舍，寬其坐板，使六邑之擔囊戰藝者，無隘狹局脊之苦。重興古紫陽書院，先公與同鄉縉紳先生酌立規條，務期盡善，惟望人文蔚起，多士奮興。凡所以養育栽培者，無弗至。

先公天資高邁。在内廷二十年，所有《天禄琳瑯》《西清續鑑》《寧壽鑑古》諸書，訂誤識疑，皆先公考校之力居多。幼即善書，性愛臨池，遒渾靈拔，風骨自異。在京於退食之暇，必作小楷《十三經》及《莊》《老》《楚騷》諸書，裒然成帙。少司農今總憲休寧汪時齋先生奏進其尊人文端公詩文集，高宗純皇帝賜詩當序，特命先公書於集首。晚歲家居，擘窠大字，揮寫尤多。有乞書者無弗應，然手腕亦幾脱矣。不孝等每以静攝精神爲請，先公謂：「求書而却之，是拂人意。且借以增長筆力，其又奚辭？」於詩喜白、蘇二家，早歲就質於天台齊息園先生、淮陰阮澂園先生，皆擊節歎賞。先公謂詩以意爲主，若雕章琢句，專工屬對，非詩家上乘也。洎内廷侍直，賡和之作甚夥。乾隆五十六年暨六十年，兩次叩闕，俱命和詩，召見褒奬。已刊者有《帶星草堂詩鈔》二卷、《廬山紀游詩》一卷、《黄山紀游詩》一卷，未刻者有《石鼓硯齋詩鈔》三十二卷、《直廬集》八卷、《石鼓硯齋試帖》二卷。於古文儷體不多作。猶憶乙巳五月，高宗純皇帝命内廷諸臣作《顯諸仁，藏諸用，鼓萬物而不與聖人同憂論》。越二日，恭逢聖駕啓蹕，幸避暑山莊，先公跪送道左，特命大司空長白福公馳回，告先公曰：「日前所作論，以汝所作爲最。」亦可徵先公之以文字蒙特達之知也。今合進御之作爲《石鼓硯齋文鈔》二十卷，不孝等現恭校付梓。又《石鼓硯齋法帖》十二册，藏於家。

先公服官廿有八載，告養十有二年，仰荷珍賚頻仍，恩施稠疊，不可勝紀。如茶宴聯句，則有玉如意、古畫、端硯、三清茶甌之賜；上元賡和，則有墨搨、文玩、文綺、佩飾之賜；端節則有紗葛、宫扇、香珠、香囊、藥錠之賜；進春帖子，則有福綃、紙筆、硃墨之賜；

歲賚，則有御書福字及荷包、鮮蕘、珍羞之賜；慶典，則有如意、朝珠、蟒袍、豐貂、大緞之賜；特恩，則有御用貂尾冠、海龍褂、紫貂褂、玉佛、藏佛、玉瓶、瓷瓶、洋表、洋煙之賜；秋獮，先公留部辦事，則恩寄有鹿脯、鮮荔之賜；至於御製詩文集、御纂書籍、御書、御畫、御刻碑圖法帖之賜，不下六十餘種；御題名畫之賜，多至三十餘軸，實爲古今罕有之隆遇。告養後，惠加無已，仍與侍臣同例。歲時邀賜，且於家大母賜貂、賜緞，殆無虚歲。先公兩次詣闕，并荷寵綏榮逮，珍品優垂，至於三額高懸，九霄疊錫，家大母膺命婦罕有之恩，先公亦際人臣未易之遇。今御書恭勒，賜物備呈，而先公自六十年入覲旋里後，遂不復奉日月之光也。嗚呼痛哉！

漳浦蔡文恭公與先公爲莫逆交，不孝振鏞擢詹事，蔡文恭公書楹帖寄贈，曰：「壽健六旬，萱闈孝養九旬母；階崇一品，蘭砌清華三品兒。」先公裝潢，於堂中懸之。胡天不弔，遽遘此凶，而謂不孝等猶堪回首耶！

先公生於雍正十三年乙卯十月初八日丑時，終於嘉慶三年戊午十一月初三日辰時，享壽六十有四歲。配先妣程夫人，繼配先妣張夫人，俱誥贈一品夫人。側室潘孺人。生子二，皆程夫人出。長不孝錤，太學生，議叙州吏目，候選直隸州州同，覃恩貤封通議大夫、詹事府詹事，娶程氏。次不孝振鏞，乾隆辛丑科進士，由庶吉士授編修，歷官至日講起居注官、詹事府詹事、提督廣東學政，娶鮑氏，繼娶劉氏。女一，張夫人出，適本邑項之晡。孫四：恩沛，廩貢生，嘉慶戊午科副榜，候選司務，娶程氏，不孝錤出；恩洪，早殤；恩汴、恩澂，幼未聘，皆不孝振鏞出。孫女六：長適休寧程步高，不孝錤出；次字黟縣胡尚烑，次未字，次字本邑鮑嘉亨，次字嘉興馮開燿，次未字，皆不孝振鏞出。曾孫女一人，幼未字，恩沛出。

嗚呼！先公受兩朝之恩眷，矜一生之名節，惟忠惟孝，出處裕如。純皇帝伸公正之獎，聖天子加勤慎之褒，既被寵於生前，復邀榮於身後，書之國史而無愧，述之家乘而無虧，以視夫古大臣之難進易退、善始全終者，何多讓焉！

嘉慶五年六月，不孝錤、振鏞謹狀。録自曹文埴《石鼓硯齋文鈔》附《行狀》。

阮吾山

吾山少司寇輯《秋讞集》四卷，爲同僚輾轉傳抄，遂軼其稿，所存獨首卷耳。先生以博雅之才，久司讞事，歲定四方爰書以百千計，平反之力居多。是書具見苦心，非啻空言已也，其於官事之沿革，獄情之重輕，縷晰條分，若示諸掌。後進之士，能恪遵而類推之，無枉無縱，爲天下平，是先生本意也。《獻徵餘録》。

補刑部侍郎㢈山阮公傳

阮公諱葵生，字寶誠，號㢈山，淮安山陽人。先世自明初由清江以武功隸大河衛，七世祖嘉林，辛益陽，舉循吏第一，擢監察御史。曾祖晋，縣學生，與同邑閻百詩應鴻詞徵。祖應詔，監生；父學浩，翰林檢討，兩世皆以公贈通政司參議。公生之夕，父夢客以寶石贈，故小字寶石。

六歲就外傅，不好弄。七歲，《孝經》《周易》諸經已成誦。隨父入京師，與弟芝生齊名，有「淮南二阮」之目。乾隆壬申，舉於鄉。偕弟就學於天台齊宗伯息園。辛巳會試，取中正榜，授内閣中書，充《方略》《通鑑輯覽》兩館纂修官、軍機司員處行走。緬甸不靖，軍書旁午，公入直甚勤。秋，扈蹕木蘭。會京師割辮案起，蔓延各省，公虚心推鞫，日一具奏，大端以爲本無其事，妖言由是漸息。

三十六年，補刑部主事。時總理刑部者爲諸城劉文正公，久於樞廷，識公才，告同列曰：「阮某選西曹，總讞事有人矣。」明年，兼雲南司，總辦秋審。三十九年，鞫山東亂民王倫脅從至部者，無枉縱。升員外郎。

四十一年，升郎中。時有弟殺兄牛而兄故殺弟者，議者以爲弟是罪人，兄爲尊長，公判曰：「弟殺兄牛，本非盜賊；兄刃弟頸，實喪天良。」竟抵罪。浙江捕盜船事，有以内洋改外洋者，大吏均擬絞，公判曰：「法嚴首惡，律重誅心。千總據實報聞，其情輕；都司代改招詳，其情重。概擬絞不可，且非稱與同罪律義。」千總改擬流。又有兄被殺而父受賂私和，弟首其事，證父以賄，擬徒，公判曰：「爲兄洩憤，手足之誼雖全；陷父充徒，恩義所傷實重。使依前擬，不特父不能無憾於子，子亦何能一息自安？應改子首如父自首例，令其弟代父充徒，則無愧兄弟之義，亦不賊父子之恩矣。」會有議復讎例宜删除者，軍機大臣集議，公撰議稿曰：「查律載，父母、祖父母爲人所殺，子孫不告官而擅殺行凶人者，杖六十；其即時殺死者勿論。少遲即以擅殺論，細繹律意，登時殺死勿論者，蓋子孫當場目擊怨憤，不惟不暇告官，并不及慮己擅殺，故得勿論。至少遲，則仍是登場目擊怨憤，故予以杖六十。皆原其倉卒不告擅殺之罪也。若既逾時到官，有司不爲昭雪，或勢豪稽誅凶手，詭脱子孫，含憤操戈，乘隙刺殺，則所仇者實爲應抵之人，其所復者亦有應得之罪。但國家明罰敕法，冤無不伸，律文雖載，引此者稀。縱有一二藉口報仇者，然國法已彰，私仇即泯。假如其父之冤既伸，其子即無仇可復，所殺非應抵之人，則於法無可寛之律，擬以謀殺定入情實，原爲罪所應得。至於律文相沿已久，自當仍舊，以俟法外之仁，庶幾情與律兩得其平矣。」卒如其議。公之理刑允正類若此。

四十五年，京察一等，改監察御史。部臣以刑名諳習請留部。會有疾，請假南歸。四十七年冬入都。先是，部臣奏公名，上曰：「秋審近，當促之來。」及至，補監察御史。十二月，特旨以四五品京堂用，擢通政司參議。五十年，審釋監禁待質之犯，特命專其成。四月，超擢刑部右侍郎。九月，辦秋審平允，復邀褒獎。五十二年，扈從灤河，覆校文津閣《四庫全書》，命和詩三十餘首。時臺灣逆首林爽文執至部，公侍廷鞫，晝夜無少間，而校書、和詩如常。

五十四年二月二十一日，以疾卒，年六十有三。先是，公父修淮安學廟畢，設灑埽，會諸生日聚一錢爲修廟資。至公時錢有餘，公爲置田，名一錢莊，立規條二十，以期久遠。在京師，建淮安西館於横街。居鄉，修勺湖草堂，泛舟湖上，歌誦先芬。總漕楊清恪公改置麗正書院於城東，屬公董其事。院成，出藏書數百種，畀諸生讀焉。

公性孝友，篤於宗族，尤好獎掖後進。與錢辛楣、程魚門諸君交，京邸設消寒、吟秋兩會，爲詩酒社。平居廉介清潔，門無雜賓，退直後，青鞋布襪，如諸生時。暇則讀書自娱。古文章疏，於宣公、温公、韓、范諸公外，尤愛范忠宣、胡文恭。詩賦出入漢魏六朝，而以流麗爲主。晚乃訂其詩文爲《七録齋集》二十四卷、《茶餘客話》三十卷、《阮氏筆訓》《族譜》若干卷。子鍾琦、鍾璟。孫以立、以言。

論曰：公治刑以明察平允見稱於時，然其神智所開，乃自唐、宋諸賢奏議而來，故能持大體，不爲苛細，公卿之異於刀筆吏者在此。録自阮元《揅經室二集》卷三。

許穆堂

諱寶善，江蘇青浦人。乾隆二十五年進士，官福建道御史。有《穆堂詩集》，又采宋人詞之合九宫者，譜工尺度曲自娱刊填。至今下梨園演唱無虚日。自著有詩集及《穆堂詞曲》。阮元撰《兩浙輶軒録》〔一〕。

補浙江道監察御史許公墓誌銘

許氏郡望有六，同出於姜姓，支派既别，譜系學亡，莫能考其遠近。乾隆中，先大夫與侍御史穆堂先生同朝相得，因敦昆弟之誼，子弟來往，咸如近屬。先生以疾早引退，嘉慶八年卒於家。逾一年，將葬，嗣孫元崇等來乞刊石之文。宗彦方執先大夫喪，辭不獲已，痛念往昔，謹序而銘之。

公諱寶善，字敩虞，别字穆堂。系出唐睢陽太守遠。宋時自大梁遷江南青浦。祖純文，考雲鵬，積德不耀，封贈如公官。公中乾隆丙子科江南舉人。庚辰畢沅榜二甲進士，授户部陜西司主事，擢貴州司員外郎、福建司郎中。乾隆四十年，擢浙江道監察御史，尋掌道事。公在臺，以峻風檢肅班行爲己職，不屑屑求建白名。甲午、丁酉，兩充順天鄉試同考官，自以出寒素，校閲尤盡心，號爲得士。四十五年夏，墜車傷足，遂乞假歸，自號硜硜子。歷主鯤池、玉山、敬業三書院講席，教學者多有成就。公早歲以詞章鳴，客莊親王邸，名流引重。晚年學愈進，所著詩集凡二十卷、詞七卷、樂府五卷、詞譜六卷、《杜詩注釋》二十四卷，行於世。又有文集、詩外集、詞續集若干卷，《實事録》二卷，藏事家。蓋少而誦讀，壯而論議，老而教誨，唯公可無忝焉。

年七十有三，生雍正九年十二月十四日，卒嘉慶八年十二月二十八日。配孫恭人，惠心善容，協於德象，先卒，生長子蔭培，女三。繼室吴恭人，賢而有法，亦先卒，生次子蔭堂，女二。簉室文孺人，生第三子蔭基，女一；又撫女一。蔭培，乾隆己酉科舉人，先公卒。蔭堂、蔭基，邑庠生。女并嫁士人。孫四人：元崇，蔭培子，邑庠生。蔭培爲徐編修天柱婿，僑居德清，其婦卒，先大夫爲小傳，今宗彦乃爲公作誌，可悲已！銘曰：

崑山縣，兵墟村。辛亥冬，穿幽門。先葬者，元配孫。虚厥中，生壙存。祔於右，吴恭人。歲在丑，筮告貞。歸於同室，蕃其後昆。録自許宗彦撰《鑑止水齋集》卷十八。

【校勘記】

〔一〕按：此出處有誤，此書無「許寶善」其人，且許氏籍貫爲「江蘇青浦」，不可能入此書。

金蒔庭

諱雲槐，安徽歙縣人。乾隆二十六年進士，官浙江糧道。

補金雲槐傳

金雲槐，字蒔庭，巖鎮人。乾隆辛巳進士，由中書授翰林，改御史，出知江蘇常州府。所至問民疾苦，安良鋤暴，摘伏如神，時有況青天之目。值偏災，奉恩旨蠲賑，雲槐推廣皇仁，捐廉爲諸紳士倡，民慶更生。又整書院以登俊良，修慈度以返旅櫬。歷任五年，善政善教，遍於八邑。升授浙江督理糧儲漕務道，杜絶苞苴及浮收扣給諸弊，丁民感戴。歿後，杭、嘉、湖三郡士民，追念遺愛，送「撫字心勞」額至其家。以子應琦官，贈榮禄大夫、山西巡撫。録自勞逢源等纂《〔道光〕歙縣志》卷八之二。

東閣大學士王文端公神道碑〔一〕

公諱杰，字偉人。王氏先世由山西洪洞遷陝西韓城，居五世，至石門縣主簿諱廷詔，公之考也，以公貴，贈光禄大夫、東閣大學士。公妣吴太夫人，生三子，長濬，仲徹，公爲季。

端凝好學，見於幼稚。長以拔貢生得教諭，未任〔二〕，遭父喪。服終貧甚，爲書記以養母。所居幕府，尹文端公繼善、陳文恭公宏謀之爲江南督府時也。兩公皆名知人，而最賢公，謂爲正人。乾隆庚辰恩科中鄉試。次年恩科中會試，殿試讀卷官進列第三，純皇帝親拔爲第一。引見，風度凝然，上益喜，授翰林院修撰。由修撰四轉得詹事府少詹事〔三〕，日講起居注官，直南書房。旋晋内閣學士，歷工、刑、吏、禮四部侍郎，都察院左都御史。母喪，回籍。在籍擢兵部尚書，詔服闋赴職〔四〕。充經筵講官，賜紫禁城騎馬，爲上書房師傅〔五〕，直軍機處。乾隆五十一年正月，拜東閣大學士。公爲人廉静質直，誠於奉職。其居位與和珅同列，公以大體接之，不爲壯頓悻悻之事，而遇所當執，終不與和珅附。公素行無疵瑕，純皇帝知公深，和珅雖厭公，亦不能去也。如是數年，及今上臨政，公意益得發攄矣。然公嘗念大臣所當爲者，非盡於所能言，獨居意嘗邑邑深念而不怡，蓋公之心，人不能具識。而至其入陳禁陛，裨益朝廷者，又非人所得聞，故不可得而述也。

嘉慶七年，公以老病乞休，詔予在籍食俸，加太子太傅，御製詩送之，有云「直道一身立廊廟，清風兩袖返韓城」，兹足以盡公生平矣。嘉慶九年，公與夫人八十歲，又有御詩及頒賜諸物。公季冬入都謝恩，留至十年正月十日，薨於京邸。命榮親王奠醊，賜銀二千兩治喪，又賜祭葬，贈太子太師，祀賢良祠，謚曰文端。

公爲乾隆庚戌科會試總裁官，又嘗爲湖南、江西、浙江考官，一督福建學政，三督浙江學政，所進多佳士。其於門下士，相愛甚篤，然未嘗少涉私引，教之必爲君子而已。夫人程氏。四子：主事埰時、監生埓時、武選員外郎堉時〔六〕、廩膳生塽時。孫九人。公葬於韓城北原，既立神道之碑，乃刻銘曰：

科第士首，爵位朝碩。德器優優，以居無怍。大臣之度，遠思邈邈。去名釋功，匪矯以激。事賴其休，物被其澤。惟其志宏，歉而不懌。天子知之，降予載赫。著厥儀形，紫光之閣。顧思德音，公逝弗作。過墓思敬，瞻此穹碑。姚鼐撰《惜抱軒文集》。

【校勘記】

〔一〕題目姚鼐《惜抱軒文後集》卷六作「光禄大夫東閣大學士王文端公神道碑文并序」。

〔二〕任：原訛作「仕」，據《惜抱軒文後集》改。

〔三〕由修撰：原脱，據《惜抱軒文後集》補。

〔四〕按：「詔」字前原衍「爲」字，據《惜抱軒文後集》删。

〔五〕爲：原脱，據《惜抱軒文後集》補。

〔六〕時：原脱，據《惜抱軒文後集》補。

貴州巡撫陳公墓誌銘〔一〕

公諱步瀛，字麟洲。陳氏先世居歙，公曾祖諱時賓遷江寧，遂爲江寧人。祖諱應陛，考諱士鋐。家故殖財，至公考爲文學，好施予，盡亡其資。生四子，而公爲季。

公長，益貧，精厲爲學，閎傑於文詞，中乾隆二十六年恩科會試榜第一，選庶吉士，散館改兵部主事，再擢至武選司郎中。公考至是年八十餘乃卒，公爲養與喪，皆當人意。及後爲安徽布政使，則自曾祖至考，皆獲贈通奉大夫如公官。妣皆贈太夫人。公在兵部，職事修辦，吏不能爲奸。服闋，其尚書奏請，補車駕司郎中。逾二年，授河南陳州府知府。

再擢至甘肅按察使。讞獄平〔二〕，值平涼府鹽茶廳回民爲亂，黨連數郡，人心皆聳。爲逆者聚於通渭石峰堡，而總督李侍堯乃托以追逸賊西往靖遠，獨留公扼隴上爲守禦〔三〕。公亦憤發，不避險難，盡拘爲逆者之家，又擒其分處他縣爲間應者。官軍初戰失利，公度賊乘勝必東犯陝西，以隆德、平涼當下隴之要，而守衛單弱，即撥固原兵分守。而後奏聞，其後賊果東犯，不得過。公奏之達，上以爲知兵，命大臣督軍至，且詔事與陳某議之。公迎説形勢，事理無不究。又籌糧餉入，險岨皆給。逾月賊平，公雖身未履戰陳，而功足以埒。上乃擢爲布攻使。

而旋調任於安徽，賜之花翎以獎焉。乾隆五十年，江淮大饑，米升至錢五六十〔四〕，暴民脅衆爲攘。公遍至所部，頒布上恩，督吏賑恤，防捕盜賊，全護疲困。自夏迄秋末〔五〕，安徽得寧，而公勞瘁成疾。其後擢貴州巡撫，抵治所，舊疾大作，遂薨，爲乾隆五十四年十一月某日，年六十。

公爲人坦白和易，雖於屬吏，無矜容厲色，然審察能否，進退必當其才。安徽布政司書吏皆江寧人，公臨之有恩誼，而不以奸公法。公自奉儉陋，其在陳州，嘗舉家食稷。於族戚故舊〔六〕，助恤常厚，歲時餽問無間。所在官舍，來居者常滿。少工文章，喜誦書，老而不倦。承學弟子多材，而秦中丞承恩〔七〕，與公進士同榜，又同一年爲巡撫，人以爲美談。鼐嘗偕公官兵部，公來安徽，鼐方主安慶書院，於公習且久。公子舉人廷碩，國學生廷頎，以乾隆五十六年月某日葬公於江寧城北山之麓〔八〕，請鼐爲銘。銘曰：

公以文興，多士誦稱。不究其能，司武是膺。秉節西疆，布迾有方。力不挽强，戎慝翦襄。天子命將，謀以公壯。以戰以饟，其阻有蕩。陟登大吏，而親勞事。爲國之志，爲身之憊。養其疲羸，拊其寒飢。誅其暴欺，斥其不治。協維帝心，開府西南。不以歲深，雲而弗霖。金陵之里，兩中丞起。公壽先已，貽休弟子。鍾山東北，卜維公宅。植保松柏，載詞藏石。姚鼐撰《惜抱軒文集》。

【校勘記】

〔一〕題目姚鼐撰《惜抱軒文集》卷十三作「兵部侍郎巡撫貴州陳公墓誌銘并序」。

〔二〕按：「平」後原衍「允」字，據《惜抱軒文集》删。

〔三〕按：句末原衍「公守禦」三字，據《惜抱軒文集》删。

〔四〕六：原訛作「十」，據《惜抱軒文集》改。

〔五〕末：原脱，據《惜抱軒文集》補。

〔六〕於：原脱，據《惜抱軒文集》補。

〔七〕承恩：原脱，據《惜抱軒文集》補。

〔八〕山：原脱，據《惜抱軒文集》補。

司經局洗馬秦公行略

秦之先世有隱德，自澗泉學士魁天下，三世翰林，傳爲盛事。昔先君與芝軒公同宦京華，遊秦時，又時相聚首。公之堂弟承烈爲先君侄婿，誼篤周親，是以知公人品政事大略校詳，因述兹行略。

按公諱承恩，字慎之，號芝軒，學士公長子，世爲江寧人。乾隆二十六年辛巳進士〔一〕，殿試欽點清書庶吉士。癸未，授編修。丙戌春，充《三通》館提調官。四月，升右春坊右贊善，晋侍講。戊子、庚寅，兩與順天同考官。又充武鄉試正考官。辛卯，充會試同考官。

旋除江西廣饒九江道。抵任，郡有争邊界案，歷數十年不決。公細心翻閲積案，數言而決。兩造咸服。丁酉丁父憂。服闋，補福建延建邵道，途次擢福建按察使。調任陝西。公精理刑名，推勘庶獄，必使無枉無縱。平反冤獄至多。癸卯，遷四川布政使。

因迴避調陝西。關中幅員遼闊，政務殷繁，自謂重莅此邦，向所諳練，吏不敢欺耳。己酉秋，欽授陝西巡撫。次年奏夏米豐稔，聖懷忭慰。并命查涇、渭二水之源，復奏明析，仰邀獎許。兩蒙御筆賜詩，錫予騈蕃，慰勞備至。又因辦西藏軍需，賞戴花翎。己卯八月，奉旨兼署陝甘總督。明年三月返西安。會湖北教匪滋事，湖北界連陝省，公遣總兵文圖統兵赴邊界堵禦。探知鄖陽府竹山、保康同時失陷，飛札即令總兵直赴竹谿，十日内與湖北將士并力剿滅匪徒。公之不分畛域，應機捷發如此。而陝西興安等處，亦有蠢動之虞。丁巳，丁母憂，時當軍務吃緊之時，公膺重寄，上命公在任，以素服辦公。公之剿滅教匪，堵禦邊界，撫恤難民，惟以竭誠自效，兢兢業業，惟恐貽誤爲念，是以有將軍山及圪子村等處之捷。每次奏捷，莫不邀高宗純皇帝温諭褒嘉，珍賜疊賚。後因教匪偷渡漢江，革去翎頂。旋蒙賞還。未幾被參逮問，並查家産，對簿大廷。知事不實，聖恩立予昭雪，釋回籍守制，并賞還所抄家産。未幾，有新疆之命。至伊犁一年，奏旨還京。以六部主事補用。充《會典》館纂修官。八月，擢直隸通永道。

十一月，以三品職銜補江西巡撫。自云計癸亥正月莅任江西，加以觀察饒陽三十餘年，復來開府此邦，士習民情，上下相信，差以自喜。在任三載，又因辦廣昌、寧都、石城三州縣教匪傳教蔵事甚速，賞還二品頂帶。公官轍所至，務崇教養，尤喜加惠士林。前撫江西時，重建濬湖書院及白鹿洞書院，捐廉修豫章號舍，士子頌之。

乙丑六月，晋都察院左都御史。丙寅，洊升工部尚書，轉刑部。十月初，奉命署直隸總督，查勘津淀堤工。歲杪，復奉命八月欽派審辦山西控案，事竣復命。嘗自云：「余任刑部尚書兩載，每秋録大典，必逐細批閲，核其情節重輕，應緩應實，比例務以悉當爲安。」又曰：「朝廷設有律例，用意精深。即爲聖經賢傳，不可增減。吾惟推勘情罪與律協〔二〕，即乎人心之安，雖衆議偶有異同，弗惜也。」故兩載以來，平反之案，不可殫述。

戊辰四月，兼署兵部尚書。後因審辦宗室敏學案，讞未協，降補編修，充文穎館總校官。公以劉井柯亭爲早年迴翔之地〔三〕，復得讎書天禄，校理秘文，亦儒臣職分事，故每執卷核對，正訛辨誤，不敢一字稍忽，必敬其事而後安。

公天性孝友，篤於睦婣任恤。内轉京秩，與弟易堂同宦京華。退食之暇，置酒言歡，老而彌篤。嘉慶十四年二月，感疾漸沉。三月十七日，恩擢授司經局洗馬。因病不支〔四〕，旋具摺命弟承業代陳上聞。逾月,奉上諭:「秦承恩服官年久,資格較深。上年在刑部尚書任內,審辦宗室敏學一案,未免有所瞻顧,尚非過之大者。昨已加恩,擢用洗馬。聞其患病在寓,尚難即痊。秦承恩著加恩賞,給三品卿銜,俟痊候補。欽此。」子耀曾於床側跪宣諭旨。時聞公已在彌留之際,口不能言,惟泣下數行而已。四月十八日夜長逝。生於乾隆七年七月二十日未時,卒於嘉慶十四年四月二十日丑時,壽六十有八。胞弟承業,辛丑進士二甲第一,官洗馬;次承家,候補鹽大使。子耀曾,戊辰舉人;念曾,六品蔭生;豫曾、象曾,皆幼。因據所聞,述此大略。嚴觀稿《後案》。

【校勘記】

〔一〕六:原訛作「四」,據《清朝進士題名録》上册第五百五十二頁載,秦承恩中乾隆二十六年辛巳恩科二甲第十一名進士,故改。

〔二〕按:「協」原重,據文意删。

〔三〕亭:原脱,據張本補。

〔四〕因:原訛作「右」,據張本改。

嵇受之〔一〕

諱承謙,江蘇吴縣人。乾隆二十六年進士,官編修。

【校勘記】

〔一〕按：端方《壬寅銷夏録》：「嵇承謙，字受之，號晴軒，江南無錫人。乾隆二十六年庶吉士，授編修。官至侍講。」又王昶《蒲褐山房詩話》：「嵇承謙，字受之，無錫人。文恭公長子。乾隆二十六年進士，官至侍讀。有《一枝直廬使軺》《蕉雨》諸集。」承謙爲嵇璜之子。《皇清書史》：「嵇璜，字尚佐，號黻廷，一號拙修，無錫人。雍正八年進士，官文淵閣大學士。乾隆五十九年七月卒，年八十四，賜謚文恭。工唐人楷法。和坤乞書，公卒不應，其書故可貴也。」由知嵇承謙籍貫當作「無錫」。

卜筠亭

諱祚光，字凝子，山東日照人。乾隆二十六年進士。

補卜祚光傳

卜祚光，字凝子，一字篔谷。庶吉士，授編修。出守延安府，察吏恤民，倉儲兵糈，積弊一清。署榆林兵備道。時邊民與蒙古積訟，沿邊聽斷，控馭有方，制府韙之。晋潼商兵備道。懸部例，示關門，宂税概從寬免。商民立石頌德，爲建生祠。金川不靖，籌餉供軍。

晉階一級，調署臬篆，辭不就，以終養歸。居皋陸別墅，誘掖後進，多所成就。書法出入歐顔，學者宗之。有《爾雅書屋遺稿》，藏於家。子恩垣，字薇庭，優廩生，孝友成性，人無間言，舉孝廉方正，亦工書。録自陳懋修、張庭詩等纂《〔光緒〕日照縣志》卷八。

崔曼亭別駕暨錢恭人五十雙壽序〔一〕

登科記裏，罕聞世德之三傳；拜慶筵前，難及親年之并艾。良由源開積善，前修皆隱大其門；代嗣徽音，在抱即豫深其教。用能甫執，黄童之扇旋佩；虔刀累貽，桓氏之經如乘。鮑馬才名弱冠，過庭早愜親心；科第華年，鞠跽先紆朝紱。洵人世遭逢之僅有，乃德門食報之必然。

恭維具官曼亭五兄同年，蒲坂名家，蘭陵寄客。少有聖童之譽，讀書等身；長矜快婿之稱，射屏中目。筆床翡翠，成博議於蘭闈；人鏡芙蓉，注名經於蕊榜。尺咫而蓬萊未踐，十年而花縣初臨。庭設蒲鞭，門陳盂水，楊震卻無知之饋，仇香化不罰之氓。愉愉之賢，可懷久而自浹；赫赫之名，不務去乃見思。若夫憫無妄之遇災，輒謀手引；慮平反之受責，慨以身當。義形於色，上官爲之改容；德惡其聞，平日未嘗掛口。且於政事之暇，不廢登臨；鞅掌之餘，惟耽吟咏。懷古在石馬、銅仙之蹟，每灑名篇；屬和多李端、錢起之流，都成一集。

旋晉方州之寄〔二〕，頻增五馬之榮。升卿到官，即逢錯節；皇甫獲賊，乃更左遷。間關去蜀，歸裝無琴鶴之攜；蕭瑟過秦，舊部有壺簞之迓。既而去作西湖之長，仍分通守之銜。地推名勝，曾宦白公；秩即卑貧，昔羈坡老。況幕府如薛宣之擇吏，中丞多裴度之愛才。不以散官，屢邀屬睞；異於群倅，勿令折腰。獄有矜疑，許引經而決事；郡當雄劇，俾借職以權知。重煩急檄於成都，遂下連檣於夔峽。救災猶火，此行即險復何辭；致粟如山，是歲乃饑而不害。

更有德配錢恭人，頌椒夙慧，咏絮高才。左家嬌女，相攸壓名父之心；欒氏冰甥，擇吉艷路人之目。和房中之雅奏，鳳琯齊鏘；掇天上之瓊枝〔三〕，鸞車同步。而綺叢生長，偏能手理虀鹽；金屋將迎，常見躬被浣濯。曹大家服修以饋，曾逮於姑；蘇長公斗酒言歡，必謀諸婦。已而共凝香於燕寢，倡雅集於衙齋。維時阿大中郎，本幼日差肩之侶；羊曇桓野，半先公刮目之賓。適并集於關中，遂共來於席上。競抒高響，迭奏新聲。恭人獨洗盡鉛華，破除脂粉。特工跌宕，有青蓮搔首之風；時出瓌奇，亦長吉歐心之句。已傳紙貴，無取詞諛。則有立壁奇寒，下帷將老。使君識堂下一言之善，處士矢終身北面之恩。而犢沐方鰥，啓期未娶。首捐條脱，聞風乃争助修錢；旋抱寧馨，誌德當例名賈子。

至若旁郡邑山林嘯聚，巾别青黄；惡少年都市横行，丸探赤白。太守方悉師逐賊，斂衆登埤。恭人進懷恤緯之忠，退勵摩笄之志。盡攜子女，填土門間；預飭家人，積薪樓下。固將爲掃眉之張許，作巾幗之臧陳矣。亡何烽火徐平，一官南徙；波濤絶險，盡室東還。有田種秫，半歸折券之家；無館留賓，猶舍索逋之子。吁其甚矣！戛乎艱哉！而能黽勉無嗟戚之容，相莊皆自得之色。菀枯盡歷，陋元裴入越之詩；夷險深知，擬梁孟棲吴之計。爾乃官曹閴寂，報郎君奪錦而回；人吏蕭條，欻騶騎連鑣以至。竟登瀛島，解阿父生平退鷁之嘲；遠寄宫花，酬慈母午夜丸熊之瘁。又况燕山五桂，咸許晴青；馬氏諸常，不惟眉白。固知剥無不復，晦乃益明。何難舊物之克還，更佇家聲之益大。

乾隆某年某月，值恭人五十設帨之辰，曼亭太守更二一歲而亦及焉。登太行而思親舍，嗣君輒援筆陳情；集灞岸以送行人，年友各報詞爲壽。謬推祭酒，特屬弁言。余自維與曼亭太守霓裳同咏，夙深韓李之交；雲客編修玉笥親收〔四〕，復忝荀陳之誼。相期有素，於義莫辭。所愧文非黄絹，難稱鯉庭鸞掖之篇；尚希談接青綾，略識林下閨中之致。管世銘撰

《韞山堂文集》。

【校勘記】

〔一〕題目管世銘撰《韞山堂文集》卷六作「崔别駕曼亭龍見暨錢恭人五十雙壽序代」。

〔二〕晉：原作「進」，據《韞山堂文集》改。
〔三〕上：原訛作「下」，據《韞山堂文集》改。
〔四〕玉笋親收：原脱，據《韞山堂文集》補。

姚惜抱

諱鼐，字姬傳，安徽桐城人。乾隆二十八年進士〔一〕，官刑部郎中。嘉慶庚午年重赴鹿鳴，欽賜四品頂帶。掌教中山書院十二年。著有《惜抱軒詩文集》。公以古文名家，平生精詣之選，有《古文辭類纂》一編，合河康中丞紹鏞刊以行世。《後案》。

補姚先生行狀

曾祖士基，康熙壬子科舉人，湖北羅田縣知縣。祖孔鋏，邑增生，贈翰林院編修。父淑，贈禮部儀制司員外郎。

先生諱鼐，字姬傳，一字夢穀，嘗顔其所居曰「惜抱軒」，學者稱之曰惜抱先生。先世自餘姚遷桐城，遂世爲桐城人。自明以來，代有名德。入國朝，刑部尚書端恪公文然，先生之高祖也。先生以乾隆庚午舉於鄉。癸未成進士，改庶吉士。丁父憂歸。服闋，散館，改兵部主事。年餘，移補禮部儀制司。戊子，爲山東鄉試副考官。還，擢儀制司員外、記名御史。庚寅，爲湖南鄉試副考官。辛卯，爲會試同考官，擢刑部廣東司郎中。《四庫全書》館啓，以大臣薦徵爲纂修官。年餘，乞病歸。自是主講於江南，爲梅花、紫陽、敬敷、鍾山書院山長者四十餘年。嘉慶庚午，以督撫奏重赴鹿鳴宴，詔加四品銜。乙亥九月十三日，以疾卒於鍾山書院，距生於雍正九年十二月二十日，享年八十有五。

自康熙年間，方侍郎以經學、古文名天下，同邑劉海峰繼之，天下言古文者，咸稱桐城矣。先生世父薑塢編修，與海峰故友善也。先生涵揉見聞，益以自得，刊落枝葉，獨見本根。其論學以程、朱爲宗，其爲文與司馬、韓、歐諸君子有相遇以天者。自其官京師時，有所作，必歸於扶樹道教，講明正學。若集中《贈錢獻之序》是也。及既歸，益務治經，所著經說，發揮義理，輔以考證，而一行以古文法。居揚州時，與歙吴殿麟定同居梅花書院，嘗以所作視殿麟，殿麟以爲不可，即竄易至數四，必得當乃止。殿麟，海峰弟子也。殿麟嘗語用光曰：「先生虚懷善取，雖才不已若者，苟其言當必從之。」於爲文尚如是，於爲學可知也。故退居四十餘年，學日以盛，望日以重。其初學者，尚未知信從，及既老，而依慕之者彌衆，咸以爲詞邁於望溪，而理深於海峰，蓋天下之公言，非從遊者阿好之私言也。

先生色夷而氣清，接人極和藹，無貴賤，皆樂與盡歡，而義所不可，則確乎不能易其所守。當纂修《四庫書》時，于文襄聞先生名，欲招致之門下，卒謝不往。及既歸，猶使人諷起之，終不行，集中《復張君書》是也。當居鍾山書院時，袁簡齋以詩號召後進，先生與異趨，而往來無間。簡齋嘗以其門人某屬先生，爲許以執贄居門下，先生堅辭之。及簡齋歿，人多毀之者，或且規先生，謂不當爲作誌，先生曰：「設余康熙間爲朱錫鬯、毛大可作誌，君許之乎？」曰：「是固宜也。」先生曰：「隨園正朱、毛一例耳。其文彩風流有可取，亦何害於作誌乎？」蓋先生存心之厚多如此。

先生既歲主講書院，所得束修及門生羔雁、故舊贈遺，以資宗族知交之貧，都隨手輒盡，毫髮不爲私蓄計。及晚歲，始以千金購田於江浦，蓋欲爲移居江寧計也。然終亦斥去，迨既卒，乃無以爲歸資也。先生當疾革時，遺書示兒子云：「人生必死，吾年八十有五，死何憾哉！吾棺不得過七十金，綿不得過十六斤。凡親友來助喪事者，便飯而已，不得用鼓樂諸事稱此。汝兄弟不得以財帛之事而生芥蒂，毋忘孝友。」嗚呼！觀先生此書，其不數鄭康成之戒子益恩矣。

先生論學，既兼治漢宋，而一以程朱爲宗。其誨示學者，懇切周至，不憚繁舉。嘗謂：「説經，古今自有真是非，勿循一時人之好尚。如近年海内諸賢所持漢學，與明以來講章諸君，何以大相過哉？夫漢儒之學非不佳也，而今之爲漢學乃不佳，偏徇而不論理之是非，瑣碎而不識事之大小，嘵嘵聒聒，道聽塗説，正使人厭惡耳。且讀書者，欲有益於吾身心也。程子以記史書爲玩物喪志，若今之爲漢學者，以搜殘舉碎人所少見者爲功，其爲玩物不彌甚耶？」又曰：「凡爲經學者，所貴此心閎通明澈，不受障蔽。爲漢學者，不深則不能入，深則障蔽生矣。」嗚呼！以先生之論，合觀於先生之制行，其於義利之辨，可謂審之明而守之篤矣。

先生論文，舉海峰之説而更詳著之。嘗編次論説爲《古文辭類纂》，其類十三，曰論辨類、序跋類、奏疏類、書説類、贈序類、詔令類、傳狀類、碑志類、雜記類、箴銘類、頌贊類、辭賦類、哀祭類，一類内而爲用不同者，别之爲上、下編。曰凡文之體類十三，而所以爲文者八：神、理、氣、味、格、律、聲、色。神理氣味者，文之精也；格律聲色者，文之粗也。然苟舍其粗，則精者亦胡以寓焉？學者之於古人，必始而遇其粗，中而遇其精，終則御其精而遺其粗。文士之效法古人，莫善於退之，盡變古人形貌，雖有摹擬，不可尋而得其跡。其他雖工於學古，而跡不能忘揚子雲，柳子厚於斯尤甚焉，以其形貌之過於似古人也。而遽擯之，謂不足於文章之事，則過矣。然遂謂非學者之一病，則不可也。

其論詩，以爲如漁洋之《詩鈔》，可謂當人心之公者也。然其論止古體而不及今體，至今日而爲今體者，紛紜歧出，多趨僞謬，風雅之道日衰。因取唐以來詩人之作，迄於南宋，采録用之，爲《五七言今體詩鈔》二集十八卷，已刊行。其《古文辭類纂》卷帙多，尚未刊行。然自明以來言古文者，莫詳於先生云。

先生始娶張孺人，前卒。生一女，適張元輯，前卒。繼娶張宜人，生子二：景衡，壬子舉人，戊辰大挑知縣，今補泰興縣；師古，監生。女二：長適張通理，次適潘玉。側室梁氏，生子一：雉，業儒。孫四：晟芳、賜，景衡出；誦師，古出；楢，雉出。女孫三。曾孫一：聲。曾女孫一。俱幼。

用光自庚戌歲謁先生於鍾山書院，及癸丑，受業於鍾山者八閲月。自後，歲以書問請業，辱先生所以期望之者甚至，而迄今無所成就。今聞先生之喪，蓋失所依歸，有甚於他門弟子者矣。先生居家孝友，睦婣任恤之詳，用光所不及知者，致書與景衡兄弟，俟其詳列而編次之。兹先以先生平日爲學、爲文之大旨，所習聞而略知之者，論次之如右，以待國史之采擇。

嘉慶乙亥嘉平月，受業新城陳用光謹狀。録自陳用光《太乙舟文集》卷三。

【校勘記】

〔一〕八：原訛作「五」，據《清朝進士題名録》上册第五百六十三頁載，姚鼐爲乾隆二十八年癸未科二甲第三十五名進士，故改。

管韞山文集序

嗟乎！韞山乃僅以文章傳於世乎？予交韞山三十餘年，知之稔矣。韞山好讀書，熟於古今成敗得失之道，而慷慨尚氣節，能面折人過，不少媕阿，其於天下事可知矣。由郎官擢任臺職，懷立仗之耻，具埋輪之志。常往復遺予書，有所耿耿，亟欲建白。予數書慰勉之，規其待時而言，務令得其實效，勿徒以謇諤著，所以不爲昌黎之論陽亢宗者，信之有素耳。而不意其一朝逝也！韞山殁不三月，聖天子下求言之詔，朝野内外，彈劾權要，指陳時政者，踵相接。而如韞山之才，所鬱積於中，可以大有裨於天下者，乃竟不及一抒也！悲夫！雖然，韞山之參機務，平讞牘，出入風義，亦未嘗不措諸用矣。

其生平志略，既一一見之於詩，又一一見之於文。其文不名一家，而説經則淹博而中理，序事述情則疏通而有物〔一〕。皆不苟爲無益之言，而足資後人之考鏡者。百世而下，有知人論世者，得韞山之才之所已用，即得韞山之才之所未及用，胥於是乎在。曩予既序韞山之詩，今爲編校其遺文，故復識數語於簡末云。

嘉慶五年，歲次庚申二月〔二〕，錢維喬序。管世銘撰《韞山堂文集》卷首〔三〕。

補先大父侍御府君行狀

府君諱世銘，字緘若，一字韞山。先世宋南渡時自鳳陽遷居毗陵，遂世爲武進人。曾祖諱棆，刑部郎中。祖諱復暠，雍正壬子科舉人，廣東歸靖鹽場大使。父諱基承，國子監生。祖父皆累贈如公官。母王太恭人妊府君日，每有所詣宅中，輒隱聞呵殿聲。將誕，祖母徐恭人夢顯者抱子相授，云：「自興隆庵送來，他日名聞天下。」醒而舉府君，因以庵名爲小字。七八歲，祖大使府君授以《資治通鑒》，即能論其是非。外家大興王氏，故多藏書，僑家淮南。侍母歸省，輒留讀數月，歲以爲常。家苦貧乏，年十五六即挈兩弟世銓、世鏞教學鄰塾，受業同里進士劉先生衍林，稱高第弟子。外舅張公景超讀府君文重之，遂以張恭人歸焉。

三中乾隆壬午、乙酉、戊子科順天副榜。甲午中式江寧鄉試舉人，座主爲今予告大學士劉公權之府君，壬午副榜即出其門。既得府君卷，喜告人曰：「東坡恨失李方叔，余用此可以無憾矣！」戊戌成進士，大學士嵇文恭公讀府君朝考《黄金臺》詩，謂大學士程文恭公曰：「中朝文望，後來必屬此君。」既知爲府君，共相欽重。初分户部江西司主事，壬寅補山東司主事，考取軍機章京。丁未，擢雲南司員外郎。己酉，擢山東司郎中。乙卯，擢浙江道監察御史。戊午，轉掌廣西道監察御史。

府君深通律令，軍機讞牘皆府君主其奏。乾隆間，有女僧諷經斂錢事發，府君按其獄，所牽引皆勳貴大族曖昧事，府君榜之數百，盡削其詞，獨坐與養子亂，置之法，一時含垢内恧者皆釋然。機斷明決，凡獄成而奏草已具，同官無能易一字。論事伉直，每於大廷廣衆中争人之所不敢争，人亦以此服之無怨者。嘗誡人曰：「刑名之誤，無過救生不救死之議。議生罪所以雪死冤，必求服死者之心而後可。活生者但主救生，則冤者一死讎，再死斷，與折獄官故殺無異。」屢出讞外獄，使浙江者再，湖北者再，吉林者一，山東者一。群公皆倚重之，不敢以僚屬視。使浙，事屬查核倉庫，同使者皆請分按府州盤查，府君謂：「是徒騷擾地方。」獨不去。出者果累物議。

同時富察文襄王、章佳文成公皆引重府君，每遇大事，必曰「質之管君」。文成公尤與府君善。方時相之熾焰也，文成公每入閣，必招府君與語，朝散而後罷。謂府君：「善自全，吾非不能薦君至卿貳，恐蹈忌者之嫌。異日君之結主知者有在，勿違時以沽直名也。」府君感此，居機庭十餘年，無所觸忤。舊例，御史有言責，不復内值，當道以府君老手，既入臺，請仍留軍機。府君意亦有所待，猶入視事。去先皇帝升遐之一月而歿，志事長賫，嗚呼痛哉！

府君居官無所苟且。通州坐糧廳，例以部員由本部堂官保送簡放。甲寅秋，忽有客謂府君：「吾能爲君得此於時相。」府君大駭，辭曰：「吾才絀，不諳錢穀事，且多疾，將乞休矣。客意良厚，非吾所敢當也。」已而果保，未用。府君憮然，告家人曰：「幸全吾名。」性嚴毅，同人謔傲，見府君至，舉座斂容。惡聞人過，於朋友尤切直不少假。自奉至儉，食不重味，飲可五六升，然自宦達後，舉不盡爵。好赒人急，寒士至者，爲謀必盡力。嘗曰：「客子詣人，大不易，能成則速成之，否則使別圖。若紛飾口惠，適足以困之耳。吾晚達，備嘗此境，肯以身受者施之於人耶！」以故雖不得府君施者，於府君終無憾詞。廣東某生以三千金寄府君，去十年還之，封識如故。滿洲同官某貧且老，晚娶，生一子，將死，囑其婦曰：「誠守節，生計可問同司管公。」府君爲倡助置産，贍其妻子。數十年來，初未舉兩君姓名告人。府君兩叔父鴻盤、坊臣，鴻盤嗣叔父後，死數十年不葬，棺既壞，府君即於父太學府君墓後隙地葬之。其孫不能食力，將賣老屋，府君售而使居之，資其衣食，曰：「彼不肖，終不能有此屋。如此，則彼或不至流徙他所，所以慰吾祖、吾父於地下也。」

好書史，雖僕值不暇，猶必以卷自隨。工制藝文，通籍後，猶時時爲之。多讀書，得間及抒寫懷抱。自論少困場屋，又數教人爲舉子業，故成文多喬皇，不逮先正大家以此。然精深雄健，切近諦當，亦思過半矣。從遊之士不下數百人。居京師，假館受業，東西舍恒滿。其寒而好學者不令執贄，且赒給焉。得府君之學，以科第稱名者歲相繼。昔主講乾州書院，去日，諸生祖郊外垂涕，或襆被走數百里相送。手札詩草咸勒諸石。蒙古侍郎恩普、江陰進士包敏已成進士，來謁，執弟子禮甚恭。叩之，皆云：「某讀先生文，得今日也。」

詩、古文不多作，必有關系始爲之。於詩學尤精邃，雄麗典則，自謂「後世有知人論世者，亦可以見余素志矣」。然不輕示人，故當時人第稱府君制藝云。每役以詩、古文稿自隨。己酉扈蹕盤山，爲胠篋者負行篋去。久之，刑部詰盜，言中無所有，書數册已棄平林墟莽間矣。遣仆蹤跡，竟於村塾得之，都無損失。天將使府君必傳於後，其有默相之者耶！貴陽尚書李恭勤公平時重府君文，臨終，使其子走數千里，以《家傳》屬府君，以《墓誌》屬府君族父漕運總督幹貞，曰：「必龍城二管傳我。」陝西巡撫畢公沅好延納，四方士多歸之。府君客關中日，畢致千金聘，不往。後見府君於朝，猶引當時事爲愧恨。府君之見重於世者如此。著《韞山堂詩》十六卷、《古文》四卷、《駢體》二卷、《制藝》三集、《讀雪山房唐詩選》四十卷、《宋人絶句》四卷，皆已行世。

生於乾隆三年二月二十二日，卒於嘉慶三年十一月十二日，年六十有一。誥授朝議大夫，配張恭人，先府君七月殁。子學洛，候選知州。孫繩萊。以嘉慶五年十一月，卜葬於陽湖縣新塘鄉陳墓山鴻安之原。自府君殁，至今已二十年，惟是誌壙表墓之文久虚，繩萊謹爲《狀》，以乞當代立言之君子。謹狀。録自管世銘撰《韞山堂詩集》卷首。

【校勘記】

〔一〕而：原脱，據《韞山堂文集》補。

〔二〕次：原脱，據《韞山堂文集》補。

〔三〕此注原無，據文例補。

孫西林

諱含中〔一〕，字象淵，山東昌邑人。乾隆二十八年進士，官浙江糧道。

補孫含中傳

孫含中，字西林，山東昌邑人。乾隆二十八年進士。四十二年，以西安按察使升浙江布政使。性勤敏，省治文書，輒至丙夜。嘗曰：「遇事當持以和平，勿尚意氣。若夫名義所在，利病所關，當官而行，復何顧忌。」明年夏，相視西湖水利，病暍卒。小民有至泣下者。公舉事實。録自齊耀珊重修、吴慶坻重纂《〔民國〕杭州府志》卷一百二十一。

補浙江布政使孫公家傳

公諱含中，字象淵，號西林，山東昌邑人。祖諱乾元，父諱爾周，并以經術起家，居官著聲績。公少承家學，課經史有常度，不自假借，讀書至丙夜，無倦容。隨侍宦遊，襴袍布履，周旋紈綺間，翛然自遠。慎交遊，坦懷誠告，終日無戲言。蓋儉静勤慤，其天性然也。乾隆癸酉舉於鄉。辛巳會試中式。癸未補殿試，選庶吉士。散館，改户部廣東司主事。戊子，典河南鄉試。庚寅，復爲貴州典試官。轉江南司員外郎，京察一等，授浙江寧紹台道。歷江南河庫道、江蘇松太道，擢陝西按察使，晋浙江布政使。所至稱職。

公在京邸，嘗與友人論政，曰：「吏治之肅擾，恒視表率者爲轉移。夫分課以事，徵驗於民，屬吏之臧否，易明也。而上官意旨所向，先爲其所窺，而因以迎其機而售其私，久且爲其所挾。有自好者於此，喜於更張，示以不測，月正布令，而中旬更焉，始則縛之如束濕，救過不遑，繼則遇事觀望，冀幸於新令之有變通也，而與爲嘗試。吾聞規矩誠懸，繩墨誠設，無巧工不巧工，咸得率程以集事，此在乎示民有常矣。上游所轄其遊幕之士較重，至於史胥徒役之設，數每多於令牧，豈藉以居尊而處優哉？國家之禄糈豐矣，倚畀重矣，左右之人，環而相屬，從而假手焉，甚且從而聽命焉。己則憚勞，而人皆惡逸乎？己則席豐，而謂人宜處瘠乎？而又非抉摘爲明，矯激以市聲譽也，無私則不怒自威，無怠則雖蹟不脞。」又曰：「從政以濟人也，事上接下，政有常經。不量上官調劑之苦心，而徑遂從事；莅下則不審其才之盈絀，而遽責效焉，於事曷濟？吾聞和平以養福，未聞悻直以取戾。若夫名義所在，利弊所關，當官而行，復何顧忌哉？」聞者心韙之。顧或疑公躬畏謙抑，未能悉如所言。及歷官南北，悉與所言符。

四十三年六月，道暍得疾，諵諵以民事爲念，語不他及，卒於位，年五十。遠近聞者，哭失聲。

論曰：公仕京師，寓後孫公園。余嘗見公門無雜賓，圖書外，無他嗜。及公再莅浙中，余適以修志在杭州，始修詞館後進之禮，謁公司署，則公顛髮已半白矣。余固疑公早衰，又未嘗不歎公之恪恭奉職，以圖報稱，不自度其精力之難繼也。公迎養其封公及太夫人於官署，今年五月，老人思歸故鄉，嗣子若伊奉侍還里，逾月而公歿。公子若皋、若夔在署，弱齡未能撰行述。公有故人曰蕭山汪輝祖，走哭公，退而語余曰：「公嘗稱道子之詩若文，宜爲之狀。」余徵公家世及居官事蹟，則汪君亦不克知其詳，將俟訪求行事之備，請排纂爲狀，余固不敢辭也。既而客謂余曰：「近時治喪之辰，必有狀誄，以侑報謝之簡，今治喪有日矣，恐不具公之宦蹟，無以答四方之賓。」督余爲家傳。夫流俗之文，多鋪陳官爵以爲榮，公之莅政，實有異乎流俗所爲者，而鋪陳官爵之文，又非余所嫻習，爰就平日所知於公者爲之傳。以余之疏於文辭，固不難骩詘以從俗，然公之宦蹟，或因余文而晦，能無懼乎！余讀太史公書，其傳公孫成子諸人，多引空言，而不叙實事。然太史公傳循吏，詳其事於世家而略於傳，所謂言各有當也。今將謂公之政績，不煩件繫，而自可表見於天下乎？抑必詳其行事，而始可以傳遠乎？汪君爲余言，公治官書，夜輒達旦，不自覺勞勩。初居郎署，奉使清釐天津旗地，單騎往返，經旬而事集。海防之任，治河之方，陳臬之法，岳牧之治，所至奉爲神明，久而彌見愛戴。若皋稍長，當博訪故老，補爲行述，以備《國史》館之採擇焉。曾謂空言而無事實，遂足以傳公乎哉。録自邵晋涵撰《南江文鈔》卷九。

【校勘記】

〔一〕含：原訛作「合」，按法式善撰《清秘述聞》卷七：「户部主事孫含中，字象淵，山東昌邑人。癸未進士。」另，邵晋涵《孫含中傳》、張本亦作「含」。據改。

顧晋莊

諱聲雷，江蘇元和人。乾隆三十一年進士，官西安府知府。

補皇清誥授朝議大夫廣東惠州府知府軍功加三級署惠潮嘉兵備道丙戌科進士顯考晉莊府君行述

嗚呼痛哉！先大夫竟棄不孝等而長逝耶？不孝等少荷恩勤，以長以教，不克早自樹立，今遽遭大故，呼天搶地，五内崩裂，尚何以偷息人世！顧念先大夫一生品行文章，政事卓卓，有可信今傳後者，倘湮没不彰，則罪戾滋大，用敢以淚和墨，略陳梗概。伏冀當代大人先生，俯賜採擇焉。

先大夫姓顧氏，諱聲雷，字震蒼，自號晉莊。先代世居唯亭，耕讀傳家。自七世祖大來公，明諸生，居懸橋巷寶樹園。先曾祖考元植公諱肇培，以先大夫官贈文林郎、陝西西安府興平縣知縣，晋贈奉政大夫、陝西西安府孝義川同知，累贈朝議大夫、廣東惠州府知府。先曾祖妣朱氏，初贈孺人，晋贈宜人，累贈恭人。先祖考寄岑公諱錡，贈文林郎、陝西西安府興平縣知縣，晋贈奉政大夫、陝西西安府孝義川同知，累贈朝議大夫、廣東惠州府知府。先祖妣陸氏，初贈孺人，晋贈宜人，累贈恭人。先曾祖元植公誦芬承烈，隱德未耀，至先祖寄岑公，樂善好施，家道中落。子三：長即先大夫；次先叔諱方雷，早卒；大叔父艮庭公名豫雷，現任廣西岑溪縣佐。

先大夫生而穎悟，讀書過目成誦。先大夫苦家貧，無力延師，而先大夫於流離困苦中，下帷發憤，專心舉業，向學之志益堅。始問業於表叔祖朱鳳輝先生，諄切指示。繼從李耘圃先生、朱炳時先生、李酉谷先生、周古市先生遊，俱目爲遠大之器。益肆力於詩古文詞，而學業克造乎大成。先大夫少歲，陸太恭人以積勞成疾，甚危篤，賴先大夫朝夕侍奉湯藥，衣不解帶，焚香默禱於天，愿以身代，未幾，而陸太恭人霍然向愈。嗚呼！非先大夫之純孝，至誠格天，曷克臻此。先大夫自成童時，即家居授徒，藉館穀以供薪水。至癸酉，始受知於雷翠庭先生，以第一人補元邑博士弟子員，試藝遠近傳誦，膾炙人口。甲戌歲，吾母金太恭人來歸，中饋有助，問安視膳，深得大父歡心。而先大夫因就遠館，往來洞庭、六合之間，得修脯稍裕，足供堂上甘旨之奉。詎料戊寅春仲，陸太恭人抱病，竟至不起。先大夫孝本性天，哀毀骨立，於殯殮大事，悉中乎禮節。而又恐大父年高，不免傷心，乃抑制哀思，勉承色笑。嗚呼！先大夫之事親孝，誠曲盡心力也已。庚辰秋，應恩科江南鄉試中式第十一名。主試少司寇東麓錢公、禮科給事中振岩朱公。房考江陰令秋畬汪公，以閱先大夫卷稍遲，未得掄元爲憾事。辛巳會試，下第回南。先大夫仍授經家塾，乃重修族譜。門下弟子，問字户外，屨恒滿。所得束脩資，先大夫蓋藉以孝養嚴親，兼爲弟妹婚嫁，一一遞舉也。丙戌會試卷，出翰林院編修霽南饒公房。是時，大總裁大學士尹文端公、少司馬裘文達公、少司寇陸□□公得先大夫卷，俱擊節歎賞，已擬元矣。後改置第七名。殿試第二甲第二十名。其時，先大夫以就館覺羅教授舉業留京師，纂修方略館。《通鑑輯覽》告成，議叙。適大父凶問至，而先大夫遂匍匐奔喪南歸，以不得親視含殮，幾不欲生。又念將得禄養，而遽遭大故，傷心慘目，惟有抱恨終天而已。遂卜地於吴縣善人橋銀定山之新阡，奉大父母柩合葬焉。於時先大夫以家食維艱，應廬州祝太守之聘，掌教書院。先大夫以經師人範，不憚口講指畫，造就皆知名士。今孝廉卞桐川姑丈，亦在受業之列也。庚寅，服闋謁選，得陝西石泉縣知縣。未幾，移南鄭，爲漢中首邑。甫下車，興利除弊，循聲上徹。旋調興平。邑係入川孔道，時金川用兵，羽書旁午，備著勞績。漢唐陵墓，隸境中者，俱推勘界地，一整頽廢。值歲旱，於赤日中必步禱，出常平粟，計口賑給，禁止流亡，民賴以安。尋以卓異正薦調咸寧，委理疑獄，多平反。商州民有趙成者，殺牛姓六人，卸其罪於伊子友諒。讞幾定，先大夫廉得實，寘成於法。友諒例援坐，疏上，奉特旨改宫刑。神君之稱，遍於關中矣。嗣署乾州知州、隴州知州。升西安府孝義川同知。衙署新設創建，頗勞心力。治在終南山谷，先大夫勸民開墾，以盡地力，民利賴焉。又膺薦蒙恩，擢廣東惠州府知府。先大夫聞命感激，自維一介寒儒，位二千石，惟益勵清操，以報聖天子特達之知，矢公矢慎，彌凜冰淵。粤東土風刁悍健訟，先大夫反覆開導，民知感化。戊申歲祲，首捐廉俸，全活甚衆。署惠潮嘉兵備道篆。當臺匪竊發，軍書交集，往來烈日中，綏靖軍民，稽查海口，所隸得以安堵無恐者，先大夫之力居多。然先大夫自移守粵東，清理積案，刻無寧晷，吏治漸見日新，而精神已漸覺日衰矣。

先是，有筠、有篔之粵省視，先大夫諄諄面諭云：「我深受國恩，遠宦二十年，從未爲子孫計。今年逾花甲，將引疾乞歸，以清白二字傳家足矣。」平日家書，亦用此語。故自到粵東，不復挈眷之任。又因吾母久病，留三子在家侍養，屢次乞休，以大吏慰留未果。愛惠陽西湖山水，肖東坡像於白鶴新居，而其民亦肖先大夫像於西偏，非特民不能忘先大夫，亦先大夫不能忘民也。年來有篁隨侍粵東，方幸得享期頤，以盡一日之養，詎料先大夫十一月杪赴省，忽中痰疾，有篁自惠奔視，醫藥罔效。延至十二月十二日巳時，溘然長逝，嗚呼痛哉！嗚呼痛哉！有篁等爲無父之人矣。有篁等痛念先大夫一生孝友，至性過人，起家寒素，以不逮禄養爲憾，至今歲時祭祀，不禁淚涔涔下也。親族故舊往依者，量材成就，俾資衣食。居官守清慎勤，聽訟必平其心，使兩造信服。疑獄則於萬死中求其一生，閱案牘，每至中夜不少休，以是屬吏欽先大夫範，咸砥於廉。試童子，親定甲乙，延名師，立講院，薰其德，而善良者多。先大夫服官二十年，先後如一轍也。易簀時，貧無以殮，大憲爲之惻然佽助，始得扶櫬旋里。嗚呼！尚忍言哉！尚忍言哉！

先大夫生於雍正八年庚戌八月十三日亥時，卒於乾隆五十五年庚戌十二月十二日巳時，享年六十有一。乾隆庚辰恩科舉人，丙戌進士，敕授文林郎、陝西西安府興平縣知縣，誥授奉政大夫、陝西西安府孝義川同知，晋階朝議大夫、廣東惠州府知府加三級，署惠潮嘉兵備道。配吾母金氏，初封孺人，晋封宜人，累封恭人，太學生陳宗公諱球長女。子四：長有篁，娶沈氏，乾隆甲子科舉人、乙丑明通、甘肅崇信縣知縣玉涯公諱璔三女；次有筠，娶許氏，乾隆甲午科舉人、現任陝西渭南縣知縣古芸公名光基女；次有簹，娶朱氏，乾隆癸酉科舉人、陝西城固縣知縣育泉公諱休承四女；次有箕，出嗣先叔挾仙公後，娶陳氏，中城兵馬司指揮、調光禄寺署正、改授知州瀾平公名浩三女。孫五：嵩生、藻生、佛生，有筠出；祥生，有篁出；芑生，有簹出。孫女四，有篁出者三：長未字；次許字莊掄元，廣東潮州府捕盜通判湘亭公名文和次子；三未字。有筠出者一，未字。

有篁等苫塊餘生，語無倫次，伏冀當代大人先生錫之銘誄，以光泉壤，有篁等世世子孫感且不朽。不孝孤子顧有筠、有篁、有簹，泣血稽顙謹述，降服子顧有箕拭淚稽首拜。録自顧抑如等重修《江蘇蘇州重修唯亭顧氏家譜》卷六《傳文》。

沈吉甫

諱世煒，字南雷，浙江仁和人。乾隆三十一年進士，官禮部郎中。著有《澹俱齋詩集》。《後案》。

補沈世煒小傳

本生祖世煒，字南雷，號香圃，一號沈樓。乾隆丙子舉人，内閣中書。丙戌進士，翰林院庶吉士，禮部儀制司主事，歷升員外郎中，記名御史。庚寅，雲南大主考。辛卯，順天鄉試同考官。誥授朝議大夫。録自《沈敦韶硃卷》。

副都御史管公行略

公管氏，名幹貞，字陽復，一字雪侶，號松厓，世爲武進人。曾祖淑。祖棟，配莊夫人，繼配陳夫人。父景賢，乾隆元年丙辰舉人，配史夫人。皆以公貴，誥封資政大夫、兵部侍郎、兼都察院右副都御史、漕運總督。莊夫人以下皆贈夫人。

公少孤，乾隆二十年補府學附生。二十一年副榜。二十四年舉人。三十一年大挑一等，以知縣用。榜發成進士。選翰林院庶吉士，預修國史。三十五年丁内艱，上《史夫人節孝狀》於當事，得旨建坊。免喪，仍直史館。三十九年，分校順天鄉試。是歲，記名御史。四十年，分校會試。四十二年，典試貴州。四十三年，分教庶吉士。又兼《外藩蒙古、回部王公表傳》總纂修官，書成，議叙加一級。四十五年，改山東道監察御史。仍兼纂《名臣列傳》《外藩表傳》《二臣傳》諸門。旋掌貴州道御史。四十六年，巡視西城，改京畿道御史。劾左翼税局濫罰牲隻，及副指揮馬爲玘改供縱犯等事〔一〕。

四十八年，奉命巡視天津漕務。時楊村有撥船之累，民有數歲不得釋，竟至折板者，以致沿途望風畏卻。又牐外幫有無弁無丁者，公皆奏上之。有旨下部速議，如所請。適天津鹽政徵公瑞有請官造撥船之摺，言封僱民船蠹弊。及公復命山莊，復蒙垂詢，大以前奏所言爲是，立命照辦。此受主知之始也。是秋，轉掌京畿道。復巡視西城，獲匪永七兒等多名，送部發遣。秋讞，簽商平反甚多。又獲開押寶棚者馬坤，枷諸市，人皆快悦。冬，奉命巡視南漕，旋遷户部給事中。時有漕船凍阻楊柳青者，導宿遷令以敲冰法，得全出江。十二月至瓜儀，幕無一人，嘗有句云「入座惟容今夕月，問心只有舊時冰」，蓋紀實也。次年留任南漕。

五十一年春，遷鴻臚寺少卿。甫十日，遷通政司參議。八月入京，奉命協理漕運總督事務，仍兼巡視南漕。五十二年三月，遷光禄寺卿。十月升内閣學士，兼禮部侍郎，充文淵閣直閣事。命考八旗恩監生。五十三年四月，再命赴山東協辦漕運總督事。七月遷工部右侍郎，兼署吏部右侍郎。八月，充順天鄉試主考官。十二月，奉命赴山東讞獄，輿情允服。五十四年三月，充會試總裁官。五月，奉命赴直隸查勘旗地。六月，補漕運總督。七月加兵部右侍郎、右副都御史銜。五十五年，太上皇帝八旬大慶，恩加一級。聖駕東巡，就覲行在，賜戴花翎、黄馬褂。

嘉慶元年，預千叟宴，叨賜尚方珍物，不可勝紀。公之任漕督也，首尾七年，自以受恩深重，遇有應行調劑事宜，隨時陳奏，屢屢得旨俞奬。嘉慶元年七月，會奏新令江浙白糧全運京倉，浙江船已遵行江蘇，轉以未便，部議革職。公亦引病，自疚愧悔終身也。

而天才敏贍，曲暢文情。嘗蒙恩賞《通志堂經解》，公謝摺有「仰讀聖諭，大公至正，於闡揚經義之中，即寓甄别黨私之意」之語。蓋申明御製序文徐乾學德性互相交結意，奉諭旨有「言簡意該」之奬。

觀之世好有號易堂，係公之族侄，聞其所述，得此大略。并聞公之著作有《書經一隅》《易經一隅》《詩經一隅》《問禮一隅》《規左一隅》《明史志》《説文考異》《黄門篆説義》八書〔二〕，《延陵志餘》《詩集》《文集》《詩餘偶存》諸書，又選刻友朋之詩爲《舊雨集》焉。嚴觀稿《後案》。

【校勘記】

〔一〕玘：原訛作「圮」，據孫星衍《孫淵如先生全集·平津館文稿》卷下《資政大夫兵部侍郎兼都察院右副都御史總督漕運管公幹貞行狀》改。

〔二〕八：原訛作「五」，據所列書數改。

姚雪門

諱頤，泰和人。乾隆三十一年賜進士一甲第二人，授編修，官至甘肅廉訪使。曾廷枚云：「予弟文麓南歸，將由里門省覲，即赴温觀察楚幕。先生口占二律贈云：『秋風準擬送鴻毛，不道煙霄兀自高。與爾但傾千日酒，於人且待九方皋。蘆庭取次供斑戲，蓮沼風流門筆毫。如此言歸歸亦得，南浮莫謾讀離騷。』『閑齋頻過話深更，源遠談河萬斛傾。每念不忘知己意，論交最見古人情。相逢恨晚吾真爾，且信爲佳子欲行。惆悵臨分重握手，春明門外曉煙横。』」二詩詞意清真，誠古道交也，何從著得采藻！《西江詩話》。

補姚雪門先生紀略

近世士習，槍冒諸弊頗多，嚴明之有司，盡法痛懲之，然其風益熾。公視學吾楚，喟然曰：「法治於已然，不如禁之於未然，吾憫蚩蚩者陷法之多也。要使其奸無所濟，則弊自絶矣。」試日，屬草未半時，遍用圖書親記之，圖書日一易，未記者，雖佳弗録。尤嚴覆試，以人少，弊易防也。槍冒諸奸，皆不售，故其弊不禁自絶。

公持己甚嚴，然愛士之誠，出於天性，士詩文略佳者，稱之不置口。試蕆，召諸生集署中，教以立身行己之方，與古人爲學次第。遠方喬野士，恒寬其禮數，戒門吏不得壅蔽。投刺者，立見之，斗酒款洽，和藹樂易，鄉塾師弟，不過也。精藻鑑，寒士才質可造者，供膏火，親教之署中，賴以成業者甚多。嘗語諸生曰：「凡人自待如上峻坂，前脚踏實，後脚方移，否則債越矣。」蓋推從善如登之旨以教也。任滿去，楚士思之，爲建去思碑。

後二年，復奉命廉察湖南。公大儒，不習法家言，然百姓以公之愛士，知公之必能愛己也。公慈而明，屢雪冤獄，吏不敢爲奸。時方省試，士雲集會城，公開門延納之，教誨無異視學時。廉使世稱風憲，公以儒雅治，秋霜冬雪，變爲和風甘雨，古未有也。顧士雖日晋見，無干以私者，非惟信公律身之嚴，亦愛公之深，而不忍以不肖之心窺公也。公之言曰：「名要略愛，才要真愛。總之，己要自愛。」於今士咸誦之。公長於古文，清醇似潁濱，兼歐陽公之逸宕。詩宗東坡、山谷，一洗鉛華陋習。視學時，以古人性情尤賴詩教，力倡之，楚風丕變，公之力焉。

後數年，卒甘肅廉使任，楚士多爲之制服。甘肅極邊地，公之任，眷屬皆未攜，卒後喪事，皆楚士王君棠經紀之，身致公櫬於里。論者謂公愛士之報。公平生他盛德事不誌，誌其傳於楚者，傳於楚者亦不悉誌，誌余之所知而可確信者。公姚氏，諱頤，號雪門，江西太和人，乾隆癸未一甲第二人。録自嚴如熤《樂園文鈔》卷四。

湖北荆宜施道陳公墓誌銘〔一〕

乾隆五十有二年六月二十七日，湖北荆宜施道前翰林院修撰陳公永齋卒於里第，春秋五十有一。越三年，將卜葬於吴縣某鄉九世祖僖敏公賜塋之旁。先期，公之仲弟中書舍人希哲屬予志其墓石，蔣上舍業咸亦爲之請，乃按故兵部侍郎蔣公元益所述《家傳》叙次之。

公諱初哲，字在初，别號永齋，世居蘇州之吴縣。自僖敏公以文學經濟歷官都察院左都御史，爲明正統中名臣。厥後代有文學，隱而未曜。曾大父元揚好善，能教其子。大父震，品學醇厚，從故學士何義門先生游，號爲入室弟子，贈中憲大夫。父樹勳，博通古今，沈毅闊達，以國學生游秦閩間，公卿皆折節延爲上客。相國尹文端公總督兩江，尤器重之，嘗語人曰：「立巖有體有用人也。」以公貴，封中憲大夫。

公幼有異禀，弱冠，已負文譽，補元和縣學生。乾隆二十五年舉鄉試，益潛修古學，與仲弟希哲以詞賦相淬厲，吴中有二陳之目。三十年，聖駕南巡，昆弟并以獻賦召試行在，仲弟名列高等，授内閣中書，而公以論誤寫一字置乙等，亦得文綺之賜。三十四年會試中式，廷試條對詳贍，纚纚千餘言，而書法尤端重不苟，讀卷大臣擬列第二，上嘉其切直，特擢第一。元和分縣以來，登狀元者自公始。而封君與王太恭人具慶在堂，年未及耆，鄉閭誇爲盛事。授翰林院修撰，分習國書。公一過目，即曉其竅要。閲二年，散館，復列第一。上喜曰："漢人中不易有此。"尋充方略館纂修官，入直武英殿，兼協修起居注，益以勤慎稱。

三十八年，詔開四庫館，公復與修纂。每校一書畢，即條其撰述本旨，評論當否，悉中肯綮。時館臣例得薦謄録生數人，公所舉皆寒素士。總裁諸城劉文正公、新建裘文達公，咸歎其公正。尋充文淵閣校理，再充會試同考官，一充陝西鄉試正考官。兩遇京察，俱列一等。

四十三年，特授湖北荆宜施道。甫莅任，遇歲歉，即捐廉以振饑者。明年，江水暴漲，溢沙市堤，公令吏民載土囊權塞之。親履堤上督視七晝夜，水漸退，民居得無恙。又明年，出俸錢加築堤，堤益以固。歲旱，依《春秋繁露》祈雨法，又步禱龍神廟，雨應時降。荆州向有榷關，使者歲一更易，税額屢缺，上令裁去，以大吏兼轄，督撫奏公領其事。檢束吏役勿分外需索，税額既足，商民亦無怨言。

四十八年，丁王太恭人憂，奔喪旋里。越二年，又丁封君憂，殯斂之禮，一遵古法。故宅在城東隅，公與仲弟各拓數楹，以爲封翁娱老之地。至是，遵遺命悉讓季弟同哲，而各買新宅。公所居在古雪衖，於屋旁築樓三間，擬奉先人栗主爲家祠。而庭中稍置坡石，顔曰「小蓬瀛」，有栖心物外之志。工垂成而奄忽下世，悲夫！國初詞臣，沿明舊制，凡進士第一人無外用者。今天子慎重吏治，内外一體，遂有以大魁而授監司者，自會稽梁公國治、鎮洋畢公沅及公而三。然兩公皆曾轉坊局，公直以修撰得之，以是知上之將大用公，而銜恤痛深，旋復摧折，此朝野所深惜者也。

公初娶張恭人，壬申舉人鵬之女，早卒。繼娶蔣恭人，例贈奉政大夫仙根之女，善文翰，庀内外事甚飭，人以爲得賢内助。子兆雄，早卒；次兆炎。孫若芝，俱幼。

公以儒學登上第，而内行淳備，孝友任恤，人無間言。家居不喜與長吏還往，亦不臧否人物，遇故舊謙抑自下，識度宏遠，人莫窺其際。詩文冲和恬雅，似其爲人。書法似顔魯公，晚年不輕下筆，友朋得其寸楮，争藏之。銘曰：

鳳翔千仞，鵬摶九霄。毛羽既成，攖身最高。木天芸閣，珠玉揮毫。匪惟文章，經濟克劭。盤根錯節，小試孟勞。霖雨一滴，膏澤崇朝。温飽匪志，行誼足式。歷試無玷，斯爲全德。天不假年，中道而息。大名既成，遑争晷刻。鬱鬱佳城，信敏之側〔二〕。

青松白雲，垂聲無極。錢大昕撰《潛研堂文集》。

【校勘記】

〔一〕題目錢大昕《潛研堂文集》卷四十四作「湖北荆宜施道前翰林院修撰陳公墓志銘」。

〔二〕之：原脱，據《潛研堂文集》補。

師友淵源録后案卷二十二

交契三

陝西道監察御史任君墓誌銘

君諱大椿，字幼植。其先爲王氏，在元爲山東行省平章事者曰王信，其子宣繼居父職。元亂，避居興化，改姓任氏，爲任之十三世，爲歲貢生鑣。其子晋中，乾隆乙未科進士，官徽州府學教授，是爲君祖。生庠生葆，爲君考。祖、考皆以君得贈朝議大夫、禮部儀制司主事。

君之少也，穎敏於學，爲文章有盛名。又和易謙遜，人無貴賤，靡弗愛君。然君固有特操，非義弗敢爲，故少至老，終於貧寠。乾隆庚辰恩科，君爲舉人。中己丑科二甲一名進士。故事，二甲首當爲庶吉士，人皆期君必館選矣。然竟分禮部爲儀制司主事。君每日自官所歸，輒鍵户讀書，如諸生時。

值詔開《四庫全書》館，大臣有知君才，舉爲纂修官。是時，非翰林而爲纂修者八人，鼐與君與焉。君既博於見聞，其考訂論説多精當，於纂修之事尤爲有功。其後鼐以病先歸，君旋遭艱居里。既而鼐遇君於淮上，當是時，《四庫書》成，凡纂修者，皆議叙竢之，八人其六盡改翰林矣。大臣又以鼐與君列之章奏而稱其勞，請俟其補官更奏。君於是初服除，將入補官，亦以見邀。鼐以母老謝，君獨往。大臣竟不復議改官事，君自循資遷員外郎中，保御史。乾隆五十四年四月，授陝西道監察御史。甫一月而卒，年五十二。

君賢者，居曹司，固亦佳吏。居言官苟非日淺，亦必有所見，然終不若以文學居翰林之爲得人也，而惜乎其竟抑不得也。君事父母，能於貧匱中盡其養。待族有恩誼，而不可使爲諂瀆。所成官書外，其自著者曰《經典弁服釋例》十卷、《深衣釋例》三卷、《釋繒》一卷、《字林考逸》八卷、《小學鉤沉》二十卷、《吴越備史注》二十卷。惟《字林》已刊刻，詩集已刊者四卷，其餘與雜文未刊者，又若干首。君學博奥，而於爲詩則尚清遠，不多徵引，曰：「此非詩所貴也。」

娶趙宜人，無子。没三年，弟大楷始生子熾炎，以嗣君。又十二年，葬君於某處。鼐昔者與君本相知，及同處《四庫》館，則朝晡無不偕。有所疑説，無不相論證也。退而偶有尊酒召賓之設，無不與同也。閲今二十年，同居館者，死亡殆盡，而鼐僅存。君弟大楷來求爲誌，乃悽懷而銘之曰：

嗚乎！幼植之瘞，不居文章之官，而既爲其事矣。不至耆耇之壽，而著書足名後世矣。生不見子，而没可祀矣。吾爲銘之，足慰君志矣。姚鼐撰《惜抱軒文集》。

秦漪泉

諱泉，江蘇無錫人。乾隆三十四年進士，官編修。

温印侯

諱常綬，山西太谷人。乾隆三十四年進士，官太常寺少卿。事實待訪。

補皇清誥授朝議大夫巡視天津濟寧漕務掌户科給事中誥贈通奉大夫陝西布政使温公墓表

公諱常綬，字印侯，號少華，姓温氏。先世自山西洪洞，徙居太谷之敦坊，都累葉厚德，距城二十餘里，有温家道，即公高祖州佐公所修。祖、父皆有名爵，至公更由科第，以文學政事顯聞天下。

公天姿純懿，生平不妄言語。事親孝，兄弟白首友愛，交遊間重其信。其學有體有用，得之牛運震先生。牛故晋陽名儒也。公於書無不讀，有得輒疏記，自爲諸生至顯秩，手一編不倦。於經自《尚書·考工記》《春秋三傳》，書自《論語》《孟子》，詩自杜少陵、李義山，并有箋注論説。在翰林時，同館博核咸推公。典試浙江，所得士類實學。督學陝甘，尤多所成就。關隴士知讀經史，明聲律之學，由公始。回民之隸學者，并感服，稱爲山西夫子。

既由翰林改御史，升給事，漸向用。謂：「此吾學自見之日。」益留心古經濟。壬子歲，直隸天津、河間等府災，饑民就食京師，設十廠，日計賑數萬人。城外復設五廠，趨食者踵至不斷。時公巡視中城，謂：「國家施恩，貧民至矣，口衆難遍給，多人不能無生得失，於國重費。今保定、天津、河間、順德、廣平、大名等府屬，俱有應修城垣工，可代賑也。」或以年不順成、土功不興難之，公曰：「政有通變，此法宋范仲淹行之於兩浙，朱子嘗效之，今日策無善於此者。」疏請於朝。得旨允行，省費巨萬，而京南民無流徙之患。會有巨奸爲民蠹，公白梏懲之不少貸。在職不避嫌怨，畿路肅清。私聞人語云：「昔人謂膽落於温御史，今復然矣。」

漕務號難理，糧艘又數逾期，易獲譴。公奉命視天津兼濟寧漕，明察難欺似劉晏，征調催趲有法似范旻，其持大體，恤丁弁，張士遜不能過，弊清而事集，帮船抵通，較往歲爲速。先公膺督學之命，陛辭，天語褒獎有「汝人明白誠實，用汝尚不止此」之諭，至是皇上益器公能，將重委任。而公以勤於職，途次得疾，回津門，遂篤。

公卒時，惟子郎中君承志及三子承恩在側。長子布政君承惠備兵陝右，剿禦方急，墨經留軍中。謹按《禮》「大夫士既卒哭，弁經帶金革之事無辟也」。《春秋·襄十九年八月》經書仲孫蔑卒，次年正月，即書仲孫速會莒人盟於向，秋帥師伐邾。曾子稱孟莊子之孝，國事重義，不得顧家。况公垂殁時，諄諄諭郎中君寄信布政君，以父子兄弟世受恩，勉力王事，公爾忘私，古之訓也，吾之志也，豈以能匍匐千里，拊棺一哭爲孝哉？布政君承遺命，悚然益感奮，崎嶇關陝，前後八年，卒平賊，得旨由陝西布政使司，調河南布政使司。乃入覲陳情，乞假營葬。以嘉慶九年二月某日，奉公柩與母蘇太夫人、杜太夫人合葬於邑白城鄉之原。布政君於國爲忠，於家爲孝，而皆本公之貽謀垂訓。

公享年六十五，與高宗純皇帝千叟宴，今又奉旨祭葬，遠近集觀，聞者感嘆，可不謂生榮死哀也與！凡公生平，歷官先後，祖、父名字，及子姓之昌熾，與夫生卒年月，詳具家傳，并戴尚書所爲公墓誌銘，不復書，書其學問事業之大，卓然可傳於天下後世者。過公墓者，覽於斯表，庶有以知公不朽云。録自戚學標撰《鶴泉文鈔續選》卷七。

顧修浦

諱長紱，建昌人。乾隆三十四年進士。五十五年，公任陝西糧道時，覲謁公署，留居三月，服食起居，幾忘身客異鄉。每於顧曲之時，必念先君，稱爲同調而早喪也。及再見於武林臬署，情誼愈舊，留連十日。觀返吴門，是後天各一方矣。《後案》。

候補郎中前雲南巡撫江公墓誌銘

子夏氏曰：「事君能致其身，吾必謂之學矣。」若夫章疏施行於朝廷，膏澤旁流於黎庶，武功卓著於疆埸，勞績敷宣於水土，遂志竭忠，酬恩戀闕，見之於侍郎江公焉。公諱蘭，字畹香，一字滋伯，號香祖，安徽歙縣人。始祖諱汝剛，宋通判歙州軍事，遂家焉。曾祖諱茂華，祖諱瑞霦，考諱進，皆以公官贈光禄大夫。公少習小舉子業，工詞章。恭應乾隆二十七年南巡召試，以資由國子監典簿升兵部，爲郎中。才顯受知時相傅文忠、阿襄武、劉文正，及額駙福公，交章薦擢。復以升銜保留。凡歷鴻臚卿、大理少卿、太僕卿，皆兼兵部。以軍功賞戴花翎。簡放河南布政使。調雲南。復任河南，擢巡撫矣。

居憂時，因豫省考城城工被劾，左遷道員。服闋，授大理少卿。出爲山東布政使。四署東撫及河督。又因曹縣盜案罣議，左遷按察使。特調仍署巡撫。入覲，升還二品銜，授雲南按察使。未至滇，以經略大學士貝子福公保授翼長，效力苗疆軍營。尤著功績，超升雲南巡撫。皇上親政之歲，陳情乞内，恩授兵部右侍郎，管理萬年吉地工程。終始樞職，敭歷中外。高宗純皇帝及我皇上，恩遇可謂隆矣。

嘗考公生平建白條奏事宜，即奉俞旨及交部議准行、施諸律令者，凡若干事。於京卿兼兵部時，奏定查閲營伍提鎮處分。又奏武會試分闈，及殿試前覆驗弓馬石斤。又奏各部院寺行文，請於辦理完竣後，不得逾五日之限。并鋪遞公文，稽查例限議處。又奏揀發衛千總武舉，酌給馬糧。又奏州縣自理詞訟，飭令該管知府直隸州，實力查催，依限完結，分别處分。又奏盛京讞案招供，向無隨本揭帖，請照各省，一體揭送。又奏各省緑營拔補千把總，專精鳥鎗與專精弓馬，一律拔補。又因山西省幕友程姓家人高升，主使轎夫趕毆王彥輔落溝身死案，該省原問未將程姓叙入。公奏請飭各省遇有此等案件，毋得稍有瞻狥。又奏馬場牧官兵丁，支領俸餉事宜。皆奉旨依議。

於外任時，在雲南奏革退兵丁，宜有區别。及營汛兵餉，均宜責成文員，公同監放。在河南奏災民賤賣田産及鬻賣子女者，勸諭富户放贖。皆奉旨獎是如所請。又在山東、河南，俱改定典利三分爲二分。在雲南，又奏將民人潛入夷寨，及竊盜鬥毆干犯服制，愚民易犯各條摘叙，簡明罪名。於朔望宣講《聖諭廣訓》之後一體明切證明講解，實力奉行，得旨：「甚當。」其餘錢政銅鹽，倉庫城垣，無不具舉，而於辦災及放贖田産子女事尤悉心。

任侍郎時，奏請各省實力整頓塘汛弁兵，又請各省差操民壯，亦皆奉旨如請焉。公前後奏議，惟請以户部報捐平餘銀，及奏定制錢每百輕重暫以二小錢當一大錢二事未准行。陋規錢斤，固宜禁制，第措論過當耳。

公爲人亟於公忠，每因事忤同官，不留餘地，致釁招咎，職此由也。由是屢被參訐，如河南城工、山東盜案、雲南災案，皆由公過。是以上荷恩原，不加重譴。至在雲同剿辦狆苗、黑猓、沙猓、奮狫成功，適與《明史》所載公從祖江都之宦跡相同，未嘗自伐。抱母井水災未報，過非一人，而公獨任其咎。皇上明察，僅予革職。公復感恩，思竭涓埃之報，仰奉甄録。復起，效力河工四載，備極勞勩。叙功薦升郎中，赴京謝恩需補。

前年親子夭亡，夫人爲添置侍媵，公即遣去。今年，夫人歿，皆不暇内顧。而公亦旋以積勞致疾，於嘉慶十二年八月二十四日卒於京邸，享年六十八歲。夫人同邑巴氏，長公一歲，賢明知大義，因公子姓未衍，多置箴室，并先擇繼本宗子二人，勖之以寬，濟之以惠。六親姻睦，僚屬稱仰，靡不悼嘆焉。子三人：嫡寧，以巡撫蔭主事，加捐員外郎，已婚，殁；定，候選州同知；平，分發山東候補知府。孫一人：之瀛，公猶子候選郎中士栻之子，立爲寧後，以承公重。餘載《家傳》。公所著有《奏稿》十帙、《詩集》三帙、《正大營征苗日記》一帙。

梧以内戚知公悉，又嘗聞公言，在正大營時，堂守帥旗後殿，其大義忘身，可以爲學仕者風矣。及攻下黄草壩，捧鮓諸圍城，奏章凡數，歸功於人，所謂知大體者耶。故撮舉其行略，著於碑。銘曰：

有漢黄霸，仕而後學。矧公詞科，師齊舉劉。老嫗告公，儀封合龍。贖兒還翁，氏汝以江。冬寒有褲，春犁有具。息減民使，贖多商裕。文官監放，武舉試兵。烏鎗嫻習，壯技以精。手持蝥弧，萬衆一呼。殿歸城門，相迎於途。夾攻種苗，深入猓黑。功成不言，大樹維則。毁家紓難，爲臣之職。臣受國恩，何敢家食。樹立煌煌，觀公疏章。橙之子培，垂輝雲來。宣防胼胝，公在河溪。鐵衣龍旂，公揚武威。片苗巡撫，光於從祖。竭忠殁寧，榮哀簪組。洪梧撰。

唐芝田墓表〔一〕

唐侍陛，江都人。祖綏祖，兩湖總督。父扆衡，迤西道。侍陛於乾隆三十年以蔭補山盱通判。時湖水暴漲，而正陽未報長，有正陽報長而湖不漲者，大府檄侍陛勘之。歸，呈《圖説》曰：「淮出桐柏千里，至正陽所并之水已多，正陽長落固可爲誌。但由正陽、懷遠，則潁、肥、洱、洛、天茨諸水注之。又至臨淮，則渦、淝、澥，東、西、南濠，月明湖諸水注之。又下則合沱、澮、潼、漴四水注之，始迄於臨淮。諸所并水，潁、渦爲大，若正陽以上水未長，而潁、渦驟長，湖必漲，正陽不知也。正陽報長，而潁、渦不長，淮至正陽下，且將倒盈諸水之科而後進，迨歸湖十僅二三，是以湖不與正陽相應。宜增設懷遠、臨淮兩志桩，與正陽相證，乃不僨事。」從之。

署宿虹同知。夏家馬路，黄運交偪，裏河水淺，將漫堤，侍陛效黄水清水龍法，疏河底淤。徐州城外增築石工，石磯嘴增爛石工。衛河水弱，漕艘不利，請掘地千二百丈，引沁挾濟，以助衛河。立捕蝗法，蝻盡而民不擾。於其去也，民争送者萬人。尋調裏河，復調銅沛。決下游，使水迴溜停淤，兩堤合一。

卓異，升鄖陽府。懲鈔關苛索之弊，凡空船皆不征人載，但稽人載税百文。舟大者一再倍爲限。四十五年内丁内艱。服闋，將入都。時河南青龍岡屢築屢圮，阿文成公桂特奏侍陛悉河務，奉旨發河工。建議開蘭陽引河，至商邱，歸正河。復請於儀封十六堡增開引河口史村。夏水發，果分爲二派，一由新引河，一繞儀封舊城之地，達所增引河，又於毛家寨增築月堤千餘丈。雎泛七堡，建挑水壩，溜勢乃暢，下無潰决。次工竣，擢開歸道。

調河北。時屢奏安瀾，侍陛測河勢，知將有變，請於銅瓦廟工大堤後增築撐堤二百四十丈，河督以無故忽興大工難之。固請，乃行。次年夏，銅瓦工内塌决，不移踵，侍陛請於新築撐堤内掘地數丈，使水迴溜而入，俾大堤撐堤合爲一，從之。堤合而險平。修書院，增膏火，輯《三郡志》。

調山東運河道。兖沂曹濟道，以失察前曹縣民毆斃飢民案降官。五十九年以疾歸〔二〕。年七十二卒。侍陛嘗論治河之要曰：河行挾沙，治法宜激之，使怒而直，以暢其勢。其勢曲，以殺其威，無廢工而不可偪，無争土而不可讓。守此岸而虚彼岸，治上游則防下游。皆名言也。子瑩。阮元撰《研經堂文集》。

【校勘記】

〔一〕阮元《揅經室二集》卷六收《山東分巡兖沂曹濟道唐公神道碑銘》一文，未收此文。此文雜亂無章，屢見訛誤，蓋爲初稿。故録《碑銘》於後，以補《墓表》之不足。

〔二〕五十九：原脱，據《山東分巡兖沂曹濟道唐公神道碑銘》補。

補山東分巡兖沂曹濟道唐公神道碑銘

揚州郡城，垂三百年之舊家，以宦績著者，唐氏其一。唐先世由泰州遷高郵，復遷江都。八世諱虞，明進士，虞生明獻。明獻生之日、之天。之天官靈山縣知縣，生詩，詩爲之日後。詩生六子：紹祖、繼祖，皆官翰林；綏祖，由舉人知縣，歷官江西、湖北巡撫、兩湖總督，綏祖生扆衡、秉衡。扆衡歷官至迤西道，生侍陛。秉衡早卒。總督公命侍陛爲之後，即兖沂曹濟道芝田公也。

公字贊扆，又號悔庵。幼讀書，補恩蔭生，隨總督公任，習奏牘文案。屢試未第。乾隆二十六年蔭生，引見，以通判用。二十九年，發南河。三十年，題署山盱通判。三十二年，實授通判事，署宿虹同知。三十六年，調裏河同知，復調銅沛同知，暫署外河同知。三十七年，仍以銅沛管外河事。四十年，以在工屢著勞績，舉卓異。四十二年，升湖北鄖陽府知府。四十五年，丁本生母劉恭人憂。四十七年，服闋。將入都，時河南青龍岡屢築屢圮，阿文成公特奏公精明强幹，熟悉河務，請旨發河工。途次得旨，逕赴河南。四十八年，以河歸故道，擢授開歸陳許道。四十九年，丁母孔恭人憂。五十一年，奉旨署河南河北道。五十五年，丁本生父憂。五十七年，補山東運河道。秋，調兖沂曹濟道。五十九年，以失察前曹縣民毆斃饑民案，降級調用，遂以病歸，不復出。嘉慶九年十一月朔日，卒於里第，年七十有二。

公生名門，讀書通治理，服官數十年，有功於河淮者爲多。洪澤湖五壩龍門水誌，舊以上游正陽報水誌長落尺寸爲準。乾隆二十九年，公官山盱通判，湖暴漲，而正陽未報長，且亦有正陽報長而湖不漲者。大府委公勘之。公遍歷各縣，歸，呈《圖説》曰：「淮出桐柏千里至正陽，所并之水已多，正陽長落固可爲誌，但正陽以下，潁、肥、洱、洛、天芡諸水雜注之，乃至懷遠縣。又下則有渦、淝、澥、東西南濠、月明湖諸水注之，乃至臨淮縣。又下則有沱、澮、潼、漴四水注之，迄於盱眙縣。所并諸水，潁、渦尤大，若正陽以上水未長，而潁、渦諸水驟長，湖必漲，正陽不知也；正陽報長而潁、渦諸水不長，淮至正陽下且將倒盈諸水之科而後進，迨歸湖十僅二三，是以湖不與正陽相應也。宜增設懷遠、臨淮兩誌桩，與正陽相證，乃不僨事。」大府用其言，請以行。故今懷、臨兩誌桩之設，自公始。

公赴豫工時，阿文成公與河督議改河之策，決計於公。公曰：「今全河下注，非土埽所能當，欲逆挽歸正道，難矣。今但於南岸上游百里外開引河，則不與急流争，其全勢易掣，以逸代勞，此上計也。」文成公始定計開蘭陽引河，至商丘歸正河，以公總其事。功以成，得旨嘉奬，擢開歸道。公管南岸工時，新引河堤初成，溜逼甚險，乃復請於儀封十六堡增開引河，曰史邨，歸舊河，達大河。夏水發，果分爲二派，一由新引河，一繞儀封舊城之南，達所增引河。又於毛家寨請增築月堤千餘丈，睢泛七堡，建挑水壩，溜勢乃暢，下無潰決。自公管南岸，駐工防守，迎溜決幾者二十餘處，皆急護無患。

五十三年，官河北道時，屢奏安瀾。公測河勢，知將有變，乃請於銅瓦廂工大堤後，增築撑堤二百四十丈。河督蘭公第錫以爲歲修有定款，搶險在臨時，今非時，無故忽興大工，難之。公固請，乃行。次年夏，銅瓦工内場決不移踵，調任河督李公奉翰初視河曰：「奈何？」公曰：「若待其場透，必大決，決則全河頓徙。今當於堤之下口新築撑堤，内掘數丈，使水迴溜而入，入必淤，淤則大堤、撑堤合爲一。是河直注之力已殺，而堤可保。」河督從之。堤合而險平。河督曰：「君之所以出奇制勝者，在前此之預築堤也。」公前官銅沛時，亦決下游，使水迴溜停淤，兩堤合一，是公善用放淤平險之策也。

又宿虹之夏家馬路，黄運交偪，公親捍其險。裏河水淺，將漫堤，公住舟中，效黄河清水龍法，疏河底之淤，堤乃安。徐州城外增築石工，石磯嘴增爛石工，城乃無患。衛河水弱，漕艘不利，公請掘地千二百餘丈，引沁挾濟，以助衛河。其他畫策弭患者，不可悉數。公嘗論治河之道曰：「河行挾沙，治法宜激之使怒，而直以暢其勢，曲以殺其威。無廢工而不可偪，無争土而不可讓，守此岸則慮彼岸，治上游則防下游。」皆名言也。

公官宿虹時，立捕蝗法，率官弁按鄉搜撲，螨盡而民不擾。於其去也，民争送者萬人。

守鄖，懲鈔關胥吏苛索之弊，嚴申禁令。凡空船皆不征人載，但稽其人舟載稅百錢，舟大者一再倍爲限，商旅便，而稅亦無缺。觀察河北時，修書院，延師課士，增膏火資。輯三郡志書。其他諸善政，不具書，書其治淮河事之大者。

公元配吴氏，封恭人。子二：長瑩，戊午科舉人，側室劉氏出；次鋆，側室姚氏出。十一年六月十四日，葬於城西卜家墩新塋。

元與公弟仁埴爲同年舉人，又與公子瑩爲同學生，瑩請爲碑銘。既葬，而瑩卒。十二年秋，乃踐諾爲銘。其辭曰：

浩浩洪河，湯湯淮水。履之測之，知水之理。灑之釁之，曲彼直此。民田民居，河淮之東。决則爲害，治則爲功。受其益者，孰知唐公。公若不歸，將總河政。惜未竟展，居里而病。清白之家，終焉無競。鬱鬱新阡，公所自卜。若斧若房，拱兹宰木。勒碑刻銘，拜者來讀。録自阮元撰《研經室二集》卷六。

蘇松督糧道章公墓誌銘〔一〕

君諱攀桂，字華國，一字淮樹。先世自建州浦城數遷而居桐城。十餘世至君祖諱紹七，考諱天祐，皆以君貴，贈中憲大夫。君歷仕甘肅渭源知縣〔二〕、武威知縣、江南鎮江府知府、江寧府知府、蘇松督糧道〔三〕、松太兵備道。

其在甘肅，年甫三十，强果任事，獲久逋巨盜〔四〕，總督特奏其功。引見，純皇帝甚器之，命擢同知。總督未及擢，上已特命知鎮江府。旋以才優調首府。君博知天下利病，所莅官，興廢多得宜，而尤明於地形勢。純皇帝南巡狩，始皆自鎮江陸行至江寧〔五〕，詔改通水道。大吏使君相視，衆初謂昔吴陳勛鑿句容破岡瀆，下達毗陵，六朝因之，隋始廢，今可復也。君往來察之，以爲句容茅山岡石巨勢高，鑿之極難，縱成瀆，非閘不可儲水，其勞費無已。不若從上元東北攝山下鑿金烏珠刀鎗河故道，以達丹徒，工力省而後修易〔六〕，可永爲利。大吏如君議上奏，令君監修。君鑿瀆百里，既成，謂之新河。御舟行甚安。而數十年至今，商民率避大江之險行新河，君之力也。純皇帝嘉其能，故君方以糧道被吏議，而上巡至，即以松太授君。

君好士獎善，樂施予〔七〕。自鎮江、江寧，及至松江，興理書院，撫恤嫠困，人多賴之。乾隆五十年，安徽大旹，桐城尤甚。君時在松江，聞之，出萬金以救飢者。又以糴米以振，必驟長市價，乃先於他處購山芋、玉米數千石運至，所全活無數。既而又爲疫死者葬埋。君平生惠閭里族黨之事甚多〔八〕，而兹其最巨〔九〕。其時君妣黄太恭人里居〔一〇〕，哀飢者，多所救恤，君迎養，不肯往，遂請告歸。黄太恭人時健甚，然逾年遂卒，人謂早去官而獲送終，亦其孝也。自是，君不復仕，或居里，或居金陵。

居金陵時，鼐主鍾山書院。錢塘袁子才於金陵城内作園林，甚盛麗，丹徒王禹卿時來遊，與君皆有聲伎。三君召聚賓客，鼐亦與焉。然君及禹卿皆内耽禪悦，事佛甚精，子才時譏之，二君不以易也。六七年間，子才先亡。鼐歸，不復渡江。俄聞禹卿喪，今又失君矣。余悵然寂處，追思昔遊，真如夢幻，然則二君之歸心釋氏，庸爲過乎？君卒於金陵，豫剋期辭交遊。以嘉慶八年十二月二日卒，年六十八。嘉慶十年閏六月十六日葬於懷寧西馬鞍山之北麓〔二〕。夫人先後皆吴氏。子維極，候補知府；維桓，乾隆己亥科舉人〔三〕，兵部武選司員外郎。女二。孫四。子才、禹卿之卒，鼐皆銘其葬矣，今君子請銘，誼不可辭。銘曰：

趨世工而建有功，植財豐而能濟窮。生也憂樂與世同，超然一往遊虚空。書其可稱以飭終，寥乎趣嚮誰能窮。姚鼐撰《惜抱軒文集》。

【校勘記】

〔一〕題目姚鼐《惜抱軒文後集》卷七作「中憲大夫松太兵備道章君墓誌銘」。

〔二〕君：原脱，據《惜抱軒文後集》補。

〔三〕道：原脱，據《惜抱軒文後集》補。

〔四〕逋：原訛作「捕」，據《惜抱軒文後集》改。
〔五〕皆：原脱，據《惜抱軒文後集》補。
〔六〕後：原脱，據《惜抱軒文後集》補。
〔七〕予：原脱，據《惜抱軒文後集》補。
〔八〕平生：原訛作「乎」，據《惜抱軒文後集》改。　甚多：原脱，據《惜抱軒文後集》補。
〔九〕其：原脱，據《惜抱軒文後集》補。
〔一〇〕君：原脱，據《惜抱軒文後集》補。
〔一一〕閏：《惜抱軒文後集》無。　十六：《惜抱軒文後集》作「一」。
〔一二〕乾隆：原脱，據《惜抱軒文後集》補。

西安府知府田公墓誌銘

吾友商山田公卒於西安府署，吾祭而哭之曰：古誼忠肝，赤心熱腸。嗚乎？此足以知公矣！

公諱錫莘，字道耕，行五，山西汾陽人。年十二，父剛麓公命嗣叔父觀察公，事觀察及母王太恭人如成人。五年而隨公任觀察湖南，從名師彭念堂游學，折節有聲湖湘間。逾年，觀察卒，無餘資財，匍匐扶柩歸。歸甫逾年，以父任詿累，逮下湖南獄。至對獄，正色直詞，不爲使者撓屈，事卒得白。是時公年十九。湖南大吏及治獄使者前大學士阿公僉曰：「田公子非常人。」獄既竟，再歸汾陽，事繼母闞太恭人孝。葬觀察以禮，家益落。乃遵豫工例，得知縣試用甘肅，年甫二十餘。面正白，方頤大口，耳垂輪，眉目疏朗，吐音清亮。每大府見輒優異之。

初借攝東樂縣丞。當是時，準夷跳梁，軍需旁午。上官屢委公劇務，事立辦無羈者，上官以爲能。補平凉縣知縣，調新疆之淵泉，時乾隆二十六年也。會提標兵移住伊犁，遠幾萬里，兵臨發，求借餉不得，聚千人古廟，將鼓噪。公聞，單騎往至廟門諭之曰：「爾知淵泉知縣田某乎？有言必信。爾事不集，盍求我？」衆立定。公走馬曲請，上官慰其意，衆遵約束行，兵弁得全，公所活也。兩攝肅州，升任河州。河湟民至今念德。擢知慶陽府，調凉州，即護甘凉道。以迴避改知陜西鳳翔府，直金川軍需凱旋孔道，辦治最繁。

四十一年，調知西安府。余辛卯寓京師，即聞河州田刺史名。甲午至西安，公方守凉州，未得見。公移守鳳翔，至省會見余，談頗洽。既去，每語人曰：「戴先生非徒文學，乃倜儻偉男子也。」余亦以英偉重之。相與切劘道義，或下上千年治亂之故，其論多人所未發，所慕賞類古名臣，能爲國家肩大事者，余益欽其器識，非徒負氣人也。比莅西安，余乃落落不輕詣其署，而公益重余。余方望其益展所藴，惠首郡爲全省表率，而公亦勵精新政，矢清白，躬勤勞，摧强禦。余方樂觀其後，而大府亦重公，每輒報最，將擢監司，益倚毗不遠，而公不幸死矣！

公命其長子畿從余遊，公未病時，畿往應山西鄉試，未得歸，病且亟，尚端坐能言視。余叩之曰：「公平生獨無未了事語妻孥者乎？」公曰：「無。」予又曰：「吾與公爲昆弟交，幸能言，亦有一言相屬乎？」公張目曰：「公以我爲死耶？此病不足以死余。余生平嗜酒，喜威儀，飲至數斗，不亂益整。」以此自雄，亦以此死。比死，終無一語及家事。蓋其身雖死，而其壯志固不消也，其可痛也哉！

公坦中任人，其臧獲頗有侵盜，卒不問。性倨不能自抑，然其事上交友，實赤心無他腸。其待戚友僚幕，下及門客，揮千金無德色。茶鹽同知山東李君、崇信縣知縣貴州張君，皆卒官，負累不能歸，公經紀其喪，護歸其柩，與其孥費千金以上。張之家畫像奉公，祝曰：公壽百齡。而公不及五十死矣。公生於年月日，卒於年月日。配張恭人。子三。女三。長子畿最好學，趨向甚正，乞余銘。銘曰：

俠耶儒耶？循吏良臣耶？大節克貞，吾以觀其後之人。戴祖啓撰《師華山房文集》。

陝西糧道王公行略

王公時薰〔一〕，字對南，號寅庵，河南武安人。乾隆間援例選得隨州知州。每放告呈詞以千計，其中争墳地者十之九，大抵利在山場樹木，輒以前代無根契券，及雜書族譜影射争佔。向來牧守，率以便道候勘緩之，以故訟愈多〔二〕，刁者愈肆，其所爲弱者，又懼拖累，轉得遂其所欲，原不在審與勘也。公廉知其弊，居三年，聽察如神，隨因大治。

加捐選漢中府知府，以威信服之，所領一州八縣十年之久，無一貪墨聞者。而平棧道，修城垣，治渠水，勸農桑，崇學校，清庶獄，不可枚舉。調西安，升糧道。在任八年。七署臬司，一攝藩篆，人稱其察及秋毫，不博寬大之名，而於物亦無所害，誠公論也。

乙未卓薦入覲，奏對稱旨，坐升按察使。益自淬勵，於一切案情，虚心體鞫，夜以繼日，執法以嚴，期副辟以止辟之義。嘗謂求其生而不得，猶不敢自謂無憾。惜年祇五十二而卒於官。

公子中玗，庚寅舉人。中地，辛卯舉人。中塏，丁酉舉人。繼公之志，不止克紹箕裘也。

先君遊秦最久，知公性好吟咏，嘗述公之論詩曰：「詩爲心之所感，志之所發。漢唐以後，繩之以法律，範之以聲韻，愈求工而《三百篇》愈遠。予於詩，興之所至，信筆直書，未嘗計工拙，殆所謂感而動，觸而通，有莫之致而至者。」真至言也。公著有《漢南集》《得露集》。先君序其《秋螢集》，略曰：「公家於鄴，有韓魏公之遺躅。讀公之詩，不規規求合魏公，而悠游夷愉，一一神似。是殆擩毫於先達之流風，而勤於政事者也。」嚴觀撰《後案》。

【校勘記】

〔一〕薰：原訛作「熏」，據《録》改。

〔二〕以：原脱，據張本補。

蔣瑩溪

諱騏昌，江蘇武進人，官醴泉縣知縣。以下十七人事實待訪。

補陝西興安府漢陰通判蔣君家傳

君諱騏昌，字雲翔，一號瑩溪。遠祖敷，當前明時，自宜興遷武進之四河口。祖梧，贈資政大夫。考炳，爲御史，有直聲，歷官總督、倉場户部侍郎。前母陳夫人，母楊夫人。侍郎公四子：麟昌，翰林院編修，早世；龍昌，嘉應州知州；熊昌，潁州知府；君其季也。

幼而聰穎，爲資政公所鍾愛。所從師，皆一時名宿，學烝烝日上。侍郎公巡撫河南。調湖南，以秋讞擬議失當被逮。大吏至常州籍産，君與兄陳詞侃侃，大吏心異之。侍郎公軍臺效力，兩兄從赴塞外。君奉母居祖屋，稱貸度日。既而侍郎公蒙恩賜還，以司員直軍機。旋授甘肅布政，遷倉場侍郎。君既隨父歷中外，遂能諳悉吏治。侍郎公卒，喪葬以禮。

歷應京兆試，薦而未售。甲午，試江寧，主司已備中，復以額溢見遺。母夫人謂君有用才，失時可惜，宜黽勉自效，遂入資爲令。揀發陝西，初攝沔縣，真授醴泉，調臨潼，復攝朝邑，遷漢陰通判。聞母夫人病耗，熱河引見後，即在部請急歸省。及抵家，已棄養。君念仕以養親，親亡，何復仕爲。自此，遂無進取志，知交勸者，皆婉言謝之。

生平篤於倫紀。與潁州同居，共葺家乘。在醴泉時，有分賠官項四千餘金，編修子純裕既貧，嘉應罷官，亦中落，或全或半，爲之代完。家故不豐，而贍恤姻族，佽助友朋，皆盡力。尤好善舉。嘉慶戊辰，吾郡旱災，君在賑局，以公慎自矢。時城河淤淺已久，議以賑之所餘開浚，然費不足，必更捐金乃辦，人皆難之。庚午春，君力成其事，罔恤勞怨。工甫蕆，而身已病矣。性尚氣，往往面折人，使人難受，久之皆亮其無他腸。與予交，頗莫逆，予嘗附於諍友之列，君不以爲牾也。能書，好學，著有《歷代輿地考》《篆隸偏旁考》《聞見巵言》《列岫山房詩草》。

生乾隆五年八月七日，卒嘉慶十五年十月九日，春秋七十有一。娶華亭王氏，再娶程氏。子純豫，國子監生。繩武，候選，未入流。皆先君卒。純豫，未婚。繩武，無子，以兄子純健之子詠爲後。

論曰：君宰關中時，值軍書旁午，事皆能集且聞，所至頗有興舉，顧君不言，而子又死，遂無能道其宦績，第觀其居鄉而勤於官可知也。自君殁，里中公事，益無人肩荷，用是重念君矣。録自趙懷玉撰《亦有生齋集·文卷》卷十三。

永餘齋

諱慶，滿州鑲黄旗人。官湖北按察使。

策筠亭

諱卜坦，滿洲鑲黄旗人。官延綏鎮總兵。

額

諱樂春，滿洲鑲黄旗人。官陝西潼關道。

薩學海

諱炳阿，官西安副都統。

張虞溪

諱鳳鳴，湖北黄岡人。官兖州知府。

補張鳳鳴傳

張鳳鳴，號虞溪。少有神童目，長尤該博，爲鄉里推重。乾隆癸酉經魁，甲戌明通。授邯鄲知縣，升兖州知府。召見行在，奏對稱旨，有「老於民牧」之諭，賜以紫貂、粧緞、克食諸珍異。鳳鳴聰明慈惠，所至有聲。雖簿書鞅掌，不廢著述，於經史多所闡發，旁通兵法陣圖，見蒲圻《張開東詩集》。子士昱，舉人，平和知縣。士旦，副榜，枝江教諭。士晸，貴州按照磨。士昇，布經歷。録自戴昌言等纂《〔光緒〕黄岡縣志》卷十《人物志·宦跡》。

尚恒懷

諱安，改宜綿。官陝甘總督。

補宜綿傳

宜綿，初名尚安，鄂濟氏，滿洲正白旗人。由兵部筆帖式，充軍機章京，累遷員外郎。從征金川，進郎中。乾隆四十三年，出爲直隷口北道，擢陝西布政使。四十七年，擢廣東巡撫，以鹽商沈翼川獄瞻徇褫職，戍新疆。尋予四品銜，充吐魯番領隊大臣。石峰堡回亂，駐守平凉，歷庫車喀什噶爾辦事大臣、烏魯木齊都統。五十九年入覲，道經固關，值水災，飭官吏賑撫。高宗嘉之，命改名宜綿。六十年，授陝甘總督。

嘉慶元年，教匪起湖北，陝西戒嚴，宜綿駐軍商州，令副將百祥剿鄖陽、鄖西賊。克孤山大寨，賊首王全禮伏誅，漢江以北安堵。加太子太保，賞雙眼花翎。甘肅歲祲，命宜綿回蘭洲賑撫。是年冬，四川教匪起，由太平入陝境，擾安康、平利、紫陽諸縣，宜綿督軍馳剿。賊逼興安，分踞城南安嶺、城北將軍山，進攻，克之，擒其渠王可秀、馮得士等。復殲漢江北岸大小米溪賊，偕提督柯藩、總兵索曾英阿移攻漢南洞河、汝河諸賊。賊并五雲寨，乘雪夜火其塞，殲馘甚衆。詔宜綿進剿達州。

二年春，攻太平賊於通天觀、高家寨、南津關，連敗之。川匪最悍者，達州徐天德，東鄉王三槐、冷天禄，巴州羅其清，通江冉文儔。天德、三槐等合陷東鄉，踞張家觀。其清踞方山坪。文儔竄王家寨，圖據周家河梗運道，且乘間與張家觀合。宜綿遣兵攻王家寨，分襲張家觀，自率隊夜焚曾家山賊栅。天德分援兩路，遂乘虚下張家觀，復東鄉。餘賊奔清溪場、金峨寺，據險抗拒。四月，官軍分五路進，克之。天德等竄重石子、香爐坪，將與巴州賊合。宜綿濳攻王家寨，賊走方山坪，天德來援，敗之。知縣劉清，素得民心，令招諭諸賊，三槐率衆詭降，陰圖襲營。宜綿覺其詐，設伏擊退。五月，達州賊傾巢出犯，有備，不得逞。宜綿駐軍大成寨，遣將襲三槐於毛坪，三槐中槍，跳免。時襄賊由漢江北渡入陝，署總督陸有仁以罪逮，乃調英善督陝甘，黜惠齡總統，命宜綿代之，兼攝四川總督。於是，令明亮攻重石子，德楞泰與鄉勇羅思舉夾擊，敗之。分二路竄，追殲孫士鳳於磨子壩，士鳳爲四川教首。三槐乘霧夜遁。其方山坪賊爲百祥所截，舒亮圍賊林亮工於巴州白崖山，觀成劉君輔破大寧賊，圍之於老木園。川賊漸蹙，而襄陽賊李全、王廷詔、姚之富等由陝分道入川，與之響應，勢復熾。雲陽賊伏陳家山，與襄賊約犯官軍，爲羅思舉所殲。李全等踞開縣南天洞火焰壩，旋奔雲安場，開、萬諸匪應之，謀犯夔州，附近賊蠭起。詔責宜綿專剿。七月，駐軍竇山關，開縣、東鄉交界地也。川賊分立名號，羅其清稱白號，冉文儔稱藍號，踞方山坪；王三槐稱白號，徐天德稱青號，踞尖山坪。劉清率鄉勇與百祥、朱射斗會剿，方山坪賊潰圍，竄通江、巴州，與天德合。既而天德等竄青杠渡，圍巴州。其清、文儔欲從儀隴南部分犯保寧，奪官軍餉道，百祥扼其前。退走黄渡河，旁掠儀隴，宜綿扼之官渡口。三槐等竄渠縣，其清、文儔走巴州。三槐復分攻鄰水，陷長壽，東趨重慶。時齊王氏、姚之富已竄湖北，李全、高均德先後分竄陝西，宜綿疏言：「惠齡、恒瑞、明亮、德楞泰皆入陝，惟臣一人在川，諸賊齊擾川東北運道、嘉陵江防孔亟，欲親赴保寧，則川東千里無人調度。請别簡總督治理地方，而已親督師，專一辦賊。」帝亦以宜綿年老，十月，命勒保總統軍務，宜綿以總督兼理軍需。又疏言：「軍興以來，四川調兵一萬九千有奇，陝甘合調二萬有奇，兩湖更無餘兵可調，各省募補者難備攻剿，州縣團勇、各衛村莊尤難責其長驅赴敵。目前賊勢，明亮、德楞泰至襄陽，則鄖賊竄興安，宜昌賊回夔巫，況雲陽、奉節伏莽尚多，兵力日分日薄。請敕添練備戰之兵，四川、陝甘、湖北各五千。至隨營鄉勇費與兵等，賞過則驕，威過則散，究非紀律之師，不若選充營伍。賊平，即補營額，費不虚糜，而驍悍有所約束。」詔行之。

三年春，調勒保四川總督，宜綿回任陝甘，駐陝境辦賊。未幾，高均德、齊王氏竄漢陰，褫明亮職，命宜綿赴軍督勦。而齊王氏、姚之富已爲德楞泰、明亮所殲，阮正通、張漢潮先後犯陝境，川賊劉成棟走與合。宜綿自鎮安分路截勦，漢潮折向通江、巴州，正通竄城固。李全與高均德合屯五郎、鎮安、山陽間，宜綿偕明亮要之洛南，鏖戰兩河口，均德竄秦嶺，正通折入川。五月，賊分股北出鳳縣，掠兩當，闌入甘境。詔斥宜綿疏防。既而明亮敗賊於略陽，成棟、漢潮復由竹谿竄平利，命宜綿與額勒登保爲一路，專勦平利之賊，尋敗之於孟石嶺。賊遁入川，責宜綿嚴遏回竄。八月，徐天德、冉文儔、高均德由儀隴竄廣元，漢潮北入南江，欲還湖北，官軍蹙之上游，不得渡。宜綿檄兵扼寧羌、沔縣，漢潮竄太平。於是川楚匪多流入陝境，其魁樊人傑、龍紹周、李澍、阮正滏各擁衆數千，迭擾安康、平利、紫陽諸縣。

四年，漢潮竄五郎，詔斥宜綿畏葸避賊，命解任來京，在散秩大臣上行走。既至，復斥其辨飾，降三等侍衛，赴烏里雅蘇臺辦事。五年，追論軍需冒濫褫職，遣戍伊犁，罰銀二萬兩助餉。逾兩年，釋回。及三省教匪平，以員外郎用。後帝閱《方略》，宜綿曾論鄉勇，切中時弊，追念前勞，擢大理寺卿，病免。十七年，卒。

子瑚素通阿，初名瑚圖靈阿，乾隆五十二年進士，由刑部員外郎改翰林院侍講，累遷左副都御史。嘉慶初，疏陳關税鹽課積弊，又請却貢獻，停捐納，居官有聲，擢盛京刑部侍郎。宜綿遣戍，瑚素通阿以父老請代行，未允。在盛京，劾將軍琳寧寬縱番役及私蔓、官吏分肥事，侍郎寶源查辦不實，寶源、琳寧并黜罷。内調刑部侍郎，赴河南讞獄，漏洩密封，降筆帖式。後起用，終刑部侍郎。録自趙爾巽等撰《清史稿》列傳一百三十二。

圖益齋

諱薩布，滿洲人。官陝西布政使。

舒蘭圃

諱其紳。

補舒其紳傳

其紳，號蘭圃，任丘人。歷官浙江鹽運使。

梁同書《舒公墓志》：公生而歧嶷，讀書刻苦自勵，凡書史中有資經濟者，每心領神會。弱冠，列博士弟子，援例赴部，需次縣令。初任山東滋陽。河南陽橋河漫，奉檄辦料運工備用，公以隔省運送，重傷民力，且境内採買，慮有影借勒派之事，即捐資赴豫購辦，閭閻若不知有是役者。母喪。服闋，補陝西鄠縣。調咸陽，擢知榆林府事，調同州，又調西安，以卓異薦，調甘肅蘭州。時值回逆初平，冒賑案發，前後刺訊以待奏成者無虚日，公抉摘蠹敝，撫恤凋瘵。升浙江鹽道。兩浙地廣課繁，簿籍糾紛，出入乾没之弊，不可殫究。公清釐整飭，要歸於恤商惠民而後已。卒，年五十有五。録自陶樑撰《國朝畿輔詩傳》卷五十三。

和容齋

諱明，滿洲鑲紅旗人。官西安府知府。

郭耐軒

諱繼儀，字錫汾，山西汾陽人。官漢中府知府。

陸景亭

諱維垣，浙江仁和人。官蘭州府知府。

内閣學士贈鴻臚寺卿胡君墓誌銘〔一〕

烏乎！吾又何以銘吾友哉。憶歲乙卯，余方視貴州學政，時君以兵部郎隨大學士福康安貝子在銅仁軍營，以戆直屢與同輩鬩，余作書規之。越月得君書遜謝，若深有感於余所言者。自後不通音問者五歲。迨己未十一月，余以罪謫戍伊犁，道出甘陝，值同歲生今四川布政使司楊君揆、同里今邠州知州莊君炘，并自漢中軍營回，極道君近日行事有人所不能及者，云：君從經略額勒登保公贊畫軍務，屢以事忤經略，經略顧能容之。每日拔營，必首跨一馬，與領兵節將偕，節將或沿路逗留，君必大聲叱之。遇賊則務當賊衝，節將或前卻，君必慷慨獨進，怒目視節將，節將不敢不前。至弁兵之不進者，輒以馬策撾之，以是屢得勝仗。回營後，凡徑路曲折，山谷奇險，與糧運斷續，兵弁或一日二日不食，以至雨零日炙，器仗敝敗，衣履破碎，猝遇賊匪，狡詭萬端，出没不定之狀；又諸將若者有功，若者戰不力，若敢出賊前，若僅尾賊後，必一一與經略言之。經略知君不欺，即據案定賞罰，將弁輕則褫責，重則奏請正法。以是軍營之畏君也與畏經略等，然共憚其公正，卒無以間也。夜卧不半刻，即燭治官文書，凡屬草及繕寫，皆出一手。辨色已出營，促視諸帳中蓐食，食畢，輒躍馬數步外以待。或大營中會語，視將弁之畏葸不前者，氣必淩出其上。或以持重説進，君必叱之曰：「汝安知持重？直逗撓耳。且畏死〔二〕，無過書生，我不畏死，汝轉畏死〔三〕，是不欲死於賊，欲死於法耳。」聞者咋舌，君不顧。君時已得疾，瘦骨立，日食不及半升。自湖北軍營中，須髪已畢白，見者不知其爲五十人也。余不待二君語畢，惕然起曰〔四〕：「如是，胡君死矣。」未幾，余蒙赦還。又未幾，而君訃至。烏乎！祀典所謂以死勤事者，君庶無愧乎？

按狀：君諱時顯〔五〕，字行偕，一字晴溪。先世爲江西奉新人，五代時遠祖瓊官常州路刺史，遂家武進之安上鄉〔六〕，明禮部尚書謚忠安公瀠其後也。君爲忠安公十一世孫。祖俊，父用嘉，兩世皆封贈如君官〔七〕。君又嘗出嗣季父直隸高陽縣知縣文英後，季父有子，君復歸大宗。

君少穎異，讀書數行并下。弱冠出試，顧數屈於有司。年二十二遊京師，名公鉅卿，咸禮異之。歲壬辰，適大兵進剿金川，倉場侍郎劉公秉恬，奉命辦理西路糧餉，奏君自隨。是時君已從國子生考取謄録，遂馳驛偕往〔八〕，凡文移案牘，無一不出君手〔九〕。侍郎才之，奏請給中書或國子監學正學録銜〔一〇〕，得旨賞給中書科中書職銜〔一一〕。越歲，侍郎又以君遇事奮勉入奏，特旨遇缺補用。及入都引見，擢主事。計君以軍功得官，由主事擢員外郎中，皆在兵部〔一二〕。三次京察一等。嘗擢選廣東雷州府知府〔一三〕，以親老乞留。繼以隨大學士福康安貝子剿湖南、貴州紅苗功賞戴花翎，以隨參贊額勒登保公剿湖北教匪功賞給内閣侍讀學士銜。嗣參贊以功授經略，君又以隨經略歷陟湖北、川陝，屢次奏捷，功加三品銜，實授内閣侍讀學士。尋擢鴻臚寺卿。及以勞瘁卒，又贈光禄寺卿。此君所歷官也。

君前後在軍營十數年，剿川陝教匪，獨至五年，日日走猿猱鳥道，人跡所不到之處，饑未及食，渴未及飲，夜枕未及貼席。中間雖屢荷渥恩，然究未及一見天子〔一四〕，雖歷官九卿侍從，卒未嘗一日得立於朝〔一五〕。人或以爲君遇合之奇，而余以爲君數之奇，亦已至也。烏乎！人生二十以内，大都在長者膝下，其得展尺寸之效，争竹帛之名者，不過二十至五十卅年内事耳〔一六〕。此卅年中，君疊遭封君及兩繼母憂，官兵部者不及十載，餘則皆短衣匹馬，奔走勞苦之日也。剿金川酋，剿苗匪，剿教匪，其間又嘗隨大學士福康安公一至安南國界，經畫邊務，凡國家有征剿諸大事，君無一不預，遂至一人之身與軍事相終始〔一七〕，以迄窮老盡氣，致命遂志乃獲已焉。且又不止於此。方君之以主事入值軍機也，純皇帝悉君才，行大用矣，忽以言語忤要人，即日斥出。要人所以扼君者不遺餘力，而君之所以抗要人者，亦幾不留餘地焉，卒至不安於位〔一八〕。東西走軍營，而其以公事抗貝子、抗經略者〔一九〕，復如故也，君亦可謂百折不變者矣。

君與人交，不設城府，亦不苟爲言語以悦人。與余同官京師，蹤跡亦不甚密，然大節所在，未嘗不交相勵，余以此重之。爲文移箋奏，頃刻立成，曲折如意，同輩雖精思，不能易一字也。尤善書，官京邸日，踵門求者不絶，名轉出館閣諸公上。君未卒前數月，尚力疾條奏十事，其請增隨征兵役口糧，及令巡道稽查轄下營伍二事，尤蒙俞旨焉。

君生於乾隆八年，以嘉慶六年八月二十四日卒於興安軍營，年僅五十有九。有旨，照三品例賜祭葬。子之富，四川潼川府經歷，服闋，以知縣升用，皆異數也。君娶於楊，爲同里山西壺關縣知縣楊君宸女，前封恭人，例晉淑人。之富將以今年十二月□□日葬君於某鄉之某原〔三〕。銘曰：

得官於西，卒官於西，君之遇奇。朝入軍機，夕出軍機，君之數奇。雖然人皆以爲是，而君獨非。槐里之折東海兮，君或庶幾。我荷戈而出塞兮，不獲殺賊；君持刀而行陳兮，乃屢克敵。雞頭之關待君塞，燕然之山待君勒，生爲藎臣兮死毅魄。烏乎！君魂不歸僅歸骨，魂待西川大功訖，我知君心兮鐫墓碣。洪亮吉撰《卷施閣文集》。

【校勘記】

〔一〕題目洪亮吉撰《更生齋文甲集》卷一作「贈光禄寺卿賜祭葬胡君墓志銘」。

〔二〕且：原脱，據《更生齋文甲集》補。

〔三〕畏：原脱，據《更生齋文甲集》補。

〔四〕然：原脱，據《更生齋文甲集》補。
〔五〕按狀君：原倒作「按君狀」，據《更生齋文甲集》乙正。
〔六〕安：原脱，據《更生齋文甲集》補。
〔七〕封：原脱，據《更生齋文甲集》補。
〔八〕偕：原脱，據《更生齋文甲集》補。
〔九〕一：原脱，據《更生齋文甲集》補。
〔一〇〕學録：原脱，據《更生齋文甲集》補。
〔一一〕後「中書」：原脱，據《更生齋文甲集》補。
〔一二〕兵：原訛作「郎」，據《更生齋文甲集》改。
〔一三〕擢：原脱，據《更生齋文甲集》補。
〔一四〕究：原脱，據《更生齋文甲集》補。
〔一五〕嘗：原訛作「常」，據《更生齋文甲集》改。
〔一六〕卅：原作「三十」，據《更生齋文甲集》改。下同。
〔一七〕至：原脱，據《更生齋文甲集》補。
〔一八〕至：原作「亦」，據《更生齋文甲集》改。
〔一九〕以：原作「於」，據《更生齋文甲集》改。

〔二〇〕某：原脱，據《更生齋文甲集》補。

路慕堂

諱學宏，荆溪人。乾隆三十六年舉人，官商州知州。能畫，工設色花卉。《畫識》。

補路慕堂先生家傳

先生姓路氏，諱學宏，字宏劭，别自號慕堂，荆溪籍宜興人。父諱衡，康熙乙未進士，爲閩之順昌令，甫七月卒官。時先生年六歲，哭踊如成人。稍長，勤學好古，補邑諸生。事嫡母湯、生母徐，能盡孝。家貧資，教授以爲養。比居二母喪，幾不勝喪，見者皆爲心惻。伯兄、季弟并早世，無子，先生以兩子自幼分嗣之；待寡嫂及弟室皆盡禮，教授所入泉粟，并資焉。先生年七歲時，讀《孟子》即解辨義利字，故終其身以廉潔自持。所至争迎爲學者師，而同時諸名宿，無不高其學行者。乾隆乙酉，充拔貢生。辛卯，本省鄉試中式。辛丑，大挑一等，分發陝西試用知縣。

初攝山陽令。有趙成者殺牛廷輝全家六人，以其家孤懸無鄰里，成即首其子友諒夜宿牛氏，實殺之。拘友諒至，但號泣請死，無他言。先生覺其冤，密致成妻，廉得成强私子婦狀。又密訊友諒婦於别室，盡輸其情。蓋成既逼淫子婦，而廷輝故與友諒善，知其事，將資友諒挈婦遁。成知廷輝本謀，故銜之，欲殺廷輝，并殺子。子逸，則戕廷輝闔門，而即誣陷其子云。讞具，例門誅，先生憫友諒遭人倫之變，白廉使奏請末減，當宫刑，一時咸服其仁明也。

調權麟遊。值甘肅回逆田五亂，據石峰堡，肆焚劫，逼麟遊。先生騎馳境上，傍險築五堡，鍊鄉兵防禦，城中積糧，選器械，分士卒登陴守，募義勇，列營城下，號令嚴整。諭居民無恐，逆竟不敢犯巡寨。

官鳳翔。丞陳某、裨將喬某，邏回平民馬二，指爲賊諜，密報上官，械馬二送縣，希得功。先生謂馬二非賊，微服至馬二所居村密訪之，果非賊也，竟釋之。而上官業受丞等報，謂逆且入陝境，趣重兵戍麟遊，檄興漢兵備副使長白豐公按馬二。先生速具牛酒慰戍者，戒無驛騷，而自迎見豐公。豐公初聞馬二釋，頗疑怪，已而知其事之誣也，乃大服，謂先生有定變才，即撤兵去。逆亦尋滅。

授知宜川縣。縣北境於縣治最遼遠，群不逞，據爲藪穴，名丐而實盜。千百輩蹂躪鄉落，所至索供張，闌入内寢，脅婦女縫紉，行酒無忌，大爲民患。先生購捕盜魁數人，立斃之。餘黨悉屏跡去。巨猾康彦宗、陳亞子恣横邑中，莫敢詰問。先生甫下車，即名捕之，置之法，一邑稱快。先生以宋儒胡安定、張横渠二先生嘗宦宜川，建二賢祠，躬率士民謁祠下，講《東西銘》，及教授《湖州條約》，長幼環聽，俗爲丕變。在縣六載，引年歸。去縣時，士民泣送者，數百里不絶。

先生之歸，年七十餘矣，然猶簾閣據几，讀書不輟。後進之以詩文相質問者，隨其才之高下而資益之，莫不各有所成就。嘉慶六年十二月得疾卒，春秋八十有二。

二十一年，邑之耆老薦紳、文學之士，具先生行己歷官事蹟，由學博士牒縣，申請行省布政使、行臺都御史、總督、尚書行臺副都御史、巡撫、侍郎、督學使者核實，祟祀孝弟祠。

吴德旋曰：先生於學無不窺，尤深畫理，余所見先生畫册，品格在陳白陽、惲南田之間，此在先生爲餘事，而世或以是重先生也。雖然，若先生者，畫固以人重耳，人豈以畫重哉？録自吴德旋撰《初月樓文鈔》卷七。

李玉樵

諱世望，江蘇崑山人。乾隆三十七年進士，官湖南鹽法道。

補長蘆都轉鹽運使司鹽運使前署湖南按察使司按察使李公墓誌銘

公諱世望，字蘭臺，號玉樵。系出宋忠定公，其後由梁溪徙崑山，遂爲崑山人。曾祖鳴球；祖緝熙；父惇，歲貢生，舉鄉飲大賓，皆贈如公官。妣皆淑人。

公少績學，受知於尹文端、錢文敏兩公，名燥甚，走書幣延致者趾相錯。年四十七，始成進士，授刑部主事，充提牢。時捕繫山東亂民王倫餘黨，又金川逆酋就俘，囹圄爲滿，公襆被值宿，宣勤最著。遷員外郎，總辦秋審處，引律比例，如衡之平。先後掌部務者，爲劉文正公、舒文襄公、英文肅公，皆倚公如左右手。純皇帝知公名，授雲南迤東道。丁父艱。服闋，補湖南岳常澧道，旋調鹽法長寶道，擢長蘆鹽運使。乾隆丁未、庚戌，翠華兩幸津淀，公疊蒙召對，賜宴，賜克食，賜貂皮、大緞、荷包等物。公以一書生受天子特達之知，不十年，官至監司，位三品，恩接備厚，禮賚優縟，人咸爲公榮。而公冰兢淵惕，益矢勤慎，處膏腴之地，而淡泊一如寒素。

其在長寶也，平鹺價，清鼓鑄，修江堤以衛民田，勘水灾以請民命。其在長蘆也，儉以恤乏商，惠以寬丁力，謹出納以杜侵漁，嚴關防以絶饋送。任楚時，先後三署臬使，多所昭雪。興寧某甲，誣乙謀殺其子。公廉得子，論甲如律。桂陽民女爲惡少圖姦致死，陰賄女家寢其獄。公立實之理。其發伏擿奸多類此。所至興復書院，好奬飾士類。遇事盤錯，殫心焦慮，不敢稍有苟且。朝廷方嚮用公，而公遽得疾引還。詠歌林泉者十二年，教子孫以禮法，處姻族有恩惠。以嘉慶八年九月卒，年七十有八。配王氏，贈淑人。子以健，乾隆辛丑進士，山西鳳臺縣知縣、刑部河南司主事。孫三：存厚，光禄寺典簿；培厚，郡庠生；增厚。曾孫二：德郊、德祁。以健將於嘉慶某年月日葬公於某原，來請銘。銘曰：

學早成，名晚達，四十七，始釋褐。魚縱壑，鴻遇風，衣繡豸，七載中。汝分藩，汝陳臬，領鹽官，置飛雪。瀟湘水，渤澥波，李使君，惠澤多。賦歸來，闢梅窩，閲一紀，怡嘯歌。乖八秩，始返真，子隆隆，孫振振。馬鞍山陽吉壤新，我銘公藏勒貞珉，蟠根奕葉乖千春。録自孫原湘撰《天真閣集》卷四十七。

徐條甫

諱立綱，浙江上虞人。乾隆四十年進士，官編修。

補徐立綱傳

徐立綱，《徐氏家傳》。字條甫〔一〕，號百雲。督學安徽，被時議左遷，告養回籍。著有《五經旁訓》等書。録自唐煦春修、朱士黻纂《〔光緒〕上虞縣志》卷四《選舉表》。

【校勘記】

〔一〕按：潘衍桐《兩浙輶軒續録》卷十一載其另一字爲「鐵厓」。

禮部主事吴君墓誌銘〔一〕

君諱蔚光，字拹甫，一字執虚，自號竹橋。世居休寧，系出唐左臺御史少微公，後遷環珠村，又遷大槩。君生於休寧〔二〕，四歲隨父居昭文之迎春巷，而吴氏始爲昭文著姓。曾祖國啓，祖宏祖，考敬，俱以君弟熊光貴，累贈資政大夫。曾祖妣金氏，祖妣查氏，妣金氏，俱累贈夫人。

君九歲喪母，哀毁如成人，輒有遺世獨立之概，以父在不敢廢學〔三〕。姿性穎敏，漢魏樂府，上口不忘。十八歲，以錢塘商籍補博士弟子員。乾隆丙申，獻賦天津，欽取二等第五名。丁酉，舉順天鄉試，改昭文籍。庚子，會試中式，殿試二甲第七名，選翰林院庶吉士，纂修武英殿，分校四庫。散館一等第六名，改禮部主事。

是冬，以病假歸。侍父，極生榮死哀之禮，教子弟有法度。宿疾旋瘳旋作，因得退閑林下二十餘載，從容言笑而逝，年六十一歲。其卒以嘉慶八年八月二十三日。君愛郭西湖田曠幽，欲搆屋其上而未果，故自署湖田外史。其子將卜吉於其麓，以成先志。配邵氏。子五人：峻基，候選府同知；愷基，邑庠生；禄峙，國學生，候選直隸州同知；象嶸，廪貢生，試用訓導；憲瀓，增廣生。孫八人。孫女七人。

君生平抱負甚奇偉，視天下事無不可辦，及屢摧折於名場，而其氣亦稍衰矣。顧獨於文讌詩會，酣嬉磅礴，凌厲傲兀，而曰：「造物阨吾以功名，而豐吾以文章，不猶愈乎！」故當其未第時，江南北，浙東西，竹橋詩名已噪甚。余既偕君同登第，橐筆值詞館，君殊以余爲可語，時時近暱之。越明年，君改官去，忽忽幾三十年而君死，嗚呼！可傷也已！然君特屢以詩文寄示余，余有所作，亦郵傳質君〔四〕。今其子不遠千里以《行狀》來〔五〕，欲得余文以妥君之靈也耶？

君既淡於仕進，而聲色無所累其心，惟於佳山水、好子弟，則不能須臾釋情。而又能嚴辨乎人性之善惡，深究夫詩教之正邪，上不背古人，亦不囿於古人。獎其所已至，而勉其所未至〔六〕，汲汲焉，皇皇焉，若不克終日者，其誠篤如是。蓋君之教可以化一鄉，可以化一國也；而其心則以爲可以化一國則化一國，可以化一鄉則化一鄉矣。此其意度超越，豈可僅以詩人目之也〔七〕？

君少與黄景仁仲則、高文照東井、楊芳燦蓉裳、汪端光劍潭齊名，仲則、東井死已久，劍潭浮沈下僚，蓉裳需次農部，皆不獲一第。余與君同登第矣，同官翰林矣，官之升沈不足言，而二十餘年省躬自考，要未有足以質諸友朋者，持以較君，固皆有所不及也。

君晚年蒔花藝竹，瀹茗滌硯，不藉手於童僕。春秋佳日，杖履優游，喜以圖書琴鼎自隨，至亭榭潔凈，手親播拂。購王冕梅花長卷，以「梅花一卷」名其讀書小樓。死之日，遠近來吊者皆曰：「竹橋先生亡矣！」嗚呼！觀君之所自得，不誠使人有翛然遺世之思耶？

君所著有《易以》二卷、《洪範音諧》二卷、《毛詩意見》四卷、《春秋去例》四卷、《讀禮知意》四卷、《求聞録》十卷、《方言考據》二卷、《閑居詩話》四卷、《駢體源流》一卷、《杜詩義法》八卷、《唐律六長》四卷、《詩餘辨僞》二卷、《姜張詞得》二卷、《素修堂文集》二十卷、《古金石齋詩前集》四十五卷〔八〕、《後集》十五卷、《小湖田樂府前集》十卷、《續集》四卷、《寓物偶爲》二卷〔九〕。法式善撰《存素齋文集》。

【校勘記】

〔一〕題目：法式善撰《存素齋文集》卷四作「例授奉直大夫禮部主事吴君墓表」。

〔二〕於：原脱，據《存素齋文集》補。

〔三〕敢：原訛作「能」，據《存素齋文集》改。

〔四〕按：「質」前原衍二「今」，據《存素齋文集》删。

〔五〕令：原訛作「令」，據《存素齋文集》改。

〔六〕所：原脱，據《存素齋文集》補。

〔七〕人：原訛作「文」，據《存素齋文集》改。

〔八〕古：原脱，據《存素齋文集》補。

〔九〕按：「二」後原衍「十」字，據《存素齋文集》删。

楊丹崖

諱嗣衍，雲南昆明人。官綏德州知州。

西安提督馬公雲山家傳

公姓馬，名彪，林臺其號也。先世甘肅之□□州人，徙家西寧。公秉金行之秀，狀貌雄偉，身長七尺，虬鬢鶚瞵，氣雄萬夫，射穿七札。綜其生平所歷，自弱冠失怙，出外宣力顔行，今幾五十載。其間縱横數萬里，大小百餘戰。攻取互用，南北并宜，載在史宬，溢於簡畢。而新疆及大小金川，其功尤爲卓越者。

方公之始去家也，於乾隆庚申歲，投□□標充行伍。五載始得百夫長，執殳荷戈，備嘗辛苦。至乙亥春，皇上以準部歸誠，命出師撫有其衆。伊犁甫定，逆酋阿睦爾撒納，潛圖厲階，群凶應響。將軍策公奉命徂征，以公隨征。十月，至插漢多羅岱，公首擒捕庫奴特賊黨五百餘户。轉戰至次年，抵哈薩克之奴拉，阿逆方煽惑回人，奮其螳臂，抗拒我師。公嚄唶所部，不介而馳，先登陷陣，奪獲大炮三尊，賊衆奔潰。時以九月天寒，馬力不繼，阿逆得以殘喘，投俄羅斯斃焉。

將軍等方建議東還，而烏魯木齊濟爾哈朗諸處之亂復作，迴途，賊衆蟻聚蜂屯，隸也不力，委棄炮位於道。公見之，亟以背負其一，一寘懷内，穿雪窖中走。忽遊騎四出，公彎弧發矢，殪一人，餘衆少卻，奪其馬，馳至額壘札拉圖大營，然身已負重傷矣。賊復貪夜縱火焚刼，公督衆即以攜回大炮擊，賊潰。我兵乘勢掩擊，無不一以當百，斬獲首級二千有餘，生擒者三十，盡獲其牛馬器仗。次年正月，移營至特納格爾，援師適至，兩相夾擊，賊衆瓦解，無梗道者。

逮戊寅冬，將軍兆公進征回部，師次黑水，以道遠馬疲被遮，固守三月餘，勢甚危急。皇上申命副將軍富公赴援，公隨行。倍道抵其城下，内外合擊，軍聲大振。酋長棄城疾走，追獲至益希里果爾。公奮其敵愾，督厲將士，詞氣抗厲，風雲動色，殲戮群醜，奪獲大炮二十七位、鳥槍千竿，招撫回民萬餘户。逐北至拔達克山，其汗素爾坦沙，於哇漢擒斬之，函首以獻，回部蕩平。時乾隆二十四年十月二日也。

是役也，自乙亥至己卯，後先五載。公挺剛猛之英姿，秉元戎之大略，北至伊犁，徑左右哈薩克，東西布魯特，西至拔達克山，南至和闐，迴旋數萬里，大小四十餘戰。於塔爾巴哈臺獲阿逆子侄，於庫爾哈喇烏蘇獲噶爾丹、多爾濟母妹。其餘生擒宰桑七人，二十一年二月，追阿逆於博羅齊爾，擒額林慶。二十二年四月，於阿爾巖特卜擒五巴什等三人。二十三年三月，於庫車烏蘇擒苦樓得功、布哈等四人，又於葛登擒阿寸格楞喇嘛等四人。斬馘脅從數萬人，招撫流亡數萬户，西陲底定。然公於鄂壘之戰，始以功補靖逆千總當先鋒，洊歷興漢鎮屬守備、波羅協屬都司，至鞏昌遊擊。

庚辰春首，奏凱班師。公隨將軍大臣等赴京，蒙恩郊勞錫宴。兩次召見瀛臺，皇上親賜御酒一杯、花翎一枝、大緞六匹，荷囊銀物有差，蓋異數也。公之勳勞，著於西域者如此。

方公陛辭時，上諭以參將補授。六月，補西安城守，未履任，授慶陽副將。辛巳五月，升川北總兵，調任肅州。乙酉七月，以毛木建房斫伐蒙古木植，部議鐫級。奉旨以遊擊銜赴雅爾經理屯務。公至雅爾，寒沍不宜五穀，請移屯楚爾楚，屢歲收獲果倍。叙功，奉旨發往雲南，以參遊補用。己丑四月，抵滇。於時緬首尚未砥平，皇上特遣相國忠勇傅公經略其事，以公忠勤夙著，檄至老官屯助剿。公至，以南夷非西北可比，瘴癘之所，師老則傷。督飭軍士，夜以繼日，斫鋭摧堅，賊首恇懼，詛詣軍門，祈請向化。十一月十日，振旅回虎距關赴屯，時僅十有九日耳。經略以公勳績上聞，奏補昭通鎮總兵。

未幾，而金川小醜復肆跳梁。皇上奮有虔之武，借籌閫外，命公檄率貴州官兵三千七百名，星馳會剿。公聞命，鼓行而前。辛卯十月六日，抵向陽坪。十五日，取巴郎山。十八日，取松林口、日龍關。二十九日，取斯當安。次年正月，檄隨參贊伍公。不一載，攻獲大寨四所，碉卡梁無算。克抵木達官寨，澤旺窮促乞降。癸巳正月，天子以公忠勤懋著，授陝西西安提督，隨副將豐公由綽斯甲進剿促浸。抵宜喜山梁，公身先士卒，親冒矢石，日有攻，月有取。

丙申二月四日，大兵抵噶喇依官寨，金川全境蕩平，馘俘同獻，洪勳懋集，大凱言旋。六月陛見，奉旨圖像紫光閣，説者比諸漢之雲臺，唐之凌煙，竹素旂常，光於奕祀。公之勳勞，著於西南夷者，又如此。

余嘗即公所歷，而徵之古昔。其追阿逆於窮荒，馘霍集占於西極，則霍去病之北走左賢王，而封狼居胥，以臨瀚海也。其奪炮位於孤軍，解重圍於黑水，則陳湯、甘延壽之陷康居，得漢婦埽谷吉之恥立昭明之功也。至於攻緬甸，破金川，則劉方之次闍黎而破梵志，韋皋之下維川而擒莽熱，無以尚焉。公故農家子，少以結纓爲業，未嘗學問，而臨大事，遇大敵，動與古名將吻合，其故何哉？間嘗備考其勳猷，静審其樹立，而推本於用心之獨至，曰忠曰誠而已。夫忠者，事君之先資，而誠則貫徹乎智名勇功之内，故爲裨校則聲出將帥之右，爲將帥則身在士卒之先。涉水不濡，入火不焚，親禦夫刀箭矢石，瘢痕遍體，犁然若刻劃，終脱於險而必濟，則一誠爲之根柢。即今海宇升平，關中作鎮，而兵民向化，不嚴而肅，不怒而威。程純公云：「誠無不動，治事則事理，臨人則人化，職是故也。」

今年六月之望，公七十矣，聯事斯土者，咸秩其文以爲壽，而公以余舊居史職，且西陲一役，時方奉筆機庭，始終其事。迨金川用兵，余又奉命巡撫關右，贊理軍儲，則知公勳殆無過於余。爰命作傳，以藏於家。余惟公之功在皇朝，名垂青史，聲名振夫絶域，偉望鎮於金方，豈藉余文以爲重者？然史家别傳之例，且勳績卓著者，不妨及其生存爲之，如司馬文正於范蜀公，是敢援其例，俾公子鳴玉藏之，庶知以積誠之效，爲作忠之基也。

公夫人單氏，恭遇覃恩，封一品夫人。子鳴玉，年十九，方入武學，英朗秀發，蓋能世其家者。畢沅撰《靈巖山人文集》。

蕭步瀛

諱登生，四川華縣人。弱冠，匹馬走京師，援例，由府首領，謁選蘇州府經歷。乾隆四十八年，翠華南幸，時公爲揚州清軍司馬，恭辦金沙港行宫。純皇帝駐陛，天顔甚喜，蒙恩召見。旋升署廬州知府。五十年，辦理荒政，竭力全活甚衆。五十二年，簡放陝西同州府知府。俸滿入都，道過江寧，意欲僑居，盤桓十數日，無疾而終。先後服官四十餘年，所在有聲。尤喜培植寒畯，所拔俊彦，如汪公瑟庵者，即任山陽時所拔士也。《蕭氏家乘》。

王晴田

諱彙，漢軍。官福建水師營提督。

徐緼齋

諱大文，順天大興人。官陝西西安府知府。

蔣立敬

諱齊耀，江蘇陽湖人。官浙江錢塘縣知縣。

穆英圃

諱和藺，滿洲人。

趙

諱宜喜，江西南豐人。官雲南布政使。

補趙宜喜傳

趙宜喜，字鑑堂，南豐人，由仁三子。初官陝西鹽大使，以吏能數署知縣事。升懷遠縣知縣，調長安縣。歲飢，上官不欲請賑，宜喜力請，乃允行。因請委道府大員監放，以明己無他。鄰邑藍田放賑不善，士民二萬餘，洶洶將爲變。巡撫欲發兵，宜喜請單騎先往勸諭，遂解散。

再遷至松江府知府。郡城河濠久淤，宜喜倡捐資，令民自按地段分浚，不以胥役滋擾。工成，河流暢而田溉亦足。三泖沮洳之區，貧不能葬者，率浮厝河干，水漲輒淹没。宜喜創建與善堂，定規條，使鄉村各買義冢。

遷常鎮通海道分巡。河决荷花塘、蔡家潭等處，河帥爲省費計，欲别築新堤，宜喜以舊堤基固，應循舊者築，不從。後新堤壞，河帥得罪，竟如宜喜議，就以委辦。

升河南按察使，調任廣東，擢雲南布政使。臨安民與野夷鬨，邊報急，大吏群議用兵，宜喜謂宜偵實，無妄動。既而知報果張皇，衆咸服其持重。居二年，以前署廣東布政使任内事，降補刑部郎中，充寶泉局監督。引疾，卒。卒之日，命其子不訃姻友，不受吊賻。

子秉初，字雲樵，入資郎中，出爲紹興府知府。紹興號難治，秉初爲守八年，極得士民心，以勞瘁卒。郡舊有義愛祠，祀范文正，士民以秉初配祀焉。録自鄧子彝修、魯琪光纂《（同治）建昌府志》卷八《人物》。

阮

諱曙，江蘇江寧人。官福建光澤縣知縣。

吴竹屏〔一〕

諱之巘，江蘇江都人。於公事之暇，喜寫蘭竹及水墨山水。灑脱不群，居然能手。《畫識》。

【校勘記】

〔一〕按：「吴竹屏」之後原有「王兆棠」等二十一人名單，末注「以上二十一人事實待訪」，人名與《録》《總目》同，今删其無傳可補者。

補王兆棠傳

王兆棠，浙江錢塘人。以才由縣丞擢甘泉令，時揚極繁盛，吏事清簡，兆棠精幹有爲，洞悉纖隱，雍容肆應。爲上游獎拔，歷官至江寧布政使。山東李士珠在王前，累升河庫道。繼王任者四川宋覲光，亦至江寧府。三政相繼名位顯著，最稱一時之盛云。録自陳觀國修、李寶泰纂《〔嘉慶〕甘泉縣續志》卷五。

補吴六鰲傳

吴六鰲，字戴山，號忭堂，仙桂三都人。少有儁才，趨事鋭敏。乾隆壬申，以《五經》領鄉薦。歷任陝西麟遊、鳳翔、寶鷄知縣。丁父艱，值金川用兵，中丞畢公沅奏留西安，籌辦軍務。服闋，敘功，調富平。倡建武廟，修志書，分校辛卯、丁酉鄉闈。轉興安州知州，蜀匪肆害，蔓延關中，公與營鎮率鄉勇逐至平利之鎮坪，距興安五百里，斬獲無算，四境安堵。尋改興安爲府，即升授。公在任兩載，創書院，修河堤，建鼓樓，勛績懋著。以病乞歸。子文璟，字鳴佩，由廣西布政司理問，仕至湖北宜昌府。録自札隆阿等修、程卓樑等纂《〔道光〕宜黄縣志》卷二十二。

補澹齋公傳道光庚子《錫金縣志》。

丁尹志，字襄城。乾隆二十一年舉人，歷官肇慶、廣州知府。歲凶，議平糶，上官難之，尹志委曲陳告，卒得請。紅毛夷以怨劫吕宋舟於澳門内俘，其衆勢洶洶，尹志密白左翼鎮，於虎門張炮整師。親往登其舶，諭以外夷在内地，無得相讎。夷酋懾服，歸吕宋俘，事遂解。子瀛洲，任萬載知縣；芳洲，乾隆四十八年舉人，番禺知縣，閬洲，循化同知。并以廉敏稱於時。丁氏數世友愛，瀛洲之去萬載也，虧款數千金，芳洲、閬洲醵金償之。《宦望》。録自《江蘇無錫南塘丁氏真譜》卷七《家乘》。

補潘成棟傳

潘成棟，字南浦，甸子上人。官四川崇慶州知州，調任廣安、瀘、資等州。居官勤謹詳慎，民陷非辜，必極力平反。轉湖南衡州、長沙等府，嚴緝私販，以疏官引。經大府保舉，升授辰永沅靖兵備道，未任卒。録自勞逢源、沈伯棠等修纂《〔道光〕歙縣志》卷八之二。

補朱休承傳

朱休承，字伯承。稻孫之孫。以舉人挑發，攝三水、武功及西安府清軍同知事，治案有聲。補城固，偵獲鄰省巨盜數人，例得薦，力辭之。已而，署郃陽，再署富平、白水。白水瘠而貧，方請緩徵事未允，而城固民數百人赴御史臺乞還休承，從之。會攝篆者審邪教案，株連無辜數十人，休承至，白其冤。後將以疾告，爲父老攀阻者一年。比去，有步送至興安者。著有《居官隨筆》二卷。伊《志》。録自許瑶光修、吴仰賢等纂《〔光緒〕嘉興府志》卷五十二。

補史傳遠傳

史傳遠，字伯猷，號小山。生而倜儻，齠年即立志不凡，顧家貧甚，十三歲始就學，晨炊夜息，同儕各散，猶自咿唔不輟。二十入泮，旋擢第一，食餼。乾隆壬申，鄉試中榜首。辛巳，成進士。友教四方，多所成就。父能謙病故，呼號之下，一慟幾絶。

起復後，四十三赴選，籤掣陝西汧陽。引見，改授高陵。赴任，值歲饑，府議設粥廠，傳遠以粥不能遍給，查實在無食者，按口給米，民賴以濟。逾年冬，署潼關縣。次年正月，署郃陽。時用兵大、小金川，陝當孔道，棧内五廳州縣殊竭，諭上憲檄調五人，分遣往代，傳遠得沔縣。沔縣三驛，皆高山竣嶺，馬少站長，爰覓驢百數十頭。每差至，以好言懇其上下，官給馬，役給驢，衣被器械給夫，無有喧嘩者。嗣接署澄城篆未三月，京兵由陝到川，傳遠奉檄，連夜赴臨潼。兼委審渭南數十案，發姦摘伏如神。金川平，傳遠以卓異升興安州知州。母病在籍，乃假病歸。

母卒，起復，仍赴陝候補，署咸寧篆。次年二月，撫憲保舉，升山東泰安府知府，請春到部。時逢上幸熱河，傳遠馳詣請訓，有「泰安久饑，當善爲善辦」之諭。到任，飭各屬設粥，始就食者數百人，後至萬人，活者無算。各屬麥苗甚好，惟少雪，傳遠步上泰山夜禱，越二日，即得雪數寸。曹州府飢民爲亂，奉憲諭查辦，傳遠曰：「此皆餓民，期得粟而已，非叛逆比。」密飭文武官，暫爲停捕。果十餘日而衆悉散。次年七月，調濟南府。新臬憲爲舊上司，刑名要件，一以相委，皆悉心審理無誤。

既而有去志，或謂：「撫藩顧遇甚好，去胡爲者？」傳遠曰：「仕宦有何止境？惟知止乃不殆耳。」因呈病求退，回籍調理，遂不出。年八十而卒。子壽安，太學生；奕安，庠生。

録自張揚祚修、郝世楨纂《〔民國〕武鄉新志》卷一《名賢傳》。

補王希伊傳

王希伊，字耕伯，寶應人。懋竑孫。乾隆六年舉人，選陝西白水縣。縣共轄十六里，里各十甲，向來里甲糧數多寡不均，里長因緣爲奸。希伊爲截長補短，東南畫八里，西北畫八里，里分十甲，甲分户口四等，由是甲均則里均，里均則糧均，民便之。裁革里差等陋規。

創建彭衙書院，與諸生講業，一以《朱子語録》及陸稼書《松陽講義》爲主。所著《彭衙存稿》載《讀〈四書章句集注〉例》《四書例》，皆其疏通證明者。又石刻《御製訓飭士子文》、朱子《白鹿洞教條》及選刻文編、行編各七種，仿毗陵錢氏同善會例，捐俸爲一邑倡。

爲邑民王太宣妻賈氏、趙九賢妻張氏、澄城張居妻韋氏立碑於墓，以表節烈。過富平，謁楊斛山墓，懸匾於祠曰「忠孝傳芳」。續修縣志。遇旱，禱輒應。

在任六年，改選青浦縣教諭。邑人於彭衙書院之左，建祠設位，朔望瞻拜。後去青浦時，士人爲位於青溪書院。嘉慶七年，入祠名宦。《崇祠名宦祠録》。録自孟毓蘭修、喬載繇等纂《〔道光〕重修寶應縣志》卷十七。

補王垂紀傳

垂紀，字肇修。舉人。除興平知縣，調長安。决獄平。父憂服闋，守江夏。徙補孝感、江陵，坐法鐫級。聞母疾，遂歸。垂紀精强善談論，聽之纚纚。年七十九卒。子瑞金。

録自劉光斗修、朱學海纂《〔道光〕諸城縣續志》卷十四。

師友淵源録後案卷二十三

故舊第九門

翁朗夫

諱照，江陰人，監生。南河總督大學士無錫嵇曾筠薦舉鴻博。德性醇謹，篤於氣誼〔一〕。少以所業質蕭山毛檢討，檢討序云〔二〕：「氣充而舒〔三〕，度遠而不拘於隅。其才思縱發，所至開適，質無不足，而文又見其有餘。」見賞如此。壯歲歷遊大幕，章奏尤工。沈塝云：「豈有後山四六之工，乃無子倉二三之嘆。」非虚美也。詩名《賜書堂稿》。《詞科掌録》。

朗夫館於嵇相國曾筠家，相公非朗夫唱和不吟，呼爲詩媒。雍正乙卯，以鴻博薦。朗夫有謝詩云「此身得遇裴中令，不向香山老一生」之句。

霽堂少以《蓑衣詩》「煙波鬢老者，風雨一身秋」得名。召試放歸，有《漂母祠》詩云：「漂母祠前老樹枯，谷尋遺跡半荒蕪。士甘飽死今還有，女識英雄自古無。野屋三間風荏苒，殘碑一片半模糊。可憐韓信功成後，不復歸來作釣徒。」足見豐骨云。《雨村詩話》。

翁照，字朗夫，號霽堂，初名玉行，字子静，江陰人。乾隆元年薦舉博學鴻詞。十六年，以經學徵。《有賜書堂集》。

霽堂少時，曾奉教於毛西河太史。西河序其詩，盛爲推挹。常詠蓑衣有「風雨一身秋」之句，從此得名。後在浙幕中，詩亡失大半，今所刊《賜書堂集》，十之三四爾。其爲時傳誦者，則有「一抹夕陽連漢苑，二分春色在蕪城」、「小樓夜半朦朧月，深院秋千澹宕風」、「青拂河橋風乍轉，緑昏江店雨初來」、「春寺煙深聞粥鼓，午塘風暖度餳簫」、「一聲啼鳥破春寂，數點落花生暮寒」、「殘月半痕巫峽曉，夕陽一片洞庭秋」、「關塞梅花愁裏曲，池塘芳草夢中詩」、「夾岸緑陰垂柳渡，滿篷紅雨落花天」。沈椒園臬使云：「先生年高，藤杖方袍，須眉朗映。其詩風致盎然而神韻瀟灑。」王昶撰《蒲褐山房詩話》。

【校勘記】

〔一〕氣誼：原訛作「宜氣」，據《詞科掌録》卷八小傳改。

〔二〕檢討：原脱，據《詞科掌録》補。

〔三〕氣：《詞科掌録》作「意」。

補徵士翁霽堂傳

翁徵士名照，字朗夫，更字霽堂。先世福建莆田人。高祖兆震，明萬曆壬辰進士，官大司成。曾祖天游，崇禎丁丑進士，令徽之休寧，卒於官。祖際寰，寄籍休寧。考某，□□移家蘇之常熟，又移常之江陰，遂爲江陰人。

霽堂誠恪謙抑，不作妄語，不以機巧待人。有以虚誕告者，以誠實應。過神祠及名賢祠墓，必展謁，不敢咳唾。其下人也，遇三尺童子加禮讓，故交雖歷四五十年，每相見，拜跪端拱，如初締交時。於齒與德兼者，敬禮如嚴師然。以故行孚於人，而當代名公卿，亦咸敬禮。如相國錫山嵇文敏公、渤海高公，并稱老友；制軍完公欲師禮事之，不止如嚴僕射之於杜少陵、胡少保之於徐文長也。

少工聲律、對偶之學，文酒餘，霽堂句成，衆交中服，甚或袖己詩不能出。中歲，窮經學，兼漢魏唐宋諸家而參訂之，謂漢魏諸儒博而核，宋儒約而精，不入主出奴，舉一家以廢諸家也。中有所得，久而成書。雍正乙卯，詔開博學鴻詞科，嵇文敏薦於朝，遇歐血疾，未應試。乾隆己巳，詔求經學，膺高相國薦，上以所薦過多，詢二三大臣舉其尤者，大臣無知霽堂學問，因不與。才豐遇嗇，以上舍生終，人共惜之。

晚歲無四方志，欲寓吴之采葑溪，與予有耦耕約，期於踐矣。乙亥三月之白下，托第三子於高方伯，遘疾卒，年七十有九。遠近驚悼。櫬歸，知交設位而哭，謂藝林失一善人。盖棺論定，洵然已。配李淑人，持家勤健，使霽堂無内顧憂，先一年卒。子三人：晟，江山知縣；謙，國學生，先卒；恕，國學生。所著《賜書堂詩文集》若干卷，已行世。

憶霽堂與予定交，皆壯歲，喜予詩，一過目，背誦不忘。予甲午詩，友人取去遺失，付之無如何矣。霽堂来，一一録出，友人徐龍友笑比之行秘書。又霽堂嘗寓朱姓家，後其人逋賦，歲暮被縶，霽堂適經其地，出修脯代償，歸橐罄如，幾無以卒歲。告之配，歡如也。即二軼事，可知其生平之敏且仁矣，於其敏可入文苑傳中，於其仁可入獨行傳中，予爲私傳，俟秉史筆者采擇而論定焉。録自沈德潛《歸愚文鈔》卷十七。

朱稻孫〔一〕

諱稻孫，字娱村，秀水人，竹垞先生之孫，文盎上舍之子。少遊京師，太倉王相國炎薦修《春秋》。與宫詹王奕清有舊，遂舉之。《詞科掌録》。

徵君門第既高，學問亦富。性殊嚴冷，遇遂迍邅。曾試詞科，一入經局，與修《浙江通志》，卒成《經義遺書》，身雖不達，名重藝林。《六峰閣集》四卷，乃其少壯所作。至老篇章未付梨棗，尚俟續輯。《梅里詩輯》。

稼翁少孤，其祖撫之，漁陽《題小長蘆卷》，所謂「桐孫稻孫者」是也〔二〕。稼翁以名人之後，所至人傾慕之。乙亥、丙子間，年近七十，游揚州，爲盧雅雨運使上客，因出其祖所撰《經義考》後半未刻者，雅雨爲刻其全。其後開《四庫》館〔三〕，詔求遺書，得以全帙獻於朝，上題詩冠首，由是留傳海内，蓋可謂能守先澤矣。晚年貧不能支，曝書亭藏書八萬卷，漸致散佚。而己之所作，亦久不傳。余與其孫伯承爲鄉試同年，又在揚州，同寓梅花亭數月，故得見其詩。張匠門序所云：「始則氣猛而格上，後則境觸而情遥。」殆不虚也。《蒲褐山房詩話》。

曾聞先君云，「萬卷書留良史宅，百花莊近相公塋」，此他山先生挽竹垞先生句也。稼翁曾屬余書墓前石柱。《後案》。

【校勘記】

〔一〕稻孫：張本作「稼翁」。

〔二〕桐：原訛作「相」，據《蒲褐山房詩話》改。

〔三〕開：原訛作「聞」，據《蒲褐山房詩話》改。

金壽門

諱農，錢唐人，自號冬心先生。嗜古好奇，儲金石文字不下千卷，足跡半天下。詩格高簡，非凡所躋。分隸獨絶一時。有集四卷。杭世駿撰《詞科掌録》。

金農與石文、丁敬、陳章同住江干，此唱彼和，爭相淬勵。文之詩清，章之詩純，敬之詩健，而農之詩新，各自名家。甬上全祖望謂其餐霞吸露，不食人間煙火者。少工八分，法鄭谷口，而小變其體。著有《冬心先生集》《續集》《三體詩》《畫竹記》。農年五十餘，始從事於畫，涉筆即古，脱畫家之習。汪沆、章煦原纂，邵晉涵、金泳等續纂《杭州府志》。

冬心性情逋峭，多以迂怪目之，然遇同志，未嘗不怡熙自適也。嘗繪其四十七歲小像，蒲州劉仲益題云：「堯外臣，漢逸民。耆簪韋帶不諱貧，疏髯高顙全天真。」其標格可想見矣。中歲作汗漫游，遍走齊魯燕趙秦晋楚粵，卒無所遇而歸。誓願年五十如玉溪生，打鐘掃地爲清凉山行者。晚寓揚州，賣書畫自給。畫梅尤工，頗自矜許。爲予揮洒，多至十餘幅。王昶撰《蒲褐山房詩話》。

畫有可不款題者，惟冬心先生畫不可無題。新詞雋語，妙有風裁〔一〕。行草隸書，具有古法。方薰撰《山静居畫論》。

壽門蓄一西洋小犬，名小鵲，日飼以肉，夜與共氈，須臾不離。雖接賓拜客，亦相隨也。一日雪中，自杭來訪。一小童持名刺，小鵲跳蕩前行，壽門衣猩紅氈帽，重戴長髯，披拂飄飄，如畫中人。王恭、謝莊，想不殊也。余賦絶句云：「放衙胥吏沸如麋，聽説拏音泊水涯。重戴紅衫風雪裏，小臧投刺小盧隨。鮑鈖撰《稗勺》。

先君嘗云，壽門幼好奇服，至老不衰。客遊燕楚時，更字壽民，又號壽田，又號金吉金，後或號曲江外史，或號稽留山民，或號龍梭仙客，或號昔邪居士。晚客廣陵，稱十三松下樵人，又稱百二硏田富翁、心出家盦、粥飯僧、仙壇掃花人、壽道士、金牛湖上詩老。最奇者蘇伐羅吉蘇、吉蘇，蓋梵語謂「金」爲「蘇伐羅」也。平生好書八分，以隃麋築砌成字，謂爲三古漆書遺意。間畫梅竹，交午丁倒，不可方物。自云：「昔時夢楊風子書草書，授以筆法，遂精書理。神妙所到，雖仲圭、元章不解也。」爲詩清瑩沉夐，秀水諸贊善具茨書其《景申集》云：「周密著書癸辛巷，許渾題詩丁卯橋。雒誦冬心《景申集》，新聲如此正寥寥。」「軟來絮似頻婆果，烝後拌同哀仲梨。可惜都無薑桂性，須君生手一提攜。」可謂識曲聽真者也。嚴長明撰《八表停雲録》。

【校勘記】

〔一〕裁：原訛作「才」，據方薰撰《山静居畫論》下改。

方南堂

方貞觀，桐城人，諸生。康熙己巳以族人牽連，隸旗籍。雍正元年放歸，屢客揚州。左都御史大興孫公嘉淦所薦，辭不就。刻有《南堂詩鈔》六卷。常州李可淳序云：「貞觀詩凡數變，最初學張籍、王運，又學孟東野。三十以後，盡棄所素習，沈淫於貞元、大歷之間，鎔鑄淘汰，獨標孤詣，務極雅正。」余謂貞觀諸體，惟律最工，五言猶勝。杭世駿編《詞科掌録》。

馬佩兮〔一〕

馬曰璐，江蘇江都人。乾隆元年薦舉鴻博。杭世駿編《詞科掌録》。

【校勘記】

〔一〕佩兮：原訛作「秋玉」，據《詞科掌録》卷一小傳改。

馬秋玉〔一〕

馬曰琯，一字嶰谷〔二〕，佩兮徵君之弟〔三〕，博學工詩，與兄齊名。乾隆丙辰，通政使趙之垣薦舉博學鴻詞，不就。家住東關街，嘗即街南構書屋，爲藏書燕集之地，又曰「小玲瓏山館」，有看山樓諸勝。馬氏得太湖石甚佳，建山館置之，而以「小玲瓏」名。適鄰家不便其立，秋玉乃語兄止之〔四〕。及山館歸雪礓，始立。馬秋玉詩見《韓江雅集》《林屋唱和録》者甚多，所著《南齋集》。阮元輯《淮海英靈集》。

【校勘記】

〔一〕秋玉：原訛作「佩兮」，據《淮海英靈集》乙集卷三小傳改。

〔二〕一字嶰谷：原訛作「號半查」，據《淮海英靈集》改。按：「半查」爲馬曰璐之號。

〔三〕佩兮：原訛作「秋玉」，據《淮海英靈集》改。
〔四〕秋玉：原訛作「半查」，據《淮海英靈集》改。下同。

陳授衣

陳章，號竹町〔一〕，錢唐人。古心而篤行，方嚴醇雅，造次不苟，有儒者氣象。故其詩亦絶無險詖之習，夸誕靡曼之音，狹隘僻陋之容，破碎之句，而一出於和平温厚。取材自漢魏以至宋元，無不到，而歸宿中唐諸公。《孟晋齋集序》。

【校勘記】

〔一〕町：原訛作「汀」，據《録》及陳章《孟晋齋集》首全祖望序改。

陳江皋

陳皋，字對鷗〔一〕，授衣之弟，亦工詩詞。與章同客廣陵，時大江南北開壇坫，争以得皋兄弟爲勝，紅橋白塔，皆其擘箋浣花地也。著有《吾盡意齋詩集》《對鷗閣漫語》。佚名輯《武林耆舊傳》〔二〕。

【校勘記】

〔一〕按《杭州府志》卷九十四《文苑》本傳，陳皋，字江皋，號對鷗。

〔二〕武林耆舊傳：《杭州府志》本傳作「武林耆舊續集」。

鄭嵎谷

鄭廷暘，江蘇長洲人。工書法。著有《竹泉吟稿》。

補鄭廷暘

字嵎谷，長洲人，監生。《有紺珠堂稿》，選十二首。

嵎谷爲季雅先生子。書法褚中令，小楷尤工。與予書疏往來，率作蠅頭小字，而銀鈎鐵畫，出力藏稜，同時如蔣蟠猗仙根、錢思贊襄皆不逮也。詩卷無多，蔣文肅公稱其姿致無雙，如靈和殿柳，三起三眠。陳徵君撰，稱其意到語工，自然高遠。今所録十數首，爲其生平最佳之作。録自王昶撰《蒲褐山房詩話》。

易松滋

易諧，號夔勳，江都人。取孟東野「好詩多抱山」之句，名其吟咏之作爲《抱山堂》。沈學子先生謂其詩，清苦堅卓，幽然有弦外之音。有詩選行世。《後案》。

補易諧傳

易諧，字松滋，居揚州。工詩，取孟郊「好詩恒抱山」句，築抱山堂，以延四方名士。與盧雅雨爲詩友。中年家貧，與東野同其遇。著《抱山堂詩選》。録自石國柱修、許承堯纂《〔民國〕歙縣志》卷十。

刑部員外郎汪君墓誌銘

汪君韡懷，娶於少司馬榆山凌公之女，公家上海，君往候起居，因與公從子祖錫，及張君熙純、趙君文哲，同游於九峰、三泖間，賦詩相樂。比至吴門時，吴君泰來爲公外孫，家有池亭圖史之勝，君屢往過之。又與嘉定王君鳴盛、錢君大昕、曹君仁虎、桐鄉朱君方靄，并吴縣張崗、沙維杓兩布衣倡和。而余追逐其間，尤爲親厚。

君本世家，無聲色紈袴之習，嗜詞章，喜賓客。居揚州，爲四方舟車之會，名流翕集，造門延訪，君亦折節禮之。其最著者，則有程編修夢星、晋芳、張編修馨、給事坦、馬員外曰琯、曰璐、易主事諧。其寓居於揚州，則有陳徵君撰、厲徵君鶚、惠徵君棟、杭編修世駿、金布衣農、陳布衣、章明經皋、張同知四科、沈上舍大成，題襟奉袂，皆與君結文字之交。如抱山堂、小玲瓏山館，歲時宴集，必招君。而君賦詩，嘗爲壓卷。

及游京師，先爲常熟蔣文恪公、錢唐符郎中曾、秀水鄭編修虎文所賞〔一〕，又與秀水錢贊善載、同鄉秦黌、沈業富兩編修游潭柘寺萬柳堂，聯吟紀事，益爲都下所稱。君少爲諸生，工時藝，南北試皆不利，乃入貲得國子監博士。久之，補刑部員外郎。在部時，與郎中阮葵生、馮廷丞、陸錫熊復常爲文酒之會，人以明白雲亭之比也。然君勤吏治。伯父漢昭任山東糧道、署按察司事，君因以習法律。及任西曹，總理部務，劉文正公深歎能平反〔二〕，出入頗多抉摘。而於河南書籍違悖之案，力辨其冤，奏上得釋，蓋其明恕如此。在部兩載餘，以父病乞歸侍疾，晝夜不少懈，及喪哀毁。伯叔兄弟人衆有不足者助之，有争産者讓之，是以家中落，然亦不介意也。

君生於康熙庚子十二月，卒於嘉慶辛酉八月，年八十二。其先出唐越國公後，六世祖諱道貫，其兄道昆，官兵部侍郎，以詩鳴，與王元美、李滄溟時稱「七子」，故道貫亦與敬美齊名。高祖諱立，諸生，累贈中議大夫。妣吴氏，累贈淑人。曾祖諱壽岳，貢生，累贈資政大夫。妣吴氏，累贈二品夫人。祖諱天與，官刑部郎中，累贈資政大夫。妣黄氏、潘氏，累贈二品夫人。父諱治佐，貢生，誥封中憲大夫。妣程氏，贈恭人。配凌氏，封恭人，即榆山公之女，有淑行。子二：光烜，諸生，出嗣弟後；光燨〔三〕，廩生。女二：長適貢生洪錫曉，次適諸生陳贊咏。孫一：履基，尚幼。

君詩淵微窈眇，有王江寧、韋蘇州之遺。詞以王碧山、張玉田爲法，清虛雅淡，見重於詞家。所著《對琴初藁》、《春華閣詞》已刻，其餘藏於家。君歸田二十餘年，余始得蒙恩致仕，每以公事過揚州，必訪君，留連浹夕，見君賦詩飲酒如平時。沈運使業富、阮中丞元，俱稱其所作老而愈工。而江浙士大夫，皆推爲名宿。方喜精神强固，不意無疾而終。自君之殁，東南耆舊，昔與君共游處者，寥落無幾，讀君《事略》，不禁潸然出涕也。光烜等以《事略》來請銘，余何忍辭！君名棣，自號對琴，韡懷，字也。銘曰：

爲詩人，爲天民，秋官小試奚足云。有子麟角傳其文，窆於斯邱永不泯。王昶撰《春融堂集》。

【校勘記】

〔一〕所賞：原脱，據《春融堂集》補。

〔二〕能：原脱，據《春融堂集》補。

〔三〕爔：原作「曦」，據《春融堂集》改。

福建臺灣縣知縣陶君墓誌銘〔一〕

君諱紹景，字京山。先世彭澤人也，宋端平初，有自彭澤官江寧者曰細三，遂居江寧東南鄉，今謂之陶村。居陶村十餘世，適居城内者曰可能，是爲君祖，以君貴，贈文林郎。君考諱勳，以君貴，贈文林郎，又以孫敦仁貴，贈奉政大夫。

君之少也，以孝聞，母疾，割肱以療之而愈。讀書勤苦逾人。工文章，以庠生中乾隆三年戊午科江南鄉試第一人。閲數年不第。選雲南大姚縣知縣，調永善。遭艱歸。服闋，補福建松溪知縣，調臺灣縣。

其在雲南，民風陋樸，君專以德化。有訟者，反覆勸諭，輒改悔。及在閩，其民詐狠健訟，君乃嚴法繩之，其邑亦治。君在臺灣，嘗署淡水同知，皆有績。以海疆任滿，當擢官去，臺灣民素戴君，爲立碑頌。然君經涉海洋之險，厭吏事，不待擢而遂告歸。

其在鄉里，温温然長者，口未嘗言人之過。喜論文，在雲南、福建，皆嘗爲同考官，多得佳士。又開設書院，以啓秀俊。君之歸也，年四十餘，優遊閭巷，導掖後進，復四十年。又值戊午科，乃重赴鹿鳴之宴，世爲盛事。

又逾二年[二]，爲嘉慶六年二月二十六日，終於里，年九十一。夫人詹氏先卒。子二，保德州知州敦仁，國子監生敬修。孫十一人，渙悦、濟慎，皆嘉慶丁卯科舉人。餘及孫曾，方爲諸生。君始以子封奉政大夫，保德州知州矣。身後以渙悦爲户部郎中，貤贈朝議焉。嘉慶十五年，與詹夫人合葬江寧安德門外林堂山麓。銘曰：

才俊之興，君冠以稱。出宰殊俗，優優吏能。其德無矜，宜壽之增。載貽後祀，餘慶其徵。姚鼐撰《惜抱軒文集》。

【校勘記】

〔一〕題目姚鼐《惜抱軒文後集》卷八作「贈朝議大夫户部郎中福建臺灣縣知縣陶君墓誌銘并序」。

〔二〕二：原訛作「三」，據《惜抱軒文後集》改。

姜静宰

姜恭壽，號香巖，如皋人。乾隆六年舉人。工篆書，善畫。詩宗魏晋。常往來閩、楚間。雷翠庭鋐督學江浙時，佐幕府，有詩云：「燈花吐焰虚前席，莫道無神鑒此衷。」著有文集二十卷。《淮海英靈集》。

姜恭壽，字静宰，如皋人。編修任修子。乾隆六年舉人。有《皋原集》。

静宰自號香巖居士，能詩善畫，工篆隸。癸酉，從雷翠庭副憲視學江蘇，時予尚爲諸生，静宰得所試詩賦愛之，遂來定交。後五年，復遇於都下，静宰寫梅數枝，取姜白石《疏影》詞篆書其上以爲贈。嗣後不復見矣。聞其病亟，遺命以古玉二枚、《華嚴經》一部殉葬，蓋矜奇之士也。王昶撰《蒲褐山房詩話》。

張孝巖

張世進，字軼青，甘泉人。著有《名游集》。爲阜陽校官，薪水之資，皆取諸私橐。積俸十餘金，歸鑄一杯，王梅沜名之曰清俸杯。《廣陵詩事》。

軼青官阜陽時，著《汝陰雜記》一卷，於潁川沿革分轄瞭如指掌。至於考古論今，旁搜近討，纖悉皆備，具有深意。遊楚則有《篷窓日記》，遊秦則有《郵亭紀程》焉。《後案》。

王林屋

王懐，鎮洋人，諸生。下第後，淡於榮禄，娱情丹青，著有《樸廬詩集》。嘗聞顧廣陵謝吟云，林屋下第，其妻毛山輝字秀惠，以詩慰之云：「新妝競掃學輕盈，俗艶由來易目成。誰識天寒倚修竹，亭亭日暮最孤清。」「寒女頻年織錦機，深閨寂寞掩重扉。卻憐鳩母爲媒者，空向秋風理嫁衣。」「重陽風雨滯幽齋，失意人難作遣懷。籬菊已花還覓醉，便須沽酒拔金釵。」詩見《閨閣詩話》。

存愫爲麓臺侍郎從子，而畫筆蒼深秀潤兼擅。其長詩法錢、劉，詞宗姜、史，極爲沈文慤公所賞。爲予畫《三泖漁莊》春、夏、秋、冬四幅，見者疑爲古人。嘗爲吴企晋寫《寒山雅集圖》十四人，沈文慤公及定宇徵君皆在。存愫寫景，張彬如寫照，時稱兩絶。子湄，亦諸生，早歲學佛，受具於華山，遷居楓橋，不知所終。王昶撰《蒲褐山房詩話》。

徐念祖

徐錦，號快亭〔一〕，浙江桐鄉人。乾隆十年進士，分發山東。官蒙陰知縣，仁慈愛民，歲飢民疫，粥餓埋胔〔二〕，不避臭惡。徒步捕蝗，半自死，半爲群鳥所食。民頌使君神。未幾降調。丁丑迎鑾，獻《南巡歌》二十四章，蒙恩賞緞，并給原銜。江蘇學政夢麟、李因培，皆同年友，佐幕閲文，名士皆歸月旦。性篤孝，母疾篤，割股以進。所著詩、古文、時藝，藏於家。李廷輝修《桐鄉縣志》。

補知蒙陰縣事徐公傳

公諱錦，字念祖，號快亭，姓徐氏，世居桐鄉縣青鎮。曾祖諱鳳鳴，邑庠生。祖諱基，前明萬曆乙卯科副榜，龍泉縣學訓導。考諱宜振，字羽斯。妣施氏。康熙壬午，羽斯公挈家客江南崇明縣，八月十二日生公。舅氏左宸先生在里，夢人投以中式硃卷，姓名字號畢具。次日，報生書至，以吉夢答賀，故公長而皆用之。

公天資穎異，受業多名師。最後爲孝廉周月潭先生瑗高弟子，月潭博洽精醇，每云談理必本程朱，根柢必自《六經》，作文必遍讀《左》《國》《史》《漢》、唐宋八家，以觀其議論法度。詩必宗漢魏、初盛唐。制藝必遍閱前明、本朝各名家，以識其變遷純駁，然後進可掇科第、裕經濟，退亦可以自立。若如世俗剿襲塗飾，博一時浮譽，出處毫無可據。公秉承其訓，終身不懈。所著古今文，有識有典，有力有光，韻語錘鍊精堅，無一字輕下者。性篤孝，母疾革，割股以進。後居父喪，皆哀毁備至。

雍正丁未以後，游粤東、山左、京師，以名諸生遠出授徒，人皆敬仰。乾隆初年，浩舅氏州牧孔恕甫先生居郡城，延公課其二孫。繼又館浩外舅編修陸根堂先生家，課其三子。甲子，赴鄉試，寓舍焚雜紙，一紙飛越火外，取視之，得餘「子丑聯捷」四字，果獲舉。乙丑會試，成二甲進士，奉旨分發山東以知縣用。

補授蒙陰縣。慈仁爱民，希用刑責，催科甚輕。簡獄囚房三，淫凶重犯，官吏慮其狡脱，絶其糧三日矣。公莅任曰：「肆諸市，是死於法也；絶其糧，死於非法也。」令仍給之食。及解房三於府，中途，又殺人，公僉差不慎，例降調。引見，奉旨回任。戊辰，聖駕東巡，恭辦泰安道中大橋三座。是年，饑疫相仍，又多飛蝗，粥餓埋胔，不避惡臭，不憚徒步捕蝗。未幾日，蝗半自死，半爲群鳥俗呼麻姑鳩者食之殆盡，邑民歡頌，以爲公德所致。庚午，聖駕南巡，邑境大營一，尖營二，橋梁一十有八，暨鉅細諸務，咸精詳辦理無疏誤。天差竣，乃被劾，部議照才力不及例，降級調用。公恬然歸里。

癸酉，就江蘇學政侍郎夢公麟幕，繼之者侍郎李公因培，皆同年友。丁丑，迎鑾獻《南巡歌》二十四章，蒙恩賞緞，尋賞給原銜頂帶。己卯，李公調視浙江學，偕之來。辛巳，應台州守聘，主近聖書院。諸生學疏文敝，功力苟且，習爲故常，公以經史立課程，俾知爲學之方，期其日進。壬午，迎鑾獻《三次南巡歌》如前數。甲申，李復視江蘇學政，仍邀公往，肝膈契重，稱金石交。李奉命巡撫湖北，公乃歸家。至三十□年八月疾卒，年六十有四。

公精書法，真書學衛夫人、鍾、王，行草摹孫過庭《書譜》，幾亂真。尺紙寸縑，人寶藏之。詩文集若干卷，藏於家。餘事通壬遁之術。乙丑二月，翰林錢嶼沙先生屬課與分校不，公曰：「魁罡并到，喜氣非凡。」意元卷出公房乎？會元蔣公元益、狀元錢公維城，實皆出其門，後并官六卿。蒙陰獄逸囚，課之，當在治東三十里外水草之交，爲陰人所察，躬率役追捕半日餘，不得。過小村落，令役具餐。公憩柳下，遥見一池中有叢草，回顧，有老嫗立簷間，注目向池，若意喻者，飭役入池，遂擒之。囚蓋立水中央，手縈衆草覆其頂。凡奇中類此者，不殫數也。

公母孺人，浩曾祖妣施夫人侄。配馮孺人，浩族姑。浩祖考少司寇公督糧江蘇，公頻來署。厥後，公館禾中，與余過從日密，略禮數，推襟抱，文字之益彌深焉。公一子瑩，側室秦氏出，邑庠生，克承公之緒，今有四孫矣。女一，適皇甫楓公僚婿庠生沈存本，邑之舊族，浩祖妣沈夫人侄也。公撫其孤女，適丁以功。生三子，次元采，丁酉選拔貢生，舉人，肆力於學，是能由公以衍月潭之派者。公事蹟在邑志，文采在藝林，卓乎可傳，余愧未足表彰往哲，謹據公所自譜，約舉大端，增以一二，不飾不支，俾後之學者得以徵獻云。

論曰：公貌和氣静，吐辭雋雅，見之者皆欽爲君子人也。自壯及老，多貧游，文翰之芬遠矣。居官克盡職，篤愷悌而嚴於取與，斯所謂絀於肆應哉。録自馮浩撰《孟亭居士文稿》卷三。

【校勘記】

〔一〕號：原訛作「字」，據李廷輝修、徐志鼎纂《〔光緒〕桐鄉縣志》卷七本傳改。

〔二〕粥：原訛作「弱」，據《〔嘉慶〕桐鄉縣志》改。

畢花江

畢懷圖，江都人。乾隆十三年舉人，歷任績溪、安福等縣。工詩善書，兼寫梅。有自題《畫扇》云：「不風何事爲開花，愁絶秋簾夢酒家。晨起忽然思舊稿，月明煙波一枝斜。」

王昶撰《畫識》。

奉宸院卿江公傳

公諱春，字穎長，生時有白鶴之祥，故號鶴亭。姓江氏，徽州歙縣人。祖演，僑居揚州；父承瑜，皆以鹽筴起家〔一〕，慷慨好施予，周貧乏，修津梁，動費萬金，并以公貴，封贈一品階。

公性警敏，爲金壇王太史步青弟子，善屬文，工詩，與程編修夢星齊名。補邑學生員，以《五經》應試未第，遂出其才治鹺業。上官知其能，檄爲總商，凡重事皆與擘畫。乾隆十六年，上巡幸江浙、揚州，迎駕典禮，距聖祖時已遠，無故牘可稽，公創立章程，營繕供張，纖細畢舉。二十二年南巡，駐蹕金山，召對稱旨，親解賜金絲荷包，授内務府奉宸苑卿。三十年南巡，修治紅橋東之凈香園，蒙御書「怡性堂」額，賜福字、金、玉如意。城東南高阜曰康山〔二〕，相傳爲明康海讀書處〔三〕，公葺新之。四十五年、四十九年南巡，上喜平山之外，得近處小憩，遂再幸其地，賜額賜詩。公理鹺務四十年中，凡祇候南巡者六，祝皇太后萬壽者三，迎駕天津、山左者二〔四〕，最後入京赴千叟宴。國家有大典禮及工程災賑，兵餉捐輸，上官凡有籌畫，惟公是詢。

公才裕識超，專心國事，不顧私計，指顧集事，又更事久，强記，善用人。苟有益於各省轉運者，知無不爲，規遠利而不急近效。周急濟貧，加意於書院、養老院、育嬰堂諸事務，本堂給貧月銀，有增無減。每發一言，畫一策，群商拱手稱諾而已。群商之受指揮不便其私者，或退有怨言，然而兩淮提引案發，逮治群商首總黄源德，老疾不能言，餘皆自危於斧鑕，公毅然請當其事。廷讞時，惟叩頭引罪，絶無牽引。上知公無私，罪官而不及商，所保全兩淮之人甚衆。太監張鳳以銷毁金册捕逃頗急，鳳至揚州謁公，公於杯酒間縛之。上飭封疆大吏之失察者，特授公布政使銜。上深知公誠藎有長才，每見之，輒加詢問。公貧無私蓄，辦公力絀，上賞借帑三十萬兩。公運鹽之號曰廣達，每鹺使者出都，必諭曰：「江廣達人老成，可與商辦。」前後被賜御書福字、貂、緞、荷包、數珠、鼻煙壺、玉器、藏香、拄杖，便蕃不可勝紀，加級誥封至光禄大夫。

公偉岸豐頤，美須髯。喜吟咏，好藏書，廣結納，主持淮南風雅。北郊鐵佛寺荒寒多紅葉，公數招杭太史世駿諸詩老，清齋賦詩終日。蘇文忠公生朝，與諸詩人懸像寒香館賦詩，一時文人學士如錢司寇陳群、曹學士仁虎、蔣編修士銓、金壽門農、方南塘貞觀、陳授衣章、陳玉几撰、鄭板橋燮、黄北垞裕、戴東原震、沈學子大成〔五〕、江雲溪立、吴杉亭烺、金棕亭兆燕，或結縞素，或致館餐，虚懷卑節，人樂與遊。過客寓賢，皆見優禮，與玲瓏山館馬氏相埒。

所著有《黄海游録》一卷〔六〕、《隨月讀書樓詩集》數卷。公感國恩，竭力圖報，治公事，星出昏入。暇即從事詩酒不自持，籌算私積，言事投書者〔七〕，數十輩林立，隨方應付，食頃已畢。或曲劇三四部〔八〕，同日分亭館燕客，客至以數百計〔九〕，恒以長物付質庫，分給數庖應之。

公以乾隆五十四年積勞成疾卒，年六十九。卒之日，家無餘資，賜帑未繳，鬻産及金玉甆好以足數。公無子，以弟昉次子振鴻爲嗣。上知其卒後貧，復賜帑，諭：「振鴻業鹺，以繼其父。」振鴻弱冠能文，勤謹儉約，力圖起其家，不敢負上，垂念舊商之恩也。阮元輯《淮海英靈集》〔一〇〕。

【校勘記】

〔一〕筴：原訛作「篋」，據阮元撰《淮海英靈集·戊集》卷四改。

〔二〕城：原脱，據《淮海英靈集》補。

〔三〕爲明：原脱，據《淮海英靈集》補。

〔四〕山：原訛作「江」，據《淮海英靈集》改。

〔五〕大成：原倒作「成大」，據《淮海英靈集》乙正。

〔六〕有：原脱，據《淮海英靈集》補。

〔七〕書：原訛作「事」，據《淮海英靈集》改。

〔八〕劇：原訛作「齣」，據《淮海英靈集》改。

〔九〕數百：原倒作「百數」，據《淮海英靈集》乙正。

〔一〇〕阮元輯淮海英靈集：原訛作「阮元撰《揅經室文集》」，此文實收入《淮海英靈集》中，故改。

江聖言〔一〕

諱立，號雲溪，歙縣人。著有《夜船吹笛詞》。聖言性耽文，素又愛倚聲，遊西湖，慕姜白石「帚馬塍」之勝，卜筑數椽，攜細君同居數年。資盡家亦落，乃還邗上。余在魚通，適其叔太守恂權知夔州府，數以書問訊，并寄其詞。蓋氣誼之篤，近時所罕。王昶撰《蒲褐山房詩話》。

【校勘記】

〔一〕聖：原作「慎」，據王昶撰《蒲褐山房詩話》改。下同。

閔玉井

閔崋字廉風，江都人。詩骨清秀，著有《雙清閣詩集》十二卷。杭世駿序之。《後案》。

張漁川

張四科，陝西臨潼人。著有《寶閑堂》《響山閣詩集》。《鹽法志》。

汪桐石

汪仲鈖，字豐玉〔一〕，浙江桐鄉人。性開敏，考索外，無所嗜好。自漢魏而降，别蹊徑於宋人。酷愛黄山谷、王半山二家，窮力追之，獨開生面。乾隆十五年，偕兄孟鋗舉於鄉。年甫三十而歿。著有《鐵舟園詩文集》。李廷輝修《桐鄉縣志》。

【校勘記】

〔一〕豐：原訛作「潤」，據《〔嘉慶〕桐鄉縣志》卷七《文苑》本傳改。

崔筠谷

崔瑶，江寧人，工詩善畫，鄉黨以長者稱之，年九十六而卒。著有《慧定軒詩稿》。王孟亭太守序云：

余以晴江先生得識崔生瑶，瑶以束脩見顧從學，晴江故知人愛士，寧誣也？適有武林之遊，而召之往，詩壇酒社無虚日，不與俱，獨怪其埋頭硯北，屏息終日，夜半咿唔不去口。時則扁舟湖水之湄，廢塔寒潭之外，竟日歸，如故。胠其篋而得其所自爲詩，雲蒸露浥，朝嵐夕靄之氣，已被收拾腕下。山農、朱南廬、同年友錢非也相與擊節賞之曰：「崔子其慧乎？」嘗蹙額前言曰：「小子少孤，母老弟幼，家且貧。曩從程綿莊先生學，復從梅仙老人畫，將以畫爲活。又耻學之無所就，忽忽若有亡也。」而今後乃知崔生之慧從憂患來。

別逾年，晴江會賓客於平山，崔生絶句十二，爲都人艷稱。又逾年，同遊崇川，於今三閱年矣。甲子冬，訪余於結廬，已裒然成帙。一曰《春江唱和》，己未春與余兄弟遊覽之什也；二曰《西南》，又曰《搴芳》，蓋有得朋之慶，而慕靈均之好修也。春草渌波，石華海月，如繪色於西方，而剪吴淞之半幅，詩境益進可知。

嗟嗟！生以得余爲幸，余以得生爲不孤。蓬窗夜語，趁市沽酒，聽嚶鳴而唤風雨，未嘗不念我王某也。蘇長公云：「悲生定，定生慧，慧何不生定？」有味乎其言之有味。

乾隆十年春二月，王箴輿書於汾湖舟中。《後案》。

刑部郎中趙公墓誌銘〔一〕

公諱繩男，字來武，號緘齋，武進人。世居觀莊，至兵部公諱繼鼎者，以進士起家，始入居城中。户部尚書恭毅公，乃公之曾祖也。里名清節，不改晏子之居；笏是甘棠，遠哉魏公之澤。祖熊詔，翰林院侍讀。考侗敦，浙江鹽驛副使道。并皆克融世哲，益振門功。公兄弟三人：長駿男，次覲男，公其季也。

生異常童，讀有宿慧。以副使公官浙，隨侍起居。才佐羽鳩，事無所滯，弊剔淄蠹，吏不敢欺。然公志在亢身，功加焠掌。自謂龍工而往，弱水易逾；牛耳親操，强臺可上。不謂楚璞竟遭其三刖，秦布無望乎再懸。蓋自副使公暨妣黄恭人，相繼殂謝，遭家不造，觀閔實多。無角無牙，速之雀鼠之訟；予口予尾，痛甚鴟鴞之詩。

公感門祚之衰零，仗功名之振奮，乃入資爲郎，補户部雲南司員外。勾稽必謹，出入無私，見知於馮英廉公。秩滿，遷刑部福建司郎中。時閩有叛案，脅從者衆，議者欲連坐其妻子，公力争之得免。崔仁師請易十命，不惜一身；張居翰能活千人，但更一字。凡慎乃庶獄，矜及無辜，雖居白雲之司，不峻金風之氣。西漢重仁，恕椽東里，稱慈惠師，殆其然乎？侍郎錢文敏公欲舉公最，或病其無口才，文敏曰：「君子欲訥於言而敏於行，果其守口之如瓶，何必飛言之似雨乎？」既而終不果舉。公亦處之澹然。大節無忝於平生，好官已思之爛熟。蓋其宦情久淡，天趣彌高，方冀懸車，何憂失馬？

迨至截取以知府用，公因不耐繁劇，引疾去官。覬之之歸，布帆無恙；甫里之返，茶竈猶存。往時所謂搆釁百端者，亦復視若飄雲，過同流水。而周恤族里，敬念宗祊，推水源木本之思，展孝子仁人之意。以恭毅公專祠爲副使公出資營造而未得配食，遂於祠旁另闢趙公家祠，以時祭享。銅川六世，屬在大宗；石慶一祠，別稱齊相。不愆於禮，以答所生，人皆稱之。又兵部公之父，發祥之祖也，有讀書處曰「藝蘭」，取四丁未格建造，及公修復如之。室用陳經，不改庚子之日；居因近埭，還仍丁卯之名。其奉先型恭祖舊也如此。

當是時也，投簪未老，匿跡在陰。一畝之宫，弦壺雜置；數椽而外，花藥並蒔。往往扶竹人來，負瓢客至。貯毗陵之酒，而賢聖必待其評；鬻陽羨之田，而方圓以充其供。通賓驛者數千里，辭朝籍者三十年。雖或白髮欲盈，豪眉易秀，而秧蓑抖擻，苔屐拖抄。盛論倉箱，高談稼穡，自謂分野老田夫之席，人羨有香山洛社之風。落落乎遠理，其諧奇懷獨賞也已。尤復歛情冲素，肖量恢淵。衣不變裁，再浣而無斁；財無常主，半面而可通。嘗爲友人負累，有至膴仕而不償者，終置不問。若己所貸於人，必盡庚之能，炳質錢之帖，不營避債之臺，即家中落弗悔也。至於鄉曲之争，蘇援不少；後起之秀，獎借尤多。雖童僕而言語，必勖其和；雖履屣而位置，亦得其任。以故慕之者莫不指宿處而思有道，臨酒坐而念車公，又豈特絲繡平原，屏圖白傳而已哉？

耄期既臻，梁陰載缺。以嘉慶八年五月二十二日卒於里第〔二〕，年八十有一。配葉宜人，先君卒，事具洪君亮吉《神誥》。子二人：長懷玉，內閣中書，改山東青州府同知；次球玉，國子監生。孫八人。

余與懷玉同宦京師，長貧日下，乞米之帖屢叩乎比鄰，游山之詩聯吟於休沐。會其分刺東郡，余亦歸養西湖。別甫二年，遽聞公之歿，而懷玉遂以奔喪返矣。感哲人之云亡，羨賢者之有後。今懷玉等將於某月某日合葬於黄塘鄉之何家村〔三〕，以狀來乞銘。嗚呼！青眼曾邀，易愴天涯之吊鶴；白雲在望，空歸海角之哀禽。銘曰：

維恭毅公，杖節吾杭。清踵忭鶴，澤留召棠。奕奕曾孫，爽鳩是職。刑惟祥刑，德乃陰德。郄好棲遁，孫賦遂初。施政於家，自親而疏。生我以穀，死我以匱。終始乃心，永矢弗告。我爲杭人，恭毅之民。公實孫子，如肺腑親〔四〕。公德克承〔五〕，我心載慰。況公有子，同我臭味。公歸可企，雲高在天。此德不休，吾銘亦傳。吴錫麒撰《有正味齋駢體文》。

【校勘記】

〔一〕題目吴錫麒撰《有正味齋駢體文》卷二十三作「奉政大夫刑部郎中趙公墓志銘」。

〔二〕後「二」字：原訛作「三」，據《有正味齋駢體文》改。

〔三〕塘：原訛作「壙」，據《有正味齋駢體文》改。

〔四〕親：原訛作「新」，據《有正味齋駢體文》改。
〔五〕克承：原訛作「承家」，據《有正味齋駢體文》改。

保正清河道朱公墓表

公諱瀾，字問源。其先吴人顧氏也，明天啓時，有以義憤擊魏閹所使緹騎逮周順昌者，避匿江寧，自是爲江寧朱氏。國朝始爲江寧學生者曰應昌，生贈編修圻。贈編修生康熙己丑科進士翰林院編修元英。編修生江寧學貢生贈通議大夫松年，嘗舉孝廉方正不就，早卒，公之考也。

公年八歲而孤，家貧身弱。妣舒太夫人苦節，撫而教之。稍長，即遊幕於外以供養。蜀、楚、閩徼無不至，於民情美惡、政教利病無不曉，卒在直隸通永道幕，爲總督方恪敏公所知，保舉以從九品職引見發河工〔一〕，補楊村主簿。值漕船起撥運丁，有多奪小船以病衆者，公往數語諭之即服，公名自是起。歷縣丞，知獻縣、河間縣務關同知。務關，治河官也。公治運河有績，而上官惡之，以報水遲解其職。會有大臣出勘河患，乃保留公。公始以水漲害民田廬，請上官修治，爲斥拒，至是陳於使者，功舉，畿輔民獲寧焉。逾年，授天津府同知。卓異，擢正定府知府。再擢清河道。公在職凡五年，而五署直隸按察使。

方公之爲知縣，所臨，案無留牘，屢以平反冤獄，稱明允於直隸矣。及攝臬司，尤以獄爲重。每屬吏所不能决，公親研鞫，或晝夜據案披訊，經月不輟。所定必當罪，全無辜者甚衆。又爲獄囚疾，設隔别之法，令無傳染。籌得數千金，爲獄中炭薪、醫藥之資，至今爲例。歲饑，總理賑救，勤察無遺濫。純皇帝東巡至古北口，召公見於行幄時，以水災請蠲魚葦課。上問：「魚葦宜水者而亦蠲，何耶？」公曰：「水小則魚聚葦生〔二〕，水大則魚溢出而葦没爛〔三〕。」上大稱善。又詢數事，皆稱旨，將大用之矣。而以審案稽遲去職。公之四攝臬司也，爲日淺甚。有盜案在保定府未定上，其後盜發他省，供首盜在保定而未究出，上怒，自總督以下皆得過。方以法繩下，雖知公在職暫，不特宥也。久之，賜復原銜。既又令總督，遇相當缺出題補。然公久勞於官致憊，自以老病乞歸，不能仕矣，乾隆五十六年也。上後猶數問其病愈否。竟於嘉慶元年九月十九日卒於江寧里中，年七十三。

公生平嚴持清節，而施人則甚厚。仕歸，資業蕭然。嘗著《才識論》，謂處事以識爲主，而才副之，不可偏廢。不得已而去，寧無才，不可無識。故其立身治民，必求其大者要者云〔四〕。所著《待潮書屋存稿》四卷，又《詩》三卷、《待潮雜識》二卷、《歷官紀要》二卷。

夫人陳氏〔五〕，誥封恭人，生子三：紹曾，安徽布政使；賢仰，早卒；續曾，靈州知州。側室俞氏，生子三：顯曾，候補縣丞；述曾、丞曾，俱候補從九品。孫七：桂棟，候選同知〔一〕；桂楨，己未進士，文選司主事〔二〕；桂馨、桂森、桂柱、桂樞、桂楹。女十一人。孫女十一人。公與夫人合葬於江寧。桐城姚鼐爲之阡表云。姚鼐撰《惜抱軒文集》。

【校勘記】

〔一〕職：原脱，據姚鼐撰《惜抱軒文後集》卷六補。

〔二〕生：原脱，據《惜抱軒文後集》補。

〔三〕魚：原脱，據《惜抱軒文後集》補。

〔四〕云：原脱，據《惜抱軒文後集》補。

〔五〕陳：原訛作「吴」，據《惜抱軒文後集》改。

姚薏田壙志銘

通經學古之士，天每以阸窮加之，或曰所以玉之於成也〔一〕，其信然乎？則所謂阸窮者，不過槁項黄馘〔二〕，三旬九食，以畢其生，亦已足矣，而乃重之以疾病，甚之以患難，終之以孤煢，如是而曰玉之於成，莫之信也！天而無意於斯人乎？何故而於孤根薄植之中，屈沆瀣之菁以篤其才？天而有意於斯人也，而所以玉之者，適足摧殘戕賊之以至於死，則司命者之權衡不知安在。

歸安姚薏田，長興王敬所，皆今世僅有之材也。二人者，爲郎舅，其讀書能冥搜神會〔三〕，真見古聖賢之心。其爲詩古文，清雋高潔，平視千古，一時推爲國士。然而皆一貧如洗，不克自贍其生。薏田尤疲羸，長年委頓，藥裹不去手，寒暑風雨，時若有鬼伯扤之。敬所遭奇禍，逮繫西曹者五載。薏田以姊故，益在多凶多懼之中〔四〕，終日涕洟。敬所解網而歸，不數年而死。薏田隻輪孤翼，漠然無所向，痼疾益甚，沉綿又十年，竟死。二人者，皆無子，嗚呼！其可悲也。

薏田之操行，其視敬所爲更醇。敬所死，予銘其墓，不諱其生平疵纇。薏田垂淚讀之，已而相向噭然以哭，至失聲。長興令鮑辛浦在座，亦汍瀾而起。今吾銘薏田之基，辛浦之死且三年矣，誰其讀吾文者？

薏田姓姚氏，諱世鈺，字玉裁。曾祖某，江蘇按察使司。祖某，明經。父某，諸生，娶某氏。薏田之爲諸生也，王提學蘭生、唐太守紹祖皆知之，欲爲之道地，然竟不果。未幾，薏田亦病廢，更無意於人世矣。晚年益刊落枝葉，所得粹然，授徒江都，遂卒焉。吾友馬曰琯、曰璐、張四科爲之料理身後，周恤其家，又爲之收拾其遺文，將開雕焉〔五〕，可謂行古之道者也。

生於某年某月某日，卒於某年某月某日，得年五十有五。從子某爲之後。葬於某鄉之某原〔六〕。所著有《蓮花莊集》四卷〔七〕。莊故松雪王孫之居也。其銘曰：

薏田之學，私淑義門。義門之徒，莫之或先。人亦有言，墨守太堅。薏田不信，禦侮兀然。每逢異幟，互有争端。焦脣敝唇，各尊所聞。而今已矣，宿草陳根。悽愴哀詞，以當招魂。薏田嘗述義門之言，以爲厚齋不脱詞科中人習氣也。予諧之曰：「義門不脱紙尾之學習氣也。」薏田大愠。〔八〕全祖望撰《鮚埼亭集》。

《蓮花莊集》原名《孱守齋遺稿》，今入《欽定四庫全書存目》。《後案》。

【校勘記】

〔一〕於：原作「而」，據全祖望撰《鮚埼亭集》卷二十改。

〔二〕醎：原訛作「鹹」，據《鮚埼亭集》改。

〔三〕搜：原脱，據《鮚埼亭集》補。

〔四〕益：原訛作「亦」，據《鮚埼亭集》改。

〔五〕將：原脱，據《鮚埼亭集》補。

〔六〕後「某」字：原脱，據《鮚埼亭集》補。

〔七〕四：原作「八」，據《鮚埼亭集》改。按：姚世鈺《孱守齋遺稿》四卷收入《四庫全書存目叢書·集部》第二百七十七册，末附提要云：「祖望《志》又稱『馬曰璐、馬曰琯、張四科收拾其遺文開雕』，又稱所著爲《蓮花莊集》八卷。此本書名、卷數，皆與《志》不合。末有張四科跋稱『勒爲詩文各二卷』，則又無所闕佚，不知何故也。」

〔八〕「薏田嘗述義門之言」至「薏田大愠」：原脱，據《鮚埼亭集》補。

程荆南

名夢湘，江蘇丹徒人。貢生，官清泉縣知縣。有《松寥山館詩鈔》。其集資清以化，乘氣以霏，如瑶臺瓊島間，被仙霞而飲甘露，所謂水仙數萼，冰梅半樹，未足喻其芳潔也。蕭真幽澹，直匹王、韋。後試令湖南，盡覽瀟湘山水之勝，寓書於予，以此自誇，然未嘗見其篇什。中年殂謝，不竟其才！世之欲洗俗塵而蠲宿垢者，五言古詩，必染指於此。王昶撰《蒲褐山房詩話》。

王丹崖

名璵，鎮洋人。工書法，自勤不息。劉侍郎秉恬《生軒詩集》刊本，是其手蹟。《後案》〔一〕。

【校勘記】

〔一〕按：原衍一「案」字，今删。

王半庵

名開沃，鎮洋人。著有《識小賸言》。先君稱其博雅，謂其疏節闊眉，意致翛然。尤工於長短句，寓關中修《藍田志》，能盡山水之勝。既而主醴泉書院，凡十餘載，卒於秦。《後案》。

補王開沃傳

王開沃，字文山，遵宸孫，諸生。記問賅博，善詩詞。嘗主關中醴泉書院。弟開汾，字小鶴，副貢生。亦工詩，兼擅駢儷。録自王祖畬修纂《〔民國〕鎮洋縣志》卷九。

補王開沃傳

字子良，號半庵，鎮洋人。諸生，選五首。

子良疏節闊目，意致翛然。尤工於長短句。寓關中，修《藍田縣志》，能盡山水之勝。既而主醴泉書院，凡十餘載。客死於秦。録自王昶撰《蒲褐山房詩話》。

黄芳亭

名文蓮，字星槎，上海人。乾隆十五年舉人，官歙縣教諭。著有《聽雨樓詩集》。星槎幼與趙光禄璞函、王司冠蘭泉等刻《七子集》，沈文慤所定。聞其由校官任長吏，後別有詩集未梓。至其作宰，頗著廉聲，又不徒以聲律見長矣。《漱芳齋詩話》。

補黄文蓮傳

黄文蓮，字芳亭，上海人。九歲能詩，與王昶、趙文哲諸人倡和，爲吴中七子之一。乾隆十五年舉人，授安徽歙縣教諭。丁母艱。起補全椒。從游者多通顯。後爲泌陽令，甫下車，誓於神，不欲名一錢，有黄青天之名。移署唐邑，泌陽民争之，遂回任。又一年，卒於官。

文蓮廉潔勤敏，嘗讓産於弟，樵蘇不爨，泊如也。著有《書傳鹽梅》《道德經注》《聽雨樓詩稿》。妻曹，亦工詩，有《玉映樓吟稿》。《上海志》。録自宋如林修、莫晋等纂《〔嘉慶〕松江府志》卷五十九。

盧配京

盧鎬，浙江鄞縣人。乾隆十八年舉人，官平陽教諭。著有《月船居士集》。先生學無不窺，少時日與同里楊爾音門，取書中隱僻事，爲樂作詩，隨興揮就，不檢韻部，故時有出入處。嘗謂予曰：「向作詩成，屬友人范冲一爲正韻，否則改之。本抒所欲言，不耐爲之局也。」其胸中落落，多如此。書法脱灑可喜，小楷秀勁。書必醉後燈下作之，秃筆焦墨，浪峰叢薄，稍存位置，興盡即已，聽人取去。有嘲之者，則曰：「書正如此作也。」倪象占撰《蓬山清話》。

袁鈞曰：「盧鎬少受經史於史榮，已，復從全祖望游。爲人静穆寡言笑，詩文藴藉如其人。」阮元輯《兩浙輶軒録》（一）。

配京聞黄太冲、萬充宗之學，故爲浙東人士所推重。董君秉純稱其詩高處直逼宋桑，險韻長歌，亦得眉山一體。蔣君學鏞稱其學凡三變，卒底於成。惜爲詩不自收拾，後人僅存四卷，未足以盡其長也。王昶撰《蒲褐山房詩話》。

【校勘記】

〔一〕按:「阮」字前原衍一「案」字,今删。

程述先

程志銘,號秋水,歙縣人,魚門太史之弟。著有《徐清書屋詩鈔》。《後案》。

沙斗初

名維杓,元和人。隱於商,往來西湖、北榭之間。長髯豐顙,如酒豪劍客。詩多悲壯激發之音。著有《白岸亭詩鈔》。《後案》。

王介祉

王陸禔,江蘇常熟人。詩才清麗,家貧母老,又遭敬通之厄,琴瑟不調。詩存《幽光集》。《隨園詩話》。

黄竹廬

名震〔一〕,字振宇,鎮洋人。性耽六法。畢制軍秋帆撫秦時,招致入關,恣覽名勝,作

《華岳圖》，并自寫《雲山小像》，氣象神逸，名公競爲題咏。秦游時，揮灑翰墨，留傳甚多。王昶撰《畫識》。

【校勘記】

〔一〕震：原訛作「振」，據彭藴璨撰《歷代畫史彙傳》卷三十一本傳改。

方西疇

名士虡，字右將，江都人，諸生。著有《白華樓詩鈔》四卷。《後案》。

吴山夫

吴玉搢，江蘇山陽人。學有本源，館秦樹峰司寇家，《五禮通考》皆其手訂者。樹峰言得三異人，山夫其一也。丙子、丁丑，授八旗教習，作《十憶詩》，一時傳誦。《山陽耆舊詩》二首，其小序云：「吾淮詩人，漢枚都尉始〔一〕，其詩即古詩十九首中之十首也。十九首爲古詩鼻祖，而半出都尉手，宜淮詩之傳世多矣。乃漢魏唐宋尚有傳人，自元後，無指名者。明代流傳亦少。予求之數十年，手自抄寫，積爲五大册，仿元氏《中州集》意，人各詳其姓字官階，時代先後，間綸次其逸事，名曰《山陽耆舊詩》。將上附枚乘、陳琳、趙蝦、張耒諸集，合而梓之，以存吾鄉文獻。又得國朝詩集十餘種，鈔録未竟，以出遊置之，至今爲胸中一未了事。雖余力薄，未必即能有成，然藏壑之舟，有力者負之以趨不難也。特恐兒子輩不知愛惜，使予心付之飄風劫火，功未就而罪已莫解。即得好事者再爲搜輯，益日遠而日難矣。」《茶餘客話》。

山夫著書甚富，已刻者《别雅》一種，乃其少作，自云不足觀。尚有《引經考》《六經述部序辨》《金石存》《正字通正》《山陽志叢辨》《四朝黄河志圖説》《删定潛邱劄記》，皆可傳者。此説得之程魚門太史。《後案》。

【校勘記】

〔一〕枚：原脱，據阮葵生撰《茶餘客話》卷二十一改。

畢竹癡

畢瀧，字澗飛〔一〕，鎮洋人〔二〕。候補西曹。秋帆尚書之弟。風格雋邁，氣度冲夷，吐棄一切。酷嗜書畫，凡遇前人翰墨，苟洽己趣，不惜重價購之。而於國朝太常煙客、南田、墨井、石谷、麓臺諸家，尤注意焉。自亦工詩善畫。處貴介而具此高韻，良足欽重。王昶撰

《畫識》。

【校勘記】

〔一〕字：原訛作「號」，據彭藴燦撰《歷代畫史彙傳》卷五十九改。

〔二〕鎮洋：《歷代畫史彙傳》作「太倉」。

畢梅泉

畢澐，竹癡之弟。乾隆二十四年舉人，官江右知縣。没於寧州。《後案》。

補畢澐傳

畢澐，字涵青，沅弟。乾隆二十四年舉人，授德興知縣。有吴姓兄弟争産，訟數年不解，澐以一體曉之，遂相持感泣如初。署寧都知州。寧者介兩湖衝，號難治，澐悉心審斷八閱月，清積案百五十起。值米貴，請發常平倉，未報，亟勸富户出粟以糶，市價頓平。年三十五，卒於官。録自王祖畬修纂《〔民國〕太倉州志》卷二十一。

程夔州

程崟，歙縣人。乾隆二十八年進士。刊名人遺集最多。《方望溪先生全集》亦夔州所刊。阮元撰《廣陵詩事》。

補程崟傳

程崟，字夔州，鑾弟。由進士授職方司主事。莅事初，適臺灣朱一貴肆逆，文武官棄城者，事平，多論法。崟研核精詳，毋縱毋刻，堂官每虚己從之。時朝廷新設會考府，稽查各部院錢糧出納，擢崟領左司。旋升武選員外，又遷刑部福建司郎中。時有惠安童生罷考案，議照河南王遜例立決，堂官主之。崟謂罷考同，所由罷考者不同，河南以派夫撓國法，惠安以禁夜忤典史，偕司官包濤力争得減。又有姦殺案，同鞫者咸以離姦所不問姦，而持刀者律充發，崟曰：「此姦也，非殺也。」細鞫其情，亦得輕比。歷任均書上考，屢膺人參、貂皮之賜。録自勞逢源、沈伯棠等修纂《〔道光〕歙縣志》卷八之二。

凌叔子

凌應曾，字祖錫，江蘇上海人。乾隆二十一年舉人〔一〕，官貴池教諭。詩最工，著有《古歡堂詩稿》〔二〕。叔子爲榆山少司馬從子。游黄山時，詩最工，如《天竺寺》云：「法鼓時一聲，千山送空響。」《早發白沙步》云〔三〕：「日出兩三竿，雲中見山頂。」《富春》云：

「江緑山逾青，舟行畫圖裏。」《香爐峰》云：「雲中露微月，忽照香爐峰。」何減襄陽、摩詰！王昶撰《蒲褐山房詩話》。

【校勘記】

〔一〕二：原訛作「三」，據王昶《蒲褐山房詩話》改。

〔二〕著：與張本皆訛作「外」，據《蒲褐山房詩話》改。

〔三〕步：原脱，據《蒲褐山房詩話》補。

蔣雲限

蔣謝庭，字蕴輝，長洲人。乾隆三十三年舉人。

羅兩峰墓誌銘

君姓羅，名聘，字遯夫，號兩峰。世居歙之呈坎村，其二十一世祖乾宗公始遷於揚。考愚溪公，應雍正辛卯武鄉試中式。有子五人，君其第四子也。

幼遭孤露，長更博聞通晝，學十三科，讀奇書五千卷。時揚州馬嶰谷、半槎兄弟開設壇坫，號召賢流。君以波瀾吻縱之才，值文酒風馳之會，蘭言自馥，松格彌高。獨師事吾杭金冬心先生，畫佛畫梅，皆出其指授，小詩亦逼肖之。又眼有慧光，洞知鬼物。煩冤地下，開變相之圖；有美山阿，寫離騷之狀。所製《鬼趣圖》一卷，棲毫甫竟，題翰已多。如蔣心餘先生、程魚門編修諸作，尤膾炙人口云。

生平游跡，如越如楚，如齊如豫，如燕趙，山郵往復，波路參差，片席移雲，孤燈召夢。發余懷之鬱勃，觸古事之蒼凉。不食者武昌之魚，可語者韓陵之石。數聲名於洛下，争唱檀來；邀禮遇於燕臺，請從隗始。嘗三遊都下，一時王公卿尹，西園下士，東閣延賓。王符在門，倒屣恐晚；孟公驚坐，覿面可知。所主者如英竹井相國、翁覃溪、周載軒、余秋室諸前輩，并皆名賢碩德，送抱推襟。余亦得侍清談，時邀光接。見其三升酒盡，十丈縑横，山水方滋，雲煙相亂。或奚童易飽於一炙，或外國購價以千金。酣嬉淋漓，無所遴惜也〔一〕。

然而一身道長，半世饑驅，人海浮沉，堂蓑偃蹇。碧草緑波之賦，黄蘆苦竹之吟，潺雨歇而玄蟬鳴，繁霜飛而凉雁叫。青苔及榻，緇塵染衣，腰減帶長，髮疏簪重。死喪之戚，過向子期之生平；覊旅之年，已王仲宣之逾紀。客何爲者，能不悲乎？比年以來，思歸綦切，而質衣欲盡，債帖難償，未之能行也。會兩淮曾賓谷轉運，與君舊交，寄以資斧，俾其子迎還。得休倦鳥之飛，幸遂首禾之願。余亦主講安定書院，間裁赤牘，用寫悁勤，每顧索郎，思同旅語。方謂青氊道故，白首如新；豈知老洫波難，斜光暝易。會無一載，别即於秋，能不悲哉！

君夙耽禪理，悉究竺墳。一喝醒人，勝打頭之棒；十年喫飯，愛折脚之鐺。嘗夢入一招提，榜曰「花之寺」，髣髴前生即其主僧，後遂號「花之寺僧」，鐫印識之。證漁洋之舊聞，踵圓澤之往事，因緣不昧，智慧有徵。在京師，余嘗訪之琉璃廠觀音閣下，向鐙王而借席，與彌勒而同龕，布薩森嚴，羼提無悶，巾瓶浄契，花水澄觀。雖僧迦湛志於苦空，釋子希心於止觀，弗之過已。

所著《香葉草堂詩》一卷。一株柏樹，祖師之意可參；萬本梅花，處士之魂斯托。余喜其天懷刻露，神詣幽微，既爲序而傳之。此外又有《正信録》諸書，多識前言，時呈新藻，類皆怪奇偉麗，鏗耀人間〔二〕，所惜緝柳雖勤，編蒲未竟，莫能寫定也。至性友於，傷心中折，棣蕚之華不耀，人琴之痛方深。比歸，而更值三兄秀峰公之喪，逢此百罹，又弱一个，衰顔慘淡，老淚飄蕭。風乍急於鴒原，日已斜於鵩舍。仙龕遽築，家簀難延。逾秀峰公之亡曾不數月，遂以不起。嗚呼哀哉！

君生於雍正十一年正月初七日子時，歿於嘉慶四年七月初三日子時，年六十七歲。娶方氏，名婉儀，安徽歙縣人，生於雍正十年六月二十四日，以與荷花同日生也，遂自號曰「白蓮」，白蓮著有《白蓮半格詩》行世，先君二十年卒。雜佩以贈，成夫子之賢；彤管有貽，列女士之表。其貞行已詳於傳志中，兹不具述。子二人：長允紹，出繼爲伯兄咸萬公嗣；次允瓚，皆能以畫世其家學者。孫三人。以嘉慶四年十一月十二日葬於甘泉縣西鄉小胡家廠。郗超之亡，作誄者四十；林宗之葬，執紼者數千。而令子允紹等，以余爲知君之深，獨以斯文見托〔三〕，謹徵素履，用表貞珉。銘曰：

不隱不仕，亦禪亦仙。酒破詩戒，情生畫緣。千載而後，欲知此賢。身爲梅花，妻爲白蓮。吴錫麒撰《有正味齋集》。

【校勘記】

〔一〕惜：原脱，據《有正味齋集》補。

〔二〕鏗：原訛作「鑑」，據《有正味齋集》改。

〔三〕見：原訛作「之」，據《有正味齋集》改。

黄小松

諱易，浙江錢唐人。監生，官至運河同知。有《小蓬萊閣詩》。小松尊人松石，名樹穀，因以小松爲號。松石工隸書，嘗客於吾郡張文敏家，博通金石，故小松愛古亦如之。官濟寧，凡嘉祥、金鄉、魚臺間漢碑，悉搜而出之，而武氏祠堂畫像尤多。所見《漢石經》及

《范式》《三公山》諸碑，皆雙鈎以行於世。又工填詞，官雖不達，亦爲名流所重。小蓬萊閣者，其七世祖貞父先生讀書之所，在西湖雷峰之麓，今毁。王昶撰《蒲褐山房詩話》。

補黄秋盦傳

君姓黄氏，諱易，字大易，錢塘人。明參議貞父先生七世孫。父樹穀，以篆隸名家，世稱松石先生者也。故君自號小松。其先世居馬塍，即姜白石詩「每聽秋聲憶故鄉」地也，有秋影庵，故君又自號秋盦。

君幼承家學，精究河防事宜。初佐治州境，輒有能聲。既而出仕東河，歷縣倅，分刺東平，擢蘭儀同知，前後兩任兖州府運河同知，兩護運河兵備道事。其才足以大受，而志未竟，是可哀也。君官河堧二十年，凡堤埝大工，閘門蓄洩，每伏汛秋汛，晝夜殫力捍禦；兑漕趲運諸務，籌畫備至。丁未之冬，浙江糧艘十餘帮，阻凍於七級閘舵下，水手乏食，君力請借帑，活萬餘人。其他督率工員，相機剔弊，皆此類也。

君爲人誠信，重然諾。伯兄以事遣戍，君措貸爲贖罪。兄喪，數千里遣幹僕扶柩歸葬於杭。及爲幼弟、爲兄子女營婚嫁，以逮族黨，推誼肫摯，咸視此。

君精於金石、六書之學，自歐陽、趙、洪所未見者，皆著於録。嘗手自鈎摹漢魏諸碑，附以題跋，開雕成帙，曰《小蓬萊閣金石文字》，又有《小蓬萊閣碑目》。小蓬萊閣者，其先貞父先生讀書南屏書室名也。丁酉秋，君於都下得漢《熹平石經》《般庚》《論語》三段，時方綱亦摹此勒石，援洪文惠鐫《石經》於會稽蓬萊閣故事以名齋，既乃知君家先有此名，洵一異也。君在濟寧，升起鄭季宣全碑。於曲阜得熹平二年殘碑，於嘉祥之紫雲山得武斑碑、武梁祠堂石室畫像。適揚州汪氏所藏古搨《武梁像册》歸君齋，此册自竹垞、衎齋、査田諸老輩往復鑒賞，幾疑世久無此石矣，一旦君乃兼得之。於是敬移孔子見老子像一石於濟寧州學，而萃其諸石，即其地築室砌石，榜曰「武氏祠堂」，立石以記之。君北抵燕趙，南遊嵩洛，又四方嗜古之士所得奇文古刻，無不就正於君，以是所蓄金石，甲於一時，皆不及縷數，而述其一二大者於此。

君每得一舊蹟，睟色炯溢顴頰間。又多蓄漢印、諸吉金雜器物款識，摩挲終日不去手。畫雖兼效倪黄，而實自成一格，蒼秀出意表。又精於摹印，談笑之頃，鐵穎剨然，立成數枚。出，懷袖以贈友。馳論千古，眉軒尋丈外。嗟乎！黄伯思、米芾而後，世久無此人矣。濟寧李東琪，字鐵橋，亦以金石之學世其家，與君最契。適有《鐵松觀碑圖》卷，方綱題甫就，而君訃音至矣。嗚呼傷哉！今日石墨論交，惟予知君最深者，故不辭而爲之傳。鐫諸石者，安邑宋葆淳也。

嘉慶七年六月朔。録自翁方綱撰《復初齋文集》卷十三。

聶劍光

聶鈫，山東東安人。乾隆三十八年春，先君因祖母張太宜人病，進香泰山，得識劍光於岳廟。見其所著《泰山道里記》，謂其書吴穀人學士所稱「寓風煙於視聽，收巖岫於寢興。如導迷方，有資津逮」，故其得入《四庫全書存目》。以布衣之小品，得垂不朽，抑何幸歟？錢辛楣少詹曾序其書云：

往者李進士素伯在京，素爲余言聶君劍光者，居岱宗之陽，多識岱故。貧而好著書，良士也。

歲乙酉秋，予以使事道出泰安，留一日〔一〕，爲岱宗遊，欲訪劍光，同行諸人無識之者。是日出北門，歷十八盤，登玉皇頂，抵暮而回，粗識岱宗面目而已。

其冬，復過泰安，劍光持刺介素伯書來見，余喜甚，然簡書有期，不復能入山矣。將别，劍光以所著《泰山道里記》屬序其端。讀之，由近至遠，由正路以及四隅，較若列眉。其間巖谷幽阻，昔人游屐所未至，掌録所未詳者，劍光歷三十年，布衣芒屩，手捫目驗而知。其文淳雅或遜古人，然考稽精審，質而不俚，簡而不漏，洵志乘之佳者。素伯所稱，不余欺也。余夙有山水癖，與劍光同。他日再游岱宗，劍光能强爲我行乎？書之以爲息壤之約。錢大昕撰《潛研堂文集》。

【校勘記】

〔一〕日：原訛作「月」，據錢大昕撰《潛研堂文集》卷二十四改。

董耕雲〔一〕

名椿，初名乾，爲青邑五峰太守令嗣。早工山水，筆甚穎秀。入都後，又得富陽公指授，藝日益精。纂修《四庫書》成，議叙縣尉，分發陝西。王昶撰《畫識》。

【校勘記】

〔一〕按：《〔光緒〕青浦縣志》卷二十二本傳：「董椿，初名乾，字耕雲。洪子。早工山水，用筆穎秀。入都，得董文恪邦達指授，藝益進。纂修四庫館。書成，議叙得縣尉，分發陝西。」

徐篬林

諱薌坡，號澤農，江蘇青浦人。貢生。南巡獻賦，命入武英殿校書。篬林有聲庠序，梁文定公爲學政，試以《菜羹賦》，特見賞拔。中歲入都，寓延壽寺街之雲間會館。病瘵，余往視之，殘雪滿地，寒飈襲人，葛幃木榻，燈火青熒。顧余而歎曰：「似此已入鬼境，復有何言？」因占兩絶云：「勞身擾擾役醯雞，勘破莊蒙物理齊。客路殘生等蟬蜕，更無兒女繞床啼。」「得詩隨改又隨删，蹋壁冥搜日夜閒。最是生平有餘恨，未留著述在名山。」聲情酸楚，真不減鮑家之唱、上峽之謡。余故采掇獨多，以釋其恨。至才情之富，有屬對之名通，詞華之清贍，當與我邑中陶穎儒〔二〕、邵植庭齊驅并駕，非餘子能望肩背也。王昶撰《蒲褐山房詩話》。

補徐薌坡傳

嗚呼！余十年以來，往還永清最久，永清賓客，余無不知也。然余得交於永清君，則徐君薌坡始也。

方乾隆丙申，余困京師，將近遊畿輔，司業朱先生爲余書屬周君。時周君以清苑丞攝曲陽縣事，余紆道曲陽，以文謁周君。周君方置酒宴客，匆匆接見，無暇省也。徐君取余文一再閲，矜言於周君，於是周君始有意於余。明年，爲余位置定州主講。其年，周君擢永清知縣，旋邀余修《永清志》。而徐君則寓居京師，與嘉定錢君坫，并主今布政使、前大理卿王君昶家。陳君以綱嘗偕余訪君及錢君，相見甚歡。其秋，余舉順天解試，君與錢君俱下第。余往省之，錢君猶落落，君獨不言而神傷。君籍松江，乾隆乙酉選拔貢生。家故温飽，有母老矣，久客京師，將圖進取，慰親意也。每試輒蹶，意氣益衰，嘗曰：「使我得一副榜貢生，翻然爲歸計矣。」副榜資階與拔貢生等，且君拔貢年資深矣。或問君何爲欲之，君曰：「以其猶爲人採録爾。」時《四庫》館校録須人，順天鄉試榜後，主司奉詔於下第卷中選取字畫端楷者，送館充謄録，每科不下千數百人。有志者往往得之不屑就，君亦願之而不得也，命矣夫？

君蘊藉工詩，嘗有《咬菜根賦》，爲時傳誦。虚懷善下，聞人有所長，即愛惜備至。其選拔也，故大學士梁文定公爲江蘇學政，實鑒賞之。然居京師，文定方主樞要，君歲時一通謁，不再往也。君久不得志，鬱成瘵疾。俄聞母訃，余往弔之，君已病失音，見人隱稽顙，哭無聲淚，以手指心，告哀謝而已。他日再往，館人告君卒矣，距聞訃不閲月也。酷哉！君諱薌坡，字澤農，年與余相上下。其卒也在雲間會館，鄉人相與斂資歸其喪。録自章學誠撰《章氏文集》卷四《庚辛之間亡友列傳》。

【校勘記】

〔一〕我：原脱，據《蒲褐山房詩話》補。

王藕夫

太倉王藕夫思濟明經，謙雅持重，盎然春和，詩亦情深，文不落纖小家數，如《過黄州》云：「江山餘兩賦，風月自千秋。」《題采藥圖》云：「寒谿松子落，春塢藥苗深。」《送毛海客之歷下》云：「江漢一官春夢短，風塵雙鬢客心長。」又云：「官職未須卑半刺，風騷直自有千秋。」《琵琶亭晚泊》云：「謫官自後詩才少，此地從來客淚多。」皆警句也。吴文溥撰《南野堂筆記》。

王石亭

名鈞，鎮洋拔貢，官湖北州判。懶於仕進，依秋帆尚書幕府十餘年。公事之暇，間以詩酒自娱，不求人知。《後案》。

徐友竹

名堅，字孝先，江蘇吴縣人。早歲負詩名。居瀕太湖七十二峰，煙雲滉漾，日在目前，遂工山水，筆墨蒼古，無預柔媚氣。工篆刻，有《職官印譜》。詩名《友竹齋集》。王昶撰《畫識》。

華師道

名玉淳，江蘇無錫人。監生。華氏自子田學士以詞翰起家，至師道與其從子瀫峰，受業於顧復初司業，講求經義，吟咏乃其餘事。故師道有句云：「今日凌雲誰健筆，續將初白老人詩。」其宗仰如此。然《畫莊類稿》題其《澮園詩稿》云：「澮園霞峰兩孫子，屏除俗學治經史。貽我一編太古音，隻字不寄時人耳。年來歸櫂自巢湖，獵獵秋風尋戰壘。噴薄奇氣本洪鈞，故知此事須根柢。」信如其言，則又非初白老人支派也。王昶撰《蒲褐山房詩話》。

黄星巖

名之紀，上元人。著有《編録堂詩文集》《古詩刊誤》《抑末録》，皆刻於長安。乾隆五十三年九月，覿與君同寓關中糧道署内三月，知君淵通博雅，尤精於六壬，群以今之管輅稱焉。惜無子，年六十四卒於秦中。所刊諸作，不知流落何所，不禁凄然。今録其爲先君題《梅岡攢舍圖》一詩，以誌不忘之意。

《序》云：「道甫嚴公與予同鄉，以齒叙，則予稍長；以入道論，則予最後。道甫年十一，受知於閣學李公穆堂，計其時，予啓蒙。甲戌、乙亥之間，道甫與江浙名儒言經義，連奪之席。壬午召試，登進爲侍從之臣。是時予方學詩古文於隨園，望道甫如在天上焉。癸卯冬，予入關，一見道甫。時道甫從畢中丞遊，而予偕申侯將赴大荔，相得甚歡。明年，予挾生平所爲詩古文及手編諸書，就正道甫。適道甫從中丞入豫。丁未有人自江南來，言道甫已卒於廬陽書院矣。道甫學問文章十倍於予，而年稍遜，天不死予而死道甫，天道無知，於茲益信。近予編故人文集，檢敗簏中，得道甫詩及古文二十首，方悔恨不入關早見道甫，又恨不能舍長安訪道甫所在。伏床下，盡録其所著書，私心耿耿。未幾，道甫子子進來陝。子進能讀父書，予聽其言甚喜，道甫英華發露，吾謂雖有子〔一〕，未必能勝父，而不謂子進好學不遜而父，而著書日富焉。子進賢，道甫爲不亡矣。子進出圖索詩，且云：『先君步雨花之岡，樂而爲之圖，未有名也。』厥柩自廬陽歸，不期而停於此，若有夙緣。因以名圖。」

詩云：「吾鄉雨花岡，乃在長干里。說法有生公，斯人尚未死。小屋僅數椽，春色萃幽壙。四面有雲山，人家在山底。生爲繪此圖，歸櫬暫棲止。魂魄無所之，先生長樂此。」

《後案》。

【校勘記】

〔一〕子：與張本皆脱，據文意補。

朱若溪

諱學海〔一〕，浙江仁和人。舉人，官廣平府知府。

補朱學海傳

子學海，天性孝友，處事剛決。中乾隆甲寅舉人。任廣西左州知州，下車，即創修書院。己巳大旱，禱雨則應。先是，州有虎患，乃躬詣城隍廟，竭誠致禱，虎遽渡河去。民頌聲載道，爲撰《異政集》，以紀其德。以病告歸，卒於家。録自杜鴻賓修、劉盼遂纂《（民國）太康縣志》卷十《朱奎光傳》附傳。

【校勘記】

〔一〕海：原訛作「濂」，據《録》及補傳改。

任〔一〕

諱學溥，山西平定州人。官貴州龍里縣知縣。

【校勘記】

〔一〕按：此條下原有「張方海」至「林克鏐」等十九人名單，與《録》《總目》重，除有傳可補者，皆删。

補張雲錦傳

張雲錦，字龍威，號鐵珊。監生。少學於舅氏陸奎勳。工詩，尤善咏物，有《紅葉》詩，奎勳賞之，稱爲張紅葉。淳安方棻如愛其《春草》詩，贈詩曰「楊春草後張春草，他日應將合傳傳」。一時名流，如杭世駿、厲鶚輩，皆與訂交。總督李衛聘修《浙江通志》及《西湖志》。乙卯，舉博學宏詞科。省試被放。著有《蘭玉堂詩》正、續集二十一卷，《文集》二十卷，《紅蘭閣詞》《藝舫咏物詩》及《弄珠樓》《佑聖宫》《德藏寺》諸志。録自彭潤章修、葉廉鍔等纂《〔光緒〕平湖縣志》卷十七《人物》。

補閔鑒傳

閔鑒，字照堂，南昌人。乾隆甲戌進士。任遂安知縣。縣處萬山中，地瘠民貧，風俗刁健，鑒革一切陋規，日食供億，自爲經理。民有犯者，非實有罪不輕繫，累日坐廳事，判畢即釋。暇則考課士子，遂安二十餘年無科名，至是，鄉試一榜三人，士風大振。捐俸修崇聖祠，復朱熹瀛山書院，建龍溪渡橋。大計卓異，引見記名。

升玉環同知。玉環地瀕海，三面皆大洋，多盜賊。鑒嚴保甲，立捕緝限，海門隘口與營弁互相稽察。又多蠹役，前官每以虧挪受累，鑒悉心剔抉，吏肅而稅足額。沿海煎鹽鹽觔竈，本官爲收發，往往漁利。上官某求貨於鑒，不聽，曰：「竭窮竈户之錢以媚上，吾不爲也。」遽銜之。擢延安知府，得代後數月不能行，銜之者始釋然曰：「閔某真清官也。」爲稱貸以資其行。至延安，調同州府。有屬吏失歡，上官授意以他事劾之，不可。復以卓異升廣東肇羅道。鑒精勤勞苦，將去同州，值京兵過境，晝夜籌辦成疾。力疾至廣東，乞假歸。抵家未一月卒。《舊志》。録自許應鑅等修、曾作舟等纂《〔同治〕南昌府志》卷四十二《人物》。

補方承保傳

方承保，字從燮，號柏亭。弱冠食餼，乾隆壬申恩科舉人，由教習任陝西三水縣，署直隸州商州。調涇陽，立書院，修涇渠。保送引見，奉特旨授浙江玉環同知，又特授江西贛州府知府、兼護吉南贛寧兵備道。晚年致仕歸里。爲少保金湖公裔孫也。子三：長增運，由邑庠增列明經；次增泰、三增能，皆入成均。録自汪雲銘修、方承保等纂《〔乾隆〕重修嘉魚縣志》卷四《人物》。

師友淵源録後案卷二十四

同硯第十門

同硯一

金棕亭詩鈔序

全椒，滁州首邑也，山有神山、臥龍，水有迷溝、鄭湖。唐韋左司馬爲刺史[一]，以詩化其邦人，宋王元之、歐陽永叔繼之，故前人若張洎、樂韶、楊於庭，并以文章名。國朝吳編修默崖，與名流唱和，有聲於時。其兄山人亦能詩，隱居學仙，王新城尚書《和左司寄全椒道人》詩贈之，至今風雅不絕。

金子鍾越，全椒名流也，天才驚逸，少時即以韻語見長。人謂生長名區，若天使之爲詩人者，其言固然。然吾謂鍾越之成材，天與人兼焉，而不徒藉乎山川之鍾秀已也。今年春來游吳門，以《棕亭小草》見示。余亟取而讀之，其凌空飛動，縱橫變滅，如蛟龍之不可捕捉，此得之自天者也。若其使事典切，詞有根據，而一歸於劌心鉥肝，艱苦誠壹，以之戛戛獨造，此得之於人者也。

中間大半遊黄山作，狀峰巒之奇峻，肖雲物之變幻，詩與境副，尤見得心應手之樂。昔張詹事南華，詩才敏捷，遊黄山一日，成數十首，後以見知聖主，洊歷卿貳。鍾越少年領鄉薦，詩才不讓南華，他日成就，豈出南華下哉？雖然，得之天者，不待勉也，得之人者，愈造愈深，而愈見其無窮。鍾越深不自滿，涵咏乎風騷、選體，以浚其源；遍歷乎子、史、百家，以老其識；旁乎山經地志諸書，以盡其變，由是底乎詩學之成，豈徒鄉國善士，較短長於張樂諸人也耶？山川亦倍爲生色已。

乾隆乙亥秋日，長洲沈德潛題。時年八十有三。沈德潛撰《歸愚文鈔》。

【校勘記】

〔一〕韋、爲：原脱，據金兆燕《國子先生全集》卷首沈《序》補。

江松泉傳

君諱昱，字賓谷，一字松泉，姓江氏。始祖諱汝剛，宋進士，官歙縣牧，遂家於歙。明末，六世祖應全遷揚州，乃爲江都人。曾祖九萬，祖瀓，考世棟，皆不仕。

君兄弟八人，君與弟恂，同爲楊太宜人所出，行七，恂行九；海内談藝者，稱廣陵二江者也。君初名旭，字才江，既而更名昱。及見國朝諸老輩，有聖童之目。長負文譽，年二十八始補邑庠生。乾隆九年開詞科，某公將譽君應詔，力辭之。又歷十七年，始食廩餼。君久困諸生中，以嗜學安貧，不改其樂。偕恂坐凌寒竹軒，擁書萬卷，上下古今，以著述酬酢怡怡然，當代文章巨公如雷公鋐、劉公藻、沈公德潛[一]，皆以國士目之。君下帷研經，尤精於《書》，著有《尚書私學》若干卷，析疑發覆，爲一時治經諸儒折服。嘗在秣陵，與程廷祚辯論《尚書》古文，至日晡忘食。錢唐袁枚目爲經癡。其標致如此。著《松泉詩集》若干卷，不拘宗派，以本詣性情，止乎義禮爲主。深闢歷下公安之非，而斥王李尤力。又作《論詞詩十八章》，斷制宋元作者，津逮後學。厲鶚、趙虹、江炳炎輩，争相嘆服，不易其言。乾隆丁丑，功令兼以試帖取士，君故精研小學六書，乃著《韻岐》四卷，爲藝林圭臬。

君面目清古，與俗寡諧。性剛卞，好面折人，然交友最真。論事侃侃，指摘利病，不少依阿。或笑其迂，而交莫能遁。君百行罔缺，篤於彝倫。元配天長陳氏，諱珮，故名家子，才情清麗，著有《閨房集》，四年而卒。君孤居六載，著《海鶴詞》寄意。後以母命娶郭氏，亦賢淑。凡海内名士來交二江者，屨滿户外，郭脱簪典衣以供，亦先君卒。

恂以拔貢生起，歷官湖南常寧、清泉令、乾州同知。奉母就養，不與公事，惟耽咏撰。嘗仿《酉陽雜俎》《北夢瑣言》，又著《瀟湘聽雨録》八卷。其間評隲山川，考訂金石，如辨《岣嶁碑》之爲贋作，洋洋千言，證據精確，較晦庵、犇州、亭林之言益晰。他如石鼓、斷碣殘碑，莫不捫剔考究，爲博雅諸家所未及。又手撰《清泉志》，體例嚴謹，一洗舊志之陋。吴公鴻時視學於此，引君爲上客，傾倒尤至。及恂移官皖江，君以老病，不克侍母往來，尺書絡繹，講求吏治，考質學問無少間。聞君昔年喪子，時值恂歸省，君破涕大笑曰：「吾以十齡之子，换一久別之弟，此樂不易。」君子德堅攜恂子德量，應童子試，而德量入郡庠，君喜動眉宇，若不知其子之黜者。明年，德堅亦雋，里人傳述以爲難。

乾隆乙未初，恂以公事過里門省母，君以久病，至是歡笑如平生。凡母至，必强起爲慰。恂去，君病益篤。時囈語呼恂節勞爲誡，天性敦篤過人蓋如此。卒年三月二十日，距生康熙丙戌，得壽七十四。子德堅，繼配郭出。餘幼，側出。女二。所著未梓者《尚書私學》《蕢州漁笛譜疏證》《草窗集外詞疏證》《藥房雜志》《不可不知録》《唐律領珠集》《精粹詞鈔》《山中白雲詞疏證》，共若干卷。嗚乎！君兄弟與余善，君弟入仕二十年，以才人循吏著聲正遠。余懼君德與文之向晦也，於是作《松泉先生傳》。

論曰：予讀陶潛之文，至追亡悼存，瞻母望昆，未嘗不爲松泉流涕也。君學克翼經，文可載道。身雖未仕，及見其弟以平生所共學者，見諸施行，白頭事母，享文名者五十年，而所著足以傳於後世，君死也乎哉？《書》曰：惟孝友於兄弟，是亦爲政。其私學者，在於是歟？嗚乎！可無憾也已。蔣士銓撰《忠雅堂文集》。

《松泉詩集》得入《欽定四庫全書存目》。《後案》。

【校勘記】

〔一〕按：「當」字前原衍「爲」字，據文意删。

江于九先生軼事

江恂，乾隆二十八年，以乾州司馬升任去，衡清及舊任常寧之人饋贐，送冠蓋，皆不受。爲詩歌以送者，積爲四卷，又以平昔之櫝背書〔一〕，選爲十二卷，闢講堂於白沙書院，立去思碑。沿途張宴設樂，充塞衢路。至有送百里外，涕泣而返者。長官得民之深，方愧逾分。而寓食若昱，亦叨紳士公餞〔二〕，詩文復牽連及之，真愧恧無地，故昱《留别》詩云：「饘粥冰衙歲月深〔三〕，烝陽雲樹不勝情。幸多君子堪師友，敢藉賢稱及弟兄〔四〕。先世著書曾遺日，他年寓籍或留名。何緣得似甘泉叟，垂老重尋石鼓盟。」《瀟湘聽雨録》。

公任亳州通守時，因雨堤决，城外水深丈餘，民蹲屋脊或樹杪者無算。公即刻買白麵數百石，令城中鋪户代作饅首并白餅，隨雇小舟數十隻，陸續先遞飢者，以待渡舟；一面開倉濟急。旋即具詳請賑〔五〕。不數日，被淹之家集數千人，持械欲放水於下流。下流亦村落也，互相争鬥，勢甚凶湧。公單騎諭之而止，且許請加賑一月。水落，事平。次年，公子德量得中一甲第二名進士，豈非陰德之報歟？《後案》。

又見公筆記中一則云：蘭三者，細民也，素受恩於富户某氏。一日黎明，見有縊死屍懸於富户門首，蘭三移置他所，爲謀死者所窺，直指蘭爲圖財害命。三推六問，蘭甘受其罪。及公復審，知其冤，力争於臬使。臬使以業已具奏爲詞。公辨白曰：「倘置於法，真凶復出，公能任失入之究否？」臬司怒至擲其冠於地，而公争之愈力，於是臬司限公十日，如不獲真凶，立即題參。旋於限内真凶投到，臬司僅得降三級處分，而蘭得無罪。此公平冤獄一事。惜未廣搜博采，以表德政。而廣陵所行《江公讞語》一編，閲之者，亦可得見一斑。同上。

【校勘記】

〔一〕 櫝：原訛作「牘」，據江昱撰《瀟湘聽雨録》卷五改。

〔二〕 亦叨：原脱，據《瀟湘聽雨録》補。

〔三〕深：《瀟湘聽雨録》作「更」。
〔四〕弟：《瀟湘聽雨録》作「父」。
〔五〕請：原訛作「詳」，據文意改。

補署郡太守江公碑頌

公名恂，字于九，揚州儀徵人。初舉茂才異等，詣京師廷試高等，天子使爲縣令湖南。始至，攝知常寧縣及衡陽分縣清泉，即真知清泉縣，公精於吏事，撥煩理滯，判決明允，以是爲上官倚重。由計典卓異，轉乾州倅。累行寶慶、長沙太守、分守事，所至有治幹稱。後因詿誤左官，改銓通守。奉差遣江南，遂補池州通守。行安慶，分守鳳陽太守。屢讞疑獄，上官以爲能，乃檄公行徽州太守事。以乾隆四十年三月丙寅到官，越十有二月庚戌而代。其月辛酉，行州分守事。在官之明年五月戊寅，復奉檄行太守事。越十月己酉，而代吾徽，故公鄉里，宗親盤互。

公兩爲太守，一爲分守，在郡幾二載，而一治以廉静，事至而應，不阿不枉，人用寧息。歲、科兩試童子，凡所甄拔，皆寒畯能文之士。州人德公之政，伏公之守，思公之愛，故於其去也，攀召伯之甘棠，美奚斯之頌魯，是用文載嘉績，垂示方來，而并系以頌。頌曰：

孔惠江公，維邦之彦。豈弟爲根，不貪爲榦。安静悃愊，如枝斯貫。字我黎甿，無畏無翫。公視此邦，維桑舊産。義勝則離，恩掩則慢。恩義之中，德輿伊管。斟而酌之，作我民觀。公來莅止，邦人之休。今公既去，匪我私憂。民隱宜恤，天聽曷由。敢告司閽，借寇乞侯。公庶復還，惠此山陬。草菅漁奪，靡疚有瘳。居人不恐，行道謹謳。勒公德愛，於萬千秋。録自胡賡善撰《新城伯子文集》卷二。

寧端文

諱楷，字櫟山，江寧人。家貧，受知於縣令張嘉綸，請制府送入書院，厚其薪水，而學益充，名噪一時。乾隆十六年，應召試，列二等。十八年，舉於鄉。十九年，中明通榜，官涇縣教諭。流寓廬江。著有《修潔堂詩文集》。《後案》。

董敏修

諱以學，上元歲貢生。天性孝友。妻亡，子教增甫周歲，不再娶。館於上新河王葑亭通政家。王氏多藏書，資公涉獵，經史殆遍。猶見公子得登上第，就養京師，始歸道山。《後案》。

涂長卿

夢謝山學政序其集云：「乾隆十八年秋，校士金陵，得長卿卷，英華奪目，既與衆殊。後數日，試詩賦，鏗鏘要渺，六朝之亞也。余異其人，因索其平生所著《懌堂詩集》十卷，皆佳。袖而藏之，欲偕之吴淞閲卷，以母老辭，薦冬友嚴君，乃别去。詳校其人，敦行誼〔一〕，名著鄉里。余重之，將以篤行舉。是年，淮甸巨浸，朝廷務行賑恤，加意司農，乘傳而去。因仿其體，作截句三首詩，屬冬友歸之：『白蘋草迴太無情，蝴蝶年年入石城，錦樣六朝隨水去，夕陽愁殺庾蘭成。』『驃騎航邊落葉時，吕蒙城外柳如絲。宵來魂斷菰蒲雨，暮靄寒窗聽竹枝。』『蕭騷秋雨灑空階，清簟疏簾愴客懷。殘笛數聲窗下啓，桂花香裡憶秦淮。』」

乾隆七年秋，余補官江寧，涂逢豫長卿以弟子禮見。其人修潔自好，以《咏簾波》爲戴雪村先生所賞。詩宗温李，其《秦淮曲》云：「燈船歌吹酒船遲，腰鼓聲聞唱柘枝。石上暗潮嗚咽語，無人解拜侍中祠。」可謂曲終奏雅矣。袁枚撰《隨園詩話》。

長卿居莫愁、桃葉間，少入秦淮文社，才情旖旎，爲世所推。吴中楊文叔編修，謂「清詞麗句，窅然情深，溯源六朝，得其津筏」。天臺侯嘉繙，謂「寫幽思於胎禽，寄遥情於孔雀。雌霓諧於賦手，雕龍隱於文心」。其爲諸名士傾賞如此。王昶撰《蒲褐山房詩話》。

公亦長於繪事，曾爲先君作《水西文房圖》。王蓬心太守稱其畫品超邁，筆力清真，可謂善學南宫、北苑之能手。鮑丈論山爲題七律三首，見存於集。《後案》。

【校勘記】

〔一〕誼：原作空格，據文意補。

龔酌泉

《幽光集》先君題詞云：「酌泉六兄，號鹿樵，金陵望族。屢薦不售，爲名諸生。學極博雅，於工制藝外，兼善書能詩。與余對衡望宇，晨夕過從。嘗輯前輩老於諸生者之文，號《幽光集》，藏於家。余宦遊歸里，而鹿樵已不復見矣，良可悲也！急向其子庭堅索是集，并增入鹿樵遺文，俟他日付梓，以成其志云。乾隆五十二年上元日，道甫書於歸求草堂。」附録《後序》。

後序

士君子讀書稽古，學爲文藝，其所造深且遠者爲大家，次爲名家。即不必爲大家名家，而其人學術之所至，志意之所存，亦自有不可磨滅者。古之歌咏篇章，傳於世者，非盡專門名家之業也。制藝之興爲科舉之學，而實代聖賢以立言，顧文之佳者，未必盡掇高科。當時既不爲人稱道，没後誰復寶其片紙？而其人之精神志意，悉歸於泯滅矣，是可悲也！

江寧龔鹿樵先生，嘗選《幽光》一集，悉取金陵人未登科第、終身黌序者之文，選而録之。吾友張熙亭選《金陵文徵》，即以是集爲底稿，顧張選已達者爲多，而是集則專録未達者。自乾隆丙申選成未刻，後歸於嚴道甫侍讀家。侍讀亦有增入者，頃侍讀令嗣子進以歸予門人楊恒齋，請予續補而卒刊之。予自惟學術淺薄，不足以闡諸君子之幽，而鹿樵先生之志，不可以終没也。恒齋既樂成人之美，予安得辭其責乎？編成，將付剞劂，因述其顛末，而爲之序。上元胡本淵撰。

道光八年二月中旬，恒齋以是集遠寄武昌，因將《後序》一通録入卷内，以紀耆老之用心，并謝世交之雅誼云。嚴觀案。

杜防如

名昌意，江蘇華亭人。諸生，好學工書，深明經濟。幕遊所入之餘，盡作睦姻之事，如修墳墓，建祠堂，濟困扶危，纂修譜牒，予見公行之三十年不倦。年五十外，甫得一子，今已弱冠，名重藝林矣。《後案》。

葉方宣傳

南匯葉子敬進士有令子抱蓀，攻苦力學，乙酉春賫志殁，士林惜之。子敬以抱蓀嘗受業於余，屬爲傳。

抱蓀，字方宣，號書農。葉氏代有簪纓，父承，雍正丁未進士，官邑宰。湖廣觀察諱應榴，殉寇難，謚忠節，從高祖也。外祖工科給事中曹諱一士，文苑領袖，爲予館前輩老友。

方宣性孝友，讀書穎悟。十歲能文，十二工詩賦。旋補博士弟子員，試輒冠儕，食餼。方宣自以世有名臣，又爲黄門宅相，若第以制藝詩賦取科名，猶夫人子。於是專志古學，而尤好穿穴經義，於《易》《詩》《春秋》，獨有心得，嘗謂：「以《易圖》言《易》，而《易》理亦未彰。因參取邵、朱、程三子，凡明白顯易，關乎天命人心政治者録之，而災異小數近於《易林》《説苑》者斥焉。《詩》人立言近而遠，微而婉，滯執本義，則閡而不通，故參酌《小序》、朱子，取其合風雅本意者，而一洗諸家穿鑿之弊。於《春秋》本經以證傳，取傳以合經，《左》《公》《穀》三家，各擇其正，而胡氏經筵奏對之説，病其拘牽。嗚乎！方宣詎敢遽謂抉經之心，然亦苦心於窮經矣。慨自科舉之學興，人求速化之述，其爲帖括，尚未知準則前民，況於詩賦，況於經術？」

方宣文行卓卓，余方冀闢斯文之榛莽，衍經學之傳薪，乃溘然長逝，并無嗣續。東南之士，咸爲悲悼，况屬在門墻，失此庶幾之士乎！傳其崖略，以復子敬，恐不能如東門吴之曠達也。

論曰：余讀《漢·儒林傳》，見戴憑習《京氏易》，以明經徵爲侍中；高詡以《魯詩》授元帝，拜大司農；丁恭習《公羊》嚴氏學，後封關内侯。方宣兼通三經，何必不如前哲，獨以諸生早逝，可憫也！時吴縣有同學劉潢，字企三，亦工詩賦，亦研經學，一時有嵇阮應劉之目，乃同得名，同抱病，同辭世，倘不著其姓名，慮後無以知其名者，附於葉傳後，詳考之他日，復爲之論列焉。沈德潛《歸愚文鈔》。

諸敬甫墓誌銘

諸君敬甫，昆山人也。少工制舉之文，爲名諸生，屢試高等，食餼。然鬱鬱不得志，以乾隆四十一年四月二十一日卒於家，年四十有九。

前六年，余遊汾晉間，汾陽縣有修志之請，君亦適館於縣之田氏〔一〕，始相識。出所爲制義示余。怪其象題定墨，類吾亡友彭晉涵〔二〕，因言弱冠時嘗與晉涵上下其議論。既而持田氏家傳二請入志，一爲浙江金衢嚴道呈瑞，一爲湖北驛鹽道震，二傳，君之筆，又知君爲文皆有法度。

明年，余南歸，君偕田生𢡟入關中。又明年，余奉召至京師，與纂修《四庫全書》，不相見者三載矣。而君自平凉偕田生來應舉，自輯其所撰《詩釋地》，屬余論定。以王伯厚失之略，且按而不斷，故繼之有作。第余次第《永樂大典》内《三禮》、步算，及泛涉小學、音韵等書，繁碎舛謬至紛，不易就理。置《釋地》案頭，聊檢數事，則所言乃身所常到目驗，加以考證明信，不苟爲羅綴蹈襲也。是年，君又失意，遂還崑山。

前此，君在京師，與余族敬咸友善。敬咸主關中書院，歸後，田生從之遊。今年秋，敬咸以書來，寄君《行狀》〔三〕，書云：「崑山諸敬甫，志於古學也，久著述，皆有可觀。其爲人嫉邪憎俗，不能忍須臾。今不幸奄忽，其孤寄哀書求子爲墓銘。」余既哭君之遽逝，及讀《行狀》，不得君家世系。逾月，田生又使來速銘，乃次君之學行而銘之。

君諱世器，字景筠，又字敬甫。讀書輒鈎抉奥隱。生四歲時，父教以字，即私劈葱葉擬書之，點畫不少訛失。蓋君之精心於字，自其天性。年十五，於群經傳記〔四〕，應對縱横不窮，父母愛而異之，戒其毋過勤苦而已。然其後凡九應江南鄉試，又以貢生三應順天鄉舉，卒不遇。皇上南巡，壬午一與召試〔五〕，既擬進呈，以小誤疑沮〔六〕，豈命也耶？其詩古文詞，人莫能以其屢躓抑之，君亦不自挫折〔七〕。烏呼！今則已矣。所著書已手定者，《詩釋地》八卷，雜文、古今體詩各若干卷，《西征集》二卷，《蒹溪小志》二卷；其未定者，《易》《詩》《三禮》則有《通義》，《詩通義》僅及半；《四書》則有《古訓》。

君生於雍正六年八月十六日。配張氏。子二：長祖銘，國學生；次祖鎮。女二：長適曹學泌，次幼。將以某年月日葬君於某鄉某原〔八〕。君事親孝，於朋友篤以誠。母嘗失明，醫者言舐去内障可復，君絶酒肉及葷辛之味，以舌舐者二年。若操行方嚴，則吾族敬咸言之者是也，可謂有學君子矣。銘曰：

握瑾懷奇，端操不虧。終莫之施，在雝而鷂。未角而螭，早迪胡爲。子與俗離，乘驥以馳。來者我隨，不竟厥爲。而傳不疑，著以刻辭。戴震撰《東原文集》。

【校勘記】

〔一〕君：原訛作「余」，據戴震撰《戴氏文集》卷十改。
〔二〕亡：原脱，據《戴氏文集》補。
〔三〕寄：原脱，據《戴氏文集》補。
〔四〕記：原脱，據《戴氏文集》補。
〔五〕與：原訛作「遇」，據《戴氏文集》改。
〔六〕誤：原脱，據《戴氏文集》補。
〔七〕折：原脱，據《戴氏文集》補。
〔八〕以：原脱，據《戴氏文集》補。

談旦泉擬傳

公談姓，名樸升，字堯階，一字榆村，江寧人。食餼，爲名諸生。初延句曲王厚齋先生講授，甫一載，先生服闋入都，倀倀若有所失。嗣高沙、夏茹紫醴谷兩先生繼主鍾山，就授業，從遊閱十年之久。適公子德輝卒，遺孤承基孕方七月，時家事益繁，而學不倦。平生寢處之室，無他玩好，惟書卷盈几而已。及公長孫克承家學，食餼於庠，每語之曰：「余於學問獲益嚴師而外，得力於畏友居多。老生宿儒，固余所欽服，即後輩一行之善，一言之當，未嘗不心識而竊效之。以故東南知名士，半與訂交。人亦樂之。」

乾隆五十九年，選常州府學訓導，時年七十三。承基請勿往，公曰：「余於得失無成心，未至而冀倖之，與既至而矯謝之，均非情之正也。余雖才拙，以學人而教於人，固分内事耳。」嘉慶元年，遇覃恩授修職郎。次年，引疾歸而逝。

自云平居治性取節卦，接人以謙卦，力學取漸、恒卦，吉凶悔吝，驗之日用，無毫髮爽。但能得之一分，即獲一分之益，在乎心探而力取之也。著《周易圖象通解》四十卷、《儀禮分節句讀》八卷、《爾雅約注》四卷、《道德經解》二卷、《小西山房詩文集》八卷，藏於家。嘗聞先君云，公之制藝，才華發越，繼之以精實。五十以後，一以醇古爲宗。公之長孫得其真傳，繼公之志，必在斯人發名於後也。

公壽七十六，卒於嘉慶二年十月二十日。配許孺人。子國輝、國勳、兆煦。孫承基，貢生，觀之畏友。深以不得時相親炙爲憾。嚴觀擬稿《後案》。

沈沃田學福齋集序

弇州王氏，推吾郡之文爲海内首。自陳、夏諸子後百餘年間，流風相扇，著作如林。然求枕葄經籍，涵濡百家，通知古今之務，取諸心而措諸手，自成一家者，不數數覯。

老友沈學子先生，與予交三十年，各以貧苦奔走於外，東背西馳，中間僅一再把臂〔一〕，不暇論文也。今年夏，邂逅邗江，先生出《學福齋集》二十卷問序於予〔二〕。受而讀之，初駭汪洋恣肆，不可方物也。徐爲句梳字櫛，究厥指歸，其於經説〔三〕，《易》不廢荀、虞，《詩》不廢毛、鄭，《書》不信僞古文，而主伏生今文，而尤服膺於石齋黄氏之《洪範明義》《孝經集傳》也。他若《周髀》蓋天之説，測時之儀，勾股之法，筮卦之占，六書之藴〔四〕，氏族之牒〔五〕，樂府之體，古鐘之製，以至方書、形家之秘，參同、楞嚴之旨，一一皆有依據而心知其所以然〔六〕。以視陳、夏諸子所詣〔七〕，未知何如。要足標樹海内，傳之無窮，稱一代之通儒也已。

先生讀書，兼以致用。時應幕府徵，習知典章之沿革，政治之得失。其交於西蜀王樓山、陽湖潘敏惠兩公最厚，所贊益亦最多。鄉使遭遇於時，擁一麾，乘一障，必有功於社稷而澤及民者。然其精神才力有所分，未必如是之專且篤，雖有作焉，或且爲功名掩也。然則天之厄其身，斯所以昌其文歟？乾隆辛卯孟秋，張鳳孫撰。

【校勘記】

〔一〕再：原脱，據《學福齋集》卷首序補。

〔二〕於：原脱，據《學福齋集》補。

〔三〕經說：原倒作「說經」，據《學福齋集》乙正。
〔四〕書：原訛作「經」，據《學福齋集》改。
〔五〕族：原作「譜」，據《學福齋集》改。
〔六〕其：原訛作「心知」，據《學福齋集》改。
〔七〕視：原脱，據《學福齋集》補。

俞耦生家傳〔一〕

君姓俞氏，諱大謨〔二〕，字安國，一字耦生。系出宋天章閣待制充〔三〕，世居浙之錢唐。曾祖之炎，籍桐鄉，官吏科給事中。祖長城，翰林院檢討，以文名於世。考萬聚，國子監生，例贈徵仕郎，高才未顯。檢討公移疾南歸〔四〕，歿於邗上，徵仕君扶護歸浙，既葬，無一椽可棲。時親串多在揚州，因而僑寓，遂爲江都人。

君少穎悟。年二十三，寧化雷公鋐拔爲學官弟子，食廩餼。嘉慶二年恩貢〔五〕，年逾六十八。天性孝友。幼時，母郭孺人病危，默禱於東嶽神祠，願以己算二紀益母。母恍惚見二青衣指顧而去，病良已。後果歷二十四年卒。所居近城隅，乾隆己亥夏，淫霖月餘，積潦環屋，君覺不可頃刻居，雨中掖二親出。甫出，城傾二十八丈，屋已糜碎。越十日再往，得先世遺物於瓦礫中〔六〕，悉無恙，識者以爲孝思所感〔七〕。同懷兄弟四人，皆登大年，相愛無間。及兄弟繼殁，盡力喪葬，祀事罔缺。

當乾隆丁丑、戊寅間，德州盧轉運見曾官兩淮，吾鄉劉侍郎星煒主安定講席，兩公手提風雅，一時人才稱極盛，君掉鞅其间無所下。時君尚未娶，侍郎亟賞之，以從妹妻焉。君精帖括，與省試十七次，竟不得售，乃息意場屋，專心學《易》。凡前人含藴未宣者，并爲拈出，如因重六十四卦反對三十六宫，以及變通之義，始終之理，靡不畫象證經，援經證象，使讀者曠若發蒙。著有《讀易舉例》三十五卷〔八〕。

生平篤於根本，嘗手編家譜，哀次先代文行丘墓之在錢唐者十二世。自遷揚州，貧不能返，宗族亦音問斷絶。君竭資赴浙，遍訪宅兆，葺其頽敗，凡阡隴碑碣，一草一木，皆謹而誌之。且以道遠，不能如期完地租，籌費畀族權子母，永代輸焉。

君介以持躬，和以接物。長予十七歲，初見時，予裁十三，君已三十，欣然爲忘年交。雖中間蹤迹契闊，每至邗上，必訪君於家，比歲往還較密。今春，予赴通州，猶過君款曲。豈知甫别二旬，遽成永訣耶！君以嘉慶十二年三月卒，春秋七十有八。子鳴鹿、鳴南、鳴皋，皆名諸生。女一，適某。孫四人〔九〕。

論曰：方君在安定書院，同學皆知名之士，其後多掇科第，致通顯，君獨困頓以明經終，人以是爲君惜。顧君享壽考，説經以傳於後，又子孫能刊遺書，可纘未竟之緒。而向之交遊，存焉蓋寡，豈天之所以豐嗇人者，固各有在歟？趙懷玉撰《亦有生齋集》。

【校勘記】

〔一〕題目趙懷玉《亦有齋集》卷十三作「恩貢生候選直隸州州判俞君家傳」。

〔二〕諱大謨：原脱，據《亦有齋集》補。

〔三〕充：原脱，據《亦有齋集》補。

〔四〕歸：原作「遷」，據《亦有齋集》改。

〔五〕二：原訛作「元」，據《亦有齋集》改。

〔六〕物：原訛作「像」，據《亦有齋集》改。

〔七〕思所：原脱，據《亦有齋集》補。

〔八〕讀易：原脱，據《亦有齋集》補。

〔九〕女一適某孫四人：原作「女孫三」，據《亦有齋集》改。

熊公藕頤軼事記

昔先君幼客維揚，與熊公肄業安定書院，互相討論，朝夕無間。逮乾隆壬午，同應召試。先君通籍後，公亦於是秋丁父憂回籍，遂不相見。直至公僑寓江寧〔一〕，覿始得於嘉慶甲癸之間修後進禮，拜公堂上，時聞雅言懿行，退而記之，以誌不忘。

按公熊氏，諱寶泰，字筠湄，晚號藕頤。先世江西南昌人，明季始遷安徽潛山。九傳至公父集庵，由縣令官至徐州府知府，歷有善績，詳見所述《軼事》中。公同懷三人：長兄紫田，官朝邑令；次退中；公其季也。幼具夙慧，十歲命賦《指佞草》詩，見異於沈文恪公。弱冠後，父没於徐州任所，身後咨追賠銀二萬五千有奇。時公母徐恭人尚在朝邑，公恐母心憂，不敢言及咨追一字，遂獨肩其事，摒當措置，閲兩載獲竟其事。繼丁母憂，兩兄亦繼殂謝。雖家道中落，侄輩讀書、婚嫁等事，猶竭力任之，人以爲罕。

平居博覽群書，性耽吟咏，以考校時賦《古梅亭》七言百韻，受知於學政朱公笥河，驚爲奇才，因出其門。嘗自云，張宜人善持家政，乃作滇南、中州、武林之遊。主講席者十餘載，成《藕頤類稿》三十四卷。己酉，公子象階登拔萃科。嘉慶戊午，由濬縣升汝州，迎養署中。因考妣未葬，返轡南旋。恒於鍾阜、棲霞、幕府、析澤諸山，足跡幾遍。年餘，獲吉於尖山之側，迎柩潛山，得以安葬。嘗曰：「吾之所以質屋於金陵，不忍遠去墓門也。」

公素重交遊，己亥秋，因姚姬傳山長病於鍾山書院，即贈重資，以供藥餌。於是朝夕過從，不遑寧處。及姚公殁後，公遺書與長君曰：「予曩逢良友之亡，必哭之以詩，并爲立小傳。今於姬傳老友痛深，竟不暇及矣。」時公偶抱微疴，豈料至於奄逝！年七十有五，嘉慶二十一年正月十一日也。烏乎！舊德常在，音容何在？追思言笑，恍若生前。先君卒於乾隆丁未，早公二十四年，未識相逢地下，談笑追歡，尚如舊否？

及公子聞訃歸寧，治喪事畢，觀亦得時相往還。觀作楚遊，今八載，偶閱邸抄，知公子已升衛輝知府。明德之後，必有達人，信哉！嚴觀擬《後案》。

【校勘記】

〔一〕寧：原訛作「乘」，據下文知其僑居處爲江寧，故改。

孔葓谷哀辭〔一〕

嗚乎！君蓋天下學士之所以爲宗者也。自成進士後，嗜學轉篤，服官農部，恐不卒所業，亟告歸。左圖右書，日有所采獲，得古來遺文墜簡，爲一一整齊補綴，出與友朋質正，海内學者多樂就之，見聞日以富。其厚於友朋也，不以死生易節。東原戴君既殁，爲版其遺書，無所散失，士林尤高其義〔二〕。其他所梓復數十種，抉微挾絶〔三〕，厥功茂焉。

昨歲孟冬，文弨自太原南還，過魯訪君，蓋不相見者星一終矣〔四〕。留余止宿，示余以漢隸，借我以佳本，餉我以新刻。微見君容黯黮而多涕，勸君宜少近藥餌，然亦不圖有朝夕之虞也〔五〕。今年仲春初旬，忽得君不禄之赴，驚噩涕零，進使者而問故〔六〕，使者不能言其詳，但言君第三男新就婚於金陵而歸，亦於八月夭亡，相去僅三日。嗚呼！一何酷也。以君之淳懿融粹，絶無瑕玼，宜其享遐年，膺厚福。余欲托君以身後事，而何意余反爲後死者耶？既以悲君，實亦自悲，爰爲之詞，以寫我哀。

子聖之後也，仍好古而敏求。釋纓紱而反初兮，壹藏修以息游。物固聚於所好兮〔七〕，秘簡恣而遐搜。友朋相與討論兮，盡一時之勝流。美交道之不渝兮，信臭味之相投。延陵之不忘故兮，我亦遺文之是收。既不負此良友兮〔八〕，復表章夫前修。文章天下之公器兮，應學子之所求。繄余得之暴富兮，溢璀璨乎琳璆〔九〕。曩吾黨有端人兮，自注：謂余門范崧君所師也〔一〇〕。知子維端人之儔〔一一〕。溯淵源而我敬兮，嗟薄俗其有此不？自締交以至今兮〔一二〕，剛歲星之一周。歎合并之不易兮，隔千里而通郵。渴思君而一見兮，溯洙泗以停輈〔一三〕。喜余來而止宿兮，盡永日之綢繆。思從容而展意兮，奈吾行之甚遒。君年少余兩紀兮，騁長途其未休。猥余珍夫敝帚兮，亦將托子以去留。久懷兹而未發兮，將排比而始謀。何意竟不我待兮，乃一疾而不瘳。余自今無以爲質兮〔一四〕，淚忽忽其盈眸。憶合尊以歡讌兮，方子獻而我酬。曾兩月之爲期兮，判萬古與千秋。重以叔子之不祐兮〔一五〕，疑與善之悠悠。幸長君之繼志兮，文與行其并優。興衆可追夫二鄭兮〔一六〕，向歆遠軼於二劉。少者係踵而接武兮，咸不墜夫弓裘。有子孫其若此兮，宜其含笑而無憂〔一七〕。歲寓書以通問兮，神爽豈或間乎明幽〔一八〕。兹不能累君之行兮，聊以代夫執紼者之謳〔一九〕。嗚呼！吾與子之交其盡於此乎？猶庶幾夢寐之間神彷彿而來遊。盧文弨撰《抱經堂集》。

【校勘記】

〔一〕題目盧文弨《抱經堂文集》卷三十四作「孔葓谷户部哀辭并序甲辰」。

〔二〕尤：原訛作「猶」，據盧文弨《抱經堂文集》卷三十四改。

〔三〕抉：原訛作「挾」，據《抱經堂文集》改。

〔四〕星一終矣：原作「星一周終」，重複，據《抱經堂文集》改。

〔五〕「留余止宿」至「勸君宜少近藥餌」：原脱，據《抱經堂文集》補。

〔六〕使者而問故：原脱，據《抱經堂文集》補。

〔七〕兮：原脱，據《抱經堂文集》補。

〔八〕既：原脱，據《抱經堂文集》補。

〔九〕璨：原脱，據《抱經堂文集》補。

〔一〇〕謂余門范崧君所師也：原作「謂范崧」，據《抱經堂文集》補。

〔一一〕知：原訛作「如」，據《抱經堂文集》改。

〔一二〕自：原脱，據《抱經堂文集》補。

〔一三〕按：「溯」前原衍「喜」字，蓋蒙下句衍，據《抱經堂文集》删。
〔一四〕余自今：原倒作「今自余」，據《抱經堂文集》乙正。
〔一五〕以、兮：原脱，據《抱經堂文集》補。
〔一六〕衆：原脱，據《抱經堂文集》補。
〔一七〕無：原作「不」，據《抱經堂文集》改。
〔一八〕間：原訛作「通」，據《抱經堂文集》改。
〔一九〕者：原脱，據《抱經堂文集》補。

陶衡川家傳

孝廉陶先生諱湘，字範文，别號衡川。世爲金陵望族，乃祖敬舉孝廉，爲博羅令，有清德。任滿報歸，卜居城南之西隅，老屋一區，園池臺榭俱備，蓋欲子孫洗塵俗之陋也。

衡川少英敏，豐采矯潔，爲文章有家法。凡遇朋試，輒居高等。獨困於場屋，年五十有八始舉於鄉。蓋是科主試者爲新建彭公，獲衡川文於落卷中，一再讀之，信爲老宿，用以鎖榜，欲如獅鳳之有尾然。

方衡川爲諸生時，即殫心經學，顔其居爲「冰雪窩」，杜門不出。取漢唐以來先儒論説，反復抉擇，務底於精醇。而是時城北有程君綿莊者，亦通經學，并師之，稱爲南陶北程。蓋金陵自焦顧以來二百餘年，始得兩先生者出而振既墜之緒也。綿莊邃於《易》，衡川邃於《春秋》，所著有《春秋内傳》三十卷。其治他經及子、史、文集，一有疑竇及自得於心者，輒以筆記之。成就後學凡數輩，而遠方之人，亦有扣門請益者。

平居事母以孝聞，待宗族有禮，與朋友無苟且之習。嗟乎！如衡川其人者，吾不知視乃祖爲何如，亦可謂經明行修，大不愧於孝廉之目者矣。衡川自舉於鄉，以母老，不願計偕。旦夕侍左右，或躬治飲食，葺花木，以博其歡，今年九十有四，猶能理鹹嵩，决乾肉。而衡川才六十有五，不幸而遽亡。嗚乎！推衡川終養之心，吾知其不瞑於地下矣。

衡川凡三娶，僅一子，年甫十五。門生陶偉文者，慮其稚幼，爲檢所遺，得舊硯百方，畫五十軸，書萬餘卷，并所著《春秋筆記》諸稿，封置樓上，將俟其成立後畀之。甯楷撰《修潔堂文集》。

吴諸民

諱鎮，上元人。人品敦厚，盡心教讀，受業者終身不忘其德。一日，獨坐兩齋，屋宇忽傾，群驚來救，見公坐於房架之中，手一編未置他處，詢之，云：「如夢方覺也。」乾隆三十六年舉於鄉。身後，門弟子不忍離其書齋，而誦讀如常。有送束脩數十年，以贍其家者，可以知其素行矣。《後案》。

侯葦園

諱學詩，字起叔，上元人。少工詩文，事父母以孝聞，友於至篤。乾隆三十六年進士，初選廣東三水縣知縣，尋調新會。所至有聲，新會建有生祠。捐賑活人尤多，邑人刊碑紀其事。會從長官於舟次，治番禺茭塘盜案，夜縛二百人，平明將駢戮之〔一〕。學詩乘小艇，請宥協從，上官弗聽，亟解舟去。漏已四下，復緣堤追上官舟，徒步十五里，見而力請，乃誅十數人，餘得末減。擢廣州、澳門同知，兼署監製通判。粤中方立改埠爲綱之法〔二〕，有司設櫃，令民間舉富人〔三〕，懸榜拘募，於是投匭告密之風，乘機構釁。學詩力陳其弊，毀櫃除榜，曉示通衢，人心乃定。升江西撫州府知府，遽引疾歸。年六十七卒。著有《梅花草堂詩》十六卷。吕燕昭修、姚鼐等纂《新修江寧府志》。

【校勘記】

〔一〕將：原脱，據吕燕昭修、姚鼐等纂《〔嘉慶〕重刊江寧府志》卷三十九補。

〔二〕粤中方：原脱，據《〔嘉慶〕重刊江寧府志》補。

〔三〕令：原脱，據《〔嘉慶〕重刊江寧府志》補。

師友淵源録後案卷二十五

同硯二

邵二雲家傳

君諱晋涵，字與桐，一字二雲。先世系出洛陽，宋南渡時，有諱忠者，爲從官護蹕南下，遂籍餘姚。君以《禹貢》三江，其南江從餘姚入海，晚遂自號南江。曾祖炳，縣學生。祖向榮，康熙壬戌會試中式，由内閣中書改知縣，復改教諭；父佳鈗，廣生，兩世皆以君貴，贈中憲大夫、左春坊左庶子加二級。妣袁氏，累贈恭人。君，贈君之仲子也。

生有異禀，爲教諭君所鍾愛，攜至鎮海學署，親課讀焉。年四五歲，即知六義四聲。十二，徧通《五經》。十七，補縣學附生，屢試優等，食餼。歲乙酉，舉於鄉。辛卯，會試第一人，殿試二甲，歸部銓選。歲癸巳，詔特開《四庫全書》館，校勘《永樂大典》。時上方崇獎實學，思得如劉向、楊雄者任之，於是大學士劉公統勳，以君名首薦，遂特旨改庶吉士，充纂修官。逾年，授職編修。歲辛亥，御試翰詹，君名列二等，擢左春坊左中允，遷侍講，轉補侍讀；歷左庶子，翰林院侍講學士，日講起居注官，皆兼文淵閣校理〔一〕；歷充咸安宫總裁，《萬壽盛典》《八旗通志》《國史》館《三通》館纂修官；又爲《國史》館提調官，兼掌進擬文字〔二〕；一爲廣西正主考官，兩充教習庶吉士，覃恩歷加中議大夫，此君之所歷職也。

君體素羸，又兼諸館晨入暮出，復以其暇授徒自給。執經者嘗林立以待〔三〕，前後著録弟子至數百人，由是體益不支〔四〕。今年三月〔五〕，感寒疾，醫誤投補劑，遂劇〔六〕，竟以六月二十五日卒於邸第〔七〕，年僅五十有四。卒之日，語笑如平時。有乞爲墓志未及成者，檢篋中稿，付次子秉華，遂從容就席而瞑，可謂神明不亂者矣。

生平至性過人，居教諭及贈君暨袁恭人之喪，皆哀毁骨立，過時猶思慕不置〔八〕。伯兄履涵早卒，今歲春，君以未葬，特遣子秉恒歸以營冢穴，以是秉恒不及視含歛。性和易，與流輩交，皆終始如一。談古事，雖坐起數十，娓娓不倦，未嘗以所能驕人。惟有以非義干者，不待語竟，即拂衣起，人以是憚之。

於學無所不窺，而尤能推求本原，實事求是。蓋自元明以來〔九〕，儒者務爲空疏無益之學，六書訓詁〔一〇〕，屏斥不談，於是儒術日晦，而游談乃興，雖間有能讀書如楊慎、朱謀㙔者〔一一〕，非果於自用，即安於作僞〔一二〕，立論往往不足依據。迨我國家之興，樸學始輩出，顧處士炎武、閻若璩爲之倡，然奥窔未盡闢也。乾隆之初，海宇乂平已百餘年，鴻偉傀特之儒接踵而見，惠徵君棟、戴編修震，其學識始足方駕古人〔一三〕。及《四庫》館之開，君與戴君編修又首膺其選，由徒步入翰林，用是海内之士知向學者，於惠君則讀其書，於君與戴君則親聞其緒論，向之空談性命及從事帖括者，始駸駸然趨實學矣〔一四〕。夫伏而在下，則雖以惠君之學識，不過門徒數十人止矣〔一五〕；及達而在上，其單詞隻義，即足以歆動一世之士。則今之經學昌明，上之自聖天子啓之，下之即出於君與戴君講明切究之力，無不可也。

君於經深《三傳》《爾雅》。成進士以後，未入館以前，以宋邢昺《義疏》蕪淺，遂爲《爾雅正義》一書。亮吉始識君，與同客安徽學使者署，見君一字未定，必反覆講求，不歸於至當不止。如以九府之「梁山」即今「衡山」，《釋草》之「虋茢虋」即今之「款冬」，皆同客時所訂，而亮吉等急歎以爲絶識者也。服官後，又爲《孟子述義》《穀梁古注》《韓詩内傳考》〔一六〕，足徵趙岐、范甯及王應麟之失而補其所遺。

又病《宋史》是非失實，且久居山陰、四明之間，習聞里中諸老先生緒言，遂創《南都事略》一編。嘗謂人曰：「南宋諸傳，最無理法，其稿創於袁桷。桷與史氏中外，故於甬東諸人多鄉曲之私。」今讀南宋雜史及桷《清容集》，君説信然。熟精前明掌故，每語一事，輒亟稱劉先生宗周、黄處士宗羲，蓋君史學所本，而又心儀其人，欲取以爲法者也。

又有《方輿金石編目》《皇朝大臣謚法録》《輶軒日紀》《南江文稿》《南江詩稿》若干卷〔一七〕。奉命校秘書，如薛居正《五代史》等書，皆君一手勘定。分校石經，君職主《春秋三傳》，所正字體，亦較他經獨多。生平爲文，操筆立就，有大述作，咸出君手。其冲和淵穆，奥衍奇古，則又君之學爲之也。

君於國史，當有專傳。今公子秉恒、秉華等以亮吉尚足知君，乞先爲《家傳》，以綴君行事。亮吉與君交幾三十年，於詞館爲後進，凡值校讎之役，如國史、石經等〔一八〕，亦無不與君偕。即集中唱酬之作，亦惟亮吉爲多〔一九〕，用是不敢辭，爲條繫如左，俾他日志經籍、傳儒林者，有所採擇焉。洪亮吉撰《卷施閣文集》。

【校勘記】

〔一〕皆兼文淵閣校理：原作「歷充文淵閣校理」，今據《卷施閣文甲集》改，并據之將「歷充」調至下句之首。另，此句前原衍「文淵閣直閣事」，亦删。

〔二〕兼掌進擬文字：原錯簡在「又爲國史館提調官」之前，據《卷施閣文甲集》乙正。

〔三〕者：原脱，據《卷施閣文甲集》補。　侍：原訛作「侍」，據《卷施閣文甲集》改。

〔四〕按：「體」後原衍「中」字，據《卷施閣文甲集》删。

〔五〕三：原訛作「二」，據《卷施閣文甲集》改。

〔六〕劇：原脱，據《卷施閣文甲集》補。

〔七〕二：原脱，據《卷施閣文甲集》補。
〔八〕過時：原脱，據《卷施閣文甲集》補。
〔九〕元明：原作「宋元」，據《卷施閣文甲集》改。
〔一〇〕書：原訛作「經」，據《卷施閣文甲集》改。
〔一一〕能：原脱，據《卷施閣文甲集》補。
〔一二〕安於作：原脱，據《卷施閣文甲集》補。
〔一三〕始：原訛作「如」，據《卷施閣文甲集》補。
〔一四〕學：原脱，據《卷施閣文甲集》補。
〔一五〕按：「徒」字原重，據《卷施閣文甲集》删。
〔一六〕古注：原作「正義」，據《卷施閣文甲集》改。
〔一七〕法：原訛作「跡」，據《卷施閣文甲集》改。稿：原作「集」，據《卷施閣文甲集》改。
〔一八〕如：原脱，據《卷施閣文甲集》補。
〔一九〕惟：原訛作「爲」，據《卷施閣文甲集》改。

鄭東亭家傳

鄭君宗彝字彛五，東亭其自號也。其先歙人，君四世祖炳箕自歙遷居江寧，生廙。廙生爲翰，又自江寧遷揚州，乃生君考諱鍾山。自祖以上，皆贈中議大夫；君考得授中議大夫。中議生君及内閣中書舍人宗洛。君以先墓皆在江寧，遂入江寧縣學。及中議没，君復葬江寧焉。

君由廪貢中乾隆三十三年戊子科順天鄉試。逾四年，成壬辰科進士，爲刑部福建司額外主事。以母憂歸。服闋，遂侍中議於家十五年，養喪之禮皆盡，然後就官。補刑部河南司主事，擢浙江司員外郎，再擢吏部驗封司掌印郎中，皆勤慎其職。旋晋浙江道監察御史，多所建白，有稱於朝。

而以其餘力加惠於鄉黨。朋友之在都者，修揚州、江寧兩會館，鳩工庀材〔一〕，每任其勞瘁。而爲劉樸夫給諫及周香泉刺史經紀其喪殯，尤有人所難任者，世稱其誼。君爲御史，閲歲假歸，歸復爲德於鄉，所恤孤弱寒微甚衆。鄭氏宗祠故在歙，君先後奉父母主歸於宗祠，越數百里，涉履江山，多費繁重，而君爲之情禮周至，洽於衆情。又盡取同族之未入祠者，悉奉焉，因修葺其冢墓具飾。此皆其行事之可稱者。

君爲諸生時，已盛有文名。其姊夫侍庶常潮，與桐城姚鼐同年友也，鼐因庶常而知君。其時中議君課君甚嚴，而使擇交甚慎，獨聞與鼐及侍君，及君族子中書舍人、後終浙江糧道澐，共爲文字交，則甚喜。君亦喜承先志而孜孜焉。其後成進士，而文益有名。嘉慶戊午科爲順天鄉試同考官，所得多佳士。又充文淵閣詳校官，以才舉也。

及君既告歸，則昔所同遊者盡喪，而鼐亦老憊，偶復遇君於江寧，君喜，示以詩，甚工，而意氣猶盛也。乃甫送君歸揚州，而旋聞君訃矣。是爲嘉慶十二年十二月也，君年凡七十有二。夫人同里吴氏，無出。繼配蘇氏、顧氏。生附貢生議叙縣丞兆榕，側出。俞氏生子三：舉人文淵閣檢閲、内閣中書舍人、署侍讀兆槐；候選鹽知事兆桐；庠生兆杞。側室沈氏生兆松，尚幼。女三。孫八。

姚鼐以與君故知，書平生之概，爲君《家傳》，以授君子云。姚鼐撰《惜抱軒文集》。

【校勘記】

〔一〕庀：原訛作「它」，據姚鼐撰《惜抱軒文集》改。

楊蓉裳

揚州牧驚才絶艷，世謂盈川復生。博貫群書，屬辭比彩，方之近代則梅村、迦陵，不足掩其華贍。袁簡齋太史論詩所云「毗陵星象聚文昌，洪稚存顧立方孫淵如楊各擅場」者也。年未及壯，著集裒然。始以里選上計，出宰伏羌。值回氛肆逼〔一〕，攖城守禦，指揮殺賊，一軍皆驚。王述庵廉使統軍長武，嘉其武功，賦詩二律，飛達闢城。州牧即有和章，并《伏羌紀事詩》一卷，又何整暇，竟以殊功特擢，可謂才人之奇遇。畢沅輯《吴會英才集》。

芳燦，金匱人。官户部郎中〔二〕，著有《吟翠軒初稿》。蓉裳驚才絶艷，綴玉聯珠，駢體之工，幾於上掩温、邢，下儕盧、駱。而詩則取法於工部、玉溪間。填詞亦清妍婉麗，兼有夢窗、竹山之妙。乃僅以拔萃科，選爲伏羌縣令。既而逆回構亂，烽火連天，蓉裳嚴守孤城，授孑傳餐，獨當豕突。予在鶉觚督兵堵禦，草檄飛書，往來問詢，見其意氣自如，嘯歌不輟，知其必能辦賊。事平後久之，乃量授靈州。又偃蹇十餘年，始爲農部。雖兼《會典》館纂修，而終不獲與承明著作之林，殊爲缺事。然聞京師盤敦之盟，必以君爲赤幟，蓋光焰固不能掩也。王昶撰《蒲褐山房詩話》。

補墓志銘

君諱芳燦，字才叔，一字蓉裳，姓楊氏，常州無錫人。曾祖宗濂，祖孝元，父鴻觀，三世皆以弟揆官甘肅、四川布政司，晋贈如其官。曾祖妣馮，祖妣顧、倪，妣顧，皆晋贈夫人。顧夫人夢五色雀集庭樹而生君。君生七月而能言。君大父特愛之。長而詩文華贍，見稱於老宿。年十九，補縣學生，冠其曹。鄉試罷歸，應學使者試，彭文勤公大異之，以己主試詩失君爲悔也。文勤竣學使事，將受代，君方居父憂，招君問家世昆弟，遂以兄女字君之弟揆。君兄弟三人，君爲長。次揆，以召試賜舉人，歷官至四川布政使。次英燦，今爲四川安縣知縣。

君旋以選拔貢生應廷試，得知縣，分發甘肅。嘗攝西河環縣，旋補授伏羌。回民田五爲亂，起石峰堡，伏羌回民馬稱驥應之。未發，君先期既募鄉勇爲防守，會馬映龍、白中煒、馬宏元以稱驥之謀告，君立捕殺稱驥四人。方請兵，而賊至，君率映龍、中煒、宏元，偕鄉勇登陴守五日夜。兵來，與賊比日戰，圍始解。映龍，稱驥甥也，君能得其心與其守。又嘗脱李五於獄，而使之迎官兵言狀，李五果得銀牌還。君治縣温温，若不任事者。坐堂皇訊事罷，即手一編就几讀，人或以爲笑，孰知其臨變敏决若是。

初蘇四十三之亂，獄詞連伏羌，人大恐，君請於提刑曰：「馬得建等饋銀在蘇四十三未爲亂前，與從逆者有間，請量從末減。」於是家屬悉得免緣坐。及石峰堡事平，賊首張文慶子太憾映龍之洩謀，曰：「映龍固與吾父通音問，其助守城，欲於五日後獻城也。」阿文成逮映龍至静寧，君與偕往，言於文成曰：「映龍欲獻城，曷爲以其謀告？且伏羌無兵，鄉勇皆烏合衆，亦無俟五日後力始竭也。」文成曰：「彼非馬得建子耶？」君曰：「彼固以得免緣坐，時時與某言涕泣，思得當以報公也。」文成以爲然，立命出之獄。嗚呼！此又足以見君之神而明，其定亂出圍城，非由倖致也。

君後雖以守城功擢知靈州，嘗單騎諭散奪米飢民，請借口糧設粥廠以安衆，大吏亦甚知君才矣。而自念家世本儒術，不樂爲外吏，遂入資爲員外郎，居户部。與纂《會典》，辰入申出，專力於館書。歸則擁書縱讀，益務記覽爲詞章。君詩出於義山、昌谷，而自成其體。又工駢體文，嘗語用光曰：「色不欲其耀，氣不欲其縱，沈博奥衍，斯儷體之能事也。」

君旋丁顧夫人憂，資不能治裝，鬻書以歸。爲衢州、杭州、關中書院山長者數年，最後入蜀，修《四川通志》，主錦江書院山長。乙亥冬，省弟於安縣。十二月二十一日，以疾卒於安縣署中，距生乾隆十八年十二月十八日，享年六十三。妻徐宜人。子二：承憲、承惠。承惠以後君世父潮觀爲冢孫。承憲娶沈氏，生子一：應龍。承惠娶趙氏，生子一：應融。女三：長適今景州知州秦承霈，次適今臨清州州判龔瑞穀，次適候選通判張嗣敬。承憲工詩詞，能承其家學，以狀來，屬爲君志幽之文。乃叙次而銘之。銘曰：

謂君當儒兮靖豻貙，謂君當顯兮潛郎署。以暫居與余遊處兮蛩倚驢，既别去兮余懷孤。過大梁兮重過余，雖暫覿兮喜摻袪。黯蜀山兮雲飛徂，遠君之鄉兮孰與爲娱。招子雲兮攀相如，庶一見而慰君兮歸委蜕於蓉湖。録自楊芳燦撰《芙蓉山館全集》卷首附録。

【校勘記】

〔一〕肆：原訛作「四」，據畢沅輯《吴會英才集》卷十三改。

〔二〕郎中：王昶《蒲褐山房詩話》作「員外郎」。

汪容甫墓碣

汪子容甫歿之明年十一月，予過鎮江，其執友劉君端臨，具事實請予爲墓碣之文。容甫名中，揚州江都人。曾祖諱鎬京，祖諱良澤，父諱一元，三代皆不仕。

容甫少聰敏，讀書數十行下，而確然隤然，不形於詞色。少長，遂通《五經正義》及群經注疏，貫串勃窣，其積穰穰。有叩者則應對不窮，是以有司及學政率驚異而愛重之。年二十，試第一，爲學生。乾隆四十二年拔貢生。

容甫壯年氣益盛，志益專，由經暨史，於天文地理，六書九章，與高郵王君念孫及劉君，聲望相上下。從予游，問以質予，予仿顧寧人先生《廣師》一篇，道三子之學。容甫大喜，謂予真知己也。

是時，朝廷方修《四庫》館書，書成，頒於揚州、杭州，俾各建閣以儲之。而書帙浩繁，裝潢編排，鹽政全君難其人，予以容甫答，遂使主閣事。明年，全君調杭州，重容甫才，又兼掌文瀾閣，因至杭州，館梁孝廉玉繩家。浙中名士聞其來，率醵酒飲之，容甫益大喜。而江都御史江君德量，爲生平至好，適聞其訃，且屬爲之狀，容甫慟纍竟日，筆欲下復止，遂得急病，以乾隆五十九年九月二十日終於杭，距生於九年十二月二十日，年五十一。妻朱氏。子一，名喜孫，十一歲。女二：一適寶應劉書高，次適儀徵諸生畢貴生。全君歸其喪，葬於甘泉縣禪智寺北葉家橋西。

容甫著有《述學内外篇》四卷，皆考解精密，能闡聖賢音旨於千載之上，而惜以中道徂逝，未竟其業，故劉君深以爲痛焉。求予爲文，亦猶容甫之志也夫！《後案》。

汪，名中，江都人。乾隆丁酉拔貢生。孤秀獨出，凌轢一時。必貫九流，口敝萬卷。鴻文崇論，上擬漢唐。劉焯、劉炫，略同其概。録有《述學》二卷。《芸臺筆記》。

容甫所著《述學》四卷已刻。子嘉孫，更名喜孫，已舉於鄉。《後案》。

汪劍潭

辛楣先生云，維揚汪孝廉劍潭，力學嗜古，而工於詩。比來京師，不數月而詩名隱然出諸老宿之右。詢其詩承所自，則曰：「某不幸孤露，吾母授以經書，俾稍有成立。吾母性好吟咏，間示以詩法，因得粗窺作者之旨。」一日，出其母夫人《畹香樓詩稿》相示，神韻淵澈，無綺靡卑弱之調。劍潭天才固超逸，然非得諸内教，安得成之早而詣之深若此？《後案》。

補汪端光傳

汪端光，字劍潭。少穎悟，八歲應童子試，十餘齡入泮。乾隆辛卯，順天舉人。南巡召試，授國子監學正。後選授廣西百色同知。歷署柳州、平樂、慶遠等處知府。民情疾苦，屬吏勤惰，瞭如指掌。補授鎮安府知府。未幾，以京宦時事罣吏議，解組回里。其時修理《全唐文》，阿侍郎延訂總校。歷主安定、樂儀書院講席，得士最多。道光元年，以次子全德署江西布政使，恭遇覃恩，授二品銜。所著《據梧書屋詩鈔》十六卷、《詩餘》六卷。《家狀》。録自王檢心修、劉文淇纂《〔道光〕重修儀徵縣志》卷三十一。

錢學園

名塘，字岳原，號溉亭，嘉定人。乾隆四十五年舉鄉試，明年進士，官江寧府教授。博涉經史，實事求是，精心朗識，超軼群倫。所學九經小學、天文地理，靡不綜核。尤長樂律，蔡邕、荀勖，庶幾近之。著作甚多，所刻止《述古録》二卷。阮元撰《芸臺筆記》。

贈錢獻之序

孔子没而大道微，漢儒承秦滅學之後，始立專門，各抱一經，師弟傳授，儕偶怨怒嫉妒，不相通曉，其於聖人之道，築牆垣塞門巷也。久之，通儒漸出，貫穿群經，左右證明，釋其長説。及其敝也，雜之以讖緯，亂之以怪僻猥碎，世又譏之。蓋魏晋之間，空虛之談興，以清言爲高，以章句爲塵垢，放誕頹壞，迄亡天下，然世猶愛其説辭〔一〕，不忍廢也。自是南北乖分，學術異尚，五百餘年。

唐一天下，兼採南北之長，定爲義疏，明示統貫，而所取或是或非，未有折衷。宋之時，真儒乃得聖人之旨，群經略有定説。元明守之，著爲功令。當明佚君，亂政屢作，士大夫維持綱紀，明守節義，使明久而後亡，其宋儒論學之效哉？

且夫天地之運，久則必變，是故夏尚忠，商尚質，周尚文。學者之變也，有大儒操其本而齊其弊，則所尚也，賢於其故，否則不及其故，自漢以來皆然。明末至今，學者頗厭功令所載爲習聞，又惡陋儒不考古而蔽於近，於是專求古人名物制度，訓詁書數，以博爲量，以闚隙攻難爲功；其甚者欲盡舍程朱，而宗漢之士，枝之獵而去其根，細之蒐而遺其鉅，夫寧非蔽與？

嘉定錢君獻之，强識而精思，爲今士之魁傑。余嘗以余意告之，而不余斥也。雖然，是猶居京師厖淆之間。錢君將歸江南而適嶺表，行數千里，旁無朋友，獨見高山大川喬木，聞鳥獸之異鳴，四顧天地之内，寥乎茫乎，於以俯思古聖人垂訓教世，先以其大者之意，其於余論，將益有合也哉！姚鼐撰《惜抱軒文集》。

補陝西乾州州判錢獻之傳

君諱坫，字獻之。中式乾隆甲午科順天鄉試副榜貢生，就職州判。遊關中，巡撫畢公沅以其才奏留陝西，補授乾州直隸州州判。歷署興平、韓城等縣，又以乾州兼署武功縣。請終養回籍。病風痺，親没，終制，不復出，僑居蘇州。客游維揚，歸而疾作，卒於蘇州，春秋六十有三。

君之兼理武功也，白蓮教匪滋事，闌入盩厔。武功去盩厔六十里，中界渭河，賊嘯聚河濱，君糾鄉勇分據要害，賊不能度渭。夜，自城懸燈達城外，離地八尺四寸，周望如火龍，凡守禦之具無不備。君循河夜守，衣不解帶者二十二晝夜，危城以全。乾州採買米穀，向派里役，吏冒其利，派於民。君令赴隔縣採買，吏聳刁民控君，忌君者欲以此傾君。適奉旨一體隔縣採買，而忌者計不售。蓋君之爲吏，位雖卑而能盡其職如此。

君又深通小學，兼工篆隸書，晚病風痺，以左手作書，時人珍之。所注書已刻者有《漢·地理志》十六卷、《石經文字通正書》十四卷、《論語後録》六卷、《爾雅釋地四篇注》二卷、《車制考》一卷、《詩音表》一卷、《古器款識》四卷、《古鏡圖》二卷、《説文解字斠詮》十五卷，行於時。未刻者有《史記補注》一百三十卷、《漢書十表注》十卷、《内則注》二卷、《聖賢冢墓圖考》十二卷、駢體文二卷，藏於家。配曾氏。子三人：喬生、同生、悦生。録自潘奕雋撰《三松堂集》卷四。

【校勘記】

〔一〕説：原訛作「學」，據姚鼐《惜抱軒文集》卷七改。

徐朗齋

名嵩，後更名鑅慶，金匱人。乾隆五十一年舉人，官湖北漢川知縣。初，畢秋帆撫河南時，如嚴冬友皆參首幕。朗齋自負詩名，在幕府最久，寂然無稱。一日席間，中丞出示木瓜詩，命諸人和。朗齋即席先成，中丞驚異，傳示諸人，遂爲上客。詩云：「投贈雲箋咏衛風，瑶環久珮韻相同。香分水谷秋霜後，花落宣城春雨中。黛色裹瓤攢老緑，沙痕糝蔕變嬌紅。綵華寫就憑誰寄，石罅靈蛇路可通。」《雨村詩話》。

朗齋《擬元報罷自咏》云：「錦瑟華年念五春，虎頭念粟是前身。虚名麗六流傳遍，下第江南第一人。」次科仍中第六名。《後案》。

補署湖北蘄州知州徐君墓誌銘

君諱鑅慶，號閬齋，舊名嵩，入官乃更名。世家崑山，高祖尚書乾學，與弟侍郎秉義、大學士元文，仕仁皇帝朝，世謂之「三徐」。曾祖炯，直隸巡道。祖修仁，雲南普洱府知府。父虎臣，監生。自普洱君以宦破産，君父子往依外家金匱，不能歸，遂爲其縣人。

君弱冠補諸生，翹然以文章自名。主鄉試者欲置之第一，既不得，天下傳相誦其文，過當時真第一。高宗南巡，召試賜文綺。乾隆五十一年，舉於鄉。從軍湖北，當得知縣，積功勞，被旨以知州通判用。歷署武昌府通判，崇陽、黄梅二縣事，最後署蘄州。去蘄州，以官事未訖，止黄州府城，暴亡，年四十五。子三：濤、潢、汶。女三。孫二。

君少材於故湖廣總督鎮洋畢公。今上元年，教匪事起，君倡招撫之議，公即奏薦君招撫襄陽。始賊圍取夾河洲富人鄭宗元家，劫之與畔，宗元不肯，獨身跳還。他吏欲偵得殺之以爲功，顧末繇得宗元。至是，君從二騎往得之，并其同歸者，皆言於畢公而免之。君所收撫至三千人，白當事，請繼粟，招撫故非當事意，又迕宗元事，僅以三百十人就賑。而檄君使驅船漢上，驅船故武弁事，君不辭。凡再遇賊，馬蹶雨雪中，徒步以免。明年巡卡，以發奸晋秩。

在武昌，充鄉試内監試官。在崇陽，靖其民之思亂者，斥去故時催漕吏。在黄梅，以餘力治江堤之就圮者。君貧，累世赤立，蚤遊當世，所至交歡王公大人，輒致千金，緣手盡，不得已奮思階便巧獵功名，終不能自摧隳以趨時會。既見柢梧爲州縣，益不敢放手，公私逋積。自畢公殁，上官滋不悦君。君既内不自慊，又乘外憤，意惑亂，倉猝求死，死之日，妻子莫在。未幾，子潢又死。於是故人之在東南者賻之財，俾子濤以喪還，葬之鄧尉先塋之次。其卒在七年二月一日，葬以九年七月六日。

君在時，好持論，獨心折余。時自負高譚衆中，衆或從旁舉余名，倏而語息。常以是戲君爲笑樂，然即是有以見君自信篤，而自知明，不苟隨世爲燥濕，皦然見絀以死。一時君子相與悲之，而亦不能諱其所繇死。烏虖！余甚愧其平生之言，則於銘君也敢不信？銘曰：

子之顛顛，以鳴於文，而莫克當。子之孑孑，以鳴於官，而隨以折。烏虖！士有違世以罹尤，亦有投時以召悔，其尤其悔，古今揮淚。余茲窅然，莫知所云。惟號於衆，以歸其魂。既畚以墳，銘以茲文，而如見其人。録自王芑孫撰《惕甫未定稿》卷十三。

巴雋堂

名慰祖，字予籍，歙縣人。

補巴慰祖傳

巴慰祖，字予藉，又字子安，號晋堂〔一〕，又號蓮舫，歙人。少讀書，無所不好，亦無所不能。弆藏法書名畫、金石文字、鐘鼎尊彝甚夥。工篆隸摹印。時僞作古器，脱手如數百年物，雖精鑒者莫能辨。能畫山水花鳥，皆工，然不耐皴染，成幅者絶少，人得其殘稿，猶珍重愛惜之。家豐於財，坐不治生産日益貧，晚出其書畫之副者，猶賣千金。好客，别業在城中古槐里，余爲紫陽山長，時時相過從。猶記同游黄山，登始信峰，令侍者吹洞簫，子安倚聲而歌，其樂可以忘死。别未一年，卒於揚州，年甫五十。子樹穀，字孟嘉，候選訓導。善篆隸書，精音律，惜亦早卒。録自黄鉞撰《壹齋集·畫友録》。

【校勘記】

〔一〕晉堂：它文獻中皆作「雋堂」，待考。

補巴慰祖傳

巴慰祖，字予藉，一字子安，號雋堂。廷梅子。少好刻印，務窮其學。旁及鐘鼎款識、秦漢石刻，遂工隸書，勁險飛動，有建寧延熹遺意。又益蒐古書畫器用，及琢研造墨，究極精美，羅列左右，入室粲然。善交遊，自通人名德，勝流畸士，下至工師樂伎，偏材曲藝之美，莫不一見洒然如舊相識。晚年中落，爲人作書自給。賣其碑刻，尚三千金。然其愛之彌甚，節嗇衣食，時復買之。乾隆五十八年夏，游江都卒。著《四香堂摹印》《雋堂詩集》。亦工畫，有逸致。子樹穀，字孟嘉，能世其學，兼通音律。著《小爾雅疏證》《蟫藻閣金石文字記》《學琴説》《上字當宫管説》《具四聲律管説》《無倍半律説》。樹穀子光榮，字小孟，工分書、篆刻。録自石國柱修、許承堯纂《〔民國〕歙縣志》卷十。

顧立方

顧進士敏恒，金匱人。氣清詞贍，藻密思沉，如雅樂之有笙簧，名材之挺杞梓〔一〕。早年與楊蓉裳競秀，梁溪以顔、謝擬之。楊則鏤金錯采，顧乃初日芙蕖也。性喜簡默，不欲以議論勝人。然一義偶抒，彌形雋永，此蓋由沉酣卷軸，又非止以詞筆擅場矣。《吴會英才集》。

【校勘記】

〔一〕挺：原訛作「有」，據方正澍等撰、畢沅輯《吴會英才集》卷十五本傳改。

孫淵如軼事記

寰宇之内，文人學士，莫有不謂孫君爲通品者，何待余言。君孝友性成，篤於伉儷，妻亡。年四十，奉大母命，始置側室，得一子，以慰贈公之望。

乾隆四十年春，君過白門，訪余草堂，質疑問難，相得甚歡。嘉慶二年〔一〕，君爲山東巡使，以書相召，見余《湖北金石詩》，即爲撰序。又見余《元和郡縣補志》，即刻李吉甫書，使得并行。及君構屋金陵，招同人作詩會，余分詠周吉甫銅篕及《五松書屋圖》五古六首，爲同舍生龔雲洲所鄙薄，君曰：「此善學六朝佳作，可以壓卷。」篤念知己，未忍或忘。

嘉慶二十三年春〔二〕，有自故鄉來楚者，傳君已卒，乃設奠城東鐵佛寺僧舍。適伍君詒堂持淵如遺照囑題，益覺凄然，因輯君軼。

按君孫氏，名星衍，字淵如，號薇隱，陽湖附生。乾隆四十五年〔三〕，君客西安節署，中多詩人，相約分題，賦各體擬古共數十首。同人詩成，君未就，與同人賭以半夕成。至三鼓，出詩數十首，中丞嘆爲逸才。五十一年舉於鄉〔四〕。次年成進士，殿試賜一甲二名進士及第，授編修。散館，改補刑部直隸司主事，題補員外郎。君在部寬仁，務求平法。雖枷杖輕刑，未肯加重，平反核讞，全活甚多。

甲有竊主財逾貫，詣其友乙，匿其數以告，分金而逸。事發，乙得知情藏匿罪人減等，罪應流。君以爲律稱知情，則坐乙不知滿貫也，應以所知數坐減問徒。上之司寇，詰以：「乙所言無質証，如獲甲言，實告以逾貫，奈何？」君言：「此名例所謂通計前罪以充後數也。」乙卒得從流減徒。君又言：「律文稱囚者，在繫之名；稱罪人者，犯事在官之名。今或未到官，名之罪人，或藏匿罪人，問擬縱囚，非正名之義。」胡大司寇莊敏公季堂，常韙其言，每疑難獄，輒令君依古義平議，行十八司，存以爲規格。

湖廣有子護嫁母傷人致死獄，敕下法司議。或以嫁母期服減於母，則護嫁母不得與母同科。胡大司寇屬君議。君以古者父在，爲母亦期，屈於所尊，嫁母服期，因宗子主祭，非謂情當殺也。引宋王溥文請封嫁母，又爲行服，謂子無絶母禮。又引《唐八座議》《宋史・禮志》，凡父卒母嫁，有心丧三年之制，子无絶道故也。护嫁母、出母，俱当与母同，议減鬥杀罪。大司寇是之。

甲有馳車犯乙死者，已當過失殺罪。甲恐以無故馳驟車馬獲重讉，介所知以兼金求免。君曰：「吾不受暮夜金。君罪只過失殺，無爲人所誑也。」甲慚謝去。

有孝子爲父報仇，殺縣役，坐死。其父姊控部，弟實爲縣役逼斃，請檢尸傷。當道某屬托君，君曰：「吾豈能枉法殺孝子哉！」其持正類此。

五十九年五月，升郎中。阿文成、胡莊敏保薦一等。

六十年夏，奉旨簡放山東兖沂曹濟兼管黄河兵備道，啓程抵署。十月，署運河道。至濟寧勘工。曹南與豫鄰，豫撫景公安以匿名書誣案連繫數百人，遽入告。君馳往，與開歸馬觀察慧裕會鞫〔五一〕。方冬，囚荷琅瑺鐵鎗，衣不蔽體。君曰：「籍其家無證驗，是誣也，宜盡釋之。」會部使者供億煩費，大吏憂之。君曰：「案早結，則省費。吾試任其事。」自夕達旦，親定爰書，釋數十人。推被誣者生平嫌怨，得匿名者，伏罪結案。部使者如君案牘報聞，三日出境。後星使管民部世銘作詩寄君，有「得情成讞勞詒我」之句。注云「時鞫匿名飛書案，悉本初牘」。

適濟寧有僕傷主陰致死者。君鞫其僕，得拒姦踢傷狀，以名分已絶，如平人誤傷，活其僕。

君爲河道時，值曹南水漫灘，潰決單汛，君偕康廉使基田築堤搶禦，鳩工集夫五日夜，從上游築堤遏禦，大溜中斷，河歸中泓，不致横決。其後十餘年，康公過楊村舟次猶云：「治河數十年，未見已決口能即時堵閉者，吾與君成之爲快也。」

時新任撫部伊公江阿，同舊撫部玉德公，保舉君能勝臬事。入奏，奉俞旨嘉慶元年八月到任。下車，以整肅吏治爲己任，親定爰書，不延幕友，矜慎庶獄，多所平反。

甲與乙有姻，共飲。乙醉，墜火炕，吐燒酒引火焰，灼爛至死，甲醉臥不知。鞫獄者坐甲以奪壺斟酒，有争鬥形，擬鬥殺罪。君曰：「甲主乙賓，奪乙壺勸之飲，名奪實讓也。」改甲坐過失殺，出其罪。

有婦因姦謀命獄，其婦某家妾，夫遠出，主母惡之。會僕婦死，誣以謀毒，問官又實以姦夫言婦淫，主婦令僕婦守之，惡而行毒，已具獄。君鞫婦以某日歸寧，僕婦後二日以子殤，與夫争，忿自盡。出寃婦於獄。

囚有共毆人至死過堂呼冤者，自言本縴夫，見所過有衆共毆人，勸止之，不從而去。越數月，邑令始拘訊之，酷刑誣服下手毆人。君詰以衆中有相識者否，答以舅氏某爲縣役，在旁知狀。密拘縣役詰之，乃因姦殺人，縣令回護，聽其屬甥認罪。始以鬥殺傷，緩其死，上司駁詰，改擬傷重入實。囚知死乃不承。君告縣官：「乃以失察，處分枉人命，吾爲子救正陰禍也。」

有稱錘傷人者，擬戍。君言：「例有沿江濱海執持凶器秤錘傷人擬遣之條〔六〕，是凶器稱錘非尋常稱錘也，且平人不得謂之匪徒。」按律減其罪。

有索負不償者，褫其衣，負債人因病猝死，科以屏去人衣食至死成獄。君檢其時三月杪，不得以寒至死，改議威逼條生罪。

有詬詈婦女致死獄，君以事在一月前，不得謂之忿激，鞫得婦自與夫毆詈自經狀，出生罪。

凡權臬七越月，平法數十百條，亦不以之罪縣官也。

大府調君回任防汛，得疏咎，大府加嚴議。上以兼管，特予留任，蓋異數也。

嘉慶三年二月，大府奏稱君熟習刑名，操守廉潔，辦理地方事務，均屬裕如，請君補地方道。奉旨允准。

五月，君母金夫人得脹疾，故雖補，卒未至省，惟侍母疾，憂惶無措。六月二十七日，卒於兖州官舍。杖而後起，扶柩歸葬常州郡城西郊祖塋。

嘉慶四年，居金陵祠堂。時君大母許太夫人年九十三。屋故有古松五株，君加修葺，疊石爲假山，畜兩白鶴，植四時花卉，以爲大母遊娱之所。

服闋〔七〕，補授山東督糧道。

國初設立德州滿營，駐防兵五百口，迄今增至二千七百餘户，而額餉無可加。每年應需俸餉，動支道倉米七千八百七十餘石。近年糧價昂貴，折色不敷半價之數，官兵日增苦累。君查道倉官丁運費，共需米銀二千餘兩，議以存給官兵本色，不獨體恤滿兵，又省運費。撫部具奏，後奉俞旨施行。兵一户多得米數石，滿兵歡忭，送額曰「體國恤軍」，懸之二堂。

嘉慶十年六月十九日〔八〕，君大母許太夫人年九十有八，卒於安德官舍。八月，命弟星衡隨父奉大母柩〔九〕，歸葬常州祖塋。君父爲大母請旌節孝，得旨賜銀建坊。主入節孝祠。令仲弟星衡，購吴門一榭園爲孫子祠。又建從祖明功臣謚忠愍、諱興祖公專祠。於冶城山下王府巷，又建明象山伯謚烈愍諱泰祠。於五松園撰《孫氏譜記》〔一〇〕，以述淵源所自焉。又以先儒承秦葳學之後，壁藏《尚書》，唐、虞、三代載道之文，得以不絶。鄭司農康成箋《易》《詩》《書》《禮》《論語》《孝經》，可比七十子身通六藝。兩賢傳經之功，迥在唐宋諸儒之上，明人無識，不爲漢儒置立五經博士，急宜興廢繼絶，乃於嘉慶二年申請，敕下部議，奉有俞旨。

十三年六月，以督糧道任秩滿〔一一〕，入覲請訓。乞假三月，省親迎養，即邀恩准。十月至東省，接篆回任，時君年五十六歲〔一二〕。

回德州，引病交卸〔一三〕，遂登舟南歸。

君篤志窮經，性耽著述，旦夕深思，夜亦引被而臥，醒即翻閲群書。每至燭跋三條，天猶未曙。君恒言解經之士先宜識字，余見君讀《説文》，用五色筆，至十四遍不輟。以是，年未五十，髮白如霜，所謂「青山入眼不干禄，白髮滿頭猶著書」，可以爲君寫照也。所著文集四部，名《問字堂》《澄清堂》《岱南閣》《平津館》，及古今體詩。解經之作《尚書今古文注疏》〔一四〕，校輯之作《孔子集語》《晏子春秋》《抱朴子内篇》，輯釋藏中《一切經》及《華嚴音義》中所引《倉頡》《三倉》之文，刊行於世，并採鐘鼎文字爲《説文翼》，取《選》、史傳、别集未載之文爲《續古文苑》〔一五〕，輯《全上古三代秦漢三國六朝文》〔一六〕，爲《金石萃編》，又輯《寰宇訪碑録》〔一七〕，又校刊《元和郡縣志》《景定建康志》，《平津館叢書》二集〔一八〕，嘉惠藝林非淺。

君以現任糧道督運全完加三級，以資晉二品銜。贈大父通奉大夫，大母夫人；封父通奉大夫〔一九〕，贈母夫人；本身授通奉大夫，妻贈夫人。君於嘉慶十六年七月十三日酉時生子，名廞〔二〇〕。君年六十六歲病亟，惟以父年九十，不能終養，悲不自勝。正月十二日卯時卒。嗚乎！君可謂立身揚名之孝子矣！嚴觀記。後案。

【校勘記】

〔一〕二：原訛作「三」，按嚴觀《湖北金石詩》卷首孫《序》落款作「嘉慶二年五月孫星衍序」，據改。

〔二〕二十三：原訛作「二十一」，按孫星衍卒於嘉慶二十三年，此處蓋作者記誤，或所據傳聞不實。

〔三〕四十五：原訛作「四十七」，據張紹南、王德福《孫淵如先生年譜》改。

〔四〕五十一：原訛作「四十八」，據《孫淵如先生年譜》改。

〔五〕與開歸馬觀察慧裕會鞫：「開」原訛作「馬」，據《孫淵如先生年譜》改。

〔六〕人：原脱，據《孫淵如先生年譜》補。

〔七〕服闋：按《孫淵如先生年譜》，孫星衍於嘉慶五年九月除母喪，但直至嘉慶八年四月，得時任蘇撫費淳寄來補官咨文，是年十二月方至濟南補官。

〔八〕六：原訛作「五」，據《孫淵如先生年譜》改。

〔九〕命弟星衡隨父奉大母柩：「星衡」原訛作「星衢」，按《孫淵如先生年譜》記此事云「八月，命仲弟隨父奉大母許太夫人柩登舟歸里」，此「仲弟」即孫星衍二弟孫星衡；又據《常州孫氏譜記・

附録四》之《南麓孫君傳》「既許太夫人以嘉慶乙丑壽終伯兄觀察節署，君侍封公扶櫬南下，窀穸盡禮」，「南麓」爲孫星衡之號。故改。

〔一〇〕於五松園撰孫氏譜記：「譜」原作「族」，孫星衍所修本支家譜名「孫氏譜記」，故改。

〔一一〕十三年六月以督糧道秩滿：原訛作「十六年六月，權藩篆秩滿」，據《孫淵如先生年譜》所述與事實不符，孫星衍代石韞玉權山東布政使是在嘉慶十二年六月，僅三月後即因吉綸到任而回原任。所謂秩滿指督糧道任滿。後面所云請訓并乞假三月省親之事發生在嘉慶十三年，六月赴京請訓并乞假，十月回德州督糧道任所。

〔一二〕六：原訛作「九」，嘉慶十三年，孫星衍五十六歲。

〔一三〕引病交卸：按《孫淵如先生年譜》，引病在嘉慶十六年七月初，交卸在七月十八日。

〔一四〕尚書今古文注疏：原作「尚書古文義疏」，今據孫氏現存原書名改。

〔一五〕苑：原脱，按《平津館叢書・庚集》有《續古文苑》一書，據補。

〔一六〕全上古三代秦漢三國六朝文：此書孫星衍在前期有發凡起例之功，生前亦偕其弟星衡、嚴可均共同撰輯，參《孫淵如先生年譜》嘉慶二十一年二月條。

〔一七〕録：原作「目」，按《平津館叢書・丙集》有《寰宇訪碑録》一書，據改。

〔一八〕平津館叢書二集：當補「有《岱南閣叢書》」等内容，句意方完，且合乎實際。

〔一九〕夫：原訛作「人」，據《〔同治〕毗陵孫氏家乘》卷十四孫星衡、孫星衢撰《書屏公行述》改。

〔二〇〕名廞：「廞」前原有「籛」字，今删。據《孫淵如先生年譜》及《孫氏譜記》等文獻，孫星衍嘉慶十六年七月所得子爲廞，後改名廷鏞，并兼嗣星衢。而籛爲孫星衍二弟孫星衡之子，生於嘉慶十三年十二月初七日，因當時星衍尚未舉子，故由父親孫勛作主，將此子過繼星衍爲承重孫。故删之。

翰林院編修洪君傳

洪亮吉稚存，常州陽湖人。先世徽州，祖公寀，爲趙氏贅婿，因居常州。趙氏守太原，坐法籍没家産，洪保其孤，以義聞。父翹，蚤卒。

君六歲而孤，母氏蔣撫教有法。幼聰慧，以貧故無常師，能自力學，孝事寡母，一弟三姊，怡怡如也。既入縣庠，有時譽。常仿尤侗爲樂府，述兩晉南北史事，音節遒峭，先達見而稱之。時大興朱學士筠督學皖江，延攬名士，君與同里黄秀才景仁、揚州汪上舍端光皆爲幕下士。從學使登涉名勝，各爲詩歌相矜尚，黄似李白，君學杜甫，一時稱「洪黄」。時幕府有戴君震、邵君晉涵、王君念孫，皆好古學。君亦窮究經籍，尤精熟《三史》。

乾隆二十九年，中甲午科副榜。君詩古文愈進，當道多延之修古書校文者，遊道日廣。四十一年，丁母艱，自浙中奔喪歸，哀毁有過禮，三年不肉食，不入於内，不與里中祭弔。時古禮久不能行，或反謂其迂僞。四十五年庚子科中北榜舉人。旋至關中，依畢撫部沅，與纂《宋元資治通鑑》。始爲地理之學，撰《補三國》《十六國疆域志》等書。五十五年庚戌科成進士，以一甲二名賜及第，授編修。

又二年，充壬子科鄉試同考官。是年奉命督學貴州，奏《禮記》宜用鄭氏古注，今功令試士從元陳澔注，舛漏不足闡發經義，未奉部議施行。復命後久之，假歸。今上親政，修《高宗純皇帝實録》，朱文正珪保薦君起復赴都。君修史依古法，務簡質，與諸鉅公議多不合。

又以上大開言路，翰林無專達之責，每在師友座扼腕論事，勸諸大僚激揚人物清濁，人多以爲狂。將假歸，乃致書親王大臣，累數千言，列某封疆誤國不恤民，某使臣婪索虧帑藏，某號稱正士托迹權門，某官列清班乞憐貴要。又言部使出按章，輒瞻徇完結，不能伸理冤獄。凡指斥内外臣四十餘人。上得其書，交刑部訊結，依大不敬律擬斬決。奏上，上以君無違礙之句，有愛君之誠，免死，改發伊犁。未三月，奉旨釋回。上又因君獲罪後言事者少，即有言者，無君德民隱休戚相關之實，特製《導言納諫論》，置原書座右，宣示諸臣。并有「亮吉所論，實足啓沃朕心」，及「知朕爲可與言之君」之論。先是，伊犁將軍某妄測聖意密奏，俟君到戍所，引事置之重辟。有旨申飭不行，君卒以保全。

歸里後，杜門撰述。卒於嘉慶十四年五月十二日，春秋六十有四。

君一生勤學，不以所遇榮枯釋卷帙。忼爽有志節，自稱性褊急，不能容物，好古人偏奇之行，每惡胡廣中庸，不悦孔光、張禹之爲人。遊山窮極勝境，登黄山天都峰絶頂，入茅山石洞，然燭行數里，皆人所不能到。放舟登洞庭縹緲峰，值大風浪，嘯歌如故。晚年詩愈刻峭。爲六朝駢體文，筆力遒邁。自刻成文集若干卷，《注左傳》若干卷，他著作復數百卷，詳於《家傳》，不具述云。妻蔣氏，先卒。子飴孫、符孫、胙孫、齮孫。飴孫亦能讀父書，爲古學。

舊史氏曰：吾於洪君之遇，而知聖世容人納諫之政度越千古也。唐宋不殺言官，恕其一死，或探上意斃之道路，或不見省録，終於戍所，何可勝道！君以違例言事，蒙恩免死，不斃於邊帥陰謀之手，於是知聖明之獨斷遠矣。孫星衍撰《平津館文集》。

陳梅岑

乾隆辛卯冬日，嚴冬友侍讀在沈學士雲椒席上，偶談及稚威以險韻咏蒲桃事〔一〕。沈因指席間橄欖，命其門人陳梅岑云：「汝能以十三覃韻賦此乎？」陳即席賦二十韻，警句云：「青子當秋熟，評芳自嶺南。嘉名忠可喻，真意諫同參。種類炎方別，林園壯月探。

陰還連野屋，高欲逼層嵐。摘去梯難架，收來杖易擔。求温憑箬裹，致遠籍筒函〔二〕。買或論千百〔三〕，嘗應只二三。顰眉今莫訝，苦口舊曾諳。細共檳榔嚼，香逾荳蔻含。討尋偏耐久，風格在回甘。核試花生燭，仁挑栗綴簪。幸登君子席，佳話并傳柑。」袁枚撰《隨園詩話》。

【校勘記】

〔一〕偶談及稚威以險韻咏蒲桃事：原作「談及胡稚威咏蒲桃事」，據《隨園詩話》卷一改。

〔二〕籍筒：原作「藉同」，據《隨園詩話》改。

〔三〕買：原訛作「貿」，據《隨園詩話》改。

黄仲則行狀〔一〕

乾隆四十八年歲次癸丑，黄君景仁以瘵卒於解州。臨終，以書貽友人洪亮吉於西安，俾經紀其喪。亮吉發書即行，以五月十六日，臨君殯於解州之運城。亮吉知君最詳，塗次狀君行事狀，以乞志傳，并使後之傳文苑者有述焉。

君諱景仁，字漢鏞，一字仲則。系出宋秘書丞庭堅，自南渡時，由鄱陽遷武進，遂爲武進人。祖大樂，以歲貢生官高淳縣學訓導。父之掞，禱於學宫神祠而生君〔二〕，故小名高生〔三〕。數歲即孤，伯兄又繼卒，訓導撫以成立。

性不耽讀，而所受業倍常童。年八九歲，試使爲制舉文〔四〕，援筆立就。學使者歲、科二試，吾鄉應童子試者至三千人，君出，即冠其軍。前常州府知府潘君恂、武進縣知縣王君祖肅，尤奇賞之。君美風儀，立儔人中，望之若鶴。慕與交者，争趨就君，君或上視不顧〔五〕，於是見者以爲偉器，或以爲狂生，弗測也。君守訓導君訓，未嘗學爲詩。

歲丙戌〔六〕，亮吉以就童子試至江陰，遇逆旅中。亮吉攜母孺人所授《漢魏樂府》録本，暇輒朱墨其上，間有擬作。君見而嗜之，約共效其體，日數篇。逾月〔七〕，君所詣出亮吉上，遂訂交焉。

及常熟邵先生齊燾，至常主書院，亮吉及君皆從游，君學益大進。君爲諸生，家甚貧，不願授徒。值潘君恂、王君祖肅遷官杭、歙，遂歷訪之，歸，必得詩數百篇。後復攜邵先生書〔八〕，客湖南按察使王君太岳署中。是時君已攬九華，陟匡廬，泛彭蠡，歷洞庭，每獨遊名山，經日不出。值大風雨，或瞑坐崖樹下，牧豎見者，以爲異人。自湖南歸，詩益奇肆，見者以爲謫仙人復出也〔九〕。後始稍變其體，爲王、李、高、岑，爲宋元祐諸君子，爲楊誠齋，卒以所造與青蓮爲近。

歲辛卯，大興朱先生筠，奉命督安徽學政，延亮吉及君於幕中。先生賓客甚衆，越歲三月上巳，會於采石之太白樓，賦詩者十數人，君年最少，著白袷，立日影中，頃刻數百言，遍視坐客，或輟筆。時八府士子，以詩賦就試當塗，聞學使者高會，畢集樓下，至是咸從奚童乞白袷少年詩競寫，一日紙貴焉。君日中閲試卷，夜爲詩，至漏盡不止。每得一篇，輒就榻呼亮吉起，誇視之，以是亮吉亦一夕數起，或達旦不寐，而君不倦〔一〇〕。居半歲，與同事者議不合，徑出使院，質衣買輕舟，訪鄭先生虎文於徽州。越日追之，已不及矣。其標格如此。

君自知年命不永，嘗共赴吊邵先生於常熟。夕登虞山，遊仲雍祠，北望先生墓，慨然久之，曰：「知我者死矣，脱不幸我先若死，若爲我梓遺集如《玉芝堂》乎？」《玉芝堂》者，王君太岳爲邵先生所刊詩文集名也。亮吉以君語不倫，不之應。君就便爇神祠香，要亮吉必諾乃已。故平生於功名不甚置念，獨恨其詩無幽并豪士氣。嘗蓄意欲遊京師，至歲乙未乃行。亮吉亦以貢入都，值母孺人病中止。

君至京師，貽亮吉書曰：「人言長安居不易者，誤也。若急爲我營畫老母及家累來，俾就近奉養，不至累若矣。」亮吉時奉母孺人憂家居〔一一〕，發其書，資無所出〔一二〕。君向有田半頃，屋三椽，因并質之，得金三鎰，俾君之戚護君母北行。後二年而亮吉遊京師，君果以家室累大困。亮吉復爲營歸資，俾君婦及子奉君母先歸，而君已積勞成疾矣〔一三〕。

又二年，亮吉遊西安。君繼至。今陝西巡撫畢公沅奇君才，厚資之。遂以乾隆四十一年上東巡，召試二等，在武英殿書簽，例得主簿。入資爲縣丞，銓有日矣。爲債家所迫，復抱病逾太行，出雁門[一四]，將復遊陜。次解州，病殆，遂卒於今河東鹽運使沈君業富運城官署，距生於乾隆十四年年三十有五。

君性不廣與人交，落落難合，以是始之慕與交者[一五]，後皆稍稍避君，君亦不置意，獨與亮吉交十八年。亮吉屢以事規君，君雖不之善，而亦不之絶。臨終，以老親弱子，拳拳見屬。君之意，殆以亮吉爲可與交乎？此或君之明，而亮吉亦有不敢辭者矣[一六]。

君年甫壯歲，蹤跡所至，九州歷其八，五岳登其一，四海望其三。及殁，而出篋中詩，篇幅完者至二千首，是可傳矣。君之喪，沈君經恤之甚至，巡撫畢公暨今陜西按察使王君昶等，亦厚賻之，皆俾亮吉挾之歸，以奉君之親，以撫君之孤，以無貽君九泉之戚。畢公又將梓君詩以行。蓋數君者，於君皆始終禮愛，爲近今所難及，亦君之才有以致之也。

君娶於趙氏，生一子、二女。子年十三，女長年十六[一七]，次年五歲。洪亮吉撰《卷施閣文集》。

【校勘記】

[一]　題目洪亮吉《卷施閣文甲集》附録第二作「候選縣丞附監生黄君行狀」、黄仲則《兩當軒集》附録第二作「國子監生武英殿書簽官候選縣丞黄君行狀」，且題下皆有「祖高淳縣學訓導大樂，父

縣學生之掞」二句。
〔二〕君：原脱，據《卷施閣文甲集》補。
〔三〕小：原脱，據《卷施閣文甲集》補。
〔四〕使：原脱，據《卷施閣文甲集》補。
〔五〕或：原脱，據《卷施閣文甲集》補。
〔六〕歲丙戌：原脱，據《卷施閣文甲集》補。
〔七〕月：原訛作「日」，據《卷施閣文甲集》改。
〔八〕邵先生書：原脱，據《卷施閣文甲集》補。
〔九〕自湖南歸詩益奇肆見者以爲謫仙人復出也：原脱，據《卷施閣文甲集》補。
〔一〇〕倦：原訛作「寐」，據《卷施閣文甲集》改。
〔一一〕家：原脱，據《卷施閣文甲集》補。
〔一二〕所：原脱，據《卷施閣文甲集》補。
〔一三〕積勞：原脱，據《卷施閣文甲集》補。
〔一四〕爲債家所迫復抱病逾太行出雁門：原脱，據《卷施閣文甲集》補。
〔一五〕始之：原脱，據《卷施閣文甲集》補。
〔一六〕有：原脱，據《卷施閣文甲集》補。

〔一七〕長：原脱，據《卷施閣文甲集》補。

黄左田

名鉞，字左田，當塗人。乾隆五十五年進士，朱竹君學士督學皖江任滿，問其所得人才，公手書姓名，分爲兩種，樸學數人，才華數人。次日黄秀才名鉞者來見，美少年也。其《京邸夜歸》云：「入城燈市散，有客正還家。新僕欲通姓，嬌兒不識爺。春光滿茅屋，喜氣上燈花。乍見翻無語，徘徊月正華。」七言如「小艇自留初住雨，裌衣難敵嫩晴風」，殊有風流自賞之意。袁枚撰《隨園詩話》。

嚴元再按，《畫林新咏》云，黄左田，朱文正公弟子也。工書善畫，由部曹薦入翰林，值南齋，洊至工部尚書，人比董華亭。晚年乞病歸，事在道光七八年也。頤道居士題其畫云：「建章宫樹曉蒼蒼，廿載西清領玉堂。一卷清談畫禪室，分明今日董香光。」

補黄鉞傳

黄鉞，字左田，當塗人，家於蕪湖。乾隆庚戌進士，授主事，簽分户部。時和珅管部務，鉞告歸。

嘉慶四年，仁宗睿皇帝親政，以安徽巡撫朱珪薦，召見養心殿，諭曰：「朕在藩邸即知汝，汝因何告假？」鉞據實陳奏。奉命懋勤殿行走。由主事，改擢贊善，直南書房。未補缺，特旨與考試差。嗣是，典湖北、山東、順天鄉試。任山西、山東學政，密摺奏事。由贊善，洊擢至禮部尚書，賜紫禁城騎馬，肩輿入直。二十五年，放會試正考官，榜首陳繼昌以三元及第，時稱盛事。秋，隨扈灤陽。仁宗睿皇帝龍馭上賓，行在喪儀，禮部無例案可循，皆鉞悉心擬奏。

宣宗命加太子少保銜，在軍機大臣上行走，調户部尚書。鉞敬共所事，實力匡襄，京察議叙。道光三年，錫宴玉瀾堂，繪像，鉞爲十五老臣之一，御製詩褒之云：「豈獨文章禁省冠，一德密勿惟幾康。」四年，《仁宗睿皇帝聖德神功碑恭代》書成，拜蟒服、大緞之賜。五年乞休，温旨慰留。六年，屢申前請，情詞肫切，予告回蕪湖，在家支食半俸。瀕行暨十八年兩次恩賞參枝，諭曰：「知卿不假參苓之力，聊申眷念，卿其善自静攝。」二十一年，卒於蕪湖，年九十二。

初，鉞幼喪父母，鞠於外家。乾隆中，以廩貢挑謄録，議叙吏目。兩次召試一等。年四十一，始爲部員，數月即歸。掌教皖南、北書院者十載。其後不次超擢，屢司文枋，蒙仁宗批諭云：「汝本寒士，因石君薦拔，遂至於此，能法石君先生人品學業，必能永沐朕恩。」鉞感激圖報，矢勤矢慎，内廷宣力二十有七年，克盡厥職，故能渥荷兩朝恩眷，不徒以工書善畫見長。嘉慶、道光年間，兩次賜第内城，三次太醫視疾。妻喪，軍機章京郎中趙元禄齎硃諭賜慰：「切勿過有哀傷。」七十、八十、九十生日，疊蒙御書福壽扁聯、壽佛、如意、朝珠，珍玩文綺，用迓福祉。又蒙恩諭：「伊子禮部小京官黄富民，加恩作爲該部主事，俾聞之，益增慶慰。」又前在户部右侍郎任内，以錢局爐頭增復料錢，部議降二級，奉旨調任禮部右侍郎。明年，即轉補户部左侍郎。後以户部任内失察假照，降爲三品頂戴。明年，蒙賞還一品頂戴。皆異數也。

遺疏奏聞，宣宗成皇帝悼惜，有「學問優長，持躬端謹，密勿宣勤」之諭。晋贈太子太保銜，入祀賢良祠，照尚書例賜恤。原任内一切處分，悉予開復。予謚勤敏，史館立傳，諭賜祭葬碑文。葬當塗南褐山下。

先是道光辛卯，安徽濱臨江淮州縣水災，鉞首捐千金助賑。癸巳復水，捐百金助賑。乙未，蕪湖洊饑，倡建豐備倉，儲穀千石。倉旁造鄉塾，月課生童。鄉人德之。及是，請入祀當塗、蕪湖兩縣鄉賢祠，奉旨允准。著有《壹齋集》四十卷、《二十四畫品》一卷。《當塗縣志》《年譜》。　録自《〔光緒〕重修安徽通志》卷一百九十三。

何數峰〔一〕

諱青，安徽歙縣人。官澄海縣知縣。有《味餘樓初稿》。數峰天才英敏，風雅宜人。竹君爲安徽學政，特加識拔。既入京，復來受業。爲詩摇毫擲簡，嘯傲滄洲。而五言宗二謝，七言宗韓蘇，又復左規右矩，節簇自然，是以詩名益振。然數奇不遇，溷於鹽筴，近始鳴琴花縣，世論惜之。王昶撰《蒲褐山房詩話》。

【校勘記】

〔一〕數：原訛作「素」，據《蒲褐山房詩話》《〔民國〕歙縣志》改。

補何青傳

何青，字數峰，晚號覺翁，富堨人。乾隆廪貢生，爲學使朱筠所拔識。既入京後，從王昶受業。詩五言宗二謝，七言宗韓蘇，左規右矩，節奏自然。數奇不遇，久困鹽策。後官廣東澄海知縣。著《味餘樓稿》。子易，字耳山，邑廪生。工詩，五七言長篇，援筆立就。兼工篆書。著有《湘雪軒詩》《富溪眺咏集》。録自石國柱修、許承堯纂《〔民國〕歙縣志》卷十。

師友淵源録後案卷二十六

世好第十一門

書紱庭制軍

諱麟，滿洲鑲黄旗人，由副都統隨征兩金川，晋提督。歷任封圻。嘉慶五年，協辦大學士，總督湖廣。時教匪肆擾川、陜、楚三省，房、保二縣尤爲要區。馳至軍中，親履行陣，搜捕不遺餘力，士飽馬騰，楚北壁壘一新。旋以積勞患痢，猶力疾籌軍事，及病革，深以不能爲國殺賊爲恨。以行衣殮。事聞，晋太子太保，恩加一等男，命使護送歸葬。吴熊光、吴烜修，陳詩、張承寵纂《湖北通志》。

補書麟傳

書麟，字紱齋，滿洲鑲黄旗人。乾隆四十九年，由署兵部侍郎，授安徽巡撫。五十年，安徽旱災，奏請截留漕糧五萬石，并留關税銀三十五萬兩有奇，以備賑恤，得旨俞允。并奏准將乾隆五十一年輪免安徽漕糧，改於本年豁免。復疏請設法清釐荒地，如《阜陽縣賦役全書》開載荒地六千餘頃，僅據報墾三千餘頃，其餘已墾未報者，自必不少，屢次飭查，未經勘實，惟有稍寬年限，立法清釐，庶事不煩而民不擾。且民間買賣田地，率多照契開界，并不施弓查丈，往往與糧額不符，致啓爭訟。應請嗣後將部頒官弓丈明畝數，載入契内。如有餘地，照議定價值減半加增，仍以所增之價，一半入官，一半給主，則賣户既免已往之罪，又圖多得價銀，必不肯扶同欺隱。即買户照額升科，亦得糧清地，實以免糾纏，皆所樂從。儻過割時，不用官弓丈量，即照欺隱律治罪。仍於每歲年底，將清出報升頃畝應徵錢糧，彙册題報。數年之後，自可漸復舊業，於國課民情，兩有裨益。奏入，深荷嘉獎。五十二年十一月，擢任兩江總督。終太子太保、協辦大學士、贈太子太傅、一等男爵。謚文勤。舊《通志》。録自吴坤修等修，何紹基、楊沂孫纂《〔光緒〕重修安徽通志》卷一百三十八《職官志·名宦》。

董蔗林

諱誥，字西京，浙江富陽人。乾隆二十八年進士，由庶常官至大學士。常觀文恪公手跡，宏深淵懋，深厚精微，遠則巨然，近則華亭、婁水一脈，神氣吻合，實足繼往開來，宜其深邀宸眷，騰譽藝林。乃張浦山《畫徵録》始以南華爲畫苑後勁，又轉屬循遠，由其胸無定識，故致語多矛盾。要之，南華天分雖高，循遠功力略到，總未若文恪之元氣淋漓，神完法備也。某非敢輕詆前賢，亦非阿私所好，海内公論耳。今公禀承家學，不特勳業彪炳，亦復妙繪絶倫。伊陟象賢，元暉繼美，公以一身兼之矣。王昶撰《畫識》。

嚴元再案：《畫林新咏》中載，頤道居士題《大司馬江村歲朝圖》一絶句云：「解爲唐人畫早朝，宫花露潤柳煙消。誰知紫禁簪毫客，卻憶江鄉遇歲朝。」

補太傅董文恭公行狀

曾祖炳文，邑庠生，歷贈光禄大夫、經筵講官、太子太傅、文華殿大學士。祖國翰，歷贈光禄大夫、經筵講官、太子太傅、文華殿大學士。父邦達，雍正癸丑進士，歷授光禄大夫、經筵講官、禮工二部尚書，謚文恪，入祀賢良祠，晉贈太子太傅、文華殿大學士。

公諱誥，字雅倫，號蔗林，浙江富陽人。其先自婺源來徙，世有隱德，八傳至文恪公，始由進士起家，歷官至尚書。公爲文恪公長子。幼穎異，受書，略諷誦，輒皆上口。初，文恪公艱於子嗣，年四十五乃舉公，故愛憐之，不甚加督策。公稍長，自奮於學。時歸安戴禮部文燈，以宿學負重名，文恪公門下士也，居相近，公旦夕從之遊。未逾年，學盡通，遂以國子生舉乾隆二十七年壬午科順天鄉試。明年，成進士。

方廷試卷進呈時，公名在第三，高宗純皇帝以大臣子改置二甲第一。朝考入選，改翰林院庶吉士，充《國史》館、《三通》館協修、武英殿纂修、《皇朝禮器圖式》纂修。三十一年，散館授編修。三十二年，簡詞臣，入懋勤殿，寫金字經，爲慈寧皇太后祝嘏，公與焉。三十三年，以未與大考加一級。三十四年正月，授詹事府右中允。七月，丁父憂。三十六年，服闋，入直南書房，先食俸候補。十一月，補右中允。三十七年正月，轉左，尋授翰林院侍讀，充日講官起居注。三十八年十一月，晋右春坊右庶子，再擢翰林院侍讀學士。三十九年四月，充經筵講官學士，得直講筵，蓋前此未有也。十二月，遷内閣學士，兼禮部侍郎。四十年九月，署工部右侍郎，尋正授。再調户部左侍郎，歷署吏、刑二部侍郎，兼管理錢法、樂部諸務，充《四庫全書》館副總裁。高廟眷注公甚深。四十四年十二月，遂用爲軍機大臣。四十五年，賜第西直門内新街口，賞紫禁城騎馬。五十二年，擢户部尚書，派稽察欽奉上諭事件處，加太子少保銜，充《國史》館副總裁。

嘉慶元年，乃授爲東閣大學士，總理禮部，仍兼户部事務。明年二月，丁母邴太夫人憂，特旨賜經被飾終，遣御前侍衛額駙豐紳殷德，帶侍衛十員奠茶酒。公既奉喪歸，高廟每見諸大臣，數詢問：「董誥何時可來？」時川楚方用兵，故望公來尤亟。大臣等以書告公，趣公行。公私念墨經從戎，此古人之義，君上方有急，而偷息田里，非義也。既窀穸事畢，遂詣闕，爲當路者所遏不得聞。公於駕入宫之途次，泥首謝恩，高廟見之喜甚。未幾，降諭：「刑部尚書缺，一時未得其人，董誥現在守制，已逾小祥，著暫行署理。」又命公素服視事，諸大典禮不必與。四年正月，遭高廟大事，今天子始親政，派公總理喪儀。仍在軍機處行走，充實録館正總裁，晋太子太保。時當路者既敗，猶命承鞫，王大臣以沮公事嚴詰之。是年服除，充《國史》館正總裁，授文華殿大學士，仍總理刑部。九月，奉命恭點裕陵神主，又晋太子太傅。五年，復充經筵講官、《大清會典》館正總裁。七年，以平定三省邪匪，賞騎都尉世職。十一年，管理户部三庫事務。十二年，《高宗實録》告成，賜公父邦達入祀賢良祠。十四年，晋太子太師。三月，公七十生辰，御賜「贊樞錫慶」額賜之，賚予甚渥，復寵之以詩。十五年，充尚書房總師傅。十七年，再晋太保。公日侍禁闈，至於巡狩秋獮諸大典，亦無役不從，積勞久。二十年，上以刑部事繁，改總理兵部。十月，公已病，常苦痰喘氣痛，不能食。蒙恩數遣醫視。至春和，漸就痊，然筋力大不如昔。次冬，舊疾復作，因屢疏乞休。上念先朝舊臣，再四慰留，不肯，聽之去。會入春，稍痊，事遂已。迨是年九月，疾又作，加以目昏闇，不能辨字蹟，復乞休。兹歲二月，始奉諭：「大學士董誥，自乾隆年間，仰蒙皇考高宗純皇帝簡用，供職内廷。嗣於嘉慶元年，擢授大學士，襄贊樞廷，綜理部務，宣力多年。近歲以來，屢以老病乞休，朕降旨給假慰留，令其安心調養。兹復以氣體衰憊，兩目昏花，奏請開缺，情詞懇切，朕實不忍遽允所請，但察其宿疾未痊，若令勉强趨公，轉非所以示體恤。董誥著加恩，以太保大學士致仕，在家支食全俸，俾資頤養，用示朕眷懷耆碩，恩禮優加至意。」公既解職，有應繳官帑，悉予蠲除。七月，上展禮三陵，啓蹕日，公力疾赴朝陽門外送。上至盛京，時賜存問，賚予不絶於道。及回蹕駐桃花寺，聞公疾篤，命内閣學士宗室載銓，馳驛率太醫往視疾。愈亟，又命派軍機章京一人，先回京備賜經被。十月初十日，公薨，年七十有九。遺摺至，上爲之震悼，即命定親王綿恩，率侍衛等前往奠酒。贈太傅，入祀賢良祠，給銀二千兩治喪，官其子工部郎中淳以四品京秩。越六日，復親臨邸第，奠醊慟哭，爲製詩以寫哀，有「世篤忠貞清節堅」及「祇有文章傳子侄，絶無貨幣置莊田」之句。蓋公父子歷事三朝，并躋膴仕，乃邸舍清貧，本籍亦絶無寸椽尺土，故御製及之。又數日，命侍郎姚文田傳諭其家，刻詩墓次，以示後人。内閣上《謚法》敬慎事上曰恭，賜謚文恭。

公在樞禁幾四十年，凡有所獻納，皆面陳，未嘗用奏牘，歸亦不以語賓客，子弟故世莫得聞。然伏念高廟聖神文武，爲生民所未有；皇上以聖繼聖，於庶政罔不振飭。如使公旅進旅退，僅委蛇承順其間，必不能受兩朝恩遇之隆，至於今不替〔一〕。公前後歷十餘考，皆以恪勤匪懈得優叙。

大兵平臺灣廓爾喀旋，公蒙高廟恩，再圖形紫光閣，并親爲製贊。及晉陟綸扉，論資，公在第四，有旨，以公克盡職，特先擢用。其後川楚邪孽蕩平，上叙帷幄參贊功，以公知無不言，言無不盡，硃諭褒嘉焉，知公之所以宣力於國者多矣。林清事起，公以爲燒香祈福，愚民無知所常有，惟從逆者不可貸。凡論上，皆以是定讞，所全活甚衆。

充會試正總裁者二，充鄉試正考官者三，充文殿試讀卷官者十，外如朝考、召試諸閱卷事，公鮮不與焉，齋肅詳慎，惟恐遴選不得其人。

天性孝友，居文恪公憂，哀毁骨立。邴太夫人卒時，公年已六旬，扶櫬歸，日行數十里，未嘗以輿馬代步。在籍時，巨紳某亦持服家居，來謁公，車馬僕從甚盛。道遇二人舁肩輿，一老僕從，詢之即公也，甚慚，以漸斥儀從去。及公門，無幾存者。一弟誠，友愛甚至。誠官閩省縣佐，卒於任。公迎其柩，歸葬富陽，撫所生子女如己出。

好施與，尤敦任恤。同郡陳户部木病且革，遺孤纔數齡，親族無可依者，以託公。公令長子淇子之延師課讀，既長，爲之聘娶。有鄭比部者，公曾與同朝，其子某踵門求助，言公嘗受業於比部。公曰：「我固無此，然鄭公亦鄉前輩也。」厚助之去。若此類不可悉記。

生平所學，以敬爲主，故遇人無貴賤，處事無大小，未嘗不持之以敬，視天下無不可與居之人，然人亦未有敢侮之者。口不言臧否，而於人之賢否邪正，胸中較然若黑白分。遇事謙若不及人，及指陳得失，必洞見利弊。能闇記，尤熟於朝章故事，人所不知者，以諮於公，無不悉。

娶馮氏，再娶秦氏，皆贈一品夫人。秦夫人爲禮部郎雄褒女，雄褒先緣事遣戍，及秦夫人卒，高廟以公故釋歸里。雄褒至京，詣公，謝曰：「此恩出自上。且諭令回籍，至京何爲者？」終不見，其慎如此。子四：長淇，以公任爲户部郎中，先公卒；次承澤、次承保，皆早殤；次即淳，以淇卒後，恩授工部郎中，今候補四品京職。女一，適兵部侍郎温公汝适子承悌，嘉慶丙子科舉人。孫男二：騋、驥。

先是，文恪公以書畫受主知，公繼之。亦以文學備位侍從，高廟春秋既高，不能作蠅頭字，皆命公代書。所進奉畫本，貯内府甚夥，并收入《石渠寶笈三編》，乃皆公餘事，不具載。謹狀。

嘉慶二十三年十月既望，門下士南書房行走、户部右侍郎、兼管錢法堂事務姚文田狀。録自姚文田撰《邃雅堂集》卷四。

【校勘記】

〔一〕替：原訛作「晉」，爲普字之異體，於句意不諧，當爲替之訛，故改。

汪時齋

諱承霈，字受時，休寧人。以孝廉起家，官至户部右侍郎。德暢蟲魚，胸羅星宿。工山水人物，兼長指頭畫，蓋不止以勳業文章媲美文端也。王昶撰《畫識》。

慶兩峰

諱玉，滿洲鑲黄旗人。乾隆二十一年舉人，官布政使。著有《錦繡段詩集》。兩峰觀察蕪湖時，因舊署荒蕪，前任劉未修葺，兩峰抵任，略植花樹，戲題一絶寄劉：「笑殺河陽舊吏來，門無青草長莓苔。嶺梅巖桂江干竹，都是劉郎去後栽。」《隨園詩話》。

慶丹年

諱桂，尹文端公第四子，官至大學士，薨後賜謚。後查補。

補慶桂傳

慶桂，姓章佳氏，隸滿洲鑲黄旗，大學士尹繼善子。乾隆二十年，以蔭生授户部員外郎，充軍機章京，累遷理藩院右侍郎，授滿洲正白旗副都統、軍機處學習行走。四十年，出爲塔爾巴哈臺參贊大臣。夏，哈薩克巴布克自稱，經阿布勒畢斯將伊授爲圖爾屯鄂什克之阿克拉克齊，偕阿布勒畢斯之子博晋以馬來獻。慶桂以巴布克未與博晋同來，不可深信，飭駁以聞。詔：「巴布克爲人狡詐，若不飭駁，伊歸，必又謊告阿布勒畢斯。其他所辦，各就條理。朕又得一能事大臣矣。」尋授吏部右侍郎，轉左。出爲烏里雅蘇臺將軍，遷正黄旗漢軍都統。

四十八年，由盛京將軍，調吉林將軍。疏陳獲私挖參犯一百餘名，高宗以封廠停採，原期護養參苗，今私挖之犯多至百餘名，有封閉之名而無其實，詔慶桂飭所屬嚴拏私挖之犯，仍放票開採。續陳獲犯六百餘名，參二百兩。

明年，調福州將軍。入覲，擢工部尚書，仍直軍機，充經筵講官。歷署黑龍江將軍、甘肅總督，復授塔爾巴哈臺參贊大臣，遷兵部尚書，署盛京將軍。五十三年，再署吉林將軍。明年，調署烏里雅蘇臺將軍，授刑部尚書、協辦大學士、領侍衛内大臣，予騎都尉世職，加太子太傅銜。

嘉慶十九年，以文淵閣大學士休致。二十一年卒，賜祭葬，謚文恪。録自李桂林修《〔光緒〕吉林通志》卷七十。

慶晴村

諱霖，文端公第五子，官至福建將軍。

慶似村

諱蘭，諸生，尹文端公第六子，有《似村吟稿》。似村兩世平津，諸兄膴仕，即姻婭亦皆貴盛。嘗爲筆帖式，遽謝病家居。居相府後冰漿局〔一〕，老屋數椽，軒窗枯槁。獨拓地數弓，種竹數十竿，並輦西山沙土以植之。愛蘭而北地無蘭，取以自名，常以永嘆。早亡無嗣，蓋其性情幽雅，非軟紅塵所得久羈也。王昶撰《蒲褐山房詩話》。

【校勘記】

〔一〕居：原脱，據王昶撰《蒲褐山房詩話》補。

劉樸夫

諱謹之，號退庵，武進人。乾隆二十四年舉人，洊歷給事中，軍機行走，使節遍天下，所至多所存活。行大用矣，竟病卒。無子。配宜興湯氏，視含殮死之，贈恭人。退庵贈鴻臚卿。管幹貞輯《舊雨集》。

補特贈鴻臚寺卿禮科掌印給事中劉君碑文

君諱謹之，字樸夫，一字退谷，江南武進人也。自明以來，軒冕相襲。銅川之澤六世，位非不逢；中壘之學三傳，名乃益著。祖諱樞，封左春坊左庶子。考諱星煒，工部左侍郎。妣夫人余氏，繼妣夫人趙氏。

君夙承門基，少禀庭誥，岐嶷之質見於髫齓，藻炳之文驚其黨塾。年二十一，中順天鄉試舉人，屢以迴避罷禮部試。乾隆三十一年，授内閣中書舍人。又三年，入軍機，事務殷湊，章奏填委。穆之應對無廢，日得百函；文暢才藝所分，足了十輩。不泄温室之木，時焚高郢之草。識者知其遠到焉。以繼妣憂去職。留侍郎公於京師，維持燠寒，抑搔苛癢。洎公寢疾，尤著憂勞，衣不解者十旬，掌默然於徹旦。宗族稱孝，人無間言。既而祖考相繼殂謝，措持三喪，綿歷七稔，葬祭殫禮，鄉閭矜式。服闋，除户部陝西司主事，洊歷本部員外郎中，仍兼軍機行走。懷攜荃蘭，出入綸綍，晨傍禁闥，夕翔郎署，無廢職焉。轉浙江道監察御史，遷吏科給事中，轉禮科掌印，軍機行走如故。太微之南，明有四宿；左掖之邃，尊唯八貂。不事搏擊，人亦知爲鷹鸇；翩其羽儀，世方目之鵷鷺。君既寅亮天工，練習掌故，凡有遺命，輒預贊畫。

皇華被隰，使星耀天，東至江海，南臨滇粤。一路罷哭，喜亂羊之遂除；三訊得情，賴神犀之朗燭。吏願洗手，民無覆盆，數其陰德，蓋非鮮也。逆回不靖，狡焉思逞，帝赫斯怒，興師六月。嘗參大學士誠謀英勇公及尚書嘉勇侯軍，再至甘肅。飛書走檄，盾墨自浮，崇論谹議，箸籌常借。短兵鏖皋蘭之下，晝看鯨鯢之屠，穹廬支細柳之旁，夜聞髑髏之泣。君乃奮其壯志，益厲戎行。孟堅之從車騎，遂勒燕然；退之之贊晉國，卒平淮蔡。雖翩翩之才，實具桓桓之概焉。大河南北，歲有衝决，天子命大臣星馳履勘。君因事建策，形之奏記，審地推岸，搴茭益薪。仿朝宗之置門，踵幼度而立埭，狂瀾效順，曾無久功。

前後扈蹕木蘭者十六，盛京者二，南巡者一。出盧龍之塞，觀混同之江。舉秋獮之典，則播宣皇威；成謁陵之禮，則闡述聖孝。至於江浙，故屬桑梓，順道還里，比於晝繡。自入機庭，垂二十年。中外企望，有如景慶；公卿倚賴，不啻臂指。同官後起之士，擁節旄、致槐棘者，不可勝數。君獨體大《易》素履之貞，凜老氏知止之戒，夙夜匪懈，若將終身。嘗曰：「仕宦而至臺閣，不爲不榮矣，尚復何望？」以視白楊齋畔，惠開發低頭之嗟；朱雀桁邊，元長激槌壁之歎。静躁之殊，豈可同年而語哉！

積勞逾時，衰微早見，纔越强仕，鬚髮盡白。晚病呀喘，遂至綿惙。以乾隆五十二年十一月初八日卒於京邸，春秋四十有九。遺命以弟翰林院編修種之子用錫爲後。配恭人湯氏，故内閣侍讀學士先甲女也。名父之息，端操有蹤；冰霜之厲，在於平日。君病力篤，死志已堅；含斂既憑，沐浴自縊。春秋五十有一。夫荀采題扉，由於奪志；房姬割耳，乃在盛年。若恭人則齒逾五旬，身荷三錫；事非横逆，境可優遊。乃速其室之歸，竟爲我特之殉，可謂以松柏之操，而兼薑桂之性者矣。訃聞，上軫念前勞，褒恤奇節，詔贈君鴻臚寺卿，賜賻百金，董治喪事。恭人并蒙特旨旌獎，皆異數也。

君事父母以孝，撫弟妹有恩，禄俸所餘，散贍姻族。退食之暇，枕葄墳典。接物泯乎畛域，爲善決若江河，效吉人之寡辭，思君子之情恕。與人酬對，視若簡闊；退省其後，謀而必忠。至於事方靡盬，口不言瘁。處易競之地，而任理棲遲；爲後進之表，而秉心冲抑。鈞軸重其猷幹，僚采樂其和易。昔阮瞻遇井，渴而不飲；韋叡擲盧，反而作塞。殆庶幾歟？故君之殁，公孤撫膺，吏胥雪涕，親懿摧痛，途人累欷，輿謡輟相，無以喻此。初，同里大學士程文恭公，立朝居鄉，卓卓可紀，其殁也，立弟子爲後。今君盛德無嗣，若合軌轍，時人以比文恭。夫天生卉木，厥有枝葉；均受雨露，忽分榮枯。豈彼蒼之有私，信陰騭之靡定。矧捧奠有人，本乎同氣；刺笄之行，顯在中圭。藎烈萃於一門，褒崇出於同日，綽楔過而争式，縣邑祀而必膰。可謂榮矣，可謂哀矣！豈必推聚昭穆，始紹宗祧；切近毛裏，乃稱天屬哉？編修既命，用錫扶護南歸，以乾隆五十三年十一月十四日葬君翟墅之原，恭人祔焉，禮也。

懷玉於君，戚在中表，交由丱角，稔悉行義，不忍沉湮，爰勒苕琬，敝之穹壤。銘曰：

伊劉之先，肇居鳳陽。有元至正，實始遷常。雲摶水擊，德及餘慶。雷蔣轂魯，莫之與京。於休鴻臚，異質天挺。克纘前修，慎而思永。孝乎惟孝，百行斯整。弱冠賢書，立年華省。當階賦藥，伏闥含香。遂由端公，洊拜夕郎。内贊帷幄，外勤邊疆。身癯似鶴，鬢皓成霜。綜君生平，國華家寶。仁心兼洽，冲德自抱。疏或無怨，瞎尤致禱。謂宜子孫，永錫難老。如何頹隕，歲靳服官。冠紳恇動，童豎悽酸。温温伯淳，翼翼孝先。彼尚弗祀，其又奚言。川迅東流，景窮北陸。白楊在郊，素車轉轂。昊穹難諶，鍾石徒琢。敬播光塵，庶垂芳淑。録自趙懷玉撰《亦有生齋集·文》卷五。

劉青垣

諱躍雲，字伏先，武進人。乾隆三十一年賜進士及第一甲第三，官禮部侍郎。

補誥授榮禄大夫經筵講官兵部左侍郎劉公墓誌銘

公姓劉氏，諱躍雲，字服先，號青垣。明洪武中，有名真者，自鳳陽遷武進遂爲武進人。曾祖演，康熙癸酉舉人。祖機，諸生。并以文定公貴，贈、封光禄大夫。考綸，文淵閣大學士，贈太子太傅，謚文定。公其仲子也。

幼力學，耐勞苦。文定公官翰林，未改寒素。公在北地，常以棉衣一襲禦冬。乾隆丙子，中順天舉人。丙戌會試後，已預大挑，諸城劉文正公主其事，謂同列曰：「此吾門生也。才素長，宜留之爲詞館用。」榜發，果獲雋。故事，廷試前十本例拆彌封進呈，至是，奉旨：「朕於殿試，亦宜暗中摸索，以昭公正。」公名本第七，改第三，上喜曰：「此劉綸子，文理固優，不意朕竟得之。」

文定公直樞庭，常居海淀，家事一以委公。日策騎往來，或至不遑暇食。庚寅，典山東試，文定公亦主試順天，父子一時操文衡，鄉黨以爲華。癸巳二月，文定公患頤癰，方在告命，充日講起居注官，温諭云：「使劉綸歡喜，可望速痊也。」六月，文定公薨於位。服除，仍供職翰林。

戊戌，分校禮闈。升右贊善，轉左。己亥，主順天武鄉試。遷侍讀。庚子，扈蹕南巡，中途，有欲以金爲饋，避之使不得見，曰：「吾父以廉介受主知，不敢改家風也。」是歲，歷遷左、右庶子及侍讀學士。癸卯，授少詹事。甲辰，授詹事，特旨充經筵講官。三品官得此職者，前惟故詹事張公鵬翀，蓋異數也。

旋視江西學，擢内閣學士，兼禮部侍郎。既之官，公慎自持，不與地方一事。及滿，囊橐蕭然。江西爲之謡曰：「公相之家，大臣之度。秀才之母，童生之父。」其得士心如此。

丁未，擢工部右侍郎，管理錢法堂事。恒從部中攜簿籍歸，終夜勾稽不輟。於三省河工，尤加意焉。故大學士和珅重公素望，知上意嚮用，每於公所通殷勤，而公絶跡不往。會韓侍郎鑅由河帥服闋，韓遂授工部，而公調禮部。禮部公款微，不克自給，事則頗簡，公以爲樂，曰：「邦土之掌，事本未諳，今轉得自由也。」

己酉，扈從熱河，命視福建學。陛辭日，上曰：「福建人文漸起，不比往昔。閲汝所和詩甚佳，彭元瑞曾在朕前保汝學問，且在江西，聲名亦好，故令汝同彭元瑞、胡高望覆閲四分全書，想汝必加倍認真也。」回京，遽奉母許太夫人諱，益形困乏。是冬，族弟種之自河南學政任滿覆命，上問：「劉躍雲是汝兄耶？彼甚苦，朕令爲福建學政，今復丁憂，奈何？汝可往看之。」即此足徵公之清節，上孚帝謂矣。

壬子，起補原官。再典山東鄉試，所得多寒畯，又多老諸生。人呼戒尺榜，謂寒士皆以教書爲活也。甲寅，主江西試。乙卯，充會試副總裁。以新進士覆試多疵卷，又殿試卷祇八本可進呈，有旨命與諸總裁明白陳奏，公奏：「自矢無弊。惟學問荒疏，不能認真校閲，致負聖恩，乞從重治罪。」降補奉天府丞。奉天士子不知誦《五經》，公招書院諸生，晨夕課試，習爲之變。

己未，今上親政，入覲時，詢知所以降官，曰：「此和珅與汝不合，施其術耳。」調補大理寺卿。旋授禮部侍郎。凡陳奏部務，輒蒙嘉許，然未嘗摭拾細故以見長，謂：「我朝法制詳備，唯當率由舊章，若輕議更張，則利於此者，恐或損於彼矣。」每遇國家大典，必參酌以求至當。曹司因公錯誤，得公指示，多免譴責。

辛酉，京師大水，涉潦趨公，寖受寒濕，病由此基焉。甲子，調工部右侍郎，兼署兵部左侍郎。始買横街屋，以昌黎詩「辛勤三十年，以有此屋廬」榜於室，告其子曰：「吾他日罷官，當售此爲南歸計也。」是歲，御門誤班，降補閣學。乙丑，仍授兵部右侍郎，轉左。時足疾漸加，兼患他症，因奏乞假調理。奉旨以原官休致。既歸，無一椽之居。聞青浦某善醫，遂僑寓吴門就診。值家事拂逆，病益劇，馴至不起。烏呼！當故輔枋國，公卿輻輳其門，至有稱門生屈膝者，乃彼方引而近之，此顧去之若浼，非中有定識，皭然不滓，而能若是哉？卒之主鑒其介，世仰其高，亦可以無憾矣。

公詩宗香山、眉山，爲文好歸熙甫。書不名一家，而有天趣。所著有《貽拙齋詩文集》

若干卷。

生乾隆元年十二月二十二日，卒嘉慶十三年十月初五日，春秋七十有三。配許夫人，繼配張夫人。子四：逢嘉，四品蔭生，考授主簿；逢慶，山東試用府經歷；逢春，候選縣丞；逢運，兵馬司副指揮；逢嘉、逢春、逢運，俱前卒。女三：長適溧陽黄晋錫；次字吴縣姜廷燦，未嫁卒；次適山西浮山張家本。孫五：承緒、承綬、承緯、承綺、承紱。以嘉慶二十二年四月丁丑葬於延政鄉史家村之原。

余與公爲世姻，在京師，過從頗數，自丙寅别吴門，遂不復見，而公之生平，則固深悉也。銘曰：

峨峨相門，爰作世臣。允趾美兮，射策上第。躋於卿貳，歷册載兮，衆所驚趨。獨矢不渝，大節砥兮。史村新阡，堂斧翼然，安厥止兮。録自趙懷玉撰《亦有生齋集·文》卷十九。

周

諱世紹，河南祥符人。乾隆三十三年舉人，官陝西興安府知府。

趙少鈍

諱秉淵，上海人。蔭生，官四川成都府知府。

補趙秉淵傳

趙秉淵，字實君，號少鈍，江南上海人。以父文哲歿於木果木軍營恤蔭，官内閣中書，轉兵部主事。出知眉州，擢守重慶府。廓爾喀之役，督理糧務於巴塘。嗣又隨征湖北邪教有功，賞戴花翎。旋調成都府，勤慎稱職，以勞卒於官。有《退密删存稿》二卷。録自常明修、楊芳燦等纂《〔嘉慶〕四川通志》卷一百十六。

藍儀吉

諱嘉瓚，浙江定海人。乾隆三十四年進士，官湖南沅州府知府。

汪鹿園

諱如藻，浙江秀水人。乾隆四十年進士，官撫州府知府。

補汪如藻傳

汪如藻，字彦孫，一字鹿園。乾隆乙未進士，授編修。官山東糧儲道。《白雲紀聞》：「浮溪先生藻，嘗守撫州，而編修兄如藻，亦出知撫州。吏部尚書應辰，原名洋，紹興五年進士第一，而修撰弟如洋，亦以乾隆四十五年進士第一。」汪嘉穀曰：「先伯父遺詩，兄弟行各藏之。叔子世樟出《學語集》《秋雨齋集》二種，皆少時所作。録之，以見一斑。」録自阮元輯《兩浙輶軒録補遺》卷六。

汪雲壑

諱如洋，秀水人。乾隆四十五年賜進士及第一甲一名，官修撰。著有《葆冲書屋詩集》。與兄彦孫，咸以文名。而雲壑和平端雅，以狀頭直上書房，爲公卿器重，以爲安州尚書之比。其詩清圓朗潤，不習槎枒枯瘦之習。年甫四十，遽歸道山。成親王哀其遺集，刻於京師。王昶撰《蒲褐山房詩話》。

王蘭泉侍郎作哀辭悼之云。

汪雲壑哀辭〔一〕

天之生才，蓋千萬而得一人焉。既生之矣，少而摧折，或以其未成，尚無足惜也。若生之，復成之，迥然特拔於千萬人中，而其爲天所拔者，德足以副其才，才足以副其望，偉然傑然，將大有以見於天下後世，而摧折隨之。豫章之木，千圍百丈，宜棟梁之任，不幸爲水火風雨所剥蝕，是尤冥冥之不可知者。吾故於雲壑之卒，曾欷累息，中夜轉輾，不能解於天也，作爲哀詞，以攄余之菀結云爾。

伊洪鈞之泬穆兮，秉一理爲流行。復有數以雜糅兮，疑造物之非誠。矧仁者之必壽兮〔二〕，而覆者之由傾。宜其理之一定兮，奚長短夭壽之相乘。至人固修以不貳兮，獨惜顛倒互出而難憑。緊吾子之受氣兮，本乾端坤倪之粹精。既手容恭而足容重兮，乃聽思聰而視思明。由淳意以肆於文兮，函雅故而本群經。雖瓊林之首唱兮，時遜志而奉橋衡。始奉職於芸館兮，繼教胄於虞廷。旋出使牂柯兮〔三〕，育多士於庠黌。思育賢以報國兮，勖忠孝而造以廉貞。自回鑣而再入直兮，桂宫重以爲儀刑。望彌重而意彌冲兮，恍乎執玉而持盈。暨奉賜告而遂初兮，肆長筵而餞於林坰。作篇章以相送兮，喜余之投老而歸耕。方分衿之數月兮，聞奄忽而返幽冥。雲未雨而滅没兮，華未實而飄零。羌緶縻其不可止兮，號祝予而沾膺。非天物之暴殄兮，胡弗縱以彭鏗。抑韓子之所謂兮，恒不足於賢英。問彼蒼之夢夢兮，聊寫余之怦怦。王昶撰《春融堂集》。

補翰林院修撰汪先生墓志銘

高宗純皇帝御極之四十五年，歲在庚子，臨軒策士時，賜及第第一名、二名、三名，皆鴻才博學，負天下清望。而先生以會試第一，膺殿試第一，授職修撰，年甫二十六。長身玉色，睟子顧盼炯然，朝宁偉之。四十八年，充《三通》館纂修官，本衙門撰文。是年冬，奉旨入直上書房。五十一年，典山東試。是年冬，督雲南學政。使還，仍入直。五十六年，以本生母憂去官。五十七年冬，服闋，仍入直。五十九年八月十五日，先生疾終。凡通籍十有五年，得年四十。

先生姓汪氏，諱如洋，字潤民，號雲壑，浙江秀水縣人。先世居休寧，國初遷桐鄉。曾祖繼熺，吏科給事中。祖上堉，雲南大理府知府。父仲鈖，舉人，贈奉直大夫。母許氏，封太宜人。本生父孟鋗，進士，吏部文選司主事，誥授奉直大夫，以先生兄如藻官晋贈朝議大夫。本生母祝氏，贈宜人，晋恭人；金氏，封宜人，晋太恭人。汪氏自先生以上五世，文望輝赫，禄位踵於朝。

先生蚤慧，博覽典籍，雄於文，豪於詩。試輒冠軍，每一篇出，口相傳以熟。走數千里，垂數十年，諷詠者恒不絶。及其冠倫魁，侍禁近，文若詩益鴻麗，名益譟。天下士識其面者，以爲瑞性沈厚，喜怒不形，外和易，内方介，守潔用敏，設措部分，才常什伯人。

其視學滇也，滇士志學而苦無師，先生行教家塾子弟法，每試一題，則操管成一藝，試畢，示諸生。即召諸生環案前，爲評隲點竄，言語姁姁，使充然各有所得。於是滇之文日以上，旁及詩賦，皆雕繪可誦。值己酉遴選科，得人稱極盛。時功令當以《五經》并試，先生以士專經久，遽使兼習，或未能驟通，奏請每科以一經輪試，輪畢，然後并試，得旨俞允。先是，大理公惠愛在民，歿有廟祀，屢著靈異。先生按試大理，拜謁於廟，郡人以爲明德之後，必有達者，天道之可信如是，相與焚香擎跽以送。

先生自使滇還朝，帝心益眷顧，優獎渥賜俱稠疊，而先生涵養淬厲，匑匑匪懈。知與不知，皆以公輔之望歸之。孰意年甫至彊仕，官未轉一階，抱其瑰瑋，奄即長夜，有識者皆歎生才之不易，而才不竟其用，爲尤可惜也。

先生同及第第二名爲江丈德量，其三名即先大夫。先生視滇學，上書房缺出，先大夫實充焉。又先後同直廬，出肺附，論契好，每當春秋佳日，吟和談讌，翛然意遠。其視權要熏灼之門，若水火之不可蹈。憶恩澤總角時，先生一日偕江丈集先大夫廬，恩澤出拜謁，因得識先生，風範迄今思之，座次言次悉在眼。亡何，江丈先殁。次年，先生殁。次年，先大夫殁。嗚呼！其舉也連茹，其殁也踵相接，知先世結締非偶然。而恩澤以十齡孤露之身，忽忽三十餘年，追銘大君子之墓，抑何幸也，又何哀也！

夫人陸氏，封宜人，例晋太宜人，清德世宦，篤生賢淑，逮事二姑，皆得歡心。先生早世，而家以不墜，教其子成名繼志，以揚以顯，皆太宜人力。後先生三十六年而卒，享年七十有七。子三：世植，邑庠生；世楠，会貢生，雄縣知縣；世樽，進士，官編修，提督湖南學政。女三：長婿江西贛南道加按察司銜潘恭常，次婿直隸香河縣主簿管嗣許，次婿邑庠生熊鍾祺。孫三：葆煜、葆烜、葆光。女孫六。

先生著述甚夥，多散逸，惟《葆冲書屋詩集》若干卷，手自編也。詩奄有唐宋諸大家風，卓焉可傳。

以道光九年十二月吉日合葬於嘉興縣六萬金港之原。銘曰：

豐其才，嗇其德，則不竟其庸也。先生則才，隱括於德中。純鈎之銛，而夫磽其鋒。宜壽且崇，而位未躋乎列卿。書未滿乎名山，尤可恫也。宜後之人，接武而隆隆也。

録自程恩澤撰《程侍郎遺集》卷八。

【校勘記】

〔一〕按：此文原錯簡在「江秋史」條之後，據《録》《總目》調至此。

〔二〕矧：原脱，據王昶撰《春融堂集》卷五十補。

〔三〕旋：原脱，據《春融堂集》補。

江秋史

諱德量，字成嘉，儀徵人。乾隆四十二年拔貢，四十四年舉人，四十五年榜眼，官至御史。博學工古文。幼與汪容甫齊名，《倉》《雅》篆籀之學，靡不綜覽。兼能畫人物花卉，以北宋爲宗。尤善八分，書《武成王碑》，一時重之。性情謙退，人樂與之親。嘗續其尊人《泉志》，未終而卒，年甫四十。秋史侍御，嘗仿一漢碑式作收藏印石，高二寸，面僅三寸，闊寸餘。上仿碑頭作穿孔，陽文「江君之記」四字，文云：「君諱德量，字量殊，江都人。太守君之長子也。舉進士，官御史，世精古文，金石竹素，靡不甄綜。乃於乾隆五十七年霜月之靈刊兹嘉石，以傳億載。」自跋云：「趙邠卿生立圓石『達者情也』，而《蕩陰表頌》生亦稱諱。至寶難得，性命可輕，身實殉之。墨君弟爲予摹漢碑，獲我心哉！秋史識於問津書院學海堂。」次年，侍御竟死，或以此碑爲讖云。阮元撰《廣陵詩事》。

盧南石

諱蔭溥，字霖生，山東德州人。乾隆四十六年進士。後案，官户部尚書。

補盧蔭溥傳

盧蔭溥，字霖生，號南石，德州人。曾祖道悦，進士，河南知縣，祀鄉賢。祖見曾，進士，兩淮鹽運使，世稱雅雨先生。考謙，湖北武漢黄德道。

蔭溥生時，左手有異文如筆。及長，性質敦敏，刻苦學問。乾隆己亥舉人。辛丑進士，改庶吉士，習國書。散館，授編修，與修《三通》及《河源紀略》。充翰林院辦事官，進擬文字，多出其手。乙巳，御試翰詹，列二等。辛亥，再試，列三等，改禮部主事。時阿文成公掌院，以其品學素優，請留館。上諭曰：「朕用伊爲部曹，正以其堪任事，非叩之也。」嘉慶己未，兼軍機章京。辛酉，升員外郎中。甲子春，京察一等。戊辰，擢鴻臚寺少卿，轉光禄寺少卿。辛未，以四品卿銜在軍機大臣上行走，由通政司副使，歷升内閣學士、兵部左右侍郎。

癸酉九月，京闈事竣，赴灤京復命，扈蹕抵白澗，聞京師有警，陳奏機宜，即日賜紫禁城騎馬。調户部左侍郎，充經筵講官。是時，豫東及南山匪徒相繼蠢動，軍書旁午，悉心贊畫，綜練機務。教匪肅清，蒙恩優叙，特旨賜子本舉人。乙亥，調户部右侍郎。丁丑，擢禮部尚書。三日，調兵部，加太子少保。冬，調户部。庚辰七月，扈從熱河，調工部。

道光元年辛巳，上軫念銓衡任劇，畿輔事繁，以夙有重望，調吏部尚書、順天府尹事。丁亥，協辦大學士。庚寅，授體仁閣大學士，總理刑部。夙夜殫心，平反多獄，以故形神兼瘁。壬辰，始以積勞成疾，累章乞身，上尉留至再。癸巳三月，乃俞所請，以太子太保致政。特命在家食俸，疊賜參枝，並頒福胙，歲以爲常。己亥，年屆八旬，京兆請重赴鹿鳴，以五月初六日卒於京邸。

蔭溥由詞垣洊躋台鼎，其爲政持大體。勘視河工海口，清理鹽筴，皆剔其利弊，挈其綱維，吏胥無所隱。充會試總裁者一，順天主考者三，浙江、山西主考各一，提督河南學政一，所拔取多名士，如桂林陳繼昌，以名臣後爲三元，世稱盛事焉。至於内行孝友，自少至老無間言。晚年，與季弟怡亭白首相看，跬步不捨。訓子弟以嚴正，遺疏中不爲子孫乞恩，可以見志矣。

是年十一月葬德州二十里鋪之新阡。子本，蔭生，户部員外郎。孫三人：長光爕、次報勳、次景焕。自卒至葬，諭祭再三，賻襚有加，賜長孫光爕爲舉人。特贈太子太師，謚文肅，崇祀賢良祠。録自王贈芳修、成瓘纂《〔道光〕濟南府志》卷五十六《人物》十二。

吴〔一〕

諱紹昱，吴縣人。乾隆四十六年進士，官主事。

【校勘記】

〔一〕按：馮桂芬撰《〔同治〕蘇州府志》卷六十三「乾隆四十六年辛丑錢棨榜」下：「吴紹昱，德甫，御史。」知其字「德甫」。又黄叔璥撰《國朝御史題名》：「吴紹昱，號松坪，江蘇吴縣人。乾隆辛丑進士，由户部郎中，考選山東道御史。」知其號「松坪」。又秦國經主編影印《中國第一歷史檔案館藏清代官員履歷檔案全編》第二二册六六三頁上乾隆五十七年引見遞呈履歷：「主事：吴紹昱，江蘇蘇州府吴縣進士。年四十六歲。原任户部貴州司主事，服滿赴補，今掣得户部河南司主事缺。」知其生年爲乾隆十二年（1747）。又江慶柏撰《清代人物生卒年表》載吴紹昱作「吴紹煜」，字德甫，號松屏，所據爲《乾隆四十六年辛丑科會試同年齒録》。

謝硯南

諱豫度，江寧人。乾隆五十一年舉於鄉。潛心經義，受業者衆。主於予家，弟晋業師也。誨門弟子以攻舉業、究心試帖、習楷書爲要務。君天性孝友，竭力事親。戊申秋，江西廉訪司馬公重其才，卑禮厚幣，延至幕府教讀稚孫淳。未幾聞父病，即日返棹，因得血症。及抵里門，父病愈而君殆矣。士論惜之。《後案》。

談階平〔一〕

諱泰，江寧人。乾隆五十一年舉人，官訓導。精曆算。錢辛楣少詹贈之序云：

天有度乎，地有周乎？吾不得而知也，而數每有以知之〔二〕。數起於一之端，引而長之，折而方之，規而員之，千變萬化，莫可控摶。古之達者，設爲鉤股徑隅，以窮其變，而天之高，地之大，皆可以心計而指畫焉。祖冲之綴術，中土失其傳，而契丹得之大石林牙之西，其法流轉天方〔三〕，歐邏巴最後得之，因以其術誇中土，而踞乎其上。

夫東海之與西海言語不通，文字各别，而布算既成，校之無累黍之失，無他，此心同，此理同，此數同也。歐邏巴之巧，非能勝乎中土，特以父子師弟，世世相授，故久而轉精。而中土之善於數者，儒家輒呰小技，舍九章而演先天，支離傅會，無益實用〔四〕。疇人子弟世其官，不世其巧〔五〕，問其立法之原，漫不能置對，烏得不爲所勝乎？

宣尼有言，推十合一爲士〔六〕，自古未有不知數而爲儒者。中法之絀於歐邏巴也，由於儒者之不知數也。昔齊桓公之時，士有以九九見者，設庭燎之禮以待之。九九者，黄帝所傳，商高所授[七]，周公大聖，不憚下問，桓公禮以庭燎，良不爲過，而梅福且以爲小。西漢之世，已有此論，何况後儒？

予少與海内士大夫游，所見習於數者[八]，無如戴東原氏。東原氏殁，其學無傳。比來金陵，得談子階平，其於斯學，殆幾於深造自得者[九]，乃不自足而暱就予，予未老而衰，昏眊健忘，無能益於階平，然有願焉。則以爲歐邏巴之俗，能尊其古學，而中士之儒，往往輕議古人也。蓋天之説，當時以爲疏，今轉覺其密。七曜盈縮損益之率古法，與歐邏巴原不相遠也，其爲彼之所創者，不過數端，而其説亦已屢易，吾烏知他日不又有一説以易之乎？其不可易者，可知者也；其可易者，不可知者也。知其所可知，而不逆億其所不可知，庶幾儒者知數之學，予未之逮也，願階平勉之而已。錢大昕撰《潛研堂文集》。

【校勘記】

〔一〕談泰之傳見阮元撰《疇人傳》卷五十。

〔二〕而數每有以知之：錢大昕撰《潛研堂文集》卷二十三作「而唯數有以知之」。

〔三〕天：原訛作「西」，據《潛研堂文集》改。

〔四〕無益：原脱，據《潛研堂文集》補。

〔五〕不世其巧：原脱，據《潛研堂文集》補。

〔六〕一：原訛作「以」，據《潛研堂文集》改。
〔七〕商高所授：原脱，據《潛研堂文集》補。
〔八〕所：原脱，據《潛研堂文集》補。
〔九〕於：原脱，據《潛研堂文集》補。

韓介堂

諱廷秀，江浦人。乾隆五十五年進士，官廣西馬平縣知縣。按君年十九中副車，家貧力學，受知於盧抱經、錢辛楣兩先生，聲望日隆，學益加進。憶癸巳孟秋，隨先君南歸。觀詣君山房，談讌之餘，君規余曰：「人生不讀書，形與神俱滅。」予加惕焉。是後凡有所述，君必爲之証訛補缺，務求其是而後止。念君成進士後，旋丁内艱，妻亡子喪，憂形於色，謂觀曰：「予豈交絶運耶？」予慰之以幸成名於母在之前，斯亦可以無憾也，君益凄。其服闋，赴任馬平七日而卒，傷哉！介堂爲予撰《元和郡縣補志序》，其時未及刻入卷首，今録於右，以俟補刻。

元和郡縣補志序〔一〕

《元和郡縣志》四十卷，今闕第十九卷、二十卷、二十三卷、二十四卷、二十六卷、三十六卷，其第十八卷則闕其半，二十五卷亦闕二葉，不知佚於何時。吾友嚴君子進，乃取新、舊《唐書·地理志》及《通典》、《通考》，及《太平御覽》，及《太平寰宇記》，及《通鑑地理通釋》諸書，參伍會通之，考其廢置，詳其移并割隸之由，成《元和郡縣志補》八卷。由是李氏之書，佚而復得，闕而復完，其用心可謂勤矣。

其中如劍南道下闕保、霸、乾三州，子進獨補霸、乾二州，而謂保州於廣德元年没吐蕃，爲原書所本無，非佚也。又謂吉甫是書，避高宗諱，改「治」爲「理」，而《太平寰宇》因之，足樂史以是書爲底稿。又謂《寰宇記》八到，與是書合，則據之以補。所闕兩都道里，則從《舊唐書》者，以宋之兩京非唐之兩都也。其辨析核，類如此。

考吉甫居憲宗朝，心跡未爲純臣，然始居相位，一則上《元和國計簿》，再則上《元和郡縣志》，凡户口之豐耗，州域之疆理，皆惓惓入告，俾人主知勤知艱難，而求所爲持盈保泰之道，真可謂得大臣之體者。今《國計簿》既不可見，而《郡縣志》又闕而不完，此好古之士所宜發憤而增歎者也。然則子進之補是書，豈徒李氏之功臣？抑可謂論世之卓識矣。

今天子稽古右文，特命儒臣校輯《四庫全書》，往往有今時已佚之書，於《永樂大典》中排比掇拾，遂得其全帙。可知古書之亡，或散見於群書中而未盡亡，在明眼者别擇之耳。子進家富二酉之藏，又能旁搜穿穴，求古人之間而鈎稽之，是書之作，誠著作之才也。異日獻諸當宁，以備天禄石渠之選，褚少孫、班昭、馬續諸人，不得專美於前矣，豈不休哉！韓廷秀撰。

昔袁公枚謂《補志》之編，書不行而必傳。孫公星衍特刊吉甫之書，俾得并行，誼足可感，今特表以謝知己。嚴觀識《後案》。

【校勘記】

〔一〕題目爲整理者所加。

梅抱村〔一〕

名冲，上元人。文穆公之孫，石居年丈之子。幼承家學，好古能文，少以駢體文章受知先達，舉孝廉後，著作益富。先君嘗言，後起之秀，未有出此君之右者。觀因以先君文稿六卷，求其審訂編次。頃接復書，手録於右，以誌欽佩。書云：

承示年伯大人文稿，敬讀數過，形惢神茹，始知前輩才分學分，敻乎其不可及也。憶昔趨侍几杖，側聞緒論，謂古今賦家，惟相如以天勝，孟堅、平子而下，則學力可至，蓋辨之於神骨氣韻音節之間，非徒騁博麗已也。知生平，心摩手追，原不肯落揚班以下。兹讀古賦及紀事諸篇，精深奥衍，實兼馬班之勝，不覺倒地百拜。此等著作，在古人亦只一二篇，不可多得，則年伯大人集，亦只此數篇，已足不朽。

前三卷目録另擬一單，并作二卷。妄附鄙見，并簽係各篇下。後一本散體文，議論皆卓有關係。即札記短篇，亦考據精博，發前人所未發，并足嘉惠來學，急宜付梓。四六文亦另擬一單，可别爲一卷，體裁似應如是，不必與散體混。又《七術》一篇，亦當并刻；或自爲一卷，次賦後；或冠以四六之前，合作一卷，可再商酌。其字句或有疑誤，及空闕字，亦間加簽擬。

辱承雅愛，不敢自外，所愧學植淺薄，聞見有限，又無他本校對，謹就管見所及，附識一二。極知僭妄，亦以當代詞宗名山大業，莫不先睹爲快，而後學謭陋，獲與校訂之列，實不勝榮幸。用敢勉强盡心，且藉以就正高明，得轉邀指示，固學者所宜有事也。

惟望鑒審而進教之，幸甚！梅冲頓首。

【校勘記】

〔一〕梅冲傳參阮元撰《疇人傳》卷五十。

戴元嘉家傳

先生諱衍善，字會軒，金陵人，學者所稱戴雪村先生之孫，而照廉、之業之師也。雪村公既以理學名家，先生又生而警異，雖少承家學，然亦似有夙契者。就塾時，已能窮根詰微。年十六補諸生，旋食餼邑庠。每歲試輒先生，困躓場屋二十年，凡七試於鄉，卒不售，遽以病歿，時先生年僅五十有六耳。噫！遇何常窮達有命，士子抱高才碩學，而鬱鬱不得志如先生者，良足慨矣。

先生績學窮經，老而彌篤。生平猶邃於宋人理學，著《四書正義》三十二卷，删除俗臆，闡理精要，直追白沙陽明之造。書凡三易稿而後定，惜未及刊以行世。又有古文四册，所撰叙、論、辨等，皆明體達用，閎中肆外，實《史》《漢》文章之正宗也。

先是，族叔祖通守沂州，叔石臣、翰臣及兄振甫等，皆從先生受經。照廉總角入鄉校時，即聞先生名，而心焉企之。爰於甲子歲，自晋還里，執弟子之禮焉。先生教以詞章正鵠，循循善誘，未嘗少倦。嘗謂照廉曰：「文章之道有三，理學、經濟、詞章是也。談理學而拘守先儒之繩墨，而失於支離；言經濟而敷陳浮誕之臆見，則失之乖僻；詞章雖小道，亦必有物有則，勿徒務矜奇之鬥麗以爲欺耳，乃可以用世，即可以傳世。」此皆先生教照廉之名言，照廉永世勿諼者也。

先生歿時，太夫人猶在堂，易簣之頃，深以不能終養爲恨。照廉侍先生雖僅六閲月，然知先生之表揚先德，鐫刻遺文，與夫孝友敦睦，慎獨修身，無一非真實之學，洵足爲人倫楷模，而作後學之津逮者也。先生家本寒素，又未有子，後以猶子爲嗣。竊慮日久著述散佚，并先生之一生文章行誼，胥歸泯殁，爰是不揣鄙陋，略撮大凡以爲傳。朱照廉撰《小雲苓文集》。

莊伯鴻

名逵吉，武進人。似撰太守之子。博雅工詞賦，善書畫，天分極高。官潼關司馬。《後案》。

陶怡園軼事

諱涣悦，江寧諸生。家有小園，身值重慶。昔先君每偕二三知己〔一〕，過君深柳書堂，必曲意挽留，質疑問難，人益重君向學之勤。究心舉業，有暇肆力於詩。隨園先生爲訂其初稿四卷，序以傳之，志在顯揚。兩應召試，三入棘闈。每榜發見放，恒自流涕。會川楚例開報捐，即中籤掣户部行走〔二〕，雖候補京師，未嘗忘情場屋。嘉慶十一年榜發，君與胞弟濟慎，南北同舉於鄉，稱爲盛事。十四年，君忽捐館舍。方期君補缺，克行素志，不意至於此極。嗟乎！屈指同袍，少於予而先喪，如韓介堂、戴元嘉、謝硯南、司馬冠石及君也，皆用世之才，俱先殂喪〔三〕，傷何如之！觀述君軼事并及之，兼以自悼也。嚴觀述。

【校勘記】

〔一〕偕：原脱，據文意補。

〔二〕掣：原訛作「撤」，據文意改。

〔三〕殂：原訛作「阻」，據文意改。

門生第十二門

王藴華

按，名芾，字小石，上元人。岳門先生之子。幼秉節母金孺人之訓，力學不懈。文宗秦漢，交友以直，每面折人過，人益敬之。乾隆四十二年，年二十八，中副車。後遊於秦、豫，掌教書院，信從者衆，發科甲者，指不勝屈。館商州，寄家信，只「上墳要緊」四字。吁！可謂務本者矣。嘉慶六年元旦，有題君門楣者曰「三世副榜，一門和氣」，蓋以忠信傳家，而不自許者也。平生所著，有《周易推法》、《五經》《論語别解》，及《對客問》等書。子德興，癸卯舉人，亦能世其家學。君離鄉十載，歸家詢余所學，撰《著書記》以勉余學。録於右。

著書記〔一〕

吾師嚴冬友先生長子觀，字子進，號述齋，幼小苦貧，未習舉業，深以爲恨。後奉冬友先生命與余交，余以未晚勖之，遂大肆其力於文學，以淹貫通博稱，足跡半天下，賢士大夫多厚待之。凡有修輯〔二〕，必相倚賴，於是協修《湖北通志》，於廬州、揚州、江寧府縣志書，各膺纂修編校之任，以此自適，將以終身，而半生免於凍餒，亦即有賴於此焉。

所著有《元和郡縣志補》已刊、《江寧金石記》及《待訪録》已刊、《表忠祠志》清本，存楊存齋家。《師友淵源録後案》凡三易稿，《湖北金石詩》、《述齋詩選》及《剩稿》，總計五十三卷。世之自孩提習舉業者，其皆能如是耶？

嗚乎！天下之事，施無不報，冬友先生之於余，極吹嘘拂拭之力，余報之以勸勉其子，今四十餘年，學成名立，余之自喜，有非人所及知者。故於其書之彙成而識之。嘉慶二十一年孟冬月朔，王芾小石，時年六十九。

【校勘記】

〔一〕題目原無，爲整理者所加。

〔二〕凡：原無，據文意補。

補王芾傳壬午。

嗚乎！士之谿刻自處，不顧人之是非者，豈務絶俗以爲高哉？適其意而已矣。昔徐昭法餓數日，黄九煙造之，持而哭，出扇令其徒鬻之，人莫售者，則曰「此黄九煙詩書也」，乃得銀數錢。歸，昭法與九煙皆怒，以爲洩九煙名，促還之。嗚乎！士敝於衣食久矣，以居官爲商，以立名爲狂，以文爲駔儈，以勢爲子母，其搢紳間相然諾，非是末由也。有默不答者，輒怪之，況侃然持論甚高者乎？骫骳頑鈍，無忌憚之言，儼然作矜莊之色，如父師之語子弟，聽者正冠改容，以爲若人愛我，此其尤可怪嘆者也。如徐先生之風，豈非俗所謂不近人情，而且疑爲無有是者哉？

余於江寧得一人焉，曰王芾，字小石。壯時嘗應試，中副榜，遂棄不應試。好爲大言，無檢束，談經書，務閎大奇偉，鑿空以自恣，期適己意而已。他日忘前語，又改説之，然皆有詞義扶持其理。亦不常説經也。暇攜兩孫游，於常所往來，意所可者，遇飯則索飲；所適之富鄰欲飲之，不可，强持之，展兩足伏地大號曰：「吾足痛。」狂走逸去。家居常不得菜，植箸鹽中，嘲箸以佐食。而性好客，客至，必沽酒，人不能堪，而君勸客飲益堅也。屋外有棄地，君晨往負暄，有過者，暴起，揖坐之談，不令去。人驚，或問道行避君。然見人，未嘗言貧，贈之金，則受者四五人而已，稍多，亦不受。

昔王大經嘗著《巢許論》曰：「亂生於民，民生於多欲，自堯舜至湯武，僕僕若臣虜，懼不能給，彼無求者。緡緡昏昏，不知其仁；沕沕墨墨，不知其德。蟠木北户，流沙載斗。舉天下不受其治者二人焉，其行不足以治天下。使天下無待治，則巢許是也。堯舜巢許，皆能治亂之聖人，故并世生焉。」其言迂遠不經，然能力行之。薄嗜欲，遠名禍，以明布衣終。今王君之行，雖疏狂少邊幅，亦所謂無欲於世，而世莫得而治之者乎？人皆曰古人之爲此者，化性而起僞，然王君自壯至老，余無時見其不自得，投以世所樂者，驚而逸如麇鹿然，豈其僞爲之哉？余以是知古人之清風高節信有，是不可誣也。大經字倫表，一字石袍，東台人。録自梅曾亮撰《柏梘山房全集》卷八。

顧葵園

諱以忠，字蓋臣〔一〕，江寧人。七世單傳，皆爲諸生。君則疲緩性成，不自振拔，因循畢世，中年而歿。子不習儒，今則莫知其人矣。所謂君子之澤，不謂至葵園而止，傷哉！《後案》。

【校勘記】

〔一〕蓋：原訛作「葢」，據《録》改。

黄芝庭

諱應蘭，上元人。幼負清才，工書畫，尤精篆刻，曾於尺幅中摹古印式〔一〕，畫圖書百方，宛如印譜。後有仿之者，莫能及其匀稱。家君延至歸求草堂，供其誦讀。劉文清拔其入學。憶先君作遠遊時，諭觀曰：「芝庭非久爲人下者，汝等宜加敬之。倘有所商，勉爲之，不可有德色。」今越三十餘年，芝庭述及先君相待之雅，猶帶凄然之色。《後案》。

【校勘記】

〔一〕幅：原作「副」，據文意改。　古：原作「仿」，據張本改。

王金園

諱甡，上元諸生。入都後，考取謄録，受知於阮吾山司寇，就職布經。分發河南。由縣丞，升貴州鎮遠州知州。同上。

徐登瀛

諱英，上元人。中山王之裔。性情敦厚，不好交遊，栽花藝竹之暇，兀坐小樓，手一編，誦讀不輟。年未三十而卒。同上。

徐元九

諱晋亨，吴縣孝廉。少年英俊，博學能文。與先君同住關中，共輯《關中勝跡圖志》。己亥返里，先君賦七律三首以送云：「聞道鞭絲向遠天，朋襟延佇驛樓前。三霄路迥雲終合，千里情深月再圓。霜鬢愧添前度白，風花猶似去時妍。對床昨夢知何許，挑盡寒燈話不全。一。」

「暢好西頭住士雲，爐香添炷有餘薰。寄書半載空遲我，求友天涯孰似君。志續春明成外史，圖成三輔証遺文。清遊此後休孤負，已辦扶身七尺筤。二」

「相於幾輩逐漂萍，坐對蕭晨嘆曉星。揩眼迓看青李帖，置身合在紫微廳。君歸，應召試。賓鴻羽健霜千尺，桐樹心孤月一庭。從此終南山色好，不知天半爲誰青。三。」同上。

吴霈　吴霆　吴霦

俱全州人。乾隆四十九年季冬，先君道過滁陽，主於吴育初、滙南昆季留餘堂三日，見其子侄，授以經義。未幾，同入州庠，學業益進。五十一年，重過其門，滙南已故，家業忽傾，至不堪回首，不意素封之家，一遇荒年，至於如此！所可望者，諸子皆能力學。《後案》。

王孟揚

諱永烈，合肥人。拔貢生。工書法，日以臨摹古帖不倦。尤喜先君手蹟，心摹手追。曾臨先君所書《座位帖》，裝池成卷，幾至亂真。先君見之，笑曰：「何幸得此替人？」同上。

程銘淵

名箴，合肥人，拔貢生。昔先君患病廬州，至於不起。觀知具應世之才，乞君司書記，籌經費治喪，儉而中禮。蓋君熟習禮書，故不致臨時失措，至今感之。同上。

趙味餘

名經研，合肥人。年十三，背《十三經》入學食餼。長，性情慷慨，濟困扶危，雖赴湯蹈火，亦所不辭。昔先君病於書院，君爲佐理湯藥，晝夜扶持三月之久。及視含斂，整衣衾，治喪賓館，送柩登舟，猶題屋壁曰：「吾不忍再詣西州矣。」其篤於師誼如此。特書之以表其義。同上。

張斗南

諱炎魁，陝西華州人。乾隆三十六年舉人，官知縣。

劉仲升

諱騰蛟，陝西蒲城人。乾隆四十五年舉人。

岳中幹〔一〕

諱震川，陝西漢中人。家貧力學，徒步千里，肄業關中書院。先君以大器目之〔二〕。乾隆四十六年成進士。與觀未曾謀面，而書札勤通。偶録見索《史記》一則，以識其好學。書云：

子進足下世好，蓋聞開門納日，更賴窗牖之明；宗聖窮經，須窺史籍之富。昔者太史公，既守先而執簡，因發憤而垂文。協六經之異傳，整百家之雜語。實通乎萬世之變，非止一家之言。是以劉向、楊雄，稱其文真而事核；班彪、蘇轍，譏以輕信而不齊。蓋良史之言非虚，而班固之論不謙也。

我未堂先生，觀千劍而識器，操千曲而曉聲。獨懷智珠，群推妙鑒。心知其意，信名山之傳人；樂不爲疲，抉謗書之奥旨。評以隻字，龍點睛而欲飛；解以數言，牛導窾而立解。

吾道甫先生，照辭如鏡，平理若衡。一寓目而心賞無窮，遂通宵而手抄不倦。江禄求假，董生下帷。人云閉户而養疴，誰知焚膏而讀史。信乎觀書各具隻眼，嗜古咸有同心也。

川生於隘巷，長自丘樊。類李固之尋師，不遠千里；愧延篤之受業，未通衆流。雖當荀爽爲師之年，莫睹鄴侯藏書之架。乃恃恩而志欲奪好，覺啓齒而事近不情。佛海波深，非傳衣鉢之弟子；墨莊路遠，屢祈手澤於先生。雖抱葵向之誠，難必回光之照。幸蒙點頷而俯應，直欲對酒而狂歌。而京都奉書，攜竹簏而不果；秦川寓廨，索緗帙而無從。淵乎若思，嗒焉如喪。

吾兄風氣日上，夙散名父之懷；器宇不凡，近邀經師之賞。於是掃除百感，齋戒三熏。筆札敢擬於陳遵，殷勤寔同乎常景。冀謝家之祥鳳，竹食分甘；求韋氏之明珠，寒光照膽。憑數行之小字，寄兩載之濁懷。藉同年之手書，巧同遊説；囑斷金之舊好，勢比竗媒。心似旌懸，情如鶴佇。乃山川阻隔，已相知心；誠意感通，果蒙割愛。玉箱浮江而入漢，華翰因雁而達人。書已百三十篇，路更四千餘里。洪恩無既，至寶難名。奇遇比於留侯，得一編而受法；高懷同於曾氏，請所與而稱賢。水練裝函，蠅頭題帖。精謹直等於韋述，珍秘應效夫蕭琛。欲避蠹而藏芸，將開函而汲露。憶杜牧之好句，願并蘭臺而熏香；愧子約之專心，豈畏龍門之作祟。論説所指，恐微意之難窺；丹黄頻加，幸先路之已導。彼張輔有優劣之論，沈括有辨難之文。耳食難憑，心靈可悟。私淑於知者，庶解免爲俗人。得之天涯，幸克償夫夙願；束之高閣，何以解於初心。應刻骨以懷恩，將刳心而存道。子厚資以著其潔，退之取而咀其華。遺風可懷，後塵難步。想吾兄既聞過庭之訓，又受函丈之傳。跌宕有年，沉浸已久。倘得神解，無吝誨言。俟遊十里之清淮，細論三冬之文史。岳震川上。

【校勘記】

〔一〕按：原錯簡在「張子寅」之後，據《録》《總目》乙正。

〔二〕按：句首原衍「與」字，據文意删。

王金門

諱榜榮，朝邑人。乾隆四十八年舉於鄉。五十七年來楚〔一〕，與觀萍水相逢，後成交契。嘗曰：「吾愛楚山雄秀，藉遊學幕，開闊胸襟。且冀得至江南，步雨花岡，一拜師靈，是所心祝。」言猶在耳，思之欲涕。道光五年立冬日書。《後案》。

【校勘記】

〔一〕來：原訛作「於」，據張本改。

張子寅

諱祥，陝西玉門人。乾隆四十八年舉人。

梁容齋

諱秉脊，陝西長安人。諸生。敏壯公化鳳曾孫，官至廣東碣石鎮總兵。初，乾隆四十二年，容齋肄業關中書院，先君訊其何以不赴都具呈就職，答云無力。先君憮然曰：「記順治十六年五月，敏壯以副將借補江南蕪永營參將，鄭成功統領舳艫蔽海，直抵金山，進逼瓜儀。破鎮江，圍江寧，烽煙千里。公即提所部三千人，夜抵江寧，統兵出儀鳳門，身先巷戰。賊將奔潰，殺至龍江關。先鋒已敗賊帥連營，屯白土山岡。公命開神策門，親統諸軍，赴山奮擊，血流有聲，成功脱兔。公以功加太子太保，是公之功德，大有造於江南。」遂查案具稿，商於撫軍畢公，具摺奏聞。恩准錫爵如敏莊。五十八年暮春，容齋因公道過武昌，見制軍後訪余，出見班荊道故，細述前因，并邀綈袍方物之贈，予謝以七律四首。《後案》。

石豐占

諱魚，陝西涇陽人。

趙味軒

諱蘭，陝西鳳翔人。優貢生。

樊桐圃

諱起鳳，陝西南鄭人。拔貢生。

李檜峰〔一〕

諱鍾璇〔二〕，陝西大荔人。

【校勘記】

〔一〕檜：《録》作「會」，據《〔光緒〕大荔縣續志》卷三載李鍾璇字少峰，未知孰是。

〔二〕鍾：原訛作「錘」，據《録》《總目》改。

何景山

諱泰，陝西長安人。

王雲浦

諱植棟，陝西三原人。優貢生。

龍雨崖〔一〕

諱有雲，陝西寧羌人。

【校勘記】

〔一〕按：张廷槐修纂《〔道光〕續修寧羌州志》卷三：「龍有雲，舉人。幼聰敏，知友愛。十二歲入泮，旋由選拔中式。學邃品端，遊其門者，至今奉爲典型。所行事，多足爲名教重。」

艾敏齋〔一〕

諱恒豫，陝西米脂人。

【校勘記】

〔一〕按：梁興修《〔道光〕建陽縣志》卷九《職官志·國朝知縣》：「艾恒豫，字立堂，直隸州米脂人。庚子舉人，嘉慶元年任。」又《録》作「敏軒」。

朱近堂〔一〕

諱庶，陝西米脂人。

【校勘記】

〔一〕按：此條下原有「傅巖」至「湯纘曾」等十五人名單，除有資料可補者外，皆删。

徐會雲

字在田〔一〕。

【校勘記】

〔一〕按：《〔嘉慶〕廬江縣志》卷九《選舉》：「徐會雲，字在田。原任陝西三原縣丞，今借補直隸清苑縣巡檢。」

王振鷺〔一〕

【校勘記】

〔一〕按：《〔民國〕澠池縣志》卷十七《人物》：「王振鷺，蘭溝人。庠生。性孝友，每至城市，有異味新果，必買以遺母。母疾，湯葯親嘗，衣不解帶者八十餘日。析居時，以田産沃者讓諸弟。與季弟廩生振麟，友爱尤篤。有榦濟才，歷辦兵貢賑濟皇差，無不推爲總理。以勞奬六品頂戴。」

屠塤〔一〕

【校勘記】

〔一〕按：《〔乾隆〕南鄭縣志》卷四《青石關巡檢》：「屠塤，江蘇蘇州府吴縣人。監生，試用吏目，乾隆四十二年任。」

陳洪範

字九疇〔一〕

【校勘記】

〔一〕按：《（道光）直隸定州志》卷十六《人物·人物》：「陳洪範，字九疇，東市邑村人。嘉慶庚申科，時年七十五，欽賜舉人。至八十餘歲，欽賜進士，國子監學正。壽享九十餘歲。」

郭振藩〔一〕

【校勘記】

〔一〕按：《（乾隆）蒲城縣志》卷八：「郭振藩，丁酉科拔貢。現任鳳翔縣訓導。」

師友淵源録後案卷二十七

同宗第十三門

家愛亭墓誌銘[一]

乾隆五十七年九月二十四日，翰林院編修嚴君卒於京師。越二十餘日，長子榮自商丘，次子晋自吴縣，先後奔喪至，於是拜賓受弔，始克成禮。蓋君素清羸多病，先於五十六年得怔忡疾，治弗效，求假就醫吴下。比五十七年五月疾愈，赴闕供職，眷屬皆未及從，故兩子深以爲痛焉。今春二月，榮、晋將歸葬於吴縣碧螺峰先塋，屬余志其墓。君先與余居同里，又先後直内閣，又申之以婚姻，知君行事最悉，微余，誰宜銘者？

君諱福，字景仁，一字愛亭。世居吴縣之洞庭東山，曾祖信豫，不仕。祖有武，考授州同知。父明選，歲貢生。皆以君貴，贈如其官。曾祖妣温氏，贈太安人。祖妣苻氏、妣徐氏，皆贈太宜人。

君少敏悟，二十四年，補吴縣學生。二十七年壬午，中順天鄉試。三十四年己丑會試，中中正榜，時會試副榜多以中書學正用，故有是稱。四十年乙未會試，中式第一，殿試二甲第五，改庶吉士。四十三年散館，授翰林院編修，旋充《四庫全書》館校對官，又充武英殿《國史》館、《方略》館纂修官。四十四年己亥恩科鄉試，充河南正考官，取中楊維榕等七十人，號爲得士。四十六年，派教習庶吉士。四十八年，充上書房師傅。是年五月，丁徐太宜人憂。五十年服闋，仍命上書房行走，并賜貂衣一襲。明年正月，命入重華宫茶宴聯句，賜名人書畫及上用筆硯，後率以爲常。君感激恩遇，雖祁寒，必以五更入直，怔忡咳嗽勿顧也。假還，督課益勤。

今秋因寒得痢，數日氣逆上，令僕扶掖，坐而瞑，距生乾隆三年九月十二日年五十有五。配葛氏，先君卒。子棨，乾隆癸卯舉人，初娶余女，繼娶商丘陳氏。晋，太學生，娶休寧黄氏。咸有文名。女四人，皆適士族。

初，君之先世以殷富稱，至君因宦毁其産，晚歲損衣節食，不翅寒素。人或以是悼君。然君以名甲科入詞苑，纂修校勘，身兼數職，出奉皇華，入侍講幄，固已備儒生之榮遇矣。生平蕭閑真淡，温然粹然，觀化時至飾巾待盡，蓋東郭順子、温伯雪子之類。人貌而天緣，虚而葆真，即余所謂知君行事者，皆其迹也，而人又何悼焉？乃爲銘曰：

具區沖瀜，靈秀所鍾。上直斗牛，有光熊熊。君也受之，起爲詞宗。惟位不顯，厥望則崇。惟年不劭，厥德則充。山盤樹鬱，馬鬣是封。以昌後裔，其妥幽宫。王昶撰《春融堂集》。

【校勘記】

〔一〕題目王昶撰《春融堂集》卷五十六作「翰林院編修嚴君墓志銘」。

少峰

諱榮，愛亭子。乾隆六十年進士，官杭州府知府。

補嚴少峰墓志銘并序。

儒有難進而易退者，聖門所尚也。吾吴自延陵季子，辭千乘之封而退耕於野，流風所被，廉讓之士多，而貪位慕禄之人少，往往行爲世則，才爲國華。一旦肅然舍去，抱樸守素以終老者，古昔所尚，今復於少峰嚴公見之。

公諱榮，字瑞唐，少峰其自號也。世居吴之洞庭東山，曾祖有武，祖選〔一〕，世守清德，名列縉紳。父福，乾隆乙未會試第一，官翰林編修，入直上書房。公少承庭訓，復婿於王昶侍郎之門，學有師法，通經術，曉暢世務。乾隆癸卯，舉於京兆。乙卯，成進士，改庶吉士。散館，授編修。嘉慶己未，授浙江金華府知府。庚午，調杭州府。

公之居官也，謹度支，慎訟獄，以實心行實政。歲庚申，金華山水陡發，府屬邑多被災。公親加履勘田地之被砂石衝壓者，以坍荒報除其賦。男婦之被水者，請官給口糧賑之，民獲生全。其在杭州，上官倚如左右手。公在官言官，無一念涉於私。浙中鹽法積敝，公奉大府檄勾稽釐剔，積逋一清，吏無所容其奸。浙西歲儉，公請蠲請賑，并委員購米，以充民食，旁邑皆仰給焉。西湖歲久不浚，葑草積淤，公請撥運庫閑款，鳩工瀹浚，下游民田，實蒙其利。

公之善政不勝述，兹述其大者。歲丙子，西湖之濱有盗棺者，既獲犯，閲實其罪矣。杭人有爲御史者，抗疏以爲非是。上遣朝臣平反之，巡撫、知縣皆褫職，連及公，應鐫級。其後巡撫、縣令皆復原官，公之獲咎也微，且因公苟黽勉從事，當必騣騣嚮用，乃竟引疾歸。既歸，浣衣濯冠，以恭儉撙節訓其子弟。時時徒步里閈間，人不知其爲達官也。向所云難進易退、抱樸守素者，公其有焉。

歸後六年，道光元年六月，以病卒於里第，春秋六十有一。初娶王氏，繼娶陳氏。子八，某某。孫十三，某某。孤子良裘等，以道光三年某月某日葬公於某原。銘曰：

洞庭之嚴，世有陰德。父子濟美，大其門閾。當公少時，克岐克嶷。至性過人，鴻文華國。及公出守，委蛇奉職。行爲衆母，言爲邦直。公之歸也，優游黨術。履約踐繩，不愆不忒。鬱鬱包山，茫茫笠澤。山虛水深，奠兹幽宅。録自石韞玉撰《獨學廬四稿》卷五。

【校勘記】

〔一〕選：王昶撰《家愛亭墓誌銘》作「明選」，未知孰是。

溉亭〔一〕

諱彭年，浙江歸安人。乾隆時進士。

【校勘記】

〔一〕按：《兩浙輶軒續録》卷六十：「嚴彭年，字酉耆，號溉堂，安吉人。乾隆壬戌進士，官河南臨漳知縣。」又《（同治）安吉縣志》卷十載其字作「商耆」，號「溉堂」。其名彭年，取彭祖高壽之義。彭祖之族，夏商時即爲大族，《史記·楚世家》：「彭祖氏，殷之時嘗爲侯伯。」故字「商耆」方與「彭年」相應。

似亭

諱續曾，浙江歸安人，官河南永城縣知縣。

彦兮

諱裘，浙江烏程人。海珊先生長子。能詩文，舉於鄉，爲燕平書院山長。海珊公諱遂成，字崧瞻，海珊其别號也。康熙庚子舉人，雍正甲辰會試不第。越七日由恩榜中式。有句云：「彭衙分拜三年賜，絳縣争傳七日蘇。」一時都下傳遍。乾隆丙辰，薦舉鴻博，丁外艱不試。起服，作縣令於山西、直隸六七任，多惠政，有循吏之稱。升州牧，因事罷。復爲知縣，卒於雲南。所著有《詩經序傳輯疑》二卷、《明史咏》四卷、未刻詩文六卷，又《海珊詩鈔》十一卷、《補遺》二卷，得入《欽定四庫全書》。《後案》〔一〕。

【校勘記】

〔一〕後案：原無，據文例補。

小秋侄孫

名駿生，上元諸生，受知於隨園。小秋累困棘圍，薦而不售。中年喪偶，抑鬱無聊，著《檐溜遺音》，屬余書後，云：「吾侄小秋，天性孝友。其内助賢能，宗族稱爲賢婦，乃不幸病逝。小秋以奉甘旨乏人，中心悲痛，當凄風苦雨之際，嘗有悼亡之作以示予。予讀之，情真語摯，無意求工而工自在，方之阮亭、西堂諸先達之作，無以過之。予懷有觸，余曾三次斷續。亦不知涕之何從也。嗟乎！予雖長於小秋，而以文字相知，無異朋友。憶昔共質於簡齋先生，先生以爲鏤金錯采，終不若初日芙蓉之可玩，蓋以予之天分遜於小秋也。予於甘讓之中，存厚期之意，不異鐵圃家兄望子之心。小秋體素弱，兹恐悲慟太過，予不以浮詞慰之，惟勉其自愛而已。丙子長至後十日，叔觀序。」小秋著詩詞十二卷，傳誦藝林，人恒稱之。《後案》〔一〕。

【校勘記】

〔一〕後案：原無，據文例補。

親戚第十四門

母舅張公

諱大經，江蘇江寧人。公以武世家，先祖母張太宜人之胞兄。慷慨好義，年八十四卒。子桂傳之長女，太宜人愛之，乞爲孫媳，生曾孫元兆。《後案》。

鍾怡亭

鍾公諱邦任，字任遠，安徽舒城縣人。狀貌魁梧，工書畫。居恒以忠孝自勖。與先祖誼篤周親，交深莫逆，故知公事實最詳，因述之，以供太守張公祥雲、縣令熊公載升之采訪。歲癸亥，雖應兩公之聘，任分修之事而不自專，以誌鄭重也。

按：乾隆二十九年，公援例選湖南沅州府通判。三十四年解皇木入都，奏對稱旨，特授貴州大定府知府。嗣因屬員事被議降同知，發往四川。適值金川用兵，委協同遊擊德公守八角碉，兼督理糧餉夫馬事。三十七年六月初，賊匪偷劫大營。八角碉去大營六十里，賊衆猖狂，乘勢攻碉。公率兵夫設法固守。又命壯兵縋下碉樓，鬥殺數人，賊乃稍退。鬚眉戟張，叱左右弓弩亂發，賊多死者。不期爲賊斷絶水道三日，或勸之去，公歎曰：「今日之事，惟有死耳。臨難苟免，志士不爲，復何所恨！」及兵潰，猶握短兵奮勇殺賊，遂遇害，時年四十有七。幕友成都庠生熊應飛、公之侄婿許國，暨家人程、長隨潘升、胡岐，亦各奮不顧身，相殉以死。此皆逃出之長隨胡泰目見口述者。四川制軍文公以事聞於朝，仰蒙恩恤，賜道銜，賚白金三百五十兩，給予祭葬，入祀昭忠祠。子德溥蔭知縣，世襲雲騎尉。公平居論治道政術，率以忠孝爲根本，視夷險爲同歸，齊死生爲一致，故能處患難，蹈白刃而無所動於中也。嚴觀述《後案》。

胡澤周

諱沅，江蘇江寧人，予之姑丈也。精於醫術，喜與寒士交接。延之者，不避祁寒暑雨，有求必赴，且必擇藥之賤者，以代貴物。自云：「行醫五十年，從未一見牛黄、人參之色，而信之者日衆，恒以爲樂。或天之念予存心歟？」有子，不念中表之親，與觀不相往還者幾二十年。觀恐其盛德失傳，特於分修府志時録公懿行於《方技傳》中，以垂不朽。《後案》。

凌

諱皋謨，安徽廬江人。先祖次婿，捐職司獄。家本素封，精於音律。每言身爲家繫，未能供職京華爲念，而雅志閑情，寄懷山水。憶戊戌春，送弟晋就學潛江，謁公花樹，賞雨連宵。事隔幾四十年矣，幸公之子克家，亦足慰也。同上。

金静亭〔一〕

諱懋仁，江蘇江寧人。觀之外舅。性情敦厚，能任煩劇。家本小康，周急無倦，鄉黨稱之。中歲受知於方伯康公基田，延入幕中。司其總務三年，一無遺誤。及方伯調任山東，公亦引疾而退，悉以家務委於長子德榮，己居來安莊上，日以課農桑、親稼穡爲己任。嘗語其子曰：「儒者以治生爲經濟，予畢生以敬事節用四字爲金針，故年屆七旬，不致困乏。汝當誌之。」憶戊戌季秋，特買方舟，邀家君至其金莊，盤桓五日。愛其水木清華，圖書整潔。觀外舅介壽之辰將近，家君援筆贈之以序，文稿存集中。同上。

【校勘記】

〔一〕按：此條原錯簡在下文「張賡虞」之後，據《録》《總目》乙正。

蕭玉亭家傳子肇熊，孫寶修。

公諱際韶，字鳴球，一字蘭石，祖籍廬陵，後遷合肥，遂占籍焉。少孤，弱冠遊庠，援例入都，肄業成均。乾隆三十年舉京兆。三十四年成進士，入詞館。迎母養於京師。後充《四庫》館纂修官。庚子會試同考官，獲吳寬、柴模、關槐、蔡運昌、雷純、周拱六人，均一時名士。尋擢山東、河南道御史，巡視北城。雖禀性慈祥，而執法不貸。有顯貴輿夫某强横，繩以法，觀者稱快。又有搤殺人，而凶手久而無獲。公密爲訪察，得其人以抵罪。

四十七年，署京畿道兩月，授坐糧廳。是歲適以上年河水漫溢，糧運維艱，又秋風汛不常，糧艘亦多傷損，丁弁疲憊。乃虚心經畫，處置得宜，諸弊肅清。升禮科給事中，仍留本任。甫一年，丁内艱，扶櫬南歸。行次揚州，忽患血癥，就醫於次子肇鶴河垛廠鹽大使署，竟至不起，卒年四十有九。家無長物，惟老屋數椽而已。

著有《館閣賦存》《蘭石軒詩鈔》。子肇熊，拔貢生，官四川酉陽州判。次子肇鶴，新興廠鹽大使。三肇鯨，早卒。孫寶修，予之婿。嚴觀撰《後案》。

王于庭墓誌銘〔一〕

乾隆乙巳，友亮官刑部之四年，是秋，三兄來都。冬十月，選授工部虞衡司員外郎。公退之餘，怡怡一堂，甚樂也。居二年，兄以疾卒，侄嘉巘來奔喪，既扶柩歸，以《墓誌》爲屬。予愧不文，雖然，兄以至性過人，言動必衷諸古，友亮見聞甚悉，其敢弗爲紀實以傳？兄廷享，字于庭，約齋，晚年自號也。先世居婺源之武口，再遷漳溪。曾祖能五公、祖冰心公〔二〕，以父叔貴，贈中憲大夫。父衣園公，官山西平陽同知，決冤獄，興水利，汾人賴之。衣園公三子，長廷言，季友亮，兄其仲也。

生而端重，内介外和，未嘗有疾言遽色。事親尤謹。衣園公致仕歸，疽發於背，兄衣不解帶再閲月，藥餌厠牏，悉親其役。疽潰，復爲吮之，有瘳。幼失恃，每遇羅太夫人忌日，茹齋悲泣不自勝。奉繼母鄭太宜人一如所生。太宜人臥疾逾年，左右罔懈。遺命以孝子題其堂，弗受也。長兄官順德守，遘目疾，請於衣園公，兼程往視，車奔損脅骨一，久乃獲痊。其篤孝友如此。家居二十餘年，恂恂樂易，伯叔昆季，胥無間言。素患頭風。歲時祖墓宗祠，雖甚風雪必躬往，且爲立簿，條理井然。又創爲文會，若子弟歲試於有司，及貧不能娶者，咸給其資，藉以成立者衆。

邑山多田少，歲稍歉，輒苦飢，乃仿平糶法，捐田三百畝，所入置倉，名肇豐，鄉人賴之。歎曰：「恨力不能遍及也。」邑北當往來衝衢，有浙嶺，峻且袤，暑月病暍者尤甚。先是，衣園公建亭山椒，供行者茹〔三〕，兄復於山半作亭相望，顔以「繼志」。其他善舉率類是。

居官才二稔，上事勤而不諂〔四〕，旁交義而不朋，同寮至今稱道焉。少攻舉子業，嗣以父命主家政，乃援例爲郎。讀書手不釋卷，兼通醫筮，尤精堪輿。先曾祖墓啓有水蟻患，一慨以身任，卒得吉穴以遷考妣，皆親相度，未嘗假手地師。自奉甚儉，訓子先行而後文，一以浮華奔競爲戒。在京師作家書〔五〕，字必端楷，稍有塗抹輒易紙。顧友亮笑曰：「得毋謂我勞乎，我欲教之以正也。」尤耽吟咏，清新雅淡，迥不猶人，然罕存稿，裒集可二卷。

卒於乾隆五十二年十一月初五日，年五十有六。嫂齊宜人，先兄二年卒。子二〔六〕：

煊，太學生；嘉黻，邑增生。女一：適庠生羅仁。孫二：世銓、世衡。孫女一。皆幼。以年月日葬於冠佩之原。銘曰：

讀古人書，敦古人行。與物爲春，禔躬是敬。官不滿考，壽不六旬。天乎福善，奚靳其身？山迴水長，卜兹安宅。冠佩綿綿，子孫之澤。弟友亮撰。王友亮撰《葑亭文集》。

【校勘記】

〔一〕題目王友亮撰《雙佩齋文集》卷三作「三兄墓志銘」。

〔二〕心：原訛作「水」，據《雙佩齋文集》改。

〔三〕供行者犇：原脱，據《雙佩齋文集》補。

〔四〕上事：原倒作「事上」，據《雙佩齋文集》乙正。

〔五〕作：原脱，據《雙佩齋文集》補。

〔六〕子二：原脱，據《雙佩齋文集》補。

王葑亭墓誌銘〔一〕

君諱友亮，字景南〔二〕。王氏自宋秘書少監炎居婺源〔三〕，其子孫皆家焉。國初，居婺源之漳溪者曰承裕，生贈中憲大夫啓仁，啓仁生候選縣丞、贈中憲大夫士鏡〔四〕，士鏡生平陽府同知、贈中憲大夫文德。平陽之子三，長順德知府廷言，次工部虞衡員外郎廷享，次即君。

君十歲能詩，稍長，文名大著。以貢生中乾隆三十年順天鄉試舉人。三十四年會試，取中書舍人。四十六年成進士，授刑部主事。歷員外郎，擢山東道監察御史，轉禮科、兵科給事中〔五〕。嘉慶初，累擢通政司參議、太僕寺少卿、通政司副使。嘉慶二年五月十二日卒，年五十有六。

君以孝弟稱於家，在官恪敬吏事，在中書嘗值軍機處，在刑部總辦秋審，皆躬任勞苦。不急求人知，所建議皆當理。及居科道，奏議多可稱。奉命巡視南城，屢監鄉、會試，於事皆辦。其暮年，承命視南漕，尤有績。善撫恤運丁，寬嚴有體，於是漕船之行，倍速於往年。純皇帝甚嘉之，故君未及復命，而再遷卿職，將更大用之也。而君之入京師，居通政甫半年卒，天下是以惜其才之不盡也。君於乾隆丁未科會試、癸丑科武會試，皆爲同考官，號爲得士。

其生平邃於文章之事，中年自號葑亭。所著有《葑亭集》六卷，議論正大，叙事有法。近時爲古文之善者，推歙編修程魚門，而君似之。當乾隆之季，京師士大夫奉廣惠寺僧爲師，君惡之，作一篇曰《正師》，其後僧與奉之者皆得罪，而君之名益彰。其詩爲《雙佩齋集》六卷，又《金陵雜咏》百餘首，新警有韻，皆可誦也。予在京師時，君官中書，將與相知未及，而君以事歸江南，使程魚門致意於余，余題其《觀雲圖》。及君入，而余已歸主江寧書院。至君家，而君仕京師，以至没不得見。見君文筆，誦歎而已。

夫人潘氏，生子三：太學生行恕，貢生麟生，候補通判鳳生。女六。側氏室李氏生一女。孫一：太學生世林，行恕生。君考平陽公自婺源僑居江寧生君，故君少爲上元學生，以是入仕。既仕〔六〕，乃復請歸籍婺源。及喪歸，以婺源山水峻遠，難以還柩，君子乃葬君於江寧之某處。而請鼐爲之銘。銘曰：

君度委蛇，而正妄邪〔七〕。著績有嘉，年近才多。未竟厥爲，卷有遺文。悠哉雅馴，卓出俗群。貌不識君，靄焉如親。山水清善，秣陵之坂。故鄉雖遠，子孫式衍，式居式展。 姚鼐撰《惜抱軒文集》。

【校勘記】

〔一〕題目姚鼐撰《惜抱軒文後集》卷七作「中議大夫通政司副使婺源王君墓誌銘并序」。

〔二〕君諱友亮字景南：原脱，據《惜抱軒文後集》補。

〔三〕少：原脱，據《惜抱軒文後集》補。

〔四〕士鏡：原倒作「鏡士」，據《惜抱軒文後集》乙正。

〔五〕禮科：原脱，據《惜抱軒文後集》補。

〔六〕既仕：原脱，據《惜抱軒文後集》補。

〔七〕妄邪：原倒作「邪妄」，據《惜抱軒文後集》乙正。

長男行恕墓誌銘

長男行恕，體羸而嗜學，試屢不售，入資爲太學生。乾隆己亥四月二十六日以疾卒，年十九。先是，内閣侍讀嚴道甫見而賞之，謂予曰：「此子後當成名。」以其女妻之。嚴故號爲知人，至是乃不驗。三月初，孫世林生。男病中聞而喜曰：「余不肖，無可慰親者，今幸有孫，足以慰親矣。」嗚呼！孰知予撫孤而增痛耶〔一〕？是年八月某日，葬於雨花臺之後山。銘曰：

祈名弗彰，祈壽弗昌。弗名與壽，曷如勿有〔二〕。壽畀汝嫠，名畀汝兒。汝其歸魄，於兹安宅。王友亮撰《雙佩齋文集》。

王世林甥，生未彌月，遭父大故，予妹撫育成立。年十八，歸試婺源，妹忽病亡，未克親視含斂，抱恨終天。每逢忌日，茹素持齋，孺慕之深，令人觀感。甥今年四十，有子五人，王氏不墜之緒如綫，賴甥以延。九原有知，亦可慰矣。戊寅秋分，書此志感。時寓江夏，并得寫懷一律云：「又值秋分第二天，滿城風雨夜綿綿。欣逢四代同堂樂，恰遇三場大比年。懷甥世林就試南闈。自艾無才求進取，休嘲問卜説留連。夢回惜隔家山遠，空寄花箋達爾前。」《後案》。

【校勘記】

〔一〕予：原脱，據《雙佩齋文集》補。

〔二〕曷如勿有：原作「弗如弗有」，據《雙佩齋文集》改。

學仙司馬宜亭子章。

諱驤，江蘇江寧人。諸生。子名章，行三，官薊州知州。風流瀟灑，俠氣迎人。每值興酣耳熱，必填詞數闋，被之管弦。所作《雙星會傳奇》，唱遍秦淮，齊稱咏事。入宦後，精心讀律，由縣令升州牧。睦婣任恤，待君舉火者數十家，不以爲累，尤難得也。同上。

司馬溶川墓誌銘〔一〕子亶，孫淳。

公姓司馬，諱騊，字雲皋，號溶川，江寧府江寧縣人。其先得姓受氏，詳於《太史公書》。南宋播遷，失其世數。高祖燧，居浙西寧波。祖裕，始遷江寧，入學爲弟子員。父必售，妣方氏。自公高祖以下〔二〕，皆封贈如公官。兄驤，弟駛，俱先公卒〔三〕。

公生而穎異，讀書目數行下。稍長，留心經世之學，講貫河防水利農政諸書，於文章尤喜《陸宣公奏議》。故大學士高文恪公晉節鎮江左，延入幕府草奏牘，疏密大小，咸得其宜，甚相倚重。公以明習河務，奏請以從九品留工效力。乾隆二十九年，奉旨分發南河，以勞歷山陽主簿、興化縣丞、通州州判、海州州同、高堰通判、山安同知。公外領地方，内參幕府務。高文恪公奉命塞河徐豫，無役不從，皆能規度指畫，敷陳曲當。凡所入告，悉蒙俞旨，故兩江總督薩載公知公名，亦傾心延接。

五十年，奏擢江南河庫道。道庫每歲出入白金六十萬兩〔四〕，河防歲修有成數，益額則俟上聞。河丞值險工，借發帑金，執政者不爲依期入告，率皆移易處所，通融彙報，久則夤緣爲弊，帑藏空虚。公不激不隨，從容籌補，公私俱舉，上下安之。不問家人生産作業，意泊如也。五十一年，河南漫口，奉檄督工，先事撫恤，渡安災民，全活甚衆。五十四年，周家樓塞口告成，有旨議叙。公遇水旱，先期斟酌蓄洩，沿河田畝，盡沾利澤。又浚清江文渠溝水，資助公車，士庶感頌。

五十五年，擢授江西按察使。臬司核讞一方刑獄，不習律令者，高下緩急，一委幕僚胥吏；其能者，又持屬員短長，網絡餽遺；或循守令囑托骫法。公持己奉公，深悉弊竇，爰書親核，從無假手。在官七年，屬城悦服。時值江右大吏以簠簋不飾被劾，連牽獲咎者衆，公竟以謹慎免禍，世論歸之。

嘉慶元年，擢山西布政使。未幾，調任山東，特命兼理河務。其年黄河下游壅溢，水與堤平，碭汛、曹工〔五〕，先後漫溢。公偕兩江總督李公奉翰、南河總督康公基田〔六〕、前任巡撫伊江阿公，奉命堵塞。旋擢河南〔七〕、山東河道總督。公新以藩司擢任，驟難專制，俯仰諸大僚間，見其意見不同，將致僨事，深自歛抑謹畏，如在江右時。既而曹工逾年堵合不成，奏請停工，奉旨革職留任。朝使臨工按視，公分謗焉。是時夫人張氏卒於使署，内不顧私，賻贈不納，其刻厲類如此。

三年冬，堵築豫省睢工漫口。公五閲月行風雪中〔八〕，寢食俱廢，豫撫廉慎，和衷共濟，工員踴躍，一舉成功。奏報堵合，奉旨賞復頂帶，并免代賠很六萬兩。公念起家孤寒，以筆札遇知己，致通顯，每膺殊擢，受異數，感激涕零，有盡命王事之志。既以曹豫宣防〔九〕，積勞體羸，適聞純皇帝龍馭上賓，遺招將至，北向長號，咯血不止。延醫診視，俱云心脈已枯，藥力不及。口授遺摺，望闕謝恩。遂以二月二十三日卒於曹單工次，春秋七十一。上軫惜久之，降旨議恤，禮也。

公鳶肩火色，目光洞照，英偉軼倫。平生勤學好問，嫻於掌故，遠近書疏，悉皆手答，丁寧款密，莫不感懷。微時所荷〔一〇〕，一餐必報。高文恪公歸櫬，經紀其喪。後至都門，躬自展墓。與人交有本末〔一一〕，周恤無倦。篤於内行，兄弟從子無間言。時以爲史稱通而不泰，清而不介，惟公有之矣。

妻張氏，一品夫人。子亶，副榜貢生〔一二〕，召試舉人，内閣中書，好古有文，早卒。孫淳，廕生，候選員外郎。

星衍始官京師，與公子亶爲文字交。及官山左，與公同僚，共治河之役。後又備員節下，親見公行事。藏公手牘數十紙，皆綢繆公事，尋繹難忘。今淳以某年月日將葬公及夫人於江寧某鄉之原，以狀乞志墓蓋，不忍以不文辭。銘曰：

公爲政，績可紀。公塞河，以勤死。觥觥筆札況才美，揚於王庭傳信史，家聲清白施孫子〔一三〕。我僑兹郡銘其里，文無溢詞庶無愧。孫星衍撰《五松園文集》。

【校勘記】

〔一〕題目孫星衍撰《孫淵如先生全集·五松園文稿》卷一作「清故河南山東河道總督提督軍務資政大夫兼都察院右副都御史司馬公騊墓志銘」。

〔二〕高祖：原脱，據《五松園文稿》補。

〔三〕俱：原脱，據《五松園文稿》補。

〔四〕道庫：原脱，據《五松園文稿》補。
〔五〕曹：原訛作「漕」，據《五松園文稿》改。
〔六〕南河總督：原脱，據《五松園文稿》補。
〔七〕河：原訛作「江」，據《五松園文稿》改。
〔八〕閬、中：原脱，據《五松園文稿》補。
〔九〕豫：原作「工」，據《五松園文稿》改。
〔一〇〕所：原脱，據《五松園文稿》補。
〔一一〕交：原脱，據《五松園文稿》補。
〔一二〕副榜：原脱，據《五松園文稿》補。
〔一三〕聲：原訛作「傳」，據《五松園文稿》改。

司馬蕴亭子庠、琴。

諱騤，溶川河帥之弟，官浙江通判。子庠，工書法，爲上官所器，官青縣，有能名。次子琴，字鏡吾，抱負不凡，詩文典雅，雜藝兼通，含而不露。需次湖北時，盈門車馬，卑官不冷，蓋不獨爲其門第清華，實因其胸羅錦繡之所致也。後因拿獲要犯，儘先補用，得缺應山縣尉。年餘，丁母憂到省，因公稽留數月，與觀居隔一街，知余所編《師友淵源録》已脱稿，爲之校讎一過，正疑補缺，獲益甚多。表而出之，以謝知己。《後案》。

采堂孝行紀略

吾弟采堂，吾弟初七子再生也。初七子，戒僧轉世也。吾母一夕夢僧膜拜，即生初七子。自生訖卒，凡七年，不聞言笑，哭泣聲異。卒時告母曰：「兒當再來。」越半載，果夢復來，遂生采堂。

采堂生而穎異，時有神童之目。性喜詩，姚姬傳先生嘗謂其詩神韻頗近晚唐。奉母游燕冀間，館穀悉資菽水。以國學生應順天鄉試，屢困場屋，時形怏悒。辛未冬，母病危殆，弟忘寢食兩閲月，侍奉湯藥外，惟虔誦經卷不懈，母病因之漸瘥。嗣是，弟日惟食粥，形神大不如前。

癸酉秋闈未捷，益困。時當有事，寇據滑城，由是畿南一帶，草木皆兵。弟以寇假猝至，無計保母爲虞，屢形辭色，有疾不暇醫治。臘杪，聞事平耗，喜躍非常，疾頓減。次夕疾復大作，遂致不起，未幾卒於東安官齋。卒後檢行篋，見有以身代母祝文底稿，乃辛未季冬之作也。竊思吾母自辛未病後，越十二年至壬午秋，始以疾終，得不謂彼蒼應吾弟代母之禱耶？此心不可泯，筆之以俟世之賢人君子採擇焉云爾。司馬鑾書於江夏寓齋，時道光六年六月三日。

方方山行略

方山公諱求巽，字風門，方山其號也。世居桐城，自曾祖宫詹公，始寄居金陵，而童子試仍桐城也。祖雲顧公，諸生。考毓川公，由詞垣官至中丞。曾祖妣姚氏，祖妣□氏，妣王氏、周氏。公居長，五弟四妹，皆與公異母。公遭家多難，及身貧無立錐，以筆墨遊燕冀間，館穀給諸弟妹置生産，鄉黨稱孝友。從兄敏恪公以此重公。公始受知於吾杭朱先生家廉之門，妻之以女。既而都下有國士之目，公卿交薦，謂南場往返，曠課勞身，爲公納粟，便於北闈也。

未幾，海塘請簡，諸公卿慫恿赴挑。公與於選，引見，命以同知赴補。歷署東塘、烏鎮、紹興、寧波同知，臺州、衡州、紹興知府，俱有實政。所至，士民争迓，先睹爲快。及公卸篆瀕行，皆依依不捨，有奔送數十里而望竹塵帆影泣者。至今浙人猶頌公神明惠政不置也。大吏知公持躬端謹，任事實心，才學有餘，識尤異衆，凡大事難事，及非公應爲事，無不舉以委公。而公賦性豪邁不羈，不問難易，不卜吉凶，事至則鋭意任之。旁觀者每爲公危，而公每遇一事，若器置平地，無不妥帖。故凡如難治之海塘，難清之漕務，臺灣兵糈之艱於海運，屢次南巡之艱於部署，無不舉以難公。而公之於海塘也，工垂久治；於漕務也，所至紳耆信公，深知公不鳴一錢，相戒勿犯公威，漕得以清；公之於南巡也，籌辦行宫，座落凡三十餘處，點綴凡數百處，無不悉當上意，天顏大喜，問承辦何員，大吏以公對。遂蒙召見，凡七次，每見必垂詢家世，及海塘鞏固，民情欣厭甚悉。公對稱旨，加公三級，并疊賚貂皮、荷包、克食諸物。送駕時，復蒙親解四喜班指以賜。扈從諸大臣及浙之大吏，皆謂得此異數，將大用也，爲之預賀。

臺灣奸民林爽文造逆，奉旨撥浙米，由海運赴臺。大吏奏公往，公毅然而往。同官皆謂重洋險阻，劫盜無常，兵糈難期不誤，性命抑且堪虞。好公者謂：「此役也，例無委候補者，公當辭。且何可以身試險？」言之出涕。公怡然也。此行也，共載船九百餘隻，公從廠船，早夜周巡驗視。遇晴朗，即於五更在海中觀日出，或於月夜露坐達旦，以此臟受海風成疾。後數年，即因是疾不起。當公之運兵糈抵臺也，福公相統兵駐臺，見公如舊相識，謂公膽與識俱，可與共勦軍事，欲奏留公。公以公侄維甸已在臺營，恐招物議力辭。福公相解佩手贈，謂公拘泥。公答以恐累盛名，請俟他日。公遂回杭，家人俱慶。

公生還吾浙，同知一官，應補缺少，公請借補，得授嘉興通判。嘉慶元年九月初三日，以海風入臟之疾復作，卒於官，年四十九歲。配陸氏，先公卒。繼配朱氏，生子一，應曾；

女一，字金陵司馬氏。公生平詩最喜青蓮，有《愛青山房詩集》。書與公同處杭州數十年如一日，知公較詳，故於公柩之將歸也，爲公子應曾叙焉，用誌不忘云爾。梁同書撰。

張賡虞子復。

諱大韶，江寧人。監生。年十三，父病篤，醫藥罔效，割股煎湯，進之立愈。乾隆三十四年，繼母駱氏疾，恍惚見四僧募緣，夢醒而語大韶，未之悟也。偶適城西清凉山，見地藏殿被焚，大韶捐家財以輸之。殿宇落成，母病亦愈。《新修江寧府志》。

賡虞性情敦厚，濟急無德色。待業師恭而有禮，數入棘闈，志不稍懈。自君二子入學後，族間接踵而入庠序十餘人。所謂有志竟成，不其然歟？惜年甫四十，無疾而卒。子復，字希顔，諸生，予之妹夫。《後案》。

王位三

精岐黄，中年謝客課子春霖，爲名諸生。謂余長子元，器宇非凡，以女妻之。同上。

郭靖濤〔一〕

諱靖臣，四川成都人。

【校勘記】

〔一〕靖濤：原脱，據《録》補。

項直庵

諱鳳喈，江蘇吴縣人。性情耿直，言必踐行。幕遊所歷，督撫信之。能敦篤於内行。十餘年來，幕囊所入，盡爲供養庶母、諸妹，以及出嫁之用。及所届六旬，以無子爲念。時與客寓予同督署，以天理施無不報之論慰之，後果得子斯善。乃申之以婚姻，聘予次女爲媳，今已能繼父業，亦足慰也。《後案》。

王梟山

名錫，四川大竹人。

黄右君

諱鎔，江蘇上元縣人。性格温厚，不苟笑言。家雖寒素，而服飾鮮潔，接物待人，表裏如一。鄉先達咸以國士目之。乾隆四十八年舉於鄉。五十四年成進士，選部曹，時當具慶，留眷屬在家侍奉。自行供職十年，升員外郎。京察一等，保舉外用。未幾，丁外艱，回籍安葬。後掌教廬陽書院。服闋，母老，未便遠離。大吏適建尊經書院告成，延之以課後進。先母而卒，事在嘉慶十六年九月。子晋元，諸生。同上。

師友淵源録後案卷二十八

附録

家傳[一]

嚴先生諱長明，字冬友，號道甫，江寧人。幼讀書十行并下。年十一，臨川李閣學紱典試江南，聞其早慧，欲見之，因介熊編修本往謁。李隨舉「子夏」二字令對，即應聲曰「亥唐」。李大奇之，謂方侍郎苞、楊編修繩武曰：「此將來國器也。」公等善視之，遂執經二人之門[二]。及補縣學生，學使夢侍郎以國士目之，知其貧，問所需，道甫曰：「貧乃士之常，聞廣陵馬氏多藏書，願得一席爲讀書計耳。」因薦之。盧轉運見曾延致之。是時東南名士假館馬氏齋，道甫虛心質難，相與上下其議論，遂極群書。

乾隆二十七年，天子巡幸江南，道甫以獻賦召試特賜舉人，授内閣中書。甫任事，即奏充《方略》館纂修官。以書局在内廷，許懸數珠，中書在書局得懸數珠，自此始也。一日，户部奏《賦役全書》所載雜項錢糧，名目煩多，請并入地丁項下，内閣已票擬矣，道甫言於劉文正公統勳曰：「雜項已經折色，即正供。若并去其名目，異日如薪紅茶藥之類，更有需用，必復加徵，是重困民也。」劉公曰：「不圖後生有此讜論。」即令駁止之，因薦入軍機處行走。傅文忠公恒亦器重之，樞庭有重難事，輒委決焉。

性耿介，雖在禁密，苞苴之餽，不及其門〔三〕。嘗扈蹕木蘭，大雪中失橐駝囊，并所裝之物，求之不獲。越一日，一人牽駝而至，且謝罪。問之，乃故軍機蘇剌緣事遣配者。問：「何以知吾物？」曰：「軍機官披羊裘者，獨公一人，今篋中無他裘，非公而誰？」問：「既竊，何以復還？」曰：「恐公寒耳。」勞以錢而遣之。上嘗問軍機章京中人才可用者，傅公對曰：「人才可用者多，若有守有爲，可繼胡寶瑔者，嚴長明一人耳。」

内直日久〔四〕，諳習典故，尤務持平允。雲南糧儲道羅源浩，虧銅廠銅銀萬一千兩，又分賠屬員汪大鏞銀六千兩，有旨加罰十倍，以一年爲限，逾限即正法。羅已納正項十有一萬矣，仍有分賠六萬未完，而限垂滿，羅呈乞展限。詔下軍機大臣與刑部查辦。時劉文正公掌刑部，方主會試入闈，諸公相視莫能决。適有行在宣諭軍機大臣事，道甫詣貢院撾鼓，見劉公宣諭畢，因從容曰：「羅觀察之限已迫矣，公出闈恐無及矣。其所欠者分賠屬員之項，昨見吏部檔汪大鏞捐復赴補直隸屬員，既邀寬釋且得官，而上司乃坐極刑，可乎？」即於袖中出請寬限稿，求畫押。劉公義而許之。道甫出，以示諸公，列銜會奏，果奉諭旨，令大鏞分繳欠項，而羅得出獄矣。擢内閣侍讀，歷充《通鑑輯覽》《一統志》纂修官。道甫於蒙古唐古忒文字，一見便能通曉。嘗奉命直經咒館，更正《繙譯名義》《蒙古源流》諸書。書成，輒進秩焉。

以父憂去官。尋丁母憂，哀毁過禮。免喪後，引疾不出，築室三楹，顔曰「歸求草堂」，藏書三萬卷，金石文字三千卷。日吟咏其中，海内求詩文者踵至，從容應之無倦色。嘗語學者：「士不周覽古今載籍，不遍交海内賢俊，不通知當代典章〔五〕，遽欲握管撰述，縱使信今，亦難傳後。」其自命如此。

畢中丞沅巡撫陝西，招至官齋，爲文字交。因得遊太華、終南之勝，詩文益奇縱，所得金石刻益富。在秦中十載，撰次《西安府志》八十卷、《漢中府志》四十卷，皆詳贍有法。晚歲爲廬陽書院長，卒年五十有七。生平著述《歸求草堂詩文集》《西清備對》《毛詩地理疏証》《五經算術補正》《三經答問》《三史答問》《淮南天文太陰解》《文選課讀》《文選聲類》《尊聞録》《獻徵餘録》《知白齋金石類籖》《金石文字跋尾》《石經考異》《漢金石例》《五岳貞珉考》《五陵金石考》《平原石蹟表》《吴興石蹟表》《素靈發伏》《墨緣小録》《南宋文鑑》《奇觚類聚》《八表停雲録》《養生家言》《懷袖集》《吴諧志》，凡二十八種。子觀、晉，皆以讀書世其家。

論曰：予友曹學士仁虎有言，德行政事，皆有僞托，惟文學不可以假借。風節或可激於一時而成，惟文學非積久不能致。予與侍讀交二十餘年，聽其議論，經緯古今，混混不竭，可謂閎覽博物，文學之宗矣。同歲召試得官者，歙程晉芳魚門、上海趙文哲損之、長洲吴泰來企晉、上海陸錫熊健男，彬彬爾雅，皆述作之選，盛矣哉！錢大昕撰。

【校勘記】

〔一〕題目錢大昕撰《潛研堂文集》卷三十七作「内閣侍讀嚴道甫傳」。

〔二〕執：原脱，據《潛研堂文集》補。

〔三〕性耿介雖在禁密苞苴之餽不及其門：《潛研堂文集》無。

〔四〕直：原作「廷」，據《潛研堂文集》改。

〔五〕知：原脱，據《潛研堂文集》補。

墓誌銘〔一〕

君江寧嚴氏，諱長明，一字道甫。乾隆二十七年車駕南巡，以生員獻賦，召試賜舉人，内閣中書就職。旋入軍機辦事〔二〕。君在軍機凡七年，通古今，多智，又工於奏牘。諸城劉文正公最奇其才。户部奏天下雜項錢糧名目煩多，請去其名，而以其數并入地丁徵收。

君曰：「今之雜項，古之正供也。今法折徵銀若去其名，他日吏忘之，謂其物官所需，民當供，且舉再徵之，是使民重困也。」文正曰：「善！」乃奏已之。

大金川之爲逆也，大學士温公往督師，欲君從行，君固辭。退，有咎君奈何違宰相意者，君曰：「是將敗没，吾若何從之？」人頗甚君言。既而温公卒致軍潰以死，隨往者皆盡。辛卯恩科會試，劉文正公爲考官，值軍機事有當關白，君撾鼓入闈得見。既而出，同考官朱學士筠曰〔三〕：「甚哉！冬友不自就試，而屑屑治吏事。」爲文正曰：「士亦視有益於世否耳，即試成進士何足貴？」當是時，軍機有數大案，賴君在直任其勞，獲成議。而雲南糧道以分賠屬員虧銀不完將死，去限期十日，君具牘入請，文正奏寬之，乃生。其年遂擢侍讀。君治事，衆中獨勤辦，然以是頗見疾。

其後連遭父母喪，服終，遂請疾不復入。間遊秦中、大梁，居畢中丞所，爲定奏辭。還，主廬陽書院。乾隆五十二年八月十三日，卒於合肥，年五十七。

君於書無不讀，或舉問無不能對。爲詩文用思周密〔四〕，和易而當於情。嘗爲《平定準噶爾方略》《通鑑輯覽》《一統志》《熱河志》四纂修官。其自爲書曰《歸求草堂詩文集》，及論辨經史、書算、文藝、金石文字者，凡二十餘部百餘卷。

祖諱馨，父諱自新，俱以奉直大夫内閣侍讀爲贈封官。宜人南昌耆士葉用章之女，生男、女各二。男二：觀、晋。

余在都時，君時與相從，見君朝趨省禁，暮入文酒之會，若甚暇者然。或以事就君謀，必得其當。君嘗語人曰：「異日先去官者，必姚君也。」後數年，余過江寧，君見迎，笑曰：「余料君之來久矣。」余居皖江，君亦來會。後余再至江寧，而君喪矣。某年月日，葬君及葉夫人於某所。君之子請銘。銘曰：

偉猗冬友，當時群士，智孰與醜？既筦事樞，振物之首。才非不見知，而其仕之登不究。得年非夭，而亦不爲壽。天命若是，夫孰可多有？伐石鑱詞，瘞貽弗朽。姚鼐撰《惜抱軒文集》。

【校勘記】

〔一〕題目姚鼐撰《惜抱軒文集》卷十三作「嚴冬友墓誌銘并序」。

〔二〕旋：原脱，據《惜抱軒文集》補。

〔三〕�：原脱，據《惜抱軒文集》補。

〔四〕用思：原脱，據《惜抱軒文集》補。

行述

謹按，府君諱□□，字冬友，號道甫。垂髫讀書十行并下。年十一，闇學李公穆堂典試江南，因熊公滌齋往謁，閣學偶舉「子夏」二字令對，府君以「亥唐」應，閣學奇之，取《昭明文選》以贈。次歲復至江寧，則已能背誦矣，因語望溪方公、文叔楊公曰：「此國器也，二公善視之。」於是方公授以經義，楊公授以詞賦。戊辰補博士弟子。庚午食餼。

甲戌閣學夢公謝山視學江南，於府君有國士之知。後將入都，知府君貧，問所需。府君曰：「貧不足憂，聞廣陵馬氏藏書甲於江浙，願得一席，往就業焉。」時盧雅雨觀察好古愛士，因之延輯《兩淮鹽法志》《山左詩鈔》《京口三山志》諸書。是時齊侍郎次峰、杭編修堇浦、全吉士謝山、惠徵君棟，皆館於馬氏。府君虛心請業，窮蒐載籍，凡百家二氏之説，無不洞微穿穴，成誦在心。會沈光禄敬亭公來長安定書院，一日往謁，光禄出待問十餘事，府君一一疏其原委，光禄曰：「君之學，可謂博矣。然天下有無書不讀之人，不知天下有不必讀之書。蓋經史者，學問之根底，必先加研閲，但析理不精，則雖本經史，而誤用其學者亦有之。故必究心朱程之書，使其理明事達，而后體用兼該，無所適而不可。」府君聞之，深悔從前所學博而寡要，因請受業，覺更有進境。

乾隆二十七年歲次壬午，皇上三幸江浙，府君獻賦揚州，召試欽取第四名，特賜舉人，授内閣中書。是歲入都，直漢票簽處。不一載，劉文定公奏充内廷方略館纂修官。舊例，館職皆以翰林處之，府君以中書得之，蓋破格也。一日，户部奏《天下雜項錢糧賦役全書》

所載名目煩多，請均入地丁徵收，内閣已票依議簽矣。府君不可，言於劉文正公曰：「今之雜項，古之正供也，現已折色，若更去其名目，他日再須雜項如薪紅茶蘗之類，在所需用，必更加徵，重困小民，其何以堪？」劉文正公避席曰：「不圖讜論出自新進後生。」即令府君議駁。未幾奉諭入軍機處辦事，即文正公所薦也。上問傅文忠公軍機章京中人材出衆者，公對：「章京從内閣挑選，才皆可用，至於有爲有守，大小皆宜，將來可繼胡寶瑔者，嚴長明一人而已。」尹文端公亦嘗於上前稱府君辦事能得大體，是以凡遇巨案，多委府君，但未向家人言及，無從條列也。

府君於戊子隨蹕木蘭，行次多門，失一囊駝馱，會大雪，無從蹤跡。越一日，其人自牽駝來謝罪，視之，則前曾充軍機蘇剌，緣事發遣口外者也。問何以先偷復還之故，曰：「某在内廷服侍有年，深知長官清貧。昨見箱内皆冬衣，恐無以禦寒，故急來送還。」因問：「何以知爲我物？」曰：「行走内廷而披羊裘，惟見長官。今箱内所有無他裘服，是以知之。」府君勞以錢二千，不受，曰：「今歲飢多盜，當護送。」出哨始去。

又一日，校書《方略》館，聞窗外三四人與供事劉某絮語，問之不答。固問之，則請以次日相告，府君疑之。比次日來，云前任雲南都司劉國樑之子，其父隨提督李時升征緬甸，爲將軍參奏，解京訊問。府君承審李之罪當，而劉之罪則李所誣陷者，在傅文忠公前力辨其枉，文忠具奏得釋，復給守備銜效力。其子感恩，欲圖府君之像以祀於家，而供事劉某固精於繪畫者也。後劉立功金川，升任昭通鎮總兵。

自丙戌至壬辰，直機廷者凡七載。其間扈蹕恭謁東、西兩陵者一，巡幸吉林者一，灤河、木蘭者三，盤山、天津者二，兼充《平定準噶爾方略》《通鑑輯覽》《一統志》《熱河志》四館纂修官。又奉諭直經咒館，更正《繙繹名義》《蒙古源流》各書，次第告成，奉旨優叙，先後加三級，紀録六次。辛卯四月，京察一等，引見奉旨加一級。十一月奉旨升授内閣侍讀。恭遇慶典，覃恩祖馨、父自新，俱誥封奉直大夫、内閣侍讀；祖母張氏、母張氏，俱誥封宜人。任中書時，請清查皇史宬及内閣庫。事竣，欽賜硃批上諭一部。

辛卯春，皇上巡幸盤山，軍機大臣皆扈從。劉文正公留京，旋命入闈。時方辦理土默特額駙毒兄，及刑部員外明德控告奉天府尹耀海二大案，府君一人獨任其事，十日而畢。先後數十奏，皆中竅要。額駙福公以勞績具奏，奉旨賞大緞四卷、紗三卷、哆囉呢二卷、畢機二卷、洋布三卷。以小臣而邀殊賜，論者榮之。府君深自韜晦，每日赴職，寅入酉出，晚則秉燭修書，漏三下方假寐，五鼓復趨朝矣。十日内，必招同人爲文酒之會。錢宗伯籜石先生、宫詹辛楣先生、翁學士覃溪先生、朱學士竹筠先生、陸宫詹耳山先生、程太史魚門先生，則其常聚首者也。

府君雖自處清約，而性慷慨，見義必爲。方六歲時，鄰人有新喪母者，哀號躑躅，求櫬以歛其親不可得，即解所佩銀環手串與之。後如雲南分守糧儲道羅公源浩，虧銅廠銀萬一千兩，又分賠屬員汪同知大鏞銀六千兩，奉旨加十倍罰，出限一年完繳，逾限即行正法。比至次年三月，正項十一萬已完，而分賠之項仍有六萬。府君檢視檔案，見汪已捐復補直隸矣。會羅呈請展限，奉旨命軍機大臣會同刑部查辦。時皇上巡幸盤山，劉文正公方爲會試總裁，羅公離限不及十日。府君以告刑部，堂官皆以諸城公未出爲詞。會有行在邸報例送軍機大臣閲看，府君即具稿納懷中，詣貢院撾鼓，請見諸城相國，闈中知貢舉以下衆皆錯愕。府君至衡鑒堂見相國曰：「羅觀察之事迫矣。其所欠乃分賠屬吏之項，今屬吏居然捐復赴任，而分賠之上司乃受極刑，其何以昭平允耶？有求請寬限稿在此，請公具押。其擅入科場處分，某自當之可也。」相國義之，乃即畫押。府君出，持牘示刑部諸公，皆大喜，會銜具奏。其所少之項，著汪大鏞分繳，而羅公竟得出獄。生平隱行多類此。

至於姻族故舊之間，尤爲敦篤。中歲以後，疏屬及故人之子同居者，先後以數十計。生爲畢婚嫁，没爲營喪葬，無不周至。今每歲租入將百斛，月給親故而外，存者尚不及其半也。

生平尤具知人之識。自爲諸生至官京師，挾一卷以通謁者，殆無虚日。然相見必叩以學術之所淵源，文字之所宗法，以及立身行己之大凡，望其有成。以故户外之屨恒滿，而無一雜賓。

壬辰，丁先大父憂，將奉大母南還。大母復以病不起，因赴泰安，禱於東嶽，祈以身代，夢神召語，假以百日，比回京病已霍然。方舟南下，抵家十日，復以小疾卒。府君哀毁逾禮，得疾且殆。半夜延戴未堂先生診視，脈微欲脱，汗淫淫不可止，氣息僅屬。執先生之手訣曰：「吾自守其身，致親歿，不能了喪葬事，死有餘罪奈何？」先生親進參藥，爲之揮涕且曰：「君生平著述連屋，亦有可念者乎？」喟曰：「父母事爲大耳！千秋之名，何足言？」神色不亂，終不一語及妻子。已而有瘳。先生嘗稱府君至存亡呼吸氣息僅屬之時，妻子不足累其心，千秋之名不足攖其慮，而拳拳於二親身後之事，非通乎晝夜之道，而有純氣之守，其孰能與此乎？起服後，府君自念顯揚之願既虚，孱弱之軀罔濟，且因受濕，腿痛難行，遂呈請乞休。築室三楹，顔曰「歸求草堂」，藏書三萬卷，金石文字三千卷，法書名畫三百卷。閉門却埽，日與不孝等吟嘯其間。

京師前輩中，受鎮洋畢秋帆中丞之知最深。癸巳歲，畢公持節陝西，遣使相邀。府君因謂不孝等曰：「唐時進士不得館職者，每應方鎮辟召，如温造之在河陽，韓愈之在徐州，杜牧之在揚州，李商隱之在河東，其較著者。畢公此召，亦猶行夫古之道也。」欣然而往，且冀西北風高，或可得愈濕疾。由陝以入京補官也，不謂受疾太深，腿痛仍作。中丞深加信任，遂相依十載，囑纂《西安府志》八十卷、《漢中府志》四十卷。平生著述，有《歸求草堂詩集》《文集》、《西清備對》、《毛詩地理疏証》、《五經算術補正》、《三經答問》、《三史答問》、《淮南天文太陰解》、《文選課讀》、《文選聲類》、《尊聞録》、《獻徵餘録》、《知白齋金石類籤》、《金石文字跋尾》、《石經考異》、《漢金石例》、《五岳貞珉考》、《五陵金石志》、《平原石蹟表》、《吴興石績表》、《素靈發伏》、《墨緣小録》、《南宋文鑑》、《奇觚類聚》、《八表停雲録》、《養生家言》、《懷袖集》、《吴諧志》，凡二十八種，叢殘箱篋，未及校刊也。至《尊聞録》，則踵先曾祖星標公而作者，尤爲生平精詣之書，經史之粹言皆在焉。府君嘗云：「學者不周覽千古之載籍，不盡友天下之賢才，不通知當代之典章，遽欲出而有爲，入而握筆，縱使信今，亦難傳後。」府君蓋自謂也。

庚子，錢坤一宗伯典試江南，過草堂，不孝輩出揖，先生偶言府君有不可解者三：生平清介自守，未聞以事干人，而所至饒裕，視財利如揮涕洟；中年所歷，皆煩劇要地，他人奔走不遑，尊公未嘗一日廢學，且流連文酒，蒐討金石，而公事無不立辦；少時羸弱，嘔血至五六載不瘳，中歲益勞頓，未及從容養生，乃年愈增，而精力彌健。宗伯語雖偶爾詼諧，亦頗足傳神阿堵也。是年八月，府君五十誕辰，不孝等狀逸事，乞文於隨園先生。公最惡作壽序，喜府君事有可傳，欣然命筆，文載《小倉山房全集中》。

嗚呼！府君當疾革之時，諭不孝等曰：「存亡有數，吾萬念皆空，惟願爾等勿因匆遽，致抱終天之恨足矣。」隨整衣冠而卒。府君生於雍正九年八月二十七日丑時，卒於乾隆五十二年八月十三日子時，享年五十有七。配葉氏，南昌耆士諱用章公之三女，例封宜人。子二：長不肖觀，監生；次晋，庠生，捐職從九品。女二：長適監生王行恕，次適庠生張復。孫六：長元，次兆，觀生；晋生況、寬、亮、覺。不孝觀、晋泣血稽顙，乞隨園袁簡齋太史填諱。

先叔芝恬夢十硯記

余家世金陵，嗜音律禽鳥花木，而於古人筆墨真蹟爲尤篤。嘉慶庚申春王正月之望，客東都官舍。夜闌燈灺，息偃在牀，恍惚見亡兄道甫攜僕擔囊，從關中南旋而路過洛陽狀，呼僕於囊中出硯十方授之，大小方圓各如式。内第七方面極細潤，背則理粗而質頑，獨指而示曰：「此硯排在劫字，勿漠視。」復逐一示字，余次第讀之，成「千古傳心法，萬劫舊家風」。初兄以詔試入中書，遷侍讀。丁父憂，薄遊梁、秦間，凡所經名山勝境，靡不形諸歌咏。今兹之謂，將以功名富貴，水逝雲掩，轉瞬不可復留。惟硯田攻苦，歷劫不衰耶？寤而思之，其言有味，爰號「夢硯山人」，并爲圖記，以識手足感悟之情，非同癡人説也。芝恬嚴長緒識。

道甫修書第一硯銘

端溪之水清且碧，石分三品此第一。衣紫衣緋稱厥職。分書。

第二井田硯

力田逢年，鑿井得泉。君子自强不息，亦如是焉。

天然石子硯

一朵紫雲，割來靈岫。貽我稚孫，以書急就。篆書。

新月初生硯

月如鈎，哉生魄。校秘書，坐綸閣。兢兢業業恭而恪，托足高寒心自樂，硯水如潮亦不涸。

葉硯銘觀擬作。

種紙學書，神遊太虚。得此片石，紅蕉葉如。琢而爲硯兮，攜登五嶽壯懷舒，仙乎仙乎其誰與？

圭璧硯銘擬。

端莊嚴厲，如圭如璧。模爲硯式，不離朝夕。筆歌墨舞，期功德積。勒此貞珉，寸陰是惜。

荷葉硯銘擬。

玉井蓮開，遺葉一片。類月涵星，化而爲硯。聽之有聲，存侍金殿。

劫字硯銘擬。

按劫字碑形，陽文。如達摩六祖坐象，高六寸二分，横三寸三分。又如道家符籙，一筆篆成。碑左刻七言偈語四句。

劫字碑刊浯溪側，佛留咒語靈如敕。拓本求來仗佛力，遇劫能消百千億。夢中説字醒時測，歡喜心生動顔色。知公壽考且康寧，硯背銘鐫如其式。

鐘硯銘擬。

硯式如鐘，叩則聲洪。光被四表，如御天風。君子之德，和而不同。取象乎此，莫名其功。

桐葉硯銘擬。

琢硯仿桐葉，清光四時接。攜之賦逍遥，秋生心不懾。

昔先君藏硯十枚，題銘者四，未題者六。芝恬叔未之見也。戊寅夏仲，乃以所撰《夢十硯記》并圖見示。視硯圖，形製與所藏者大略相同，已爲奇矣。而尤奇者，劫字第七硯預有説焉。初，先君得一小碑拓本於秦中，相傳張之者可以驅邪解劫，以其高只六寸二分，闊三寸三分，思模其文於硯背，以爲鎮宅厭勝之具。歸里時，特交堂妹藏弆，今猶在焉，初莫知取意云何也。嗚呼！掩卷細思，始悟先君友愛之情，死生不變，雖歸道山已久，而夢中解字，意密情深。吾叔亦即撰文紀事，以識不忘，何異古人思德愛物，執硯涕泣者之相類也？觀今擬補硯銘六則，請芝恬叔合前之四銘，并書圖右，以爲家庭之勖云。侄觀謹跋於鳳凰山下寓齋。

朱蓉溪觀察行略

高宗純皇帝翠華再幸江南時，先君肄業鍾山書院，於業師韓洗馬座上得識蓉溪觀察，遂成交契。壬午，先君以詞賦通籍，再得見於龍潭工次，晤談移晷。旋因供職内廷，遂不得見。今值道光壬午，星紀一周矣，觀與公之孫楷字藝林同客武昌，申之以婚姻，聘觀察公第二孫女以配次子嚴兆。迎娶後，楷示以觀察《行狀》，囑編《家傳》。

按公諱肇遇，字元惠，號蓉溪，姓朱氏。系出宋樞密院編修文長之後，世居吴郡陽山。二十傳至曾祖嘉，官翰林院侍讀學士，始遷郡城内黄鸝坊，誥封朝議大夫。妣施氏、徐氏，俱誥封宜人。側室湯氏，乾隆元年敕封孺人。父澄，號松嵒，任池州府石埭教諭，有惠政，士民公舉請祀名宦祠；後補湖北江陵縣丞，以公貴，誥封中憲大夫、廣西太平府知府。妣宋氏，誥封恭人。公父因秉鐸石埭，改授貳尹，赴部引見，隨往都門，考取纂修《明史》館職。雍正五年授州同職。再引見乾清宫，應對稱旨，賜克食，命往廣西以知縣即用。七年，補南寧府永淳縣知縣。是年父卒於江陵官舍。粤西撫軍德山金中丞，以公幹練慎密奏請留任守制。又調繁武掾，兼攝横州篆務。嗣以卓異保題升東蘭州知州，予告歸里。

公之平素受知於尹文端公，謂其志存忠厚，以慈愛持躬。如任武掾時，積案如山，不浹旬，悉皆瞻畢，於是稱神明云。公剔奸除弊，措置裕如。尤加意冬漕，整齊嚴肅，吏不敢欺。莅倉場，有循聲。甲戌七月，守新安，值水災，活人無算。守太平十七年，上官稱其廉明，每令决疑獄，平反最多，士庶稱之。護攝道篆，裁革陋規，除昔弊，商賈頌之。致仕後，明撫軍常爲人言：「使吾失一良佐也。」

公天性孝友，御下以寬。訓諸子，寬嚴相濟。恒與鄉之先達沈宗伯歸愚、韓洗馬瀝芳、吴方伯渠亭、郭檢討月巖、葉太守企亭、姜别駕野寉、顧明經綬堂、沈刺史器之等九人，倣白香山故事，爲吴中九老會。花晨月夕，詩酒流連。吴中至今傳爲美談。此亦公篤於故舊之一端。

以康熙三十四年十月初一日辰時生，卒於乾隆四十一年八月望後四日，壽八十二〔一〕。配王恭人。子六：長高，早卒，娶范氏；次泰曾，官浙江玉環廳同知，娶申氏；三保曾，即子兆外舅；幼粟，吏目，分發廣西，借補縣巡檢；四安曾，監生；五綬曾，監生；六懷曾。孫三：棠、楷、模。嗚乎！公可謂福德兼全，令終壽考者矣。而九老會中沈文慤、韓洗馬，先君事以師禮，與公稱交契，久欲采訪事實，數十年不見梗概，今何幸歟！巖觀稿。

【校勘記】

〔一〕二：原訛作「古」，據張本改。

張約園抄本序

《師友淵源録》二十八卷，前二十七卷爲嚴冬友所輯，第二十八卷爲冬友之子觀輯冬友《家傳》《墓誌》《芝恬夢十硯記》，附以冬友《硯銘》及觀《擬銘》，而以觀所作《朱蓉溪行略》殿焉。此書見故家所藏鈔本，余因録副。可以補李次青《先正事略》及《碑傳集》所未備，他日重修《清史稿列傳》，亦有取焉。

冬友名長明，一字道甫，江寧人，嘗假館廣陵馬氏，遂博極群書，著有《歸求草堂詩文集》《西清備對》《毛詩地理疏證》《五經算術補正》《三經答問》《三史答問》《淮南天文太陰解》《文選課讀》《文選聲類》《尊聞録》《獻徵餘録》《知白齋金石類籤》《金石文字跋尾》《石經考異》《漢金石例》《五岳貞珉考》《五陵金石考》《平原石蹟表》《吴興石蹟表》《素靈發伏》《墨緣小録》《南宋文鑑》《奇觚類聚》《八表停雲録》《養生家言》《懷袖集》《吴諧志》，凡二十八種，見錢竹汀所撰《家傳》。顧未述及此書，意者其即《獻徵餘録》乎？昔李氏衛嘗集幕僚著《耆獻類徵》，余見其書，以巨籍重價，未之購置。此《師友淵源録》誠足爲

《獻徵餘録》也。

冬友子二：觀、晋。觀亦有文名。冬友生平，竹汀《家傳》、惜抱《墓誌》及觀、晋之《行述》，已詳言之。壬午秋，約園識。

參考文獻

《春融堂集》六十八卷，王昶撰，嘉慶十二年塾南書舍刻本。
《淵雅堂全集》五十六卷，王芑孫撰，嘉慶刻本。
《鑑止水齋集》二十卷，許宗彦撰，嘉慶二十四年德清許氏家刻本。
《芝庭先生集》十八卷，彭啓豐撰，光緒二年重刻本。
《梅崖居士文集》三十卷、首一卷、外集八卷，朱仕琇撰，乾隆四十七年刻本。
《二林居集》二十四卷，彭紹升撰，嘉慶四年味初堂刻本。
《經笥堂文鈔》二卷，雷鋐撰，嘉慶十六年寧化伊氏秋水園刻本。
《小倉山房集》八十一卷，袁枚撰，乾隆刻增修本。
《寶奎堂集》十二卷，陸錫熊撰，嘉慶十五年松江無求安居刻本。
《内自訟齋文集》十卷，周凱撰，道光二十年愛吾廬刻本。
《潛研堂文集》五十卷，錢大昕撰，《四部叢刊》景印清嘉慶十一年刻本。
《移晴堂四六》二卷《續編》一卷，曹秀撰，清刻本。

《鮚埼亭集》三十八卷，全祖望撰，嘉慶九年史夢蛟刻本。
《香樹齋文集續鈔》五卷，錢陳群撰，乾隆刻、同治間遞修本。
《六有軒集》八卷，任瑗撰，嘉慶、道光淮安阮氏抄本。
《钱文敏公全集》三十卷，钱维城撰，乾隆四十一年眉寿堂刻本。
《質園詩集》三十二卷，商盤撰，乾隆斟雉山房刻本。
《道古堂文集》四十八卷，杭世駿撰，乾隆四十一年刻、光緒十四年汪曾唯增修本。
《左盦外集》二十卷，劉師培撰，民國二十五年寧武南氏鉛印本。
《伯山文集》八卷，姚東之撰，道光二十八年内鄉王檢心刻《姚伯山先生全集》本。
《惜抱軒文集》十六卷《後集》十卷，姚鼐撰，嘉慶三年刻增修本。
《勉行堂文集》六卷，程晋芳撰，嘉慶二十三年至二十五年刻本。
《敬亭文稿》八卷，沈起元撰，乾隆刻增修本。
《吞松閣集》四十卷，鄭虎文撰，嘉慶刻本。
《玉芝堂文集》六卷，邵齊燾撰，乾隆刻本。
《藤陰雜記》十二卷，戴璐撰，嘉慶元年石鼓齋刻本。
《丹陵文鈔》四卷，蔣彤撰，道光二十二年陽湖蔣氏洗心玩易之室活字印本。

《拜經堂文集》五卷，臧庸撰，民國十九年宗氏石印本。
《抱經堂文集》三十四卷，盧文弨撰，《四部叢刊》影印嘉慶二年刻本。
《蘭韻堂文集》五卷，沈初撰，乾隆五十九年至嘉慶二十五年遞刻本。
《蕉聲館集》三十三卷，朱爲弼撰，民國八年朱景邁刻本。
《琴士詩鈔》十二卷，趙紹祖撰，道光十二年古墨齋刻本。
《亦有生齋集》五十九卷，趙懷玉撰，道光元年刻本。
《師華山房文集》五卷末一卷，戴祖啓撰，嘉慶十年刻本。
《秋室學古録》六卷，余集撰，清刻本。
《童山集》六十七卷，李調元撰，嘉慶刻本。
《程侍郎遺集》十卷，程恩澤撰，咸豐五年王氏刻《粤雅堂叢書》本。
《桂馨堂集》十三卷，張廷濟撰，道光刻本。
《靈芬館全集》五十三卷，郭麐撰，嘉慶至光緒間刻《靈芬館全書》本。
《生香書屋文集》四卷，陳浩撰，乾隆間刻本。
《恩餘堂輯稿》四卷，彭元瑞撰，道光七年刻本。
《述職吟》二卷，劉秉恬撰，乾隆四十九年至五十一年劉氏滇南官署刻本。

《試畯堂文鈔》一卷，王蘇撰，道光二十六年太平院署刻本。
《知足齋文集》六卷，朱珪撰，嘉慶九年阮元刻增修本。
《傳經堂詩鈔》十二卷，韋謙恒撰，乾隆間刻本。
《筠心書屋詩鈔》十二卷，褚廷璋撰，嘉慶十一年刻本。
《國子先生全集》四十三卷首一卷，金兆燕撰，嘉慶十二年至道光六年贈雲軒刻本。
《笥河文集》十六卷首一卷，朱筠撰，嘉慶二十年椒華吟舫刻本。
《切問齋集》十六卷，陸燿撰，乾隆五十七年暉吉堂刻本。
《松泉文集》二十二卷，汪由敦撰，乾隆間刻本。
《甌北集》五十三卷，趙翼撰，嘉慶十七年湛貽堂刻本。
《紫石泉山房文集》十二卷，吴定撰，嘉慶十五年鮑桂星刻本。
《冬生草堂文録》四卷，夏寶晋撰，咸豐四年刻本。
《念宛齋文補》一卷，左輔撰，嘉慶二十三年刻本。
《因寄軒文二集》六卷，管同撰，道光十三年管氏刻本。
《積石文稿》十八卷，張履撰，光緒二十年刻本。
《繩庵内外集》二十四卷，劉綸撰，乾隆三十九年用拙堂刻本。

《述學》六卷，汪中撰，《四部叢刊》影無錫汪氏藏本。
《聞妙香室文》十九卷，李宗昉撰，道光十五年山陽李氏刻本。
《味燈書屋詩集》八卷，沈業富撰，道光九年思貽堂刻本。
《紀文達公遺集》三十二卷，紀昀撰，嘉慶十七年紀樹馨刻本。
《黄琢山房集》十卷，吴璜撰，乾隆四十二年刻本。
《石鼓硯齋文鈔》二十卷，曹文埴撰，嘉慶五年刻本。
《韞山堂詩文集》二十四卷，管世銘撰，嘉慶六年讀雪山房刻本。
《太乙舟文集》八卷，陳用光撰，道光二十三年孝友堂重刻本。
《南江文鈔》十二卷，邵晉涵撰，道光十二年刻本。
《孫淵如先生全集》二十一卷、附《長離閣集》一卷，孫星衍撰，光緒十二年朱紀榮槐廬家塾刻本。
《樂園文鈔》八卷首一卷，嚴如熤撰，道光二十四年刻本。
《鶴泉文鈔續選》九卷，戚學標撰，嘉慶十八年刻本。
《初月樓文鈔》十卷、《續鈔》十卷，吴德旋撰，道光三年刻本。
《存素堂文集》四卷、《續集》四卷，法式善撰，嘉慶十二年程邦瑞揚州刻增修本。
《沈歸愚詩文全集》七十五卷，沈德潛撰，乾隆教忠堂刻本。

《孟晉齋詩集》二十四卷，陳章撰，乾隆間刻本。
《孟亭居士文稿》五卷，馮浩撰，嘉慶間刻本。
《復初齋文集》三十五卷，翁方綱撰，道光間李彦章校刊本。
《章氏文集》八卷、《外集》二卷，章學誠撰，民國十一年吴興劉嘉業堂刻《章氏遺書》本。
《新城伯子文集》八卷首一卷末一卷，胡賡善撰，嘉慶四年歙東井觀室刻本。
《學福齋集》二十卷，沈大成撰，乾隆三十九年刻本。
《芙蓉山館全集》二十卷首一卷，楊芳燦撰，光緒十七年聚珍版活字印本。
《溉亭述古録》二卷，錢塘撰，道光儀徵阮氏刻《文選樓叢書》本。
《三松堂集》二十四卷、《續集》六卷，潘奕雋撰，嘉慶、道光遞刻本。
《惕甫未定稿》二十六卷，王芑孫撰，嘉慶間刻本。
《壹齋集》五十一卷，黄鉞撰，同治二年重刻、光緒七年增修本。
《兩當軒全集》二十卷、附《考異》二卷、《附録》六卷，黄景仁撰，咸豐八年黄氏家塾刻本。
《卷施閣集》四十一卷，洪亮吉撰，光緒授經堂重刻《洪北江全集》本。
《邃雅堂集》十卷，姚文田撰，道光元年江陰學使者署刻本。
《柏梘山房全集》三十一卷，梅曾亮撰，咸豐六年楊以增、楊紹穀等刻民國七年蔣國榜補修本。
《獨學廬全稿》四十八卷，石韞玉撰，清寫刻《獨學廬全稿》本。
《雙佩齋文集》四卷，王友亮撰，嘉慶婺源王氏刻本。

《吴會英才集》，方正澍等撰，畢沅輯，《歷代地方詩文總集》影印道光間刻本。
《兩浙輶軒録》四十卷，阮元輯，嘉慶刻本。
《南州詩略》十六卷，朱滋年輯，乾隆刻本。
《淮海英靈集》二十二卷，阮元輯，嘉慶三年小琅嬛仙館刻本。
《兩浙輶軒録補遺》十卷，阮元輯，嘉慶間刻本。
《國朝畿輔詩傳》六十卷，陶樑輯，道光十九年紅豆樹館刻本。
《熙朝雅頌集》一百三十六卷，鐵保輯，嘉慶十年刻本。

《蒲褐山房詩話》不分卷，王昶撰，清稿本。
《隨園詩話》十六卷，袁枚撰，乾隆十四年刻本。
《榕城詩話》三卷，杭世駿撰，《知不足齋叢書》刻本。

《詞科掌録》十七卷，杭世駿輯，乾隆間道古堂刻本。
《茶餘客話》二十二卷，阮葵生撰，光緒十四年刻本。
《熙朝新語》十六卷，徐錫齡、錢泳輯，嘉慶二十三年刻本。
《炙硯瑣談》三卷，湯大奎撰，乾隆五十七年趙懷玉亦有生齋刻本。
《歷代畫史彙傳》七十二卷，彭蘊璨撰，道光刻本。
《山静居畫論》二卷，方薰撰，《知不足齋叢書》本。
《槐廳載筆》二十卷，法式善撰，嘉慶刻本。
《西清筆記》二卷，沈初撰，清《功順堂叢書》本。
《疇人傳》五十二卷，阮元撰，《文選樓叢書》本。
《江蘇蘇州重修唯亭顧氏家譜》十四，顧抑如撰，光緒二十九年刻本。
《江蘇無錫南塘丁氏真譜》，丁錫鏞等修、丁寶書等纂，民國十四年鉛印本。
《山西洪洞劉氏宗譜》二十卷，劉鍾邠等增修，光緒二十七年刻本。
《清朝進士題名録》三册，江慶柏編著，中華書局，二〇〇七第一版。

《〔乾隆〕潮州府志》四十二卷，周碩勛纂修，乾隆二十八年修，光緒十九年重刊。
《〔民國〕大埔縣志》三十九卷，劉織超修，溫廷敬纂，民國三十二年鉛印本。
《〔乾隆〕安溪縣志》十二卷，莊成修，沈鍾纂，乾隆二十二年刻本。
《〔乾隆〕泉州府志》七十六卷，懷蔭布修，黄任纂，乾隆二十八年修，光緒八年補刻本。
《〔乾隆〕莆田縣志》三十六卷，廖必琦修，宋若霖纂，乾隆二十三年修，光緒五年補刊本，民國十五年重印本。
《〔乾隆〕福寧府志》四十四卷，朱珪修，李拔纂，乾隆二十七年修，光緒六年重刊本。
《〔道光〕上元縣志》二十六卷、首一卷、末一卷，武念祖修，陳栻纂，道光四年刻本。
《〔咸豐〕邳州志》二十卷，董用威修，魯一同纂，咸豐元年刻、光緒二十一年重刻本。
《〔光緒〕重修丹陽縣志》三十六卷首一卷，劉誥、凌焯等修，徐錫麟、姜璘纂，光緒十一年鴻鳳書院刻本。
《〔民國〕南昌縣志》六十卷，魏元曠纂，民國二十四年重刊本。
《〔光緒〕歸安縣志》五十二卷，李昱修，陸心源纂，光緒八年刻本。
《〔咸豐〕重修興化縣志》十卷，梁園棣修纂，咸豐二年刻本。

《〔道光〕泰州志》三十六卷首一卷，王有慶等纂，道光三十四年補刻本。
《〔民國〕吴縣志》八十卷，曹允源等纂，民國二十二年鉛印本。
《〔民國〕全椒縣志》十六卷，張其濬修，江克讓纂，民國九年刻本。
《〔嘉慶〕涇縣志》卷三十二，李德淦修，洪亮吉纂，嘉慶十一年刻、民國三年重印本。
《〔嘉慶〕高郵州志》十二卷，楊宜崙修，夏之蓉纂，道光二十五年范鳳諧等重校刊本。
《〔道光〕蘇州府志》一百五十卷，宋如林修，石韞玉等纂，道光四年刻本。
《〔道光〕歙縣志》十卷，勞逢源、沈伯棠等修纂，道光八年刻本。
《〔嘉慶〕湖北通志》一百卷首五卷，吴熊光、吴烜修，陳詩、張承寵纂，嘉慶九年刻本。
《〔光緒〕亳州志》二十卷，鍾泰、王懋勳修纂，光緒二十年刻本。
《〔民國〕安徽通志稿》一百五十七卷，安徽通志館纂修，民國二十三年鉛印本。
《〔民國〕洪洞縣志》十八卷，韓坰等纂，民國六年鉛印本。
《〔光緒〕武進陽湖縣志》三十卷首一卷，湯成烈等纂，光緒五年刻本。
《〔民國〕杭州府志》一百七十八卷，陳璚修、王棻纂，屈映光續修、陸懋勳續纂，齊耀珊重修、吴慶坻重纂，民國五年續修、十一年鉛印本。
《〔嘉慶〕重刊江寧府志》五十六卷首一卷，吕燕昭修，姚鼐等纂，嘉慶十六年修、光緒六年刻本。
《〔嘉慶〕四川通志》二百零四卷，常明修，楊芳燦等纂，嘉慶二十一年刻本。
《〔宣統〕續蒙自縣志》十二卷，佚名纂，宣統間刻本。
《〔乾隆〕杭州府志》一百一十卷，汪沆、章煦原纂，邵晋涵、金泳等續纂，乾隆四十三年刻、四十九年續刻本。
《〔乾隆〕甘州府志》十六卷，鍾賡起等纂，乾隆四十四年刻本。
《〔民國〕全椒縣志》十六卷，張其濬修、江克讓等纂，民國九年刻本。
《〔嘉慶〕揚州府志》七十二卷首一卷，阿克當阿修、姚文田纂，嘉慶十五年刻本。
《〔光緒〕丹徒縣志》六十卷首四卷，劉誥、凌焯等修，徐錫麟、姜璘纂，光緒十一年鴻鳳書院刻本。
《〔光緒〕昌平州志》十八卷，吴履福修，繆荃孫纂，光緒五年重修、民國二十八年鉛字重印本。
《〔嘉慶〕桐鄉縣志》十二卷，李廷輝修，徐志鼎纂，嘉慶四年刻本。
《〔嘉慶〕重修揚州府志》七十二卷首一卷，阿克當阿修，張世浣、嵩年纂，嘉慶十五年刻本。
《〔光緒〕重修安徽通志》三百五十卷，吴坤修等修，何紹基、楊沂孫纂，光緒四年刻本。

《〔光緒〕永嘉縣志》三十八卷，張寶琳修，王棻、孫詒讓等纂，光緒八年刻本。
《〔民國〕杭州府志》一百七十八卷，李榕撰，民國十一年刻本。
《〔乾隆〕再續華州志》十二卷，史萼、汪以誠修纂，乾隆五十四年刻本。
《〔乾隆〕青浦縣志》四十卷，孫鳳鳴修，王昶纂，乾隆五十三年刻本。
《〔光緒〕井研縣志》四十二卷，高承瀛修、吴嘉謨等纂，光緒二十六年刻本。
《〔嘉慶〕湖南通志》二百十九卷，巴哈布、翁元圻等修，王煦、黄本驥等纂，嘉慶二十五年刻本。
《〔光緒〕日照縣志》十二卷首一卷，陳懋修，張庭詩、李堉纂，光緒九年修、十二年刻本。
《〔光緒〕上虞縣志》四十八卷首一卷末一卷，唐煦春修、朱士黻纂，光緒十七年刻本。
《〔同治〕建昌府志》十卷，鄧子彝修、魯琪光纂，同治十一年刻本。
《〔民國〕歙縣志》十六卷，石國柱修、許承堯纂，民國二十六年鉛印本。
《〔嘉慶〕桐鄉縣志》十二卷，李廷輝修、徐志鼎纂，嘉慶四年刻本。
《〔民國〕鎮洋縣志》十一卷，王祖畬修纂，民國八年刊本。
《〔嘉慶〕松江府志》八十四卷，宋如林修、莫晋等纂，嘉慶二十二年松江府學刻本。
《〔民國〕太倉州志》二十八卷首一卷末一卷，王祖畬修纂，民國八年刻本。

《（同治）南昌府志》六十六卷，許應鑅等修，曾作舟等纂，同治十二年刻本。
《（乾隆）重修嘉魚縣志》八卷，汪雲銘修，方承保等纂，乾隆五十五年刻本。
《（光緒）重修安徽通志》三百五十卷，吴坤修、何紹基纂，光緒四年刻本。
《（光緒）吉林通志》一百二十二卷，李桂林修，光緒十七年刻本。
《（道光）濟南府志》七十二卷，王贈芳修、成瓘纂，道光二十年刻本。
《（嘉慶）甘泉縣續志》十卷，陳觀國修、李寶泰纂，嘉慶十五年刻本。
《（道光）宜黄縣志》三十二卷首一卷，札隆阿等修、程卓樑等纂，道光五年刻本。
《（光緒）嘉興府志》八十八卷首二卷，許瑶光修、吴仰賢纂，光緒四年鴛湖書院刻本。
《（道光）重修寶應縣志》二十八卷首一卷，孟毓蘭修、喬載繇等纂，道光二十年湯氏沐華堂刻本。
《（道光）諸城縣續志》二十三卷，劉光斗修、朱學海纂，道光十四年刻本。
《（民國）吴縣志》八十卷，曹允源、李根源纂，民國二十二年蘇州文新公司鉛印本。
《（嘉慶）無錫金匱縣志》四十卷首一卷，秦瀛纂，嘉慶十八年刻本。
《（光緒）崇義縣志》八卷續增一卷，廖鼎璋纂修，光緒二十一年刻本。
《（民國）太康縣志》十二卷，杜鴻賓修、劉盼遂纂，民國二十二年鉛印本。

後記

此書的整理工作開始於二〇一三年，到現在已經八個年頭了，從在南京圖書館録入手稿本，到赴國家圖書館校勘張抄本，之後再赴南圖覆校底本，中間所歷種種，至今歷歷在目。八年奮戰，比起嚴觀校書的勤奮和艱辛，作爲後輩，豈敢言苦！需要説明的是，我的夫人孫景蓮女士不辭辛苦陪我至國圖、南圖校書，在覆核校樣時，又協助我查閱人名，找出很多遺漏的問題，保證了書稿的質量，非常感謝她的辛勤付出！希望通過我們的不懈努力，能爲讀者獻上一部校訂嚴謹、質量較高的整理本。書中若有錯誤與不足，我獨任其責，敬祈讀者朋友不吝批評指正，以匡我之不逮。

二〇二一年一月廿二日于内江寓所